କାଳ ଓ କଳାର ଶିଳ୍ପୀ ସୁରେନ୍ଦ୍ର

କାଳ ଓ କଳାର ଶିଳ୍ପୀ ସୁରେନ୍ଦ୍ର

ଡକ୍ଟର ସର୍ବେଶ୍ୱର ସେଣ

ବ୍ଲାକ୍ ଇଗଲ୍ ବୁକ୍ସ
ଭୁବନେଶ୍ୱର, ଓଡ଼ିଶା

BLACK EAGLE BOOKS
Dublin, USA

କାଳ ଓ କଳାର ଶିଳ୍ପୀ ସୁରେନ୍ଦ୍ର / ଡକ୍ଟର ସର୍ବେଶ୍ୱର ସେଣ
ବ୍ଲାକ୍ ଇଗଲ୍ ବୁକ୍ସ : ଭୁବନେଶ୍ୱର, ଓଡ଼ିଶା ● ଡବ୍ଲିନ୍, ଯୁକ୍ତରାଷ୍ଟ୍ର ଆମେରିକା

BLACK EAGLE BOOKS

USA address:
7464 Wisdom Lane
Dublin, OH 43016

India address:
E/312, Trident Galaxy, Kalinga Nagar,
Bhubaneswar-751003, Odisha, India

E-mail: info@blackeaglebooks.org
Website: www.blackeaglebooks.org

First International Edition Published by
BLACK EAGLE BOOKS, 2023

KALA O KALARA SILPEE SURENDRA
by **Dr. Sarbeswar Sena**
Email: drssena@gmail.com
Cell: 9437088039

Copyright © **Dr. Sarbeswar Sena**

All rights reserved. No part of this publication may be reproduced, stored in a retrieval system, or transmitted, in any form or by any means, electronic, mechanical, photocopying, recording or otherwise without the prior permission of the publisher.

Cover & Interior Design: Ezy's Publication

ISBN- 978-1-64560-357-3 (Paperback)

Printed in the United States of America

ଉତ୍ସର୍ଗ

ମୋ ନାତୁଣୀ **ସୋମା** ହାତରେ...

— **ସର୍ବେଶ୍ୱର ସେଣ**

ଲେଖକୀୟ ମୁଖବନ୍ଧ

ସ୍ୱାଧୀନତା ସଂଗ୍ରାମରୁ ସାରସ୍ୱତ ସାଧନା: ସ୍ୱାଭିମାନର ଜୟ ଯାତ୍ରା

କାଳ, କଳା ପରସ୍ପର ସମ୍ବନ୍ଧିତ। କାଳରେ କଳାର ସୃଷ୍ଟି, ସମୟକ୍ରମେ ହୋଇଯାଏ କାଳଜୟୀ। କଳାକାରଟି ଅମର ରହେ କାଳ କାଳକୁ। ସେଇଭଳି ଜଣେ ଯଶସ୍ୱୀ ସ୍ରଷ୍ଟା ସୁରେନ୍ଦ୍ର ମହାନ୍ତି। ଯାତ୍ରା ତାଙ୍କର ଜୀବନ, ପଥ ତାଙ୍କର ପୃଥିବୀ। ନିରନ୍ତର ଅଗ୍ରଗତି, ନାହିଁ କ୍ଳାନ୍ତି, ଅବସାଦ। ଜୀବନରେ କେତେ କେତେ ଉତ୍‌ଥାନ ପତନ। ନାନାଦି ବିଘ୍ନ ପ୍ରତିବନ୍ଧକ, ଆର୍ଥିକ ଅନଟନ। ଦୁର୍ବିସହ ଜୀବନ। ଥକି ପଡ଼ିନାହାନ୍ତି ସୁରେନ୍ଦ୍ର। ସଂଘର୍ଷରୁ ତାଙ୍କର ସାଧନା। ସାରସ୍ୱତ ତପସ୍ୟାରୁ ସିଦ୍ଧି। ପାଲଟିଛନ୍ତି ଜଣେ ପ୍ରଥିତଯଶା ସାହିତ୍ୟିକ। ସାମ୍ବାଦିକତା, ରାଜନୀତିରେ ତାଙ୍କର ଅମାପ ଖ୍ୟାତି। ଜୀବନ ଯନ୍ତ୍ରଣା ମଧ୍ୟରେ ସେ ଖୋଜିଛନ୍ତି ଦରଦୀ ମଣିଷଙ୍କୁ। ବୁଝିଛନ୍ତି ତାଙ୍କ ସୁଖ, ଦୁଃଖ, ହସ, କାନ୍ଦ, ଶୋଷଣ, ପେଷଣର ବ୍ୟଥା ବେଦନାକୁ। ସେଇମାନଙ୍କ ମୁହଁରେ ହସ ଫୁଟେଇବାର ପ୍ରୟାସ। ଏଥିରେ ସଫଳ ହୋଇଛନ୍ତି। ତାଙ୍କର ସାରସ୍ୱତ ସୃଷ୍ଟି ହୋଇଯାଇଛି ରସୋତ୍ତୀର୍ଣ୍ଣ। ରାଜନୀତି କ୍ଷେତ୍ରରେ ତାଙ୍କର ଏକ ନିଆରା ବିଚାର। ସତ୍ତାରେ ନାହିଁ ଆସ୍ଥା। ଆପଣା ଢଙ୍ଗରେ ନିର୍ବାଚନ ଲଢ଼ିଛନ୍ତି। କେବେ ଜିତାପଟ, କେବେ ନିର୍ବାଚନରେ ହାର୍। ଗୋଟେପଟେ ଜନତା ଜନାର୍ଦ୍ଦନଙ୍କ ସେବା, ଆରପଟେ ସାମ୍ବାଦିକତାର ଖଡ଼ିପାଠ। ଗୋଟେ କଥାରେ କହିଲେ ସୁରେନ୍ଦ୍ର ଜଣେ ଲବ୍ଧପ୍ରତିଷ୍ଠ ସାହିତ୍ୟିକ, ଦକ୍ଷ ରାଜନୀତିଜ୍ଞ, ନିଷ୍କଳଙ୍କ ସାମ୍ବାଦିକ। ଏଇ ତିନିଟି କ୍ଷେତ୍ରରେ ତାଙ୍କର ନାହିଁ ନ ଥିବା ଦକ୍ଷତା; ମାତ୍ର ସାହିତ୍ୟ ତାଙ୍କର ସାଥୀ, ସହୋଦର, ଏକାନ୍ତ ଆତ୍ମୀୟ। ଏଥିରୁ ପାଇଛନ୍ତି ଜୀବନର ସର୍ବଶ୍ରେଷ୍ଠ ଆନନ୍ଦ ଟିକକ। ଅର୍ଦ୍ଧଶତାବ୍ଦୀର ନିରଳସ ସାଧନା।

ସ୍ମୃତି, ବିସ୍ମୃତି, ଅନୁଭୂତିକୁ ବାଢ଼ିଛନ୍ତି ପାଠକ ଆଗରେ। ତାଙ୍କର କାଳଜୟୀ ଆତ୍ମଲିପି 'ପଥ ଓ ପୃଥିବୀ'। ପାଠକେ ମୁଗ୍ଧବିହ୍ୱଳ। ପ୍ରାକ୍ ସ୍ୱାଧୀନତା କାଳ। ଗୋଟେ ମଫସଲି ଗାଁ, ମଧ୍ୟବିତ୍ତ ପରିବାର। ସମସ୍ତ ପ୍ରକାର ପ୍ରତିକୂଳ ସ୍ଥିତି। ଅତିକ୍ରମ କଲେ ସୁରେନ୍ଦ୍ର। ପାଲଟିଲେ ସାହିତ୍ୟ ଜଗତର ମୁକୁଟ ବିହୀନ ସମ୍ରାଟ। ତାଙ୍କ ଆତ୍ମଲିପିଟି ଏକ ବଳିଷ୍ଠ ଐତିହାସିକ କୃତି, ନିର୍ଭୁଲ ସାମାଜିକ, ରାଜନୀତିକ ସନନ୍ଦ।

କଟକଠାରୁ ବାର ମାଇଲ ଦୂର, ଉତ୍ତର ପୂର୍ବକୋଣରେ ଗାଁଟିଏ। ନାଁ ପୁରୁଷୋତ୍ତମପୁର। ନିତାନ୍ତ ଅନାମଧେୟ। ଇତିହାସ ପୋଥିରେ ଏହାର ଚିହ୍ନବର୍ଣ୍ଣ ନାହିଁ। ସେଇ ଗାଁର ମହାନ୍ତି ସାଇ। ପହିଲି ସୂର୍ଯ୍ୟାଲୋକ ଦେଖିଲେ ସୁରେନ୍ଦ୍ର (୧୯୨୨ ମସିହା ଜୁନ୍ ୨୧ ତାରିଖ)। ତାଙ୍କ ପିତା ଲୋକନାଥ ମହାନ୍ତି। ମାତା ସୁଶୀଳା ଦେବୀ। ବାପା ଚାହିଁଲେ ପୁଅ ଡାକ୍ତର ହେବ; ମାତ୍ର ସୁରେନ୍ଦ୍ରଙ୍କ ମନ ସାହିତ୍ୟରେ। ଡାକ୍ତରି ପଢ଼ିବାର ସୁଯୋଗକୁ ପ୍ରତ୍ୟାଖ୍ୟାନ କଲେ। କଳା ଶ୍ରେଣୀରେ ନାଁ ଲେଖେଇଲେ। ଗାଁର ଛଇ ଛବିଲୀ ରୂପ, ଲାବଣ୍ୟ। ଚାଳଛପର ଘର। ବାଡ଼ିରେ ଡେଙ୍ଗା ତାଳଗଛ, ବାହୁଙ୍ଗା ପବନରେ ଦାମାପିଟେ। ମନଛୁଆଁ ସୁର ଲହରି ଭାସିଆସେ। ବସାରେ ବାଇ ଚଢ଼େଇର କିଚିରି ମିଚିରି ଡାକ, ତାଳଗଛ ଜାତି ଜାତି କଥା କହେ, କିଛି ବୁଝା, କିଛି ଅବୁଝା। ନିଶୂନ୍ ରାତି, ବାଉଁଶବଣ, ପବନ ନାନାବାୟା ଗୀତ ବୋଲେ। ଡାଆଣୀମାନେ ବି ବଇଁଶୀ ବଜାନ୍ତି। ଦୂରରୁ ଶୁଭେ ଅଶରୀରର କେଁ କେଁ ସ୍ୱର, ବଡ଼ କାତର। ଭାରି ଭଲ ଲାଗେ। ଗଛ-ଚଢ଼େଇ-ପ୍ରଜାପତି-ଫୁଲ-ଫଗୁଣ-ଚୋରାଚଇତି - ତା'ରି ଭିତରେ ସୁରେନ୍ଦ୍ରଙ୍କ ଶୈଶବ। ଶୈଶବର ମଧୁମାଳତୀ, ତାଙ୍କ ପାଇଁ ଚିର ଅଭୁଲା। ସେଇ ପୁରୁଷୋତ୍ତମପୁର ଗାଁ, ସୁରେନ୍ଦ୍ରଙ୍କୁ ହଜେଇ ଦେଇଛି, ମଜେଇ ଦେଇଛି। ସେ ହୋଇ ଯାଇଛନ୍ତି ସ୍ୱନାମଧନ୍ୟ ସ୍ରଷ୍ଟା। ଓଡ଼ିଆ ସାହିତ୍ୟର ବିଭିନ୍ନ ବିଭାଗରେ ଲେଖନୀ ଚାଳନା, ମିଳିଛି ଅଭୂତପୂର୍ବ ସଫଳତା। ତାହା ସୁରେନ୍ଦ୍ରଙ୍କର ସ୍ୱାତନ୍ତ୍ର୍ୟ। ତାଙ୍କ ଭ୍ରମଣ କାହାଣୀ, ସମାଲୋଚନା ପୁସ୍ତକ, ଓଡ଼ିଆ ସାହିତ୍ୟର ଇତିହାସ - ଏଗୁଡ଼ିକର ଉତ୍କର୍ଷ ସାର୍ବକାଳିକ। ତାଙ୍କ କ୍ଷୁଦ୍ରଗଳ୍ପର ଦିଗ୍‌ବଳୟ ଗଳ୍ପ ସଂକଳନ 'ମରାଳର ମୃତ୍ୟୁରୁ' - 'ମହାନିର୍ବାଣ' ଯାଏ ପ୍ରଲମ୍ବିତ। ଉପନ୍ୟାସ ସଂରଚନାର ସେ ଜଣେ ନିପୁଣ ବିନ୍ଧାଣି। 'ନୀଳଶୈଳ', 'ନୀଳାଦ୍ରିବିଜୟ', 'କୃଷ୍ଣା ବେଣୀରେ ସନ୍ଧ୍ୟା', 'କୁଳବୃଦ୍ଧ', 'ଶତାବ୍ଦୀର ସୂର୍ଯ୍ୟ', 'ଅନ୍ଧ ଦିଗନ୍ତ' - ଏ ସବୁ ଉପନ୍ୟାସ ଓଡ଼ିଆ ବାଣୀଭଣ୍ଡାରର ଏକ ଏକ ଅମୂଲ୍ୟ ରତ୍ନ। ତାଙ୍କର ଦୀର୍ଘ ନିରଳସ ନିଷ୍ଠାପର ସାଧନା। ଏହାର କତିପୟ ଉଜ୍ଜ୍ୱଳ ଇସ୍ତାହାର 'ପଥ ଓ ପୃଥିବୀ'। ଉପର୍ଯ୍ୟୁକ୍ତ ସୃଷ୍ଟି ସମ୍ଭାରର ପରିକଳ୍ପନାର ଉତ୍ସ। ଏ ସମ୍ପର୍କିତ ତଥ୍ୟ ସ୍ଥାନିତ ତାଙ୍କ ଆତ୍ମଲିପିରେ। 'ନୀଳଶୈଳ' ଉପନ୍ୟାସ ପାଇଛି କେନ୍ଦ୍ର ସାହିତ୍ୟ ଏକାଡେମୀ

ପୁରସ୍କାର। ତାଙ୍କର 'ସବୁଜପତ୍ର ଓ ଧୂସର ଗୋଲାପ', 'ପଥ ଓ ପୃଥିବୀ' ଓଡ଼ିଶା ସାହିତ୍ୟ ଏକାଡେମୀ ପୁରସ୍କାର ବିଜେତା। 'କୁଳବୃଦ୍ଧ' ପାଇଁ ସୁରେନ୍ଦ୍ର ଶାରଳା ପୁରସ୍କାର ସମ୍ମାନରେ ବିଭୂଷିତ (୧୯୮୭)। ଉଲ୍ଲେଖନୀୟ ସାରସ୍ୱତ ସାଧନା। ଏଥିପାଇଁ ପାଇଛନ୍ତି ମରଣୋତ୍ତର 'ପଦ୍ମଶ୍ରୀ' ସମ୍ମାନ। ସୁରେନ୍ଦ୍ର ଓଡ଼ିଶା ସାହିତ୍ୟ ଏକାଡେମୀର ସଭାପତି ଥିଲେ (୧୯୮୧-୧୯୮୭)। ଏକାଡେମୀର ରଜତ ଜୟନ୍ତୀ ଉତ୍ସବ, ମହାସମାରୋହରେ ପାଳିତ ହେଲା। ଓଡ଼ିଆ ସାହିତ୍ୟ, ସଂସ୍କୃତିର ଅସାମାନ୍ୟ ଐତିହ୍ୟ, ବିଭବମୟୀ ଐଶ୍ୱର୍ଯ୍ୟ - ଏ ସବୁ ପ୍ରକାଶରେ କୌଣସି ତ୍ରୁଟି ନ ଥିଲା। ସଂସ୍କୃତି ସହ ସାଧାରଣ ଜନତା ପରିଚିତ ହେବେ - ଉତ୍ସବର ମୁଖ୍ୟ ଉଦ୍ଦେଶ୍ୟ ଥିଲା। ସଭାପତି ଭାବେ ସୁରେନ୍ଦ୍ରଙ୍କ କାର୍ଯ୍ୟଦକ୍ଷତା ଅତୀବ ପ୍ରଶଂସନୀୟ।

ସୁରେନ୍ଦ୍ରଙ୍କ ମୁକ୍ତି ସଂଗ୍ରାମୀ ଜୀବନ କଥା। ଅଗଷ୍ଟ ଆନ୍ଦୋଳନ (୧୯୪୨), ସେ କଲେଜ ଛାଡ଼ିଲେ। ଗୋଟିଏ ବର୍ଷ ଅଣ୍ଡରଗ୍ରାଉଣ୍ଡରେ, ଭବଘୂରା ଅଘୋରୀ ଜୀବନ। ନାହିଁ ଖିଆପିଆ, ଏ ଗାଁରୁ ସେ ଗାଁ, ଲୁଚାଛପା। ପହଞ୍ଚିଲେ ସାହାପୁର ଗାଁରେ। ସେଠାକା ଶିକ୍ଷିତ ଅଶିକ୍ଷିତ ସମସ୍ତଙ୍କୁ ଏକାଠି କଲେ। ଗୋଟେ କ୍ଲବ୍‌ରେ ମିଶାଇଦେଲେ, ଗାନ୍ଧିଜୀଙ୍କ 'କର ବା ମର' ବାର୍ତ୍ତା ବାଣ୍ଟିଲେ। ଡାକଘରେ ନିଆଁ ଲଗାଇବା ନକ୍ସା ପ୍ରସ୍ତୁତ ହେଲା। ପୁଲିସ ଭୟ। ସହଜେ ମଫସଲି ପିଲା। ଯୋଜନାଟି ସମ୍ପୂର୍ଣ୍ଣ ବିଫଳ। ଗାନ୍ଧିଜୀଙ୍କ ଆଦର୍ଶରେ ଅଭିଭୂତ ସୁରେନ୍ଦ୍ର। ଛାତ୍ର ଜୀବନରେ ତାଙ୍କୁ ପୁରୀରେ ଦେଖିଥିଲେ। ତାଙ୍କରି ନେତୃତ୍ୱ ପ୍ରତି ଗଭୀର ଅନୁରକ୍ତି। ମୁକ୍ତି ସଂଗ୍ରାମୀ ପାଲଟିଲେ। ତାଙ୍କର ଜାତିପ୍ରେମ, ଦେଶଭକ୍ତି ଅତୀବ ଉଚ୍ଚକୋଟୀର।

ଅଣ୍ଡରଗ୍ରାଉଣ୍ଡରୁ ବାହାରିଲେ ସୁରେନ୍ଦ୍ର। ଏବେ ଜୀବିକାର୍ଜନ ଚିନ୍ତା, ଚାକିରିଟିଏ ଅବା ଟିଉସନ୍। ମିଳିଲା ତିନିଟି ଟିଉସନ୍। ଆକସ୍ମିକ ଭାବେ ଉତ୍ତରଣ ସାମ୍ବାଦିକତା ଜଗତକୁ। ଏ ଥିଲା ଅଦୃଷ୍ଟଙ୍କ ଇଚ୍ଛା। କାଣ୍ଡାରି ଭାବେ ଆଗେଇନେଲେ ଜୀବନ ତରୀକୁ। 'ନିଉ ଓଡ଼ିଶା'ର ସମ୍ପାଦକ କେ.ଏନ୍. ଆଚାରୀ, ସେ ଜଣେ ତାମିଲିଆନ ଭଦ୍ରଲୋକ। ତାଙ୍କ କାଗଜରେ ବାହାରିଲା ସୁରେନ୍ଦ୍ରଙ୍କ ଲେଖା। କାଗଜର କାଟ୍‌ତି ବଢ଼ିଲା। 'ନିଉ ଓଡ଼ିଶା'ରୁ ତାଙ୍କ ସାମ୍ବାଦିକତା ଜୀବନର ଅୟମାରମ୍ଭ। ସାପ୍ତାହିକୀ 'ଜନତା'ର ହେଲେ ସମ୍ପାଦକ। କଂଗ୍ରେସ ଦଳ ଶାସନରେ। ସୁରେନ୍ଦ୍ର ସତ୍ତାବିରୋଧୀ। ବହୁବାର ସରକାରଙ୍କ କୋପଦୃଷ୍ଟିର ଶିକାର ହେଲେ। ତେଲ ଲୁଣର ସଂସାର, ସଦା ନିଅଣ୍ଟ। ପତ୍ରିକା ପ୍ରକାଶନ ଏକ ଦୁରୂହ ବ୍ୟାପାର। ସ୍ତ୍ରୀଙ୍କର ସୁନାହାର ବନ୍ଧା ପକାଇଲେ। ଅନେକ ଥର ରାତିରେ ଉପବାସ। 'କଳିଙ୍ଗ' ସମ୍ବାଦପତ୍ରର ସମ୍ପାଦକ ଥାଆନ୍ତି। ଲେଖିଲେ ଏକ ସମ୍ପାଦକୀୟ। ତାଙ୍କ ନାମରେ ମାନହାନି ମକଦ୍ଦମା ହେଲା। ଭୀତ କାତର ହୋଇ ନ ଥିଲେ ସୁରେନ୍ଦ୍ର। ଦୈନିକ ସମ୍ବାଦପତ୍ର

'ସମ୍ବାଦ'। ପ୍ରଥମେ ସମ୍ପାଦକ, ପରେ ହେଲେ ଏହାର ମୁଖ୍ୟ ସମ୍ପାଦକ। ତାଙ୍କ ପାଇଁ ସାମ୍ବାଦିକତା ଏକ ପବିତ୍ର କର୍ତ୍ତବ୍ୟ। ଏହାକୁ ଅକ୍ଷରେ ଅକ୍ଷରେ ପାଳନ କଲେ।

ସୁରେନ୍ଦ୍ରଙ୍କ ରାଜନୀତିକ ଜୀବନ ଘଟଣା ବହୁଳ। ୧୯୬୦ ମସିହା, ଗଣତନ୍ତ୍ର ପରିଷଦରୁ ଇସ୍ତଫା ପ୍ରଦାନ, ପରେ କଂଗ୍ରେସରେ ଯୋଗଦାନ। କଂଗ୍ରେସ ଦଳରୁ ମୁହଁ ଫେରାଇଲେ, 'ଜନତା' ଦଳରେ ସାମିଲ ହେଲେ। ଦଳରେ କୁର୍ସୀ ପାଇଁ ସ୍ଥବିରମାନଙ୍କର ବିବାଦ। ଅଣନିଶ୍ୱାସ ସୁରେନ୍ଦ୍ର। ଜନତା ଦଳ ଛାଡ଼ିଲେ, ପୁନଃ କଂଗ୍ରେସରେ ଯୋଗଦାନ। ଏହା ଥିଲା ତାଙ୍କ ପାଇଁ ନୀତିଗତ ବିଚାର। ପ୍ରକୃତରେ ସେ ଦଳ ଛାଡ଼ି ନାହାନ୍ତି, ଦଳ ତାଙ୍କୁ ଛାଡ଼ିଛି। ସୁରେନ୍ଦ୍ରଙ୍କର ବେସାଲିସ, ଅନମନୀୟ ମନୋଭାବ ଏହାର ମୁଖ୍ୟ କାରଣ।

ରାଜନୀତିର ସଂଜ୍ଞା ସୁରେନ୍ଦ୍ରଙ୍କ ପାଇଁ ସ୍ୱତନ୍ତ୍ର। ବିଂଶ ଶତାବ୍ଦୀର ଷଷ୍ଠ ଦଶକ। ସେତେବେଳକୁ 'ପଲ୍‌ଟିକ୍‌ସ' ଆମ ଭାଷାରେ ପ୍ରବେଶ କଲା। ଯେମିତି 'ଚାଲୁ ଚା', 'ବ୍ଲାକ୍ ମନି' ପ୍ରଭୃତି ଆଉ କେତୋଟି ଶବ୍ଦ। ସୁରେନ୍ଦ୍ର ଥିଲେ କର୍ତ୍ତବ୍ୟନିଷ୍ଠ। ଜନତାର ସେବା ପାଇଁ ତାଙ୍କର ରାଜନୀତି। ସେ ମନ୍ତ୍ରୀ ହୋଇପାରି ନାହାନ୍ତି। ତଥାପି ନିର୍ବାଚିତ ପ୍ରତିନିଧି ଭାବେ ଆପଣା ଦକ୍ଷତା ପ୍ରଦର୍ଶନ - ଏଥିରେ ଊଣା କରିନାହାନ୍ତି। ଭାରତର ରାଜ୍ୟସଭା ସଦସ୍ୟ (୩ ଅପ୍ରେଲ ୧୯୭୮- ୨ ଅପ୍ରେଲ ୧୯୮୪), ସେହିପରି ୫ମ ଲୋକସଭା (୧୯୭୧-୧୯୭୭), ୨ୟ ଲୋକସଭା (୧୯୫୭-୧୯୬୨), ରାଜ୍ୟସଭା (୩ ଅପ୍ରେଲ ୧୯୫୨ - ୨୩ ମାର୍ଚ୍ଚ ୧୯୫୭)ର ସଦସ୍ୟ ଥିଲେ। ଗୋଟେ ଚଉଠ ଶତାବ୍ଦୀ, ସୁରେନ୍ଦ୍ର ପ୍ରତ୍ୟକ୍ଷ ରାଜନୀତିରେ; ମାତ୍ର ଉଚ୍ଚ କ୍ଷମତାଧାରୀ ନଥିଲେ। ରାଜନୀତିର ବିଷମ ଜଗତ, କୌଣସି ସଚ୍ଚୋଟ ସୃଷ୍ଟିଧର୍ମୀ ସାହିତ୍ୟିକ, ଏଥିରେ ତିଷ୍ଠିରହିବା ଅସମ୍ଭବ।

ସ୍ୱାଧୀନ ଭାରତ, କଂଗ୍ରେସ ଦଳ ଉପରେ ଜନତାଙ୍କର ଗଭୀର ଆସ୍ଥା। ଢେରଦିନ କ୍ଷମତାରେ, ଗୋଟେ ବିରୋଧୀ ଦଳ ବିନା ସୁସ୍ଥ ଗଣତନ୍ତ୍ର ଅପରିକଳ୍ପନୀୟ - ଏକଥାଟି ସୁରେନ୍ଦ୍ର ବୁଝିଥିଲେ। ଓଡ଼ିଶାରେ ଗୋଟେ ବିରୋଧୀଦଳର ଅଭ୍ୟୁଦୟ, ତାହା 'ଗଣତନ୍ତ୍ର ପରିଷଦ'। ଏଥିରେ ସୁରେନ୍ଦ୍ରଙ୍କର ମୁଖ୍ୟ ଭୂମିକା। ତାଙ୍କ ରାଜନୀତିକ ଜୀବନର ଅନ୍ୟ ଉଲ୍ଲେଖନୀୟ ଘଟଣା 'ସୀମା ଆନ୍ଦୋଳନ'। ୧୯୪୮ ମସିହା ଜାନୁଆରୀ ୧ ତାରିଖ, ମୟୂରଭଞ୍ଜ ବ୍ୟତୀତ ସବୁ ଗଡ଼ଜାତ ରାଜ୍ୟ, ମିଶିଲା ଓଡ଼ିଶାରେ। ଦୁଇ ଓଡ଼ିଆଭାଷୀ ଅଞ୍ଚଳ - ଷଢ଼େଇକଳା, ଖରସୁଆଁ। ଏହାର ଭାଗ୍ୟ କୁଟାଖିଅରେ। ଚାଲିଲା ବିକ୍ଷୋଭ, ପ୍ରତିବାଦ। ମାତ୍ର ସବୁ ବିଫଳ। ୧୯୫୩ ମସିହା ଡିସେମ୍ବର ମାସ, ରାଜ୍ୟ ପୁନର୍ଗଠନ କମିଶନ ପ୍ରକାଶ ପାଇଲା। ଭାଷା ସୂତ୍ରେ ଷଢ଼େଇକଳା-

ଖରସୁଆଁ ଓଡ଼ିଶା ସହ ମିଶିଲାନି । ସୁରେନ୍ଦ୍ର, ତାଙ୍କ ସହ ଅନ୍ୟ ଦେଶପ୍ରେମୀଏ । ସଂଗ୍ରାମ ଜୋର୍‌ଦାର କଲେ । ଚାଲିଲା ସୀମା ଆନ୍ଦୋଳନ । ଅଭୂତପୂର୍ବ ଜନଜାଗରଣ । ସରକାରଙ୍କର ଦମନଲୀଳା । କଟକ ଆକାଶବାଣୀ ଆଡ଼େ ଚାଲିଛି ପ୍ରତିବାଦର ପଟୁଆର । ପୁଲିସ ଗୁଳି ଚଳାଇଲା । ଜଣେ ଯୁବକ ଘଟଣାସ୍ଥଳରେ ଟଳି ପଡ଼ିଲା । ତାଙ୍କ ନାଁ ସୁନୀଲ ଦେ । ତା' ପରେ ଦି' ଦି' ଥର ଗୁଳିଚାଳନା, ଲାଠିଚାର୍ଜ, ଲୁହବୁହା ଗ୍ୟାସ୍ ପ୍ରୟୋଗ । ଏମିତି ପୁଲିସର ବର୍ବରଲୀଳା । ସୀମା ଆନ୍ଦୋଳନର ସୁଫଳ ମିଳିଲାନି । ଷଢ଼େଇକଳା-ଖରସୁଆଁ । ବିହାର ହାତରେ ଟେକି ଦିଆଗଲା । ଏଇଟି ଭିତିରି କଥା - ଧ୍ରୁବସତ୍ୟ ବି । ଏକଥାଟି ସୁରେନ୍ଦ୍ର ମହାନ୍ତି ଉଲ୍ଲେଖ କରିଛନ୍ତି ।

'ପଥ ଓ ପୃଥିବୀ' ସୁରେନ୍ଦ୍ରଙ୍କର ଏକ କାଳଜୟୀ ଆତ୍ମଲିପି । ଏଥିରେ ବହୁ ଐତିହାସିକ ତଥ୍ୟ, ସାମାଜିକ ଘଟଣାବଳୀ, ରାଜନୀତିକ ଘନଘଟା, ପ୍ରାକ୍ ସ୍ୱାଧୀନତାକାଳୀନ ଶିକ୍ଷା, ମୁକ୍ତିସଂଗ୍ରାମ, ଗାନ୍ଧିଜୀଙ୍କ ଓଡ଼ିଶା ଆଗମନ - ଏମିତି ନାନାଦି ଉପାଦେୟ ତଥ୍ୟ ସନ୍ନିବିଷ୍ଟ । ସ୍ରଷ୍ଟା ଜଣେ ଲବ୍ଧପ୍ରତିଷ୍ଠ ସାହିତ୍ୟିକ । ସାହିତ୍ୟ ଆଉ ରାଜନୀତି - ଏ ଦୁଇଟି ତାଙ୍କ ପାଇଁ ପରିପୂରକ । ବୃତ୍ତିଗତ ଭାବେ ସେ ଜଣେ ସାମ୍ବାଦିକ - ଯୌବନରୁ ଶେଷ ଯାଏ । ଓଡ଼ିଆ ସାମ୍ବାଦିକତାର କ୍ଷେତ୍ର । ଏଥିରେ ସାହିତ୍ୟ, ରାଜନୀତି, ସାମ୍ବାଦିକତାକୁ ଏକତ୍ର କରିବାରେ ସେ ଥିଲେ ସଦା ପ୍ରୟାସୀ । ସାମ୍ବାଦିକତାର ବଡ଼ପଣ୍ଡାମାନଙ୍କର ସ୍ଥୂଳ ରୁଚି, ପ୍ରତିକ୍ରିୟାଶୀଳ ମନୋଭାବ । ଏଥିପାଇଁ ତାଙ୍କ ପ୍ରଚେଷ୍ଟା 'ଅନ୍ଧ ଦେଶକୁ ଗଲି ଦର୍ପଣ ବିକି' ସଦୃଶ । ସୁରେନ୍ଦ୍ର ପ୍ରଥମେ ଦ୍ରଷ୍ଟା । ପରେ ସାଧନା, ସାଧନାରୁ ସିଦ୍ଧିପ୍ରାପ୍ତି । ପାଲଟି ଯାଇଛନ୍ତି ଗୋଟେ ଅନୁଷ୍ଠାନ । ଏ ସମସ୍ତ ବିଷୟକୁ ବିଚାରକୁ ନିଆଯାଇଛି । ଆତ୍ମଲିପିଟି ଉପରେ ଜାରି ରହିଛି ବୌଦ୍ଧିକ ଚର୍ଚ୍ଚା । ତାହା ଆତ୍ମ ଜୀବନୀଟିର କଳା ଆଉ ଭାବପକ୍ଷ । ସୁରେନ୍ଦ୍ର ଭାଷାର ଯାଦୁକର । 'ପଥ ଓ ପୃଥିବୀ'ର ମାଧୁର୍ଯ୍ୟମୟ ପରିବେଷଣ, ମୁଗ୍ଧବିହ୍ୱଳ ପାଠକବୃନ୍ଦ । ଏ ଭଳି ଏକ ଅନୁପମ କଳାକୀର୍ତ୍ତିର ଆକଳନ ପ୍ରୟାସ । ଉକ୍ତ ପ୍ରବନ୍ଧ ପୁସ୍ତକଟିର ମୂଳଭିତ୍ତି । ମୋଟ୍ ୩୦ ଗୋଟି ପ୍ରବନ୍ଧ ଏଥିରେ ସ୍ଥାନିତ । ପୁସ୍ତକର ଶିରୋନାମା 'କାଳ ଓ କଳାର ଶିଳ୍ପୀ ସୁରେନ୍ଦ୍ର' ।

ଶେଷରେ ଦି' ପଦ । ପୁସ୍ତକଟିରେ ସ୍ଥାନିତ ପ୍ରବନ୍ଧଗୁଡ଼ିକ ଦୈନିକ ସମ୍ବାଦପତ୍ର 'ସମ୍ବାଦ କଳିକା', 'ଶ୍ରୁତି', ପାକ୍ଷିକ 'କଳିଙ୍ଗପ୍ରଭା'ରେ ପ୍ରକାଶିତ । ପୁସ୍ତକଟି ପ୍ରକାଶନ ଅବସରରେ ସେଇ ସବୁ ଗୁଣୀ ସମ୍ପାଦକ (ଶ୍ରୀ ଜୟାଶୀଷ ରାୟ, ଶ୍ରୀ ସର୍ବେଶ୍ୱର ମିଶ୍ର, ଶ୍ରୀ ପ୍ରଦୀପ୍ତ କୁମାର ପରିଡ଼ା)ଙ୍କ ନିକଟରେ ଏ ଲେଖକ କୃତଜ୍ଞତା ଜଣାଉଛି । ମୋର ଅଗ୍ରଜ ପ୍ରତିମ ଭଦ୍ରକ ନିବାସୀ, ବିଶିଷ୍ଟ ଐତିହାସିକ ଡକ୍ଟର ରାଇମୋହନ ମହାପାତ୍ର,

ବିଶିଷ୍ଟ କବି, ଲବ୍ଧ ପ୍ରତିଷ୍ଠ ସାମ୍ବାଦିକ ଶ୍ରୀ ଗୁରୁକଲ୍ୟାଣ ମହାପାତ୍ର - ଏମାନେ ବହିଟି ପ୍ରକାଶ ପାଇଁ ପ୍ରେରଣା ଯୋଗାଇଛନ୍ତି। ସେମାନଙ୍କ ନିକଟରେ ମୁଁ କୃତଜ୍ଞ। ମୋର ଶ୍ରଦ୍ଧେୟ ଛାତ୍ର ସାମ୍ବାଦିକ ଶ୍ରୀମାନ ଅରୁଣ କାନୁନ୍‌ଗୋଙ୍କ ସହଯୋଗ ଭୁଲିହେବନି। ମୋ ଅଗ୍ରଜ, ଉଚ୍ଚ ବିଦ୍ୟାଳୟର ଅବସରପ୍ରାପ୍ତ ପ୍ରଧାନଶିକ୍ଷକ ଶ୍ରୀ ନଟବର ସେଣ, ଅନୁଜ ଅବସରପ୍ରାପ୍ତ ପ୍ରଧାନ ଶିକ୍ଷକ ଶ୍ରୀ ପରମେଶ୍ୱର ସେଣଙ୍କ ଅବଦାନ ମଧ୍ୟ ସ୍ମରଣୀୟ। ସେମାନଙ୍କ ନିକଟରେ ଋଣୀ ରହିବି ନିଶ୍ଚୟ। ମୋ ଲେଖକୀୟ ଜୀବନର ପ୍ରେରଣାଦାତ୍ରୀ ସହଧର୍ମିଣୀ ଅବସରପ୍ରାପ୍ତା ପ୍ରଧାନ ଶିକ୍ଷୟିତ୍ରୀ ବିଚକ୍ଷଣା ବିଶ୍ୱାଳ। ତାଙ୍କରି ଉତ୍ସାହ, ସହଯୋଗ ହେତୁ ପୁସ୍ତକଟି ଆତ୍ମପ୍ରକାଶ କଲା; ମାତ୍ର ଅବଶୋଷ, ଏବେ ସେ ଆରପାରିରେ। ତାଙ୍କ ନିକଟରେ ସାରା ଜୀବନ ମୁଁ ଋଣୀ। ସର୍ବୋପରି ସାନଭାଇ ସଦୃଶ ଅବସରପ୍ରାପ୍ତ ଅଧ୍ୟକ୍ଷ ଡକ୍ଟର ସ୍ମୃତିରଞ୍ଜନ ବେହେରା, ସାନ ଭଉଣୀ ସଦୃଶା ପ୍ରାଧ୍ୟାପିକା ଜ୍ୟୋତ୍ସ୍ନାରାଣୀ ତ୍ରିପାଠୀ, ଶିକ୍ଷକ ହୃଷୀକେଶ ପଣ୍ଡା - ଏମାନଙ୍କର ସହଯୋଗ ସବୁଦିନ ମନେରହିବ। ସେମାନଙ୍କୁ ଧନ୍ୟବାଦ ଜଣାଉଛି। ଅନୁଜ ପ୍ରତିମ, ସ୍ନେହାସ୍ପଦ ବିଶିଷ୍ଟ ଗବେଷକ ସଞ୍ଜୟ କୁମାର ବରାଳ। ତାଙ୍କରି ଉତ୍ସାହ, ଆନ୍ତରିକ ସହଯୋଗ ମୋ ପାଇଁ ଚିର ଅଭୁଲା। ବ୍ଲାକ୍ ଇଗଲ ବୁକ୍‌ସ ପବ୍ଲିକେଶନର ସତ୍ତ୍ୱାଧିକାରୀ, ପୁସ୍ତକଟିର ପ୍ରକାଶନ ଦାୟିତ୍ୱ ନେଇଛନ୍ତି। ତାଙ୍କ ନିକଟରେ ମୁଁ ଋଣୀ। ପୁସ୍ତକଟିକୁ ନିର୍ଭୁଲ ତଥା ସର୍ବାଙ୍ଗ ସୁନ୍ଦର କରିବା ପାଇଁ ସମସ୍ତ ପ୍ରକାର ପ୍ରଯତ୍ନ କରାଯାଇଛି; ଏହା ସତ୍ତ୍ୱେ କେତେକ ତ୍ରୁଟି ହୁଏତ ପରିଲକ୍ଷିତ ହୋଇପାରେ। ଗୁଣୀ ପାଠକେ ତାହାକୁ ଉଦାର ପଣେ ଘେନା କରିବାକୁ ନିବେଦନ।

ବିନୀତ

ପୁରୁଷୋତ୍ତମପୁର **ଡକ୍ଟର ସର୍ବେଶ୍ୱର ସେଣ**

ତା୧୫.୦୧.୨୦୨୩

ସୂଚିପତ୍ର

ଗାଆଁ ପୁରୁଷୋତ୍ତମପୁର : ସ୍ମୃତି ଅପାସୋରା	୧୫
ଚାଟଶାଳୀ ପାଠ : ଅବଧାନେଙ୍କ ଉଗ୍ରରୂପ	୨୪
ଶ୍ଳୀଳତା, ଅଶ୍ଳୀଳତା : ଜୀବନ ମୁଦ୍ରାର ଦୁଇଟି ପାର୍ଶ୍ୱ	୨୯
କପାଳେ ଥିଲେ ଗୋପାଳ ଦେବେ	୩୪
ଗୁରୁମାନେ ଇହକାଳ, ପରକାଳର ଶୁଭଚିନ୍ତକ	୪୩
ଓଡ଼ିଶାରେ ଗାନ୍ଧିଜୀ	୪୮
ଭବଘୂରା ଅଘୋରୀ ମୁକ୍ତିସଂଗ୍ରାମୀ	୫୩
ପ୍ରାକ୍ ସ୍ୱାଧୀନତା କାଳୀନ ନିର୍ବାଚନ	୫୮
ସାମ୍ବାଦିକତାର ଖଡ଼ିପାଠ	୬୩
ରାଜନୀତିର ବିଷମ ଜଗତ	୬୮
ପଣ୍ଡିତ ଜବାହରଲାଲ ନେହେରୁଙ୍କୁ ଖୋଲାଚିଠି	୭୪
ଜୀବନ ଛାଇ ଆଲୁଅର ଖେଳ	୮୩
ରାଜନୀତିରେ ଛକା-ପଞ୍ଝା	୮୮
ଉତ୍କଳ ସମ୍ମିଳନୀ ସହ କୋଶଳ-ଉତ୍କଳ ପ୍ରଜା-ପରିଷଦର ମିଶ୍ରଣ ପ୍ରସ୍ତାବ	୯୭
ଗଡ଼ଜାତ ମିଶ୍ରଣ	୧୦୬
ଷଢ଼େଇକଳା - ଖରସୁଆଁ ବିଚ୍ଛେଦ : କଥା ଓ ବ୍ୟଥା	୧୧୧
ସୀମା ଆନ୍ଦୋଳନ	୧୨୦
ରାଜନୀତିକ ଆକ୍ରୋଶ	୧୩୦
ସୋନପୁର ରାଜାଙ୍କ ଦରବାର ବିଜେ	୧୩୬
ଭୁବନେଶ୍ୱର ବନାମ ଗ୍ରେଟର କଟକ	୧୪୦
ରାଜନୀତିରେ ପ୍ରାପ୍ତି - ପ୍ରତ୍ୟାଶା	୧୪୫
'ଅନ୍ଧଦିଗନ୍ତ'ର ନିଧିଦାସ ଓ ବରଜୁଦାଦା	୧୫୧
ସହିଦ ବାଜି ରାଉତ : ଇତିହାସ ଓ କିମ୍ବଦନ୍ତୀ	୧୫୬
ଛଉ ରସିକ ଷଢ଼େଇକଳା ମହାରାଜା	୧୬୨
ସାହିତ୍ୟରେ ପୁରସ୍କାର	୧୬୬
ଓଡ଼ିଶା ସାହିତ୍ୟ ଏକାଡେମୀର ରଜତ ଜୟନ୍ତୀ ଉତ୍ସବ	୧୭୧
ରାଜନୀତିକ ତିକ୍ତତା : ଅମୃତମୟ ଫଳ କୁଳବୃଦ୍ଧ ଓ ଶତାବ୍ଦୀର ସୂର୍ଯ୍ୟ	୧୭୭
ବିଧିର ବିଧାନ	୧୮୩
ଶକ୍ତି ନାହିଁ ବସ୍ତ କାହାରି ଜଗତେ...	୧୮୯
କହିବା ସହଜ, ଲେଖିବା କଷ୍ଟ	୧୯୪

ଗାଆଁ ପୁରୁଷୋତ୍ତମପୁର: ସ୍ମୃତି ଅପାସୋରା

ଐତିହାସିକ କଟକ ସହର ଠାରୁ ବାର ମାଇଲ ଦୂର। ଉତ୍ତରପୂର୍ବ କୋଣରେ ଛୋଟିଆ ଗାଆଁଟି। ନାଁ ପୁରୁଷୋତ୍ତମପୁର। ଇତିହାସ ଅବା ଭୂଗୋଳ ପୋଥି ପୁରାଣ। କେଉଁଥିରେ ବି ତା' ନାଁ ନାହିଁ। ବ୍ରାହ୍ମଣ ସାଇ, ମହାନ୍ତି ସାଇ, ସୁଇଁ (ସ୍ୱାଇଁ) ସାଇ, ଆଉ ଗୋଟେ ବାଉରି ସାହି, ସବୁ ସବୁ ମିଶି ପ୍ରାୟ କୋଡ଼ିଏ ଘର। ସେତେବେଳେ ଗାଁର ଲୋକସଂଖ୍ୟା, ଶହେ ଟପି ନ ଥିଲା। ଇତିହାସର ଯଶୋ ଗ୍ରନ୍ଥରେ ଗାଆଁଟିର ସାମାନ୍ୟତମ ତଥ୍ୟ ନାହିଁ। ଗାଁରେ ନଥିଲା ଧନବଳ, ଜନବଳ ଅତି ନଗଣ୍ୟ। ଗାଆଁଟି ବିଲ ଗୋହିରୀ ଭିତରେ, ଚାରି ପାଖରେ ବାଉଁଶ ବଣ, ଆମ୍ବତୋଟା, କିଆ ଗୋହିରୀ। ଯେମିତି ଛାୟା ନିବିଡ଼ ଦ୍ୱୀପଟେ - ଏମିତି ଭ୍ରମ ସୃଷ୍ଟି କରେ। ସେଇ ଦୂରିଆଦୂରିଆ ଗାଆଁ ପୁରୁଷୋତ୍ତମପୁର। ଅଧୁନା ଗାଁ ନକ୍ସା ବଦଳିଛି। ନଡ଼ାଛପର ଘର, ତା' ଠା ନେଇଚି ଇଟା କଂକ୍ରିଟ୍ କୋଠା। ବରଷାଦିନିଆ ଜହ୍ନି, କାକୁଡ଼ି ଫୁଲର ଉତୁରା ହସ, ଚୋରା ଚଇତାଳିର ମାଦକତା, ଆମ୍ରକୁଂଜରେ କୋଇଲିର କୁହୁତାନ, ଗାଆଁ ମଶାଣି ପଦା - ସବୁ ଏବେ ସାତ ସପନ। ଦିନେ ଗାଆଁ ଥିଲା ମାଧୁର୍ଯ୍ୟମୟୀ, ଥିଲା ସଂସ୍କାର, ସଂସ୍କୃତି। କୁଆଁର ପୁନେଇଁର ଉଦିଆ ଚାନ୍ଦ, ଗ୍ରାମ୍ୟ କିଶୋରୀଙ୍କ ଫୁଲ ବଉଲବେଣୀ ଗୀତ, ରଜ-ସଜବାଜ-ମଉଜ, ଫଗୁପୁନେଇଁରେ ରାଧା ଗୋବିନ୍ଦଙ୍କ ରଙ୍ଗ-ମେଳଣ, ଏ ସବୁ ଆଜି ହଜି ହଜି ଯାଉଛି। ମେଘ ରାଜା ଆସୁଛି, ବାଇଦ ବାଜୁଛି, ବିଜୁଳି ଚହଟୁଛି। ସାରୁ ବୁଦା ମୂଳେ ବେଙ୍ଗ ବେଙ୍ଗୁଲୀ, ମଦମତ୍ତ-କାମ-କ୍ରୀଡ଼ା ରତ, ସବୁ ଅଛି, ହେଲେ ନୂଆଣିଆ ଚାଳ ଛପର ଘର, ବୁଲେଇ ବଙ୍କେଇ ଜଡ଼ି ଯାଇଥିବା ଲାଉ, କଖାରୁ ଡଙ୍କ, ପତ୍ର, ଟପର ଟପର ମେଘର ମନଜିଣା-ନିନାଦ ଆଉ ଶୁଭୁନାହିଁ। ପଲ୍ଲୀର ଶିରୀ ତୁଟିଲାଣି, ସଭିଏଁ ସହର ମୁହାଁ; ତଥାପି ଗାଁର ନିଧିଆ, ପଦିଆ, ମାଧିଆ, ଗାଆଁକୁ ଜାବୁଡ଼ି ଧରିଛନ୍ତି। ତାଙ୍କର ଉଠପଡ଼, ସେଇ ହିଡ଼ମାଟି, ଉଭାମୁଠି, ଆଡ଼-ଦି'ମୁଠିରେ। ସେଇ ଗାଁରେ କେତେ ପାଠ

ନ ଲେଖା ହେଇଛି ସତେ ! ତାକୁ ପଢ଼ିଛନ୍ତି ପ୍ରଥିତ-ଯଶା ସ୍ରଷ୍ଟା ସାଧକ, ତଲ୍ଲୀନ ହୋଇ ଯାଇଛନ୍ତି ଗାଆଁ-ଶୋଭା-ଶିରୀ ସମ୍ପଦରେ। ଉଚ୍ଛୁଳି ପଡ଼ିଛି ରସମୟୀ ଗାଁ ଜୀବନ କଥା, ସୃଷ୍ଟି ହୋଇ ଯାଇଛି କାଳଜୟୀ, ସ୍ରଷ୍ଟା ପାଲଟିଛି ଅମର। ସେମାନଙ୍କ ମଧ୍ୟରେ ଫକୀର ମୋହନ, ଲକ୍ଷ୍ମୀକାନ୍ତ, ନନ୍ଦକିଶୋର, ମଧୁସୂଦନ, ରାଧାନାଥ, ଗୋପୀନାଥ, କାହ୍ନୁଚରଣ, ନିତ୍ୟାନନ୍ଦ ପ୍ରମୁଖ ଅଗ୍ରଗଣ୍ୟ। ସେମିତି ଆହୁରି ଅନେକ। ଆଉ ଜଣେ ସ୍ରଷ୍ଟା-ସାଧକ, ରାଜନେତା ସୁରେନ୍ଦ୍ର ମହାନ୍ତି। ତାଙ୍କର ରାଶିରାଶି ଅମରକୃତି, ଓଡ଼ିଶା ବାଣୀ ଭଣ୍ଡାରକୁ କରିଛି ଋଦ୍ଧିମନ୍ତ। ୧୯୨୨ ମସିହା, ଜୁନ୍ ୨୧ ତାରିଖ, ଆଷାଢ଼ ଶୁକ୍ଳ ପକ୍ଷ ରାତି। ମେଘ ବୋଳା ଆକାଶ। ଝରି ପଡୁଥିଲା ଝିପିଝିପି ବର୍ଷା। ଭୂମିଷ୍ଠ ହେଲେ ସୁରେନ୍ଦ୍ର। ତାଙ୍କରି ଯଶ-କୀର୍ତ୍ତି-ଖ୍ୟାତି ବହୁଜନ ବିଦିତ। ସାହିତ୍ୟର ବିଭିନ୍ନ ବିଭାଗ, ବିଶେଷ କରି ଉପନ୍ୟାସ, କ୍ଷୁଦ୍ରଗଳ୍ପ, ଓଡ଼ିଆ ସାହିତ୍ୟ - ଇତିହାସ ସଂରଚନା - ସବୁଥିରେ ସେ ବିଶାରଦ। ସ୍ୱନାମଧନ୍ୟ ସ୍ରଷ୍ଟା ସୁରେନ୍ଦ୍ର ମହାନ୍ତି। ତାଙ୍କରି ଗାଆଁ ପୁରୁଷୋତ୍ତମପୁର। ସୁରେନ୍ଦ୍ରଙ୍କ ଆତ୍ମଲିପି 'ପଥ ଓ ପୃଥିବୀ'। ଓଡ଼ିଶାର ଶିକ୍ଷା ସଂସ୍କୃତି, ସାହିତ୍ୟ, ସାମାଜିକତା - ଏଥିରେ ପରିସ୍ଫୁଟ। ଆତ୍ମଲିପିଟି ଏକ ନିର୍ଭୁଲ ଐତିହାସିକ ଦଲିଲ, ନିଛକ ସାମାଜିକ ସନନ୍ଦ।

ସେତେବେଳକା ଗାଆଁ, ଦୂରକୁ ଜଙ୍ଗଲ ପରି ଦୃଶ୍ୟମାନ। କେବଳ ପୁରୁଷୋତ୍ତମପୁର ନୁହେଁ, ସବୁ ଗାଁର ସେଇ ଏକା ରୂପ ଭେକ, ଚାରିକଡ଼େ ବାଉଁଶ ବଣ, କିଆ-ଗୋହିରୀ-ଘେରା। ଏମିତି ହବାର କାରଣଟେ ବି ଥିଲା। ମହାପ୍ରତାପୀ, ଗର୍ବୀ, ମରହଟ୍ଟାଏ। ସେମାନେ ଲୁଣ୍ଠନକାରୀ। ତାଙ୍କରି ଶେନ୍ୟ ଦୃଷ୍ଟି ଗାଆଁ ଉପରେ। ଦିନ ଦିପହରରେ ଲୁଟତରାଜ, ରାହାଜାନି, ଜନଜୀବନରେ ଆତଙ୍କ; ମାତ୍ର ସେମାନଙ୍କୁ ସହଜ ପ୍ରବେଶ ସୁଯୋଗ ମିଳୁନଥିଲା। ଗାଆଁ ଚାରିପାଖେ ପାଚେରି। କଂକ୍ରିଟର ନୁହେଁ, କଣ୍ଟାବାଉଁଶ ବଣର ପାଚେରି। ଲୁଣ୍ଠନକାରୀଏ, ଗାଁକୁ ପ୍ରବେଶ କରିବା ଥିଲା କାଠିକର ପାଠ। ଗମନାଗମନର ସୁବିଧା ନଥିଲା। ଗାଆଁ ଗୁଡ଼ିକ ଥିଲା ପାଟ ମଝିରେ। ଆଧୁନିକ ଶିକ୍ଷା, ଗାଆଁମାନଙ୍କୁ ଛୁଇଁ ନ ଥିଲା। ଯେତେଯେତେ ଅନ୍ଧବିଶ୍ୱାସ, କୁସଂସ୍କାର - ସବୁସେଇ ଗାଆଁରେ। ଖରାବେଳେ କିଆ ଗୋହିରୀରେ ବ୍ରହ୍ମରାକ୍ଷସ ଭୟ; ରାତିରେ ଡାଆଣୀ, ଚିରଗୁଣୀ, ଭୂତମାନଙ୍କର ମେଳି। କାନ୍ଦୁରା ପିଲାଏ, ମା' ତୁଣ୍ଡରୁ ଏ ସବୁ ଶୁଣନ୍ତି। ଆପେ ଚୁପ୍ ହେଇ ଯାଆନ୍ତି। ଗ୍ରାମଦେବତୀ କାଳିକେଇ ଠାକୁରାଣୀ, ବାଘ ବାହନରେ ବିଜେ କରନ୍ତି। ବଡ଼ ଆଲୁଅଟାଏ ବାହାରେ, ଠାକୁରାଣୀଙ୍କର ଗାଁ ପରିକ୍ରମା, ମା' ଗାଁର ରକ୍ଷା କବଚ। ରୋଗ ବାଧିକା, ବାଡ଼ି, ବସନ୍ତ ଗାଁକୁ ପଶେ। ମୃତ୍ୟୁସଂଖ୍ୟା ବଢ଼ିଚାଲେ। ହଇଜା ଠାକୁରାଣୀ, ସାଥିରେ ଯୋଗିନୀଏ। ଗୋଟେ ପରେ ଗୋଟେ ମୁଣ୍ଡ ଗଡ଼େ। ଚାଲେ ଗ୍ରାମ ଦେବତୀଙ୍କ ମାଜଣା। ପଣା, ଭୋଗରାଗ, ନାମ ସଂକୀର୍ତ୍ତନ,

ମା' ତୁଷ୍ଟ ହୁଅନ୍ତି। ଗାଁରୁ ବିପଦ ଟଳେ। ଏସବୁ କଥା, ସୁରେନ୍ଦ୍ର ମହାନ୍ତି ଶୁଣିଥିଲେ। ପିଲାବେଳେ ଢେର୍ ଡରୁଥିଲେ।

ଗାଁ ଶେଷରେ ମଶାଣିପଦା। ଗୋପୀନାଥପୁର କଡ଼େ କଡ଼େ ଧୂଳିଆ ରାସ୍ତାଟେ ଲମ୍ବିଛି ପୁରୁଷୋତ୍ତମପୁର ଯାଏ। ଗାଁରେ କେହି ମରିଗଲେ, ଶ୍ମଶାନକୁ ନିଆଯାଏ। ଶବର ହେଁସ, କନ୍ଥା, ଫିଙ୍ଗି ଦେଇ ଯାଆନ୍ତି ଶବବାହକମାନେ। ଏସବୁ ପଡ଼ିଥାଏ ସେଇ ରାସ୍ତାକଡ଼ରେ। ଶୁଦ୍ଧି ଘର ସରେ। ବାଇଜି ହାଣ୍ଡି ସେଇଠି ପଡ଼େ। ଘଟ ଛୁଟେ, ତା'ର ସାମାନ୍ୟତମ ଅବଶେଷ, ଜ୍ଞାତି କୁଟୁମ୍ବ ରଖନ୍ତି ନାହିଁ, ଫିଙ୍ଗି ଦିଅନ୍ତି। ଗୋପୀନାଥପୁର ସଡ଼କ ଏସବୁର ମୂକସାକ୍ଷୀ। କିଏ ରାସ୍ତାକଡ଼ରେ ବ୍ରହ୍ମରାକ୍ଷସ ଦେଖେ, କିଏ ଦେଖେ ଚିରିଗୁଣୀ କଅଁଳା ପିଲାଟିକୁ ସେକୁଥାଏ, ତା' ମାଉଁସ ଖଣ୍ଡେ ଖଣ୍ଡେ ପନିକିରେ କାଟେ, ଖାଏ ବି। ଏମାନେ ପିଲାଖାଇ ଡାଆଣୀ। କେତେ ଲୋକ କୁଆଡ଼େ ଭେଟଣା ହେଇଛନ୍ତି। ରାତି ଅନ୍ଧାର ନୁହେଁ, ସଂଜ ପହରରେ। ଗାଁ ମଝିଦେଇ ବହି ଯାଇଛି ଛୋଟିଆ କରନାଳୀଟି। ତା'ର କୁଳୁକୁଳୁ ମଧୁର ଧ୍ୱନି, ମନ କିଣିନିଏ। କରନାଳୀର ଦକ୍ଷିଣପଟ ବନ୍ଧ, ସେଇଟି ଚଲାରାସ୍ତା, ଶଗଡ଼ ଗାଡ଼ି ବି ଯାଏ। ପୁରୁଷୋତ୍ତମପୁର ଗାଁର ତହସିଲଦାର ପରିବାର। ସେଇ ପରିବାରରେ ସୁରେନ୍ଦ୍ର ମହାନ୍ତିଙ୍କ ଅନ୍ତୁଡ଼ିଶାଳ। ମହାନ୍ତି ସାଇ, ଭାରି ନାଁ ଡାକ। ଘର ଦୁଆର ମୁହଁରେ ଚିତାଏ ଉଞ୍ଚର ଚଉଁରା। ଘରକୁ ପଥର ପାହାଚ। ଏ ସବୁ ଆଭିଜାତ୍ୟର ପ୍ରତୀକ। ହାତୀଶାଳ ପରି ଲମ୍ବା, ଛପରଘର। ପିଣ୍ଡାଟି ଖୁବ୍ ଲମ୍ବା। ବାହା ନିଅଣ, ପୁନେଇଁ ପରବ, ଭୋଜିଭାତ ହୁଏ। ଶହେ ସରିକି ଲୋକେ ଏକାବେଳେ ପଙ୍ଗତରେ ବସି ପାରନ୍ତି। ଦାଣ୍ଡପିଣ୍ଡା ଚାଳ ଓରା, ତଳକୁ ଝୁଲୁଥାଏ କେତେଟା ସବାରି, ଜଗତ୍ର ପେଡ଼ି। ଘରର ବୋହୂମାନେ ଯୌତୁକ ଆଣିଥିଲେ। କ୍ରମେ ଏ ଗୁଡ଼ିକରେ ଉଇ ଲାଗିଲେ, ସବୁ ନଷ୍ଟ ହୋଇଗଲା। ଦାଣ୍ଡପିଣ୍ଡାର ଦକ୍ଷିଣ ପଶ୍ଚିମ କୋଣ, ମୁଣ୍ଡ ଟେକିଥିଲା ବୁଢ଼ା ବଉଳ ଗଛଟେ। ତା' ଦିହରେ ମଧୁମାଳତୀ ଛନ୍ଦାଛନ୍ଦି, ମଧୁମାଳତୀ ମହକ, ବଉଳ ଫୁଲର ବାସ - ଚହଟି ଯାଏ ସଂଜସକାଳେ। ଏମିତି ଏକ ଗାଉଁଲି ପରିବେଶ, ପିଲାଦିନୁ ଦେଖିଲେ ସୁରେନ୍ଦ୍ର, ଅଭିଭୂତ ହେଲେ। ପରବର୍ତ୍ତୀ କାଳରେ ପାଲଟିଲେ ନାଁ କରା ସାରସ୍ୱତ ସାଧକ।

ମରହଟ୍ଟା ଅମଳ। ସୁରେନ୍ଦ୍ରଙ୍କ ପୂର୍ବପୁରୁଷ ଥିଲେ ତହସିଲଦାର ବା ଅମିନ। ତାଙ୍କ ପିଲାବେଳେ ବି ତହସିଲଦାର ଚିହ୍ନ ହଜିନଥିଲା। ଖଂଜାର ଦକ୍ଷିଣ-ପଶ୍ଚିମ କୋଣ। ସେଇଠି ଦିନେ ଥିଲା ତହସିଲଦାର ଦପ୍ତର ବା କଚିରି। ଇଜମାଇଲ ଦାଣ୍ଡ, ଘର ଭିତର ତିନିପାଖକୁ ଆବୋରି, ଛାତିଏ ଉଚ୍ଚର ମାଟିବେଦି। ତା' ଦାଢ଼କୁ ପ୍ରାୟ ମୁଠୁଣିଏ ଉଚ୍ଚାର କାଠବାଡ଼। ହାକିମ ଇଜଲାସରେ ଲାଗିଥିବା ପରି, ଖଂଜା ହୋଇ ରହିଥିଲା।

ପିଣ୍ଡି ଉପରେ ହେଁସ, ତା' ଉପରେ ବିଛାଯାଏ ଶତରଂଜି। ଖଣ୍ଡେ କାଠର ଡେସ୍କ। ତା'ରି ଉପରେ ନଥିପତ୍ର, ତହସିଲଦାର ଲେଖାଲେଖି କରନ୍ତି। ସେଇଠିକି ପ୍ରଜାପାଟ ଆସନ୍ତି। ଖଜଣା ଦିଅନ୍ତି। ତହସିଲଦାର ପାଉତି କାଟନ୍ତି, ସେମାନଙ୍କର ଓଜର ଆପତ୍ତି ଶୁଣନ୍ତି। ତହସିଲଦାରଙ୍କ କିଛି ଜାଗିରି ଜମି ଥିଲା। ଏସବୁ ପୁରୁଣା କଥା। ସୁରେନ୍ଦ୍ର ଶୁଣିଥିଲେ। କର୍ପୂର ଗଲା, ଛିଣ୍ଡାକନାଟି ରହିଲା। ସେଇଟି ତହସିଲଦାର ଘର।

ସେତେବେଳର ତହସିଲଦାର, ଭାରି ପ୍ରତାପୀ। ସୁରେନ୍ଦ୍ରଙ୍କ ଜଣେ ପୂର୍ବପୁରୁଷ। ପାଗା ଗାଆଁର ଲକ୍ଷ୍ମୀନାରାୟଣ ମଠ। ସେଇଠି ତହସିଲଦାର ଥିଲେ। ମହନ୍ତଙ୍କ ବିଶ୍ୱସ୍ତ ପାଲଟିଲେ। ମଠର ବିସ୍ତୀର୍ଣ୍ଣ ସମ୍ପତ୍ତି, ତହସିଲଦାର ଚଞ୍ଚକତା କଲେ। ମହନ୍ତଙ୍କ ଠାରୁ କ୍ଷମତାପତ୍ର ଲେଖେଇ ଆଣିଲେ। ମହନ୍ତଙ୍କର ମୃତ୍ୟୁ ହେଇଗଲା। ତାଙ୍କ ବିଧବା ପତ୍ନୀ, ଦାଣ୍ଡର ଭିକାରୁଣୀ ପାଲଟିଲେ। ତହସିଲଦାର ଧାନଟିଏ ବି ତାଙ୍କୁ ଦେଲେନି। ସବୁ ଗଲା ତାଙ୍କ ଖଳାକୁ। ମହନ୍ତଙ୍କ ବିଧବା ପତ୍ନୀ। ସେଦିନ ଆଖିରୁ ଦି' ଧାର ଲୁହ ଗଡୁଥାଏ। ତହସିଲଦାରଙ୍କ ଉଦ୍ଦେଶ୍ୟରେ ଅଭିସମ୍ପାତ ବରଷିଲେ। ଧୂଳି ଉଡ଼େଇ କହିଲେ- "ହେ ଧର୍ମ, ତୁ ଥିଲେ ବୁଝିବୁ।" ତା' ପରଠାରୁ ବଂଶର ପତନ ଆରମ୍ଭ ହେଲା। ବୁଢ଼ୀ ଠିଆ ହେଇଥିବା ଥାନ। ସେଇଠି ଲଗାଲଗି ଦି'ଟା ଆମ୍ବଗଛ। ଗଛ ଦୁଇଟିକୁ ସୁରେନ୍ଦ୍ର ପିଲାବେଳୁ ଦେଖିଛନ୍ତି। କାଉ କୋଇଲିଟିଏ ବସିବା, ନେନ୍ଥାଏ ବଉଳ ଧରିବା, ଆମ୍ବ କଷିଟିଏ ହେବା କେହି ଦେଖିନାହିଁ। ସବୁ ସେଇ ବିଧବାର ଅଭିସମ୍ପାତ। ଗଛ ଦି'ଟା ଛିଡ଼ା ହେଇଛି, ସାକ୍ଷ୍ୟ ଦେଉଛି ବିଧବାର ଅଶ୍ରୁଳ କାହାଣୀକୁ।

ସୁରେନ୍ଦ୍ର ବଢ଼ିଲେ, ବୁଦ୍ଧି ହେଲା। ଜୀବନଯାକ ଡରିଲେ ଅଭିଶାପକୁ। ପରସ୍ୱାପହରଣ କରି କେହି ସୁଖରେ ରହେନି। ସେଇଦିନୁ ତହସିଲଦାର ପରିବାରକୁ ବିପଦ ଘୋଟିଲା। ଏବେ ବି ସେଇ ଡିହ ଅଭିଶପ୍ତ। ସୁରେନ୍ଦ୍ର ଏକଥା ସ୍ୱୀକାର କରିଛନ୍ତି। ସେ ବି ଅଭିଶାପ ଭୋଗିଛନ୍ତି। ଭଗବାନଙ୍କୁ ପ୍ରାର୍ଥନା କରିଛନ୍ତି - "ହେ ଜଗନ୍ନାଥ ! ମୋରି ଠାରେ ସେ ଅଭିଶାପ ଜେର୍ ହୋଇଯାଉ ! ଯଥେଷ୍ଟ ହେଲାଣି।"

ସୁରେନ୍ଦ୍ରଙ୍କ ବାପା ଲୋକନାଥ ମହାନ୍ତି। ମହାସିଂହପୁର ସ୍କୁଲ୍‌ରେ ମିଡ଼ିଲ ଭର୍ଣ୍ଣାକୁଲାର ପାଠ ଶେଷ କଲେ। କଟକ ପି.ଏମ୍. ଏକାଡ଼େମୀରେ ନାଁ ଲେଖେଇଲେ। ରହୁଥିଲେ ଗୋଟେ ମେସ୍‌ରେ। ମେସ୍‌ଟି କଟକ ବାଉଁଶପତରିଆ ଗଳିରେ। ତାଙ୍କ ବାପା ଆର୍ତ୍ତତ୍ରାଣ ମହାନ୍ତି। ସେଟେଲମେଣ୍ଟ ଅମିନ। ବେଶ୍ ଦି' ପଇସା ରୋଜଗାର କରୁଥିଲେ। ସୁରେନ୍ଦ୍ରଙ୍କ ବାପାଙ୍କୁ ମାସକୁ ଦିଅନ୍ତି ଚାରିଟଙ୍କା। ଘରୁ ଚାଉଳ ଯାଏ। ଆଉ ପଇସା ଦେଇ ପାରିଲେନି। ତାଙ୍କ ପାଠ ନବମରୁ ଶେଷ। ତାଙ୍କ ବଂଶରେ ସେମିତି କେହି ପାଠୁଆ ନଥିଲେ। ଗୁମାସ୍ତା, ପିଅନ, ତହସିଲଦାର - ଏଇ ଚାକିରି ପାଇଁ ଯୋଉ ଦି' ଅକ୍ଷର

ପଢ଼ା, ସେତିକି ଶିକ୍ଷା। ସୁରେନ୍ଦ୍ରଙ୍କ ଜ୍ୟେଷ୍ଠ ପିତାମହ ଗୋପୀନାଥ ମହାନ୍ତି। କଟକ ଜିଲ୍ଲାରେ ପ୍ରସିଦ୍ଧ ସଂସ୍କୃତ ପଣ୍ଡିତ, ଅଗାଧ ଜ୍ଞାନ, ଘଣ୍ଟାଘଣ୍ଟା ପ୍ରବଚନ ଦିଅନ୍ତି। ଥରେ ଅସୁରେଶ୍ୱରରେ ପଣ୍ଡିତ ସଭା ବସିଲା। ପଣ୍ଡିତେ ଶ୍ଳୋକ ପରେ ଶ୍ଳୋକ ପଢୁ ଥାଆନ୍ତି। ହଠାତ୍ ତାଙ୍କ ହୃଦ୍‌ଯନ୍ତ୍ର ବନ୍ଦ ହେଇଗଲା। ଲୋକେ କେତେ କଥା କହିଲେ। ଈର୍ଷାରେ କହିଲେ, କିଏ ପଣ୍ଡିତେଙ୍କ ପାନରେ ବିଷ ମିଶାଇଦେଲା। ପଣ୍ଡିତେ ପ୍ରାଣ ଛାଡ଼ିଲେ। ସେତେବେଳେ ସେ ଅଞ୍ଚଳର ଏକମାତ୍ର ମହାସିଂହପୁର ଭର୍ଣ୍ଣାକୁଲାର ସ୍କୁଲ। ସେଇଠି ପଣ୍ଡିତେ ଥିଲେ ହେଡ୍‌ମାଷ୍ଟ୍ରେ। ଉତ୍କଳ ଗୌରବ ମଧୁସୂଦନ ଦାସ, ସେଇ ସ୍କୁଲ୍‌ର ଛାତ୍ର। ସେଇଠୁ ମିଡ଼ିଲ ଭର୍ଣ୍ଣାକୁଲାର ପାଶ୍ କଲେ। ଉଚ୍ଚଶିକ୍ଷା ପାଇଁ କଟକ ଗଲେ।

ତହସିଲଦାର ଘର ପଥର ପାହାଚ, ଆଭିଜାତ୍ୟର ସନ୍ତକ। ସୁରେନ୍ଦ୍ରଙ୍କ ସାନ ଭାଇ ବୀର, ପଥର ସବୁ ଉଠାଇ ଦେଲେ। ସିମେଣ୍ଟ ପାହାଚ ଗଢ଼ିଲେ। କେଇ ପୁରୁଷର ଆଧି ସେଇଠି ଶେଷ ହେଲା। ସେଇଘରେ ସୁରେନ୍ଦ୍ରଙ୍କ ପିଲାଦିନ କଟିଲା। ସେ ଗପ ଶୁଣିବାକୁ ଭଲ ପାଆନ୍ତି। ତାଙ୍କ ବୋଉ ଜମେଇ କଥା କହେ। ଜେଜୀମା' ସୁନ୍ଦର ଠାଣିରେ ବନେଇ ଚୂନି ଗପ କହନ୍ତି। ରାଜାପୁଅ - ରାଜାଝିଅ, କଲୁରି ବେଣ୍ଟ, ବୁଢ଼ୀ ମାଲ୍ୟାଣୀ ଅସୁରୁଣୀ ଚମ୍ପାଫୁଲ ପକେଇ ଦିଏ। ରାଜାପୁଅ ମେଣ୍ଢା ହେଇଯାଏ, ରାଜା ଝିଅର ଲମ୍ବା ବେଣୀ, ସାତତାଳ ପାଣି ଭିତରେ ଅତଳତଳ ପଙ୍କ, ପଙ୍କ ଭିତରେ ଫରୁଆଟିଏ, ତା' ଭିତରେ ବୁଢ଼ୀ ଅସୁରୁଣୀର ଜୀବନ ନାଟିକା - ସୁରେନ୍ଦ୍ରଙ୍କ ଆଖି ସାମ୍ନାରେ ପରସ୍ତ ପରସ୍ତ ମେଲି ହେଇଯାଏ ଗୋଟାଏ ରୋମାଞ୍ଚିତ ପୃଥିବୀ। ଜେଜୀମା' କହନ୍ତି ତାଙ୍କ ପିଲାଦିନର କେତେ କଥା। ଶୁଣୁଶୁଣୁ ଆଖି ମୁଦିହେଇ ଆସେ। ନିଦ ମାଉସୀ କୋଳରେ ଶୋଇ ଯାଆନ୍ତି ସୁରେନ୍ଦ୍ର। ଆମ୍ବତୋଟା, ବାଉଁଶବଣ, କିଆ ଗୋହିରୀ, ଡେଙ୍ଗା ତାଳ ଗଛ, ମିଳି ମିଶି ଗାଉଥାଆନ୍ତି ନାନା ବାୟାଗୀତ। ଦୂର ବିଲ ଛାତିରୁ ଭାସି ଆସୁଥାଏ ବିଲୁଆ ନନାର 'ହୁକେ ହୋ' କୁହାଟ।

ପୁରୁଷୋତ୍ତମପୁର ଗାଆଁ, ବଡ଼ ମଧୁର, ସ୍ମୃତି ତା'ର ଭାରି ମିଠା। ଚାଳଛପର ଘର, ବାଡ଼ିରେ ଡେଙ୍ଗା ତାଳଗଛ, ବାହୁଙ୍ଗାମାନ ପବନରେ ଦାମା ପିଟେ, ମନଛୁଆଁ ସୁର ଲହରୀ ଭାସି ଆସେ। ତଳକୁ ଝୁଲୁଥାଏ ବାୟାବଧୂ ବସା, ବସାରେ ବାଇ ଚଢ଼େଇର କିଚିରି ମିଚିରି ଡାକ, ତାଳଗଛ ଜାତି ଜାତି କଥା କହେ, କିଛି ବୁଝା, କିଛି ଅବୁଝା। ନିଶୂନ ରାତି, ବାଉଁଶ ବଣ, ପବନ ନାନାବାୟା ଗୀତ ବୋଲେ। ଡାଆଣୀମାନେ ବି ବଇଁଶୀ ବଜାନ୍ତି। ଦୂରରୁ ଶୁଭେ ଅଶରୀରୀର କେଁ କେଁ ସ୍ୱର। ସେ ସ୍ୱର ବଡ଼ କାତର। ଭାରି ଭଲ ଲାଗେ। ଭୟ ବି। ଗଛ-ଚଢ଼େଇ-ପ୍ରଜାପତି-ଫୁଲ-ଖପରା ଇତ୍ୟାଦିର ଐଶ୍ୱର୍ଯ୍ୟ। ତା' ଭିତରେ ସୁରେନ୍ଦ୍ର ମହାନ୍ତିଙ୍କ ଶୈଶବ। ଶୋଭାଶିରୀରେ

ବିଭୂଷିତା, ହାସ୍ୟମୟୀ, ଲାସ୍ୟମୟୀ ଗାଁ। ତାଙ୍କୁ ଲେଖକଟିଏ କରିଛି। ସେଇ ସବୁ କଥା, ସୁରେନ୍ଦ୍ର ବଖାଣିଛନ୍ତି ଆତ୍ମଲିପି 'ପଥ ଓ ପୃଥିବୀ'ରେ। ତା' ସହିତ ଗାଁର ସୁଖ, ଦୁଃଖ, ହାନିଲାଭ, ସଂସ୍କାର, ସଂସ୍କୃତି - ସବୁ ସ୍ଥାନିତ ଆତ୍ମଲିପିଟିରେ।

ଆଗକାଳିଆ ଗାଁ। ସବୁ ଗାଁରେ ଭାଗବତ ଟୁଙ୍ଗୀ। ଭାଗବତ ଗୋସେଇଁ ପୂଜା ପାଆନ୍ତି। ନିତି ସଞ୍ଜେ, ପୁରୋହିତେ ପୋଥି ପୁରାଣ ପଢ଼ନ୍ତି। ଜଗନ୍ନାଥ ଦାସଙ୍କ ଭାଗବତ, ଅଚ୍ୟୁତାନନ୍ଦଙ୍କ ହରିବଂଶ, ବଳରାମ ଦାସଙ୍କ ଦାଣ୍ଡି ରାମାୟଣ, ତା' ସହିତ ସାରଳା ଦାସଙ୍କ ମହାଭାରତ ପାଠ କରାଯାଏ। ଚର୍ଚ୍ଚା ଚାଲେ, ବ୍ୟାଖ୍ୟା କରନ୍ତି ପୁରୋହିତ। ଗାଁର ନାଁ ଡାକ ମହାନ୍ତି ସାଇ। ଦାଣ୍ଡ ଘରକୁ ଲାଗି ଖଂଜାର ଉତ୍ତରଧାଡ଼ି, ସେଠି ଭାଗ'ତ ଘର। ଗୋଟାଏ ବଡ଼ ବିମାନ। ଏଥିରେ ସାଇତା ପୁରୁଣା କାଳିଆ ତାଳପତ୍ର ପୋଥି। ଖଞ୍ଜାର ଭାଗବତ ଗାଦି। ନିତି ପୁରୋହିତ ଆସନ୍ତି। ଘଣ୍ଟି ଠଣ୍ ଠଣ୍ କରନ୍ତି, ଚାଳ ଓରାରୁ ଝୁଲୁଥାଏ ଶିକା, ସେଥିରେ ଥାଏ ଖଇ ଉଖୁଡ଼ା। ତହିଁରେ ଭୋଗ ଲଗାନ୍ତି। ଖଂଜାର ସ୍ୱାମୀମାନେ ପାଳି ଅନୁସାରେ ସନ୍ଧ୍ୟାଧୂପ ଦିଅନ୍ତି। ଭାଗବତ ଗୋସେଇଁଙ୍କ ପାଇଁ ଏତିକି ମାତ୍ର ବ୍ୟବସ୍ଥା। କାହାର କାହାର ଗାଈ ବଳଦ ହଜିଯାଏ, ଗୃହସ୍ୱାମୀ ଆସି ଘିଅଦୀପ ମନାସନ୍ତି। ମିଳିଗଲେ କଦଳୀଟାଏ ଭୋଗ କରନ୍ତି। ଭାଗବତ ଘରକୁ କେହି ବ୍ୟବହାର କରନ୍ତିନି। ଘରକୁ କୁଣିଆ ମଇତ୍ର, ଅତିଥି ଆସନ୍ତି, ସେଇ ଘରେ ଶୁଅନ୍ତି। ସୁରେନ୍ଦ୍ରଙ୍କ ପୂର୍ବ ପୁରୁଷ, ଭାଗବତ ଘରର ଯତ୍ନ ନେଉଥିଲେ। ସେଇଟି ଥିଲା ମହାନ୍ତି ସାଇର ବାଙ୍ମୟ କୀର୍ତ୍ତି। ପରିବାର ଜଣେ ଦି'ଜଣ, ଭଲ ପୋଥି ଲେଖାଳି। ଭାଗବତ, ହରିବଂଶ ପୋଥି ସେଇମାନେ ଉତାରିଥିଲେ। ଗାଦିର ନୃସିଂହ ପୁରାଣ ପୋଥି। ଏଇଟି ଭାରି ପ୍ରସିଦ୍ଧ। ଗାଁରେ ପୁରାଣ ବସେ। ଏଇ ପୋଥିଟି ନଗଲେ କାମ ଅଚଳ। ପୋଥି ମଧ୍ୟରେ ଠା ଠା ଲିଖିତ - "ହରି ହେ ଗଂଜେଇ କଷ୍ଟ"। ଏହାର ଗୋଟେ ସ୍ୱତନ୍ତ୍ର ଅର୍ଥ। ପୋଥି ଲେଖା ଗୋଟେ ଦୁରୂହ ବ୍ୟାପାର। ଲେଖାଳି ଥକି ପଡ଼ନ୍ତି, ତା'ପରେ ଟିକେ ଗଞ୍ଜେଇ ଲୋଡ଼ା। ପୁଣି ଲେଖା। ଗଞ୍ଜେଇ କୁଆଡ଼େ ମୁଣ୍ଡ ଥଣ୍ଡା ରଖେ, ଲୟ ବଢ଼ାଏ। ସେତେବେଳେ ଏଇଟି ମାଦକ ଦ୍ରବ୍ୟରେ ଗଣ୍ୟ ନଥିଲା। ଲୋକେ ଏହାକୁ ଶିବଙ୍କ ପ୍ରସାଦ ମଣୁଥିଲେ। ଭାଗବତଘର କାନ୍ଥରେ ଜଳାକବାଟି। ସେଥିରେ କଦମ୍ବଗଛର କାଠ ଖୋଦେଇ, ଭାଗବତ ଗାଦିର ଛିଟା ଚନ୍ଦନ, ମଧୁମାଳତୀର ବାସ୍ନା, ଢେର୍‌ଦିନ ଭୁଲି ନଥିଲେ ସୁରେନ୍ଦ୍ର।

ଦିନ ଗଡ଼ି ଚାଲେ, ଘଟଣାର କ୍ରମ ବଦଳେ। ଲୋକଙ୍କ ଧାରଣା, ବିଶ୍ୱାସ ବି। ସୁରେନ୍ଦ୍ର ମାଟ୍ରିକ୍ ପଢୁଥାଆନ୍ତି। ଗାଁକୁ ଫେରିଲେ। ଖଂଜାରେ ଆଉ ଭାଗବତ ଗାଦି ନ ଥିଲା। ଇଜମାଇଲ ଗାଦି। ଫି ବର୍ଷ ନନା ନିଅନ୍ତି ଦଶଟଙ୍କା, ଗାଦି ପୂଜା ବାବଦକୁ।

ଅନ୍ୟ ଭାଇଏ ପଇସାଟେ ଅଣ୍ଟାରୁ କାଢ଼ିଲେନି। ତାଙ୍କ ବାପା ଏକା ବା କାହିଁକି ଦେବେ? ଗାଦି ଅପୂଜା ରହିବ କାହିଁକି? ବାପା ପୁରୋହିତଙ୍କୁ ଦେଇଦେଲେ - ଏ କଥା ସୁରେନ୍ଦ୍ରଙ୍କୁ ତାଙ୍କ ବୋଉ କହିଲେ। ପୁରୋହିତଙ୍କ ଘରେ ବି ଜାଗା ନଥିଲା। ପୋଥି ସବୁକୁ ଖଂଜାରେ ପକାଇଦେଲେ। ସୁରେନ୍ଦ୍ର କିଛି ଟଙ୍କା ଯାଚିଲେ। ପୁରୋହିତଙ୍କୁ ପୋଥି ଫେରାଇ ଦେବାକୁ କହିଲେ। ସେତେବେଳକୁ ସବୁଶେଷ। ଫିସନ ଘରଛପର, ଚାଳ ନିଗିଡ଼ା ବର୍ଷା ପାଣି। ଆଉ ଉଇମାନଙ୍କ କ୍ଷୁଧା। ତହସିଲଦାର ଘରର ସେଇ ବାଙ୍‌ମୟ ଉତ୍ତରାଧିକାର। ଗୋଟେ ଖିଆଲି ସ୍ୱଭାବ, ଅପରିଣାମଦର୍ଶୀ ସିଦ୍ଧାନ୍ତ। ଶେଷରେ ସେଇ ଅମୂଲ୍ୟ ସମ୍ପଦକୁ ବୈତମ କରିଦେଲା। ସୁରେନ୍ଦ୍ର ମନମରା ହେଇ ଫେରିଲେ।

ସୁରେନ୍ଦ୍ରଙ୍କ କରଣ ଘର। ନିଆରା ପରମ୍ପରା। ତାଙ୍କ ବୋଉ ବାହା ହେଇ ଆସିଲେ। ସାଙ୍ଗରେ 'ଇନ୍ଦୀ', ସୁରେନ୍ଦ୍ର ତାଙ୍କୁ 'ଇନ୍ଦୀ ମାଉସୀ' ଡାକନ୍ତି। ସେ ଦାସୀ ହେଇଆସିଥିଲେ। ସୁରେନ୍ଦ୍ରଙ୍କୁ ଆଦର ଯତ୍ନ କରନ୍ତି। ତାଙ୍କ ବୋଉଠୁ ବି ଅଧିକ। ମହାନ୍ତି ଘରର ଚଳଣି। ବୋହୂମାନଙ୍କ ସାଙ୍ଗରେ ଦାସୀମାନେ ଆସନ୍ତି। ଝିଅ ଶାଶୁଘରକୁ ନିଜ ଘର ମଣନ୍ତି। ସାରା ଜୀବନ ସେଇଠି କଟାନ୍ତି। 'ଇନ୍ଦୀ' ମଧ୍ୟ ସେଇ ପରିକା ଦାସୀ, ବାଲ୍ୟବିଧବା। ଶେଷ ଯାଏ ଥିଲେ ସୁରେନ୍ଦ୍ରଙ୍କ ଘରେ।

ଗାଁ ମାନଙ୍କରେ ଖାନ୍‌ଦାନ୍ ପରିବାର। ଖଂଜାଘର, ଯାଉଁଳି କବାଟ। କବାଟରେ ନାନାଦି କମକୁଟି। ଓଉଫୁଲ, ଓଲଟଶୁଆ, ଆଉ ପଦ୍ମ ଫୁଲର ମୁକୁଟ। ସବୁ ନିହାଣରେ ଖୋଦେଇ। କାନ୍ଥଗୁଡ଼ିକ ଚୂନଲିପା। ତଳ ଭାଗରେ ଗୋବର ଚଉକା, ଘରେ ଆଟୁ ଥାଏ। ବିଜୁଳି ଆଲୁଅ ନ ଥିଲା। ଅଧାକାନ୍ଥି ଠଣା, ସେଇଠି ରହେ ଡିବିରି। ଅଧା କାନ୍ଥିର ଆଉ ଗୋଟେ ପାଖ, ସେଇଠି ଥାଆନ୍ତି ବଡ଼ବଡୁଆ। ବଡ଼ବଡୁଆ ଗୋଟାଏ ମଝି ଝିଙ୍କା, ତା' ଦିହରେ କଉଡ଼ି ଲାଗିଥାଏ - ଷଠୀ କଉଡ଼ି। ମା' ଷଠୀଦୂଷୀ। ଥରେ ଥରେ, ତାଙ୍କର ପୂଜା ଉପାସନା ଚାଲେ, ବଡ଼ ଧୂମଧାମରେ ହୁଏ। ଷଠୀଦୂଷୀ ଖୁସି ହୁଅନ୍ତି, ପିଲାଙ୍କ ଆୟୁଷ ବଢ଼େ। ଏକଥାଟି ଗୁରୁଜନଙ୍କର ବିଶ୍ୱାସ। ଘରେ ଭିତରେ ଖଟ ଅବା ତକ୍ତପୋଷ। ତା' ତଳେ ଧାନ, ମୁଗ, ବିରି ଓଳିଆ। ଧାନ ସବୁ ଖଣିପଡ଼େ। ଯାହା ଉଦ୍‌ବୃତ୍ତ ଓଳିଆ ବନ୍ଧା ଯାଏ। ଓଳିଆ ଧାନ ବିହନ ହୁଏ। ଖଟ ତଳଯାକ ଆଳି ମାଳିକା। ବୋହୂମାନଙ୍କର ଯଉତୁକ, ଏଥିରେ ସାମିଲ ପିତଳ କୁଣ୍ଡ, ଗରା, ପିଲିସଜ – ସବୁ କିଛି। ଏଇଟି ପୁରୁଷୋତ୍ତମପୁର ଗାଁର ମହାନ୍ତି ଘର କଥା। ପ୍ରାୟ ଊଣା ଅଧିକେ ସବୁ ଘରର ଏଇ ପ୍ରକାର ସାଜସଜା।

ସବୁ ଗାଁରେ ଚାଟଶାଳୀ। ପ୍ରତି ଚାଟଶାଳୀରେ ଜଣେ ଅବଧାନେ। ଜଣେ ବଡ଼ ଚାଟ, ତା'ର ଛୋଟପିଲାଙ୍କ ଉପରେ ହାକିମାତି। କିଏ ଜିଦ୍ କରେ, ଆନମନା

ହୁଏ, କିଏ ପାଠକୁ ଡରେ, କିଏ ଲୁଚେ। ଏମାନଙ୍କୁ ସ୍କୁଲ୍‌କୁ ଆଣିବା ଦାୟିତ୍ୱ ବଡ଼ ଚାଟର। ଅବଧାନେ ବଡ଼ ନିଷ୍ଠୁର। ବିଭିନ୍ନ ପ୍ରକାର ଦଣ୍ଡ ଦିଅନ୍ତି। କାନମୋଡ଼ା, ବେତମାଡ଼, ନାକଘଷିବା, ଚଉକି ହେବା - ଏମିତି ନାନାଦି ଶାସ୍ତି। ପିଲେ ଭାରି ଡରନ୍ତି। ପାଠପଢ଼ା ଆରମ୍ଭ ହୁଏ ବ୍ରହ୍ମା-ବିଷ୍ଣୁ-ମହେଶ୍ୱରରୁ। ଅବଧାନେ '୦' ବୁଲେଇ ଦିଅନ୍ତି। ପିଲେ ମଡ଼ାନ୍ତି ବ୍ରହ୍ମା-ବିଷ୍ଣୁ-ମହେଶ୍ୱର। ଡାକନ୍ତି ସୋରେ- 'ଅ', ସୋରେ- 'ଆ'। ପଣିକିଆ ମୁଖସ୍ତ କରନ୍ତି, ସୁରେନ୍ଦ୍ରଙ୍କ ଚାଟଶାଳୀ ପଢ଼ାବେଳ କଥା। ବୈଷ୍ଣବ ଅବଧାନେ, ସୁରେନ୍ଦ୍ର ପାଠଚୋର ଥିଲେ। କେଉଁଦିନ ପେଟ ଟାଣୁଚି, ମୁଣ୍ଡବିନ୍ଧୁଚି, ଜର ଆଇଲାଣି - ଏମିତି କେତେକେତେ ପେଖନା। ଇନ୍ଦୀମାଉସୀ କହନ୍ତି - "ଆଗୋ ସୋଶୀ ଅପା, ଦେଖିଲଣି, ସୁରିଆ ଦିହ ଜର ତାତିରେ ଖଇଫୁଟୁଛି। ନିଆଁ ପଡୁ ପାଠ ମୁହଁରେ। ସୁରିଆ ଚାଟଶାଳୀକି ଆଜି ଯିବନାହିଁ।" ତା'ପରେ ସୁରେନ୍ଦ୍ରଙ୍କ ଖୁସି ଦେଖେ କିଏ। ପ୍ରଜାପତି ଧରା, ଧୂଳିଖେଳ, ମଜାରେ ସମୟ କଟେ। ବଡ଼ ଚାଟ କିନ୍ତୁ ଛାଡ଼ିବାର ନୁହଁ। ସେ ଆସିକି, କାନ୍ଧରେ ପକେଇ ଦେବ। ଶୂନ୍ୟେ ଶୂନ୍ୟେ ଟେକି ନେବ। ସୁରେନ୍ଦ୍ର ଚିଡ଼ିଗଲେ। ଏକା ଜିଦ୍, ଚାଟଶାଳୀ ଯିବେନି। ବାଉରି ସାଇ, ସୁଇଁ ସାଇ, ବ୍ରାହ୍ମଣ ସାଇ ଆଉ ସବୁ ସାଇର ସବୁ ପିଲା କି ଚାଟଶାଳୀ ଯାଉଛନ୍ତି? ସେମାନେ ପାରା ଉଡ଼ାନ୍ତି, ବଣି ଚଢ଼େଇ ପୋଷିଛନ୍ତି, ତୋଟାରୁ ଆମ୍ବ ଗୋଟାଉଛନ୍ତି। ପୋଖରୀରୁ କାନିରେ ମାଛ ଧରନ୍ତି। ବଡ଼ ଆନନ୍ଦରେ ଅଛନ୍ତି। ସୁରେନ୍ଦ୍ରଙ୍କର ସେଇମାନେ ଥିଲେ ଆଦର୍ଶ। ଶିକ୍ଷାର କଠୋର ବନ୍ଧନୀ ଚାଟଙ୍କୁ ଅଣନିଶ୍ୱାସ କରିଦିଏ। ଚାଟଙ୍କ ସ୍ୱାଧୀନ ଚିନ୍ତନରେ ବାଧା ଆଣେ। ଏ କଥାଟି ସେତେବେଳେ ଚିନ୍ତା କରାଯାଉନଥିଲା। ଦଣ୍ଡ ମାଧ୍ୟମରେ ଶିକ୍ଷା, ଏଇଟି ଏକମାତ୍ର ପନ୍ଥା। ସମସ୍ତେ ତାହାକୁ ଗ୍ରହଣ କରୁଥିଲେ।

ଗାଁମାନଙ୍କରେ ଭରପୂର ବିଶ୍ୱାସ, ଅନ୍ଧବିଶ୍ୱାସ। ତାନ୍ତ୍ରିକ ବାଣ ମାରେ। ଭୂତପ୍ରେତ, ଡାଆଣୀଙ୍କ ଉତ୍ପାତ। ବାଉତି ଲାଗେ, ବେତାଳ ଉତ୍ପାତ କରେ। ଏସବୁ କଥା ଗାଁରେ ଶୁଣା ଯାଉଥିଲା। ଡାଆଣୀ ଲାଗେ, ଗୁଣିଆ ଆସେ। ଝଡ଼ାଫୁଙ୍କା ଚାଲେ। ଗୁଣିଆ ଝୁଣାଧୂଆଁ ଦିଏ, ବେତରେ ବାଡ଼ାଏ। ଡାହାଣୀ ହାଉଳି ଖାଏ। ଯିବ ଯିବ ବୋଲି ତର ସହେନା। ପାଣି ଗରା ଅବା ଖଣ୍ଡିଆ ଛାଞ୍ଚୁଣୀ, ଦାନ୍ତରେ କାମୁଡ଼ି ଦଉଡ଼େ, କିଛି ବାଟରେ ଛୋବ ହରାଏ। ଗୁଣିଆ ସାଷ୍ଟାମ କରେ। ଏକଥାଟି ସୁରେନ୍ଦ୍ରଙ୍କ ଅଙ୍ଗେଲିଭା କଥା। ତାଙ୍କ ବଡ଼ବାପା କାଶୀ ମହାନ୍ତି। ତାଙ୍କର ହଠାତ୍ ଦେହାନ୍ତ ହେଲା। ରାତିରେ ସୁରେନ୍ଦ୍ର ବିଳିବିଳାଇଲେ, ବଡ଼ବାପା ତାଙ୍କ ଗୋଡ଼ ଟାଣୁଥିଲେ। ସାଙ୍ଗରେ ନେଇଯିବାକୁ ଚାହୁଁଥିଲେ। ପରିବାରର ସମସ୍ତେ ଡରିଗଲେ। ଶୁଦ୍ଧି ଘର ଆଗକୁ। ଜଣେ ଗୁଣିଆ ଡକା ହେଲା। ଗୁଣିଆ ଖଂଜା ବାରିପଟେ ଲୁହାକଣ୍ଟା ମାରି କିଳିଦେଲା। ସୁରେନ୍ଦ୍ରଙ୍କୁ ଝଡ଼ାଝଡ଼ି କରି ଚାଲିଗଲା। ସତରେ!

ଯୋଉ ମଣିଷ ଆମର ଏତେ ଆପଣାର, ଯାହା ସହ ବର୍ଷବର୍ଷ ବିତିଛି, ବଞ୍ଚିବାବେଳେ ସେ ନିଜର, ମରିଗଲେ ହୋଇଯାଏ ସାତ ପର। ସେତିକି ନୁହେଁ କେହି ପିଲା ରୋଗିଣା ହେଲେ, ରୋଗବାଧିକା ନ ଭଲହେଲେ, ତାକୁ ବାବାଜୀ ମାତାଜୀ କରି ଦିଆଯାଏ। ପିଲା ବଡ଼ହୁଏ। ପରିବାର ଲୋକ କିଣି ଆଣନ୍ତି। ସୁରେନ୍ଦ୍ର ପିଲାବେଳେ ବେମାରିଆ ଥିଲେ। ତାଙ୍କ ଗାଁ ପାଖ ନୃସିଂହନାଥ ଠାକୁର। ସେଇଠି ତାଙ୍କୁ ବନ୍ଧା ଦିଆଗଲା। ତାଙ୍କ ବେଶ ପୋଷାକ ବଦଳିଲା। ମୁଣ୍ଡରେ ଦି'ଟା ଲମ୍ବା ଜଟ, କାନମୂଳ ଯାଏ ଲମ୍ବିଗଲା। ପୋଷାକ ଖଣ୍ଡେ ନାଲି କସ୍ତା, ଅଣ୍ଟାରେ ଅଣ୍ଟାସୂତା, ଦି' ହାତରେ ରୁପାଖଡ଼ୁ, ବେକରେ ଗୁଡ଼ାଏ ମାଦୁଳି, ଆଖିରେ କଳାଲାଂଜି, ଆଉ ଦି'ଟା ମୁଣ୍ଡରେ ଜଟ। ସୁରେନ୍ଦ୍ରଙ୍କ ବୁଦ୍ଧିହେଲା। ଦିନେ ଭଣ୍ଡାରି ଡାକିଲେ, ତାକୁ ଦି' ପଇସା ଲାଞ୍ଚ ଦେଲେ। ଜଟା ଦି'ଟା କଟେଇ ଦେଲେ। ହରିଆ ଭଣ୍ଡାରି ତାଙ୍କ ବୋଉଠାରୁ ଢେର୍ ଶୋଧଣା ଶୁଣିଲା। ପ୍ରକାଶ ଥାଉକି, ପୁରୁଷୋତ୍ତମପୁର ପାଖ ନୃସିଂହନାଥ ମନ୍ଦିର, ନଦିଆ ନବଦ୍ୱୀପରୁ ଶ୍ରୀଚୈତନ୍ୟ ଦେବ ଆସିଲେ। ଗୋଟେ ରାତି ନୃସିଂହନାଥ ମନ୍ଦିରରେ କଟାଇଲେ। ଏଇଟି ଚୈତନ୍ୟ ଚରିତାମୃତରେ ଲିଖିତ। ସେଇଠି ସୁରେନ୍ଦ୍ର ବନ୍ଧା ପଡ଼ିଥିଲେ। ଏ କଥାଟି ନୂଆନୁହେଁ। ମହାନ୍ ସ୍ରଷ୍ଟା ଫକୀର ମୋହନ ସେନାପତି। ବାଲ୍ୟକାଳରୁ ରୋଗିଣା। ଠାକୁର ମା' କୋଚିଲା ଦେଈ, ପୀରବାବାଙ୍କ ନିକଟରେ ତାଙ୍କୁ ବାବାଜୀ କରିଦେଲେ। ଶିଶୁ ବ୍ରଜମୋହନ, ଉତ୍ତର ଜୀବନରେ ଫକୀରମୋହନର ପରିଚୟ ପାଇଲେ। ଠାକୁରଙ୍କ ପାଖେ ବନ୍ଧାପଡ଼ା ପ୍ରଥାଟି ପ୍ରତି ଗାଁରେ ଥିଲା।

ସୁରେନ୍ଦ୍ରଙ୍କ ପିଲାଦିନ। ନାନାଦି ସ୍ମୃତି ବିସ୍ମୃତି, ବିଜଡ଼ିତ; ବହିର ପୁରୁଣା ପୃଷ୍ଠା ପରି। ପୋଥିର ବାସ୍ନା, ତା'ରି ଭିତରେ ତାଙ୍କର ଜନ୍ମ। ସେ ଦିଲ୍ଲୀରେ ଥାଆନ୍ତି। ଅନେକ ସମୟରେ ଚାଲିଯାଆନ୍ତି, ଆର୍କାଇଭ୍ସ ଲାଇବ୍ରେରୀରେ ପୋଥି ଲେଉଟାନ୍ତି। କୀଟଦଷ୍ଟ ପୁରୁଣା ପୋଥିର ବାସ୍ନା, ପୁନଃ ସଜାଗ କରିଦିଏ। ସେ ବାସ୍ନା ଆଉ ବେଶିଦିନ ରହିଲାନି, ତାକୁ ବୁଡ଼େଇ ପକେଇଲା ଗ୍ରାମାକ୍ସିନ୍ ପାଉଡ଼ର। ମାତ୍ର ଶୈଶବର ମଧୁମାଳତୀ, ତାଙ୍କର ଚିର ଅଭୁଲା। ସେଇ ପୁରୁଷୋତ୍ତମପୁର ଗାଆଁ ହଜେଇ ଦେଇଛି, ମଜେଇ ଦେଇଛି ସୁରେନ୍ଦ୍ରଙ୍କୁ। ଉତ୍ତର ଜୀବନରେ ସେ ହୋଇଛନ୍ତି ସ୍ୱନାମଧନ୍ୟ ସ୍ରଷ୍ଟା। ତାଙ୍କର କାଠଘୋଡ଼ା ଗଳ୍ପ। ଲେଖିଲେ ସୁରେନ୍ଦ୍ର - "ଶୈଶବର ଯଦି ଗନ୍ଧଥାଏ, ତାହାଲେ ତାହା ଗୋବରଲିପା ମାଟିପିଣ୍ଡା ଆଉ ମଧୁମାଳତୀର ଗନ୍ଧ।" ସତରେ! ଅନ୍ତୁଡ଼ିଶାଳରୁ ଶ୍ମଶାନ ଯାଏ ସେଇ ଗାଆଁ ଚିର ଅଭୁଲା।

ଚାଟଶାଳୀ ପାଠ : ଅବଧାନେଙ୍କ ଉଗ୍ରରୂପ

ଅଗନା ଅଗନି ବସନ୍ତ। ବାଘର ହେନ୍ତାଳ। ଗାଁ ଗହଳିରେ ତାଟି କବାଟ ପଡ଼ିଯାଏ। ମା'ମାନେ ବାଘମାମୁ କଥା କହନ୍ତି। କାନ୍ଦୁରା ପିଲା ଚୁପ୍ ହେଇଯାଏ। ବାଘ ଏକ ଆତଙ୍କ, ଏ କଥାଟି ତା' ମନରେ ବସାବାନ୍ଧେ। ପିଲା କାହିଁକି, ବଡ଼ମାନେ ବି ବାଦ୍ ପଡ଼ନ୍ତିନି। ବାଘ ସାକ୍ଷାତ ଯମ ଅବା ଯମଦୂତ। ବାଘ କ୍ରମେ ମୁଣ୍ଡରେ ବସା ବାନ୍ଧେ। ତାକୁ ନେଇ କେତେ କେତେ ତର୍କଣା, କଳ୍ପନା, ଜଳ୍ପନା। କବି ଲେଖକ ପାଇଁ ବାଘ ହୋଇଯାଏ ପ୍ରତୀକଟିଏ। ତାକୁ ନେଇ ସାହିତ୍ୟର ଅଙ୍ଗ ଶୋଭାପାଏ। କିଏ କଳ୍ପନାରେ ବ୍ୟାଘ୍ରାରୋହଣ କରେ ତ, କାହା ଲେଖନୀରେ ବ୍ୟାଘ୍ରଉବାଚ। ବ୍ୟାଘ୍ର ସର୍ବତ୍ର କାୟା ବିସ୍ତାର କରେ। ପିଲାଠାରୁ ବୁଢ଼ା, ସମସ୍ତଙ୍କ ଅବଚେତନ ମନରେ ସେଇ ବାଘ। ଏକ ଚତୁଷ୍ପଦ ପ୍ରାଣୀ ବ୍ୟାଘ୍ର। ତୀକ୍ଷ୍ଣ ଦନ୍ତ ନଖ ବିଶିଷ୍ଟ। ସ୍ୱଭାବରେ ଭୟଙ୍କର, ନିଷ୍ଠୁର, ନିର୍ଦ୍ଦୟ। ଠିକ୍ ସେମିତି ଚାଟଶାଳୀ ଅବଧାନେ। ତାଙ୍କୁ କିଏ କହେ ବାଘ, କିଏ କହେ ଭାଲୁ, ଆଉ କିଏ ଆଉ ଦି' ପାଦ ଆଗରେ, କହେ ସିଂହ। ଏମିତି ସେବେକା ଜଣେ ଅବଧାନେ, ଚାଟଶାଳୀରେ ପଢ଼ାନ୍ତି। ପିଲାଙ୍କୁ ନାନାଦି ଦଣ୍ଡ ଦିଅନ୍ତି। ତାଙ୍କୁ ଦେଖି ପିଲେ ଭୟକାତର। ତାଙ୍କର ଆଗମନ, କିମ୍ବା ପ୍ରସ୍ଥାନ କାଳରେ। ପିଲେ ଚୁପ୍‌ଚାପ୍ କୁହକୁହି ହୁଅନ୍ତି - 'ବାଘ... ଏଇ ବାଘ ଯାଉଛି... ଏଇ ବାଘ ଆଇଲା।' ମହାନ୍ ସ୍ରଷ୍ଟା ସୁରେନ୍ଦ୍ର ମହାନ୍ତି। ଏଇ କଥାଟି ଲେଖିଲେ 'ପଥ ଓ ପୃଥିବୀ'ରେ। ଏଇଟି ତାଙ୍କର ପିଲାଦିନ ଅନୁଭୂତି। ଚାଟଶାଳୀରେ ପାଠପଢ଼ା ବେଳ କଥା। ସେ ସମୟର ପ୍ରାଥମିକ ଶିକ୍ଷା ବ୍ୟବସ୍ଥା ସମ୍ପର୍କିତ ନାନା ପ୍ରସଙ୍ଗ, ଆତ୍ମଲିପିଟିରେ ସ୍ଥାନିତ। ବର୍ଣ୍ଣନା ଭାରି ମନଛୁଆଁ।

ବ୍ରିଟିଶ ଅମଳ ପୂର୍ବ କଥା। ଆଧୁନିକ ଶିକ୍ଷାର ନା ଗନ୍ଧ ନଥିଲା। ଯାହା ସବୁ ପାଠପଢ଼ା ଚାଟଶାଳୀରେ। କେବଳ ଗାଁରେ ସଂସ୍କୃତ ଟୋଲ୍। ପିଲେ ସେଇଠୁ ପଢ଼ା ଆରମ୍ଭ କରନ୍ତି। ସବୁ ଗାଁରେ ଚାଟଶାଳୀଟେ। ସୁରେନ୍ଦ୍ର ମହାନ୍ତିଙ୍କ ଗାଁ ପୁରୁଷୋତ୍ତମପୁର।

ସେଠି ମଧ୍ୟ ଥାଏ ଚାଟଶାଳୀଟିଏ । ଜଣେ ଅବଧାନ, କିଏ ଡାକେ ମାଷ୍ଟ୍ରେ, ଆଉ କିଏ ଅବଜ୍ଞାରେ କହେ ବଇଷମ ମାଷ୍ଟର । କଳା କିଟିକିଟିଆ, ଡେଙ୍ଗା ମଣିଷଟିଏ । ମୁଣ୍ଡଟି ଲଣ୍ଡା । ବେକରେ ତିନି ସରି ତୁଳସୀ କଣ୍ଠି । ମୁହଁ ହନୁହାଡ଼ ବାହାରି ପଡ଼ିଛି । ଆଖି ଦି'ଟା ପେଜୁଆ । କାନ୍ଧରେ ଗାମୁଛା, ପିନ୍ଧା ଆଣ୍ଠୁ ଲୁଚା ଖଣ୍ଡେ ମଇଳା ଧୋତି । କଣ୍ଠସ୍ୱର ଘାଗଡ଼ା । ଗଞ୍ଜେଇ ଟାଣନ୍ତି । କଥା କହିଲେ, ଗଞ୍ଜେଇ ଗନ୍ଧ ବାରି ହୋଇଯାଏ । ଚାଟଶାଳୀରେ ସେଇ ଲୋକ, ମାଟିବଂଶ ଅବଧାନ । ସେ ଗୃହୀ ବୈଷ୍ଣବ, ଘର ତାଙ୍କର ଖଂଜା ମଠ ପରି । ମାଷ୍ଟ୍ରେ ଭାରି ନିଷ୍ଠୁର, ପିଲାଙ୍କୁ ନିସ୍ତୁକ ପିଟନ୍ତି । ଦିନେ ଦିନେ ବେତ ଫାଟିଯାଏ । ମାଷ୍ଟ୍ରେ ବି ବଦ୍‌ରାଗୀ । ଟିକକ କଥାରେ ମାଡ଼, ହାତ, ଗୋଡ଼, ବେତ - ସବୁ କାମରେ ଲାଗେ । ପିଲେ ବାଘ ପରି ଡରନ୍ତି । ବାଲୁତ କାଳୁଁ ପିଲେ ବାଘମାମୁ ପ୍ରତାପ ଶୁଣନ୍ତି । ହୁଏତ କେହି କେହି ସର୍କସରେ ବାଘ ଦେଖିଥିବେ । ହେଲେ ବଇଷମ ମାଷ୍ଟ୍ରେ, ଜଣେ ଦି ଗୋଡ଼ିଆ ବାଘ । ଖାଲି ବାଘ ନୁହେଁ, ଚାଟଙ୍କ ପାଇଁ ଘାଇଲା ବାଘ ।

ସୁରେନ୍ଦ୍ରଙ୍କୁ ୬ ବର୍ଷ ବୟସ । ଏକା ଜିଦ୍ ବାଘ ପାଖରେ ପଢ଼ିବେନି । ନାନାଦି ପେଖନା । ସେଦିନ କଥା ଥିଲା ଭିନ୍ନ । ସୁରେନ୍ଦ୍ରଙ୍କ ବାପା; ବଇଷମ ମାଷ୍ଟ୍ରେଙ୍କୁ ଡକାଇଲେ । ପିଲାଟା ଖଚଡ଼ା, ଛ'ଅ ପୂରିଲା, ବ୍ରହ୍ମା, ବିଷ୍ଣୁ, ମହେଶ୍ୱର ଜାଣିନି । ସବୁବେଳେ ବାଉରି ସାଇ ପିଲାଙ୍କ ମେଳରେ । ତାକୁ ନେଇ ଚାହାଳୀରେ ବସାଇ, ନିସ୍ତୁକ ପିଟିବାକୁ ମାଷ୍ଟ୍ରେଙ୍କୁ କହିଲେ । ଅବଧାନ ଚାଲିଗଲେ । ତା'ର ପରଦିନ, ସୁରେନ୍ଦ୍ରଙ୍କ ବିଦ୍ୟା ଆରମ୍ଭ । ଅନୁକୂଳର ନାନା ବିଧି । ସବୁ ପାଳନ, କରାଗଲା । ଗୋଟାଏ ଥାଳିରେ ଥାଳିଏ ଚାଉଳ, ମୁଗଜାଇ, କଦଳୀ, ସାରୁ, ଧୂଆଁପତ୍ର ଦି' ଖଣ୍ଡ, ପାନଗୁଆ, ଗୋଟାଏ ନଡ଼ିଆ, ତା' ସହ ଦି' ଅଣା ପଇସା । ଏ ସବୁକୁ ସଞ୍ଚା କୁହାଯାଏ । ଆଜି କାଲିକା କଥାରେ ତାହା ପ୍ରବେଶିକା ଫିଜ୍ । ସୁରେନ୍ଦ୍ରଙ୍କ ଇନ୍ଦୀ ମାଉସୀ, ସଞ୍ଚା ଥାଳି ଧରି ଚାଲିଲେ । ପଛେ ପଛେ ସୁରେନ୍ଦ୍ର । ଯଥାବିଧି ଅନୁକୂଳ ସରିଲା । ମାଷ୍ଟ୍ରେ ଘାଗଡ଼ା ଗଳାରେ କହିଲେ - "ସୁରିଆ ! ପିଣ୍ଡା ଉପରକୁ ଉଠି ଆସୁନୁ କାହିଁକି, ବସ୍ ସେଇଠି ।" ସୁରେନ୍ଦ୍ର ପିଣ୍ଡାକୁ ଉଠିଲେ । ଆଉ ପାଞ୍ଚ ସାତଜଣ ଚାଟ, ସେଇ ଗାଁର । ଖଣ୍ଡେଖଣ୍ଡେ ତାଳପତ୍ର ଚଟ । ତାରି ଉପରେ ବସିଛନ୍ତି । ଶୋଧି, ଓଡ଼ାଙ୍କ, ଫେଡ଼ାଙ୍କ ସବୁ ସାଧୁଛନ୍ତି । କା' ପିଠିରେ ନିର୍ଘାତ ବିଧା, ଗାଲରେ ଚଟକଣି । କିଏ ଭେଁ ଭାଁ ହଉଚି । ଆଉ କେଇ ଜଣ ଦିହ ଘସିଆ । ପୂରା କାଠ, ହୁଁ ନାହିଁ କି ଚୁଁ ନାହିଁ । ସୁରେନ୍ଦ୍ର ପ୍ରମାଦ ଗଣୁଥିଲେ, ଏଇମିତି ହବ ତାଙ୍କର ଦଶା । ଇନ୍ଦୀ ମାଉସୀ, ମାଷ୍ଟ୍ରେଙ୍କୁ ନେହୁରା ହେଲେ- "ବଇଷମ ସୁରିଆକୁ ମାରିବ ନାହିଁ ।" କିଛି ସମୟ ଯାଇଛି କି ନାହିଁ, ସୁରେନ୍ଦ୍ର ସେଠୁ ଚମ୍ପଟ୍ । ଏକା ସେ ନୁହନ୍ତି । ମାଷ୍ଟ୍ରେଙ୍କୁ ମହାଭୟ, ପ୍ରାୟ ପିଲେ ଏଇଆ କରନ୍ତି ।

ଦଣ୍ଡ ମାଧ୍ୟମରେ ଶିକ୍ଷା । ଏହା ଅଭିଭାବକଙ୍କ ପସନ୍ଦ । ଶିଶୁ ମନସ୍ତତ୍ତ୍ୱ କେହି ବୁଝନ୍ତିନି । ପରିଣାମ ହୁଏ ଓଲଟା । ପିଲେ ଅବାଟରେ ଯାଆନ୍ତି, ବାଲୁଙ୍ଗା ହୁଅନ୍ତି । ବାଲୁଙ୍ଗାଙ୍କର ଦଳପତି ଥାଆନ୍ତି । ସୁରେନ୍ଦ୍ର ବି ବାଲୁଙ୍ଗାଙ୍କ ସହ । ତାଙ୍କ ଦଳପତି ପାଣୁଆ । ଖୋଦ୍ ଅବଧାନଙ୍କ ପୁଅ । କାହା ବାଡ଼ିରେ ପିଜୁଳି ପାଚିଛି, କାହା ଗଛରେ ନଡ଼ିଆ । କେଉଁଠି ବଣି ବସା ବାନ୍ଧିଛି, ସବୁ ଖୋଜା ଚାଲେ । କାହା ଦୋକାନରେ ବରା ବଡ଼ ବଡ଼, ପଇସାକୁ ହେ ହେ ଦି'ଟା, ରେଳ କେମିତି ସୁଷୁରି ମାରେ, ଧୂଆଁ ଉଡ଼େଇ ଚାଲେ – ସବୁ ସମ୍ବାଦ ଦିଏ ପାଣୁଆ । ଦିନେ ପାଣୁଆ ଢେର୍ ମାଡ଼ ଖାଇଲା । ଦି' ଦିନ କାଳ ଉଭାନ । ନୂଆ ନୂଆ ଅନୁଭୂତିମାନ ଆସି ବଖାଣିଲା । ସେଦିନ ଖରାବେଳ, ସୁରେନ୍ଦ୍ର ପାଣୁଆ ସାଙ୍ଗରେ । ଗାଁଠାରୁ ପାଞ୍ଚ ଛଅ ମାଇଲି ଦୂର ଜଗତପୁର ରେଳଷ୍ଟେସନ୍ । ଖିଆ ନାହିଁ, ପିଆ ନାହିଁ, ନାକ ସିଧା, ବିଲେବିଲେ ଯାଇ ରେଳଷ୍ଟେସନ୍‌ରେ । ସୁରେନ୍ଦ୍ର ରେଳ ଦେଖିଲେ । ସୁଷୁରି ଶୁଣିଲେ । ଘରକୁ ଫେରି ବେଶ୍ କେଇ ଚାପୁଡ଼ା ଖାଇଲେ । ସମୟ ବଢ଼ିଲା । ନିଝୁମ୍ ରାତି । ରେଳ ସୁଷୁରି ମାରେ । ସୁରେନ୍ଦ୍ରଙ୍କ ନିଦ ଭାଙ୍ଗିଯାଏ । ସେଇ ଶବ୍ଦରେ ଥାଏ ଯାତ୍ରାର ମାଦକତା । ଥାଏ ବାହାର ଦୁନିଆର କୋଳାହଳ, ତା' ସହ ଘର୍ମ ଆଉ ସଂଗ୍ରାମ ଭିତରେ ଶିଖିବାର ଆହ୍ୱାନ ।

ଦଳପତି ପାଣୁଆ, ପାଠଘରେ ଶୂନ । ଅବଧାନଙ୍କ ପୁଅ, ଅନ୍ୟମାନଙ୍କର ଆଦର୍ଶ ହେବା କଥା । ହେଲେ କୁଳାଙ୍ଗାରଟା । ଅବଧାନେ ତିନି କି ଚାରିକ ପଣିକିଆ ଡକାନ୍ତି । ପାଣୁ ଦୁଇ ଚଉ ୬ ପଣ କହେ । ତା'ପରେ ତା' ପିଠିରେ ନାଚ ଚାଲେ, ସେ ନାଚ ବେତ ଆଉ ବିଧାର ଗୌରାଙ୍ଗ । ପାଣୁଆଟା ପିଳେହିପେଟା । ଦୁର୍ବଳ ଦିହ, ସେଇଥିରେ ସବୁ ମାଡ଼ ସହେ । ମାଷ୍ଟ୍ରେ ତାଙ୍କ ମନର ସବୁ ଓରିମାନା ମେଣ୍ଟାନ୍ତି । ସବୁ ଚାପା ରାଗ ପାଣୁଆ ପିଠି ଉପରେ । ବଇକ୍ଷମ ମାଷ୍ଟ୍ରେଙ୍କର ବଗିଚାଟାଏ । ବାଇଗଣ, ଭେଣ୍ଡି, କଖାରୁ ପ୍ରଭୃତି ଫସଲ । ବନ୍ତଳ, କାଠିଆ, ଚମ୍ପା – ଏ ଜାତିର କଦଳୀ ଗଛ । ମାଷ୍ଟ୍ରେ ବଗିଚାର ଯତ୍ନ କରନ୍ତି । ଫି ହାଟ ପାଳି ପରିବା ବିକନ୍ତି । ତେଲ ଲୁଣ ଖର୍ଚ୍ଚ ଚଳେ । ପିଲାଙ୍କର ତ ରାଗ ଥାଏ । ମାଷ୍ଟ୍ରେ ହାଟକୁ ଯାଆନ୍ତି । ଏଣେ ପିଲେ ରାଗ ସୁଝାନ୍ତି । ସୁରେନ୍ଦ୍ରଙ୍କ ହାତରେ ଗୋଟେ ପାଞ୍ଚଣ । ସାକ୍ଷାତ୍ କଟୁଆଳ, କଦଳୀ ଗଛଗୁଡ଼ାକୁ ନିର୍ଦ୍ଧୂମ ପିଟନ୍ତି । ସେତେବେଳେ ମାଷ୍ଟ୍ରେ ତାଙ୍କ ଆଖିରେ ଜଣେ ଅସୁର ବା ଡକେଇତ, ସେଇପରି କିଛି ।

ଚାଟଶାଳୀରେ ପିଲାସଂଖ୍ୟା ବଢ଼ିଲା । ମାଷ୍ଟ୍ରେଙ୍କ ପିଣ୍ଡାରେ ଜାଗା ହେଲାନି । ଗାଆଁର ପଶ୍ଚିମ ସୀମାରେ ଉତ୍ତରମୁଖୀ କାଳୀକେଇ, ଗାଁ ଠାକୁରାଣୀ । ତାଙ୍କରି ବେଢ଼ାରେ ପଢ଼ା ଚାଲିଲା । ତନ୍ତ୍ରରେ ଦକ୍ଷିଣମୁଖୀ କାଳୀଙ୍କର ବର୍ଣ୍ଣନା ରହିଛି; ମାତ୍ର ଉତ୍ତରମୁଖୀ

କାଳୀ ଏକ ବ୍ୟତିକ୍ରମ। ସମ୍ଭବତଃ ସେ ବୌଦ୍ଧତନ୍ତ୍ରର ଜଣେ ଦେବୀ, ନୈରାତ୍ମ୍ୟଦେବୀ। ସେତେବେଳକା ପୁରୁଷୋତ୍ତମପୁର ଅଞ୍ଚଳ। ବୌଦ୍ଧ ବଜ୍ରଯାନର ଗୋଟିଏ ପ୍ରସିଦ୍ଧ ପୀଠଥିଲା। ଏଗୁଡ଼ିକ ମଧ୍ୟରେ ଲଳିତଗିରି, ରତ୍ନଗିରି, ଉଦୟଗିରି ଅନ୍ତର୍ଭୁକ୍ତ। ଏହା ହୀରକ ତ୍ରିଭୁଜ ନାମେ ଖ୍ୟାତ। କେହିଜଣେ ଦେବୀଙ୍କୁ ଗାଁରେ ବସାଇଥିଲେ। ଦେବୀଙ୍କର ପୁରୁଷେ ଉଞ୍ଚର ମନ୍ଦିର। ମନ୍ଦିରଠାରୁ ଅଳ୍ପଦୂର, ଗାଁ ଲୋକେ ଏହାକୁ 'ପଥରଗଡ଼ା' କହନ୍ତି। ସେଠାରେ ମାଟିତଳେ ବଡ଼ବଡ଼ ପଥରଖଣ୍ଡ, ବିଭିନ୍ନ ଦେବଦେବୀ ମୂର୍ତ୍ତି। ମୃତ୍ତିକା ଖନନବେଳେ ବାହାରେ। ପୂର୍ବକାଳରେ ହୁଏତ ସେଠାରେ ଦେବୀ ମନ୍ଦିରଟେ ଥିଲା। ଦେବୀପୂଜା ପାଉଥିଲେ। କାଳକ୍ରମେ ମନ୍ଦିରଟି ଭାଙ୍ଗି ଯାଇଥାଇପାରେ। ଅଞ୍ଚଳବାସୀ ଦେବୀଙ୍କୁ ସ୍ଥାନାନ୍ତର କଲେ। ତାଙ୍କ ପାଇଁ ନୂଆ ମନ୍ଦିରଟେ ଗଢ଼ିଦେଲେ। ଦେବୀଙ୍କର ପାଞ୍ଚ ଏକର ଦେବୋତ୍ତର ଜମି। ମନ୍ଦିର ପାଖରେ ଶିବମନ୍ଦିର ରହିବା କଥା। ପୂର୍ବପୁରୁଷ ବି ସେଠାରେ ଶିବମନ୍ଦିର ଗଢ଼ିଛନ୍ତି। ସେଇ ମନ୍ଦିର ପିଣ୍ଡାରେ ଚାଟଶାଳୀ। ପିଣ୍ଡା ପ୍ରାୟେ ଆଂଠୁଏ ଉଞ୍ଚ। ସେଇଠି ପ୍ରାୟ ଅଣ୍ଟାଏ ଉଚ୍ଚର ଖଣ୍ଡେ ଚଉଖୁଣ୍ଟିଆ ଚିକ୍‌କଣ କାଠ ଖଣ୍ଡେ। ଶକ୍ତଭାବେ ପୋତା ଯାଇଥିଲା। ସେତେବେଳେ ଗ୍ରାମରେ ସେଇ ଖୁଣ୍ଟମାନ ଥିଲା। କାଠଟିରେ ବହୁ କମକୁଟି ଖୋଦେଇ। ଆଦିବାସୀ ଗାଁ; ବିଶେଷକରି କୋରାପୁଟ, ଫୁଲବାଣୀ ଜିଲ୍ଲା। ସେଠାରେ ଏଇ ଖୁଣ୍ଟା ଅଛି, ତାହା ଧରଣୀ ଖୁଣ୍ଟା, ଆଦିବାସୀଙ୍କ ଦାରୁ ଦେବତାର ପ୍ରତୀକ। ଆଦିବାସୀ, ଅଣଆଦିବାସୀ, ପ୍ରକୃତରେ ଏମାନଙ୍କ ମଧ୍ୟରେ କିଛି ତଫାତ୍ ନାହିଁ। ଏଇଟି ନୃତାତ୍ତ୍ୱିକ ଦୃଷ୍ଟିରେ ବିଚାର। କ୍ରମେ ଅନେକ ମାର୍ଜିତ ହେଲେ, ଅରଣ୍ୟରୁ ଉଠି ଆସିଲେ, ହୋଇଗଲେ ସବର୍ଣ୍ଣ। ଏଥିରେ ବଳରାମ ଗୋଷ୍ଠୀ ବା ସାରୁଆ ବ୍ରାହ୍ମଣମାନେ ଅନ୍ତର୍ଭୁକ୍ତ। ସେଇସବୁ ଧରଣୀ ଖୁଣ୍ଟା ଆଉ ଆଖିରେ ପଡ଼େନା, ସବୁ ଭାଙ୍ଗିରୁଜି ଗଲାଣି।

ଦେବୀଙ୍କ ମନ୍ଦିର ପାଖରେ ଶିବ ମନ୍ଦିର। ସେଇ ମନ୍ଦିର ପିଣ୍ଡା। ପିଲାଏ ଧାଡ଼ିରେ ବସନ୍ତି। ବିଦ୍ୟା ଶିକ୍ଷା ଚାଲେ। ସକାଳ ଓଳି ଅଙ୍କ, ମାନସାଙ୍କ, ଖଡ଼ି ପାଠ। ଉପର ଓଳି ବହି ପାଠ। ମଧୁସୂଦନ ରାଓଙ୍କ ବର୍ଣ୍ଣବୋଧ। ସୁରେନ୍ଦ୍ର ଅଳ୍ପଦିନରେ ଶେଷ କରିଦେଲେ। ଉପର ଓଳି ସମସ୍ୱରରେ ପିଲେ ଗାଆନ୍ତି – "ଦିନମଣି ଅସ୍ତଗଲେ, ଦିନ ହେଲା ଶେଷ / ଅଇଲା ରଜନୀ ରାଣୀ, ପିନ୍ଧି ନୂଆବେଶ।" ସୁରେନ୍ଦ୍ର ଦୂର ଦିଗ୍‌ବଳୟକୁ ଚାହାନ୍ତି। ଗୋଧୂଳିର ଶେଷ ଆଲୁଅ, ଦୂର ବାଉଁଶବଣ ଝାଡ଼, ଜାଳି ଦେଇଯାଏ ସଂଜ ଦୀପାଳି। ଖଣ୍ଡେ କଳାଶାଢ଼ୀ ପିନ୍ଧା ରଜନୀ ରାଣୀ। ଆସ୍ତେ ତଳକୁ ଓହ୍ଲେଇ ଆସେ। ସୁରେନ୍ଦ୍ର ଗୀତ ପାଟିରେ ଅଧା ରହିଯାଏ। ଅବଧାନେ ପିଠିରେ ବିଧାଏ ବସାନ୍ତି। ସୁରେନ୍ଦ୍ର ପ୍ରକୃତିସ୍ଥ ହୁଅନ୍ତି। ଅବଧାନଙ୍କର ଆକଟ ଥିଲା। ଅନୁଶାସନ ଥିଲା ବଡ଼ କଠୋର।

ଶ୍ରଦ୍ଧା କିଛି ବି କମ୍ ନଥିଲା। ସେତେବେଳକା ପାଠ, ଆଜିକା ଶିକ୍ଷା, କାହିଁ କେତେ ତଫାତ୍। ଏବେ ପାଠରେ ନା ଅଛି ଭାବ, ନା ଅଛି ସାହିତ୍ୟ। ପିଲାଙ୍କ ପ୍ରାଥମିକ ସ୍ତର କଥା। ସେମାନଙ୍କ ମାନସିକ ସୌନ୍ଦର୍ଯ୍ୟ, ସୌକୁମାର୍ଯ୍ୟ ବିକାଶ ହୋଇ ପାରୁନି। ସୁରେନ୍ଦ୍ର ବଡ଼ ହେଲେ। ବୁଦ୍ଧିର ବିକାଶ ହେଲା। ଏଇ କଥାଟି ସେ ମର୍ମେମର୍ମେ ଅନୁଭବ କଲେ।

ସୁରେନ୍ଦ୍ରଙ୍କ ପିଲାବେଳ। ବେଶ୍ ଆନନ୍ଦରେ କଟିଲା। ଠିକ୍ ଗେଣ୍ଡାଳିଆ ଚଢ଼େଇ ଡେଣା ଝାଡ଼ିଝାଡ଼ି ଉଡ଼ିଯିବା ପରି। ପାରା ଉଡ଼ାରେ ସେ ଓସ୍ତାତ୍। ବାଉରି ସାଇ ପିଲେ ହାର ମାନନ୍ତି। ଗୁଲି ଖେଳରେ ସେ ଧୁରନ୍ଧର। ବଣି ଚଢ଼େଇ ଧରିବା, ଝିଣ୍ଟିକା ମାରି ବଣି ପୋଷିବା – ଏଥିରେ ସେ ବହୁ ଆଗରେ। ପିଲାବେଳୁ ତାଙ୍କର ସାହିତ୍ୟ ଆଡ଼େ ମନ ବଳିଲା। ଖରାବେଳ, ଅପା-ଖୁଡ଼ୀ ତାଙ୍କୁ ଡାକନ୍ତି। ଗୋପୀଭାଷା, ସଙ୍ଗୀତ ଛେନାଗୁଡ଼ ନୋହିଲେ ଜେମାଦେଈ କାନ୍ଦଣା। ସୁରେନ୍ଦ୍ର ମଧୁର କଂଠରେ ବୋଲନ୍ତି। ସେମାନେ ଶୁଣନ୍ତି। କରଣ ଘର, ବୋହୂ ଶାଶୁଘରକୁ ଆସନ୍ତି। ସାଥିରେ ପେଡ଼ିଟାଏ। ଏଥିରେ ଆଣନ୍ତି ଚଟିବହି, ଥାଏ ରଜଦୋଳି, କୁଆଁର ପୁନେଇଁ, ପୁଚିଗୀତ। କାନ୍ଦଣା ବହିଟି ବି ଆସିଥାଏ। ସଂଜବେଳେ ଭାଗବତ ବୋଲାଯାଏ। ସୁରେନ୍ଦ୍ର ତନ୍ମୟ ହୋଇ ଶୁଣନ୍ତି। କିଛି ବୁଝନ୍ତିନି। ବୋଲିବାର ରାଗିଣୀ, ସଂଜୁଆ ଅନ୍ଧାରରେ ଥରା ଥରା ଦୀପଶିଖା, ଜାକିଜୁକି ହୋଇ ବସିଥିବା ମଣିଷ, ସମସ୍ତେ ଏକ ଅଭିନ୍ନ, ତନ୍ମୟ, ମନ୍ମୟ ଭାବ ନିମଜ୍ଜିତ। ତା'ରି ଭିତରେ ସୁରେନ୍ଦ୍ର ହଜି ଯାଆନ୍ତି, ନଡ଼ାଗଦାରେ ଛୁଞ୍ଚିଟି ପରି। ଅନୁଭବ କରନ୍ତି ଗୋଟାଏ ଅନନ୍ତ କାଳର ଅଖଣ୍ଡ ସତ୍ତା! ଭୁଲି ଯାଆନ୍ତି ବଇଷମ ଅବଧାନଙ୍କ କଥା। ଦିନେ ମାଷ୍ଟ୍ରେ ଥିଲେ ତାଙ୍କ ପାଇଁ ବାଘ, ସୁରେନ୍ଦ୍ର ବୁଝିଲେ ସେ ମିଛବାଘ। ବିଶି ରାମାୟଣ, ଗୋପୀଭାଷା, ପିଲାଙ୍କ ରାମାୟଣ, ମହାଭାରତ, ସରସ୍ୱତୀ ପୂଜାରେ 'ବନ୍ଦଇ ହରି ଦେବ ମୁରାରି' ଗୀତ ଗାଇ ଘରେ ଘରେ ମାଗଣ, ସବୁ ଶିଖେଇଛନ୍ତି ଅବଧାନେ। ତାଙ୍କ ପିଲାମନକୁ ଉର୍ଦ୍ଧ୍ୱକୁ ନେଇଛନ୍ତି। ସତରେ ସେ କେତେ ଭଲ! ଅବଧାନେ ସାହିତ୍ୟର ମୂଳଦୁଆ ପକାଇଥିଲେ। ଏକଥା ସୁରେନ୍ଦ୍ର ବୁଝିଥିଲେ, ଡେରିରେ, ପରିଣତ ବୟସରେ।

■

ଶ୍ଳୀଳତା, ଅଶ୍ଳୀଳତା : ଜୀବନ ମୁଦ୍ରାର ଦୁଇଟି ପାର୍ଶ୍ୱ

ପ୍ରତିଟି ମଣିଷ ଗୋଟେ ଗୋଟେ ଜହ୍ନ। ସବୁବେଳେ ସେ ଦେଖାଏ ତା'ର ଆଲୋକିତ ପାଖକୁ। ଅନ୍ଧାର ପାଖଟି ଲୁଚାଇ ରଖେ। ସେ ଭଦ୍ର, ଶିଷ୍ଟ, ସାଧୁ, ଶୋଭନୀୟ ତା'ର ଆଚରଣ, ଏଇ କଥାଟି ଦୂରରୁ ବାରିହୁଏ। ଏ ସ୍ୱଭାବ ଗୁଡ଼ିକ ଶ୍ଳୀଳତା ପର୍ଯ୍ୟାୟଭୁକ୍ତ। ଶ୍ଳୀଳତା ହିଁ ସାଧୁତା, ଭଦ୍ରତା। ଅନୁରୂପ ଭାବେ ତା' ଅନ୍ଧାରିଆ ପାଖ। ତା'ରି ଭିତରେ ରୁନ୍ଧି ହେଇ ରହିଛି ନାନାଦି ଅବିଗୁଣ। ଏସବୁ ଅଶ୍ଳୀଳତା। କୁରୁଚିପୂର୍ଣ୍ଣ ଆଚରଣ, କୁତ୍ସିତ ସ୍ୱଭାବ, ବେହେଡ଼ା କଥା, ଅବାଗ ଚାଲିଚଳଣି, ଲଜ୍ଜାଜନକ ଆଚରଣ-ଏସବୁ ଅଶ୍ଳୀଳତାର ଏକ ଏକ ଅଂଶ। ଏଇ ଶ୍ଳୀଳତା, ଅଶ୍ଳୀଳତାକୁ ନେଇ ନାନାଦି ବାଛ ବିଚାର। ତର୍କ, ଚର୍ଚ୍ଚା, କିଛି ବି କମ୍ ନୁହେଁ। ମଣିଷର ଏଇ ଦୁଇ ପ୍ରମୁଖ ସ୍ୱଭାବ। 'କୁ', 'ସୁ'ର ପରିଚୟ କରାଇ ଦିଏ। ଶ୍ଳୀଳତା, ଅଶ୍ଳୀଳତାର ଆଉ ଏକ ପ୍ରୟୋଗ। ବିଶେଷ କରି ସାହିତ୍ୟ କ୍ଷେତ୍ରରେ ପରିଲକ୍ଷିତ। ନାୟିକାର ନଖରୁ କେଶ ବର୍ଣ୍ଣନା, କାମ-କ୍ରୀଡ଼ାର ନିଛକ ପ୍ରଦର୍ଶନ। ନାନାଦି କାମୋଦ୍ଦୀପକ ଉପମା ପ୍ରୟୋଗ - ସାହିତ୍ୟକୁ ସୁଖ ପାଠ୍ୟ କରେ। ଏସବୁ ଶୃଙ୍ଗାର ରସ ପ୍ରଖ୍ୟାପକ। କେହି କେହି ରକ୍ଷଣଶୀଳ। ଏତାଦୃଶ ଚିତ୍ରଣ ତାଙ୍କ ପାଇଁ ଅରୁଚିକର। ସେମାନେ ନାସିକା କୁଞ୍ଚନ କରନ୍ତି। ମାତ୍ର ଶ୍ଳୀଳତା, ଅଶ୍ଳୀଳତା; ସାହିତ୍ୟରେ ଉଭୟର ସ୍ଥାନ ଅତୀବ ଗୁରୁତ୍ୱପୂର୍ଣ୍ଣ। ଠିକ୍ ସେମିତି ସାମାଜିକ ଜୀବନ, ବ୍ୟକ୍ତିଗତ ସ୍ୱଭାବ ଚରିତ୍ର। ସବୁ ଶ୍ଳୀଳ, ଅଶ୍ଳୀଳର ସମାହାର। ଅନ୍ଧାର ଭିତରେ ଶ୍ଳୀଳତା ବନ୍ଧା ପଡ଼େ, ସେଇଟି ଅନାବରଣ ହୁଏ, ପାଲଟି ଯାଏ ଅଶ୍ଳୀଳ। ଫଳରେ ଶ୍ଳୀଳ, ଅଶ୍ଳୀଳର ବିଚାରବୋଧ ଭିନ୍ନ ଭିନ୍ନ। ମାତ୍ର ଜୀବନ ପାଇଁ, ସୃଷ୍ଟି ପାଇଁ - ଦୁଇଟି ଯାକ ଗୁରୁତ୍ୱପୂର୍ଣ୍ଣ। ସେଇଥି ପାଇଁ "ଆଲୁଅ ତା'ର କି ମନୋହର,

ଅନ୍ଧାର ପୁଣି ତା'ଠାରୁ ଭଲ।" ଅନ୍ଧାରରେ ସୃଜନ, ଅଲୋକରେ ତା'ର ପରିପ୍ରକାଶ। ଏଇତ ଜୀବନ। ସୁଖ, ଦୁଃଖ, ଆନନ୍ଦ ନିରାନନ୍ଦ, ହସକାନ୍ଦ; ଜୀବନ ମୁଦ୍ରାର ଦୁଇଟି ପାର୍ଶ୍ୱ। ଠିକ୍ ସେମିତି ଶ୍ଳୀଳତା, ଅଶ୍ଳୀଳତା। ଶ୍ଳୀଳତା ଜୀବନ ପାଇଁ ଅନିବାର୍ଯ୍ୟ, ଅଶ୍ଳୀଳତା ବି। ମହାନ୍ ସ୍ରଷ୍ଟା ସୁରେନ୍ଦ୍ର ମହାନ୍ତି, ଜୀବନକୁ ପଢ଼ିଛନ୍ତି, ବୁଝିଛନ୍ତି। ଅଶ୍ଳୀଳତାର ଆବଶ୍ୟକତାକୁ ଅନୁଭବ କରିଛନ୍ତି। ରୁଚି-ବିକାରବାଦୀଏ, ତରୁଣ ସମାଜର ରୁଚିକଥା ଭାବନ୍ତିନି। ସେମାନଙ୍କ ଚିନ୍ତାଚେତନାକୁ ଅଣଦେଖା କରନ୍ତି। ଏଇଟି ବିକୃତ ମାନସିକତା। ଏ ସମ୍ପର୍କରେ ଲେଖକ ଆପଣାର ଅନୁଭୂତି ବାଣ୍ଟିଛନ୍ତି। ତାଙ୍କ ମି.ଇ. ପାଠପଢ଼ା ବେଳ କଥା। ଉଦାହରଣଟେ ଆଣି ଥୋଇଛନ୍ତି। ଶ୍ଳୀଳତା, ଅଶ୍ଳୀଳତାର ବିଚାରବୋଧକୁ ଦେଖାଇଛନ୍ତି।

ଗାଁ ଚାଟଶାଳୀ, ବଇଷମ ଅବଧାନେ। ଚିହ୍ନା ଗାଁ, ଆମ୍ବତୋଟା, ବନିଲା ଆମ୍ବ ସାଉଁଟା। ଧୂଳିଆ ପବନ ଘୋ ଘୋ, ଅନ୍ଧାର ତୋଟାରେ ସାଇପିଲାଙ୍କ ଦଉଡ଼ା ଦଉଡ଼ି। ଆଉ ଏ ସୁଯୋଗ ନାହିଁ। ପଛରେ ରହିଲେଣି ପାରା, ବଣି, କାଚଗୁଲି। ଆକୁଳା, ରାଜୁଆ, ବିନୋଦିଆଙ୍କ ପରି ସାଙ୍ଗ, ହନୁମନ୍ତ ପୋଖରୀ, ବାଲି ପୋଖରୀ। ଚିତି, ବୁଢ଼ା ପହଁରା, ସବୁ ପଛରେ। ଶଗଡ଼ ଚାଲିଛି, ଦୂରରୁ ଝାପ୍‌ସା ଦିଶୁଛି ପୁରୁଷୋତ୍ତମପୁର ଗାଁ। ଏବେ ଜୀବନ କଟିବ ରାଇସୁଙ୍ଗୁଡ଼ାରେ। ସେଇଠି ଜିଲ୍ଲା ବୋର୍ଡ଼ ଡାକ୍ତରଖାନା। ସୁରେନ୍ଦ୍ରଙ୍କ ବାପା ହେଲ୍‌ଥ ଇନିସ୍‌ପେକ୍ଟର। ବାପା, ବୋଉଙ୍କ ସହ ରହିଲେ ସୁରେନ୍ଦ୍ର। ବାପାଙ୍କର ଗୋଟିଏ ଚିନ୍ତା। ସୁରିଆଟା କେମିତି ଭଲ ପଢ଼ିବ। କାନପୁର ମେଟକାଫ୍ ମି.ଇ. ସ୍କୁଲ୍। ଚତୁର୍ଥ ଶ୍ରେଣୀରେ ତାଙ୍କ ନାଁ ଲେଖା ହେଲା। ନିତି ସଞ୍ଜ ଆସେ। ମନେପଡ଼ନ୍ତି ତାଙ୍କ ଜେଜୀମା', କେତେକେତେ କାହାଣୀ – ଅସୁରୁଣୀ ବୁଢ଼ୀ, ରାଜାପୁଅ, ମନ୍ତ୍ରୀପୁଅ, କଟୁଆଳ ପୁଅଙ୍କ କଥା, ବର୍ଗୀଙ୍କ ଆତଙ୍କରାଜ, ନ'ଅଙ୍କ ଦୁର୍ଭିକ୍ଷର କରୁଣ କାହାଣୀ। ଜେଜୀମା'ଙ୍କ ଏସବୁ ଅଙ୍ଗେଲିଭା କଥା। ସେ ଦେଖିଛନ୍ତି। ତାଙ୍କ ବାଡ଼ି ତେନ୍ତୁଳି ଗଛ, କଅଁଳିଆ ପତର, ଭରପୂର। ବୁଭୁକ୍ଷୁମାନେ, ବିକଳରେ ଖାଇ ଯାଉଥିଲେ, ଠିକ୍ ମାଙ୍କଡ଼ଙ୍କ ପରି। ରାଜାପୁଅ, ରାଜାଝିଅ, ମାଲୁଣି, ମନପବନ ଘୋଡ଼ା, ତା'ଠୁ ଆହୁରି ରୋମାଞ୍ଚକର କଥା। ଏବେ ସବୁ, ସପନ, ଏଣିକି ପାଠର ଅଙ୍କୁଶ, ବଇଷମ ଅବଧାନେ 'ବାଘ'। ମି.ଇ. ସ୍କୁଲ୍‌ର ଆନନ୍ଦ ମିଶ୍ରେ, ତାଙ୍କ କଠୋର ପଣ ବି ଅସହ୍ୟ। ସୁରେନ୍ଦ୍ର ଛଅ କ୍ଲାସ୍‌ରେ। ଏଣିକି ନୂଆପାଠ, ସାହିତ୍ୟ ଆଡ଼େ ତାଙ୍କ ମନ, ମିଶ୍ରେ ଭଲ ସାହିତ୍ୟ ବୁଝାନ୍ତି; କିନ୍ତୁ ବଦ୍‌ରାଗୀ। ପିଲେ ତାଙ୍କ ରୋଷର ଶିକାର ହୁଅନ୍ତି।

ବଇଷମ ପାଠଶାଳାର ତାଡ଼ନା, ସୁରେନ୍ଦ୍ର ପିଲାବେଳୁ ପାଠ ବିଦ୍ୱେଷୀ। ତାଙ୍କ

ହସ୍ତାକ୍ଷର ସୁନ୍ଦର, ଆବୃତ୍ତି ଖୁବ୍ ଭଲ, ଡିବେଟିଂ କ୍ଲାସ୍‌ରେ ପ୍ରଥମ, ପୁରସ୍କାର ବିତରଣ ଉତ୍ସବ, ଏଥିରେ ପାଆନ୍ତି ଢେର୍ ପୁରସ୍କାର। ଯେନତେନ ପଢ଼ାପଢ଼ି, ହେଲେ ପାଶ୍‌ଟା ଥୁଆ। ସାହିତ୍ୟ ତାଙ୍କର ଭଲ ହୁଏ। ଦିନକର କଥା। ମିଶ୍ରେ ଆପଣେ ସାହିତ୍ୟ ପଢ଼ା ଆରମ୍ଭ କଲେ। ମଧୁରାଓଙ୍କ 'ଜୀବନ ଚିନ୍ତା' କବିତା। ତା' ଭିତରେ ଆତ୍ମା, ପରମାତ୍ମାଙ୍କ ମିଳନ କଥା। ଜୀବର ପରମ ପାଇଁ ବ୍ୟାକୁଳତା। ଏ ପ୍ରକାର ଚିନ୍ତନ ଟିକେ କଠିନ, ପିଲେ ବୁଝିବା କାଠିକର ପାଠ। ହେଲେ ମିଶ୍ରେ ସୁନ୍ଦର ଭାବେ ଆବୃତ୍ତି କରନ୍ତି। ପ୍ରାଞ୍ଜଳ ଭାବେ ବୁଝେଇବାକୁ ଚେଷ୍ଟା କରନ୍ତି। ପିଲେ ସବୁ ରଫ୍ ଖାତାରେ ଲେଖି ନିଅନ୍ତି। ସେତେବେଳେ ମାନେବହି ନଥିଲା। ଏବେକା କଥା ଅଲଗା। ଉଭୟ ଛାତ୍ର ମାଷ୍ଟ୍ରେ, ସମସ୍ତଙ୍କ ପାଖରେ କେତେକେତେ ସହାୟକ ପୁସ୍ତକ, ଗାଇଡ୍, ଟେଷ୍ଟପେପର, ପ୍ରଶ୍ନ ଉତ୍ତର ବହି, ସମ୍ଭାବ୍ୟ ପ୍ରଶ୍ନାବଳୀ, ପିଲେ ଏହାକୁ ପଢ଼ନ୍ତି। ମୂଳବହି ପଢ଼ା ନାଁକୁ ମାତ୍ର। ଦିନେ ମିଶ୍ରେ ପଦଟିଏ ବାରମ୍ବାର ଆବୃତ୍ତି କଲେ, ହେଲେ ବୁଝାଇଲେନି। ପଦଟି ମଧୁରାଓଙ୍କ ଜୀବନ ଚିନ୍ତା କବିତାରୁ – "ଯୁବତୀର ରକ୍ତାଧର, ରମ୍ୟଜ୍ୟୋତି ନୟନର / ସ୍ୱର୍ଣ୍ଣ ଘନ ସମ ବକ୍ଷ, ଚାରୁ ପଦ୍ମାନନ / ଇନ୍ଦ୍ରଧନୁ ଶୋଭାସମ, ପଳାନ୍ତି ବହନ।" ସୁରେନ୍ଦ୍ର ବେଞ୍ଚ ଉପରୁ ଉଠି ପଡ଼ିଲେ। ପଚାରିଲେ, "ସାର୍, ଏ ପଦଟା ଛାଡ଼ିଗଲେ, ବୁଝାଉ ନାହାନ୍ତି କାହିଁକି ?" ମିଶ୍ରେଙ୍କ ଅକଲ ଗୁଡୁମ୍, ସ୍ୱର୍ଣ୍ଣଘନ ସମବକ୍ଷ ବା କେମିତି ବୁଝାଇବେ ? ତା'ପରେ ଅବସ୍ଥା ଅସମ୍ଭାଳ, ସତେ ଯେମିତି ଅଦିନିଆ ବର୍ଷା, ପୁଞ୍ଜାପୁଞ୍ଜା କୁଆପଥର, ତତ୍‌ସମ ବିଧା ଚାପୁଡ଼ା, ସୁରେନ୍ଦ୍ରଙ୍କ ପିଠିରେ ବରଷି ଚାଲିଗଲେ। ଏଥି ସହିତ ଭର୍ତ୍ସନା – କୁଳାଙ୍ଗାର, ଅଂଶାପଢ଼ା, ଘୋଡ଼ାମୁହାଁ, ଧୂର୍ତ୍ତ – ଏମିତି ନାନାଦି ଗାଳିଗୁଲଜ, ସୁରେନ୍ଦ୍ର କିଛି ବୁଝିନଥିଲେ ସେଦିନ। ଯୁବତୀର ସ୍ୱର୍ଣ୍ଣବକ୍ଷ, ରକ୍ତାଧର ପ୍ରଭୃତି – ଏସବୁ କୁଆଡ଼େ ଅଶ୍ଳୀଳ ଶବ୍ଦ। ଯଦି ଅଶ୍ଳୀଳ, ଜୀବନ ଚିନ୍ତା କବିତାରେ କାହିଁକି ସ୍ଥାନିତ ? କାହାକୁ ପଚାରିବେ, କିଏ ବୁଝାଇଦେବ ? ତଥାପି ତାଙ୍କ ମନ ଟାଣିଲା ସେଇ ଆଡ଼େ। ଶିଶୁ ମନସ୍ତତ୍ତ୍ୱ, ବାରଣ କଥାଟିକୁ ପିଲେ ଆଗେ କରନ୍ତି। ତାହାହିଁ ହେଲା, ସୁରେନ୍ଦ୍ର ସୁବିଧା ଉଣ୍ଡିଲେ। ପିଲା ବୟସ, ମିଶ୍ର ମାଷ୍ଟ୍ରେ, ବୁଝାଇଲେ ତ ନାହିଁ, ମାଡ଼ ମାରି ବାଧ୍ୟ କଲେ, ସୁରେନ୍ଦ୍ର ବୁଝିବାକୁ ବାଟ ଉଣ୍ଡିଲେ।

ଆଉ ଦିନକର କଥା। ସୁରେନ୍ଦ୍ର ବାପାଙ୍କ କ୍ୱାର୍ଟର, ଲାଗିକି ଥାଏ ନର୍ସ କ୍ୱାଟରଟେ। ନର୍ସ ରଖିଥାଆନ୍ତି ଝିଅ ଚାକରାଣୀ। ତା' ନାଁ ମୁରା। ଜହ୍ନି ମଂଜିପରି କଳା କିଟିକିଟି ଚେହେରା। ସୁରେନ୍ଦ୍ରଙ୍କ ସମବୟସୀ। ଦୁହେଁ ଏକାଠି ଖେଳନ୍ତି। ସୁରେନ୍ଦ୍ର ସ୍ୱୀକାର କରିଛନ୍ତି, ସେଇ କାଳୀଝିଅଟା, ତା' ପ୍ରତି ତାଙ୍କର ଟିକେ ବି ଆକର୍ଷଣ ନଥିଲା। ହେଲେ 'ଜୀବନଚିନ୍ତା' କବିତାର ସେଇ ଜଖମ ଜାଗା। ସେଦିନ ରାତି

ଆଠଟା, ପାଠପଢ଼ା ଶେଷ, କେଇଜଣ ପିଲେ ମିଶିଲେ, ଚାଲିଲା ଲୁଚକାଳି ଖେଳ। ନର୍ସ ଥାଆନ୍ତି ଭିଜିଟ୍‌ରେ। ଆକସ୍ମିକ ଘଟଣା, ଲୁଚକାଳି ଖେଳରେ ଗୋଟିଏ ଘରେ ମୁରା, ସୁରେନ୍ଦ୍ର। ଯୁବତୀର ସ୍ୱର୍ଣ୍ଣବକ୍ଷ ଦେଖିବାର ସୁବର୍ଣ୍ଣ ସୁଯୋଗ। ସୁରେନ୍ଦ୍ର ପାଦେ ଆଗେଇଲେ, ମୁରା ଚିରିଚିରେଇ ଉଠିଲା। କଥାଟି ପ୍ରଘଟ ହେଲା। ବାପାଙ୍କ କାନରେ ପଡ଼ିଲା। ତମ୍‌ତମ୍ ହେଇ ଆସିଲେ, ବୋଉକୁ ଡାକିଲେ, ରାଗରେ ଥରୁ ଥାଆନ୍ତି। କହିଲେ – "କାହିଁକି ଏ କୁଳାଙ୍ଗାରଟାକୁ ଗର୍ଭରେ ଧରିଥିଲ କେଜାଣି, ଯା' ପାଇଁ ମୁଣ୍ଡ ତଳକୁ ହେଇଗଲାଣି।" ତା'ପରେ ନିଷ୍ଠୁର ପ୍ରହାର। ବୋଉ ହଡ଼ବଡ଼େଇ ଗଲେ। ବାପାଙ୍କୁ କହିଲେ- "ଛୁଆଟା, ସେକଥା ସବୁ କ'ଣ ଜାଣିଛି, ତାକୁ ମିଛଟାରେ ବାଡ଼ଉଚ।" ସେଇଦିନୁ ସୁରେନ୍ଦ୍ରଙ୍କ ମନ ବିଦ୍ରୋହ କଲା। ଚରିତ୍ରର ଅର୍ଥ ସେ କ'ଣ ଜାଣନ୍ତିନି, ଚରିତ୍ରହୀନ ହେବାରେ କ୍ଷତି କ'ଣ? ଚରିତ୍ର ବତ୍ତାର ସଂଜ୍ଞା ବା କ'ଣ? ଜୀବନରେ ଢେର ପୁରସ୍କାର ମିଳିଲା ତାଙ୍କୁ। ମାତ୍ର ଗୁଡ଼୍ କଣ୍ଡକ୍ଟ ସାର୍ଟିଫିକେଟ୍‌ଟା ମିଳିଲାନି। ମିଶ୍ରେ ମାଷ୍ଟର ଠିକ୍ ବୁଝେଇଲେନି, ବାଡ଼େଇଲେ, ବାପା ପିଟିଲେ। ଦିନ ଗଡ଼ି ଚାଲିଲା। ସୁରେନ୍ଦ୍ର ବୁଝିଲେ। ସଂସାର କେତେ କଥାକୁ ଅଶ୍ଳୀଳ କହେ, ନାକଟେକେ। ତାହା ଯଦି ସତ୍ୟ, ସେଇ କଥାକୁ ବୁଝେଇବାକୁ ପଡ଼ିବ। ଶବ୍ଦର ଖୋଳପା, ତା'ରି ଭିତରେ ବାନ୍ଧି ଦେଇ ହେବ ଯାହାକିଛି ଅଶ୍ଳୀଳତା। ଏଥି ପାଇଁ ଲୋଡ଼ା ଗଭୀର ଅଧ୍ୟୟନ, ଅଧ୍ୟବସାୟ, ସାହିତ୍ୟ ପଢ଼ାଇବାର ଯଥାବିଧି ଯୋଗ୍ୟତା। ସେଇଟି ମିଶ୍ରେ ସାରଙ୍କର ବୋଧହୁଏ ନଥିଲା। ଗୁରୁଙ୍କ ଅପାରଗପଣ, ଶିଷ୍ୟ ଭୋଗେ ତା'ର ପରିଣାମ। ଗୁରୁ ଭୁଲ କଲେ, ଗୋଟେ ପିଢ଼ି କ୍ଷତିଗ୍ରସ୍ତ ହୁଏ। ଭଲଛାତ୍ରଟେ ଗଢ଼ିବା ପାଇଁ, ଉପଯୁକ୍ତ ଗୁରୁଙ୍କ ଲୋଡ଼ା। ଏ କଥାକୁ ଅସ୍ୱୀକାର କରାଯାଇନପାରେ।

ଚାଟଶାଳୀରୁ ମି.ଇ. ସ୍କୁଲ୍, ସବୁଠି ଭୟକାତର ସ୍ଥିତି। ଘରେ ମାଡ଼ ଭୟ, ଚାଟଶାଳୀରେ ବି ସେୟା। ଗାଁ କିଆଗୋହିରି, ସେଠି ବ୍ରହ୍ମରାକ୍ଷସ, ରାତିରେ କାଳିକେଇ ଠାକୁରାଣୀଙ୍କ ବ୍ୟାଘ୍ରାରୋହଣ, ଏ ସମସ୍ତ ଭୟ ଆତଙ୍କ ଭିତରେ ସୁରେନ୍ଦ୍ରଙ୍କ କୈଶୋର କଟିଲା। ରୁନ୍ଧିରାନ୍ଧି ହେଇଗଲା ସବୁ ଚିନ୍ତନ। ଶେଷରେ ସେ ହେଲେ ବିଦ୍ରୋହୀ। ସ୍କୁଲ୍ କଲେଜ ପରି ଯେତେ ଅନୁଷ୍ଠାନ, ଯେତେ ପୋଥି ଘୋଷାପାଠ, ଯେତେଯେତେ ପ୍ରତିଷ୍ଠିତ ମୂଲ୍ୟବୋଧ, ସବୁରି ବିରୁଦ୍ଧରେ ଜେହାଦ ଘୋଷଣା। ତା' ମୂଳରେ ରହିଛି ଶୈଶବର ବିଚିତ୍ର ଅନୁଭୂତି। ଏଇଟି ମୂଳକାରଣ। ସୁରେନ୍ଦ୍ର ଏହାକୁ ମୁକ୍ତକଣ୍ଠରେ ସ୍ୱୀକାର କରିଛନ୍ତି।

ଦିନ ଗଡ଼ି ଚାଲିଲା। ଚରିତ୍ର ସମ୍ପର୍କରେ ନାନା ଧାରଣା ଉପୁଜିଲା ସୁରେନ୍ଦ୍ରଙ୍କର। ଜୀବନରେ ଭଲ ଆଉ ମନ୍ଦ, ତା'ରି ଭିତରେ ନିର୍ଲିପ୍ତ ରହିବା ହେଉଛି ଚରିତ୍ର। ଚରିତ୍ର

ଅସୂର୍ଯ୍ୟଂପଶ୍ୟା ଲଜ୍ଜାବତୀ କୁଳବଧୂ ନୁହେଁ। ତାକୁ ଛୁଇଁଲେ ପାପ ନୁହେଁ। ତା' ଉପରେ କାହାରି ଆଖି ପଡ଼ିଯାଏ, ତଥାପି ଚରିତ୍ର ହୁଏନି ଜାତିଚ୍ୟୁତ ଅବା କୁଳଚ୍ୟୁତ। ଚରିତ୍ର ଇସ୍ପାତରେ ତିଆରି, କାଦୁଅରେ ନୁହେଁ। ଏହା ଅତି କଠିନ, ସହଜରେ ଭାଙ୍ଗିତୁଟି ଯାଏନା। ସୁରେନ୍ଦ୍ରଙ୍କ ଜୀବନ ପରିଧି, କେତେ କେତେ ଚରିତ୍ର ଆସିଛନ୍ତି। ସେମାନଙ୍କ ବିଚିତ୍ର ସ୍ୱଭାବ, ଢଙ୍ଗରଙ୍ଗ ବି ଭିନ୍ନ ଭିନ୍ନ। କେହି କଠିନ ନୁହନ୍ତି, ସବୁ ଗୋଟେ ଗୋଟେ କାଦୁଅକୀଳା। ଏମାନେ କେଉଁ ଚରିତ୍ରରେ ଗଣ୍ୟ ?

ସୁରେନ୍ଦ୍ର ମହାନ୍ତି ଜଣେ ନାଁକରା ସାହିତ୍ୟିକ। ତାଙ୍କ ଲେଖାରେ ନାନାଦି ଚରିତ୍ର। ସେମାନଙ୍କର ନିଖୁଣ ପରିପ୍ରକାଶ। ତାଙ୍କ ସୃଷ୍ଟିକୁ କରିଛି କାଳଜୟୀ। ଶ୍ଳୀଳତା, ଅଶ୍ଳୀଳତା - ଏମିତି କିଛି ଫରକ୍ ସ୍ରଷ୍ଟା ବାରି ନାହାନ୍ତି। ରୁଚି-ବିକାର-ବାଦୀ ଚରିତ୍ର କଥା ଉଠାନ୍ତି। ତାହା ଏକ ବିଭ୍ରାନ୍ତିକର ଚିନ୍ତନ। ଶ୍ଳୀଳତା ଜୀବନର ଆଭୂଷଣ, ଅଶ୍ଳୀଳତା ସୃଷ୍ଟିର ମୂଳକଥା। ଏଇଟି କଳାତ୍ମକ ବିଚାରବୋଧ। ସାହିତ୍ୟରେ ଏସବୁର ପରିପ୍ରକାଶ, କଳାକୁ କରେ ଜଗତଜିତା। ଏ ପରିପ୍ରେକ୍ଷୀରେ ଶ୍ଳୀଳତା, ଅଶ୍ଳୀଳତା - ଉଭୟ ଜୀବନ ମୁଦ୍ରାର ଦି' ପାଖ। ଏହା ଧ୍ରୁବାଲୋକ ପରି ସତ୍ୟ।

■

କପାଳେ ଥିଲେ ଗୋପାଳ ଦେବେ

କପାଳେ ଥିଲେ ଗୋପାଳ ଦେବେ; କପାଳେ ନ ଥିଲେ ଗୋପାଳ କାହୁଁ ଦେବେ? ଏଇଟି ଗୋଟିଏ ବହୁଳ ପ୍ରଚଳିତ ପ୍ରବଚନ। ଏହାର ସରଳ ଅର୍ଥଟେ - କର୍ମ ବଳରେ ଅଧମ ପୂଜାପାଏ। ପ୍ରବଚନଟିରେ ଦୁଇଟି କଥା ଅତି ସ୍ପଷ୍ଟ - (୧) କର୍ମବାଦ, (୨) ଭାଗ୍ୟବାଦ। ଏହାକୁ ନେଇ ନାନାଦି ଚର୍ଚ୍ଚା, ତର୍କ, ଦର୍ଶନ ବି। ଭଗବଦ୍ ଗୀତାରେ କର୍ମବାଦ ପ୍ରସଙ୍ଗ ଅତି ସ୍ପଷ୍ଟ। କର୍ମ କରିବା ମନୁଷ୍ୟର ଶ୍ରେଷ୍ଠ କର୍ତ୍ତବ୍ୟ। ଫଳରେ ଆଶା ନ ରଖିବା ବିଧେୟ। କର୍ମ ଫଳ ଅବଶ୍ୟ ମିଳିବ। ଭାଗ୍ୟବାଦୀଏ କର୍ମକୁ ଅସ୍ୱୀକାର କରିନାହାନ୍ତି। ଭାଗ୍ୟ ବାମ ହେଲେ କର୍ମ ଫଳରେ ହାନି ଘଟେ। ଏଇଟି ସେମାନଙ୍କର ଯୁକ୍ତି। ଏଇଥି ପାଇଁ ଭାଗ୍ୟ, ଭଗବାନ, ଭବିତବ୍ୟକୁ ନେଇ ନାନାଦି ଚିନ୍ତନ। ଆସ୍ତିକ, ନାସ୍ତିକ ବାଦ ମଧ୍ୟ। କପାଳ ବା ଲଲାଟ। ଲଲାଟ ଲିଖନ କେ କରିବ ଆନ? ଏଇ କଥାଟି ମଧ୍ୟ ଊଣା ଅଧିକେ ସ୍ୱୀକୃତ। ହଠାତ୍ ବିପଦ ଆସେ, ଜନେ କହନ୍ତି କପାଳ ଫାଟିଲା। ସୁଖ, ସୌଭାଗ୍ୟ, ସମୃଦ୍ଧି - ଏସବୁ ଅଯାଚିତ ମିଳେ। ଦୁନିଆ ଆଖିରେ ସେ ଲୋକଟି କପାଳବନ୍ତ। ଏସବୁ ଅନୁଭବ, ଅନୁଭୂତିର କଥା। ଭବିତବ୍ୟ ଯାହା ଅବଶ୍ୟ ଘଟିବ, କିଏ ତା' କରିବ ଆନ? ଏଇ ପ୍ରସଙ୍ଗଟି ଅଙ୍କ ବହୁତେ ଅନେକଙ୍କ ଅଙ୍ଗେନିଭା କଥା। ମଣିଷ ବିଚାରେ ଆନ, ଦଇବ କରେ ଆନ। ବହୁ ପ୍ରଥିତଯଶାଙ୍କ ଆତ୍ମଲିପିର ଏଇଟି ସାର ନିର୍ଯ୍ୟାସ। କପାଳ, ଲଲାଟଲିଖନକୁ ନେଇ ପ୍ରଚଳିତ ବିଶ୍ୱାସଟେ। ଏହା ବହୁ ପ୍ରାଚୀନ। ଶିଶୁଟି ଭୂମିଷ୍ଠ ହୁଏ। ନୂତନ ସୂର୍ଯ୍ୟାଲୋକ ଦେଖେ। ଅନ୍ତୁଡ଼ିଶା, ପଞ୍ଚମ ଦିନ। ପଞ୍ଚୁଆତି ବନ୍ଦାପନା, ସବୁ ମା' ଷଠୀ ଦୁଷୀଙ୍କ ଉଦ୍ଦେଶ୍ୟରେ। ଷଷ୍ଠ ଦିନ ଆସେ, ଶିଶୁର ମୁଣ୍ଡ ଉପରେ ରଖି ଦିଆଯାଏ ତାଳପତ୍ର ଖଣ୍ଡେ। ବିଶ୍ୱାସ ସେଇ ମା' ଆସିବେ, ଶିଶୁର ଭାଗ୍ୟ ଲେଖିଦେବେ ଲଲାଟରେ। ସେଇ ତାଳପତ୍ରଟି ବ୍ୟବହୃତ ହୁଏ। ଜ୍ୟୋତିଷ ପ୍ରସ୍ତୁତ କରନ୍ତି ଶିଶୁର ଜନ୍ମକୁଣ୍ଡଳୀ। ଏବେ ବି ଏ ପ୍ରଥାଟି ଗାଁ ଗହଳରେ ଉଦ୍‌ଜୀବିତ।

ଶିଶୁଟିର କୈଶୋର ସରେ, ଆରମ୍ଭ ହୁଏ ତା'ର ବିଦ୍ୟାରମ୍ଭ ପର୍ବ। ପ୍ରାଥମିକ ଶିକ୍ଷା, ଉଚ୍ଚ ପ୍ରାଥମିକ ଶିକ୍ଷା; ଏ ତ ସମସ୍ତଙ୍କ ପାଇଁ ସମାନ। ମାତ୍ର ଉଚ୍ଚତର ଶିକ୍ଷାବେଳଟି ଅତୀବ ଗୁରୁତ୍ୱପୂର୍ଣ୍ଣ। ପିଲାଟି ମାଟିହାଣ୍ଡି, ଯେମିତି ଗଢ଼ିବ, ସେମିତି ଗଢ଼ି ହେବ। ଅଭିଭାବକ, ପିତାମାତା, ସେମାନଙ୍କର କେତେ କେତେ ସ୍ୱପ୍ନ, କଳ୍ପନା ଜଳ୍ପନା। ପୁଅକୁ ହାକିମ କରିବେ। ପୁଅ ଡାକ୍ତର, ଡିପୁଟି ହେବ। ସେଇ ଅନୁଯାୟୀ ତା'ର କଲେଜ ଶିକ୍ଷା। ପିତାମାତା, ଅନେକତ୍ର ବୁଝନ୍ତିନି ଶିଶୁର ମନସ୍ତତ୍ତ୍ୱ, ଲଦି ଦିଅନ୍ତି ଆପଣା ସିଦ୍ଧାନ୍ତ। ଫଳ ଅନେକତ୍ର ଅମୃତ ପ୍ରସବା ହୁଏନି, ହେଇଯାଏ ବିଷମୟ। ଏ କଥାଟି ଅଙ୍ଗେ ନିଭେଇଥିଲେ ସୁରେନ୍ଦ୍ର ମହାନ୍ତି। ସେ ଜଣେ ପ୍ରଥିତଯଶା ସାହିତ୍ୟିକ, ବିଦ୍ୱାନ, ସ୍ୱାଧୀନତା ସଂଗ୍ରାମୀ, କ୍ଷମତା ରାଜନୀତିର ଅଂଶୀଦାର ମଧ୍ୟ। ବାପାଙ୍କର ଇଚ୍ଛା ପୁଅ ଡାକ୍ତର ହେବ। ଏଲ୍.ଏମ୍.ପି. କୋର୍ସରେ ନାମ ଲେଖାଇଦେବେ। ହେଲେ ସୁରେନ୍ଦ୍ରଙ୍କ ମନ ସାହିତ୍ୟରେ। ତାଙ୍କର ପ୍ରତିଜ୍ଞା ସେ ହେବେ ସାହିତ୍ୟିକ। ହେଲେ ବି। ଏଇଟି ଥିଲା ମଙ୍ଗଳମୟଙ୍କ ଇଚ୍ଛା। କୁହାଯାଇପାରେ ତାହା ତାଙ୍କ କପାଳ ଲିଖନ। ତାକୁ ବା କେ ବଦଳେଇବ? ଏ ସମସ୍ତ ରୋଚକ ତଥ୍ୟ। ସୁରେନ୍ଦ୍ର ବାଣ୍ଟିଛନ୍ତି ଆପଣା ଆତ୍ମଲିପି 'ପଥ ଓ ପୃଥିବୀ'ରେ। ବିଷୟଟି ଖୁବ୍ ଆକର୍ଷଣୀୟ।

ପ୍ରାକ୍ ସ୍ୱାଧୀନତା କାଳ। ପୁଅଟେ ପାଇଁ ସମସ୍ତଙ୍କର ବ୍ୟାକୁଳତା। ପୁଅ ଇଂରାଜୀ ପଢ଼ିବ, ବଡ଼ ଚାକିରି କରିବ, କୁଳ ଉଜ୍ଜ୍ୱଳ ହେବ। ସୁରେନ୍ଦ୍ରଙ୍କ ବାପା ପାଠୁଆ। ଡାକ୍ତରଖାନାରେ ଚାକିରି। ତାଙ୍କର ଇଚ୍ଛା ପୁଅ ଡାକ୍ତର ହେବ। ସେ ଦିଗରେ ସେ ମନ ବଳାଇଲେ। ଯାହା ପଦକ୍ଷେପ ନେବା କଥା ନେଲେ। ହେଲେ ସୁରେନ୍ଦ୍ରଙ୍କ ମତି-ଗତି ପୂରା ଅଲଗା। ପ୍ରଚଳିତ ଶିକ୍ଷାଦାନ ପଦ୍ଧତି। ଏହାର ସେ ଘୋର ବିରୋଧୀ। ସାଲେପୁର ହାଇସ୍କୁଲ୍‌ର କଥା, ବାପା ତାଙ୍କୁ କଡ଼ା ତତ୍ତ୍ୱାବଧାନରେ ରଖିଲେ। ଫଳ କିଛି ହେଲାନି। ସୁରେନ୍ଦ୍ର ଅବାଟରେ। ସ୍କୁଲ୍‌ର ପ୍ରଧାନ ଶିକ୍ଷକ ମନମୋହନ ଘୋଷ। ତାଙ୍କର ଗୋଟେ 'ଲଙ୍ଗ୍‌ଷ୍ଟିକ୍' ଆରଟି 'ସର୍ଟଷ୍ଟିକ୍'। ଏ ଦୁଇଦଣ୍ଡର ଆତଙ୍କ। ସୁରେନ୍ଦ୍ର କିନ୍ତୁ ନିୟନ୍ତ୍ରଣ ବାହାରେ। ଦିନେ ପ୍ରଧାନଶିକ୍ଷକ ତାଙ୍କ ବାପାଙ୍କୁ ଡକାଇଲେ। ସୁରେନ୍ଦ୍ରଙ୍କ କୀର୍ତ୍ତି ବଖାଣିଲେ - "ପିଲାଟି ବୁଦ୍ଧିମାନ୍, ଭଲ ପଢୁଛି ବୋଲି କେବଳ ମୁଁ କଠିନ ଶାସ୍ତି ଦେଉନାହିଁ। ତା' ନ ହେଲେ ରଷ୍ଟିକେଟ୍ କରିସାରନ୍ତିଣି। ସେ ବିଡ଼ି, ସିଗ୍ରେଟ୍ ଟାଣିଲାଣି। ଯା' ପରେ ଆଉ କ'ଣ ଅଧଃପତନ ବେଶିଦୂର ଥାଇପାରେ?" ସେ ପୁଣି କହିଲେ - "ଦୋକାନରେ ଚା' ପିଉଥିବା ମୁଁ ଶୁଣିଲିଣି। ଆପଣ ପିଲାଟାର କିଛି ବ୍ୟବସ୍ଥା କରନ୍ତୁ। ସେ ମେଟ୍ରିକ୍ ପାଶ୍ କରିଯାଉ। ଛେଲେଟାକେ ଆର୍ ପାରା ଯାବେନା।" ସୁରେନ୍ଦ୍ର ମେଧାବୀ। କିନ୍ତୁ ପାଠ ବିମୁଖ। ସଞ୍ଜଆସେ, କେନ୍ଦ୍ରାପଡ଼ା କେନାଲ କୂଳ।

ନିଛାଟିଆ ଜାଗା, କେନାଲ ସେପଟେ ଲୁଣା ନଈ, ଧୂ ଧୂ ବାଲି। ଛୋଟିଆ ପୂବଂଶ ବଜାର। ଦଧିବାମନ ଠାକୁରଙ୍କର ମସ୍ତ ଚଉଡ଼ା ରଥଦାଣ୍ଡ। ନଈକୂଳିଆ ସଞ୍ଜୁଆ ଶୋଭା। ସୁରେନ୍ଦ୍ର ହେଇଯାଆନ୍ତି ଆନମନା, ନିତି ସେଠାକୁ ଯାଆନ୍ତି। ସ୍କୁଲ୍‌ରେ ତାଙ୍କ ମନ ନଥାଏ। ଜଣେ ଦି ଜଣ ଶିକ୍ଷକ ଭଲ ପଢ଼ାନ୍ତି। ଅନ୍ୟମାନଙ୍କର ପାଠ; ସେତେ ମନକୁ ଯାଏନି। ସେମାନଙ୍କ ବିରୁଦ୍ଧରେ ବିଦ୍ରୋହ ଘୋଷଣା କଲେ ସୁରେନ୍ଦ୍ର। ଶେଷରେ ପାଶ୍ କଲେ ଦ୍ୱିତୀୟ ଶ୍ରେଣୀରେ। ଫାଷ୍ଟ କ୍ଲାସ୍‌ଟା ତାଙ୍କ ଆୟତ୍ତ ଭିତରେ ଥିଲା, ତାକୁ ହାତଛଡ଼ା କଲେ। ଏ କଥାଟି ସ୍ୱୟଂ ସୁରେନ୍ଦ୍ର ସ୍ୱୀକାର କରିଛନ୍ତି।

ସୁରେନ୍ଦ୍ରଙ୍କ ବାପା କ୍ଷୁଣ୍ଣ ହେଲେ। ପୁଅ ମାଟ୍ରିକ ପାସ। ପୁଣି ପାଟଣା ୟୁନିଭରସିଟିରୁ। ଅନ୍ୟମାନଙ୍କ ଆଗରେ ଏ କଥା କହିଲେ। ଏଣେ ସୁରେନ୍ଦ୍ରଙ୍କ ଉପରେ ନିତି ଗାଳିବର୍ଷଣ। ବାପାଙ୍କର ଡାକ୍ତର କରିବା ଏକାନ୍ତ ଇଚ୍ଛା। ଏ ସ୍ୱପ୍ନ ଅଧୁରା ରହିଯିବ। କିନ୍ତୁ ସେ ହାରିଯିବାର ଲୋକ ନୁହନ୍ତି। ଏଲ୍.ଏମ୍.ପି.ରେ ସବୁ ପ୍ରଥମ ଶ୍ରେଣୀରେ ପାସ୍‌କରା ପିଲା। ଦୈବର ଯୋଗ। ଆବଶ୍ୟକ ସଂଖ୍ୟକ ଫାଷ୍ଟ ଡିଭିଜନ ପିଲା ମିଳିଲେନି। ମେଜର୍ ଓନିଲ ଥାଆନ୍ତି ସ୍କୁଲ୍‌ର ପ୍ରିନ୍‌ସପାଲ। ବାପା ତ ଡାକ୍ତରଖାନାର କର୍ମଚାରୀ। ଖଣ୍ଡେ ଦରଖାସ୍ତ ଲେଖିଲେ। ସୁରେନ୍ଦ୍ରଙ୍କୁ ଗ୍ରହଣ କରିବାକୁ ନିବେଦନ ରଖିଲେ। ସୁରେନ୍ଦ୍ର ମନେ ମନେ ରୁଷ୍ଟ। ବିନା କାରଣରେ ବାପା ସାହିବ ଆଗରେ ନିଜକୁ ଛୋଟ କରୁଛନ୍ତି। ସେ ବି ହଟହଟା। ସାହେବ ପତ୍ରଟି ପଢ଼ି ବିଦା କରିଦେଲେ। ବ୍ରିଟିଶ ରାଜ୍। ଲାଞ୍ଚ ମିଛର ରାଜୁତି। ସୁରେନ୍ଦ୍ରଙ୍କ ବାପା ଠିକ୍ ଜାଣନ୍ତି, କେଉଁ ରୋଗକୁ କେଉଁ ଔଷଧ।

ବାପା ଚାଲିଥାଆନ୍ତି ଆଗେଆଗେ। ତାଙ୍କ ପଛେ ପଛେ ଜଣେ ମୂଲିଆ। ମୁଣ୍ଡରେ ଟୋକେଇଟାଏ। ଏଥିରେ ସରୁ ବାସନା ଚାଉଳ, ବଡ଼ି, ଗୁଆଘିଅ ଠେକିଏ। ମୂଲିଆର ହାତରେ ବଡ଼ କାଠିଆ କଦଳୀ କାନ୍ଧିଏ। ସେମାନଙ୍କ ପଛରେ ଚାଲିଛନ୍ତି ସୁରେନ୍ଦ୍ର। ମେଡ଼ିକାଲ ସ୍କୁଲ୍ ହେଡ୍ କ୍ଲର୍କ। ତାଙ୍କରି ଘରେ ପହଞ୍ଚିଲେ। ଡାଲାଟି ଦେଲେ। ଭିତରେ ହସ, ଉପରେ ଉପରେ ହେଡ୍ କ୍ଲର୍କ କହିଲେ - "ଏସବୁ ଆଣିବାର କଅଣ ଦରକାର ଥିଲା ? ହଉ, ସେ ଏଡ୍‌ମିସନ ବେଳକୁ ଆସୁ, ମୁଁ ଚେଷ୍ଟାକରି ଦେଖିବି। କିନ୍ତୁ ଏ ସାହବ ତ ବି ଅଖାଡୁଆ।" ସେବା, କାର୍ପଣ୍ୟ, ପୁଣ୍ୟ ବଳେ, କିବା ଅସାଧ୍ୟ ମହୀତଳେ। ସୁରେନ୍ଦ୍ରଙ୍କ ବାପା ସଫଳ ହେଲେ। ସୁରେନ୍ଦ୍ରଙ୍କ ଏଡ଼ମିସନ ହେବ। ବାପା ତାଙ୍କ ହାତରେ ଧରାଇ ଦେଲେ ଶହେ କୋଡ଼ିଏ ଟଙ୍କା। ମେଡ଼ିକାଲ ସ୍କୁଲ୍‌ରେ ନାମ ଲେଖାଇବାକୁ ପଠାଇ ଦେଲେ।

ସୁରେନ୍ଦ୍ର ମେଡ଼ିକାଲ ସ୍କୁଲ୍‌ରେ ପହଞ୍ଚିଲେ। ସହଜେ ତ ତାଙ୍କର କଳାରେ

ମନ, ଏଠିକା ଦୃଶ୍ୟ ବଡ଼ ନାରକୀୟ। ସାହେବ ଇଣ୍ଟରଭ୍ୟୁକୁ ଡାକିବେ। ଆଉ ଘଣ୍ଟାଏ ଖଣ୍ଡେ ଡେରି ଅଛି। ପ୍ରିନ୍‌ସପାଲ ଅଫିସ୍ ପାଖରେ ସେ ରହିଲେନି। ମେଡ଼ିକାଲ ହତା ବୁଲି ଦେଖିଲେ। ପହଞ୍ଚିଲେ ଆଉଟ୍ ଡୋର୍ ପାଖରେ। ନିକଟରେ ଅପରେସନ୍ ଥିଏଟର। ସେଠାରେ ଏ କି ଦୃଶ୍ୟ? ଜଣେ ରୋଗୀର ଅପରେସନ୍ ସରିଛି। ସେ ମୁର୍ଦାର ପ୍ରାୟ ଦିଶୁଛି। ବେହେରାମାନେ ତାକୁ ଷ୍ଟ୍ରେଚର୍‌ରେ ଆଣୁଛନ୍ତି। ରୋଗୀର ମୁହଁ ଶେତା, ସେ ଅଚେତ ହେଇ ପଡ଼ିଛି। ତା' ଉପରେ ଖଣ୍ଡେ ଧଳାଚାଦର। ସେଥିରେ ଠା ଠା ତାଜା ରକ୍ତ। ସୁରେନ୍ଦ୍ର ଡାକ୍ତରୀ ପଢ଼ିବେ, ଏମିତି କଟାକଟି କରିବେ। ଗୁଡ଼ାଏ ତାଜା ରକ୍ତ। ତାହା ଦେଖି ତାଙ୍କ ମୁଣ୍ଡ ଗୋଳମାଳ ହେଇଗଲା। ମନେ ମନେ ସ୍ଥିର କଲେ। ଯାହା ହେବାର ହଉ। ସେ ଡାକ୍ତରୀ ପାଠ ପଢ଼ିବେନି କି ଇଣ୍ଟରଭ୍ୟୁ ବି ଦେବେନି। ସେଇଠୁ ସିଧା ଟିକଟ କାଟିଲେ। ଟ୍ରେନ୍‌ରେ ପୁରୀ ଚାଲିଗଲେ, ଅଧା ପଇସା ଶେଷ। ଘରକୁ ଫେରିଲେ। ସାହେବ ଏଡ଼୍‌ମିସନ୍ ଦେବାକୁ ମନାକଲେ, ଏମିତି ଡାହାମିଛ ବାପାଙ୍କୁ କହିଲେ। ବାପାଙ୍କ ମନ ଭାଙ୍ଗିଗଲା। ଡାକ୍ତରୀ ନ ହେଲା ନାହିଁ, ସୁରିଆଟା ହେଲେ ଭେଟେନାରୀ ଡାକ୍ତର ହେଉ। ଏଥିପାଇଁ ଚେଷ୍ଟା ଚାଲୁରଖିଲେ। ସୁରେନ୍ଦ୍ର 'ଭେଟେନାରୀ' ଶବ୍ଦର ଅର୍ଥକୁ ଠିକ୍ ବୁଝିନେଲେ। ସେ ଆଡ଼େ ମୋଟେ ନିଘା ଦେଲେନି। ମଲୁ ଖୋଜୁଥିଲା ପଇଡ଼ ପାଣି, ବଇଦ ବତାଇଲା କାଞ୍ଜି ତୋରାଣି। ଯୋଗକୁ ଫର୍ମ ଯୋଗାଡ଼ ହୋଇପାରିଲାନି। ସୁରେନ୍ଦ୍ର ସେ ଯାତ୍ରାରୁ ରକ୍ଷା ପାଇଲେ। ଏଣିକି ହାକିମ ହେବା କଥା ଉଠିଲା। ବାପାଙ୍କର କଷ୍ଟ ସଞ୍ଚିତ ଅର୍ଥ, ସେଥିରୁ ଷାଠିଏ ଟଙ୍କା ଦେଲେ। ରେଭେନ୍‌ସା କଲେଜ୍‌ରେ ନାମ ଲେଖା ସ୍ଥିର ହେଲା। ୧୯୩୯ ମସିହା, ଜୁଲାଇ ମାସ। ସୁରେନ୍ଦ୍ର ରେଭେନ୍‌ସା କଲେଜରେ ନାଁ ଲେଖେଇଲେ। ଆଇ.ଏ. ଶ୍ରେଣୀରେ ପଢ଼ିଲେ। ବିଷୟ ନେଲେ ଅର୍ଥନୀତି, ଇତିହାସ। ଏହା ସହିତ ଓଡ଼ିଆ। ସେତେବେଳେ ଏଇଟା 'ରୟାଲ୍ ଗ୍ରୁପ୍'। ସବୁ ଅନୁଜ୍ଜ୍ୱଳ ଛାତ୍ରଙ୍କର ଏଇ 'ଗ୍ରୁପିଙ୍ଗ୍'। ସେ ବା ଆଉ କେଉଁ ଉଜ୍ଜ୍ୱଳ ଛାତ୍ର?

କଟକ ସହର, ସୁରେନ୍ଦ୍ରଙ୍କ ପାଇଁ ବାତାବରଣ ପ୍ରବଳ ଉତ୍ତେଜନାପୂର୍ଣ୍ଣ। ଅନୁଶାସନ-ନିୟନ୍ତ୍ରିତ ପରିବେଶ ନାହିଁ। ଏଣିକି ଅବାଧ ସ୍ୱାଧୀନତା, ଅବଶ୍ୟ ମେସ୍‌ରେ ଜଣେ ଲୋକାଲ ଗାର୍ଡ଼ନ, ତାହା କେବଳ ନାମକା ବାସ୍ତେ। ସୁରେନ୍ଦ୍ର ଏବେ ପଞ୍ଜୁରୀ ମୁକ୍ତ ପକ୍ଷୀ। ଢେର୍ ଡେଣା ଝାଡ଼ି ଉଡ଼ିଲେ। ଜୀବନକୁ ଉପଭୋଗ କରିବାକୁ ହେବ। ଲୋଡ଼ା ପ୍ରଚୁର ଅର୍ଥ। ସିନେମା, ହୋଟେଲ୍, ଚା' ଦୋକାନ, ଷ୍ଟେସନ୍ - ସବୁଠି ଲୋଡ଼ା ପଇସା। ବାପା ଦିଅନ୍ତି ମାସିକ କୋଡ଼ିଏ ଟଙ୍କା। ଏଥିରେ କଷ୍ଟେ ମଷ୍ଟେ ଚଳିହେବ। ସୁରେନ୍ଦ୍ରଙ୍କୁ ଏତିକି ଟଙ୍କା ନଘଟ। ହାତ ଉଧାରି, ମେସ୍ ବନ୍ଦ, କଲେଜ୍‌ରୁ ନାଁକଟା - ଏ ତ ମାମୁଲି କଥା। ଶେଷରେ ବୋଉଠାରୁ ଟଙ୍କା ଉଠେଇଲେ। ତାଙ୍କର

ଧନିଆ ଫାଳିଆ ସୁନା ହାର ଚୋରେଇ ଆଣିଲେ। ଏକଥା ବୋଉ ଜାଣିଲେ, କିନ୍ତୁ ବାପାଙ୍କୁ କହିଲେନି। ବଡ଼ ବୋହୂପାଇଁ ସେ ହାର ରଖିଛନ୍ତି - ଏକଥା ବାପାଙ୍କୁ କହିଦେଲେ। ସୁରେନ୍ଦ୍ର ସିନା ବର୍ତ୍ତିଗଲେ ହେଲେ ଲାଜରେ ଦରମରା ହେଲେ।

ପିଲା ଦିନର ଆକଟ, ଘରେ ବାପାଙ୍କ ତାଗିଦ୍। ସ୍କୁଲ୍‌ରେ ମାଷ୍ଟ୍ରେ ସାକ୍ଷାତ ଯମ। ବିନା ବାଛବିଚାରରେ ମାଡ଼, ନାନାଦି ଦଣ୍ଡ। ସୁରେନ୍ଦ୍ର ବିଦ୍ରୋହୀ ପାଲଟିଲେ। ସତ କହିବା ଉଚିତ୍ - ଏ କଥା ଦଳେ ମିଥ୍ୟାବାଦୀ କହୁଥିଲେ। ସୁରେନ୍ଦ୍ର ତାକୁ ଘୃଣା କଲେ, ସତ ଜାଗାରେ ମିଛ କହିଲେ। ଅଷ୍ଟମ ଶ୍ରେଣୀରୁ ବିଡ଼ି ଟାଣିଲେ। ନଷ୍ଟ ଚରିତ୍ରଙ୍କ ଦାଉରେ ଖଜୁରି ତାଡ଼ି ପିଇଲେ। ଏକଥାକୁ ସେ ଅକାତରେ ସ୍ୱୀକାର କରିଛନ୍ତି। ପ୍ରଚଳିତ ଅର୍ଥରେ ସେ ଚରିତ୍ରହୀନ। ମାତ୍ର ତାଙ୍କ ପାଇଁ ସେ ଚରିତ୍ରର ସଂଜ୍ଞା ଆଦ୍ୟ ଯୌବନରୁ ସ୍ୱତନ୍ତ୍ର। ପାଣିର ଚରିତ୍ର ବହିଯିବା, କେଉଁ ପଥର ତାକୁ ବାନ୍ଧି ରଖିବ ? ପବନ ଝିଙ୍କାରି ଦିଏ, ଝାଞ୍ଜିହେଇ ବହିଯାଏ। ତାକୁ କେହି ରୋକି ପାରିବନି। ନିଆଁର ଧର୍ମ ହେଲା ଜାଳିଦେବ। ସୃଷ୍ଟିର ଅଣଚାଷ ପବନ, ତାକୁ ଲିଭେଇ ପାରିବନି।

ଯିଏ ସ୍ୱଧର୍ମ ଭୁଲିଯାଏ, ଉପଚାରରେ ଚିତା ଚଇତନ ହୋଇ ବୁଲେ, ସମାଜ ପ୍ରତି କର୍ତ୍ତବ୍ୟ ଯାହାର ନଥାଏ, ସେ ହେଉଛି ପ୍ରକୃତ ଚରିତ୍ରହୀନ। ସୁରେନ୍ଦ୍ର ଥିଲେ ସ୍ୱାଧୀନଚେତା। ଆପଣା କର୍ମରୁ ବିଚ୍ୟୁତ ହୋଇ ନଥିଲେ। ବାପା ଚାହିଁଥିଲେ ଡାକ୍ତର ହେବେ, ତାଙ୍କ ମନ ସାହିତ୍ୟ ଆଡ଼େ। ଶେଷରେ ସେଇଆ ହେଲା। ସୁରେନ୍ଦ୍ର ହେଲେ ଓଡ଼ିଆ ସାହିତ୍ୟ ଜଗତର ମୁକୁଟ ବିହୀନ ସମ୍ରାଟ। ଏଇଟି ଥିଲା କପାଳ ଲିଖନ। ତାକୁ ବା କିଏ ବଦଳେଇ ଦେବ ? କପାଳେ ଥିଲା, ଗୋପାଳ ବି ଦେଲେ।

ସ୍ୱାଧୀନତା ପୂର୍ବବର୍ତ୍ତୀ ସମୟ। ଫିରିଙ୍ଗି ରାଜୁତି। ମାଛି ପଡ଼ିଲେ ନବଖଣ୍ଡ। ସାହୁକାର, ଗୁମାସ୍ତା, ତାଙ୍କ ସହ ଫିରିଙ୍ଗି କର୍ମଚାରୀଏ। ସଭିଙ୍କର ରୋବାବ। ଠିକ୍ ସେମିତି ଚାକିରିଆଙ୍କ କଥା। ସବୁ କର୍ମଚାରୀ ଇଂରାଜୀ ପଢୁଆ। ଚପରାସୀଠାରୁ ହାକିମ ହୁକୁମା। ସମସ୍ତଙ୍କର ଟାଣ। ସମାଜରେ ଏମାନଙ୍କ ବେଶ୍ ଖାତିର୍। ଡାକ୍ତରୀ ଚାକିରିର ଭାରି ଆଦର। ବାବୁ ଭାୟାଠାରୁ ସାଧାରଣ ଜନତା, ସମସ୍ତଙ୍କର ଡାକ୍ତରମାନେ ସମ୍ମାନାସ୍ପଦ। ଏକଥାଟି କିଏ ଜାଣୁ ବା ନଜାଣୁ। ସୁରେନ୍ଦ୍ର ମହାନ୍ତିଙ୍କ ବାପା ବୁଝିଥିଲେ। ସେ ଡାକ୍ତର ନୁହଁନ୍ତି, ହେଲେ ଡାକ୍ତରଖାନାରେ ଚାକିରି। ଅନ୍ୟ ଚାକିରିରେ ଦରମା ସହ, ହାତଗୁଞ୍ଜା। ଡାକ୍ତରଙ୍କ କଥା ପୂରା ନିଆରା। ତାଙ୍କ ପାଇଁ ଧନ, ମାନର ଅଭାବ ନାହିଁ। ସରକାରୀ ଦରମା, ପ୍ରାଇଭେଟ ପ୍ରାକ୍ଟିସ୍। ସବୁଥିରେ ପଇସା। ସୁରେନ୍ଦ୍ର ଡାକ୍ତର ହେବେ, ଏକଥାଟି ବାପା ସ୍ଥିର କରି ନେଇଥିଲେ। ସୁରେନ୍ଦ୍ରଙ୍କ ମନ ସାହିତ୍ୟ ଆଡ଼େ। ଫୁଲ ଦେଖିଲେ ଆନମନା। ବଢ଼ନ୍ତା ନଈ, ସଞ୍ଜୁଆ ଅନ୍ଧାର, ଜହ୍ନି କାକୁଡ଼ି ଫୁଲର

ହସ, ଏଥି ସହିତ ଜୀବନ - ଯନ୍ତଣାର କଥା। ସବୁ ତାଙ୍କୁ ଛୁଇଁଲା। ଏ ସମସ୍ତ ବିଷୟ ଲେଖିବାକୁ ସୁରେନ୍ଦ୍ର ମନ ବଳେଇଲେ। ଲେଖକ ହେଲେ। ଏଇଟି ବିଧି ନିର୍ଦ୍ଦିଷ୍ଟ। ସୁରେନ୍ଦ୍ର ବାପାଙ୍କୁ ମିଛ କହିଲେ। ଏଲ୍.ଏମ୍.ପି. ସ୍କୁଲ୍‌ରେ ନାମ ଲେଖେଇଲେନି। ଲେଉଟି ଆସିଲେ। କଳା ଶ୍ରେଣୀରେ ନାଁ ଲେଖେଇଲେ।

କଟକ ସହର, ସେତେବେଳେ କେତୋଟି ବସ୍ତି ବା ପଡ଼ାର ସମଷ୍ଟି। ସେଥିରେ ପୁଣି ବାଉନ ବଜାର ତେପନ ଗଳି। ସବୁ ରାସ୍ତା ପିଚୁ ହେଇ ନଥାଏ। ଅଧିକାଂଶ ନାଲିଆ ଧୂଳିଆ ରାସ୍ତା। ବାସି ଲୁଗାଖଣ୍ଡେ ପିନ୍ଧି ବାହାରକୁ ଗଲେ, ଘଣ୍ଟାକରେ ପୂରା ଗେରୁଆ। ସେଇଥି ପାଇଁ ଗାଁ ଗଣ୍ଡାରେ ବହୁଳ ପ୍ରଚଳିତ କଥାଟେ - "ମୁଁ ତୋତେ ନାଲିମାଟି ଦେଖାଇ ଦେବି।" ଅର୍ଥାତ୍ କଟକରେ ମକଦ୍ଦମା କରିବି, କଚିରିକି ଟାଣିବି। କଟକର କ୍ୟାଣ୍ଟନମେଣ୍ଟ ରୋଡ୍, ଭାରି ପ୍ରଶସ୍ତ। ଦୁଇ କଡ଼ରେ ଚାଳଛପର ବଙ୍ଗଳା। ଆଗରେ ଫୁଲ ବଗିଚା। ଖଣ୍ଡେ ଖଣ୍ଡେ ପିକ୍‌ଚର ପୋଷ୍ଟ କାର୍ଡ଼ ପରି ପ୍ରତୀୟମାନ। ସେଇ ବଙ୍ଗଳାରେ ରହୁଥିଲେ ଗୋରା ସାହେବ। ବାରବାଟୀ ଦୁର୍ଗର ପ୍ରବେଶ ଦ୍ୱାର। ସେଇଠି ଥାଏ ସାହିବଙ୍କ କ୍ଲବ୍‌ଟେ। ସର୍ବସାଧାରଣଙ୍କ ପାଇଁ ସ୍ଥାନଟି ନିଷିଦ୍ଧ। କାଣ୍ଟନମେଣ୍ଟ ରୋଡ୍ ଠାରୁ ଷ୍ଟେସନ୍। ରାସ୍ତାର ଦୁଇ କଡ଼ରେ ଗଉଡ଼ଗୋବିନ୍ଦ ଗଛ। ବାଉଁଶ ବଣ ଆଉ ପଚା ପୋଖରୀ। ରାସ୍ତାରେ ବଗିଗାଡ଼ିର ପ୍ରାଧାନ୍ୟ। ମୋଟରକାର୍ କାଁ ଭାଁ ଆଖିରେ ପଡ଼େ। କଚୁଆନମାନେ ବେପରୁଆ, ଜୋର୍‌ରେ ଗାଡ଼ି ଚଳାନ୍ତି। ପଥଚାରୀଙ୍କୁ ଘଉଡ଼ାଇ ଦିଅନ୍ତି। ହାତରେ ଲମ୍ବା ଚାବୁକ୍। ଖାଲି "ହଟିଯାଓ! ହଟ୍‌ଯାଓ ଚିତ୍କାର।" ତା'ରି ଭିତରେ ହାତଟଣା ରିକ୍‌ସା ଚାଲେ। ଟିଣିଟିଣି ଶବ୍ଦ। ଅଣଓସାରିଆ ରାସ୍ତା। କଡ଼ରେ ମ୍ୟୁନ୍‌ସିପାଲିଟିର ଦୁକୁଦୁକିଆ କିରୋସିନି ଲ୍ୟାମ୍ପ। ନିତି ସଞ୍ଜ ଆସେ। ଜଣେ କର୍ମଚାରୀ, ଖୁଣ୍ଟରେ ଚଢ଼ନ୍ତି। ବତି ଲଗାନ୍ତି। ସୁରେନ୍ଦ୍ରଙ୍କର ତ କଳାକାର ମନ। ଖରାଦିନିଆ ସଞ୍ଜ ଅବା କାଲୁଆ ଶୀତ ସକାଳ। ସହର ସାରା ବୁଲନ୍ତି। ଭରପୂର ଆନନ୍ଦ ନିଅନ୍ତି। କଟକ ସହରକୁ ନିବିଡ଼ ଭାବେ ସେ ଦେଖିଛନ୍ତି। ସହରୀ ଜୀବନ, ପୂତି ଗନ୍ଧମୟ, ଅବା ଆକର୍ଷଣୀୟ। ଏସବୁ ପ୍ରସଙ୍ଗ ତାଙ୍କର ବହୁ ଲେଖାରେ ସ୍ଥାନିତ। ସବୁ ସେଇ ଛାତ୍ର ଜୀବନର ଅନୁଭୂତି।

ସୁରେନ୍ଦ୍ର ଖୁବ୍ ସ୍ୱାଧୀନଚେତା। ପ୍ରତ୍ୟେକ କବି, କଳାକାର ବି। ଅନୁଶାସନର ଦଣ୍ଡ ଦେଖାଇ କାହାକୁ ନିଗୃହୀତ କରନାହିଁ, କିମ୍ବା ପିଲାଙ୍କୁ ବାଡ଼ାଅ ନାହିଁ। ସେମାନଙ୍କ ପାଇଁ କେଉଁଟି ଭଲ, କେଉଁଟି ମନ୍ଦ - ତାହା ତାଙ୍କ ବିଚାର ଶକ୍ତିର କଥା। ଏହାକୁ ଅନ୍ୟ ଆଡ଼େ ମୁହାଁଇବା ଅନୁଚିତ। ନଚେତ୍ ପରିଣାମ ହେବ ଭୟାବହ। ପ୍ରତ୍ୟେକ ନିଜ ନିଜର ରାସ୍ତା ବାଛନ୍ତୁ, ଲକ୍ଷ୍ୟ ସ୍ଥିର କରନ୍ତୁ। ଏସବୁ ସୁରେନ୍ଦ୍ରଙ୍କ ଅନୁଭୂତି, ତାଙ୍କ

ଜୀବନଦର୍ଶନ। ଗୀତାରେ ଏକଥାଟି ଉଲ୍ଲିଖିତ। ଶ୍ରୀକୃଷ୍ଣ ଅର୍ଜୁନଙ୍କୁ ବୁଝାଇଛନ୍ତି - "ସଦୃଶଂ ଚେଷ୍ଟତେ ସ୍ୱସ୍ୟାଃ ପ୍ରକୃତେର୍ଜ୍ଞାନବାନପି। ପ୍ରକୃତଂ ଯାନ୍ତି ଭୂତାନି ନିଗ୍ରହଃ କିଂ କରିଷ୍ୟତି।" ସୁରେନ୍ଦ୍ର ସ୍କୁଲପାଠର ବିରୋଧୀ। କଲେଜରେ ଅନ୍ୟମନସ୍କ। ରେଭେନ୍‌ସା କଲେଜରେ ପ୍ରକ୍ସି ଯୋଗାଡ଼ କରି ଦିଅନ୍ତି। କ୍ଲାସ୍ ତାଙ୍କ ପାଇଁ ନିରସ। ସବୁ ସମୟରେ ସେ କନିକା ଲାଇବ୍ରେରିରେ। ରେଭେନ୍‌ସା କଲେଜର ଇଂରାଜୀ ଅଧ୍ୟାପକ ମାନେ, ସେକ୍‌ସପିଅରଙ୍କ 'ମିଡ୍ ସମରସ୍ ନାଇଟ୍ ଡ୍ରିମ୍' ବା ମାଥ୍ୟୁ ଆରନୋଲଡ୍‌ଙ୍କ 'ସୋହରାବ ଆଣ୍ଡ ରୋସ୍ତମ୍'। କେତେବେଳେ ଅନ୍ୟାନ୍ୟ ଇଂରାଜୀ ଉପନ୍ୟାସ ପଢ଼ାନ୍ତି। ସୁରେନ୍ଦ୍ରଙ୍କ ପାଇଁ ଏସବୁ ଭାରି ବିରକ୍ତିକର। ସୁରେନ୍ଦ୍ର କିଣିଆଣନ୍ତି ଇଂରାଜୀ ଡିଟେକ୍ଟିଭ୍। ପଛବେଞ୍ଚରେ ବସି ପଢ଼ନ୍ତି। ଓଡ଼ିଆ କ୍ଲାସ୍‌ରେ ପ୍ରବୀଣ ଅଧ୍ୟାପକ ଆର୍ତ୍ତବଲ୍ଲଭ ମହାନ୍ତି। ପଞ୍ଚସଖା ସାହିତ୍ୟର ଧର୍ମଧାରା ପଢ଼ାନ୍ତି। ଇଡ଼ା-ପିଙ୍ଗଳା-ସୁଷୁମ୍ନା ଇତ୍ୟାଦି ତଦ୍‌ଗତହେଇ ବୁଝାନ୍ତି। ଏଥିରେ ବି ସୁରେନ୍ଦ୍ରଙ୍କ ମନ ନଥାଏ। 'ଇକନମିକ୍‌ସ' ତାଙ୍କର ପ୍ରିୟ ପାଠ। ଅଧ୍ୟାପକ ସଦାଶିବ ମିଶ୍ର ବୁଝାନ୍ତି - "ଥିଓରି ଅଫ୍ ଇକ୍ୟୁମାର୍ଜିନାଲ ରିଟର୍ଣ୍ଣସ୍'। ଏଇଟି ଜିନିଷର କିଣାବିକା, ତାହାର ମୂଲ୍ୟ ତତ୍ତ୍ୱ। ଏଥିରେ ଦ୍ରବ୍ୟର ମୂଲ୍ୟ ସମୀକୃତ ହୁଏ। ପ୍ରକୃତ ମୂଲ୍ୟ ସ୍ଥିର କରାଯାଏ। ଲାଭ କ୍ଷତିର ହିସାବ ହୁଏ। ମଣିଷ କ'ଣ ସବୁବେଳେ ହିସାବୀ ? ହିସାବର ସୀମାବଦ୍ଧତା, ଜୀବନ ଉପଭୋଗ ସହିତ ଏହାର କି ସମ୍ପର୍କ ? ଏ କଥାଟି ସୁରେନ୍ଦ୍ର ବୁଝିଥିଲେ। ଲେଖିଲେ ଗଳ୍ପ 'ମଣିଷ ଓ ଅର୍ଥନୀତି'। ଗପଟି ମଧ୍ୟ ଆଦୃତ ହେଲା।

ସେତେବେଳେ ଗଗନ ପବନରେ ସାହିତ୍ୟ। ଆଜି ସାହିତ୍ୟରେ ନାନାଦି ସଂଗଠନ, ବହୁ ଆଲୋଚନାଚକ୍ର, ବହୁ ଗୋଷ୍ଠୀ। ପତ୍ରିକା ବି କିଛି କମ୍ ନୁହେଁ। ଲେଖକ ଲେଖିକା, କବିଙ୍କ ସଂଖ୍ୟା କାହିଁ କେତେ। ସାହିତ୍ୟ ଅବା ସତ୍ ସାହିତ୍ୟ ପାଇଁ ନାହିଁ ବାତାବରଣ। ଏକଥାଟି ସୁରେନ୍ଦ୍ର ମୂଳରୁ ବୁଝିଥିଲେ। ଚାଲିଥିଲା ଜାତୀୟ ମୁକ୍ତିସଂଗ୍ରାମ। ହୃଦୟ ହିଲ୍ଲୋଳିତ। ଜାତୀୟତାବାଦର ମଳୟ ବହୁଥିଲା। ବାଉଁଶ ଗଛରେ ସୁଦ୍ଧା ପତ୍ର-ପଲ୍ଲବ କଅଁଳୁଥିଲା। ଆଜି ଖାଲି ତୁଚ୍ଛତା, ସଂକୀର୍ଣ୍ଣତା। ଏହି 'ଲୁ'ରେ ସାହିତ୍ୟ ଶ୍ରୀହୀନା। ସେତେବେଳେ ସୁରେନ୍ଦ୍ର ସେକେଣ୍ଡ ଇଅରର ଛାତ୍ର। ଗୋପୀନାଥ ମହାନ୍ତି ସାହିତ୍ୟରେ ଏତେଟା ପରିଚିତ ନ ଥିଲେ। ତାଙ୍କର 'ପାଟପାଣି' ଶୀର୍ଷକ ଗପଟେ, 'ସହକାର' ପତ୍ରିକାର ପୃଷ୍ଠା ମଣ୍ଡନ କରିଥାଏ। ସୁରେନ୍ଦ୍ର ଯେଉଁ ମେସ୍‌କୁ ଯାଆନ୍ତି ଅବା ଚା' ଦୋକାନ। ସବୁଠି 'ପାଟ ପାଣି'ର ଚର୍ଚ୍ଚା। ମାୟାଧର ମାନସିଂହଙ୍କର ସଦ୍ୟ ପ୍ରକାଶିତ ବହି 'ପୁଷ୍ପିତା'। କବି ଗୁରୁପ୍ରସାଦ ମହାନ୍ତି ସୁରେନ୍ଦ୍ରଙ୍କ ସହପାଠୀ। ଉଭୟଙ୍କ ମଧ୍ୟରେ ପ୍ରତିଯୋଗିତା - କିଏ ଆଗ ବହିଟି କିଣିବ ? ସକାଳୁ ସକାଳୁ, ଦୁହେଁ ସାଇକେଲ୍ ନେଇ ବହି ଦୋକାନ ଆଗରେ। ଦୋକାନ ଖୋଲି ନଥାଏ। ଆଜି

କାଲି ନାହିଁ ଏ ପ୍ରକାର ସାହିତ୍ୟ ପ୍ରୀତି। ଏ କଥାଟି ସୁରେନ୍ଦ୍ର ଜୋର୍ ଦେଇ ଲେଖିଛନ୍ତି।

କାଳିନ୍ଦୀ ପାଣିଗ୍ରାହୀ, ବୈକୁଣ୍ଠନାଥ ପଟ୍ଟନାୟକ, କାହ୍ନୁଚରଣ ମହାନ୍ତି, ଗୋପୀନାଥ ମହାନ୍ତି, ରାଜକିଶୋର ରାୟ, ମାୟାଧର ମାନସିଂହ, ଗୋଦାବରୀଶ ମହାପାତ୍ର, ସଚ୍ଚି ରାଉତରାୟ - ଏମାନେ ସେତେବେଳକା ପ୍ରତିଷ୍ଠିତ ସାହିତ୍ୟିକ। ସୁରେନ୍ଦ୍ର ଯାଆନ୍ତି, ସେମାନଙ୍କୁ ଦୂରରୁ ଦେଖନ୍ତି। ସେ ତ ଅନାମଧେୟ ଛାତ୍ର, ଭରସିକରି ପାଖକୁ ଯାଇ ପାରନ୍ତିନି। ସେମାନେ ରଥୀ, ମହାରଥୀ। ଦୂରରୁ ଥରୁଟିଏ ଦେଖିଲେ ଯଥେଷ୍ଟ। ସେଇ ସାହିତ୍ୟିକ କବି, ଲେଖକ। ସେମାନେ ତାଙ୍କ ଜାତୀୟ ମାନସିକତାକୁ ସମୃଦ୍ଧ କରିଛନ୍ତି। ସୁରେନ୍ଦ୍ରଙ୍କ ଦୃଷ୍ଟିରେ ସେମାନେ ଜଣେ ଜଣେ ତୀର୍ଥଙ୍କର। ଆଜି ସେ ପରିବେଶ ନାହିଁ। ସମ୍ମାନାସ୍ପଦ କବି, ଲେଖକ। ସେମାନଙ୍କ ପାଇଁ ଆଜି ନାହିଁ ଆଦରପଣ। ସମସ୍ତେ ହାମ୍‌ବଡ଼ା। ନିଜ ହାତରେ ନିଜେ ଚଉଦ ପା'। ସାହିତ୍ୟ ଆଜି ଅହଂକାର ବାଦଲରେ ଅନ୍ଧକାରାଚ୍ଛନ୍ନ।

ଗୋପାଳ ପ୍ରହରାଜ, ଜଣେ ବିଶିଷ୍ଟ ଓକିଲ। ଲବ୍ଧପ୍ରତିଷ୍ଠ ସାହିତ୍ୟିକ। ତାଙ୍କର 'ଭାଗବତ ଟୁଙ୍ଗି', 'ବାଇ ମହାନ୍ତିଙ୍କ ପାଞ୍ଜି'। ଏହାକୁ ସୁରେନ୍ଦ୍ର ପଢ଼ିଥିଲେ। ପ୍ରହରାଜେଙ୍କ ପାଇଁ ତାଙ୍କର ଗଭୀର ସମ୍ମାନ। ତାଙ୍କ ପାଖକୁ ଯିବା ସହଜ କଥା ନୁହେଁ। ସୁରେନ୍ଦ୍ର ବି ଭରସା ପାଉ ନ ଥିଲେ। ଦିନକର କଥା। ସୁରେନ୍ଦ୍ର ବସିଥିଲେ ଗୌରୀଶଙ୍କର ପାର୍କରେ। ଫିରିଙ୍ଗି ପୁଲିସ ତ ପୁଲିସ; କନେଷ୍ଟବଳ ବି ଖୁବ୍ ଟାଣୁଆ। ଯାହାକୁ ପାଇଲେ ବାନ୍ଧିଲେ, ପିଟିଲେ। ସେଦିନ ସେୟା ଘଟିଲା। ପାର୍କର ସିମେଣ୍ଟ ବେଞ୍ଚ। ଜଣେ ଲୋକ ବସିଥିଲା। ତାକୁ କନେଷ୍ଟବଳ ଟଣାଟଣି କରୁଥାଏ। ଲୋକଟିର ପିନ୍ଧାଲୁଗା ମଇଳା। ଆଣ୍ଠୁ ତଳକୁ ଲମ୍ବିଛି। ଆଉ ଖଣ୍ଡେ ହାପ୍ ସାର୍ଟ। ଗାମୁଛାରେ ବନ୍ଧା ଛୋଟ ପୁଟୁଳିଟାଏ। କନେଷ୍ଟବଳ କହୁଛି ସେ ଚୋର। ଲୋକଟି କାକୁତି ମିନତି କଲା। ନିର୍ଦ୍ଦୋଷ ବୋଲି ପ୍ରମାଣ ଦେବାକୁ ଚେଷ୍ଟା କଲା। ସୁରେନ୍ଦ୍ର ଅନ୍ୟାୟର ପ୍ରତିବାଦ କଲେ। ପୁଲିସ କନେଷ୍ଟବଳ, ତାଙ୍କୁ ସାତ ଖୁନ୍ ମାଫ୍। ଘାଗଡ଼ା ଗଳାରେ ସୁରେନ୍ଦ୍ରଙ୍କୁ ଧମକେଇଲା। ଲୋକଟିକୁ ଲାଲ୍‌ବାଗ ଥାନାକୁ ନେଇଗଲା। ସୁରେନ୍ଦ୍ର ପଛେ ପଛେ, ସାଇକେଲ୍‌ରେ ଚାଲିଲେ। ପହଞ୍ଚିଲେ ନିମଚଉଡ଼ି ଛକରେ। ପାଖରେ ଗୋପାଳ ପ୍ରହରାଜଙ୍କ ଘର। ସେ ଖାଲି ଓକିଲ ନୁହନ୍ତି, ନାଁକରା ସାହିତ୍ୟିକ। ଦରଦୀ ମଣିଷଟି ହୋଇଥିବେ! ଏକଥାଟି ଆଶା କରିବା ସ୍ୱାଭାବିକ। ସୁରେନ୍ଦ୍ରଙ୍କ ପିଲାବେଳ କଥା - ମନେ ପଡ଼ିଗଲା। ମାଇନର କ୍ଲାସ୍। ଆନନ୍ଦ ପଣ୍ଡିତେ, ମଧୁସୂଦନ ରାଓଙ୍କ 'ସୀତା ବନବାସ' ପଦ୍ୟଟି ପଢ଼ାଉ ଥାଆନ୍ତି। ସମ୍ପୂର୍ଣ୍ଣ ଭାବବିହ୍ୱଳ ପରିବେଶ। ପଣ୍ଡିତେ ରାମାୟଣ କଥା ଆରମ୍ଭ କଲେ। ବ୍ୟାଧ ଶର ସଂଯୋଗ କରିଥାଏ। କ୍ରୌଞ୍ଚ ପକ୍ଷୀ ନିହତ, କ୍ରୌଞ୍ଚୀର କରୁଣ ବିଳାପ। ବିଗଳିତ

ହୋଇ ଉଠିଲା କବି-ହୃଦୟ। ଉଚ୍ଚାରିତ ହେଲା କବିଙ୍କ ଗଭୀରତମ ଅନ୍ତରରୁ - "ମା ନିଷାଦ ପ୍ରତିଷ୍ଠାଂ ତ୍ୱମଗମଃ ଶାଶ୍ୱତୀଃ ସମାଃ। ଯତ୍ କ୍ରୌଞ୍ଚମିଥୁନାଦେକମବଧୀଃ କାମମୋହିତମ୍।" ଏ କବି ଥିଲେ ସ୍ୱୟଂ ବାଲ୍ମୀକି। ସାହିତ୍ୟିକ ଏକ ଭିନ୍ନ ମଣିଷ। ସାହିତ୍ୟ ବି ସମ୍ବେଦନଶୀଳ ହେବା ବିଧେୟ। ମଣିଷ, ହେଉପଛେ ଯେତେ ଅଧଃ ପତିତ। ତା'ର ବି ଗୋଟେ ବକ୍ତବ୍ୟ ଅଛି। ଏହାକୁ କବିଟିଏ ହିଁ ବୁଝେ, ସମ୍ମାନ ଦିଏ, ଏଇଟି ପରା ଲେଖକର ସ୍ୱଧର୍ମ !

ସେଦିନ ପ୍ରହରାଜେ ଚୌକିରେ ବସିଥାଆନ୍ତି। ତାଙ୍କର ଗୋଟିଏ ପାଦ ଗୋଦର। ସୁରେନ୍ଦ୍ର ସେଇ ଗୋଦର ପାଦଟାକୁ ଜାବୁଡ଼ି ଧରିଲେ। ପ୍ରହରାଜେ ପରିଚୟ ମାଗିଲେ। ସୁରେନ୍ଦ୍ରଙ୍କ ଗୋଟିଏ କଥା- "ଆଜ୍ଞା ରକ୍ଷା କରନ୍ତୁ।" ପୁଲିସ ନିରୀହ ଲୋକଟାକୁ ଧରିନେଇଛି। ତାଙ୍କୁ ମୁକୁଳେଇବାକୁ ସୁରେନ୍ଦ୍ର ନିବେଦନ କଲେ। ପ୍ରହରାଜେ ମାଛି ଘଉଡ଼େଇଲା ପରି ତଡ଼ିଦେଲେ। ପଳା, ପଳା - ସେ ଲୋକଟା ଚୋର। ନ ଦେଖି, ନ ଜାଣି ଏକଥାଟି ବି କହିଲେ। ସୁରେନ୍ଦ୍ର ରୁଷ୍ଟ କଣ୍ଠରେ କହିଲେ - "ଆପଣ ଏଠି ବସି କେମିତି ଜାଣିଲେ ସେ ଲୋକଟା ଚୋର ବୋଲି ?" କିନ୍ତୁ ସେଇ ଏକା ଉତ୍ତର ପଳା-ପଳା। ସୁରେନ୍ଦ୍ର ଫେରି ଆସିଲେ। ଲେଖକମାନଙ୍କ ପ୍ରତି ତାଙ୍କର ନାହିଁ ନଥିବା ଶ୍ରଦ୍ଧା, ଭକ୍ତି। ସେଦିନ ତାହା କେମିତି ପାଣିଚିଆ ହୋଇ ଯାଉଥାଏ। ତାଙ୍କ ହୃଦୟରେ ଲେଖକଙ୍କ ଭାବମୂର୍ତ୍ତିଟି ସାଇତି ଥିଲେ। ସେଦିନ ଚୀନା କଣ୍ଢେଇଟି ପରି ଚୂନ୍‌ଚୂନ୍‌ହୋଇ ତଳେ ଫିଙ୍ଗି ପଡ଼ିଲା।

ଦିନ ଗଡ଼ି ଚାଲିଲା। ସୁରେନ୍ଦ୍ର ହେଲେ ଲବ୍ଧପ୍ରତିଷ୍ଠ ସାହିତ୍ୟିକ। ତାଙ୍କର ବହୁ ଲେଖା ମାନବିକତାରେ ଭରପୂର। ନିଜ ଯନ୍ତ୍ରଣାଠାରୁ ସେ ଚରିତ୍ରମାନଙ୍କ ଯନ୍ତ୍ରଣା ଅଧିକ ଅନୁଭବ କରିଛନ୍ତି। ଉତୁରି ଆସିଛି ଦରଦୀ ପଣ। ତାଙ୍କ ଗଳ୍ପ ଅବା ଉପନ୍ୟାସ, ପ୍ରତିଟିରେ ମଣିଷପଣିଆର ଉଦ୍ଦାତ୍ତବାଣୀ ଅନୁରଣିତ। କେବଳ ଦରଦୀ ମଣିଷଟେ ଦରଦପଣର ମହତ ବୁଝେ। ଏହାର ଶ୍ରେଷ୍ଠ ନମୁନା ସେ ନିଜେ। ସେଦିନ ସୁରେନ୍ଦ୍ର ପ୍ରହରାଜେଙ୍କ ଠାରୁ ସେଇଟି ଖୋଜୁଥିଲେ, ପାଇଲେନି। ପାଞ୍ଚ ଆଙ୍ଗୁଠି ସମାନ ନୁହେଁ - ମନକୁ ବୁଝେଇ ଦେଲେ। ସୁରେନ୍ଦ୍ର ଢେର୍ ଯଶକୀର୍ତ୍ତି ଅର୍ଜିଲେ। ଜଣେ ଡାକ୍ତରଙ୍କ ଠାରୁ ଏହା କିଛି କମ୍ ନୁହେଁ ? କପାଳରେ ଥିଲା, ଗୋପାଳ ଦେଲେ। ଏଇଟି ଚରମ ସତ୍ୟ। ଆଉ ସବୁ କାମନା ମିଛ ସପନ।

■

ଗୁରୁମାନେ ଇହକାଳ, ପରକାଳର ଶୁଭଚିନ୍ତକ

ଗୁରୁ ବ୍ରହ୍ମା, ଗୁରୁ ବିଷ୍ଣୁ, ଗୁରୁ ଦେବ ମହେଶ୍ୱର। ସେଇ ଗୁରୁମାନେ ସ୍ୱର୍ଗୀୟ ଗୁଣାବଳୀର ଅଧିକାରୀ। ସେମାନେ ଶିଷ୍ୟର ହିତାକାଂକ୍ଷୀ। ଶିଷ୍ୟର ଯଶ, କୀର୍ତ୍ତି, ଖ୍ୟାତି। ଏଥିରୁ ଗୁରୁ ପାଆନ୍ତି ଅପାର ଆନନ୍ଦ। ସେମାନେ ଛାତ୍ରର ବନ୍ଧୁ, ଦାର୍ଶନିକ। ଶ୍ରେଷ୍ଠ ମନସ୍ତତ୍ତ୍ୱବିତ୍ ମଧ୍ୟ। କେହି କେହି କହନ୍ତି - "ଗୁରୁ ସାକ୍ଷାତ୍ ପରଂବ୍ରହ୍ମ"। ଗୁରୁ ଆଶୀର୍ବାଦରେ ପଙ୍ଗୁ ଗିରି ଲଂଘେ। ମୂକ ବାଚାଳ ହୁଏ। ତାଙ୍କରି କରୁଣାଶିଷ, ଶିଷ୍ୟଙ୍କ ଚଲାପଥ କରେ କୁସୁମିତ। ଜୀବନ ହୁଏ ସୁଖମୟ। ଗୁରୁ ଶିଷ୍ୟଙ୍କ ସମ୍ପର୍କ ଏକ ମହାନ୍ ପରମ୍ପରା। ଶିଷ୍ୟର ସିଦ୍ଧି ପ୍ରାପ୍ତି ମୂଳରେ ଗୁରୁ କୃପା। ପୁରାଣ କଥା। ଏଥିରେ ଗୁରୁଶିଷ୍ୟ ପରମ୍ପରାର ବହୁ ବର୍ଣ୍ଣାଢ଼୍ୟ ଚିତ୍ର ଜାଜ୍ୱଲ୍ୟମାନ। ଏପରିକି ସ୍ୱୟଂ ଶ୍ରୀକୃଷ୍ଣ, ସେ ପରଂବ୍ରହ୍ମଙ୍କ ଅବତାର। ସେ ବି ଗୁରୁକୁଳାଶ୍ରମରେ ଥିଲେ। ତାଙ୍କ ଗୁରୁ ଋଷି ସାନ୍ଦୀପନି। ତାଙ୍କ ଜ୍ୟେଷ୍ଠ ଭ୍ରାତା ବଳରାମଙ୍କର ବି। କ୍ରମେ ଗୁରୁ ସ୍ଥାନ ନେଲେ ଶିକ୍ଷକ, ତାଙ୍କୁ କେହି କେହି ଅବଜ୍ଞାରେ ମାଷ୍ଟ୍ରେ କହିଲେ। ସମୟ ବଦଳିଲା। ଗୁରୁ ଛାତ୍ର ସମ୍ପର୍କର ନୂଆ ଫର୍ଦ୍ଦ ତିଆରି ହେଲା। ତଥାପି ଛାତ୍ର ଶିକ୍ଷକଙ୍କର ଘନିଷ୍ଠ ସମ୍ପର୍କ। ଏଇଟି ସାର୍ବକାଳିକ। ବହୁ ପ୍ରଥିତଯଶା ଏହାକୁ ସ୍ୱୀକାର କରିଛନ୍ତି। ସେମାନଙ୍କ ମଧ୍ୟରେ ଅଛନ୍ତି ମହାନ୍ ସାରସ୍ୱତ ସାଧକ 'ସୁରେନ୍ଦ୍ର' ମହାନ୍ତି। ତାଙ୍କ ସାହିତ୍ୟ ଜୀବନର ସବିଶେଷ କୃତିତ୍ୱ, ସମର୍ପିଛନ୍ତି ଗୁରୁଙ୍କ ପାଦପଦ୍ମରେ। ତାଙ୍କ ଆତ୍ମଜୀବନୀ 'ପଥ ଓ ପୃଥିବୀ'। ଏଥିରେ ସୁରେନ୍ଦ୍ରଙ୍କ ସ୍କୁଲ୍ ଜୀବନର ସ୍ମୃତି ସ୍ଥାନିତ।

ସାଲେପୁର ହାଇସ୍କୁଲ। ସ୍ନେହୀ ପଣ୍ଡିତେ, ବିଦ୍ୱାନ ଇଂରାଜୀ ଶିକ୍ଷକ ମନମୋହନ ସାର୍। ସେଇମାନଙ୍କ ପ୍ରୋତ୍ସାହନ, ସୁରେନ୍ଦ୍ର ହେଲେ ଉତ୍ସାହିତ।

ଲେଖିଚାଲିଲେ ଗୋଟେ ପରେ ଗୋଟେ ଗପ, ନାଟକ ବି। ସବୁ ସେଇ ଶିକ୍ଷକଙ୍କର କୃପା। ସୁରେନ୍ଦ୍ର ଲେଖିଲେ ଆପଣାର ପ୍ରାଣର କଥା - "ବୌଦ୍ଧ ପରିଭାଷାରେ ଶିକ୍ଷକଙ୍କର ପ୍ରତିଶବ୍ଦ 'କଲ୍ୟାଣମିତ୍ର'।" ଗୁରୁମାନେ ଛାତ୍ର ମାନଙ୍କର ଇହକାଳ, ପରକାଳର ଶୁଭଚିନ୍ତକ। ତାଙ୍କ ପାଇଁ ଶିକ୍ଷକ ଥିଲେ ଜଣେ ଜଣେ 'କଲ୍ୟାଣ ମିତ୍ର'। ସେଇମାନଙ୍କ ପ୍ରେରଣା, ସେଇମାନଙ୍କ ପ୍ରସାଦ। ତାଙ୍କ ଜୀବନ କଳିକୁ ଉନ୍ମେଷିତ କରିଛି। ଏକଥା ବି ସ୍ୱୀକାର କରିଛନ୍ତି।

ସୁରେନ୍ଦ୍ରଙ୍କ ଗପ 'ବନ୍ଦୀ'। ସେଇଟି ଚହଳ ପକାଇଥିଲା; ମାତ୍ର ତାଙ୍କର ସାହିତ୍ୟ ଜୀବନର ଆରମ୍ଭ ନାଟକ ଲେଖାରୁ। ବାଳକୃଷ୍ଣ ମହାନ୍ତିଙ୍କ 'ସୁଶୀଳ ମାଳତୀ'। ଏଇ ଗୀତିନାଟ୍ୟଟି ସୁରେନ୍ଦ୍ରଙ୍କ ବେଶ୍ ପସନ୍ଦ। ଏହାରି ଛାୟାରେ ସେ ଲେଖିଲେ 'ମାଧବ ମାଳତୀ'। ବାପା ଦେଖନ୍ତି, ଲଣ୍ଠନ ଜଳୁଛି, ପୁଅ ନିବିଷ୍ଟ ଚିତ୍ତରେ ପଠନ ରତ। ଏଣେ ସୁରେନ୍ଦ୍ର ନାଟକ ଲେଖାରେ ବ୍ୟସ୍ତ। ଜଣେ ଦି' ଜଣ ନାଚବାଲା, ଦେଖିଲେ ନାଟକଟିକୁ। ନାପସନ୍ଦ କଲେ। ଗୀତଗୁଡ଼ାକ କୁଆଡ଼େ ମନଲାଖି ନଥିଲା। ଆଉ ଦି' ଚାରିଖଣ୍ଡ ଗୀତିନାଟ୍ୟ। ବହୁ କଷ୍ଟରେ ଲେଖିଲେ। ସବୁର ସମଦଶା। କେହି ପଚାରିଲେନି। ଦିନେ ଖବର କାଗଜରେ ଖବରଟେ ବାହାରିଲା। ବାରିପଦା ମହାରାଜାଙ୍କ ଜନ୍ମୋତ୍ସବ ସମିତି। ଆୟୋଜନ କରିବେ ନାଟକ ପ୍ରତିଯୋଗିତା। ଶ୍ରେଷ୍ଠ ନାଟକ ପାଇବ ଶହେଟଙ୍କା ପୁରସ୍କାର। ସୁରେନ୍ଦ୍ରଙ୍କ ମନ ବଳିଲା। ନାଟକ ଲେଖାରେ ଦିନରାତି ଲାଗି ପଡ଼ିଲେ। ତାଙ୍କ ଛାତ୍ରାବସ୍ଥାର କଥା। 'ଦି' ଲାଇଟ୍ ଅଫ୍ ଏସିଆ' ଏଇ କାବ୍ୟ ଖଣ୍ଡେ ତାଙ୍କ ମନ କିଣିଥିଲା। ଏହାର ଲେଖକ ଏଡ୍‌ୱିନ୍ ଆର୍‌ନୋଲ୍ଡ଼। ବୁଦ୍ଧ, ବୌଦ୍ଧଧର୍ମ। ଏଥିପ୍ରତି ସୁରେନ୍ଦ୍ରଙ୍କର ଅହେତୁକ ଆକର୍ଷଣ ବଢ଼ିଲା। ଏହାର ରହସ୍ୟ ସେଇ କାବ୍ୟ ଖଣ୍ଡକ। ବୁଦ୍ଧଙ୍କ ଜୀବନ ଚରିତ, ବହୁ ଘଟଣା ବହୁଳ ପ୍ରସଙ୍ଗ, ସୁରେନ୍ଦ୍ର ତାହାକୁ ଆଧାର କଲେ। ଲେଖିଦେଲେ ନାଟକ 'ପୃଥ୍ୱୀବଲ୍ଲଭ'। ସେବେକା ନାଁ ଡାକ ନାଟ୍ୟକାର ମନୋରଞ୍ଜନ ଦାସ। 'ପୃଥ୍ୱୀବଲ୍ଲଭ'ର ଗୋଟିଏ ଦୃଶ୍ୟ ସୁରେନ୍ଦ୍ର ପଢ଼ନ୍ତି। ମନୋରଞ୍ଜନ ବାବୁ ଶୁଣନ୍ତି, ଖୁବ୍ ତାରିଫ୍ କରନ୍ତି। ସୁରେନ୍ଦ୍ର ନାଟକ ଲେଖା ଶେଷ କଲେ। ମନୋରଞ୍ଜନ ବାବୁଙ୍କ ପ୍ରେରଣା ଭୁଲି ପାରିଲେନି। ଗୁଣଗ୍ରାହୀ, ରସ ପିପାସୁ, ରସିକ ଗ୍ରାହକ। ଏମାନଙ୍କ ବ୍ୟତିରେକେ ସାହିତ୍ୟର ବିକାଶ ଅସମ୍ଭବ। ଏଇ କଥାକୁ ଲେଖକ ବୁଝିଥିଲେ ସେଇଦିନୁ। ବିଦଗ୍ଧ ମନୋରଞ୍ଜନଙ୍କ ତନ୍ମୟ ପଣ, ସୁରେନ୍ଦ୍ରଙ୍କ ଲେଖିବାର ଆଗ୍ରହ - ଏହା ନାଟକଟିର ପୂର୍ଣ୍ଣାଙ୍ଗ ପ୍ରାପ୍ତିରେ ସହାୟକ ହେଲା। ଠିକ୍ ସମୟରେ ବାରିପଦା ପଠାଇଦେଲେ ସୁରେନ୍ଦ୍ର।

କିଛିଦିନ ବିତିଲା। ସୁରେନ୍ଦ୍ର ଏକରକମ୍ ନାଟକ କଥା ଭୁଲିଲେ। ହଠାତ୍

ଚିଠିଟିଏ ଆସିଲା। 'ପୃଥ୍ୱୀବଲ୍ଲଭ' ନାଟକ ସର୍ବୋତ୍କୃଷ୍ଟ। ପାଇବ ପୁରସ୍କାର। ଏକଶତ ମୁଦ୍ରା। ନିର୍ଦ୍ଦିଷ୍ଟ ଦିନରେ ଗ୍ରହଣ କରିବାକୁ ଥିଲା ନିମନ୍ତ୍ରଣ। ସୁରେନ୍ଦ୍ରଙ୍କ ବନ୍ଧୁମାନେ ଶୁଣିଲେ। ଭାରି ଖୁସି ହେଲେ। ସେତେବେଳକା ବନ୍ଧୁମାନେ, ଜମା ପ୍ରତିଷ୍ଠାକାରକ ନଥିଲେ। ତାଙ୍କ ବନ୍ଧୁମାନେ ରୁଇଲୋପେ ଚେସ୍ କ୍ଲବ୍‌ର ସଦସ୍ୟ। ରୁଇଲୋପେ ଜଣେ ପ୍ରସିଦ୍ଧ ସ୍ପେନୀୟ ଚେସ୍ ଖେଳାଳୀ। ତାଙ୍କରି ନାମରେ କ୍ଲବ୍‌ଟି ନାମିତ। କ୍ଲବ୍‌ଟି କଟକ ଭାଷାକୋଷ ଲେନ୍‌ରେ। ବ୍ରଜସୁନ୍ଦର ବାବୁଙ୍କ 'ମୁକୁର' ପ୍ରେସ୍‌ର ତିନିମହଲା। ସେଇଠି ଗୋଟାଏ ହଲ୍। କ୍ଲବ୍ ପିଲାଙ୍କ ଆଖଡ଼ା। ସେଇଠି ଚେସ୍‌ଖେଳ ଚାଲେ। ଖ୍ୟାତନାମା ଲେଖକ ବାମାଚରଣ ମିତ୍ର। ପ୍ରସିଦ୍ଧ ଚେସ୍ ଖେଳାଳୀ ଜ୍ୟୋତିରିନ୍ଦ୍ର ଜୁଆରଦାର। ଏମାନେ କ୍ଲବ୍‌ର ମେମ୍ବର। ବିଶିଷ୍ଟ ଶାସ୍ତ୍ରୀୟ ସଂଗୀତଶିଳ୍ପୀ କ୍ଷିତୀଶ ମୈତ୍ର। ସମସ୍ତେ ତାଙ୍କୁ ଡାକନ୍ତି 'କ୍ଷେତୁଦା'। ସେ ମଧ୍ୟ ମେମ୍ବର। ତାଙ୍କ ସଙ୍ଗେ ଚେସ୍ ଖେଳାର ଏକ ବିଚିତ୍ର ଅନୁଭୂତି। ସହଜେ ତ ଶିଳ୍ପୀ। ଭୋଳା ମନ। ଚେସ୍ ଚାଲ୍ ଭୁଲନ୍ତି। ଗାଉ ଥାଆନ୍ତି ଗୁଣୁଗୁଣୁ କଣ୍ଠରେ ରେଓ୍ୱାଜ୍। ବ୍ରଜସୁନ୍ଦର ବାବୁ। ବଡ଼ ରସିକ ମଣିଷ, ପିନ୍ଧା ଗୋଟାଏ ଗାମୁଛା। କାନ୍ଧରେ ଆଉ ଖଣ୍ଡେ ପାକଲା ଗାମୁଛା। ଆଡ଼ମ୍ବର ନାହିଁ। ବୋଧହୁଏ ପଖାଳକରା। ତା'ରି ମଧ୍ୟରେ ଫୁଟି ଉଠୁଥାଏ ନିରଭିମାନ ଆଭିଜାତ୍ୟ। ବେଳେବେଳ ସେ ଛାନ୍ଦ ଚଉପଦୀ ଗାଆନ୍ତି। ଶ୍ରୋତା ପାଇଲେ ଚାଲେ ଦେଶ ବିଦେଶ କଥା। ସାଇମନ କମିଶନ, ଓଡ଼େନେଲ କମିଟି, ଫିଲିଫଡ଼ଫ୍ କମିଟି - ଏମିତି ନାନା ପ୍ରସଙ୍ଗ। ପାଟନାରେ ସାଇମନ କମିଶନ। ତା'ରି ଆଗରେ ସାକ୍ଷ୍ୟ ଦେଲେ ବ୍ରଜସୁନ୍ଦର। ସେଇ ସବୁ ଅନୁଭୂତି ବାଣ୍ଟନ୍ତି। ସେଦିନ ସାଇମନ୍ କମିଶନ୍ ପଚାରି ଦେଲା - "ଓଡ଼ିଶାର ଆୟ କମ୍। ସେଥିରେ ଗୋଟାଏ ପ୍ରଭିନ୍‌ସ ଚଳାଇବ କେମିତି ?" ବ୍ରଜସୁନ୍ଦର ବାବୁ ଉତ୍ତର ଦେଲେ - "ଉଇ ଉଇଲ୍ ଟ୍ୟାକ୍‌ସ, ଟ୍ୟାକ୍‌ସ, ଟ୍ୟାକ୍‌ସ ଆଉରାସେଲ୍‌ଭ୍‌ସ।" ମୁଣ୍ଡରୁ କଥାର ଭଙ୍ଗୀରେ ସମ୍ମିଳନୀ ପଗଡ଼ିଟା ତଳେ ଖସି ପଡ଼ିଲା। ଏକଥା ବ୍ରଜସୁନ୍ଦର କହନ୍ତି। ଓଡ଼ିଶାର ବିଚ୍ଛିନ୍ନାଞ୍ଚଳ ଏକତ୍ରୀକରଣ ପ୍ରସଙ୍ଗ ବି ଉଠାନ୍ତି। ସେତେବେଳେ ତାଙ୍କ ଆଖିରୁ ଜ୍ୟୋତି ଉଦ୍‌ଭାସିତ ହୁଏ। ଏସବୁ ଉପଯୁକ୍ତ ବଂଧୁ। ତାଙ୍କରି ସାନ୍ନିଧ ସୁରେନ୍ଦ୍ରଙ୍କୁ ବହୁ ଭାବରେ ପ୍ରଭାବିତ କରିଥିଲା।

'ପୃଥ୍ୱୀବଲ୍ଲଭ' ନାଟକ। ପୁରସ୍କାର ପାଇବ। ଦିନ ଗଡ଼ିଚାଲିଲା। ସୁରେନ୍ଦ୍ର ଚିଠିଟିଏ ପାଇଲେ। ସୁରେନ୍ଦ୍ର ବାରିପଦା ଯିବେ, ସାଥୀ ଦେବେ ଜ୍ୟୋତିରିନ୍ଦ୍ର ଜୁଆରଦାର୍ (ଖୋକନ) ଆଉ କ୍ଷିତୀଶ ମିତ୍ର। ଜ୍ୟୋତିରିନ୍ଦ୍ର ଜଣେ ସୁଲେଖକ। ସୁରେନ୍ଦ୍ରଙ୍କ 'ନୀଳଶୈଳ' ଉପନ୍ୟାସର ବଙ୍ଗଳା ଅନୁବାଦ କରିଛନ୍ତି। କ୍ଷିତୀଶ ବାବୁ, ଓଡ଼ିଶାରେ ସେତେବେଳକା ଏକମାତ୍ର ଯଶସ୍ୱୀ ଶାସ୍ତ୍ରୀୟ ସଙ୍ଗୀତ ଶିଳ୍ପୀ। ସୁରେନ୍ଦ୍ରଙ୍କ ବିଜୟ, ସେମାନଙ୍କର ବିଜୟ।

ବଡ଼ ଉତ୍ସାହରେ ଚାଲିଲେ ବନ୍ଧୁ ତ୍ରୟ। ପହଞ୍ଚିଲେ ବାରିପଦାରେ। ମୟୁରଭଂଜର ଶାଳ ଜଙ୍ଗଲ। ରୂପ୍‌ସା-ବାଙ୍ଗିରୀପୋଷୀ। ଲାଇଟ୍ ରେନ୍‌ଓ୍ୱେଜ୍‌ର ଦିଆସିଲି ଖୋଳ ପରି ଛୋଟିଆ ଡବା ପ୍ରାୟ ପ୍ରତୀୟମାନ। ବାଟସାରା ମଉଜ। କ୍ଷେତ୍ରଦାଙ୍କ କଣ୍ଠରେ ଖେୟାଲ, ଠୁମ୍‌ରି। ଖୋକନଙ୍କର ଓ୍ୱାଃ... ଓ୍ୱାଃ ତାରିଫ୍। କିନ୍ତୁ ସୁରେନ୍ଦ୍ରଙ୍କ ମନ ଭାବରାଜ୍ୟରେ। ବାରିପଦାରେ ତାଙ୍କ ନାଟକ ଅଭିନୀତ ହେବ। ଦେଖିବେ ମଞ୍ଚରେ। ସଂଳାପ ଶୁଣିବେ, ଚରିତ୍ରଙ୍କ ଅଭିନୟ ଦେଖିବେ। ଗୀତ ଶୁଣିବେ ଅଭିନେତ୍ରୀଙ୍କ କଣ୍ଠରୁ। ଏମିତି ନାନାଦି ସ୍ୱପ୍ନ। ମାତ୍ର ଜନ୍ମୋତ୍ସବ କମିଟି ଦେଲା ମତ - "ନାଟକଟି ମଂଚୋପଯୋଗୀ ନୁହେଁ।" ନାଟକଟି ବର୍ଣ୍ଣାଡ୍ ସେଭିଆନ୍ ଢଙ୍ଗରେ ପରିସମାପ୍ତ। ତାହା ଦର୍ଶକଙ୍କୁ ଛୁଇଁବନି - ଏକଥାଟି ବି କହିଲା। ସୁରେନ୍ଦ୍ର ମନ ଭାଙ୍ଗିଗଲା। ଆଶ୍ୱାସନାଟେ ମିଳିଲା। ନାଟକ ପୁରସ୍କାର ପାଇବ। ଏହା ଦୃଢ଼ ନିଶ୍ଚିତ।

ପୁରସ୍କାର ଗ୍ରହଣ ଦିନ ଉପଗତ। ବିରାଟ ଆୟୋଜନ। ସାମ୍ନାଧାଡ଼ିରେ ମୋଟା ଗଦି, ପଡ଼ିଛି ଲମ୍ବଲମ୍ବ ତକିଆ। ଆଉଜି ବସିଛନ୍ତି ସ୍ୱୟଂ ମହାରାଜା ପ୍ରତାପଚନ୍ଦ୍ର ଭଞ୍ଜ। ତାଙ୍କ ପାଖରେ ଜମେଇ ବସିଛନ୍ତି ମୁଖ୍ୟ ଅତିଥି। ସେ ନୀଳଗିରି ରାଜ୍ୟର ରାଜା ବାହାଦୂର। ସେ ପୁରସ୍କାର ବିତରଣ କରିବେ। ନାଟକର ପାଳି ସବା ଶେଷରେ। ଏହା ପୂର୍ବରୁ ଥିଲା ସ୍ପୋର୍ଟସ୍, ଏକ୍‌ଜିବିସନର ପୁରସ୍କାର ପାଳି। ଆରମ୍ଭ ହେଲା ପୁରସ୍କାର ବିତରଣ କାର୍ଯ୍ୟକ୍ରମ। ସୁରେନ୍ଦ୍ର ଦୂରରୁ ଅନୁଭବ କଲେ। ମୁଖ୍ୟ ଅତିଥି ମହୋଦୟ ବାରଣବାରି ସେବନ କରି ଟୁଲୁଟୁଲୁ। ତଳୁ ପୁରସ୍କାର ସାମଗ୍ରୀ ଉଠାଇ ପାରୁନାହାନ୍ତି। ବିଜେତାମାନେ ନିରୁପାୟ, ପ୍ରାୟ ଆଂଠୁମାଡ଼ି, ନଇଁ, କମ୍ପିତ ହାତରେ ପୁରସ୍କାର ଦେଉଛନ୍ତି। ସୁରେନ୍ଦ୍ରଙ୍କ ମନ ବିଦ୍ରୋହ କଲା। ସେ ସ୍ରଷ୍ଟା, ସ୍ୱାଭିମାନୀ। ତାଙ୍କ ସୃଷ୍ଟି ପୁରସ୍କାର ଠାରୁ ଆହୁରି ମହାନ୍। ଏ ପ୍ରକାର ପୁରସ୍କାର ସେ ଗ୍ରହଣ କରିବେନି। ଏକଥା ମନେମନେ ସ୍ଥିର କରିନେଲେ। ସୁରେନ୍ଦ୍ରଙ୍କ ପାଳି ପଡ଼ିଲା। ରାଜା ସାହେବ ସମ୍ମୁଖରେ। ସୁରେନ୍ଦ୍ର ଖୁଣ୍ଟପରି ଠିଆ ହେଇଗଲେ। ଭେଲ୍‌ଭେଟ୍ କନାରେ ବନ୍ଧା ପଞ୍ଚମ ଜର୍ଜ ଅମଳର ଶହେଟି ରୂପା ଟଙ୍କା। ଓଜନ ପ୍ରାୟ କଟକୀ ସେରେ। ରାଜା ଥଳିଟି ଉଠାଇ ପାରିଲେନି। କେବଳ କର ସ୍ପର୍ଶ କଲେ ଯାହା। ତା' ପରେ ସୁରେନ୍ଦ୍ରଙ୍କୁ କୁର୍ଣ୍ଣିସ୍ କରିବାକୁ ହେବ। ନିଜେ ହାତରେ ସାଉଁଟି ନେବାକୁ ପଡ଼ିବ। ସୁରେନ୍ଦ୍ର ପୁରସ୍କାରକୁ ଫୋପଡ଼ ମଣିଲେ। ଏଥିରେ ନା ଅଛି ଶ୍ରଦ୍ଧା, ନା ଅଛି ସାତ୍ତ୍ୱିକତା। ତାଙ୍କର ଦୁର୍ବିନୀତ ଶିଳ୍ପୀମନ, ବିଦ୍ରୋହ ଘୋଷଣା କଲା। ଏ ପ୍ରକାର ପୁରସ୍କାର ନେବାରେ କି ପୁରୁଷାର୍ଥ ? ବାରଣବାରି ପ୍ରତି ସୁରେନ୍ଦ୍ର ବୀତସ୍ପୃହ ନଥିଲେ। କିନ୍ତୁ ଥିଲେ ସ୍ୱାଭିମାନୀ। ସେଇଟି ଲେଖକୀୟ ସ୍ୱାଭିମାନ। ରାଜା ପୁରସ୍କାର ହାତକୁ ନବଢ଼ାଇଲେ ସେ ପ୍ରତ୍ୟାଖ୍ୟାନ କରିବେ। କଦାପି କୁର୍ଣ୍ଣିସ୍

କରି ଗ୍ରହଣ କରିବେନି। ସୁରେନ୍ଦ୍ର ଇତଃସ୍ତତଃ। ଜନତା ମଧ୍ୟରେ ଅସ୍ପଷ୍ଟ ପ୍ରତିବାଦର ଗୁଞ୍ଜରଣ। ମହାରାଜା ପରିସ୍ଥିତିଟା ବୁଝିଲେ। ପୁରସ୍କାରଟା ଦୁଇହାତ ପ୍ରାୟ ଭୂମିରୁ ଉଠାଇଲେ। ସୁରେନ୍ଦ୍ରଙ୍କ ହାତକୁ ଟେକିଦେଲେ। ଏ ପ୍ରକାର ମାନସିକତାରେ ସୁରେନ୍ଦ୍ରଙ୍କ ନଥିଲା ଅହଂକାର। ସେ ବି ଶୁଚିସ୍ନିଗ୍ଧ ମଣିଷ ନଥିଲେ। ତଥାପି କଳାର ହତାଦର ପଣ। ତାଙ୍କ ପାଇଁ ଥିଲା ଅତ୍ୟନ୍ତ ଅସହ୍ୟ। ଏଇ ସ୍ୱାଭିମାନଟା। ଊଣା ଅଧିକେ ସବୁ କଳାକାରଙ୍କର। ସୁରେନ୍ଦ୍ର ସାଥୀଙ୍କ ସହ କଟକ ଫେରିଲେ। ନାଟକଟି ନିଜେ ଛପାଇବେ, ମନସ୍ଥ କଲେ। ଶସ୍ତା କାଳ, ଅଶି ଟଙ୍କାରେ ହଜାରେ କପି। ଫୁର୍ତ୍ତି, ମଉଜ ମଜଲିସରେ ପୁରସ୍କାର ରାଶିଟା ଉଡ଼ିଗଲା। ନାଟକଟି ଛାପା ରୂପ ନେଲାନି। ଛିପି ରହିଲା ସବୁଦିନ ପାଇଁ। ସୁରେନ୍ଦ୍ର ଲେଖିଲେ 'ମହାକ୍ଷୁଧା'। ପୁଣି ସେଇ ମଞ୍ଚ ମୂଲ୍ୟ କଥା ଉଠିଲା। କିନ୍ତୁ ତାଙ୍କର 'ବକ୍‌ସି ଜଗବନ୍ଧୁ' ନାଟକ କଟକ ବେତାର କେନ୍ଦ୍ର ପ୍ରସାର କଲା (୧୯୫୦)। ସେ ଇବ୍‌ସେନଙ୍କ 'ଏ ଲେସ୍ ହାଉସ୍' କୁ ଅନୁବାଦ କଲେ। ଗୋଟେ ତିନି ଅଙ୍କ ବିଶିଷ୍ଟ ନାଟକ 'କଙ୍କାଳ' ଲେଖିଲେ। ତାହା କଟକ ଅନ୍ନପୂର୍ଣ୍ଣା ରଙ୍ଗମଞ୍ଚରେ ଅଭିନୀତ ହେଲା। 'ପୃଥ୍ୱୀବଲ୍ଲଭ' ନାଁ ବଦଳେଇ ଦେଲେ ସୁରେନ୍ଦ୍ର। ରଖିଲେ 'ପୃଥିବୀର ଆଲୋକ'। ସବୁ ପାଇଁ ଅପନିନ୍ଦା, ମଞ୍ଚମୂଲ୍ୟ ନାହିଁ। ଶେଷରେ ନାଟକ ଲେଖାରେ ଡୋରି ବନ୍ଧା ହେଲା।

ଦିନ ଆଗେଇ ଚାଲିଲା। ସୁରେନ୍ଦ୍ରଙ୍କ ସାହିତ୍ୟର ଦିଗ ବଦଳିଲା। ସେ ପାଲଟିଲେ ସମାଲୋଚକ, ଲବ୍ଧ ପ୍ରତିଷ୍ଠ ଔପନ୍ୟାସିକ, ଗାଳ୍ପିକ। ସମସ୍ତେ ଦେଖିଲେ ତରୁର ପଲ୍ଲବିତ ଶାଖା। ମାଟିତଳର ଚେର ସେମିତି ରହିଲା ମାଟିତଳେ। ତାକୁ ବା କିଏ ଦେଖୁଛି? ସମସ୍ତେ କୁସୁମ ଶୋଭାରେ ବିହ୍ୱଳ। ଚେର ରହିଗଲା, ମୁହଁମାଡ଼ି ବସିଲା ମୌନ ତପସ୍ୟାରେ। ସେଇ ଚେର ଲାଗି ସିନା ପଲ୍ଲବିତ ଶାଖା। ସୁରେନ୍ଦ୍ର ଏକଥା ବୁଝିଥିଲେ। ନାଟକ ଲେଖା ହିଁ ତାଙ୍କ ମୂଳଦୁଆ। ସାହିତ୍ୟ ଦିଗରେ ପାଦ ଥାପନା, ସେଇ ଗୁରୁଙ୍କ କଲ୍ୟାଣ, ବନ୍ଧୁମାନଙ୍କର ପ୍ରେରଣା। ଆଜିକାଲି ସାହିତ୍ୟିକଙ୍କ ମଧ୍ୟରେ ନାହିଁ ହୃଦ୍ୟତା। ତାହା ବୋଧେ ତୁଟି ତୁଟି ଯାଉଛି। ହେଲେ ଗୁରୁକୃପା, ସେବେ ଥିଲା, ଏବେ ରହିଛି, ରହିଥିବ କାଳକାଳକୁ। ସତରେ ଗୁରୁ ହିଁ ବୌଦ୍ଧ ପରିଭାଷାରେ 'କଲ୍ୟାଣ ମିତ୍ର'।

■

ଓଡ଼ିଶାରେ ଗାନ୍ଧିଜୀ

ମୁକ୍ତିସଂଗ୍ରାମ ହେଲା ତ୍ୱରାନ୍ୱିତ । ଗାନ୍ଧି-ମନ୍ତ୍ର-ବିହ୍ୱଳ ଭାରତବର୍ଷ, ଓଡ଼ିଶା ବି । ଓଡ଼ିଆଏ ଗାନ୍ଧିଜୀଙ୍କୁ ଆପଣାର ମଣିଲେ । ଆତ୍ମାରେ ଠାକୁର ବିବେଚନା କଲେ । ଗାନ୍ଧିଜୀ ମଧ୍ୟ ଓଡ଼ିଶାକୁ ପ୍ରାଣଠୁ ବଳି ଭଲ ପାଇଲେ । ଓଡ଼ିଶାର ଦାରିଦ୍ର୍ୟ ତାଙ୍କୁ ମର୍ମାହତ କଲା । ଏହାର ସର୍ବାଙ୍ଗୀଣ ଉନ୍ନତି ପାଇଁ ସେ ମନ ଦେଲେ । ୧୯୨୧-୧୯୪୬, ଏହାରି ମଧ୍ୟରେ ସେ ଆଠଥର ଓଡ଼ିଶା ଆସିଲେ । ସତ୍ୟାଗ୍ରହ ବାର୍ତ୍ତା ପ୍ରଚାର, କୁଟୀର ଶିଳ୍ପର ପୁନରୁଦ୍ଧାର, ସଂସ୍କାରବାଦୀ କାର୍ଯ୍ୟକ୍ରମ - ଏମିତି ନାନା କଥା ହାତକୁ ନେଲେ । ଓଡ଼ିଶାରେ ପାଇଲେ ଅଭୂତପୂର୍ବ ସଫଳତା । ୧୯୩୮ ମସିହା, ମାର୍ଚ୍ଚ ମାସ, ୨୫ ତାରିଖ । ଗାନ୍ଧିଜୀ ପୁନଶ୍ଚ ଓଡ଼ିଶା ଆସିଲେ । ସାଥିରେ ପତ୍ନୀ, ଆଉ କେତେକ ଛାମୁଆ କଂଗ୍ରେସ ନେତା । ସେମାନଙ୍କ ମଧ୍ୟରେ ସର୍ଦ୍ଦାର ପଟେଲ, ମୌଲାନା ଆଜାଦ୍, ରାଜେନ୍ଦ୍ର ପ୍ରସାଦଙ୍କ ନାମ ଉଲ୍ଲେଖ ଯୋଗ୍ୟ । ପୁରୀ ଡେଲାଙ୍ଗର ବେରବୋଇ, ସେଇଠି ଆୟୋଜିତ ହୋଇଥାଏ ଗାନ୍ଧୀ ସେବା ସଂଘର ଚତୁର୍ଥ ବାର୍ଷିକ ସମ୍ମିଳନୀ । ଏଥି ସହିତ ଉତ୍କଳ ଖଦୀ ଗ୍ରାମୋଦ୍ୟୋଗ ଶିଳ୍ପ ବାର୍ଷିକ ସମ୍ମିଳନୀ । ଗାନ୍ଧିଜୀ ତାଙ୍କ ସହଯୋଗୀଏ, ଏଥିରେ ଯୋଗଦେଲେ । ବିଭିନ୍ନ ପ୍ରକାର ଆର୍ଥନୀତିକ ପ୍ରଗତି; ଏ ସମ୍ପର୍କରେ ନାନାଦି ଚର୍ଚ୍ଚା ହେଲା । ଓଡ଼ିଶାର ନେତାମାନେ ଅଂଶଗ୍ରହଣ କଲେ । ଆଗ୍ରୋ ଏଣ୍ଡ ଭିଲେଜ ଏଣ୍ଟରପ୍ରାଇଜେସ୍ ପ୍ରଦର୍ଶନୀକୁ ଗାନ୍ଧିଜୀ ଉଦ୍‌ଘାଟନ କଲେ । ମାର୍ଚ୍ଚ ୨୫ରୁ ୩୧ । ମୋଟ୍ ୭ ଦିନ ସେଠାରେ ଗାନ୍ଧିଜୀ ରହିଲେ । ଗାନ୍ଧିଜୀଙ୍କ ଆଗମନ ବାର୍ତ୍ତା, ପବନ ବେଗରେ ଚହଟି ଯାଇଥାଏ । ସବୁଆଡ଼େ; ହାଟ, ବଜାର, ଦୋକାନ, ପରିବାର, ସବୁଠି ଗୋଟିଏ ଆଲୋଚନା - ମହାତ୍ମା ଆସିବେ, ମହାତ୍ମା ଆସିବେ ! ସୁରେନ୍ଦ୍ର ମହାନ୍ତି, ସେ ବର୍ଷ ସାଲେପୁର ହାଇସ୍କୁଲର ଶେଷବର୍ଷ ଛାତ୍ର । ପାଟ୍‌ନା ୟୁନିଭରସିଟି ପରୀକ୍ଷା କରିବ, ପିଲେ ଭଲ କରିବେ, ସେଥିପାଇଁ ନିୟମିତ କୋଚିଂ । ଶିକ୍ଷକମାନେ ଗଳଦ୍‌ଘର୍ମ ।

ବାହାରକୁ ଯିବା ଅନୁମତି ନଥାଏ। ହଷ୍ଟେଲ୍ ସୁପରିଟେଣ୍ଡେଣ୍ଟ ମନମୋହନ ବାବୁ। ସୁରେନ୍ଦ୍ର ଗାନ୍ଧିଜୀଙ୍କୁ ଟିକେ ଦେଖିବେ। ଏଥି ପାଇଁ ଛୁଟିଦେବାକୁ ତାଙ୍କୁ ଅନୁରୋଧ କଲେ। ସୁପରିଟେଣ୍ଡେଣ୍ଟ ମନାକଲେ। ମାତ୍ର ସୁରେନ୍ଦ୍ରଙ୍କ ଜିଦ୍ ଯିବେ। ବସ୍‌ଷ୍ଟାଣ୍ଡରୁ ଗୋଟେ ବସ୍ ଧରିଲେ। ଜଗତପୁର ରେଳଷ୍ଟେସନ୍, ଖରାବେଳେ କଟକରୁ ଗୋଟେ ସ୍ପେଶାଲ୍ ଟ୍ରେନ୍ ବାହାରିବ। ଡେଲାଙ୍ଗ ଯିବ। ସୁରେନ୍ଦ୍ର, ତାଙ୍କର ଆଉ ତିନି ଚାରିଜଣ ସାଙ୍ଗ ମହାନଦୀ ବାଲିରେ ଚାଲିଲେ। ଯୋବ୍ରା ଘାଟରେ ଡଙ୍ଗା ପାରିହେଲେ। ପହଞ୍ଚିଲେ କଟକ ଷ୍ଟେସନ୍‌ରେ। ସ୍ପେଶାଲ୍ ପାସେଞ୍ଜର ଟ୍ରେନ୍। ଟିକଟ ପଡ଼ିଲାନି। ଟିକଟ ଇନିସ୍‌ପେକ୍ଟରଙ୍କର ଟିକଟ୍ ଯାଞ୍ଚ ନାହିଁ, ପଚରା ଉଚୁରା ବି ନାହିଁ। ଏ ସବୁ ବୋଧେ ମହାତ୍ମାଙ୍କ ଖାତିରରେ! ଟ୍ରେନ୍ ଛାଡ଼ିଲା, 'ମହାତ୍ମା ଗାନ୍ଧିକି ଜେ' ଧ୍ୱନି, ଷ୍ଟେସନ୍ ଛାତି କମ୍ପିଲା। ଯୋଉ ଷ୍ଟେସନ୍‌ରେ ଟ୍ରେନ୍ ରହିଲା। ସବୁଠି ଗାନ୍ଧିଜୀଙ୍କର ଜୟ ଜୟକାର। ଖାଲି ସେତିକି ନୁହେଁ, ପ୍ଲାଟ୍‌ଫର୍ମର ଯାତ୍ରୀଏ, ସେମାନେ ବି ସ୍ଲୋଗାନ୍ ଦେଉଥାଆନ୍ତି - 'ମହାତ୍ମା ଗାନ୍ଧିକି ଜୟ'। ଏ ଥିଲା ସୁରେନ୍ଦ୍ରଙ୍କର ଅଭୁଲା ସ୍ମୃତି, ତାଙ୍କ ପିଲାବେଳର କଥା। ସେ ଦିନେ ଗାନ୍ଧିଜୀଙ୍କୁ ଦେଖିବାକୁ ସୁଯୋଗ ମିଳିଥିଲା। ଅସମ୍ଭବ ଗହଳି। ସେ ଗାନ୍ଧିଙ୍କୁ ଦେଖି ପାରିଲେନି। ମାତ୍ର ପୁରୀ ଡେଲାଙ୍ଗରେ ତାଙ୍କୁ ଦର୍ଶନ କଲେ।ଏ ସବୁ ଅବିସ୍ମରଣୀୟ ସ୍ମୃତି।

ଡେଲାଙ୍ଗ ଷ୍ଟେସନ୍ ବାହାରେ, ନଡ଼ିଆ ବାହୁଙ୍ଗା ଛାପାମାନ, ଏଥିରେ ତିଆରି ହୋଇଛି ଶହଶହ କୁଡ଼ିଆ। ତଳେ ବିଛା ଯାଇଛି ନଡ଼ା। ତା'ରି ଉପରେ ବିଛଣା। ରହିଥାଆନ୍ତି ପ୍ରତିନିଧିମାନେ। କ୍ୟାମ୍ପଠାରୁ ଅଳ୍ପଦୂର, ଚାରିଆଡ଼େ କିଆ। ପାଖରେ ବାଲିକୁଦ। ଗାଁ ଗହଳରୁ ଆସିଥାଆନ୍ତି ସ୍ତ୍ରୀଲୋକମାନେ। ତା'ରି ଉପରେ ବସିଥାଆନ୍ତି। ପୁରୁଷଙ୍କ ସଂଖ୍ୟା ଅତି ଅଳ୍ପ। ସବୁ ସ୍ତ୍ରୀ ଲଜ୍ଜାଶୀଳା। ମୁଣ୍ଡରୁ ତଳକୁ ହାତେ ଲମ୍ବର ଓଢ଼ଣା। ସମସ୍ତେ ମହାତ୍ମାଙ୍କ ଅପେକ୍ଷାରେ। ବୋହୂ-ଭୁଆସୁଣୀ ଠାରୁ ଆରମ୍ଭ କରି ବୁଢ଼ୀମାନଙ୍କ ପର୍ଯ୍ୟନ୍ତ - ସବୁ ବୟସର ସ୍ତ୍ରୀଲୋକ। ରୁଣ୍ଡ ହେଉଛନ୍ତି ଠା ଠା। ସ୍ୱେଚ୍ଛାସେବୀମାନେ ସେମାନଙ୍କୁ ବସାଉ ଥାଆନ୍ତି। ସୁରେନ୍ଦ୍ର, ତାଙ୍କ ସାଙ୍ଗମାନେ, ସେଠାକୁ ଯାଇପାରିଲେନି। ସ୍ୱେଚ୍ଛାସେବୀଏ ବାରଣ କଲେ। ସୁରେନ୍ଦ୍ର କିଆବୁଦା ପାଖରେ ରହିଲେ। ମହାତ୍ମାଙ୍କୁ ସମସ୍ତ ଅପେକ୍ଷା। ଉତ୍ସୁକତା ବେଗଗାମୀ ହେଉଥାଏ। ଶେଷରେ ଆସିଲା ସେଇ ପ୍ରତୀକ୍ଷିତ ମୁହୂର୍ତ୍ତଟି।

ଖଣ୍ଡେ ଖଟ, ତା' ଉପରେ ଚଉକିଟାଏ। ସେଇ ହେଲା ମହାତ୍ମାଙ୍କ ପାଇଁ ମଞ୍ଚ। ମହାତ୍ମା ସେଠାକୁ ଆସିଲେ। ପୁରୁଷଙ୍କ କଣ୍ଠରେ - ମହାତ୍ମାଗାନ୍ଧିକି ଜୟ। ହରିବୋଲ, ହୁଳହୁଳି ଧ୍ୱନି, ସଭାସ୍ଥଳ ଉଚ୍ଛୁଳୁଛି। କିଛି କ୍ଷଣ ଗଲା। ଗାନ୍ଧିଜୀ ଆଶୀର୍ବାଦ

ମୁଦ୍ରାରେ ଡାହାଣ ହାତ ଟେକିଲେ। ଭାଷଣ ଆରମ୍ଭ କଲେ। କାହାରିକି କିଛି ଶୁଭିଲାନି। ତାଙ୍କ ଭାଷଣ ଶୁଣିବା ପାଇଁ ବା କିଏ ଆସିଥିଲା ? ଖାଲି ଥରୁଟିଏ ଆଖି ପୂରେଇ ଦେଖିବେ। କାନି ଗଣ୍ଠାଗଣ୍ଠି ହୋଇ ଆସିଥିଲେ ସ୍ତ୍ରୀ ଲୋକ। ମୂଲ ମାରା କରି ମୂଲିଆମାନେ, ବିଲବାଡ଼ି ଧନ୍ଦା ଛାଡ଼ି ଚାଷୀମାନେ – ସେମାନେ ଗାନ୍ଧିଜୀଙ୍କ ଭାଷଣ ଅବା ଦର୍ଶନରୁ କ'ଣ ବୁଝିବେ ? ମହାତ୍ମାଙ୍କୁ ଥରୁଟିଏ ଦେଖିଲେ, ମନସ୍କାମନା ପୂର୍ଣ୍ଣ। ଏଇଥିରୁ ସେମାନେ ତାଙ୍କ ଲକ୍ଷଣଟା ବୁଝିନେବେ। ସୁରେନ୍ଦ୍ର ଠିଆ ହେଇଥାଆନ୍ତି, ମନେ ପଡ଼ିଗଲା ପୁରୁଣା ସ୍ମୃତି। କାନପୁରର ମେଟକାଫ୍ ସ୍କୁଲ୍‌ର ସେ ଛାତ୍ର। ଗାନ୍ଧିଜୀ ଆସିଲେ। ସାଲେପୁର ଥାନା, ଜିଗିନିପାଟପୁର ଗାଁକୁ। ରାଇ ସୁଙ୍ଗୁଡ଼ା ଠାରୁ ଛଅ, ସାତ ମାଇଲ ବାଟ। ସୁରେନ୍ଦ୍ରଙ୍କର ବୋଉ ଜିଗର କଲେ, ତାଙ୍କ ବାପା ଶଗଡ଼ଟେ ଡାକିଲେ। ସେଦିନ ଡାକ୍ତରଖାନା ବନ୍ଦ। ଚାଲିଲା ଶଗଡ଼। ବାପା ଚାଲିଛନ୍ତି ଆଗେ ଆଗେ, ହାତରେ ଛତା। ବୋଉ ଶଗଡ଼ ଭିତରେ। ସୁରେନ୍ଦ୍ର ପଛରେ ଦଉଡ଼ିଲେ ଧୂଳି ଉଡ଼େଇ, ଉଡ଼େଇ। ସେ ଗାନ୍ଧିଜୀଙ୍କୁ ଦେଖିପାରିଲେନି। ତାଙ୍କ ବୋଉ, ମାଇପି ମେଳରେ। ପାଖରୁ ଗାନ୍ଧିଜୀଙ୍କୁ ଦେଖିଲେ। ଗାନ୍ଧି ମହାତମା କ'ଣ କହିଲେ ? ସୁରେନ୍ଦ୍ର ବୁଝିବାକୁ ଚାହିଁଲେ। ବୋଉ କହିଲେ – "ଇରେ, ଗାନ୍ଧି ମହାତମା କହିବେ କ'ଣ ? ସିଏ ତ ପଦେ କଥା କହୁଚିନି – ସୂତା କାଟ, ଆଉ ଗହଣାସବୁ ମୋତେ ଦେଇଦିଅ। ଆଉ କହିବେ କ'ଣ ? ସୁନା ଖଡ଼ିକା ମତେ 'ଧିଅ'।" ସହଜେତ ବୋଉ ମୁରୁଖ। ଆଉ କ'ଣ ଗପି ଥାଆନ୍ତେ। ସୁରେନ୍ଦ୍ର ଅଧାରୁ ରୋକିଲେ। 'କି ଗହଣା ଦେଲୁ' – ଏକଥା ପଚାରିଲେ। ବୋଉ ମୁହଁ ଛିଞ୍ଚାଡ଼ି କହିଲା, "ମୋ ଗହଣା କାହିଁକି ତାଙ୍କୁ ଦେବିବା ? ଗୋଟା ରୂପାଟଙ୍କା ଦେଇ ତାଙ୍କୁ ବନ୍ଦେଇଲି।"

ଆଜି ମଧ୍ୟ ସେଇ ଦୃଶ୍ୟ। ବେରବୋଇ ଲୋକାରଣ୍ୟ, ଗାଁ ଗହଳରୁ ଆସିଥିଲେ ମାଇପିମାନେ। କିଏ ଶଗଡ଼ରେ, ଆଉ କିଏ ଚାଲିଚାଲି। ଗାନ୍ଧିଜୀଙ୍କ ଭାଷଣ ଶୁଣିବା, ଏଥିରେ କୌଣସି ପ୍ରୟୋଜନ ନ ଥିଲା। କେବଳ ଗାନ୍ଧିଜୀଙ୍କୁ ଥରେ ଦେଖିବା, ସେଇ ଯଥେଷ୍ଟ। ଏଇଟି ଥିଲା ଭାରତୀୟ ନାରୀଙ୍କ ଉପରେ ତାଙ୍କର ଐନ୍ଦ୍ରଜାଲିକ ପ୍ରଭାବ। କେବଳ ମହାତ୍ମା ଏହାକୁ ବିସ୍ତାର କଲେ। ଆଉ କୌଣସି ନେତା ତାଙ୍କ ସମକକ୍ଷ ନ ଥିଲେ। ମହାତ୍ମା ଭାରତୀୟମାନଙ୍କ ପାଇଁ ଅବତାରୀ ପୁରୁଷ। ମୁକ୍ତିସଂଗ୍ରାମକୁ ସେ ପୂର୍ଣ୍ଣାଙ୍ଗ ରୂପ ଦେଲେ।। ଅର୍ଥନୀତିର କେତେକ କାର୍ଯ୍ୟକ୍ରମ ହାତକୁ ନେଲେ। ଏହାକୁ ଧର୍ମାଚାରରେ ପରିଣତ କଲେ। ବହୁ ବିଜ୍ଞ ବ୍ୟକ୍ତି, ଏ କଥାକୁ ମଧ୍ୟ ଭାବିପାରି ନ ଥିଲେ।

ସୁରେନ୍ଦ୍ରଙ୍କ ରାତିଟି କଟିଲା ଡେଲାଙ୍ଗରେ। କଟକରେ ପହଞ୍ଚିଲା ବେଳକୁ

ପକେଟ୍ ଶୂନ। କେବଳ ଚାରିଣିଟିଏ। ଜଗତପୁରରୁ ସାଲେପୁର। ବସ୍ ଟିକଟ ପାଇଁ ପଇସା ନାହିଁ। ଚାଲିଚାଲି ଆସିଲେ। ପହଞ୍ଚିଲେ ପଦ୍ମପୁର ବଜାରରେ। ଥାଏ ଝଙ୍କାଳିଆ ବରଗଛଟାଏ। ଗଛତଳେ ପକ୍କା ପହଣ୍ଡ। କ୍ଳାନ୍ତି, ଅବସାଦର ସୀମା ନାହିଁ, ସେଇଠି ଶୋଇଗଲେ। ତା' ପରଦିନ, ଚାଲିଚାଲି ଆସିଲେ। ପାଦ ପାଉଁରୁଟି ପରି ଫୁଲି ଯାଇଥାଏ। ହଷ୍ଟେଲରେ ମନ ମୋହନବାବୁ ପଚାରିଲେ - "କିରେ ମହାତ୍ମାଙ୍କୁ ଦେଖିଲୁ।" ସୁରେନ୍ଦ୍ର ସ୍ମିତ ହସିଲେ, 'ହଁ ସାର୍'। ଏତିକିରେ କଥା ସରିଲା। ସୁରେନ୍ଦ୍ର ଜବାହରଙ୍କୁ ଦେଖିବାକୁ ଗଲେ, ପାଇଲେ ବେତ୍ରାଘାତ, ଗାନ୍ଧିଜୀଙ୍କୁ ଦେଖିଲେ, ଦଣ୍ଡ ମିଳିଲାନି। ବୋଧ ହୁଏ ଗାନ୍ଧିଜୀ ସାର୍‌ମାନଙ୍କର ନମସ୍ୟ ଥିଲେ! ଏକଥା ସୁରେନ୍ଦ୍ର ଅନୁଭବ କଲେ।

ଗାନ୍ଧିଜୀ ନାରୀ ସଶକ୍ତୀକରଣ ମନ୍ତ୍ର ଫୁଙ୍କିଲେ। ଓଡ଼ିଶାର ନାରୀଙ୍କୁ ଆଲୋକ ଦେଖାଇଲେ। ନାରୀଙ୍କ ସ୍ଥାନ ରୋଷେଇ ଶାଳରେ। ଏ ପ୍ରକାର ଚିନ୍ତନ ପ୍ରାଚୀନ କାଳର ବର୍ବରତା। ଏ କଥାଟି କହିଲେ। ତାଙ୍କ ଉଦ୍‌ବୋଧନୀ ବାର୍ତ୍ତା, ନାରୀସମାଜ ହେଲା ଆଲୋଡ଼ିତ। ସେମାନେ ଏରୁଣ୍ଡିବନ୍ଧ ଡେଇଁଲେ। ମୁକ୍ତିସଂଗ୍ରାମରେ ଝାସ ଦେଲେ। ସମ୍ଭ୍ରାନ୍ତ, ମଧ୍ୟବିତ୍ତ, ନିଦରବ - ସବୁଶ୍ରେଣୀର ନାରୀ। ଗାନ୍ଧିଜୀଙ୍କ ଆଦର୍ଶରେ ଅନୁପ୍ରାଣିତା ହେଲେ। ମୁକ୍ତି ସଂଗ୍ରାମକୁ ଆଗେଇ ନେଲେ। ଅଗ୍ରଗଣ୍ୟା ଥିଲେ ରମାଦେବୀ, ମାଳତୀଦେବୀ, ସରଳା ଦେବୀ, ଜାହ୍ନବୀ ଦେବୀ, ରତ୍ନମାଳୀ ଦେବୀ, ସୁଭଦ୍ରା ଦେବୀ। ଏମାନଙ୍କ ସହ ଆହୁରି ଶତ ସହସ୍ର। ପାଇଖାନା ସଫେଇ, ବିକଳାଙ୍ଗ, କୁଷ୍ଠରୋଗୀଙ୍କ ସେବା, ଅନ୍ଧବିଶ୍ୱାସ ବିଲୋପ, ସ୍ୱାସ୍ଥ୍ୟସଚେତନତା ସୃଷ୍ଟି, ଚରଖାରେ ସୂତା କାଟିବା, ଅସ୍ପୃଶ୍ୟତା ନିବାରଣ - ଏମିତି ନାନାଦି ରଚନାତ୍ମକ କାର୍ଯ୍ୟକ୍ରମ। ଓଡ଼ିଶାର ନାରୀ ରହିଲେ ବହୁ ଆଗରେ। ଏଥି ସହ ମୁକ୍ତି ସଂଗ୍ରାମ। ସବୁଥିରେ ଓଡ଼ିଆ ନାରୀଙ୍କ ସଫଳତା। ଗାନ୍ଧିଜୀଙ୍କ ଐତିହାସିକ 'ହରିଜନ ପଦଯାତ୍ରା'। ଏଥିରେ ମଧ୍ୟ ବହୁ ସଂଖ୍ୟକ ନାରୀ ଯୋଗଦେଲେ। ଜାତି ଜାତି ଭିତରେ ବିବାହ ସମ୍ପନ୍ନ ହେଲା। ତଥାକଥିତ ହରିଜନମାନେ, ମନ୍ଦିର ପ୍ରବେଶ ସୁବିଧା ପାଇଲେ। ଯାହା ଶତାବ୍ଦୀ ଶତାବ୍ଦୀ ଧରି ସମ୍ପନ୍ନ ହୋଇନଥିଲା; ଗାନ୍ଧିଜୀଙ୍କ ଓଡ଼ିଶା ଗସ୍ତ ହେତୁ ସମ୍ଭବ ହେଲା।

ଓଡ଼ିଶାକୁ ଗାନ୍ଧିଜୀ ପ୍ରାଣଠୁ ଆପଣାର ମଣିଥିଲେ। ତାଙ୍କ ଓଡ଼ିଶାଗସ୍ତ ଅନୁଭୂତି। ଏସବୁ ଥିଲା ଚିର ଅଭୁଲା। 'ମାଇଁ ଓଡ଼ିଶା ଟୁର୍'। ଏଇଟି ଥିଲା ତାଙ୍କ ଓଡ଼ିଶା ସମ୍ପର୍କିତ ଧାରଣା। ପ୍ରକାଶ ପାଇଲା 'ନବଜୀବନ' ପତ୍ରିକାରେ। ଆଉ ଗୋଟେ ଲେଖା 'ଓଡ଼ିଶା ଏଣ୍ଡ ଆନ୍ଧ୍ର', ଏଇଟି ୟଙ୍ଗ୍ ଇଣ୍ଡିଆରେ ପ୍ରକାଶିତ। ଓଡ଼ିଶାର କୃଷକ, ଏମାନେ ବିହାରର ଚମ୍ପାରନ୍ କୃଷକଙ୍କ ଠାରୁ ଅତି ଦରିଦ୍ର - ଏ କଥା ଗାନ୍ଧିଜୀ ବୁଝିଥିଲେ। ସେ କେବଳ

ନୀରବଦ୍ରଷ୍ଟା ନଥିଲେ। ଓଡ଼ିଶାର ଆର୍ଥନୀତିକ ପ୍ରଗତି ପାଇଁ ଅଣ୍ଟା ଭିଡ଼ିଥିଲେ। ବହୁ ବଦାନ୍ୟ ବ୍ୟକ୍ତି, ସମାଜସେବୀ। ଏମାନେ ଓଡ଼ିଶା ଆଡ଼େ ସାହାଯ୍ୟର ହାତ ଲମ୍ବାଇଲେ। ଖ୍ରୀଷ୍ଟିୟାନ୍ ମିଶନାରୀ ସି.ଏଫ୍. ଆଣ୍ଡ୍ରୁସ୍, ମାସ ମାସ ଓଡ଼ିଶାରେ ରହିଲେ। ବନ୍ୟାଦୁର୍ଗତ ମାନଙ୍କ ଦୁଃଖଦୁର୍ଦ୍ଦଶା ମୋଚନ କଲେ। ଠିକ୍ ସେମିତି। ଜୀବରାମଜୀ କଲ୍ୟାଣଜୀ କୋଠାରୀ, ଆପଣାର ଧନ, ଜୀବନ, ଓଡ଼ିଶା ହିତରେ ଲଗାଇଲେ। ଈଶ୍ୱରଲାଲ ବ୍ୟାସ; ତାଙ୍କ ସହଧର୍ମିଣୀ 'ପୁରୁବାଈ'। ଏମାନେ ଗାନ୍ଧି-ମନ୍ତ୍ର-ଦୀକ୍ଷିତ। ବାଲେଶ୍ୱର ଠାରେ ଆଶ୍ରମଟିଏ ତିଆରି କଲେ। ଓଡ଼ିଶା ବାସୀଙ୍କ ସେବାରେ ବ୍ରତୀ ହେଲେ। ବିଖ୍ୟାତ ଇଂଜିନିୟର ବିଶ୍ୱେଶ୍ୱରାୟା। ତାଙ୍କ ଦୈନିକ ପ୍ରାପ୍ୟ ୧୦,୦୦୦ ଟଙ୍କା। ଗାନ୍ଧିଜୀଙ୍କ ଅନୁରୋଧ ରକ୍ଷା କଲେ। ଦୀର୍ଘ ୧୨ ଦିନ ଓଡ଼ିଶାରେ ବିତାଇଲେ। ବନ୍ୟା ନିୟନ୍ତ୍ରଣ ପାଇଁ ନାନାଦି ଉପାଦେୟ ତଥ୍ୟ ଯୋଗାଇଲେ। କାଣି କଉଡ଼ିଟିଏ ନେଲେନି। ଏସବୁ ଗାନ୍ଧିଜୀଙ୍କର ଓଡ଼ିଶା ପାଇଁ ଅତୁଳନୀୟ ଅବଦାନ।

ସେଦିନର ବେରବୋଇର ଦୃଶ୍ୟ। ସୁରେନ୍ଦ୍ରଙ୍କ ସ୍ମୃତିକୁ ଦୋହରଉ ଥାଏ। ନାରୀ ମୁକ୍ତି, ନାରୀ ସଶକ୍ତୀକରଣ - ଏ ଦୁଇଟି ଗାନ୍ଧିଜୀଙ୍କର ଅସଲ ଲକ୍ଷ୍ୟ ଥିଲା। ଯୁଗଯୁଗର ଅନ୍ଧକାର, ସାମାଜିକ କୁସଂସ୍କାର, ନାରୀ ଜାତି ପ୍ରତି ହୀନମନ୍ୟତା - ଏସବୁ କ୍ରମେ ଦୂରୀଭୂତ ହେଲା। ସବୁ ସେଇ ଗାନ୍ଧି-କିମିଆ। ସୁରେନ୍ଦ୍ରଙ୍କ ବୋଉ ଅପାଠୋଇ। ତଥାପି ତାଙ୍କ ମନ ଦ୍ରବି ଯାଇଥିଲା। ରୂପା ଟଙ୍କାଟିଏରେ ଗାନ୍ଧିଜୀଙ୍କୁ ବନ୍ଦେଇଥିଲେ। ସେଇମିତି ଜଣେ ସାଧାରଣ ନାରୀ। ଇତିହାସରେ ନାହିଁ ତାଙ୍କ ନାଁ, ଗାଁ, ଠିକଣା। ସେଇ ମହୀୟସୀ ମହିଳା ଜଣଙ୍କ ପରୀବେଓ୍ୱା। ଅଗଷ୍ଟ ବିପ୍ଳବର କଥା। ୧୯୪୨ ମସିହା, ସେପ୍ଟେମ୍ବର ମାସ ୨୮ ତାରିଖ। ଭଦ୍ରକର ଇରମ ଗଣହତ୍ୟା। ପରିବେଓ୍ୱା ଅକାତରେ ପ୍ରାଣବଳି ଦେଲେ। ଶହୀଦ୍ ହେଲେ। ଇତିହାସ ରଚିଲେ ଓଡ଼ିଆ ନାରୀ। ଏ ସବୁ ଗାନ୍ଧିଜୀଙ୍କ ଆଦର୍ଶର ଅମୃତମୟ ଫଳ।

■

ଭବଘୂରା ଅଘୋରୀ ମୁକ୍ତିସଂଗ୍ରାମୀ

ଅଘୋରୀ, ଭାରି ଭାବ ଭୋଳା। ନାହିଁ ତା'ର ବାସ, ବସା, ଠିକଣା। ଆଜି ଏଠି ତ କାଲି ସେଠି। ସଦାସର୍ବଦା ନିର୍ଲିପ୍ତ। ଆହାରେ ଭଲମନ୍ଦ ନାହିଁ, ଯାହା ଯେଉଁଠି ମିଳିଲା। ନାହିଁ ତ ଝରଣା ଜଳ, ବଣର ଫଳମୂଳ। ସେଇଥିରେ ଚଳିଯାଏ। ଅଘୋରୀଏ ଏକନିଷ୍ଠ ସାଧକ। ସାଧନାରୁ ସିଦ୍ଧି। ଅନୁରୂପ ଭାବେ ମୁକ୍ତି ସଂଗ୍ରାମୀଟି। ଶୟନେ, ସ୍ୱପନେ, ଜାଗରଣେ ଦେଶମାତୃକା କଥା। ମା'କୁ ବେଡ଼ି ମୁକ୍ତ କରିବାକୁ ହେବ। ସେଥିପାଇଁ ତା'ର ପଣ, ପ୍ରତିଜ୍ଞା, ଆତ୍ମବଳି। ଭାରତର ମୁକ୍ତି ସଂଗ୍ରାମ ଚାଲିଥାଏ। ସଂଗ୍ରାମୀଏ ସ୍ୱାଧୀନତା ଯଜ୍ଞବେଦିରେ, ଆପଣା ଆପଣା ମୁଣ୍ଡ ଥୋଇ ଦେଲେ। ସର୍ବତ୍ର ଫିରିଙ୍ଗି ହଟାଅ, ଆବହାଓ୍ୱା। ଜନତା, ମାତିଲେ, ତାତିଲେ। ମୁକ୍ତିଯୁଦ୍ଧକୁ ଗାନ୍ଧିଜୀ ଦେଲେ ନୂତନ ଦିଗନ୍ତ। ସେପଟେ ନେତାଜୀ ସୁଭାଷ ବୋଷ। ଦୁହିଁଙ୍କ ଲକ୍ଷ ଏକ, ପନ୍ଥା ଭିନ୍ନ। ଗାନ୍ଧିଜୀଙ୍କ ଅହିଂସ ନୀତି, ସୁଭାଷ ଯୁଦ୍ଧ ଭିତ୍ତିରେ ମୁକ୍ତିସଂଗ୍ରାମ ପକ୍ଷପାତୀ। ଗାନ୍ଧିଜୀଙ୍କ ସ୍ୱଦେଶୀ ସତ୍ୟାଗ୍ରହୀ ବାହିନୀ। ନେତାଜୀଙ୍କ ବିଦେଶୀ ଶକ୍ତି ଉପରେ ଆସ୍ଥା। ଫିରିଙ୍ଗି ପୁଲିସ, ଦେଶରେ ନାହିଁ ନଥିବା ଅତ୍ୟାଚାର। କେଉଁ ସଂଗ୍ରାମୀଙ୍କ ଘରେ ନିଆଁ ଲଗେଇ ଦେଲେ ତ କାହାକୁ ବାନ୍ଧି ଆଣିଲେ। ଜେଲରେ ଅସହ୍ୟ ଯନ୍ତ୍ରଣା ଦେଲେ। ଚାରିଆଡ଼େ ଆତଙ୍କ। ଅନେକ ସଂଗ୍ରାମୀ ଘର ଛାଡ଼ିଲେ। ନାହିଁ ସଂସାର ମୋହ। ଲୁଚାଛପାର ଅଘୋରୀ ଜୀବନ। ଗାଁ ଗାଁ କି ମୁକ୍ତିସଂଗ୍ରାମର ବାର୍ତ୍ତା ପ୍ରଚାର, ଏଇଟି ଥିଲା ତାଙ୍କର ପ୍ରଥମ ଲକ୍ଷ୍ୟ। ଗାନ୍ଧୀ ପନ୍ଥୀ, ନେତାଜୀ ମାର୍ଗୀ ବିପ୍ଳବୀଏ, କିଏ ଦେଶାନ୍ତର ହେଲେ, ଆଉ କେହି କେହି ଲୁଚି ରହିଲେ। ନେତାଜୀଙ୍କ ଆହ୍ୱାନ 'ରକ୍ତଦିଅ, ସ୍ୱାଧୀନତା ଦେବି'। ସ୍ୱାଧୀନତା ପାଇଁ ସଶସ୍ତ୍ର ସଂଗ୍ରାମ ଲୋଡ଼ା। ଏକଥାଟି ଉପରେ ଗୁରୁତ୍ୱ ଦେଲେ। ବହୁ ଯୁବକ ହେଲେ ଆକର୍ଷିତ। ବିପ୍ଳବର ସୂତ୍ରଧର ପାଲଟିଲେ। ତେଣେ ନେତାଜୀ ବିଦେଶରେ। ରୁଷ, ଜର୍ମାନୀର ସମର୍ଥନ ପାଇଁ ଲାଗିପଡ଼ିଲେ। ତାଙ୍କର କର୍ମୀଏ, ଦେଶରେ

ସଂଗ୍ରାମର ବାର୍ତ୍ତା ବାଣ୍ଟିଲେ। ବହୁ ସ୍କୁଲ୍, କଲେଜ ପିଲା ଉତ୍ସାହିତ ହେଲେ। ଚାଲିଲା ଇଂରେଜ ହଟାଅ ସଂଗ୍ରାମ। ସେତେବେଳେ ସୁରେନ୍ଦ୍ର ମହାନ୍ତି ରେଭେନ୍‌ସା କଲେଜ ଛାତ୍ର। ବି.ଏ. ପଢୁଥାନ୍ତି। ସେ ନେତାଜୀଙ୍କୁ ସମର୍ଥନ କଲେ। ଅନ୍ୟମାନଙ୍କ ସହ ମିଶି କଲେଜରେ ନିଆଁ ଜାଳିଲେ। ପୁଲିସ ଗୋଡ଼ାଇଲା। ସେ ହେଇଗଲେ ଅଣ୍ଡରଗ୍ରାଉଣ୍ଡ। ଏଣେ କଲେଜ ଖାତାରୁ ନାଁ କଟିଗଲା। ତଥାପି ସେ ନିରୁତ୍ସାହିତ ନଥିଲେ। ଚିର ନମସ୍ୟା ଭାରତମାତା, ତାଙ୍କ ପାଇଁ ସେ ଯେକୌଣସି ମୂଲ୍ୟ ଦେବାକୁ ପ୍ରସ୍ତୁତ। ଏଇ ସବୁ ଅଭୁଲା ଅନୁଭୂତି। ସୁରେନ୍ଦ୍ର ବାଣ୍ଟିଛନ୍ତି 'ପଥ ଓ ପୃଥିବୀ' ଆତ୍ମଲିପିରେ। ପରିବେଷଣ ଭଙ୍ଗୀ ବେଶ୍ ରୋଚକ।

୧୯୪୨ ମସିହା, ଇଂରେଜ ହଟାଇବା ପାଇଁ ଦୃଢ଼ପରିକର ଭାରତୀୟ ଜାତୀୟ କଂଗ୍ରେସ। ଆରମ୍ଭ କଲା ଭାରତଛାଡ଼ ଆନ୍ଦୋଳନ। ଗାନ୍ଧିଜୀ ଦେଲେ 'କର ବା ମର' ଆହ୍ୱାନ। ଏହା ପୂର୍ବର ଘଟଣା।୧୯୪୧ ମସିହା, ଆଫ୍ରିକାର ରଣକ୍ଷେତ୍ର, ଅନେକ ଭାରତୀୟ ଯୁଦ୍ଧବନ୍ଦୀ ଜର୍ମାନୀ ଆସିଲେ। ସେମାନଙ୍କୁ ନେଇ ନେତାଜୀ 'ୱାର୍କିଂ ଗ୍ରୁପ୍ ଇଣ୍ଡିଆ' ଗଠନ କଲେ। ନାମ୍ବିୟାର, ଗଣପୁଲେ, ଅବିଦ୍ ହାସନ୍, ଏନ୍.ଜି. ସ୍ୱାମୀ, ଏମ୍.ଆର୍ ବ୍ୟାସ, ଗିରିଜା ମୁଖାର୍ଜୀ - ଏମାନଙ୍କୁ ନେଇ ନେତାଜୀ ଗଢ଼ିଲେ 'ଫ୍ରି ଇଣ୍ଡିଆ ସେଣ୍ଟର'। ଏହା ଦ୍ୱାରା ଆଜାଦ୍ ହିନ୍ଦ୍ ରେଡ଼ିଓ, ଜାତୀୟ କଂଗ୍ରେସ ରେଡ଼ିଓ, ଆଜାଦ୍ ମୁସଲିମ୍ ରେଡ଼ିଓ ପ୍ରଭୃତି ସକ୍ରିୟ ହେଲା। 'ଆଜାଦ୍ ହିନ୍ଦ' ନାମକ ଏକ ଦ୍ୱିଭାଷୀ ପତ୍ରିକା, ଉଭୟ ଜର୍ମାନୀ, ଇଂରାଜୀ ଭାଷାରେ ପ୍ରକାଶିତ ହେଲା। ସେମାନେ ଭାରତୀୟଙ୍କ ଯତ୍ନ ନେଲେ। 'ଫ୍ରି ଇଣ୍ଡିଆ ସେଣ୍ଟର' ସେମାନଙ୍କ ମଧ୍ୟରେ ସମନ୍ୱୟ ରକ୍ଷା କଲା। ଭାରତ ସ୍ୱାଧୀନ ହେବ। ଏକ ସାମାଜିକ, ଆର୍ଥନୀତିକ ପୁନର୍ଗଠନ ପାଇଁ ଏକ ଯୋଜନା କମିଶନ ଗଠନ କରାଯିବ - ଏପରି ଯୋଜନା ପ୍ରସ୍ତୁତ ହେଲା। ତ୍ରିରଙ୍ଗାଠୁ ଟିକେ ଭିନ୍ନ କରି ଜାତୀୟ ପତାକା ତିଆରି କରାଗଲା। ଏଥିରେ ଲମ୍ଫ ଦେଉଥିବା ମହାବଳ ବ୍ୟାଘ୍ର ଚିତ୍ର ସ୍ଥାନ ପାଇଲା। ରବୀନ୍ଦ୍ର ନାଥଙ୍କ 'ଜନ ଗଣ ମନ...' ଜାତୀୟ ସଂଗୀତ ରୂପେ ଗୃହୀତ ହେଲା। ଅଭିନନ୍ଦନ ପାଇଁ 'ଜୟ ହିନ୍ଦ୍' ଶବ୍ଦ ବହୁଳ ଗୃହୀତ ହେଲା। ସୁଭାଷ ଚନ୍ଦ୍ର 'ନେତାଜୀ' ଭାବେ ଅଭିହିତ ହେଲେ। ୧୯୪୨, ଫେବୃୟାରୀ ମାସ ୨୨ ତାରିଖ, ଆକାଶବାଣୀରୁ ଭାସିଆସିଲା ବଜ୍ର ଗମ୍ଭୀର ସ୍ୱର, ନେତାଜୀ ଉଦ୍‌ଘୋଷଣା କଲେ। ଭାରତର ମୁକ୍ତିସମୟ ଆଗତ ପ୍ରାୟ। ଫିରିଙ୍ଗି ବାହିନୀ ଦେଶରୁ ହଟିବେ, ଦେଶବାସୀ ପରାଧୀନତାର ଶୃଙ୍ଖଳ ଛିନ୍ନ ପାଇଁ ପ୍ରସ୍ତୁତ। ଏହାଥିଲା ତାଙ୍କ ବକ୍ତବ୍ୟର ମୁଖ୍ୟାଂଶ। ସାରାଦେଶରେ ଚହଳ ପଡ଼ିଲା। ନେତାଜୀ ବାହିନୀ ଭାରତ ବିଜୟ ପାଇଁ ଆଗେଇ ଆସିଲେ। ଚାଲିଥାଏ ବିଶ୍ୱଯୁଦ୍ଧ। ଜାପାନ ସିଙ୍ଗାପୁର ଅଧିକାର

କରିନେଲା (୧୯୪୨, ଫେବୃୟାରୀ)। ସଂଗ୍ରାମ ପାଇଁ ନେତାଜୀ ନୂତନ ପଥ ବାଛିଲେ। ଉତ୍ତର-ପଶ୍ଚିମ ପରିବର୍ତ୍ତେ ପୂର୍ବ ଦିଗରୁ ଆକ୍ରମଣର ମସୁଧା କଲେ। ଜର୍ମାନୀର ବୈଦେଶିକ ମନ୍ତ୍ରୀଙ୍କୁ ଏକଥା ଅବଗତ କଲେ। ଶେଷ ସଂଗ୍ରାମ ପାଇଁ ଚାଲିଲା ପ୍ରସ୍ତୁତି। ୧୯୪୨-୧୯୪୪, ଏହାଥିଲା ସ୍ୱାଧୀନତା ସଂଗ୍ରାମର ବିରଳ ଘଟଣା। ସେପଟେ ଭାରତଛାଡ଼ ଆନ୍ଦୋଳନ, ଏପଟେ ନେତାଜୀଙ୍କ ଭାରତ ଅକ୍ତିଆର ଅଭୀପ୍ସା। ମୁକ୍ତିସଂଗ୍ରାମକୁ ଦେଲା ନୂଆ ଦିଗ୍‌ଦର୍ଶନ। ନେତାଜୀ ହିଟ୍‌ଲରଙ୍କୁ ଭେଟିଲେ (୧୯୪୨)। ସେ ମଧ୍ୟ ପ୍ରାଚ୍ୟ ଅଭିମୁଖେ ଯାତ୍ରାକୁ ଅନୁମୋଦନ କରିଥିଲେ। ୧୯୪୪। ଆଜାଦ୍ ହିନ୍ଦ୍ ଫୌଜର ଆକ୍ରମଣ ଶୀର୍ଷତମ ସୋପାନରେ ପହଞ୍ଚିଥିଲା। ନେତାଜୀଙ୍କ 'ଦିଲ୍ଲୀ ଚଲୋ' ଡାକରା ଇଂରେଜଙ୍କ ହୃତ୍‌କମ୍ପ ସୃଷ୍ଟିକଲା। 'ଆଜାଦ୍ ହିନ୍ଦ୍ ଫୌଜ' ଇମ୍ଫାଲ ଅଧିକାର କଲା। ନେତାଜୀ ଉଡ଼ାଇଲେ ଭାରତର ଜାତୀୟ ପତାକା। ଏହି ଅନନ୍ୟ ଗୌରବର ସେ ସର୍ବପ୍ରଥମ ଅଧିକାରୀ। ସାରାଦେଶରେ ଚାଞ୍ଚଲ୍ୟ ଖେଳିଗଲା। ବହୁ ଯୁବକ ନେତାଜୀଙ୍କ ଆଡ଼େ ଆକୃଷ୍ଟ ହେଲେ।

୧୯୪୨ ମସିହା, ସୁରେନ୍ଦ୍ରଙ୍କ ଅଭୁଲା ସ୍ମୃତି। ନେତାଜୀଙ୍କର ଦୃଢ଼ ସମର୍ଥକ ଶୀଳଭଦ୍ରଯାଜୀ, ପାଟନାରୁ ପଳାଇ ଆସିଲେ। ଆତ୍ମଗୋପନ କଲେ କଟକରେ। ରେଭେନ୍‌ସାର ଇଷ୍ଟ ହଷ୍ଟେଲ୍, ଅନ୍ତେବାସୀମାନେ ଧର୍ମଘଟ କଲେ। ସେମାନେ ରିପବ୍ଲିକ୍ ଘୋଷଣା କଲେ। ପୁଲିସ ପଶିପାରୁ ନଥାଏ। ମନମୋହନ ମିଶ୍ର, ବିଭୁଧେନ୍ଦ୍ର ମିଶ୍ର, ସୁରଜ ମଲ୍ଲ ସାହା - ଏମାନେ ସେତେବେଳକା କଲେଜର ଛାତ୍ରନେତା। ଶୀଳଭଦ୍ରଯାଜୀ ତାଙ୍କର ଦିଗ୍‌ଦର୍ଶକ। ସୁରେନ୍ଦ୍ରଙ୍କ ସମେତ ଅନ୍ୟମାନେ, ସବୁ ସ୍ୱେଚ୍ଛାସେବୀ। ଷ୍ଟ୍ରାଇକ୍ ଚାଲିଲା। କଲେଜ ଗେଟ୍‌ରେ ପିଲେ ମୁହଁମାଡ଼ି ଶୋଇଲେ। ସେମାନଙ୍କ ମଧ୍ୟରେ ସୁରେନ୍ଦ୍ର। ଏତିକି ମାତ୍ର ସେମାନଙ୍କ ମୁକ୍ତି ସଂଗ୍ରାମକୁ ଅବଦାନ। ଅଗଷ୍ଟ ୯ ତାରିଖ। କଲେଜ ଅଫିସ୍ ଜଳିଲା। ସେଇ ରାତି କଥା। ସୁରେନ୍ଦ୍ର ଗୋପନରେ ଭେଟିଲେ ଶୀଳଭଦ୍ରଯାଜୀଙ୍କୁ। ସେ ହଷ୍ଟେଲରେ ଲୁଚିଥାଆନ୍ତି। ଭାରତ ଏଇ ବର୍ଷ ସ୍ୱାଧୀନ ହେଇଯିବ। ସୁଭାଷ ବୋଷ ମାର୍ଚ୍ଚ କରି ଆସୁଛନ୍ତି ପୂର୍ବଦିଗରୁ। ବର୍ମା, ମାଳୟ ଗଲାଣି। ସିଙ୍ଗପୁର ଯିବା ଉପରେ। ଜର୍ମାନ ପଠାଇଛି ଯୁଦ୍ଧ ଜାହାଜ, ଜେଲ୍ ଯିବ କ'ଣ? ସିଏ ତ ମାମୁଲି କଥା। ଏବେ ଯାଅ, ଅଣ୍ଡର ଗ୍ରାଉଣ୍ଡ ହୁଅ। ଜନସମର୍ଥନ ଜୁଟାଅ, ସେମାନେ ମୁକ୍ତିବାହିନୀକୁ ଅଭିନନ୍ଦନ ଜଣାନ୍ତୁ। ଲୋକମାନଙ୍କ ମଧ୍ୟରେ ରକ୍ତାକ୍ତ ସଂଗ୍ରାମର କ୍ଷେତ୍ର ପ୍ରସ୍ତୁତ କର - ଏ କଥାସବୁ ଶୀଳଭଦ୍ରଯାଜୀ କହି ଚାଲିଲେ। ସୁରେନ୍ଦ୍ର ମନ୍ତ୍ରମୁଗ୍ଧ। ସେଇଦିନ ରାତି। ଧରିଲେ ପାସେଞ୍ଜର ଟ୍ରେନ୍, ଉଇଦାଉଟ୍ ଟିକେଟ୍। ଯେଉଁଠି ଇଚ୍ଛା ସେଇଠି ଓହ୍ଲାଇବେ, ସେଇଠୁ ଆରମ୍ଭ ହେବ ଅଣ୍ଡରଗ୍ରାଉଣ୍ଡ ଜୀବନ। ଏଇ ସ୍ମୃତି

ସ୍ଥାନିତ ତାଙ୍କ 'ଅତିଥି' ଆଉ 'ଅଣ୍ଡର ଗ୍ରାଉଣ୍ଡ' ଗପରେ। ତାଙ୍କ ମୁକ୍ତିସଂଗ୍ରାମୀ ଜୀବନ କାହାଣୀ, ଏହାର ଆଂଶିକ ଚିତ୍ର। ତାହା 'ନେତି ନେତି' ଉପନ୍ୟାସରେ ରହିଛି; ମାତ୍ର କଳ୍ପନା ମିଶ୍ରିତ।

ଅଗଷ୍ଟ ଆନ୍ଦୋଳନ, ସୁରେନ୍ଦ୍ର କଲେଜ ଛାଡ଼ିଲେ। ଗୋଟିଏ ବର୍ଷ ଅଣ୍ଡର ଗ୍ରାଉଣ୍ଡରେ। ଭବଘୂରା ଅଘୋରୀ ଜୀବନ। ଖିଆପିଆ, ରହଣି, କିଛି ଠିକଣା ନାହିଁ। ଆଜି ଏ ଗାଆଁରେ ତ କାଲି ଆଉ ସହରରେ। ପହଞ୍ଚିଲେ ବିରୂପା ନଇକୂଳ ସାହାପୁର ଗାଁରେ। ସେଇଠି ତାଙ୍କ ଶଶା ମାଉସୀ ଘର। ସେଇ ଗାଁରେ ମାସଟିଏ ରହିଲେ। ଦିନ ସାରା ଲୁଚିଲୁଚି ବୁଲନ୍ତି। ରାତିରେ ଘରକୁ ଫେରନ୍ତି। ମାଉସୀଙ୍କର ଭାରି ଆଦର। କଥାରେ ଅଛି 'ମା' ନଥିଲେ ମାଉସୀ'। ଶଶା ମାଉସୀ କ୍ଷିରୀପୁରୀ, ପିଠାପଣା କରି ଖୁଆନ୍ତି। କିଛି ପଚାରନ୍ତିନି। ସୁରେନ୍ଦ୍ରଙ୍କ ଶୁଖିଲା ମୁହଁ, କୋରଡ଼ିଆ ଆଖି, କେଶ ବେଶର ଯତ୍ନନାହିଁ। ମାଉସୀ ବିସ୍ମିତ। ସୁରେନ୍ଦ୍ର ଦିନେ ସବୁ କଥା ଖୋଲି କହିଲେ। ପାଠ ପଢ଼ା ନାହିଁ, ଅଘୋରୀ ହୋଇ ବୁଲୁଛନ୍ତି। ମାଉସୀ ତାଗିଦ୍ କଲେନି। ଢେର୍ କାନ୍ଦିଲେ। ସେଦିନ ଡବଡବ ଆଖିରେ ସୁରେନ୍ଦ୍ରଙ୍କୁ ପଢୁଥିଲେ ଯାହା।

ସେଇ ସାହାପୁର ଗାଁ। ସେଠାକା ଶିକ୍ଷିତ, ଅର୍ଦ୍ଧଶିକ୍ଷିତ ସମସ୍ତଙ୍କୁ ସୁରେନ୍ଦ୍ର ଏକାଠି କଲେ। ଗୋଟେ କ୍ଲବ୍‌ରେ ମିଶାଇ ଦେଲେ, ନିଜେ ପାଲଟିଲେ କେନ୍ଦ୍ରବିନ୍ଦୁ। ସମସ୍ତଙ୍କ ନିଘା ତାଙ୍କ ଆଡ଼େ। ଆସିଲା ରଜପର୍ବ। 'ଧର୍ମ ପତ୍ନୀ' ନାମକ ନାଟକଟି ଅଭିନୀତ ହେଲା। ମୁଖ୍ୟ ଭୂମିକାରେ ସୁରେନ୍ଦ୍ର। ଅଭିନୟ ଉତୁରିଲା। ପାଖ ଗାଁବାଲା ତାଙ୍କୁ ଡାକିଲେ। ନାଟକ କରିବେ। ସୁରେନ୍ଦ୍ର ତ ଗୋପନରେ। କଥା ପ୍ରଘଟ ହେଲେ ସବୁ ଶେଷ। ଅଗତ୍ୟା ସେ ସବୁ ନିମନ୍ତ୍ରଣ ପ୍ରତ୍ୟାଖ୍ୟାନ କଲେ। ମାଉସୀଘରେ ରହିବା, ଖାଇବା - ଏତ ତାଙ୍କର ଅସଲ ଲକ୍ଷ୍ୟ ନୁହେଁ। କିଛି କରିବେ। ଗାଁ ଟୋକାଙ୍କୁ ମେଳେଇଲେ। ଗୋଟାଏ ଡାକଘରେ ନିଆଁ ଲଗାଇବାର ନକ୍ସା ପ୍ରସ୍ତୁତ ହେଲା। ହେଲେ ଯୋଜନା ସଫଳ ହେଲାନି। ମଫସଲ ପିଲା, ପୁଲିସ ଭୟ। ଫିରିଙ୍ଗି ପୁଲିସ। ଗର୍ଭବତୀ ବାଘୁଣୀ ବାଟ ଛାଡ଼ିଦିଏ। ଶେଷରେ ଯୋଜନାଟି ଫସର ଫାଟିଲା। ଟୋକାଏ ଭରସି ପାରିଲେନି। ମନ୍ତ୍ରଣାଟିର ଗଜା ମରୁଡ଼ି ହେଲା।

ସୁରେନ୍ଦ୍ରଙ୍କ ମଉସା। ପୁଲିସ୍ ସବ୍‌ଇନିସପେକ୍ଟର। ବ୍ରିଟିଶଙ୍କ ବଚସ୍କର। ସେଦିନ ଗାଁକୁ ଆସିଥିଲେ। ସୁରେନ୍ଦ୍ରଙ୍କ ବ୍ୟାପାର ବୃତ୍ତାନ୍ତ। ଏ ସମସ୍ତ ଆଗରୁ ଅବଗତ ଥିଲେ। ସୁରେନ୍ଦ୍ର ଏ ଘରେ। ଆଉ ଘରେ ଶଶା ମାଉସୀଙ୍କୁ ମଉସା ପଚାରିଲେ, "ଏ ଟୋକାଟା ଏଠିକି ଆସିଲା କିପରି ? ଯାକୁ ସ୍ଥାନ ଦେବା ଠିକ୍ ନୁହେଁ। ସିଏ ସରକାର ବିରୋଧୀ ଆନ୍ଦୋଳନରେ ନାଁ ଲେଖେଇଛି" - ଇତ୍ୟାଦି। ସୁରେନ୍ଦ୍ର ବୁଝିଲେ, ଇଂରେଜଙ୍କ ଅଧସ୍ତନ

କର୍ମଚାରୀ ମଉସା। କଥା ପ୍ରଘଟ ହେଲେ ଚାକିରି ରାତାରାତି ଗୋଲ। କାହାକୁ କିଛି କହିଲେନି। ଅଘୋରୀ ଜୀବନ। ଗୋଟେ ସ୍ଥାନରେ ଏତେଦିନ ରହଣି ବିପଦ ସଙ୍କୁଳ। ଓହ୍ଲାଇ ଆସିଲେ ରାଜରାସ୍ତାକୁ। ସେଇଦିନୁ ଶଶା ମାଉସୀ ସାଙ୍ଗରେ ଛଡ଼ାଛଡ଼ି। ତଥାପି ତାଙ୍କ ସ୍ନେହ ଆଦର ସୁରେନ୍ଦ୍ର ଭୁଲି ନ ଥିଲେ ସାରା ଜୀବନ।

ସୁରେନ୍ଦ୍ର ଗୋଟେ ବର୍ଷ ବିତାଇଲେ ଅଣ୍ଡର ଗ୍ରାଉଣ୍ଡରେ। ନେତାଜୀ ଇମ୍ଫାଲରୁ ଫେରିଗଲେ। ଜର୍ମାନ ଯୁଦ୍ଧଜାହାଜ ପଠାଇଲାନି। ଜନତାଙ୍କ ମଧ୍ୟରେ ଆଶଙ୍କା ସୃଷ୍ଟି ହେଲା। ଏବେ ବ୍ରିଟିଶ ସରକାରଙ୍କୁ ହଟାଇବ କିଏ? ଏଣେ କଲେଜ ଦୁଆର ବନ୍ଦ। ଘର ଦୁଆର ବି। ବାପା ରାଗରେ ନିଆଁବାଣ। ଟଙ୍କା ଖରଚ କଲେ। ପୁଅ କ'ଣ ଦେଶଟାକୁ ଉଦ୍ଧାର କରିବ? କଲେଜ ଛାଡ଼ିବା, ବର୍ଷେକରୁ ଉର୍ଦ୍ଧ୍ୱ ହେଲାଣି। ନାଁ କଟିଛି। ପରୀକ୍ଷା ଦେବା ଆଉ ସମ୍ଭବ ନୁହେଁ। ସୁରେନ୍ଦ୍ରଙ୍କ ପୋଥିରେ ଡୋର ବନ୍ଧା ହେଲା। ଆହୁରି ଚାଞ୍ଚଲ୍ୟକର ଖବରଟେ। ସୁରେନ୍ଦ୍ର ଶୁଣିଲେ, ପ୍ରିନ୍‌ସପାଲ ଦଣ୍ଡବିଧାନ କରିଛନ୍ତି। ସେ ପାଟନା ବିଶ୍ୱବିଦ୍ୟାଳୟରେ ତିନିବର୍ଷ ପାଇଁ ପରୀକ୍ଷା ଦେବାରୁ ବଞ୍ଚିତ। ଏଣିକି ଦଶଦିଗ ଅନ୍ଧାର। ଏଣେତେଣେ କଟକରେ ବୁଲାବୁଲି। ଦି'ଟା ଟିଉସନ ମିଳିଲା। ସେଇଥିରୁ ଚଳିଲେ। ଏଣିକି ବାରବୁଲା ଜୀବନ।

୧୯୪୬ ମସିହା। କଲିକତାରେ ଉତ୍କଟ ସାମ୍ପ୍ରଦାୟିକ ଦଙ୍ଗା। ହିନ୍ଦୁ-ମୁସଲମାନ ହଣାହଣି। ସୁରେନ୍ଦ୍ର ହେଲେ ବିସ୍ମିତ। ମେଦିନୀପୁରର କେଇ ଜଣ ମୁସଲମାନ, ପିଠିରେ ଲୁଗା ଗଣ୍ଠିଲି, ଗାଁ ଗାଁ ବୁଲି ବିକନ୍ତି। ସୁରେନ୍ଦ୍ରଙ୍କର ତାଙ୍କ ସହ ଭାବ। ତାଙ୍କରି ସାଥିରେ ରହଣି। ଗୋଟାଏ ହେଁସ, ସାଥି ହୋଇ ଶୁଅନ୍ତି। ତାଙ୍କରି ସାଙ୍ଗରେ ଶାଗପଖାଳ ଖାଆନ୍ତି। ସକାଳୁ ବାହାରନ୍ତି ସାମ୍ପଲ ଆଲବମ୍ ଅର୍ଡ଼ର ଧରି। ପୁଣି ଭେଟ ସନ୍ଧ୍ୟାରେ। ସେଇ ମୁସଲମାନମାନଙ୍କ ଶ୍ରଦ୍ଧା, ସହାନୁଭୂତି, ଆତିଥେୟ ଆଉ ପରିଚର୍ଯ୍ୟା। ଏଭଳି ମଣିଷମାନେ କ'ଣ ଦଙ୍ଗାରେ ସମ୍ପୃକ୍ତ ହୋଇ ପାରନ୍ତି? ସୁରେନ୍ଦ୍ର ବୁଝିଥିଲେ। ଦଙ୍ଗା ମୂଳରେ ହିନ୍ଦୁ ବା ମୁସଲମାନ ମେହେନତୀ ମଣିଷ କଦାପି ନଥିଲେ; ଥିଲେ କୁଚକ୍ରୀ ନେତା, ପଣ୍ଡା ପଢ଼ିଆରୀ ଆଉ ମୁଲ୍ଲା-ମୌଲବୀମାନେ। ଏ ସବୁର ଚିତ୍ର ତାଙ୍କ 'ଦୁଇବନ୍ଧୁ' ଗଳ୍ପର ବିଷୟବସ୍ତୁ। ସୁରେନ୍ଦ୍ରଙ୍କ ମୁସଲମାନ ବନ୍ଧୁମାନେ ଘର ବାହୁଡ଼ିଗଲେ। ସେ ଖୋର୍ଦ୍ଧା ଛାଡ଼ିଲେ। ଅଣ୍ଡରଗ୍ରାଉଣ୍ଡର ଭବଘୂରା ଅଘୋରୀ ଜୀବନ। ଏବେ ସମଦଶା। ସେଇ ଅଘୋରୀ ଜୀବନ। ତଥାପି ସେ ଜୀବନ ସଂଗ୍ରାମରୁ ବିରତ ନଥିଲେ। ତାହାହିଁ ପୁରୁଷାର୍ଥ। ସଂଘର୍ଷ ହିଁ ତାଙ୍କୁ ଉତ୍ତର ଜୀବନରେ ଆଣିଦେଲା ଅମାପ ଖ୍ୟାତି।

ପ୍ରାକ୍ ସ୍ୱାଧୀନତା କାଳୀନ ନିର୍ବାଚନ

ପ୍ରାକ୍ ସ୍ୱାଧୀନତା କାଳ। ଗାନ୍ଧିଜୀଙ୍କ ନେତୃତ୍ୱରେ ଚାଲିଲା ମୁକ୍ତି ସଂଗ୍ରାମ। ମିଳିଲା ନାହିଁ ନଥିବା ସଫଳତା। ଆଇନ ଅମାନ୍ୟ ଆନ୍ଦୋଳନ (୧୯୩୦)। ସାରା ଭାରତରେ ଅପୂର୍ବ ଜନ-ଜାଗରଣ। ବନ୍ଦେ ମାତରମ୍ ଧ୍ୱନିରେ ଗଗନ ପବନ ମୁଖରିତ। ଫିରିଙ୍ଗି ହଟାଅ ହାୱା ହେଲା ତୀବ୍ରତର। ଅନୁରୂପ ଭାବେ ଫିରିଙ୍ଗିଙ୍କ କଠୋର ଦମନ ଲୀଳା। ଲୋକେ ତାତିଲେ, ମାତିଲେ। ସଭିଙ୍କ ମୁହଁରେ ଗୋଟାଏ କଥା ପୂର୍ଣ୍ଣ ସ୍ୱରାଜ, ନଚେତ୍ ପ୍ରାଣବଳି। ଫିରିଙ୍ଗିଏ ହୁଲୁସ୍ଥୁଲ। ଭିତରେ ଭିତରେ ନରମ ହେଲେ। ଆପୋସ କଥାବାର୍ତ୍ତା କଥା ଉଠିଲା। ଭାରତୀୟଙ୍କୁ କିଛି କିଛି ସାମ୍ବିଧାନିକ ଶାସନ ପ୍ରଦାନ - ଏ ଦିଗରେ ସରକାର ଯତ୍ନଶୀଳ ହେଲେ। ୧୯୩୧ ମସିହା ମାର୍ଚ୍ଚ ୫ ତାରିଖ। ଇଂରେଜ ସରକାର, ଭାଇସ୍‌ରୟ ଇରଉଇନଙ୍କୁ ନିର୍ଦ୍ଦେଶ ଦେଲେ। ଭାରତୀୟଙ୍କ ସହ ଆପୋସ କଥାବାର୍ତ୍ତା ଚାଲିଲା, ମହାତ୍ମାଗାନ୍ଧୀ, ଭାଇସ୍‌ରୟ ଇରଉଇନ, ସେମାନଙ୍କ ମଧ୍ୟରେ ଚୁକ୍ତିଟିଏ ସ୍ୱାକ୍ଷରିତ ହେଲା। ତାହା ଗାନ୍ଧୀ-ଇରଉଇନ ଚୁକ୍ତି। ଚୁକ୍ତି ଅନୁସାରେ ସମସ୍ତ ରାଜନୀତିକ ବନ୍ଦୀ ମୁକ୍ତ ହେଲେ। ଭାରତରେ ଏକ ସଂଘୀୟ ରାଷ୍ଟ୍ର ସ୍ଥାପିତ ହେବ, ଦ୍ୱିତୀୟ ଗୋଲଟେବୁଲ ବୈଠକରେ ଗାନ୍ଧୀ ଯୋଗଦେବେ। ଏ ସିଦ୍ଧାନ୍ତ ମଧ୍ୟ ହେଲା। ମାତ୍ର ଏହା ଥିଲା ଏକ ଅସ୍ଥାୟୀ ଚୁକ୍ତି। ସେପଟେ ଗଣ ଆନ୍ଦୋଳନକୁ ସାମ୍ନା କରିବା; ସରକାରଙ୍କ ପାଇଁ ଥିଲା ଏକ କଠିନ ଆହ୍ୱାନ। ୧୯୩୧ ଏପ୍ରିଲ୍ ରୁ ଜୁନ୍, ଚାଲିଲା ଦ୍ୱିତୀୟ ଗୋଲଟେବୁଲ ବୈଠକ, ଏଥିରେ ଗାନ୍ଧି ଯୋଗଦେଲେ। ଇଂରେଜ ସରକାର ଟିକିଏ ବି ନମନୀୟ ହେଲେନି। 'ଡ଼ିଭାଇଡ୍ ଆଣ୍ଡ ରୁଲ୍' ନୀତି ପ୍ରୟୋଗ କଲେ। ସାମ୍ପ୍ରଦାୟିକ ସଦ୍‌ଭାବନା କ୍ରମେ ବ୍ୟାହତ ହେଲା। ଗାନ୍ଧିଜୀ ହେଲେ ଭଗ୍ନ ମନୋରଥ। ଫେରିଲେ ଖାଲିହାତରେ। ୧୯୩୨ ମସିହା, ପୁନଃ ଆଇନ ଅମାନ୍ୟ ଆନ୍ଦୋଳନ ଚାଲୁ ହେବାର ସିଦ୍ଧାନ୍ତ ହେଲା। ନୂତନ ଭାଇସ୍‌ରୟ ଲର୍ଡ଼ ୱେଲିଙ୍ଗଟନ୍, ଅତୀବ କଠୋର। ଅସହ୍ୟ ଦମନ ନୀତି ପ୍ରୟୋଗ

କଲେ । ଗାନ୍ଧିଜୀ, ସର୍ଦ୍ଦାର ପଟେଲ; ତାଙ୍କ ସହ ଆଉ କେତେକ ନେତା । ସମସ୍ତେ ଗିରଫ ହେଲେ । ଅଧ୍ୟାଦେଶଟେ ଜାରି ହେଲା । ସ୍ୱରାଜ ଆଶ୍ରମ, ସଭାସମିତି, ଜନ ଆନ୍ଦୋଳନ ସବୁ ବନ୍ଦ । କଂଗ୍ରେସ ପାଣ୍ଠି ବାଜ୍ୟାପ୍ତି ହେଲା । ସାରା ଦେଶରେ ଆତଙ୍କରାଜ । ପ୍ରାୟ ଦୁଇ ଲକ୍ଷ ନିର୍ଦ୍ଦୋଷ ବନ୍ଦୀ ହେଲେ । ୧୯୩୪ ମସିହା, ମେ ମାସ ୭ ତାରିଖ । ଛ' ବର୍ଷ ପାଇଁ ଆଇନ ଅମାନ୍ୟ ଆନ୍ଦୋଳନ ସ୍ଥଗିତ । ଗାନ୍ଧିଜୀ ସ୍ୱୟଂ ଏହା ଘୋଷଣା କଲେ । ଏଇଟି ଥିଲା ଗଣ ଆନ୍ଦୋଳନର ବାହ୍ୟ ସ୍ଥିତି, କିନ୍ତୁ ଫିରିଙ୍ଗିଏ ଏକ ପ୍ରକାର ଦୁର୍ବଳ ଥିଲେ । ଭାରତୀୟଙ୍କ ପାଇଁ କିଛି ଗଣତାନ୍ତ୍ରିକ ବ୍ୟବସ୍ଥା ଲୋଡ଼ା; ସେମାନେ ଅନୁଭବ କଲେ । ଏ ଦିଗରେ ମଧ୍ୟ ସରକାର ମନ ବଳେଇଲେ ।

୧୯୩୬ ମାର୍ଚ୍ଚ ୩ ତାରିଖ । ସ୍ୱତନ୍ତ୍ର ଉତ୍କଳ ପ୍ରଦେଶ ଗଠନ ପାଇଁ ରାଜକୀୟ ଘୋଷଣା ପ୍ରକାଶ ପାଇଲା । ୧୯୩୬ ଏପ୍ରିଲ୍ ୧, ଏହି ଦିନ ଠାରୁ ଓଡ଼ିଶା ପ୍ରଦେଶ ଗଠିତ ହେଲା । ସ୍ୱତନ୍ତ୍ର କ୍ଷମତା ବି ମିଳିଲା । ଏହା ପୂର୍ବର ଘଟଣା । ଭାରତ ଶାସନ-ସଂସ୍କାର ଆଇନ୍ ୧୯୩୫ ପ୍ରଣୀତ ହେଇଥିଲା । ଏହା ଦ୍ୱାରା ପ୍ରଦେଶ ଗୁଡ଼ିକରେ ଦାୟିତ୍ୱ ସମ୍ପନ୍ନ ସରକାର ଗଠନ ସିଦ୍ଧାନ୍ତ ନିଆଗଲା । ଓଡ଼ିଶାରେ ପ୍ରଥମ ନିର୍ବାଚନ ହେଲା (୧୯୩୭) । ଗାନ୍ଧିଜୀ ଚାହୁଁଥିଲେ ପୂର୍ଣ୍ଣ ସ୍ୱରାଜ । ସେ ଭାରତ-ଶାସନ-ସଂସ୍କାର ଆଇନ ୧୯୩୫କୁ ବିରୋଧ କଲେ । ତଥାପି କଂଗ୍ରେସ ଦଳ ନିର୍ବାଚନ ଲଢ଼ିଲା । କିନ୍ତୁ ଗାନ୍ଧିଜୀ ନିର୍ବାଚନ ପ୍ରଚାର କରି ନ ଥିଲେ । ସୀମାନ୍ତ ଗାନ୍ଧି ଖାଁ ଅବ୍ଦୁଲ ଗଫର ଖାଁ, ଜବାହରଲାଲ ନେହେରୁ ଆଉ କେତେକ କଂଗ୍ରେସର ଛାମୁଆ ନେତା, ସାରା ଭାରତ ବୁଲିଲେ । କଂଗ୍ରେସ ବାର୍ତ୍ତା ବାଣ୍ଟିଲେ । କଂଗ୍ରେସକୁ ଜୟଯୁକ୍ତ କରିବାକୁ ପରାମର୍ଶ ଦେଲେ । ଜବାହରଲାଲ ନେହେରୁ ଓଡ଼ିଶା ଆସିଲେ (୧୯୩୭) । କଟକ ଜିଲ୍ଲା ସାଲେପୁର ସ୍କୁଲ୍ ପାଖ ହାଟ ପଡ଼ିଆ । ନେହେରୁ ଅଭିଭାଷଣ ରଖିବେ । ଜନତାଙ୍କ ମଧ୍ୟରେ ଉତ୍ସୁକତା ବଢ଼ିଲା । ମୋତିଲାଲ ନେହେରୁ, ସେ ବେଳର ବଡ଼ ଓକିଲ । ପୁରୁଖା ସ୍ୱାଧୀନତା ସଂଗ୍ରାମୀ । ତାଙ୍କ ପୁଅ ନେହେରୁ । ହାରୋ ୟୁନିଭରସିଟିର ହିରୋ । ବହୁତ ବଡ଼ ପାଠୁଆ । ଚାକିରି ଆଡ଼େ ମନ ନାହିଁ । ଦେଶ ପାଇଁ ଲଢୁଛନ୍ତି । ତାଙ୍କୁ ଦେଖିବାକୁ ଲୋକେ ଭିଡ଼ ଲଗାଇଲେ । ସୁରେନ୍ଦ୍ର ମହାନ୍ତି ସେତେବେଳେ ହାଇସ୍କୁଲ୍‌ର ଛାତ୍ର । ସାଲେପୁର ହାଇସ୍କୁଲ୍ । ଭାରି ନାଁ ଡାକ । ସବୁ ମାଷ୍ଟ୍ରେ ଉପରେ ଉପରେ ଫିରିଙ୍ଗି ପଟରେ । ଟିକେ ଆଡ଼ ବାଙ୍କ ହେଲେ କଥା ଶେଷ । ଚାକିରି ଘରେ ଶୂନ । ସବୁ ପିଲାଙ୍କୁ ତାଗିଦ୍, କେହି ଯିବେନି ସଭାକୁ । ସୁରେନ୍ଦ୍ର ତ କଂଗ୍ରେସ ଆଡ଼େ ମନ ବଳେଇଥିଲେ । ତାଙ୍କୁ ବା କିଏ ବାନ୍ଧି ରଖିବ ? ହଷ୍ଟେଲ ଝରକାର ଦୁଇଟି ଉଇଖିଆ କାଠ ରେଲିଂ, ତାକୁ ଭାଙ୍ଗିଦେଲେ । ସୁରେନ୍ଦ୍ର ଯାଇ ସଭା ସ୍ଥଳରେ ହାଜର । ଏଣେ ହଷ୍ଟେଲ ଗେଟ୍‌ରେ ତାଲା । ଭଙ୍ଗା ଝରକା ଦେଇ ଫେରିବା ଆଉ ସମ୍ଭବ

ନ ଥିଲା। କଥାଟି ପ୍ରଘଟ ହେଲା। ହେଡ୍‌ମାଷ୍ଟ୍ରେ ସୁରେନ୍ଦ୍ରଙ୍କୁ ଢେର୍ ଗାଳିଦେଲେ। ପାଞ୍ଚ ସାତ ବେତ, ସୁରେନ୍ଦ୍ରଙ୍କ ହାତ ପାପୁଲି ଲାଲ ପଡ଼ିଗଲା। ସେତିକିରେ ଦଣ୍ଡ ସୀମିତ ରହିଲା। ଏସବୁ ତାଙ୍କର ଅଭୁଲା ସ୍ମୃତି। ତାହାକୁ ସୁରେନ୍ଦ୍ର ବାଣ୍ଟିଛନ୍ତି ଆପଣା ଆତ୍ମଲିପି 'ପଥ ଓ ପୃଥିବୀ'ରେ। ପ୍ରସଙ୍ଗଟି ଅତୀବ ରୋଚକ। ମୁକ୍ତିସଂଗ୍ରାମ କାଳର ନିର୍ବାଚନ ଏକ ଗୁରୁତ୍ୱପୂର୍ଣ୍ଣ ଘଟଣା। ପ୍ରକାଶ ଥାଉକି, କଂଗ୍ରେସ ନିର୍ବାଚନରେ ବିଜୟୀ ହେଲା। ଓଡ଼ିଶାରେ ବିଶ୍ୱନାଥ ଦାସଙ୍କ ନେତୃତ୍ୱରେ ମନ୍ତ୍ରିମଣ୍ଡଳ ଗଠିତ ହେଲା (ଜୁଲାଇ ୧୯୩୭)। ସେବେକା ନିର୍ବାଚନ ସ୍ୱତନ୍ତ୍ର। ପ୍ରାର୍ଥୀ ବାକ୍ସ ବସାନ୍ତି। କଂଗ୍ରେସ ପ୍ରାର୍ଥୀଙ୍କ ହଳଦିଆ, ସ୍ୱାଧୀନ ପ୍ରାର୍ଥୀଙ୍କ ନାଲିଆ ବାକ୍ସ। ଏଇଥିରେ ଭୋଟ୍ ପଡ଼େ।

ଚନ୍ଦ୍ରଶେଖର ମିଶ୍ର। ସେତେବେଳକା କଂଗ୍ରେସର ଜଣେ ନାଁକରା ନେତା। ସେ ସାଲେପୁର ଅଞ୍ଚଳବାସୀ। ରାମକୃଷ୍ଣ ମିଶନ ସହ ମିଶ୍ରେ ସଂଶ୍ଳିଷ୍ଟ। ସଦା ଗୈରିକ ବସନଧାରୀ। ସାଲେପୁର ହାଇସ୍କୁଲ୍‌ର ସେ ଶିକ୍ଷକ ନ ଥିଲେ। କିନ୍ତୁ ତାଙ୍କ ପାଇଁ ହଷ୍ଟେଲରେ ରୁମ୍‌ଟିଏ ଥାଏ। ସେଇଠି ରହନ୍ତି। ବିଜୁଳି ଆଲୁଅ ନଥିଲା। ସୁରେନ୍ଦ୍ର ତାଙ୍କରି ତତ୍ତ୍ୱାବଧାନରେ। ତାଙ୍କ ବାପାଙ୍କର ମିଶ୍ରଙ୍କ ସହ ବନ୍ଧୁତା। ନିତି ସଞ୍ଜେ, ଲଣ୍ଠନ ଆଲୁଅ ଜଳେ। ସୁରେନ୍ଦ୍ର ତାଙ୍କ ପାଖରେ ବସି ପାଠ ପଢ଼ନ୍ତି। ସେଦିନ ସଭା ପାଇଁ ସବୁ ପ୍ରସ୍ତୁତ। ଜବାହର ଗୋଟେ ପାସେଞ୍ଜର ଗାଡ଼ି ରିଜର୍ଭ କଲେ। ସାଲେପୁରରେ ପହଞ୍ଚିଲେ। ହାଟ ପଡ଼ିଆରେ ସଭା। ତାଙ୍କର ପ୍ରଥମ ଥର ଓଡ଼ିଶା ଆଗମନ। ଜନତାଙ୍କ ମଧ୍ୟରେ ଅଭୂତପୂର୍ବ ଉତ୍ତେଜନା। ପାଠୁଆ, ଅପାଠୁଆ, ଦରପାଠୁଆ ସମସ୍ତଙ୍କର ଧାଡ଼ି ଛୁଟିଲା। ସୁରେନ୍ଦ୍ରଙ୍କ ହସ୍ତାକ୍ଷର ଭାରି ସୁନ୍ଦର। ଚନ୍ଦ୍ରଶେଖର ବାବୁ ମାନପତ୍ରଟେ ଡାକିଦେଲେ। ସୁରେନ୍ଦ୍ର ତାକୁ ଲେଖିଲେ। ମିଶ୍ରେ ସଂଶୋଧନ କରିଦେଲେ। କାଚବନ୍ଧେଇ ମାନପତ୍ର। ନେହେରୁଙ୍କୁ ଦିଆଯିବ। ସଭାରେ ପାଠ ହେବ। ସୁରେନ୍ଦ୍ର ବଡ଼ କଦରରେ ସଭାରେ ହାଜର। ସେଦିନ ରବିବାର, ସଭା ପାଖକୁ ଯିବା ତାଙ୍କ ପକ୍ଷେ ନିତାନ୍ତ ଅସମ୍ଭବ। କଳ୍ପନାତୀତ ଗହଳି, ଯଥା ସମ୍ଭବ ସୁରେନ୍ଦ୍ର ଆଗକୁ ଗଲେ। ଚନ୍ଦ୍ରଶେଖର ବାବୁ ମାନପତ୍ରଟି ପଢ଼ିଲେ। ତାଙ୍କର ବେଶ୍ ଅନୁପ୍ରେରିତ କଣ୍ଠ। ମିଶ୍ରେ ମାନପତ୍ରଟିକୁ ଜବାହରଙ୍କ ହାତକୁ ବଢ଼ାଇ ଦେଲେ। ଏକ ବିରାଟ ସଫଳତାର ଆନନ୍ଦ, ସୁରେନ୍ଦ୍ରଙ୍କ ଛାତି କୁଣ୍ଢେମୋଟ। ଘନଘନ କରତାଳି। ନେହେରୁ ଭାଷଣ ଆରମ୍ଭ କଲେ- "ଆଜି ଭାରତର ଜନସାଧାରଣ ଦୁଇପଟ ଚକି ଭିତରେ ପେଷା ହେଉଛନ୍ତି। ଉପର ଚକିଟା ହେଲା ବ୍ରିଟିଶ୍ ସରକାର, ବ୍ରିଟିଶ୍ ଉପନିବେଶବାଦ; ଆଉ ତଳ ଚକିଟା ହେଲା - ଦେଶର ଜମିଦାର, ଗୁମାସ୍ତା ଗୋଷ୍ଠୀ। ଏ ଦୁଇ ଚକିକୁ ଉପାଡ଼ି ନଫିଙ୍ଗିବା ଯାଏ ଭାରତର ମୁକ୍ତି ନାହିଁ; କଲ୍ୟାଣ ନାହିଁ। ଜନତାଙ୍କ ଜୟ ଜୟକାର, ସଭାସ୍ଥଳୀ ସେଦିନ କମ୍ପୁଥିଲା।

ଓଡ଼ିଶାର ପ୍ରଥମ ନିର୍ବାଚନ (୧୯୩୭), ସାଲେପୁର ନିର୍ବାଚନ ମଣ୍ଡଳୀ। କଂଗ୍ରେସ ପ୍ରାର୍ଥୀ ଡାକ୍ତର ଅଟଳ ବିହାରୀ ଆଚାର୍ଯ୍ୟ। ସେ ଜଣେ ନିର୍ମାୟା ପୁରୁଷ। କଂଗ୍ରେସର ସଭାପତି ପଣ୍ଡିତ ନୀଳକଣ୍ଠ ଦାସ। ନିର୍ବାଚନ ପ୍ରଚାର ଦାୟିତ୍ୱ ତାଙ୍କ ଉପରେ। ତାଙ୍କୁ ମିଳିଲା ମାତ୍ର ଆଠ ହଜାର ଟଙ୍କା। ସେଇଥିରେ ସବୁ। ତାଙ୍କ ବିରୁଦ୍ଧ ପ୍ରାର୍ଥୀ ଗୋପବନ୍ଧୁ ମିଶ୍ର। ସେ ଖଣ୍ଡପଡ଼ା ଜମିଦାର, ବିରାଟ ମହାଜନ। ମିଶ୍ରେ ଇଂରେଜ ସମର୍ଥିତ ପ୍ରାର୍ଥୀ। ତାଙ୍କ ଧନବଳ କଥା ନକହିଲେ ଭଲ। ପ୍ରତିପତ୍ତି ଆଗରେ ଗର୍ଭିଣୀ ଗାଈ ବାଟ ଛାଡ଼ିଦିଏ। କଂଗ୍ରେସ ପ୍ରାର୍ଥୀଙ୍କ ହଳଦିଆ ବାକ୍ସ, ସ୍ୱାଧୀନ ପ୍ରାର୍ଥୀଙ୍କ ବାକ୍ସ ରଙ୍ଗ ନାଲିଆ।

ବୁଥ୍ ତିଆରି ହେଲା। ସ୍ଥାନ ସାଲେପୁର ଥାନା ହତା। ସେତେବେଳେ ସାବାଳକ ଭୋଟପ୍ରଥା ନଥିଲା। ଚୌକିଦାରୀ ଟିକସ ଦାତା; ନିର୍ଦ୍ଦିଷ୍ଟ ଶିକ୍ଷାଗତ ଯୋଗ୍ୟତା ଥିବା ବ୍ୟକ୍ତି, ଏମାନେ କେବଳ ଭୋଟଦାତା। ଭୋଟରମାନେ ଆସନ୍ତି, କିଏ ଶଗଡ଼ ଗାଡ଼ିରେ ତ ଆଉ କିଏ ସବାରି ଅବା ତାମଜାନ୍‌ମାନଙ୍କରେ। ଥାନା ହତାରେ ପୋଖରୀଟିଏ। ହୁଡ଼ାରେ ଛାମୁଡ଼ିଆ, ସେଇଠି ଭୋଟରମାନେ ବସନ୍ତି। ଖାଇବା ପ୍ରସ୍ତୁତି ଚାଲେ ଖନ୍ଦାଶାଳରେ। ପ୍ରଥମେ ମହାପ୍ରସାଦ ସେବନ, ତା'ପରେ ଭୂରି ଭୋଜନ। ତା' ସହିତ ବିଦାକି, ବାଟଖର୍ଚ୍ଚ ଧରି ଘରକୁ ଫେରନ୍ତି। ଏ ସମସ୍ତ ବ୍ୟବସ୍ଥା କଲେ ସ୍ୱାଧୀନ ପ୍ରାର୍ଥୀ। ବିପୁଳ ଅର୍ଥ ବ୍ୟୟ ହେଲା। ଚନ୍ଦ୍ରଶେଖର ବାବୁ ସୁରେନ୍ଦ୍ରଙ୍କୁ ଭୋଟ୍ ପ୍ରଚାର କରିବାକୁ କହିଲେ। ସେ ତ ଛାତ୍ର, ପ୍ରଚାର ତାଙ୍କୁ ବା କ'ଣ ଜଣା? ସୁରେନ୍ଦ୍ର ବୋକାଙ୍କ ପରି କହିଲେ - "କେମିତି ଭୋଟ୍ ପ୍ରଚାର କରିବେ?" ଚନ୍ଦ୍ରଶେଖର ବାବୁ ନାଚାର, ସେ ତ ନିଜେ ଜାଣି ନଥିଲେ। ଭୋଟ୍ ପ୍ରଚାର ସମ୍ପର୍କରେ କ'ଣ ବୁଝାଇବେ ସୁରେନ୍ଦ୍ରଙ୍କୁ?

ଭୋଟ୍ ଦିନ ସକାଳ। ସୁରେନ୍ଦ୍ର ଠିଆ ହୋଇଥାଆନ୍ତି। ଦେଖିଲେ ଏକ ଅଦ୍ଭୁତ ଦୃଶ୍ୟ। ଦଳଦଳ ସଂକୀର୍ତ୍ତନ ମଣ୍ଡଳୀ। ରାଧାକୃଷ୍ଣ ନାମ ଜପ ନାହିଁ, କେବଳ ମହାତ୍ମାଗାନ୍ଧୀଙ୍କ ଜୟ ଜୟକାର। ଖୋଳ, କରତାଳ, ଝାଞ୍ଜ, ମୃଦଙ୍ଗ, ତାଳରେ ତାଳରେ ବାଜୁଛି। ଲୋକେ ଉନ୍ମତ୍ତ। ହାତରେ ତ୍ରିରଙ୍ଗା ପତାକା। ଥାନା ଆଡ଼େ ମୁହାଁଇ ଥାଆନ୍ତି। ବନ୍ଦେ ମାତରମ୍ ଧ୍ୱନି, ହତା କମ୍ପୁଛି। ଏଇ ହେଲା କଂଗ୍ରେସ ପ୍ରାର୍ଥୀଙ୍କ ପ୍ରଚାର। ସେଦିନ ସୁରେନ୍ଦ୍ର ବଡ଼ ପାଟିରେ କହୁଥିଲେ - "ଭାଇ ହଳଦିଆ ବାକ୍ସକୁ ଭୁଲିବେ ନାହିଁ।" ଭୋଟ୍ ଗ୍ରହଣ ସରିଲା। ଜମିଦାରଙ୍କ ଅର୍ଥବଳ କାମ ଦେଲାନି। କଂଗ୍ରେସ ପ୍ରାର୍ଥୀ ଡାକ୍ତର ଅଟଳ ବିହାରୀ ଆଚାର୍ଯ୍ୟ ଜିତିଲେ। ଜମିଦାର ଗୋପବନ୍ଧୁ ମିଶ୍ରେ, ବହୁ ଭୋଟ୍ ବ୍ୟବଧାନରେ ହାରିଲେ।

ଦିନ ବଦଳିଗଲା ଚାଣ୍ଡେ ଚାଣ୍ଡେ। ସୁରେନ୍ଦ୍ର ବଡ଼ ହେଲେ। କ୍ଷମତା ରାଜନୀତିରେ ରହିଲେ। ସେଦିନ କଥା ଏବେ ଆଇ ମା' କାହାଣୀ। ଏବେ ସାବାଳକ ଭୋଟ୍ ପ୍ରଥା। ଏଇଟି କେବଳ ଆଖିଦେଖାଣିଆ। ଭିତରଟା ପୂରା ମହାକାଳ ଫଳ। ପ୍ରଚାର ନାମରେ ବ୍ୟଭିଚାର। ଟଙ୍କା, ମଦ, ବୋମା, ଛୁରା, ଗୁଣ୍ଡାମି। ଏସବୁ ନାହିଁ ତ ପ୍ରଚାର କାହିଁ ? ଏକଥାକୁ କେତେକ ରାଜନେତା ସ୍ୱୀକାର କରନ୍ତି। ସୁରେନ୍ଦ୍ର ମହାନ୍ତି ତ ଅନୁଭବୀ। ଗାଁ ଗହଳର ଅଶିକ୍ଷିତ ଜନସାଧାରଣ। ସେମାନଙ୍କୁ ଭଣ୍ଡେଇବା ଭାରି ସହଜ। ସହର ମାନଙ୍କରେ ତଥାକଥିତ ଶିକ୍ଷିତ ବେକାର ଗୋଷ୍ଠୀ। ଆଉ କେତେକ ପେଷାଦାର ବେକାର। ଏମାନେ ନିର୍ବାଚନ ପ୍ରଚାରର ପ୍ରଧାନ ଶକ୍ତି। କାଉ ଖାଏ ପଣସ, ବଗ ମୁଣ୍ଡରେ ଅଠା। ନିର୍ବାଚନରେ ବିପୁଳ ଅର୍ଥବ୍ୟୟ ହେଉଛି। ସବୁ ଦୁର୍ନାମ ମଳିମୁଣ୍ଡିଆଙ୍କର। ହେଲେ ସିଂହଭାଗ ଏଇ ପ୍ରତିପତ୍ତିଶାଳୀଙ୍କର। ଏସବୁ ଅବାର୍ଯ୍ୟ, ସାମ୍ପ୍ରତିକ ଭୋଟ ପ୍ରଚାର ପାଇଁ ଏହା ଏକ ଉତ୍କଟ ଉପହାସ। ଏବେ ନିର୍ବାଚନ ସଭାମାନଙ୍କର ପଟୁଆର, ସମ୍ଭ୍ରାନ୍ତ ଶୋଭାଯାତ୍ରା। ଉଖାରି ନିଖାରି ଦିଏ ସୁରେନ୍ଦ୍ରଙ୍କ ସ୍ମୃତି। ମନେ ପଡ଼ିଯାଏ ସେଇ ପ୍ରଥମ ସାଧାରଣ ନିର୍ବାଚନ କଥା, ଭୋଟର ମାନଙ୍କର ସଂକୀର୍ତ୍ତନ ପଟୁଆର। ଭାରତ ମାତାଙ୍କ ଜୟଧ୍ୱନି। ସତେ ଯେମିତି ସେମାନେ ବାହାରିଛନ୍ତି କୌଣସି ମନ୍ଦିର ଅବା ପୂଜା ପାର୍ବଣକୁ। ଅଧୁନା ନିର୍ବାଚନ ପଦ୍ଧତି, ପରିଚାଳନା ପ୍ରକ୍ରିୟା, ନିର୍ବାଚନରେ ଅଂଶଗ୍ରହଣକାରୀ ପ୍ରାର୍ଥୀ - ସବୁଥିରେ ସଂସ୍କାର ଲୋଡ଼ା। ନିର୍ବାଚନ ମୂଲ୍ୟବୋଧ ଭିତ୍ତିକ ହେବା ବିଧେୟ। ନଚେତ୍ ଗଣତନ୍ତ୍ର ନାମରେ ଚାଲିଥିବ ସ୍ୱେଚ୍ଛାଚାର ଅଥବା ବଣିକତନ୍ତ୍ର। ଏ ପ୍ରକାର ଚିନ୍ତନରେ ସୁରେନ୍ଦ୍ର ଦୃଢ଼ ନିଶ୍ଚିତ।

ଛାତ୍ରାବସ୍ଥାରେ ସୁରେନ୍ଦ୍ର ପ୍ରତ୍ୟକ୍ଷ ରାଜନୀତି ସଂସ୍ପର୍ଶରେ ଆସିଲେ। ସେଇ ନାଁ ଡାକ କଂଗ୍ରେସ କର୍ମୀ ଚନ୍ଦ୍ରଶେଖର ବାବୁ। ତାଙ୍କରି କଥାରେ ସୁରେନ୍ଦ୍ର ବାନରସେନାରେ ଯୋଗଦେଲେ। ଗ୍ରାମାଞ୍ଚଳ କଥା। ସେପରି କିଛି କାର୍ଯ୍ୟ କରିବାର ସୁବିଧା ନ ଥିଲା। ଗାଁ ମାନଙ୍କରେ କଂଗ୍ରେସର ସେମିତି କିଛି ନିର୍ଦ୍ଦିଷ୍ଟ କାର୍ଯ୍ୟକ୍ରମ ନଥିଲା। ତଥାପି ସେଦିନଟି ଥିଲା ସୁରେନ୍ଦ୍ରଙ୍କ ପାଇଁ ଅତୀବ ମହତ୍ତ୍ୱପୂର୍ଣ୍ଣ। ସେ ମନରେ-ପ୍ରାଣରେ-ଆତ୍ମାରେ ହୋଇଗଲେ ସ୍ୱରାଜୀ। ତାହା ବେଶି ଦୂର ଆଗେଇ ନ ଥିଲା। କେବଳ ଚେତନା ସ୍ତରରେ ସୀମିତ ରହି ଯାଇଥିଲା। କଂଗ୍ରେସୀଙ୍କର ହଳଦିଆ ବାକ୍ସର କରାମତି, ଅବଶ୍ୟ ସେ ବୁଝିଥିଲେ।

ସାମ୍ବାଦିକତାର ଖଡ଼ିପାଠ

ଆଗକାଳିଆ କଥା। ଗାଁ ଗାଁ କି ଚାଟଶାଳୀ। ଚାଟଙ୍କୁ ପଢ଼ାନ୍ତି ଅବଧାନେ। ପ୍ରଥମେ ଚାଲେ ଖଡ଼ିଛୁଆଁ ପର୍ବ। ଆରମ୍ଭ ହୁଏ ଶିଶୁର ଲେଖାପଢ଼ା। ସିଲଟ ଅବା ମାଟି ଚଟାଣ। ଖଡ଼ିଗୋଟାଳି ଧରେଇ ଦିଅନ୍ତି ଅବଧାନେ। ଲେଖିଦିଅନ୍ତି ତିନିଟି '୦' - ବ୍ରହ୍ମା-ବିଷ୍ଣୁ-ମହେଶ୍ୱର। ଚାଟଟି ମଡ଼ାଏ, ଆଗକୁ ଆଗକୁ, ପଢ଼ା ଚାଲେ। ଓଡାଙ୍କ, ଫେଡ଼ାଙ୍କ, ଛାନ୍ଦ, ଚଉପଦୀ, ହରଗୁଣ, ଫେଡ଼ମିଶା, ଆହୁରି କେତେ କଥା। ଠିକ୍ ସେମିତି ସାମ୍ବାଦିକତାର ଖଡ଼ିପାଠ। ରାତାରାତି କେହି ଦକ୍ଷ ହୋଇ ଯାଆନ୍ତିନି। ସାଧନା; ସାଧନାରୁ ସିଦ୍ଧି। ସାମ୍ବାଦିକଟିର ଜଟିଳ ଜୀବନ, ସାଧନା ବି ବଡ଼ କଠୋର। କଥାରେ ଅଛି ଯୋଡା ସିଲେଇରୁ ଚଣ୍ଡୀପାଠ, ସବୁ ବିଦ୍ୟାରେ ଧୁରନ୍ଧର - ଏଇ ଅର୍ଥରେ ରଢ଼ିଟି ବ୍ୟବହୃତ। ଠିକ୍ ସେମିତି ସାମ୍ବାଦିକତା ବୃତ୍ତି। କଣ୍ଟକିତ ରାସ୍ତା, ଜୀବନ ବିପଦ ସଙ୍କୁଳ। ଖବର ସଂଗ୍ରହ କରିବାକୁ ହୁଏ। ଭାରତ ପାକିସ୍ତାନ, ଚୀନ୍ ଯୁଦ୍ଧ, ଅବା ବିଶ୍ୱଯୁଦ୍ଧ, ସ୍ୱର୍ଣ୍ଣ ମନ୍ଦିରରେ ଭାରତର ସୈନ୍ୟ ପ୍ରବେଶ - ଏମିତି କେତେ କେତେ ଘଟଣା। ଗୁଳିଗୋଳାର ଭୀତି, ତଥାପି ସାମ୍ବାଦିକ ଖବର ସଂଗ୍ରହ କରନ୍ତି। ଏଇ ପ୍ରକାର ସଂକଳ୍ପ, ସଚ୍ଚା ସାମ୍ବାଦିକକୁ କରେ ମହାନ୍। ଏହାବାଦ୍ ଆଭ୍ୟନ୍ତରୀଣ ବିପଦ, ଏଥିରେ ସାମ୍ବାଦିକଟି ଡରିଯାଏନି, ଆହୁରି ନିର୍ଭୀକ ପାଲଟେ। ସେଇମାନଙ୍କ ତ୍ୟାଗରେ ସମ୍ବାଦପତ୍ରର ଉତ୍ତରୋତ୍ତର ଉନ୍ନତି। ସମ୍ବାଦପତ୍ରଟି ଗଣତନ୍ତ୍ରର ଚତୁର୍ଥସ୍ତମ୍ଭ; ରକ୍ଷା କବଚ। ଏହାର ସଫଳ କାର୍ଯ୍ୟକାରିତା, ଏଥିରେ ସାମ୍ବାଦିକଙ୍କ ଭୂମିକା ଅତୀବ ଗୁରୁତ୍ୱପୂର୍ଣ୍ଣ। ଆଗକାଳେ ଥିଲା, ଏବେ ରହିଛି, ରହିଥିବ କାଳକାଳକୁ।

ଗଣତନ୍ତ୍ରର ତିନିଟି ସ୍ତମ୍ଭ - କାର୍ଯ୍ୟପାଳିକା, ବିଧାୟିକା, ନ୍ୟାୟପାଳିକା। ଚତୁର୍ଥ ସ୍ତମ୍ଭ ସମ୍ବାଦପତ୍ର। ଅଧୁନା ଏଥିରେ ଇଲେକ୍ଟ୍ରୋନିକ୍ସ ମିଡ଼ିଆ ସମ୍ପୃକ୍ତ। ଚତୁର୍ଥ ସ୍ତମ୍ଭ କଥାଟି ସମ୍ବିଧାନ ସ୍ୱୀକୃତ ନୁହେଁ। ଏଇଟି ଆଲଙ୍କାରିକ ପ୍ରୟୋଗ। ସେଦିନର

କଥା, ନଥିଲା ବୈଦ୍ୟୁତିକ ଗଣମାଧ୍ୟମ, ଅବା ଟେଲି ପ୍ରିଣ୍ଟର। ଖବରକାଗଜ ଛପାଯାଏ, ସାମ୍ବାଦିକ ବାର୍ତ୍ତା ପଠାନ୍ତି। ତା'ପରେ ଛାପା, ଅକ୍ଷର ସଜା, ପ୍ରୁଫ୍‌ରିଡ଼ିଂ, ଛାପାଖାନାରେ କାଗଜ ଛାପାଯାଏ। ସବୁ ପୁରୁଣା କାଳିଆ ପଦ୍ଧତି। ଏବେ ନୂଆ ଯୁଗ, ନୂଆ କୌଶଳ। ମାନୁଆଲ ୱାର୍କ ସୀମିତ। ତଥାପି ଖବରଦାତା, ସେମାନଙ୍କ ଭୂମିକା ବଡ଼ ମହତ୍ତ୍ୱପୂର୍ଣ୍ଣ। ଅଗନା ଅଗନି ବନସ୍ତ, ପାହାଡ଼ ତଳି ଦୁର୍ଗମ ଅଞ୍ଚଳ, ଖବର ସଂଗ୍ରହ କରିବେ ସାମ୍ବାଦିକମାନେ। ଦିନ ରାତି ଅନିଦ୍ରା, ଖିଆପିଆର ନାହିଁ ଠିକ ଠିକଣା। ଚାଲେ ଖବର ସଂଗ୍ରହ। ସତରେ ! ବଡ଼ କଠିନ ସେ ସାମ୍ବାଦିକତା ବୃତ୍ତି। ତୀକ୍ଷ୍ଣ ଅସି ଧାରରେ ଚାଲିବା, ପାରଦକୁ ହାତରେ ଧରିବା ପ୍ରଚେଷ୍ଟା, ପବନକୁ ଫାନ୍ଦରେ ପକାଇବା, ଏତ କଠିନ କାର୍ଯ୍ୟ। ତଥାପି ସାମ୍ବାଦିକଟି ନିବୃତ୍ତ ରହେନା। ତାଙ୍କ ରାସ୍ତା କଙ୍କରିଳ। କେବେ ଲହୁଲୁହାଣ ତ କେବେ ଫୁଲର ବର୍ଷା, ଝୋଲି ଭରି ପ୍ରଶଂସା। ସବୁର ଫେଣ୍ଟାଫେଣ୍ଟି ରୂପବିଭବ। ତାହା ସାମ୍ବାଦିକତା ବୃତ୍ତି। ପୁରସ୍କାର ଅବା ତିରସ୍କାର, ନିଘା ନାହିଁ। ଯାତ୍ରା ତା'ର ଅବାରିତ। ଚାଲିବାକୁ ହେବ, ଆସୁପଛେ ଝଡ଼ଝଞ୍ଜା। ଏକଥାଟି ବୁଝିଥିଲେ ସୁରେନ୍ଦ୍ର ମହାନ୍ତି। ସେ ଜଣେ ମହାନ୍ ସ୍ରଷ୍ଟା, ସାଧକ, ନାଁ କରା ସାମ୍ବାଦିକ। ବାଣ୍ଟିଛନ୍ତି ଆପଣା ସାମ୍ବାଦିକ ଜୀବନ ବୃତ୍ତାନ୍ତ। ସବୁ ସ୍ଥାନିତ ତାଙ୍କ ଆତ୍ମଲିପି 'ପଥ ଓ ପୃଥିବୀ'ରେ।

୧୯୪୨ ସାଲ କଥା। ସୁରେନ୍ଦ୍ର ହେଇଗଲେ ଅଣ୍ଡରଗ୍ରାଉଣ୍ଡ। ପୂରା ବରଷଟିଏ। ଜେଲ ଯାଇ ନାହାନ୍ତି, ଜେଲ୍‌ଖାନା ଖେଚୁଡ଼ି ଖାଇ ନାହାନ୍ତି। ମୁକ୍ତି ସଂଗ୍ରାମକୁ ତାଙ୍କର ଯତ୍‌ସାମାନ୍ୟ ଅବଦାନ, ସେତୁବନ୍ଧ ବାନ୍ଧିବାରେ ଗୁଣ୍ଡୁଚି ପରି। ଅଣ୍ଡରଗ୍ରାଉଣ୍ଡରୁ ଫେରିଲେ। ଏଣେ ତେଣେ ବୁଲାବୁଲି, ଟିଉସନ ଏକମାତ୍ର ସାହାଭରସା। ଏଣେ ଲେଖକ ହେବାର ନାହିଁ ନଥିବା ନିଶା। ତାଙ୍କ ସାହିତ୍ୟ ଜୀବନର ଉନ୍ମେଷକାଳ। ଅର୍କିତ ଭାବେ ଉତ୍ତରଣ ଘଟିଲା। ସାମ୍ବାଦିକତାର ଉତ୍ତେଜନାପୂର୍ଣ୍ଣ ଜଗତ। ସୁରେନ୍ଦ୍ରଙ୍କ ଜୀବନ ତରୀ ଚାଲିଲା। ଭଉଁରୀ ପରେ ଭଉଁରୀ। ଅଦୃଶ୍ୟ କାଣ୍ଡାରୀ ଅଜଣା, ଅଶୁଣା। ଅଦେଖା ବି। ଚାଲିଲା ଜୀବନ ତରୀ। ସବୁ ଆକସ୍ମିକ। ଜୀବନର ଗତିପଥ ବଦଳିଗଲା। ଏଣିକି ସାମ୍ବାଦିକତାର ଜୀବନ।

୧୯୪୫ ମସିହା କଥା। ପ୍ରକାଶ ପାଉଥାଏ 'ନିଉ ଓଡ଼ିଶା' ଇଂରାଜୀ କାଗଜ। ସମ୍ପାଦକ କେ.ଏନ୍. ଆଚାରୀ। ସେ ଜଣେ ତାମିଲିଆନ୍ ଭଦ୍ରଲୋକ। କାଠଯୋଡ଼ି କୂଳ ସନ୍‌ସାଇନ୍ ପଡ଼ିଆ। ପାଖରେ ଆଚାରୀଙ୍କ ବସା। ସେ ପୁସ୍ତକ କୀଟ। ସୁରେନ୍ଦ୍ରଙ୍କର ତାଙ୍କ ସହ ଭାବ ଜମିଲା। ନିତି ନୂଆ ନୂଆ ଡିଟେକ୍‌ଟିଭ୍ ତାଙ୍କୁ ଦିଅନ୍ତି। ଆଚାରୀ ରାତାରାତି ପଢ଼ିଦିଅନ୍ତି। ପୁଣି ବହି ପାଇଁ ଫରମାସି। ମଝିରେ କେତେବର୍ଷର ଛଡ଼ାଛଡ଼ି। ପୁଣି ସମ୍ପର୍କ। ଶେଖ ବଜାରର ଡକ୍ଟର ବଳଭଦ୍ର ମିଶ୍ରଙ୍କ ବସାଘର। ସେ କଟକ ଜିଲ୍ଲା

ବୋର୍ଡ଼ର ମେଡ଼ିକାଲ ଅଫିସର। ତାଙ୍କରି ପିଲାଙ୍କ ସୁରେନ୍ଦ୍ର ଇଂରାଜୀ ଟିଉସନ୍ ମାଷ୍ଟର। ଟିଉସନ୍ ସମୟ ୫ଟାରୁ ୭ଟା। ସେଇ ସମୟ ମଧ୍ୟରେ ଆସି ଯାଆନ୍ତି ଆଚାରୀ। 'ନିଉ ଓଡ଼ିଶା' ପ୍ରେସ୍ ଥାଏ କାଫ୍‌ଲାରେ। ଏବେ ତାହା ପରିତ୍ୟକ୍ତ ଖଲିକୋଟ୍ ହାଉସ୍। 'ନିଉ ଓଡ଼ିଶା' କାଗଜ ବାହାରେ। ସବୁ କାମ ଶେଷକରି ଆସନ୍ତି ଆଚାରୀ ମହାଶୟ। ଡକ୍ଟର ମିଶ୍ର, ସେ ଶଶିଭୂଷଣ ରଥଙ୍କ ଜାମାତା। ନିଉ ଓଡ଼ିଶାର ପ୍ରତିଷ୍ଠାତା ସମ୍ପାଦକ। ଆଚାରୀ, ଡକ୍ଟର ମିଶ୍ର - ଏ ଦୁହେଁ ଥିଲେ ପରମ ବନ୍ଧୁ। ଆଚାରୀଙ୍କ ସୁରେନ୍ଦ୍ରଙ୍କ ସହ ଅତୀତର ସମ୍ପର୍କ। ତାହା ପୁନଃ ପଲ୍ଲବି ଉଠିଲା। ପୁନଶ୍ଚ ବହି ଦିଆନିଆ, ଆଲୋଚନା ଇତ୍ୟାଦି, ଇତ୍ୟାଦି...।

୧୯୪୪-୪୫ ମସିହାର କଥା। ସେତେବେଳେ ଓଡ଼ିଶା ଥିଏଟର୍ସର ଭାରି ନାଁ ଡାକ। କବିଚନ୍ଦ୍ର କାଳୀଚରଣ ପଟ୍ଟନାୟକ, ନାଟ୍ୟ ଜଗତର ଜଣେ ବହୁ ଚର୍ଚ୍ଚିତ ବ୍ୟକ୍ତି। ତାଙ୍କ ନାଟକ 'ଅତିବଡ଼ୀ ଜଗନ୍ନାଥ ଦାସ', କ୍ରମାଗତ ଅଭିନୟ ଚାଲିଥାଏ। କଟକ ସହର ଆଜିକାଲିକା ପରି ନଥିଲା। ଆୟତନରେ ଖୁବ୍ ଛୋଟ। ନାଟକଟି ସହରରେ ଚାଞ୍ଚଲ୍ୟ ସୃଷ୍ଟି କରିଥାଏ। ସନ୍ଧ୍ୟାରେ ସୁରେନ୍ଦ୍ର ବାହାରିଲେ ନାଟକ ଦେଖି। ସାଥିରେ ଥାଆନ୍ତି ବନ୍ଧୁ ବାମାଚରଣ ମିତ୍ର, ଜ୍ୟୋତିରିନ୍ଦ୍ର ଜୁଆରଦାର, ଅମୀୟ ଦାସଗୁପ୍ତ, ଏମାନେ ସବୁ ବଙ୍ଗାଳୀ। କଳା, ସାହିତ୍ୟରେ ସେମାନଙ୍କର ବେଶ୍ ଦଖଲ। ବହୁ ପୁରୁଷ ଧରି କଟକରେ ବସବାସ କରିଆସୁଛନ୍ତି। କାଳୀବାବୁଙ୍କ 'ଅତିବଡ଼ୀ ଜଗନ୍ନାଥ ଦାସ' ନାଟକର ଗୋଟାଏ ଦୃଶ୍ୟ। ବଙ୍ଗାଳୀମାନେ ଜଗନ୍ନାଥଙ୍କ ବଡ଼ ଭକ୍ତ। ଦୃଶ୍ୟଟିରେ ଏମାନଙ୍କୁ ତାଚ୍ଛଲ୍ୟ କରାଯାଇଛି। ବିଦୂପର ମାତ୍ରା ବି ଢ଼େର୍ ଅଧିକ। ଏ ଦୃଶ୍ୟର ଅଭିନୟ ସମୟ, ଦର୍ଶକଙ୍କର ଘନଘନ କରତାଳି। ଏଣେ ସୁରେନ୍ଦ୍ରଙ୍କ ବନ୍ଧୁମାନେ, ଭାରି ଅଶ୍ୱସ୍ତିବୋଧ କଲେ। ଦୃଶ୍ୟଟି ଅବାସ୍ତବ, ଅବାନ୍ତର - ଏକଥା ସୁରେନ୍ଦ୍ର ଅନୁଭବ କଲେ। ଅତିବଡ଼ୀ ଜଗନ୍ନାଥ ଦାସଙ୍କ ମାହାତ୍ମ୍ୟ ପ୍ରଖ୍ୟାପକ, ଏଥି ପାଇଁ ବଙ୍ଗାଳୀ ଭକ୍ତମାନଙ୍କୁ ବିଦୂପ କରିବା, ଏଇଟି ଅପ୍ରାସଙ୍ଗିକ ବି। ଅଯୌକ୍ତିକ ମଧ୍ୟ। ସୁରେନ୍ଦ୍ରଙ୍କ ସ୍ମୃତିକୁ ଆସିଲା। ପଞ୍ଚଦଶ ଷୋଡ଼ଶ ଶତାବ୍ଦୀ। ଓଡ଼ିଶାର ସାଂସ୍କୃତିକ ଜୀବନ ଅବା ଆଧ୍ୟାତ୍ମିକ ବାତାବରଣ। ସେ ପ୍ରକାର ମନୋବୃତ୍ତି କିଛି ନଥିଲା। ସୁରେନ୍ଦ୍ର ଙ୍କ ପାଇଁ ଦୃଶ୍ୟଟି ହେଲା ଶ୍ରୁତିକଟୁ। ସେ ଇତିହାସ ରୋମନ୍ଥନ କଲେ। ଓଡ଼ିଶାର ଭାଷା ସୁରକ୍ଷା ଆନ୍ଦୋଳନ। ବିଚ୍ଛିନ୍ନାଞ୍ଚଳ ଏକତ୍ରୀକରଣ ସମୟ। ଓଡ଼ିଶାର ବହୁ ସ୍ଥାୟୀ ବାସିନ୍ଦା ବଙ୍ଗାଳୀ। ଓଡ଼ିଶା ମାଟି-ମା'-ଭାଷାକୁ ଭଲ ପାଉଥିଲେ। ପ୍ରାଣଠୁ ଅଧିକ ମଣିଥିଲେ। ଭାଷା ସୁରକ୍ଷା ଆନ୍ଦୋଳନରେ ସାମିଲ ହୋଇଥିଲେ। ମାତ୍ର କେତେକ ନ୍ୟସ୍ତସ୍ୱାର୍ଥ କୈନ୍ଦ୍ରିକ ବଙ୍ଗାଳୀ ଓଡ଼ିଆ ଭାଷାବିରୋଧୀ ଚକ୍ରାନ୍ତ କରିଥିଲେ। ଏଥି ପାଇଁ କାହିଁକି ସବୁ ବଙ୍ଗାଳୀ ନିନ୍ଦିତ

ହେବେ ? ପୁନଶ୍ଚ ସର୍ବଧର୍ମ ସମନ୍ୱୟ କ୍ଷେତ୍ର ପୁରୁଷୋତ୍ତମ। ଏଠି ବାଛବିଚାର କ'ଣ ? ସୁରେନ୍ଦ୍ର ମନେମନେ ଗୁଣିହେଲେ। ଆପଣା ସଂସ୍କୃତିର ମର୍ଯ୍ୟାଦାବୃଦ୍ଧି ସ୍ପୃହଣୀୟ; ମାତ୍ର ଅନ୍ୟକୁ ତାଚ୍ଛଲ୍ୟକରି ନୁହେଁ। ଦୃଶ୍ୟଟି ଜାତି ପ୍ରେମ ନାମରେ ସାଂସ୍କୃତିକ 'ସଭିନିଜିମ୍'। ସୁରେନ୍ଦ୍ର ନାଟକଟିର ସମାଲୋଚନା ଲେଖିଲେ। ମୋଟ୍ ଦୁଇଟି ସ୍ତମ୍ଭ। ଲେଖାଟି ଇଂରାଜୀରେ। ଦେଶପ୍ରେମ, ଜାତିପ୍ରେମ। ଏଥି ପାଇଁ ସଭିନିଷ୍ଟ ହେବା ଲୋଡ଼ା ନାହିଁ। ଏଇ ଥିଲା ଲେଖାର ସାରତତ୍ତ୍ୱ। ଏଇଠୁ ସୁରେନ୍ଦ୍ରଙ୍କ ଆରମ୍ଭ ହେଲା ସାମ୍ବାଦିକତାର ଖଡ଼ିପାଠ।

ସେଦିନ ସୁରେନ୍ଦ୍ରଙ୍କର କାହିଁ କେତେ ଚିନ୍ତା। ଓଡ଼ିଆରେ ଲେଖିଥାଆନ୍ତେ। ସମ୍ପାଦକମାନେ ବଡ଼ ସତର୍କ। ମାପିଚୁପି ଲେଖା କାଢ଼ନ୍ତି। ସମାଲୋଚନା, କୋର୍ଟ କଚେରି ତ ଅଛି! ସବୁ ଆଡ଼େ ସତର୍କ ହେବାକୁ ପଡ଼େ। ଇଂରାଜୀ ଖବରକାଗଜ କଥା ଭିନ୍ନ। ଏହାର ଓଡ଼ିଆ ପାଠକ ସଂଖ୍ୟା ଖୁବ୍ କମ୍। 'ନିଉ ଓଡ଼ିଶା' ଖବରକାଗଜର ଆଚାରୀ ମହାଶୟ। ତାଙ୍କ ସହ ଆଗରୁ ସମ୍ପର୍କ। ତାଙ୍କୁ ଭେଟିଲେ। ସୁରେନ୍ଦ୍ରଙ୍କ ଇଂରାଜୀରେ ବେଶ୍ ଦଖଲ। ଆଚାରୀ ଲେଖାଟିକୁ ସାମାନ୍ୟ ସଂଶୋଧନ କଲେ। ବାହାରିଲା ସମ୍ପାଦକଙ୍କୁ ପତ୍ର ସ୍ତମ୍ଭରେ। କଟକର ବୁଦ୍ଧିଜୀବୀ ମହଲରେ ଚାଞ୍ଚଲ୍ୟ। ସମସ୍ତେ ଲେଖାଟିକୁ ପସନ୍ଦ କଲେ। ନିଜର ସାଂସ୍କୃତିକ ଗୌରବ ପରିବର୍ଦ୍ଧନ ଅନିବାର୍ଯ୍ୟ। ଏଥିପାଇଁ ଅନ୍ୟ ସଂସ୍କୃତିକୁ ତୁଚ୍ଛ ତାଚ୍ଛଲ୍ୟ। ଏହାର ଆବଶ୍ୟକତା ନାହିଁ। ଏଇଟି ମହାନ୍ ଚିନ୍ତନ। ବୁଦ୍ଧିଜୀବୀ ମାନଙ୍କୁ ତାହା ଅଜଣା ନଥିଲା। ଓଡ଼ିଆ ସଭିନିଷ୍ଟମାନେ ନାକ ଟେକିଲେ। 'କିଏ ଏହି ଅଜ୍ଞାତକୁଳଶୀଳ ଅର୍ବାଚୀନ'। ଏକଥା ପଚରା ପଚରି ହେଲେ। ପ୍ରତିବାଦ କରି ପାରିଲେନି। କ୍ଷୀର କ୍ଷୀର, ପାଣି ପାଣି। ସତ୍ୟ ହିଁ ସତ୍ୟ। କିଛିଦିନ ଗଲା। ପ୍ରଖ୍ୟାତ ସାହିତ୍ୟିକ ଅଧ୍ୟାପକ ଆର୍ତ୍ତବଲ୍ଲଭ ମହାନ୍ତି। ଲେଖାଟିର ରିଜଏଣ୍ଡର ଲେଖିଲେ। ବାହାରିଲା ସେଇ 'ନିଉ ଓଡ଼ିଶା'ରେ। 'ନିଉଜ୍ ଓଡ଼ିଶା'ର ପୁରୁଣା ଫାଇଲ। ସୁରେନ୍ଦ୍ରଙ୍କ ସାମ୍ବାଦିକତାର ଆଦ୍ୟସ୍ୱାକ୍ଷର, ସେଇ ଫାଇଲ ଭିତରେ। ସୁରେନ୍ଦ୍ରଙ୍କ ସାମ୍ବାଦିକ ହେବାର ମୋହ ବଳିଲା। ପହଞ୍ଚିଲେ ଆଚାରୀ ମହାଶୟଙ୍କ ନିକଟରେ। ଖବରକାଗଜରେ କାମ କରିବେ, ସେଥିପାଇଁ ଚାକିରିଟେ ପାଇଁ ପ୍ରସ୍ତାବ ରଖିଲେ। ପତ୍ରିକାଟିର ଦୁରବସ୍ଥା, ଢୋକେ ଖାଇ ଦଣ୍ଡେ ଜୀଇଁବା ଯାହା! ଆଚାରୀ ମହାଶୟ ଚାକିରି ଦେଇପାରିଲେନି। ଅବୈତନିକ କାର୍ଯ୍ୟ ପାଇଁ ସୁରେନ୍ଦ୍ର ଅନୁମତି ପାଇଲେ। ମନେମନେ ସ୍ଥିର କଲେ - "ଏକାଥରେ ଖଡ଼ିପାଠରୁ ଆରମ୍ଭ କରିବେ।"

ଖବରକାଗଜ ପ୍ରକାଶନ, ଏକ ଗୁରୁ ଦାୟିତ୍ୱ। ସବୁଠୁ ବଡ଼ ସମୟାନୁବର୍ତ୍ତିତା। ଟିକେ ଖାମ୍‌ଖିଆଲି ହେଲେ କଥା ବିଗିଡ଼େ। ତେଣେ ପାଠକଙ୍କ ଅପେକ୍ଷା, ଏଣେ କାଗଜର ଦେଖା ନାହିଁ। ଏଭଳି ତ୍ରୁଟି ଅକ୍ଷମଣୀୟ। ଏକଥା କର୍ମଚାରୀଏ ବୁଝିଥାଆନ୍ତି,

ସୁରେନ୍ଦ୍ର ବି। ପ୍ରଥମେ ସେ ହେଲେ ପ୍ରୁଫ୍ ରିଡ଼ର। ଏଥିରେ ଦୁଇଟି ଲାଭ। ପ୍ରୁଫ୍ ରିଡ଼ିଙ୍ଗ୍ ତ ଶିଖିଲେ। ସବୁ ଲେଖା ପଢ଼ିଲେ। ଜାଣିଲେ ଲିଖନ ଶୈଳୀ ପଦ୍ଧତି। ଦିନ କେଇଟା ଗଲା, ସୁରେନ୍ଦ୍ର ହୋଇଗଲେ ଦକ୍ଷ ପ୍ରୁଫ୍‌ରିଡ଼ର୍। ତାଙ୍କର ଗ୍ୟାଲି ପ୍ରୁଫ୍ କଟା ଖୁବ୍ ତୀକ୍ଷ୍ଣ। ସମ୍ପାଦକ ଆମୋଦିତ ହେଲେ; ମାତ୍ର କମ୍ପୋଜିଟର, କରେକ୍ଟରଙ୍କ ଗାତ୍ର କମ୍ପ। ଦିନ ଗଡ଼ି ଚାଲିଲା। କମ୍ପୋଜିଟର, ପ୍ରୁଫ୍ କରେକ୍ଟର ତାଙ୍କ ସହ ମିଶିଲେ, କାମ କଲେ, ହେଲେ ଦିନକୁ ଦିନ ଅଧିକ ଅସ୍ୱସ୍ତି ବୋଧ କଲେ। ଏକଥାଟି ସୁରେନ୍ଦ୍ର ବୁଝିଲେ। ସହଜେ ତ ଲେଖକ, ଭିତର ମଣିଷକୁ ପଢ଼ିବା, ଏଇଟି ଲେଖକୀୟ ସଫଳତା। ଏଥିରେ ତାଙ୍କର ଶହେରୁ ଶହେ ନମ୍ବର। ସୁରେନ୍ଦ୍ର ଜାଣିଗଲେ, ଯୋତା ସିଲେଇ ଠାରୁ ଚଣ୍ଡୀପାଠ। ଏଥିସହ କର୍ମଚାରୀଙ୍କ ମନକଥା। ଆୟତ୍ତ କଲେ 'ନିଉ ଓଡ଼ିଶା' ପ୍ରେସ୍‌ରେ। ଦିନ ସମାନ ଗଲାନି। 'ନିଉ ଓଡ଼ିଶା' ହଠାତ୍ ବନ୍ଦ ହୋଇଗଲା। ଆଚାରୀ ମହାଶୟ ଆରମ୍ଭ କଲେ ଇଂରାଜୀ ସାପ୍ତାହିକୀଟେ। ନାଁ ରଖିଲେ 'ଓଡ଼ିଶା ଫାଷ୍ଟ'। ତାଙ୍କ ସହ ସୁରେନ୍ଦ୍ରଙ୍କ ସମ୍ପର୍କରେ ପୂର୍ଣ୍ଣଚ୍ଛେଦ ପଡ଼ିଲା। ପୁଣି ନୂଆ କାଗଜ, ନୂଆ ଅନୁଭୂତି।

ସାମ୍ବାଦିକତା ବଡ଼ ପବିତ୍ର କାର୍ଯ୍ୟ। ସାମ୍ବାଦିକଙ୍କର ସେମିତି ଆଖି ଦୃଷ୍ଟିଆ ରୋଜଗାର ନଥାଏ। ଆଜିକାଲିକା କଥା ନିଆରା। ସେବେ ତ ପତ୍ରିକା ଚଳାଇବା କାଠିକର ପାଠ। ବ୍ରିଟିଶ୍ ରାଜ। କିଏ କାହାକୁ ବିଜ୍ଞାପନ ଦେବ? ଦେଶପ୍ରେମ, ଜାତିପ୍ରେମର ଆବହାୱା। ଟିକେ ଆଡ଼ବାଙ୍କ, ବ୍ରିଟିଶ ବିରୋଧୀ ଲେଖା। ପତ୍ରିକାଟିର କପାଳ ଫାଟେ। ବାଜ୍ୟାପ୍ତି ହୁଏ। ସେ ସମୟରେ ନଥିଲା ଟଙ୍କା, ସାମ୍ବାଦିକମାନେ ପାଉଥିଲେ ଅପାର ଆନନ୍ଦ। ଆଜିକାଲି କେହି କେହି କହନ୍ତି, କାମଳ ସାମ୍ବାଦିକତା କଥା ଉଠାନ୍ତି। କାହାରି କାହାରି ଆଡ଼େ ଜନତା ଆଙ୍ଗୁଳି ନିର୍ଦ୍ଦେଶ କରନ୍ତି। ଏଭଳି ଘଟଣା ନଗଣ୍ୟ। ସମାଜରେ ସାମ୍ବାଦିକଙ୍କ ସ୍ୱତନ୍ତ୍ର ସ୍ଥାନ, ବୃତ୍ତିଟି ମର୍ଯ୍ୟାଦାସମ୍ପନ୍ନ। ଯଶକୀର୍ତ୍ତି ଖ୍ୟାତି କମେଇବା, ଏଇଟି ପାରିବା ପଣର କଥା। ବହୁ ଯଶସ୍ୱୀ ସାମ୍ବାଦିକ। ଇତିହାସରେ ସେମାନେ ଚିର ଅମର। ସୁରେନ୍ଦ୍ର ଏ ବିଷୟରେ ଅବଗତ। ସାମ୍ବାଦିକତାର ଖଡ଼ିପାଠ, ପରେ ଅଗାଧ ଜ୍ଞାନ ଆହରଣ। ସେଇଥିରୁ ହେଲା ତାଙ୍କ ଲେଖାର ଉତ୍ତରଣ। ହୋଇଗଲେ ସୁଦକ୍ଷ-ସାହିତ୍ୟ-ବିନ୍ଧାଣି। ସାମ୍ବାଦିକ, ସମ୍ପାଦକ, ଏମାନଙ୍କ ଲେଖା। ସାହିତ୍ୟର ଗାଢ଼ ସ୍ପର୍ଶ ଏଥିରେ ଥାଏ। ସେମାନେ ବି ଜଣେ ଜଣେ ସାହିତ୍ୟିକ। ଏହା ସତ୍ୟ, ଚନ୍ଦ୍ର ସୂର୍ଯ୍ୟାଲୋକ ପ୍ରାୟ ସତ୍ୟ।

ରାଜନୀତିର ବିଷମ ଜଗତ

ମୁକୁଟ ମଣ୍ଡିତ ରାଜସିଂହାସନ ସଦା କଣ୍ଟକିତ। ନୁହେଁ ଶାନ୍ତିର ଆସ୍ପଦ। ଏକଥାଟି ଦିବାଲୋକ ପରି ସତ୍ୟ। ସେଦିନ ରାଜା ଥିଲେ, ଚାଲିଥିଲା ରାଜତନ୍ତ୍ର। ପ୍ରଜାଏ ସେମାନଙ୍କୁ ଈଶ୍ୱର ମଣୁଥିଲେ। ତାଙ୍କ ନୀତି, ଆଦର୍ଶ ଅବା ଅପଶାସନ; ସବୁ ମୁଣ୍ଡ ପାତି ସହି ନେଉଥିଲେ। ସବୁ ରାଜାଙ୍କର କ୍ଷମତାଲିପ୍‌ସା, ରାଜଗାଦିର ମୋହ ଅନେକଙ୍କୁ ଅମଣିଷ କଲା। ସିଂହାସନ ପାଇଁ କେବେ ଭ୍ରାତୃହତ୍ୟା ତ କେବେ ପିତୃଦ୍ରୋହ, ଆତ୍ମୀୟ ସ୍ୱଜନଙ୍କୁ ବଳିଦାନ - ଏସବୁ କଳଙ୍କିତ ଅଧ୍ୟାୟ। ଇତିହାସ ଏହାର ମୂକ ସାକ୍ଷୀ। ଏବେ ନାହାନ୍ତି ରାଜା, ନାହିଁ ତାଙ୍କ ସିଂହାସନ। ଚାଲିଛି ଗଣତନ୍ତ୍ର। ଜନତାର ରାୟ। ନେତାଏ ମାନିବାକୁ ବାଧ୍ୟ। ଜନତା ଚାହିଁଲେ ଶାସନ ବଦଳେ। ନୂଆ ଶାସନ, ନୂଆ ନୀତି ନିୟମ। ଏସବୁ ଶାସନ ବ୍ୟବସ୍ଥାର କଥା। ଏହା ରାଜନୀତି। ଅର୍ଥ ପରିଚାଳନା ନୀତି ବି ରାଜନୀତି। ରାଜନୀତି ବିଷୟର ଅଭିଜ୍ଞ ହିଁ ରାଜନୀତିଜ୍ଞ। ଆପଣାର ଆଚାର, ବିଚାର, ମଣିଷ ପଣିଆ, ଏଇ ଗୁଣଗୁଡ଼ିକ, ନେତାଙ୍କ ଭୂଷଣ। ଏମାନେ ସଚ୍ଚା ରାଜନୀତିଜ୍ଞ। ରାଜନୀତି ସହ କ୍ଷମତା ମୋହଟି ବିଜଡ଼ିତ। ଏଥିପାଇଁ ପ୍ରତିଯୋଗିତା, ପ୍ରତିଦ୍ୱନ୍ଦ୍ୱିତା। ଅଧୁନା ନାହିଁ ସିଂହାସନ। ଅଛି 'ଗାଦି'। ଏଥିପାଇଁ ପ୍ରତିଟି ରାଜନେତାଙ୍କ ନାହିଁ ନଥିବା ଆକର୍ଷଣ। ରାଜନୀତି ହିଁ କ୍ଷାତ୍ର ଧର୍ମ। ଏବେ ତାହା 'ପଲିଟିକ୍‌ସ'। ଏ ଶବ୍ଦଟି ପ୍ରଚଳିତ ଭାଷାରେ ବହୁଳ ବ୍ୟବହୃତ। ପଲିଟିକ୍‌ସରେ ଯୋଗଦାନ, ଏଇଟି ଏବେ ଅନେକଙ୍କ ପାଇଁ ଗୌରବର ବିଷୟ। ସୁରେନ୍ଦ୍ର ମହାନ୍ତି ଏ କଥାଟି ବୁଝିଥିଲେ। ତାଙ୍କର ସେ ଆଡ଼େ ମନ ନଥିଲା। ସାମ୍ବାଦିକତାର ଖଡ଼ିପାଠରୁ 'ପଲ୍‌ଟିକ୍‌ସ'। ତାହା ପ୍ରବୃତ୍ତିର ତାଡ଼ନା। ସେ ପ୍ରବୃତ୍ତିରେ ବିଶ୍ୱାସୀ। 'ନିବୃତ୍ତି' ତାଙ୍କ ପାଇଁ ଚିର ଅଲୋଡ଼ା। ଗୀତାରେ ଶ୍ରୀକୃଷ୍ଣ ଏଇ ପ୍ରବୃତ୍ତି କଥାଟି କହିଛନ୍ତି। ପ୍ରବୃତ୍ତି ମଣିଷକୁ ଟାଣିନିଏ, ନିବୃତ୍ତି ବା କିପରି ପଥରୋଧ କରିବ ? ବୌଦ୍ଧ ଧର୍ମରେ 'ନିବୃତ୍ତି'ର ଏକ ଗୁରୁତ୍ୱପୂର୍ଣ୍ଣ ସ୍ଥାନ, ମାତ୍ର 'ଗୀତା'ର ପ୍ରବୃତ୍ତି

ବିଷୟ, ମାନବବାଦୀ ଉଚ୍ଚାରଣ। ସୁରେନ୍ଦ୍ର ରାଜନୀତି ଦୁନିଆ ଆଡ଼େ ଟାଣି ହେଇଗଲେ। ଦେଖିଲେ ସ୍ୱର୍ଗ, ନର୍କ ବି। ଆପଣାର ରାଜନୀତି ଜୀବନର ଅଭୁଲା ସ୍ମୃତି। ସବୁ ସ୍ଥାନିତ ତାଙ୍କ 'ପଥ ଓ ପୃଥିବୀ'ରେ।

ଇଂରାଜୀ କାଗଜ 'ନିଉ ଓଡ଼ିଶା'। ଏଥିରେ ସୁରେନ୍ଦ୍ରଙ୍କ ସାମ୍ବାଦିକତାର ଖଡ଼ିପାଠ। ଦକ୍ଷତା ଅର୍ଜନ ସବୁ କିଛି। କାଗଜଟି ବନ୍ଦ ହେଇଗଲା। ବାହାରୁଥାଏ ଆଉ ଗୋଟେ ଇଂରାଜୀ କାଗଜ, ନାଁ 'ଦି ଅବ୍‌ଜରଭର୍'। ନିମଚଉଡ଼ିର ପୁରୁଣା ଗଳି, ସମାଜ ଅଫିସ ପାଖ। ସେଇଟି ଥାଏ ଅଫିସ। ଏହାର ସମ୍ପାଦକ ମଧୁସୂଦନ ମହାନ୍ତି। ଜଣେ ବୁଦ୍ଧିଜୀବୀ। ସେ ନାଁକରା ଇନ୍‌କମ ଟ୍ୟାକ୍ସ ଓକିଲ। ମହକିଲଙ୍କ ଭିଡ଼ ତାଙ୍କ ଘରେ। ମଧୁବାବୁ ସୁରେନ୍ଦ୍ର ମହାନ୍ତିଙ୍କ ସମ୍ପର୍କରେ ଜାଣିଥିଲେ। ତାଙ୍କୁ ଡକାଇଲେ, ସୁରେନ୍ଦ୍ରଙ୍କୁ ପତ୍ରିକାଟିରେ କାମ ମିଳିଲା। ମଧୁବାବୁ ତାଙ୍କୁ ସାମ୍ବାଦିକତା କ୍ଷେତ୍ରକୁ ଆଣିଲେ। ତାଙ୍କ ସାହିତ୍ୟ ଜୀବନର ଉତ୍ତରଣ ଘଟିଲା। ସୁରେନ୍ଦ୍ର ମଧୁବାବୁଙ୍କ କନ୍ୟାଙ୍କୁ ବିବାହ କଲେ। କନ୍ୟାର ନାଁ 'ରେଣୁକା'। ପ୍ରଥମରୁ ପ୍ରେମ, ପରେ ପାରିବାରିକ ସ୍ୱୀକୃତି। ସୁରେନ୍ଦ୍ରଙ୍କର ରାଜନୀତି ଜୀବନ ଉଜ୍ଜ୍ୱଳ ହେଲା। ମଧୁବାବୁଙ୍କ ଭୂମିକା ଏଥିରେ ଗୁରୁତ୍ୱପୂର୍ଣ୍ଣ।

୧୯୪୪ ମସିହା। ମହାଯୁଦ୍ଧ ଚାଲିଥାଏ। ତଥାପି ସବୁଆଡ଼େ ଗୋଟାଏ ନୂଆ ଉତ୍ସାହ। ସର୍ବତ୍ର ଉଦ୍ଦୀପନା, ମୁକ୍ତିଯୁଦ୍ଧ ବି ନିର୍ଣ୍ଣାୟକ ମୋଡ଼ରେ। ୧୯୪୫ ସାଲ। ହରେକୃଷ୍ଣ ମହତାବ, ସଦ୍ୟ ବାହାରିଥାନ୍ତି ଅହମ୍ମଦ ନଗର ଫୋର୍ଟ ଜେଲ୍‌ରୁ। ରହୁଥାଆନ୍ତି କଟକ ସ୍ୱରାଜ ଆଶ୍ରମରେ। ଏଠି ସବୁ ଗାନ୍ଧିବାଦୀ ସ୍ୱରାଜ ଆଶ୍ରମ ଭିତରେ ଡାକବଙ୍ଗଳା ପରି ବଖରାଏ ଘର। ସେଇଠି ତାଙ୍କର ଶୁଆ ବସା। ଆଉ ଗୋଟେ ଭଙ୍ଗା ଶିଉଳି ବସା ଦୋତାଲା କୋଠାଘର। ସେଇଘରେ ଅନ୍ୟମାନଙ୍କର ରହଣି। ମାଗୁଣି କାନୁନ୍‌ଗୋ ତାଙ୍କର ପଢ଼ିଦାତା, ମୁଠାଏ ମୁଠାଏ ନିତି ପଠାନ୍ତି। ଦିନେ ସୁରେନ୍ଦ୍ର ସେଠାକୁ ଆସିଲେ। ଇଚ୍ଛା ମହତାବଙ୍କୁ ଟିକେ ଦେଖିବେ। ମହତାବ ନିଦା ଚଉଖୁଣ୍ଟିଆ ମଣିଷ। ଟେବୁଲ ଉପରେ କ'ଣ ସବୁ ଲେଖୁଥାଆନ୍ତି। ଦି' ଜଣ ସ୍ୱେଚ୍ଛା ସେବକ ଚେହେରାର ମଣିଷ। ମାଛି ଘଉଡ଼େଇଲା ପରି ତାଙ୍କୁ ତଡ଼ି ଦେଲେ। ପଳା ପଳା, ଗୋଳମାଳ କରନି। ଏମିତି ଫୋପାଡ଼ିଲା ପରି କଥା ତାଙ୍କର। ମହତାବ କ'ଣ ଲେଖୁଛନ୍ତି ସୁରେନ୍ଦ୍ର ପଚାରିଲେ। ଉତ୍ତର ମିଳିଲା , ସେ ରଚନା କାଗଜ ଲେଖୁଛନ୍ତି। ସୁରେନ୍ଦ୍ର ପରେ ବୁଝିଲେ, ରଚନା ଅର୍ଥ ଗାନ୍ଧିଜୀଙ୍କ ହରିଜନ ପତ୍ରିକାର ଅନୁବାଦ। ମହତାବଙ୍କ ଦର୍ଶନ ସେତିକିରେ ସୀମିତ। ସୁରେନ୍ଦ୍ର ଫେରିଲେ ସେଇ କାନ୍ଦୁରା କାନ୍ଦୁରା କୋଠରୀକୁ। ଜଣେ ପ୍ରୌଢ଼, ଚନ୍ଦା ମୁଣ୍ଡ, କ୍ଲାନ୍ତ ଭାବରେ ବସିଛନ୍ତି। ତାଙ୍କ ବାଆଁ ଗୋଡ଼ଟି ଗୋଦରା।

ପଥଶ୍ରମରେ ଅଧିକ ଫୁଲି ଯାଇଛି। ତାଙ୍କ ଚାରିପଟେ ଶିଷ୍ୟ ମଣ୍ଡଳୀ। ସେମାନଙ୍କ ମଧ୍ୟରେ ମୁରଲୀଧର କାନୁନ୍‌ଗୋ। ସେ ସୁରେନ୍ଦ୍ରଙ୍କୁ ଆସିବାର କାରଣ ପଚାରିଲେ। ସୁରେନ୍ଦ୍ର କଲେଜ ଛାଡ଼ିଥିଲେ। 'କର ବା ମର' ଯୁଦ୍ଧରେ ନାଁ ଲେଖେଇଥିଲେ। ଏବେ କଂଗ୍ରେସ ପାଇଁ କିଛି କାମ କରିବି - ଏ କଥା କହିଲେ। ମନରେ ତାଙ୍କର ବଡ଼ ଉତ୍ସାହ। କଂଗ୍ରେସ କର୍ମୀ ହେବେ, ନାଁ କମେଇବେ। ତାଙ୍କର ଭାବନାରେ ପୂର୍ଣ୍ଣଛେଦ ପଡ଼ିଲା। ଭଦ୍ରବ୍ୟକ୍ତି ଜଣକ ଆଙ୍ଗୁଳି ନିର୍ଦ୍ଦେଶ କଲେ। କ୍ଳାନ୍ତ ହୋଇ ବସିଥାଆନ୍ତି ପ୍ରୌଢ଼ ଜଣକ। ତାଙ୍କ ପାଦ ମଞ୍ଜାଳିବାକୁ ହେବ, ସେ ଜଣକ ପ୍ରାଣକୃଷ୍ଣ ପଢ଼ିହାରୀ। କଂଗ୍ରେସ କମିଟିର ସଭାପତି। ବୟସ ତାଙ୍କର ଢେର୍ ଅଧିକ। ତାଙ୍କ ପଦସେବା କରିବାରେ ଆପତ୍ତି ନଥିଲା। ସୁରେନ୍ଦ୍ରଙ୍କ ଅହଙ୍କାରୀ ମନ। ତା' ଭିତରେ ବିଦ୍ରୋହର ନିଆଁ। କଂଗ୍ରେସ କର୍ମୀ ହେଲେ ପାଦସେବା ଲୋଡ଼ା ? ଉପରିସ୍ଥଙ୍କ ଗୋଡ଼ ଘଷିବାକୁ ହେବ ? ସୁରେନ୍ଦ୍ର ଲେଉଟିଲେ। ମନକୁ ବୁଝେଇ ଦେଲେ - "ନାଁ ଆଉ କଂଗ୍ରେସ କର୍ମୀ ହେବିନି।" ଭଗ୍ନ ମନରେ ଫେରିଲେ।

ତାଙ୍କ ଛାତ୍ର ଜୀବନ କଥା। ବିପ୍ଳବୀ ଏମ୍.ଏନ୍. ରାୟ। ତାଙ୍କ ଲେଖାର ସୁରେନ୍ଦ୍ର ଜଣେ ବଡ଼ ଭକ୍ତ। ତାଙ୍କର ଅଧିକାଂଶ ବହି, ସେଥିରେ ଦେଶପ୍ରେମ ଉଜ୍ଜୀବିତ କରିବାର ବାର୍ତ୍ତା। ଇଂରେଜମାନେ ଅନେକ ବହି ବାଜ୍ୟାପ୍ତି କରିଦେଲେ। ତାଙ୍କ ଲେଖା ବଡ଼ କଠିନ, ଅଧା ବୁଝା, ଅଧା ଅବୁଝା। ତଥାପି ଆସନରେ ରଖିଥାଆନ୍ତି। ତାଙ୍କ ସହ ରାୟଙ୍କର ମତ ପାର୍ଥକ୍ୟ। ମୌଳିକ ମତାନ୍ତର। ଏହି ମୂଳରେ ବିଶ୍ୱାସ ଆଉ ବିଚାର ବିଭେଦତା। ଗାନ୍ଧିଜୀ ଯାହା କହନ୍ତି, କରନ୍ତି; ଏଇଟି ତାଙ୍କର ଇନର ଭଏସ। ଏକଥା ସେ ନିଜେ କହନ୍ତି। ତାଙ୍କର 'ଇନର ଭଏସ୍' ସବୁବେଳେ ବୋଧଗମ୍ୟ ନୁହେଁ। ସବୁ ବିଚାର ସ୍ୱଷ୍ଟ ହେବା ବିଧେୟ। ପ୍ରାମାଣିକ ବି। ଏହା ଏମ୍.ଏନ୍. ରାୟଙ୍କ ମତ। ସବୁତକ ଡିକ୍ଟେଟରସିପ୍। ରାଜନୀତି ଅବା ଧର୍ମୀୟ ସ୍ତରରେ। ଜନ୍ମ ବିଚାର ବିହୀନ ବିଶ୍ୱାସ ମଧ୍ୟରୁ। ସୁରେନ୍ଦ୍ରଙ୍କ ତରୁଣ ମନ। ରାୟଙ୍କର ସବୁ ତତ୍ତ୍ୱ ତାଙ୍କୁ ଛୁଇଁଲା। ଏକ ପ୍ରକାର ତାଙ୍କର ଭକ୍ତ ପାଲଟିଗଲେ। ରାୟଙ୍କର ଏକ ଉପାଦେୟ ପୁସ୍ତକ 'ଦି ମେମୋୟାର୍ସ ଅଫ୍ ଏ କ୍ୟାଟ୍'। ରବୀନ୍ଦ୍ରନାଥ ଠାକୁର ନୋବେଲ ପୁରସ୍କାର ପାଇଲେ, ହେଲେ ହକ୍‌ଦାର ଔପନ୍ୟାସିକ ଶରତ ଚନ୍ଦ୍ର। କାରଣ ଶରତ ଚନ୍ଦ୍ର ଥିଲେ ସତ୍ତାଦ୍ରୋହୀ, ବିଦ୍ରୋହୀ। ଏ କଥାଟି ରାୟ ଲେଖିଥିଲେ ପୁସ୍ତକଟିରେ। ସେଇଟି ସୁରେନ୍ଦ୍ରଙ୍କ ମନକୁ ପାଇଲା। ସେ ରବୀନ୍ଦ୍ର ନାଥଙ୍କ ବହୁ ବହି ପଢ଼ିଥିଲେ। ମୁଖସ୍ଥ କରିଥିଲେ। ରବୀନ୍ଦ୍ରନାଥଙ୍କ ଦୃଷ୍ଟିଭଙ୍ଗୀ ସ୍ୱତନ୍ତ୍ର। ସେ ସତ୍ତାରେ ବିଶ୍ୱାସୀ, ସଂସ୍କାରବାଦୀ - ସୁରେନ୍ଦ୍ର ଏକଥାଟି ବୁଝିଥିଲେ।

ମାନବେନ୍ଦ୍ର ନାଥ ରାୟ (ଏମ୍.ଏନ୍. ରାୟ)। ସେତେବେଳେ ଗଠନ

କରିଥାଆନ୍ତି 'ର୍ୟାଡ଼ିକାଲ ଡେମୋକାର୍ଟିକ୍' ପାର୍ଟି। ଏହାର ଲକ୍ଷ୍ୟ, ଆଭିମୁଖ୍ୟ। ସୁରେନ୍ଦ୍ର କିଛି ବୁଝି ନ ଥିଲେ। କଂଗ୍ରେସ ଦଳ ନହେଲା ନାହିଁ। ଏଣିକି ରାୟଙ୍କ ଦଳରେ। ତା' ପୂର୍ବର କଥା। ସେ କମ୍ୟୁନିଷ୍ଟ ଦଳରେ ମିଶିବାକୁ ମନବଳେଇଲେ। ଦଳପକ୍ଷରୁ ବାହାରୁଥାଏ ମୁଖପତ୍ରଟିଏ। ଶିରୋନାମା 'ପିପୁଲ୍ସ ଏଜ୍'। ସାପ୍ତାହିକୀଟିକୁ ସୁରେନ୍ଦ୍ର କାନ୍ଧରେ ବୋହିଛନ୍ତି, ରାସ୍ତାରେ ହକିଂ କରିଛନ୍ତି। କଟକ ଜିଲ୍ଲା 'କୃଷକ ସଭା'। ସଭାପତି ରାମଚନ୍ଦ୍ର ମିଶ୍ର। ସୁରେନ୍ଦ୍ରଙ୍କ ସତୀର୍ଥ, ପକ୍କା ମୋହର ମରା କମ୍ୟୁନିଷ୍ଟ। କିଛିଦିନ ତାଙ୍କରି 'ସାକ୍‌ରେଦ' ହେଲେ। ମନକ୍ରମେ ଖଟା ହେବାକୁ ଲାଗିଲା। କମ୍ୟୁନିଷ୍ଟମାନେ ଅଣଦେଖା କରୁଛନ୍ତି, ପାଖ ପୂରାଇ ନାହାନ୍ତି - ଏ ଭାବନା ଘାରିଲା। ଶେଷରେ ଆଶ୍ରା 'ର୍ୟାଡିକାଲ ଡେମୋକ୍ରାଟିକ୍ ପାର୍ଟି'। ସୁରେନ୍ଦ୍ରଙ୍କ ଶ୍ୱଶୁର ମଧୁସୂଦନ ମହାନ୍ତି। 'ଅବଜରଭର' ପତ୍ରିକା ପାଇଁ ଡିକ୍ଟେସନ ଡାକନ୍ତି। ସୁରେନ୍ଦ୍ର ଲେଖନ୍ତି। କ୍ରମେ 'ର୍ୟାଡ଼ିକାଲ ଡେମୋକ୍ରାଟିକ୍' ଧାରଣାଟି ତାଙ୍କ ମଗଜରେ ପଶିଲା। ଶେଷରେ ସେ ହେଇଗଲେ 'ର୍ୟାଡ଼ିକାଲ ଡେମୋକ୍ରାଟିକ୍'। ମଧୁବାବୁଙ୍କ ଓଡ଼ିଶା ଜର୍ଣ୍ଣାଲ ପ୍ରେସ୍। ବାହାରୁଥାଏ ସାପ୍ତାହିକୀ 'ଜନତା'। ତାହା ଓଡ଼ିଆ ଦୈନିକୀ। କିଛିଦିନ ଚାଲି ବନ୍ଦ ହୋଇଯାଇଥାଏ। ପଣ୍ଡିତ ଗୋଦାବରୀଶ ମିଶ୍ର, ମନମୋହନ ମିଶ୍ର, ବିଭୁଧେନ୍ଦ୍ର ମିଶ୍ର, ଅନନ୍ତ ପଟ୍ଟନାୟକ - ଏମାନେ ସମସ୍ତେ ନାଁ କରା ସାହିତ୍ୟିକ। ପତ୍ରିକା ସହ ଏକଦା ସଂଶ୍ଳିଷ୍ଟ ଥିଲେ। ପତ୍ରିକାଟି ଚହଳ ପକେଇଲା। ର୍ୟାଡ଼ିକାଲ ଡିମୋକ୍ରାଟିକ୍ - ଏ ସମ୍ପର୍କିତ ଲେଖା, ଇଂରାଜୀ ପତ୍ରିକା 'ନିଉ ଓଡ଼ିଶା'ରେ ବାହାରେ। ଓଡ଼ିଆଏ ବା କ'ଣ ବୁଝିବେ ? ସୁରେନ୍ଦ୍ର ଜନତା ପତ୍ରିକାଟିକୁ ପୁନଃ ଜୀବନ୍ୟାସ ଦେଲେ। ସେ ସମ୍ପାଦକ, ତାଙ୍କ ସ୍ତ୍ରୀ (ମଧୁବାବୁଙ୍କ କନ୍ୟା) ରେଣୁକା ପରିଚାଳିକା। ସେବେକା ସମାଜ ନିବୃତ୍ତ ପୀଡ଼ିତ, ନିଶ୍ୱାସ ରୁଦ୍ଧ, ସେଥିରେ ଜଣେ ମହିଳା, ପୁଣି ଖବର କାଗଜର ପରିଚାଳିକା। ପାଠକ ସମାଜରେ ଉତ୍ସୁକତା ବଢ଼ିଲା। ସୁରେନ୍ଦ୍ର ନିତି ସ୍ତମ୍ଭମାନ ଲେଖିଲେ। ସେ ସମୟ କଥା। ସତ୍ତା ବିରୋଧୀ ଏକମାତ୍ର ପତ୍ରିକା 'ଜନତା'। ଯେତେବଡ଼ ନେତା ହୁଅନ୍ତୁ, ଖବରକାଗଜକୁ ତାଙ୍କର ଭାରି ଡର। ସୁରେନ୍ଦ୍ର ତ ଆତ୍ମାରେ ସତ୍ତା ବିରୋଧୀ। ତାଙ୍କ ଲେଖାରେ ଓଲମ ବିଲମ ନାହିଁ। କଂଗ୍ରେସ ନେତାଙ୍କ ଗାତ୍ର କମ୍ପ। ସେମାନେ ପ୍ରତିଶୋଧ ପରାୟଣ ହୋଇଗଲେ। ସୁରେନ୍ଦ୍ରଙ୍କୁ ଦୁଷ୍ମନ୍ ମଣିଲେ।

କଂଗ୍ରେସ ମନ୍ତ୍ରି ମଣ୍ଡଳ। ମହତାବ ବାବୁ ମୁଖ୍ୟମନ୍ତ୍ରୀ (ସେତେବେଳେ ପ୍ରଧାନମନ୍ତ୍ରୀ)। ବୀରେନ୍ ମିତ୍ର, କଟକ କଂଗ୍ରେସର ନେତା। ମହାତାବଙ୍କ ଡାହାଣ ହାତ। ନବକୃଷ୍ଣ ଚୌଧୁରି ରାଜସ୍ୱ ମନ୍ତ୍ରୀ। କଂଗ୍ରେସ ସଭାପତି ବିଶ୍ୱନାଥ ଦାସ। ନାଟ୍ୟାକାରରେ ଏକ ଧାରାବାହିକ ସାଟାୟାର ପ୍ରକାଶ ପାଇଲା। ଲେଖକ ସ୍ୱୟଂ

ସୁରେନ୍ଦ୍ର ମହାନ୍ତି। ବାହାରିଲା ଜନତା କାଗଜରେ। ଶିରୋନାମା 'ବଳିଙ୍ଗର ନୀରା', ବଳିଙ୍ଗ (କଳିଙ୍ଗ), ନୀରା (ହରେକୃଷ୍ଣ), ନାୟକ (ନିରୋ), ନବକୃଷ୍ଣ (ଗବକୃଷ୍ଣ), ବୀରେନ୍ ମିତ୍ର (ଲେଙ୍ଗଡ଼ା ବୀରଭଦ୍ର)। ଏମିତି ନାଁରେ ଚାଲିଲା ବ୍ୟଙ୍ଗ ରଚନା। ସେମାନେ ଏବେ ସ୍ୱର୍ଗରେ। ଲେଖାରେ ସେମାନଙ୍କ ପ୍ରତି ଅବଜ୍ଞା; ଏଥିପାଇଁ ତାଙ୍କ ନିକଟରେ କ୍ଷମା ପ୍ରାର୍ଥନା କରିଛନ୍ତି ସୁରେନ୍ଦ୍ର। ଏଥି ସହିତ ସଫେଇ ବି ଦେଇଛନ୍ତି। ରୋମ୍‌ର 'ନିରୋ', ତାହା ସହିତ ତାଙ୍କ ନିରୋର ସମ୍ପର୍କ ଶୂନ୍ୟ। ମହତାବ ବାବୁଙ୍କ କିଲା ପାଖରେ ଥାଏ ଅଟ୍ଟାଳିକାଟେ। ନାଁ 'ନିରାଳ'। ବିଶ୍ୱନାଥ ଦାସ ବିବୃତି ସର୍ବସ୍ୱ। ସମାଜ ସ୍ତମ୍ଭରେ ତାଙ୍କର ନିତି ଦି' ଦିଟା ବିବୃତି। ତେଣୁ ତାଙ୍କ ନାମ 'ବିବୃତି ସର୍ବସ୍ୱ', ଲେଖାଟିର ତୀର୍ଯ୍ୟକ, ଶାଣିତ କଟାକ୍ଷ। ପତ୍ରିକାର ଆଦର କ୍ରମେ ବୃଦ୍ଧି ହେଲା। ସେତେବେଳେ ଚନ୍ଦ୍ରଶେଖର ମିଶ୍ର, କାଢୁଥିଲେ 'ବିଜୁଳି' ପତ୍ରିକା। ସୁରେନ୍ଦ୍ରଙ୍କର ହକର ତରେଇ। ବିଜୁଳି ପତ୍ରିକା ସହ 'ଜନତା' ବିକେ। ହକର୍ ଜଣକ ଗୋଡ଼ ଗୋଦର, ବୟସ ଷାଠିଏରୁ ଉର୍ଦ୍ଧ୍ୱ, କଟକ ଗଳିକନ୍ଦିରେ ବୁଲେ। ବଡ଼ପାଟିରେ କହେ। ନୂଆ ଖବର, ନୂଆ ଖବର - 'ବଳିଙ୍ଗର ନୀରୋ' - ପଢ଼ନ୍ତୁ। ପାଠକେ ଆକୃଷ୍ଟ ହୁଅନ୍ତି। 'ଜନତା' ଖଣ୍ଡେ କିଣନ୍ତି। ଶସ୍ତା କାଗଜ, ମାତ୍ର ଦି' ପଇସା। ତରେଇ 'ଦୈନିକ ଆଶା', 'ନିଉ ଓଡ଼ିଶା' ବିକେ। ବିଜୁଳି, ଶାସନ ଗଲାଣି ହୁଗୁଳି - ଏମିତି ଡାକି ଡାକି ଯାଏ। ହେଲେ ବିକେ 'ଜନତା'। ଜନତାର ଖ୍ୟାତି ବଢ଼ିଲା, ସୁରେନ୍ଦ୍ର ହେଇଗଲେ ଜଣାଶୁଣା।

'ଜନତା'ର ଲୋକପ୍ରିୟତା କାଳ ହେଲା। ନେତା ତ ନେତା, ମହତାବ ବାବୁ ବଡ଼ ଅସହିଷ୍ଣୁ, ସମାଲୋଚନାକୁ ସେ ବରଦାସ୍ତ କରନ୍ତିନି। ସୁରେନ୍ଦ୍ର ମଧ୍ୟ ସେଇ ଶ୍ରେଣୀର। ତାଙ୍କ ରାଗ ପାଞ୍ଚ ମିନିଟିଆ। ମହତାବ କିନ୍ତୁ ପ୍ରତିଶୋଧ ପରାୟଣ। ଓଡ଼ିଶାରେ ବିରୋଧୀ ଦଳ ନଥାଏ, କଂଗ୍ରେସ ଏକମାତ୍ର ସୂର୍ଯ୍ୟ। କମ୍ୟୁନିଷ୍ଟ ପାର୍ଟି କହିଲେ ବୈଦ୍ୟନାଥ ରଥ, ସେ ଅଣ୍ଡର ଗ୍ରାଉଣ୍ଡରେ। ମହତାବ ବାବୁ ପ୍ରତିଶୋଧ ନେଲେ। 'ଡିଫେନ୍‌ସ ଅଫ୍ ଇଣ୍ଡିଆ' ରୁଲ୍‌ସରେ ସୁରେନ୍ଦ୍ର ବନ୍ଦୀ ହେଲେ। ରହିଲେ ଜେଲଖାନାରେ। 'ଜନତା' ନିରବି ଗଲା। ମଧୁସୂଦନ ବାବୁ ହାଇକୋର୍ଟରେ ଦାଏର କଲେ 'ହେଭିୟସ୍ କର୍ପସ ରିଟ୍'। ସରକାର ଏକତରଫା ଭାବେ ସୁରେନ୍ଦ୍ରଙ୍କୁ ମୁକ୍ତ କରିଦେଲେ। ସତ ଲେଖିଲେ, ଫଳ ବି ପାଇଲେ, ୩୬ ଦିନ ରହିଲେ ଜେଲ୍ ଖାନାରେ।

ସୁରେନ୍ଦ୍ର ଜଣେ ସାହିତ୍ୟିକ, ତାଙ୍କ ମନ-ପ୍ରାଣ ଆତ୍ମାରେ କଳା ସଂସ୍କୃତି ପ୍ରୀତି। ରାଜନୀତିର ଘନଘଟା, ତାଙ୍କୁ ଅଣ ନିଶ୍ୱାସ କଲା। ତଥାପି କ୍ଷମତା ରାଜନୀତିରେ

ସେ ଅଂଶୀଦାର ହେଲେ। ରାଜନୀତିର ତିକ୍ତ ମଧୁର ଅନୁଭୂତି, ତା'ର ଫେଣ୍ଟାଫେଣ୍ଟି ରୂପ ତାଙ୍କ ଉପନ୍ୟାସ 'ଅନ୍ଧ ଦିଗନ୍ତ'। ଏହାର ମୁଖ୍ୟ ଚରିତ୍ର ନିଧିଦାସ। କଂଗ୍ରେସ ନେତା 'ଶୁଦ୍ଧୋଦନ'ଙ୍କୁ ବାରମ୍ବାର ପ୍ରଶ୍ନ ପଚାରିଛନ୍ତି 'ପଲିଟିକ୍ସ'ର ସଂଜ୍ଞା। ବୁଝିବାକୁ ଚେଷ୍ଟା କରିଛନ୍ତି। ସବୁ ଚେଷ୍ଟା ତାଙ୍କର ବିଫଳ। କ୍ଷମତା ପାଇଁ ରାଜନୀତିକ ଜୁଆ ଖେଳ, ଆଦର୍ଶର ହତ୍ୟା, ମଣିଷ ପଣିଆର ବଳିଦାନ, ନିଧିଦାସେ ବୁଝି ସିନା ପାରିଲେନି ପଲଟିକ୍ସ କ'ଣ, ବୁଝିଥିଲେ ସୁରେନ୍ଦ୍ର - "ଯାହା ଦିନେ ଥିଲା କ୍ଷାତ୍ର ଧର୍ମ, ତାହା ଏବେ ଏକ ବେଶ୍ୟା ବୃତ୍ତିରେ ପରିଣତ ହେଲାଣି।" ଏକଥାକୁ ନିର୍ଭୀକ ଭାବେ ବି ଲେଖିଲେ। ସେଦିନ ମୁକୁଳିଲେ ଜେଲଖାନାରୁ। ବାହାରିଲେ ଚାଣକ୍ୟର ଆତ୍ମା ନେଇ। ନନ୍ଦବଂଶ ଧ୍ୱଂସ ତାଙ୍କର ଥିଲା ପଣ-ପ୍ରତିଜ୍ଞା, ଏକ ବଜ୍ରଶପଥ।

■

ପଣ୍ଡିତ ଜବାହରଲାଲ ନେହେରୁଙ୍କୁ ଖୋଲାଚିଠି

ଶେଷରେ ମୁକ୍ତିସଂଗ୍ରାମରେ ଯବନିକା ପଡ଼ିଲା। ଫିରିଙ୍ଗି ଦଳ ସ୍ୱଦେଶ ବାହୁଡ଼ିଲେ। ଭାରତୀୟମାନଙ୍କୁ ମିଳିଲା ବହୁ ପ୍ରତୀକ୍ଷିତ ସ୍ୱାଧୀନତା (୧୯୪୭)। ମୁକ୍ତି ସଂଗ୍ରାମର ମହାନାୟକ ମହାତ୍ମାଗାନ୍ଧୀ। ଭାରତୀୟ ଜାତୀୟ କଂଗ୍ରେସ, ଜନତା ଜନାର୍ଦ୍ଦନର ସେବାରେ ବ୍ରତୀ ହେଉ, କ୍ଷମତାଠାରୁ ଦୂରରେ ରହୁ - ଏହାରି ଉପରେ ଗାନ୍ଧିଜୀ ଗୁରୁତ୍ୱ ଦେଉଥିଲେ। କ୍ଷମତା ଦୁର୍ନୀତିଗ୍ରସ୍ତ କରେ। ଅଧିକ କ୍ଷମତା ମାତ୍ରାଧିକ ଦୁର୍ନୀତିର ବାଟ ଫିଟାଏ। କିନ୍ତୁ କଂଗ୍ରେସ କର୍ମୀଏ, ଏ କଥା ବୁଝିଲେନି। ଥୋକେ ପଦପଦବୀ ମୋହରେ ପଡ଼ିଲେ। ଗାନ୍ଧିଜୀଙ୍କର ଅକାଳ ବିୟୋଗ ହେଲା (୩୦ ଜାନୁୟାରୀ ୧୯୪୮)। ଅନ୍ତ ହେଲା ଗାନ୍ଧୀ ଯୁଗ। ତାଙ୍କ ନୀତି, ଆଦର୍ଶରେ କ୍ରମେ ଭଟ୍ଟା ପଡ଼ିଲା। ସାରା ଦେଶରେ କଂଗ୍ରେସ କ୍ଷମତାରେ। ଓଡ଼ିଶାରେ ବି। ଗୋଟିଏ ହେଲେବି ବିରୋଧୀ ଦୃଢ଼ ଦଳ ନଥିଲେ। ଏ ପ୍ରକାର ସ୍ଥିତି ପ୍ରଥମ ସାଧାରଣ ନିର୍ବାଚନ (୧୯୫୨) ପର୍ଯ୍ୟନ୍ତ ଥାଏ। ଗୋଟେ ସୁଚିନ୍ତିତ, ସୁସଂଗଠିତ ବିରୋଧୀ ଦଳ, ସତ୍ତାଧାରୀଙ୍କ ଉପରେ ଅଙ୍କୁଶ ଲଗାଏ। ସୁଶାସନ ଚାଲେ। ଜନତାଙ୍କ ମଙ୍ଗଳ ସାଧିତ ହୁଏ। ଏକଥାଟି ବୁଝିଥିଲେ ବହୁ ଦୂରଦୃଷ୍ଟି ସମ୍ପନ୍ନ ରାଜନେତା। ସେମାନଙ୍କ ମଧ୍ୟରେ ସୁରେନ୍ଦ୍ର ମହାନ୍ତି ଅନ୍ୟତମ। ଗଣତାନ୍ତ୍ରିକ ପରିଷଦଟେ ଓଡ଼ିଶାରେ ଗଠିତ ହେବ, ଏଇଟି ମୁଖ୍ୟ ବିରୋଧୀ ଦଳ ଭୂମିକା ତୁଲାଇବ - ଏ ଦିଗରେ ସୁରେନ୍ଦ୍ର ଅଣ୍ଟା ଭିଡ଼ିଲେ। ସାହାଯ୍ୟ କଲେ ପାଟନା ମହାରାଜା ରାଜେନ୍ଦ୍ର ନାରାୟଣ ସିଂହଦେଓ। କଳାହାଣ୍ଡି ମହାରାଜା ପ୍ରତାପ କେଶରୀ ଦେଓ। ସେ ବି ସାହାଯ୍ୟର ହାତ ବଢ଼ାଇଲେ। ସାପ୍ତାହିକ 'ଗଣତନ୍ତ୍ର' ପ୍ରକାଶ ପାଇଲା। ସୁରେନ୍ଦ୍ର ଏଥିରେ ଚାକିରିଟେ ପାଇଲେ। ମାସକୁ ଦରମା ୩୫୦ ଟଙ୍କା। ପତ୍ରିକା ପାଇଁ ଘଣ୍ଟାଏ ଡିକ୍ଟେସନ୍। ସେଇ

ଯଥେଷ୍ଟ। ତା'ପରେ ସଭାସମିତିରେ ଭାଷଣ। ଗଣତନ୍ତ୍ର ପରିଷଦ ପାଇଁ ଜନମତ ସୃଷ୍ଟି। ଉତ୍କଳ ସମ୍ମିଳନୀ, ଗଣତନ୍ତ୍ର ପରିଷଦ, ସାହିତ୍ୟ ସର୍ଜନା - ଏଇଥିରେ ସୁରେନ୍ଦ୍ର ମନୋନିବେଶ କଲେ। ମିଳିଲା ଆଶାତୀତ ସଫଳତା। ଦେଶରେ ପ୍ରଥମ ସାଧାରଣ ନିର୍ବାଚନ ହେବ। ପଣ୍ଡିତ ଜବାହରଲାଲ ନେହେରୁ ଆସିଲେ ବଲାଙ୍ଗିର। ଏକ ବିରାଟ ସାଧାରଣ ସଭା। ନେହେରୁ ଭାଷଣ ଦେଲେ। ସୁରେନ୍ଦ୍ର ଥିଲେ କଂଗ୍ରେସ ଶାସନ ବିମୁଖ। ଲେଖିଲେ ସ୍ତମ୍ଭଟିଏ। ଶିରୋନାମା ପଣ୍ଡିତ ଜବାହରଲାଲ ନେହେରୁଙ୍କୁ ଖୋଲାଚିଠି। ତାହା ପ୍ରକାଶ ପାଇଲା ଗଣତନ୍ତ୍ରରେ। ସଭାରେ ହଇଚଇ ସୃଷ୍ଟି ହେଲା। ନେହେରୁ ଅଧାରୁ ଭାଷଣ ବନ୍ଦ କରିଦେଲେ। ଏସବୁ ପ୍ରସଙ୍ଗ 'ପଥ ଓ ପୃଥିବୀ'ରେ ପ୍ରାଞ୍ଜଳ ଭାବେ ବର୍ଣ୍ଣିତ।

୧୯୫୧ ମସିହା, ଡିସେମ୍ବର ମାସ ୧୩ ତାରିଖ। ଭାରତର ପ୍ରଧାନମନ୍ତ୍ରୀ ପଣ୍ଡିତ୍‌ଜୀ ଆସୁଛନ୍ତି। ଏକ ବିରାଟ ସାଧାରଣ ସଭାରେ ଭାଷଣ ଦେବେ। ସାରା ବଲାଙ୍ଗିରରେ ଚାଞ୍ଚଲ୍ୟ ଖେଳିଗଲା। ସରକାରୀ କଳ ଚଳଚଞ୍ଚଳ। ହରେକୃଷ୍ଣ ମହତାବଙ୍କ ମନ୍ତ୍ରିମଣ୍ଡଳ। ଏଥିରେ ତିନିଜଣ ଏକ୍‌ଜିକ୍ୟୁଟିଭ୍ କାଉନ୍‌ସିଲର ମନୋନୀତ ସଦସ୍ୟ। ବଲାଙ୍ଗିରର କପିଳ ପ୍ରସାଦ ନନ୍ଦ, ସେମାନଙ୍କ ମଧ୍ୟରେ ଅନ୍ୟତମ। ସେ ବଲାଙ୍ଗିର ସଭା ଆୟୋଜନ ଦାୟିତ୍ୱରେ। ନେହେରୁ ଭାଷଣ ଦେବେ, ଆଗାମୀ ନିର୍ବାଚନରେ କଂଗ୍ରେସ ସ୍ଥିତି ସୁଦୃଢ଼ ହେବ। ଏଇଟି ଥିଲା ସଭାର ମୁଖ୍ୟ ଉଦ୍ଦେଶ୍ୟ। ସେତେବେଳେ ବଲାଙ୍ଗିରରେ କଂଗ୍ରେସ ଅତି ଦୁର୍ବଳ। ଗଣତନ୍ତ୍ର ପରିଷଦ ମୁଣ୍ଡ ଟେକୁଥାଏ। ମହାରାଜା ପାଟଣା, ମହାରାଜା କଳାହାଣ୍ଡି ଏହାର ପୃଷ୍ଠପୋଷକ। ଅନୁଗତ ପ୍ରଜାଏ, ଢଳିଲେ ରାଜାଙ୍କ ଆଡ଼େ। ପରିଷଦର ରାଜନୀତିକ ଲକ୍ଷ୍ୟ, ଆଭିମୁଖ୍ୟ। ସାଧାରଣ ଜନତା ବା କ'ଣ ବୁଝିବେ? ତାଙ୍କ ରାଜା ଯୁଆଡ଼େ ସେମାନେ ସେଇଆଡ଼େ। କଂଗ୍ରେସ ଆଡ଼େ ସେମାନଙ୍କୁ ଆକର୍ଷିତ କରିବାକୁ ହେବ। ସେଇଥି ପାଇଁ ନେହେରୁଙ୍କର ଏ ସଭା।

ପ୍ରଧାନମନ୍ତ୍ରୀ ନେହେରୁ। ମୁକ୍ତି ସଂଗ୍ରାମର ଅନ୍ୟତମ ଯୋଦ୍ଧା। ତାଙ୍କୁ ଟିକେ ଆଖିପୂରେଇ ଦେଖିବେ। ସାଧାରଣ ଜନତାଙ୍କର ନାହିଁ ନଥିବା ଉତ୍କଣ୍ଠା। ଦଳଦଳ ହେଇ ଗାଁମାନଙ୍କରୁ ଆସିଲେ। ଦିନକ ଆଗରୁ ଭିଡ଼ ଜମିଲା। ସରକାରୀ କଳ ତତ୍ପର। ସହରରେ ଇଲେକ୍ଟ୍ରି ନଥାଏ। ତୁରନ୍ତ ବିଦ୍ୟୁତୀକରଣ ହେଲା। ସଭା ମଞ୍ଚ ପ୍ରସ୍ତୁତ। ଟ୍ରକ୍‌ରେ କୁଆଡ଼େ ଲୋକ ବୁହାହୋଇ ଆସିଲେ। ଏକଥା ଲୋକେ କୁହାକୁହି ହେଲେ। ଜନସମାଗମକୁ ପ୍ରତିରୋଧ କରିବା ସମ୍ଭବ ନଥିଲା। ସଭା ସଫଳ ହେଲେ ଗଣତନ୍ତ୍ର ପରିଷଦ ପାଇଁ ବିପଦ। ସଭାର ଠିକ୍ ପୂର୍ବଦିନ। ଡିସେମ୍ବର ୧୨ ତାରିଖ। ସୁରେନ୍ଦ୍ର ଉପାୟଟେ କାଢ଼ିଲେ। ତାଙ୍କ ବନ୍ଧୁ ଅର୍ଜୁନ ବାବୁ। ଗଣତନ୍ତ୍ର ପରିଷଦର ସଦସ୍ୟ। ଉଚ୍ଚ

ଶିକ୍ଷିତ। ତାଙ୍କ ଶିକ୍ଷାଗତ ଯୋଗ୍ୟତା ଇତିହାସରେ ଏମ୍.ଏ.। ମହାରାଜା ପାଟନା ସେଦିନ ଟିଟିଲାଗଡ଼ରେ। ସଭାରେ ଯୋଗ ଦେଇଛନ୍ତି। ତାଙ୍କ ଠାରୁ ସାହାଯ୍ୟ ମିଳିପାରିଲାନି। 'ଗଣତନ୍ତ୍ର' ପତ୍ରିକାର ସମ୍ପାଦକ ତ୍ରିଲୋଚନ ପଟ୍ଟନାୟକ। ତାଙ୍କ ସହ ବିଚାର ବିମର୍ଷ ଚାଲିଲା। ନେହେରୁଙ୍କ ଉଦ୍ଦେଶ୍ୟରେ ଲେଖା ହେବ ଚିଠିଟିଏ। ତାହା ପ୍ରସ୍ତୁତ ହେଲା। ସେଇଦିନ ରାତିରେ ଛପା ଶେଷ। ରାତି ପାହିଲା ବେଳକୁ ସହରରେ ହଇଚଇ। ଜନତାଙ୍କ ହାତରେ 'ଗଣତନ୍ତ୍ର'। ଏଥିରେ ବାହାରିଛି ନେହେରୁଙ୍କୁ ଖୋଲାଚିଠିଟିଏ। ଏତ କମ୍ ଦୁଃସାହସ ନୁହେଁ! ଚିଠିଟି ଖୁବ୍ ସଂକ୍ଷିପ୍ତ। ଏହାର ନିର୍ଯ୍ୟାସ ହେଲା - "ଆପଣ ଭାରତର ଜବାହର ଥିଲେ। ଆଜି ଜହର ହୁଅନ୍ତୁ ନାହିଁ।" ଅର୍ଥାତ୍ ଆପଣ ଥିଲେ ଭାରତର ଜହରତ ସ୍ୱରୂପ, ଆଜି ଆଉ ବିଷ ହୁଅନ୍ତୁ ନାହିଁ। ଚିଠିରେ ଠାଏ ଥିଲା - "କଂଗ୍ରେସ ଆଜି ଦୁର୍ନୀତିର କୁଷ୍ଠବ୍ୟାଧି ଗ୍ରସ୍ତ ରୋଗୀର ଅଙ୍ଗପ୍ରତ୍ୟଙ୍ଗ ପରି ଗଳିତ ହୋଇଗଲାଣି।" ସ୍ଥାନୀୟ ପ୍ରଶାସନ ହାତରେ କାଗଜଟି ପଡ଼ିଲା। ତୁରନ୍ତ କାର୍ଯ୍ୟାନୁଷ୍ଠାନ। କଲେକ୍ଟରଙ୍କ ପେସ୍କାର ହାଜର। ସୁରେନ୍ଦ୍ରଙ୍କୁ କଲେକ୍ଟର ଡକାଇଛନ୍ତି। ସଙ୍ଗେସଙ୍ଗେ ଯିବାକୁ ହେବ। ସୁରେନ୍ଦ୍ର ତତ୍କ୍ଷଣାତ୍ ନାସ୍ତିବାଣୀ ଶୁଣାଇଲେ। ପେସ୍କାର ଫେରିଗଲେ। କେଇ ମିନିଟ୍ ପରେ ଜଣେ ପୁଲିସ୍ ଅଫିସର ହାଜର। ତାଙ୍କର ସେଇ ଏକା କଥା। ସୁରେନ୍ଦ୍ର 'ୱାରାଣ୍ଟ' କଥା ଉଠାଇଲେ। ପୁଲିସ ବାବୁ ନାଚାର, ଅଗତ୍ୟା ବାହୁଡ଼ିଲେ। ସୁରେନ୍ଦ୍ରଙ୍କ ହାତରେ ଖବର କାଗଜ, କାହାରି ଅନାବଶ୍ୟକ ନାଲି ଆଖି, ବଳ ପ୍ରୟୋଗ - ସବୁ ଅକାମୀ। କଲମ ଅସିଠାରୁ ଶାଣିତ। ଠିକ୍ ଚାଲିଲେ ବାଡ଼ବ ଉଠିବ, ଗିରି ଚମକିବ, ଦୁର୍ନୀତି ପାହାଡ଼ ଭୂଶାୟୀ ହେବ - ଏକଥା ବା କାହାକୁ ଅଜଣା? ଶେଷରେ ସୁରେନ୍ଦ୍ର ସିଦ୍ଧାନ୍ତରେ ପହଞ୍ଚିଲେ। କଲେକ୍ଟରଙ୍କୁ ସାକ୍ଷାତ କଲେ।

ବଲାଙ୍ଗିର କଲେକ୍ଟର ରାମକୃଷ୍ଣାୟା। ଫାଇଲି ଉପରେ ମୁଣ୍ଡ ନୁଆଇଁଛନ୍ତି। ଇଂରାଜୀରେ ସୁରେନ୍ଦ୍ରଙ୍କୁ କହିଲେ। ଖୋଲାଚିଠିର ଇଂରାଜୀ ଅନୁବାଦ କରିଦେବାକୁ ପ୍ରସ୍ତାବ ଦେଲେ। ସୁରେନ୍ଦ୍ରଙ୍କ ଏକା ଜିଦ୍ ମୁଣ୍ଡ ନୁଆଁଇବେନି। ଓଲଟା ପ୍ରଶ୍ନ କଲେ - କେଉଁ ଆଇନ୍ ବଳରେ ଏକଥା କହୁଛନ୍ତି? ଏକଥା କଲେକ୍ଟରଙ୍କୁ ରୋକ୍‌ଠୋକ୍ କହିଦେଲେ। ସୁରେନ୍ଦ୍ର ପରେ ଅନୁଭବ କଲେ, ଚିଠିର ଅନୁବାଦ କରିଦେବା ଉଚିତ୍ ଥିଲା। ଆଉ ଜଣେ ତାକୁ ଅନୁବାଦ କଲା। ହେଲେ ବିକୃତ କରିଦେଲା - "କଂଗ୍ରେସ୍ ଇଜ୍ ଲେପର... ୟୁ ଆର୍ ପଏଜନ୍ ଅଫ୍ ଇଣ୍ଡିଆ।" ଖୋଲା ଚିଠିର ପ୍ରକୃତ ଅର୍ଥ ତାହା ନଥିଲା। ଅର୍ଥର କଦର୍ଥ। ଅନୁବାଦିତ ଚିଠିଟି ପ୍ରଧାନମନ୍ତ୍ରୀଙ୍କ ହାତରେ। ପଣ୍ଡିତଜୀ ସଭା ମଞ୍ଚରେ, ଚିଠିଟି ପଢ଼ି ଖୁବ୍ ଉତ୍‌କ୍ଷିପ୍ତ ଜଣାପଡୁଥିଲେ। ସୁରେନ୍ଦ୍ର ଦୂରରେ ଥାଇ ସବୁ ଦେଖୁଥିଲେ।

ସେଦିନ ଗୁରୁବାର। ସଭାମଞ୍ଚରେ ପଣ୍ଡିତ ନେହେରୁ, ବିଜୟଲକ୍ଷ୍ମୀ ପଣ୍ଡିତ,

କପିଳ ପ୍ରସାଦ ନନ୍ଦ, ତାଙ୍କ ସହିତ ଉତ୍କଳ ପ୍ରଦେଶ କମିଟିର ସଭାପତି ବିଶ୍ୱନାଥ ଦାସ। ବିଶ୍ୱନାଥ ଦାସ ପଣ୍ଡିତ୍‌ଜୀଙ୍କୁ ଭାଷଣ ଦେବାକୁ ନମ୍ର ଅନୁରୋଧ ରଖିଲେ। ମଞ୍ଚର କେଇଟା ଇଲେକ୍‌ଟ୍ରି ବଲ୍, ଗୁଡ଼ାଏ ଝିଣ୍ଟିକା ଘେରିଛନ୍ତି। କେତେବେଳେ ମଞ୍ଚାସୀନଙ୍କ ମୁହଁ ଉପରେ ତ କେତେବେଳେ ଦେହ ଉପରେ ତାଙ୍କର ଡିଆଁ ଡେଇଁ। କପିଳ ପ୍ରସାଦ ବାବୁ ଅପ୍ରସ୍ତୁତ ହୋଇଗଲେ। ସ୍ୱେଚ୍ଛାସେବୀମାନଙ୍କୁ ଆଲୁଅ ଟିକେ ଆଡ଼େଇ ଦେବାକୁ କହିଲେ। ମା' ବିଜୟଲକ୍ଷ୍ମୀଙ୍କ ମୁହଁରେ ପୋକ ପଡୁଛନ୍ତି। ମୁହଁରେ ପୋକ ପଡ଼ିବାର ଓଡ଼ିଆରେ ଗୋଟେ ବ୍ୟଞ୍ଜନାର୍ଥ ଅଛି। ସମସ୍ତେ ଏହି ଅର୍ଥକୁ ନିଅନ୍ତି। ବସ୍ତୁତଃ ଏହାର ଅଭିଧାନ ଅର୍ଥ କରାଯାଏ ନାହିଁ। ମଞ୍ଚ ସାମ୍‌ନାରେ ସରଳ ଗ୍ରାମୀଣ ମଣିଷ। ପୋକ ପଡ଼ିବା କଥା ଶୁଣିଲେ। ସଭାସ୍ଥଳରେ ହାସ୍ୟରୋଳ ଉଠିଲା। ପିଲାମାନେ ଦେଖାଦେଖି ଆହୁରି ଜୋର୍‌ରେ ହସିଲେ।

ବଡ଼ ସଭାରେ ହସ, କରତାଳି ଗୋଟେ ସଂକ୍ରାମକ ବ୍ୟାଧି। ଉପସ୍ଥିତ ଜନତାଙ୍କ ମଧ୍ୟରେ ସହଜରେ ବ୍ୟାପେ। ଜଣେ କରତାଳି ପିଟନ୍ତି, ଅନ୍ୟମାନେ ବୁଝି ନ ବୁଝି ବି ସେୟା କରନ୍ତି। କେତେ ଜଣ ହସନ୍ତି। ଅନ୍ୟମାନେ ନ ବୁଝି ହୋ-ହୋ ହୋଇ ହସନ୍ତି। କରତାଳି, ହସ - ଉଭୟ ଚାଲିଲା ପ୍ରାୟ ଏକ ମିନିଟ୍ ଧରି। ମଞ୍ଚ ଆଗ ଖୁଆଡ଼। ଏଥିରେ ମାଇପିମାନେ ଭର୍ତ୍ତି। ବିଜୟଲକ୍ଷ୍ମୀ ପଣ୍ଡିତ, ତାଙ୍କୁ ଜାଣିବାକୁ ଜଣେ ଜଣକୁ ଆଙ୍ଗୁଠି ଦେଖାଇ ପଚାରୁଥାଏ। ସେମାନଙ୍କ ହାତରେ ବଡ଼ ବଡ଼ ରୂପା ବା ପିତଳ ତିଆରି ଖଡୁ। ଏହାର ନାଁ କତରିଆ ବନ୍ଦରିଆ। ଥରେ ଏକାଠି ହାତ ଝମ୍‌ଝମ୍ କଲେ ଅଞ୍ଚଳ କମ୍ପିଯାଏ। ଏତେ ସଂଖ୍ୟକ ସ୍ତ୍ରୀଲୋକ, ଏକାଥରେ କତରିଆ ବନ୍ଦରିଆର ରଣ ଝଣ ଶବ୍ଦ, ତେଣେ ପୁରୁଷଗୁଡ଼ାଙ୍କର ଅମାନିଆ ହସ। ସଭାସ୍ଥଳ କମ୍ପିଗଲା। ନେହେରୁ ବିରକ୍ତ ହେଇଗଲେଣି। ଏ ପ୍ରକାର ପରିବେଶ ନିତାନ୍ତ ଅସ୍ୱାଭାବିକ। ତାଙ୍କୁ ଅପମାନିତ କରିବାର ପ୍ରୟାସ ତିଳେ ମାତ୍ର ନଥିଲା। କପିଳ ବାବୁ କିମ୍ବା ବିଶ୍ୱନାଥ ବାବୁ, ପରିସ୍ଥିତିଟାକୁ ପଣ୍ଡିତଜୀଙ୍କୁ ବି କେହି ଜଣେ ବୁଝେଇ ପାରିଲେନି। ଆଗରୁ ଖୋଲାଚିଠିଟିକୁ ପଢ଼ିଥିଲେ ନେହେରୁ। ଧରିନେଲେ ବଲାଙ୍ଗିର ରାଜାଙ୍କର ଏ ଚକ୍ରାନ୍ତ, ସଭା ଭଣ୍ଡୁର କରିବାର ଅପଚେଷ୍ଟା। ସେ ତ କ୍ଷଣକୋପୀ। ଅଚ୍‌କନ ପକେଟରୁ ଧଳା ରୁମାଲଟିଏ କାଢ଼ିଲେ। ତାକୁ ମୁଠା ମୁଠା କରି ଟେବୁଲ ଉପରେ ଫିଙ୍ଗି ଦେଉଥାଆନ୍ତି, ପୁଣି ଉଠାଇ ଗୁଳା କରୁଥାଆନ୍ତି। ଗୋଳମାଳ କମିଲା, ପଣ୍ଡିତଜୀ ଭାଷଣ ଆରମ୍ଭ କଲେ। ସୁରେନ୍ଦ୍ର ତାଙ୍କ ଭାଷଣ ଆଗରୁ ଶୁଣିଛନ୍ତି। ପାର୍ଲିଆମେଣ୍ଟ ଭିତରେ, ବାହାରେ ମଧ୍ୟ। ସେଦିନର ଭାଷଣ ଥିଲା ଖୁବ୍ କବିତ୍ୱ ପୂର୍ଣ୍ଣ। ଉପସ୍ଥାପନା ଭଙ୍ଗୀ ବି ଚମତ୍କାର। ଏହାର କିୟଦଂଶ ସୁରେନ୍ଦ୍ରଙ୍କ ସ୍ମୃତିରେ। ତାହା ଉଲ୍ଲେଖ କରିଛନ୍ତି - "ହିମାଳୟ ଠାରୁ କୁମାରିକା ପର୍ଯ୍ୟନ୍ତ - ଏଇ

ଭାରତ ଭୂମିରେ ମୁଁ ବୁଲିଛି । ମୁଁ ଦେଖିଛି ହିମାଳୟର ତୁଷାରାବୃତ୍ତ ଗିରିଶୃଙ୍ଗମାଳା... ମୁଁ ଦେଖିଛି ତରାଇର ଜଳାର୍ଣ୍ଣବ ଅଞ୍ଚଳ... ମୁଁ ଦେଖିଛି ଗଂଗୋତ୍ରୀ । ମୁଁ ଦେଖିଛି ଗଙ୍ଗାର ନୀଳ ବେଣୀ ଓ ତା'ର ଜଳଧାରାରେ ପରିପୁଷ୍ଟ ଶସ୍ୟଶ୍ୟାମଳା ଗାଙ୍ଗେୟ ଅବବାହିକା ଅଞ୍ଚଳ । ମୁଁ ଦେଖିଛି କୁମାରିକାରେ ମହାସାଗରର ଫେନିଳ ଲହରୀମାଳା । ମୁଁ ଦେଖିଛି ବହୁ ମଣିଷଙ୍କର ବହୁ ପ୍ରକାର ଚେହେରା !" ହଠାତ୍ ପଣ୍ଡିଜତୀଙ୍କର କାବ୍ୟିକ ଭାଷଣର ମୋଡ଼ ବଦଳିଗଲା । ସମ୍ଭବତଃ ମନେ ପଡ଼ିଗଲା ଖୋଲା ଚିଠି କଥା । ସଙ୍ଗେ ସଙ୍ଗେ ଆରମ୍ଭ କଲେ - "ଏ କ୍ୟା କ୍ୟା ପଟ୍‌ନି ପାଟ୍‌ନା-ବଲାଙ୍ଗିର ପଟ୍‌ନା - ନାମ୍ ବି କଭି ନେହିଁ ଶୁନା ଥା - ୟେ ସାରେ ଛୋଟେ ଛୋଟେ ରିଆସତ୍ - ଯିସିକା ନାମ୍ କଭି ନେହିଁ ଶୁନା ଥା - ଆଜ୍ ଇହାଁ ହାମ୍‌କୋ ଏକ ପରଚା ମିଲ୍‌ଗୟା ।" ଅର୍ଥାତ୍ ବଲାଙ୍ଗିର ପାଟନା ପରି ଛୋଟିଆ ରାଜୁଡ଼ା ରାଜ୍ୟ, ଯାହାର ନାଁ ବି କେଭେ ମୁଁ ଶୁଣି ନଥିଲି - ଏଠିକି ଆସିବା ପରେ ମତେ ଖଣ୍ଡେ ଖୋଲା ଚିଠି ମିଳି ଯାଇଛି । ପଣ୍ଡିତଜୀଙ୍କ ଭାଷଣ ଉର୍ଦ୍ଦୁରେ । ବଲାଙ୍ଗିର କିଛି ମାରୁଆଡ଼ୀ । ସେମାନେ ହିନ୍ଦୀ ବୁଝୁଥିଲେ । କିନ୍ତୁ ଲକ୍ଷ୍ନୌର ହିନ୍ଦୁସ୍ଥାନୀ, ପୁଣି ପର୍ସିଆନ୍ ମିଶା ଉର୍ଦ୍ଦୁ । ଏହା ସହିତ ସେମାନେ ମୋଟେ ପରିଚିତ ନୁହନ୍ତି । କେଇଜଣ ମାରୁଆଡ଼ି । ସୁରେନ୍ଦ୍ରଙ୍କ ପାଖରେ ଛିଡ଼ା ହୋଇଥିଲେ । ପ୍ରଧାନମନ୍ତ୍ରୀ କ'ଣ କହୁଛନ୍ତି ବୁଝିବାକୁ ଚାହିଁଲେ । ସୁରେନ୍ଦ୍ର କହିଲେ - "ଶୁଣିଲ ନାହିଁ ? ସିଏ ତୁମ ମହାରାଜାଙ୍କୁ ଶାଲେ ଶାଲେ ବୋଲି କହୁଛନ୍ତି ! ସେଇ ରାଜା ତାଙ୍କୁ ଖୋଲା ଚିଠି ଦେଇଛନ୍ତି ବୋଲି ତାଙ୍କୁ ଗାଳି ଦେଉଛନ୍ତି ।" ସୁରେନ୍ଦ୍ର ଏକଥାଟି ପରିହାସରେ କହିଲେ । ମାତ୍ର ପାଞ୍ଚମିନିଟ୍ ସମୟ, ଖବରଟା ବ୍ୟାପିଗଲା । ତାଙ୍କର ପ୍ରିୟ ରାଜାଙ୍କୁ ଦୋ-ଅକ୍ଷରୀ ଗାଳି ଦେଉଛନ୍ତି ପ୍ରଧାନମନ୍ତ୍ରୀ । ପରିସ୍ଥିତି ଗମ୍ଭୀର ହେଇଗଲା । ପଣ୍ଡିତଜୀ ଭୀଷଣ ରାଗିଲେ ।

ହଠାତ୍ ଗୁଜବଟେ ବ୍ୟାପିଗଲା । ବଲାଙ୍ଗିର ରାଜା ରାଜେନ୍ଦ୍ର ନାରାୟଣ ସିଂହଦେଓ । ତାଙ୍କୁ ପଣ୍ଡିତଜୀ ଗାଳି କରୁଛନ୍ତି, ପୁଣି ଦୋ ଅକ୍ଷରୀ ଗାଳି । ସଭା ସ୍ଥଳରେ ଚାପା ଗୁଞ୍ଜରଣ, ପରେ ବିସ୍ଫୋରକ ରୂପ ନେଲା । କିଏ ହସୁଛି ତ ଆଉ କାହାର ବିଚିତ୍ର ଶବ୍ଦ । ସଭାରେ ଉପସ୍ଥିତ ସ୍ତ୍ରୀଲୋକ, ହାତରେ ତାଙ୍କର କତରିଆ ବନ୍ଦରିଆ (ରୁପା ତିଆରି ଖଡୁ) । ଏକାଥରକେ ରଣଝଣ ଶବ୍ଦ । ସଭାସ୍ଥଳ କମ୍ପିଗଲା । ନେହେରୁ ହତବାକ୍ ହେଇଗଲେ । ରାଜା ତାଙ୍କ ସଭାକୁ ଭଣ୍ଡୁର କରାଉଛନ୍ତି । ଏହା ହିଁ ତାଙ୍କର ଧାରଣା । ସହଜେ ତ କ୍ଷଣକୋପୀ । ସଭାସ୍ଥ ଜନତାଙ୍କର ଆଚରଣରେ ଅତିଷ୍ଠ ନେହେରୁ । ହଠାତ୍ ଭାଷଣ ବନ୍ଦ କରିଦେଲେ । ସେଦିନ ସଭାରେ ଥାଆନ୍ତି ସୁରେନ୍ଦ୍ର ମହାନ୍ତି । ସେ ଲେଖିଥିଲେ ଖୋଲା ଚିଠିଟେ । ପ୍ରକାଶ ପାଇଥିଲା 'ଗଣତନ୍ତ୍ର' ସାପ୍ତାହିକୀରେ । ଏଇ ଚିଠି ହିଁ ସଭା ଭଣ୍ଡୁରର ଅସଲ କାରଣ । ଏହା ନେହେରୁ ଧରି ନେଲେ ।

ନେହେରୁଙ୍କ ଭାଷଣ ଚାଲିଥାଏ। ଉର୍ଦ୍ଦୁମିଶା ହିନ୍ଦୁସ୍ଥାନୀ ଭାଷଣ, ସ୍ତ୍ରୀଲୋକମାନେ ବା କ'ଣ ବୁଝିବେ? ସେମାନେ ଯାତ୍ରା ବା ମେଳଣକୁ ଯାଆନ୍ତି। ସହୀ ସଙ୍ଗାତଙ୍କୁ ଦେଖିଲେ ଗପ ଜମେ। କିଏ ପଚାରେ – 'ତମ ଘରେ ଆଜି କି ତୁଣ ହେଇଥିଲା?' ତା' ପରେ ଚାଲେ ନାନା କଥା – ଢିଙ୍କିଶାଳାରୁ ଢେଙ୍କାନାଳ। ଗପ ପରେ ଗପ। ଅବଳାମାନେ ଦୁର୍ବଳା, ଏଇଟି ଭ୍ରମ ଧାରଣା। ସେମାନେ କଥାବାର୍ତ୍ତା କଲାବେଳେ ଖୁବ୍ ସବଳା। ସେଦିନ ସେହି ସ୍ଥିତି। ପଣ୍ଡିତ୍‌ଜୀଙ୍କ ଧାରଣା 'ସ୍ତ୍ରୀ ଲୋକମାନଙ୍କର ବି ସଭା ନ କରାଇଦେବା ମତଲବ'। ସେ ରାଗ ତମ ତମ ହେଇ କହିଲେ – "ଯେଉଁମାନେ ମୋ ଭାଷଣ ଶୁଣିବାକୁ ରାଜି ନୁହନ୍ତି, ସେମାନେ ଉଠି ଚାଲି ଯାଆନ୍ତୁ। ଏଠି ଗୋଳମାଳ କରନ୍ତୁ ନାହିଁ।" ସ୍ୱେଚ୍ଛାସେବୀମାନେ ବଲାଙ୍ଗିର ଅଞ୍ଚଳର। ସ୍ତ୍ରୀଲୋକମାନଙ୍କୁ ସେଇ କଥା ବୁଝେଇଦେଲେ। ଚାହୁଁ ଚାହୁଁ ଖୁଆଡ଼ଟା ଅଧାଖାଲି। ନେହେରୁ ଆହୁରି ଉତ୍‌କ୍ଷିପ୍ତ ହେଲେ। ଟେବୁଲ ଉପରେ କ୍ରୋଧରେ ବିଧାଟାଏ ପିଟିଲେ। ଚିଠି ତାଙ୍କ ସ୍ମରଣକୁ ଆସିଗଲା। ଆରମ୍ଭ କଲେ – "ଇସ୍‌କୋ କୋନ୍ ଲିଖା ହୈ? ଓ ମରଦ୍ ହୈ ୟା ଔରତ୍ ହୈ? ଓ ମେରେ ସାମ୍‌ନେ ଆଯାୟେ ଓ ବେହୁଦା ହୈ, ଓ ବେଜବାନ ହୈ, ଓ ବଦ୍‌ତମିଜ୍ ହୈ।" ଏମିତି ଚାଲିଲା ଅନର୍ଗଳ ଗାଳି। ପଣ୍ଡିତଜୀଙ୍କ ରୁଦ୍ରମୂର୍ତ୍ତି। ଉପସ୍ଥିତ ପୁରୁଷମାନଙ୍କ ମଧ୍ୟରେ କୁହାକୁହି – "ହଇବୋ, କାଆଣ କହୁଛନ୍ ବୋ ଆମର ମହାରାଜାକେ ଗାଲି କରୁଛନ୍ ବୋ।' ଖାଲି କହିଲେନି ଦଳଦଳ ହୋଇ ଉଠିବାକୁ ଆରମ୍ଭ କଲେ। ବିଶ୍ୱନାଥ ବାବୁ ଅପ୍ରସ୍ତୁତ। ପ୍ରଧାନମନ୍ତ୍ରୀଙ୍କ ସଭା। ସେ ଓଡ଼ିଶା ପ୍ରଦେଶ କମିଟିର ସଭାପତି। ବିଚରା ହଡ଼ବଡ଼େଇ ଗଲେ। ଥରେ ଥରେ ଦୁଇହାତ ଉପରକୁ ଉଠାଇ 'ଶାନ୍ତି, ଶାନ୍ତି' କହୁଥାଆନ୍ତି। ଉଦ୍ଦେଶ୍ୟ ଲୋକଙ୍କୁ ଶୃଙ୍ଖଳିତ କରିବା। ନିରୀହ ଭଦ୍ରଲୋକ ବିଶ୍ୱନାଥ ବାବୁ। ତାଙ୍କ କଥା କିଏ ବା କାହିଁକି ଶୁଣିବ? କପିଳେଶ୍ୱର ବାବୁ ପଣ୍ଡିତଜୀଙ୍କୁ ସମ୍ଭାଳିବାକୁ ଚେଷ୍ଟା କରୁଥାଆନ୍ତି। ସବୁ ନିଷ୍ଫଳ। ସେତେବେଳେ ନେହେରୁଙ୍କୁ ସମ୍ଭାଳିବାକୁ ଚେଷ୍ଟା କରିବା ଯାହା, ନଈ ବଢ଼ିକି ବାଲିବନ୍ଧ ପକାଇବା ସେୟା। ପଣ୍ଡିତଜୀଙ୍କ ଭାଷଣ ଅଧା ରହିଲା। ସେ ଚୌକି ଉପରେ ବସିପଡ଼ିଲେ। ସଭା ଭାଙ୍ଗିଲା।

ତା' ପରଦିନ ସକାଳ। ଚିଠିର ନାୟକ ସୁରେନ୍ଦ୍ର ମହାନ୍ତି। ସାରା ବଲାଙ୍ଗିରରେ ତାଙ୍କର ଚର୍ଚ୍ଚା। ଆଗରୁ ତାଙ୍କୁ ସେଠାକା ବାସିନ୍ଦା କଟକିଆ ବିଚାରୁଥିଲେ। ବଲାଙ୍ଗିର ଲୋକ ଠିକ୍ ଭାବେ ଗ୍ରହଣ କରୁନଥିଲେ। ଏବେ କଟକୀ ଗନ୍ଧ ତାଙ୍କର ଏକବାର ଗାଏବ୍। ସୁରେନ୍ଦ୍ର ହେଇଗଲେ ସେମାନଙ୍କର ଆପଣାର। ବିଶ୍ୱନାଥ ବାବୁ ଏକ ଦୀର୍ଘ ବିବୃତି ଲେଖିଲେ। 'ସମାଜ' ଖବରକାଗଜ ବାହାର କଲା। ଏଥିରେ ଗଣତନ୍ତ୍ର ପରିଷଦ,

ପାଟ୍‌ନା ମହାରାଜାଙ୍କୁ ଦୋଷାରୋପ କରାଯାଇଥିଲା । ସୁରେନ୍ଦ୍ର ସରଳ ଭାଷାରେ ପ୍ରତିବାଦଟେ ଲେଖିଲେ । ମାତ୍ର 'ସମାଜ' ତାହା ପ୍ରକାଶ କଲାନି । ସାପ୍ତାହିକ 'ଗଣତନ୍ତ୍ର', ଏଥିରେ ପ୍ରକାଶ ପାଇଲା ଏକ ଦୀର୍ଘ ଲେଖା । ଖୋଲାଚିଠି ସମ୍ପର୍କିତ ସମସ୍ତ ବିଷୟ । ସୁରେନ୍ଦ୍ର ବିସ୍ତୃତ ଭାବରେ ଲେଖିଥିଲେ । ପଣ୍ଡିତ୍‌ଜୀ ବରଗଡ଼, ସମ୍ବଲପୁର, ଝାରସୁଗୁଡ଼ା, ଯେଉଁଠି ସଭା କଲେ, ସେଠିକି ସେଇ ଖୋଲାଚିଠିର ଚର୍ଚ୍ଚା । ଲେଖନୀ ଖୁବ୍ ଶକ୍ତିଶାଳୀ । ଏକଥା ସୁରେନ୍ଦ୍ର ସେଦିନ ବୁଝିଲେ ।

ଜନମତ ବର୍ଷା ପାଣି ପରି ! ତାହା ସବୁଆଡ଼େ ମାଡ଼ିଯାଏ । ତାକୁ ଠିକ୍ ଭାବେ ବାନ୍ଧି ରଖିବାକୁ ହେବ । ନଚେତ୍ ମାଟି ସବୁ ଶୋଷି ନେବ । କ୍ଷେତରେ ମାଡ଼ି ପାରିବ ନାହିଁ । ବନ୍ଧ ବାନ୍ଧିବା, ପ୍ରଣାଳୀ ପ୍ରସ୍ତୁତ କରିବା – ଏସବୁ ନିର୍ବାଚନର ସଂଗଠନ । ଆଗକୁ ସାଧାରଣ ନିର୍ବାଚନ । ଗଣତନ୍ତ୍ର ପରିଷଦର ପ୍ରାର୍ଥୀମାନେ ଅନଭିଜ୍ଞ । ମନୋନୟନ ପତ୍ର ଦାଖଲ, ଭୋଟ୍ ଗ୍ରହଣ, ଭୋଟ୍ ଗଣତି, ଫଳାଫଳ ଘୋଷଣା – ଏମିତି କେତେକ ଗୁରୁତ୍ୱପୂର୍ଣ୍ଣ ପ୍ରସଙ୍ଗ । ଏଥିରେ ପରିଷଦର ପ୍ରାର୍ଥୀମାନେ ଧାର ଧାରନ୍ତିନି । ମହାରାଜା ପାଟ୍‌ନାଙ୍କର ଶୈଳଶ୍ରୀ ପ୍ରସାଦ । ସେଇଠି ପରିଷଦର ଆୟୋଜିତ ହେଲା ଏକ ଶିକ୍ଷା ଶିବିର । ଗଣତନ୍ତ୍ର ପରିଷଦର ପ୍ରାର୍ଥୀମାନେ ଯୋଗଦେଲେ । ୧୯୫୧ ମସିହାର ରିପ୍ରେଜେଂଟେସନ୍ ଅଫ୍ ପିପୁଲ୍‌ସ ଆକ୍ଟ । ଏହାର କେତେକ ନିୟମାବଳୀ, ସୁରେନ୍ଦ୍ର ରାତିସାରା ପଢ଼ିଲେ । ଶିକ୍ଷା ଶିବିରରେ ବୁଝାଇ ଦେଲେ । ଟାଇପ୍‌କରା କାଗଜ ପ୍ରସ୍ତୁତ ହେଲା । ଏଥିରେ ନମିନେସନ୍ କିପରି ହେବ, ଏ ସମ୍ପର୍କରେ ତାଲିମ ଦିଆଗଲା । ଏଇଟି ଥିଲା ପୂର୍ବାଭ୍ୟାସ । ପ୍ରାର୍ଥୀପତ୍ର ଯାଞ୍ଚ ହେବ । କେଉଁ କେଉଁ ତ୍ରୁଟି ରହିଲେ ତାହା କଟିଯିବ । ଏଥିପାଇଁ ସତର୍କତା ବାଂଛନୀୟ । ଏକଥା ବି ବୁଝାଇ ଦିଆଗଲା । ସେହିପରି ବିରୋଧୀ ପ୍ରାର୍ଥୀଙ୍କ କି କି ତ୍ରୁଟି ଅଛି, ଏ ସମ୍ପର୍କରେ ଅଭିଯୋଗ କରିବାକୁ ହେବ; ଏଥିରେ ପ୍ରାର୍ଥୀମାନେ ଅଭ୍ୟସ୍ତ ହେଲେ । ଏହାର ସୁଫଳ ମିଳିଲା । କେଇଦିନ ପୂର୍ବର କଥା । ସେମାନେ ଅନ୍ଧାର ଘରେ ଭୁଆଁ ବୁଲୁଥିଲେ । ଟ୍ରେନିଂ କ୍ୟାମ୍ପରେ ସବୁ କଥା ବୁଝିଗଲେ । ନିର୍ବାଚନ ଲଢ଼ିବା ଆଉ ଜିତିବା । ଏଗୁଡ଼ିକ କୌଶଳ ପୂର୍ଣ୍ଣ କଥା । ଓଡ଼ିଶାର ଗଡ଼ଜାତ ରାଜ୍ୟ, ସେଠାରେ କଂଗ୍ରେସର ଅପଶାସନ, ଏ ବାବଦରେ ପ୍ରାର୍ଥୀମାନେ ଜନତାଙ୍କୁ ଅବଗତ କରାଇବେ । ମହାରାଜା ପାଟନା, ମହାରାଜା କଳାହାଣ୍ଡି, ବଲାଙ୍ଗିରର ଡାକ୍ତର ରାମପ୍ରସାଦ ମିଶ୍ର, କେନ୍ଦୁଝରର ରାଜ ବଲ୍ଲଭ ମିଶ୍ର, ସମ୍ବଲପୁରର ଶ୍ରଦ୍ଧାକର ସୁପକାର, ସୁନ୍ଦରଗଡ଼ର ହରିହର ପଟେଲ, ସୁନ୍ଦରମଣି ପଟେଲ, କୋରାପୁଟର ବୟୋଜ୍ୟେଷ୍ଠ ନେତା ହରିହର ମିଶ୍ର – ଏମାନେ ଗଣତନ୍ତ୍ର ପରିଷଦର ଟାଣୁଆ ସଦସ୍ୟ । ଭାଷଣ ଦେବାରେ ବି ଧୁରନ୍ଧର । ଏମାନଙ୍କୁ ଛାଡ଼ିଲେ ଜନତାଙ୍କୁ ପ୍ରଭାବିତ କରିବାର

ଦକ୍ଷତା ଅନ୍ୟମାନଙ୍କର ପ୍ରାୟ ନଥିଲା। ନେତାମାନେ ସିନା ଲଢ଼ିବେ, ଟାଣୁଆ କର୍ମୀଙ୍କ ଭୂମିକା ମଧ୍ୟ ଗୁରୁତ୍ୱପୂର୍ଣ୍ଣ। ଗାଆଁ ଗହଳି, ହାଟ ବଜାର, ପଥପ୍ରାନ୍ତ ସଭା ଲୋଡ଼ା। ଏହା ଦ୍ୱାରା ପ୍ରଚାର ପ୍ରସାର ଭଲ ହେବ। ଏଥି ପାଇଁ ସୁରେନ୍ଦ୍ର ଟକିଂ ପଏଣ୍ଟ୍ ତିଆରି କଲେ। ଛ' ସାତଟି ପାମ୍ପଲେଟ୍ ପ୍ରସ୍ତୁତ ହେଲା। ସାପ୍ତାହିକ 'ଗଣତନ୍ତ୍ର'ରେ ବିସ୍ତୃତ ଲେଖାମାନ ବାହାର କରାଗଲା। ନିର୍ବାଚନ ଆରମ୍ଭ ପୂର୍ବର ଏ ସମସ୍ତ ପ୍ରସ୍ତୁତି। ଏବେ ଲୋଡ଼ା ଟଙ୍କା, ନିର୍ବାଚନରେ ଠନ୍ ଠନ୍ ଗୋପାଲ, ଏହାର ଭୂମିକା ବି ମହତ୍ତ୍ୱପୂର୍ଣ୍ଣ। ପରିଷଦର ଟଙ୍କା କାହିଁ? ଭାଳେଣି ପଡ଼ିଲା।

ସୁରେନ୍ଦ୍ର ବିଚକ୍ଷଣ ରାଜନୀତିଜ୍ଞ। ଉପାୟଟେ ପାଞ୍ଚିଲେ। ମହାରାଜା ପାଟ୍‌ନାଙ୍କୁ ଜଣାଇଦେଲେ। ପରଦିନ ଲୁଇସିଂଗାରେ ସଭାଟେ ହେଲା। ସୁରେନ୍ଦ୍ରଙ୍କ ପ୍ରସ୍ତାବ କାର୍ଯ୍ୟକାରୀ ହେଲା। ମହାରାଜା କହିଲେ – "ମୁଁ ଦିନେ ବଲାଙ୍ଗିର ପାଟ୍‌ନାର ମହାରାଜା ଥିଲି। ଆଜି ମୋର ରାଜ୍ୟ ଯାଇଛି, ରାଜୁତି ଯାଇଛି, ପ୍ରିଭି – ପର୍ସ ଏକମାତ୍ର ମୋର ଅବଲମ୍ବନ। ମୁଁ ଦିନେ ତୁମମାନଙ୍କୁ ଚଳାଉଥିଲି, ଆମ ମଧ୍ୟରେ ଥିଲା ପିତାପୁତ୍ରର ସମ୍ପର୍କ। ତୁମକୁ ଚଳାଇବା ପାଇଁ ଆଜିର ନୂଆ ବ୍ୟବସ୍ଥାରେ ମୋତେ ନିର୍ବାଚନ ଲଢ଼ିବାକୁ ପଡ଼ିବ। ମୁଁ ତୁମମାନଙ୍କର ପ୍ରତିନିଧି ରୂପେ ନିର୍ବାଚିତ ହେଲେ, ତୁମ ହାନିଲାଭ ଭଲମନ୍ଦ ବୁଝିବି। କିନ୍ତୁ ସେଥିପାଇଁ ଟଙ୍କା ଦରକାର। ମୋ ପାଖରେ ଟଙ୍କା ନାହିଁ। ମୁଁ ତୁମମାନଙ୍କର ଭଲମନ୍ଦରେ ଦିନେ ସାହାଯ୍ୟ କରୁଥିଲି। ଆଜି ତୁମ ଠାରୁ ସାହାଯ୍ୟ ମାଗୁଛି।" ରାଜା ଏତିକି କହିଲେ। ମାତ୍ର ନିଜ ଲୁଗା କାନିଟା ଟେକି ପାରିଲେନି। ପଂଜାବିର ଝୁଲାଟା, ତାକୁ ଲୁଗାକାନି ପରି ଦେଖାଇଲେ। ସୃଷ୍ଟି ହେଲା ଗୋଟେ ବିରାଟ ଭାବବିହ୍ୱଳ ପରିବେଶ। ବୁଢ଼ାବୁଢ଼ୀ ଲୋକେ ଭୋ-ଭୋ ହୋଇ କାନ୍ଦି ଉଠିଲେ। ଯିଏ ଥିଲା ମହାରାଜା – ଆଜି ସେ ଭିକ ମାଗୁଛନ୍ତି – ପୁଣି ଆମର ପାଇଁ – ଏହାହିଁ ଥିଲା ସେମାନଙ୍କର ମନୋଗତ ଧାରଣା। ସ୍ତ୍ରୀଲୋକମାନଙ୍କ ହାତ କତରିଆ ବନ୍ଦରିଆ, ସୁକି ଆଠଣି – ଏପରି କି ଟଙ୍କାର ବୃଷ୍ଟି। ରାଜା ନିଜେ ବିଶ୍ୱାସ କରି ନଥିଲେ। ରାଜା-ପ୍ରଜା, ଦିନେ ଥିଲା ଖାଦକ-ଖାଦ୍ୟର ସମ୍ପର୍କ। ମାତ୍ର ନିରୀହ ପ୍ରଜାଙ୍କର ରାଜାଙ୍କ ପ୍ରତି ଗଭୀର ବିଶ୍ୱାସ ! ସେଦିନ ମିଳିଥିବା ସୁକି, ଆଠଣି, ଟଙ୍କା-ଦି'ଟା ଟୋକେଇରେ ଭର୍ତ୍ତି। ଗଣିବାର ସୁଯୋଗ ନଥିଲା। ଟୋକେଇ ସହ ଗାଡ଼ି ଭିତରକୁ ଅଣାଗଲା। ସୁରେନ୍ଦ୍ର ରାଜାଙ୍କୁ ପୁନଃ ପରାମର୍ଶ ଦେଲେ। ପ୍ରତିଟି ସଭାରେ ଏଇ ନାଟକ କରିବାକୁ କହିଲେ। ହେଲେ ମହାରାଜାଙ୍କ ଆତ୍ମସମ୍ମାନ, ଅହଂକାର ବାଟ ଓଗାଳିଲା। ତା' ପରଠାରୁ ଆଉ ସେମିତି ସଭାରେ କହିଲେ ନାହିଁ। ଶେଷରେ ଦୁଇଟି ସିଦ୍ଧାନ୍ତ ହେଲା – (୧) କଳାହାଣ୍ଡି ମହାରାଜା ପ୍ରତାପ କେଶରୀ ଦେଓ ଟ୍ରେଜରର୍। ସେ ନିର୍ବାଚନ କଥା ବୁଝିବେ। (୨)

ମହାରାଜା ସ୍ୱୟଂ ବଲାଙ୍ଗିରର ଦଶଟି ଆସନର ଦାୟିତ୍ୱ ନେବେ। ପ୍ରଥମ ସାଧାରଣ ନିର୍ବାଚନ ଶେଷ। ମହାରାଜା ପାଟ୍‌ନା ଲୋକସଭା ବା ହାଉସ୍ ଅଫ୍ ଦି ପିପୁଲ୍‌ସର ପ୍ରାର୍ଥୀ। ଗୋଟିକ ପରେ ଗୋଟିଏ ଫଳ ବାହାରିଲା। ପୂର୍ବତନ ଗଡ଼ଜାତ। ସେଠାରୁ ଗଣତନ୍ତ୍ର ପରିଷଦ ୩୧ଟି ଆସନ ପାଇଲା। ସମସ୍ତେ ଆଶ୍ଚର୍ଯ୍ୟ। ଓଡ଼ିଶା ବିଧାନସଭା, ମୁଖ୍ୟ ବିରୋଧୀ ଦଳ ଆସନରେ ଗଣତନ୍ତ୍ର ପରିଷଦ। ଏହାର ଲିଡ଼ର ବିରୋଧୀ ଦଳନେତା। ଏ ତ କମ୍ ବଡ଼ ସଫଳତା ନଥିଲା। ଶ୍ରଦ୍ଧାକର ସୁପକାର ବିରୋଧୀ ଦଳ ନେତା ନିର୍ବାଚିତ ହେଲେ। ଏ ପ୍ରସ୍ତାବ ଦେଇଥିଲେ କଳାହାଣ୍ଡି ମହାରାଜା। ବିଧାନ ସଭାରେ ବିରୋଧୀ ଦଳର ସମ୍ପାଦକ ପାଇଁ ଭାଳେଣି ପଡ଼ିଲା। ପ୍ରଶ୍ନ ତିଆରି, ନୋଟିସ୍ ଦିଆଯିବା, ରିଜୋଲ୍ୟୁସନ୍ ଚିଠା ପ୍ରସ୍ତୁତି, ପ୍ରାଇଭେଟ୍ ମେମ୍ବରର୍ସ ବିଲ୍ - ଏମିତି ନାନାଦି କାର୍ଯ୍ୟ। ଗଣତନ୍ତ୍ର ପରିଷଦର ସଭ୍ୟମାନେ ଏଥିରେ ଅଭ୍ୟସ୍ତ ନଥିଲେ। ଶେଷରେ ଅଫିସ୍ ସମ୍ପାଦକ ଭାବେ ସୁରେନ୍ଦ୍ର ମନୋନୀତ ହେଲେ। ଏବେ ବଲାଙ୍ଗିରରେ ତାଙ୍କ କାମ ଶେଷ। ସେ କଟକ ଫେରିଲେ।

ଜନମତ ବଢ଼ିଲା ନଈର ସୁଅ, କେଉଁ ମହାରାଜା ଅବା ପ୍ରଧାନମନ୍ତ୍ରୀ ଏହାକୁ ବାନ୍ଧି ପାରିବେ ? ଜନମତକୁ ଆପଣା ଆଡ଼େ ମୁହାଁଇବା; ଏଥିପାଇଁ କୌଶଳ ଲୋଡ଼ା। ସୁରେନ୍ଦ୍ରଙ୍କ ପଣ୍ଡିତ୍‌ଜୀଙ୍କୁ ଖୋଲାଚିଠି ଥିଲା ଗୋଟେ ଅମୋଘ ଅସ୍ତ୍ର। ତାକୁ ପ୍ରତିହତ କରିବା ନେହେରୁଙ୍କ ପକ୍ଷେ ସମ୍ଭବ ନଥିଲା। ତାହା ପ୍ରମାଣିତ ହେଲା ପ୍ରଥମ ସାଧାରଣ ନିର୍ବାଚନରେ।

■

ଜୀବନ ଛାଇ ଆଲୁଅର ଖେଳ

ଜୀବନ ଅତି ଆପଣାର। କେବେ ଛାଇ କେବେ ଆଲୁଅ। କିଛି ହସ କିଛି କାନ୍ଦ - ଏ ସବୁର ଲୁଚକାଳି ଖେଳ। ତା'ରି ଭିତରେ ଜୀବନ। ଜଟିଳ, ଜଞ୍ଜାଳ, ଜ୍ୱାଳାମୟ, କେତେ କେତେ ଘାତ ପ୍ରତିଘାତ ସଂଘାତ ପୂର୍ଣ୍ଣ। ଆସେ ସୁଖ, ଜୀବନ ଚହଟିଯାଏ। ଏଣିକି ହସ-ଖୁସି-ଆନନ୍ଦ। ସୁଖ ବାଟ କାଟେ, ଦୁଃଖ ଧସେଇ ପଶେ। ଉଜାଡ଼ି ଦିଏ ହସିଲା ପୂରିଲା ଜୀବନ କ୍ଷେତ। ବଞ୍ଚିବା ପାଇଁ ଆରମ୍ଭ ହୁଏ ସଂଗ୍ରାମ। କେବେ ସଫଳ ତ କେବେ ବିଫଳ। ତଥାପି ଜୀବନ ଚାଲିଛି। ଛାଇ ତା'ର ଭାରି ନିଜର, ଠିକ୍ ସେମିତି ଦୁଃଖ। କିନ୍ତୁ ସୁଖ ଅଳୀକ, ଅବାସ୍ତବ। ହାତେ ଆସି ହାତୁ ପଡ଼ିଯାଏ, ତାହା ବସ୍ତୁ ନୁହେଁ, ଧୂମମାତ୍ର। ଆକାଶ କୁସୁମ ସମ। ସେଇଥି ପାଇଁ ସୁଖ ପରଦେଶୀ, ଦୁଃଖ ଆପଣାର। ଏ କଥାଟି ବୁଝିଛନ୍ତି କବି, କଳାକାର, ସାହିତ୍ୟିକ। ବୁଝିଥିଲେ ଲବ୍ଧପ୍ରତିଷ୍ଠ ସାହିତ୍ୟିକ ସୁରେନ୍ଦ୍ର ମହାନ୍ତି। ତାଙ୍କ ଜୀବନ ସଂଘର୍ଷମୟ। ସେ ଅନୁଭବ କରିଥିଲେ - ଯେଉଁଠି ଛାଇ, ସେଇଠି ଆଲୁଅ। ଛାଇ ନଥିଲେ ଆଲୁଅର ବା କି ମାଦକତା ? ଯେମିତି ଅମାବାସ୍ୟା ଆଉ ପୂର୍ଣ୍ଣିମା। ପୂର୍ଣ୍ଣିମାର ଜ୍ୟୋସ୍ନା, ଅମାବାସ୍ୟାର ଅନ୍ଧାର। ସୁରେନ୍ଦ୍ରଙ୍କ ପାଇଁ ଉଭୟଟି ଖୁବ୍ ସୁନ୍ଦର। ଦୁଃଖରେ ଆଉଟୁ ପାଉଟୁ ତାଙ୍କ ଜୀବନ କଥା। ବାଣ୍ଟିଛନ୍ତି ଆପଣାର ଆତ୍ମଜୀବନୀ 'ପଥ ଓ ପୃଥିବୀ'ରେ।

'ଜନତା' ସାପ୍ତାହିକୀ। ପ୍ରାକ୍ ସ୍ୱାଧୀନତା କାଳ। ଓଡ଼ିଶାରେ କଂଗ୍ରେସ ଶାସନ। ଏକମାତ୍ର ସତ୍ତାବିରୋଧୀ ପତ୍ରିକା 'ଜନତା'। ସୁରେନ୍ଦ୍ର ନିର୍ଭୀକ ସାମ୍ବାଦିକ। ଶାସନର 'ସୁ', 'କୁ' - ଏ ଦିଗ ଉପରେ ଲେଖନ୍ତି ସମ୍ପାଦକୀୟ ସ୍ତମ୍ଭ। ଏଥିପାଇଁ ତାଙ୍କୁ ଜେଲ୍ ଯିବାକୁ ହେଲା। ପୂରା ୩୬ ଦିନ। ଜେଲଖାନାରୁ ମୁକୁଳିଲେ। 'ଜନତା'ର ପୁନଃ ପ୍ରକାଶନ ପାଇଁ ବଜ୍ର ଶପଥ। ସୁରେନ୍ଦ୍ରଙ୍କ ଅନୁପସ୍ଥିତି। ତେଣେ ଶାସକ ଦଳର ତଳିତଳାନ୍ତ କରିବାର ଚକ୍ରାନ୍ତ। ପୁଲିସ ଆସିଲେ। ପ୍ରେସ୍‌ର ଶ୍ରୀ ତୁଟିଲା। ପୁଲିସବାଲା ଦି' ଦିଥର

ଖାନତଲାସି କଲେ। ସବ୍‌ସ୍କ୍ରାଇବର ରେଜିଷ୍ଟାର, ଆଡ୍‌ଭରଟାଇଜ୍‌ମେଣ୍ଟ ରେଜିଷ୍ଟର, ବ୍ୟବସାୟିକ କାଗଜପତ୍ର; ସବୁ ଗାଏବ। ଇଂରେଜ ପୁଲିସ। ପୂରା ଲଗାମ ଛଡ଼ା। କିଏ ବା କ'ଣ କରିପାରିବ? ଏଥି ସହ କର୍ମଚାରୀଙ୍କ ଚଞ୍ଚଳତା। ଆଠଟା ଅକ୍ଷର କେଶ୍, ଏଥିରେ ଶିଶା ଟାଇପ୍, କେଉଁଠି ଅଧା ତ କେଉଁଠି ଚଉପା। ଜାପାନୀ ସିଙ୍ଗଲ କ୍ରାଉନ୍ ମେସିନ୍‌ଟା, ପଡ଼ିଛି କଙ୍କାଳ ପରି। ପ୍ରେସ୍ ଜଗାରଖା କରେ ଚଉକିଦାର। ତା' ମାସିକ ଦରମା ଦଶଟଙ୍କା। ଦରମା ପାଇଲାନି। ଛାଡ଼ି ପଳେଇଲା। ଯାହା ହବାର ସେୟା ହେଲା। ସୁରେନ୍ଦ୍ର ମୁଣ୍ଡରେ ହାତ ଦେଲେ। ନବବିବାହିତା ପତ୍ନୀ, କୋଳରେ ଦେଢ଼ବର୍ଷର କନ୍ୟା ଛବି (ଲୋପାମୁଦ୍ରା)। ଆର୍ଥିକ ଅନଟନ, ପତ୍ନୀଙ୍କ 'ମୋରେଲ' ଭାଙ୍ଗିପଡ଼ିଥାଏ। ଘର ମାଲିକଙ୍କର ଭଡ଼ାବାକି, ଦି' ଥର ଫେରିଲେଣି। ଇଂରାଜୀ ପତ୍ରିକା 'ଭେନ୍‌ଗାର୍ଡ଼', ବାହାରୁ ଥାଏ ଦିଲ୍ଲୀରୁ। ସୁରେନ୍ଦ୍ର ଏହାର ଓଡ଼ିଶା ସମ୍ବାଦଦାତା। ସେ ମାସର ପାରିଶ୍ରମିକ ୪୫ ଟଙ୍କା। ଆସିଥାଏ ଚେକ୍ ଆକାରରେ। ସେତେବେଳେ ସମ୍ବାଦଦାତାଙ୍କର ନଥାଏ ନିର୍ଦ୍ଦିଷ୍ଟ ଦରମା। ସ୍କେଲ୍ ପକାଇ ଇଞ୍ଚରେ ମପାଯାଏ। ସେଇ ଅନୁଯାୟୀ ପାରିଶ୍ରମିକ। ଆହ୍ଲାବାଦରୁ ବାହାରୁଥାଏ 'ନିଉ ହୋରାଇଜୋନ୍'। ଏଇଟି ମଧ୍ୟ ଇଂରାଜୀ ପତ୍ରିକା। ଏଥିରେ ସୁରେନ୍ଦ୍ରଙ୍କର ପ୍ରବନ୍ଧଟିଏ ବାହାରିଥାଏ। ସେ ବାବଦକୁ ଚେକ୍‌ଟିଏ ଆସିଥାଏ ପଚିଶ ଟଙ୍କା। ଏଥି ସହିତ ଜନତାରେ ବାହାରି ଥିଲା ଆଡ୍‌ଭରଟାଇଜ୍‌ମେଣ୍ଟ। ସେ ବାବଦକୁ କିଛି ମନିଅର୍ଡ଼ର। ସବୁ ମିଶି ପଞ୍ଚସ୍ତରି ଟଙ୍କା। ସୁରେନ୍ଦ୍ର ଆଶ୍ୱସ୍ତ ହେଲେ। ଯେନତେନ ପ୍ରକାରେ ମାସଟିଏ। ତେଲ ଲୁଣ, ଘର ସଉଦା, କଷ୍ଟେମେଷ୍ଟେ ଚଳିହେବ। ମାତ୍ର ପତ୍ରିକା ସମ୍ପାଦନା, ଲୁହାର ବଡ଼ ଚଣା ଚୋବାଇବା ପରି। ଏଥିରେ ଆଲୁଅ ବା କାହିଁ? ଖାଲି ଛାଇ ହିଁ ଛାଇ?

ଜୀବନ ଗତିଶୀଳ। ଖାଲି ଚଳିଯିବାଟା ବଡ଼ କଥା ନୁହେଁ। ସବୁ ମଣିଷ ଚଳନ୍ତି। କିଏ ସୁଖରେ, କିଏ ଦୁଃଖରେ। କିନ୍ତୁ ଚଳନ୍ତି ଠିକ୍। ଏ ତ ବିଧିର ବିଧାନ! 'ଜନତା'ର ପୁନରୁଦ୍ଧାର, ଏଇଟି ବର୍ତ୍ତମାନର ବଡ଼ ଆବଶ୍ୟକତା। ମନ କହୁଛି, ଅର୍ଥ କାହିଁ? ଅତି କମ୍‌ରେ ପାଞ୍ଚଶହ ଟଙ୍କା, ସେତେବେଳେ ବିରାଟ କଥା। ସ୍ତ୍ରୀ ରେଣୁକା। ସୁରେନ୍ଦ୍ରଙ୍କର ସୁଖ ଦୁଃଖର ସାଥୀ। ତାଙ୍କ ଗଳାରେ ସୁନାହାରଟିଏ। ସୁରେନ୍ଦ୍ର ହାରଟି ତାଙ୍କଠାରୁ ଆଣିଲେ। ଛ' ମାସ ପାଇଁ ବନ୍ଧା ପକାଇଲେ। ସ୍ତ୍ରୀଙ୍କ ମନ ବହଲେଇ ଦେଲେ। ସେ ପରିଚାଳିକା, ସବୁ ସୁନାମ ତାଙ୍କର। ସମ୍ପାଦକ ତ ନାମକୁ ମାତ୍ର, ତାଙ୍କ ନିରାଭରଣ ଗଳା ବେଶ୍ ସୁନ୍ଦର – ଏମିତି କଥା ମାନ କହିଲେ। ହେଲେ ତାଙ୍କ ଅନ୍ତର ହା-ହା କାର କରୁଥାଏ। ପ୍ରତିଟି ଶବ୍ଦରେ କାରୁଣ୍ୟର ବ୍ୟଞ୍ଜନା। ତାଙ୍କ ପୁରୁଷାକାର ଆସ୍ତେ ନିମ୍ନଗାମୀ ହେଲା। ସୁରେନ୍ଦ୍ର ସବୁ ବୁଝିଲେ। ଅଗତ୍ୟା ଚାରା ବା କ'ଣ? ସ୍ତ୍ରୀଙ୍କ

ଗହଣା ବନ୍ଧା ଟଙ୍କା। ସେଇ ଟଙ୍କାରେ 'ଜନତା'ର ପ୍ରସ୍ତୁତି ପର୍ବ। ପୁରୁଣା କର୍ମଚାରୀ ଆସିଲେ। ଦରମା ପାଇବାର ପ୍ରତିଶ୍ରୁତି ପାଇଲେ। ବାକି ଲୋଡ଼ା ଟାଇପ୍। କଟକର ନାଁ ଡାକ ଟାଇପ୍ ପ୍ରସ୍ତୁତକାରୀ କପିଳ। ତାଙ୍କ ଟାଇପ୍ ଖୁବ୍ ପ୍ରସିଦ୍ଧ। ସେ ନିଜ ହାତରେ ଛେଣି ମାରେ। ସୁନ୍ଦର ସୁନ୍ଦର ଟାଇପ୍ ତିଆରି କରେ। ସୁରେନ୍ଦ୍ର ତାଙ୍କୁ ପଚାଶ ଟଙ୍କା ଅଗ୍ରିମ ଦେଲେ। ଆବଶ୍ୟକ ଟାଇପ୍ ଯୋଗାଇବାକୁ ଅନୁରୋଧ ରଖିଲେ। ସୁରେନ୍ଦ୍ରଙ୍କ ଦୁରବସ୍ଥା। ଏ କଥାଟି କପିଳ ମିସ୍ତ୍ରୀଙ୍କୁ ଅଛପା ନଥିଲା, ସେ ରାଜିହେଲେ। ଆବଶ୍ୟକୀୟ ଟାଇପ୍ ବି ଯୋଗାଇ ଦେଲେ। 'ଜନତା' ପୁନଃ ଆତ୍ମପ୍ରକାଶ କଲା। ଆସି ପହଞ୍ଚିଲେ ହକର୍ ତରେଇ। 'ଜନତା' ସହ ବିଜୁଳି ପତ୍ରିକା, କଟକବାସୀ ପୁଣି ଶୁଣିଲେ। ସେଇ ପୁରୁଣା କଥା - "ବିଜୁଳି, ଶାସନ ଗଲାଣି ବଦଳି।" ସୁରେନ୍ଦ୍ର ହେଜିଲେ। ତଥାକଥିତ ବଡ଼ଲୋକ, ତାଙ୍କ ମନ ବୋଲି କିଛି ନାହିଁ। ବଡ଼ କାମରେ କେବେ ସହାୟତା କରନ୍ତିନି। ସମାଜର ନିମ୍ନବର୍ଗର ଲୋକ, ତାଙ୍କ ଠାରୁ ଥରୁଟିଏ ଶ୍ରଦ୍ଧା, ଆଶୀର୍ବାଦ ଆଉ ସାହାଯ୍ୟ; ଏଥିରେ ଅସାଧ ମଧ୍ୟ ସାଧନ ହୁଏ। କପିଳ ମସ୍ତ୍ରୀ, ରହିଗଲେ ତାଙ୍କ ହୃଦୟରେ ଗାରଟିଏ ହୋଇ।

ଦିନ ଗଡ଼ି ଚାଲିଲା। ଅନଟନର ଛାଇ ଲମ୍ବି ଲମ୍ବି ଆସିଲା। 'ଜନତା'ର ଢୋକେ ପିଇ ଦଣ୍ଡେ ଜୀଇ ଅବସ୍ଥା। ଓଡ଼ିଶା ସରକାର ଦିଅନ୍ତି ଆଡଭରଟାଇଜ୍‌ମେଣ୍ଟ। ସେ ପୁଣି କାଁ ଭାଁ, କେତୋଟି। ରାଜନୀତିକ ଆକ୍ରୋଶ ବଢ଼ିଲା। ସରକାର ତାକୁ ବି ବନ୍ଦ କରିଦେଲେ। ଏଜେଣ୍ଟମାନେ ଯାହା ତ ଦିଅନ୍ତି ? ତାଙ୍କ ଉପରେ ଶହ ଶହ ଟଙ୍କା ବାକି। ମାଗି ମାଗି ଥକତ। ଟଙ୍କା ତ ମିଳେନି, ଶେଷରେ କାଗଜ ନେବା ବନ୍ଦ କରି ଦିଅନ୍ତି। 'ଜନତା'କୁ ନିୟମିତ କାଢ଼ିବା ଅସମ୍ଭବ ହୋଇଗଲା। ଦିନକର ରାତି, ସପରିବାର ମଇଦା ଲେହି ଖାଇ ରହିଲେ। ଆଉ ଦିନକର କଥା। କୌଣସି ମନି ଅର୍ଡ଼ର ନାହିଁ। ସନ୍ଧ୍ୟାରେ ସଉଦା ଆସିବ। ସ୍ତ୍ରୀ ବିଷଣ୍ଣ। ସୁରେନ୍ଦ୍ର ପ୍ଲେଟେ 'ପରିଜ୍' ଆଣିଦେଲେ। ଟିକେ କ୍ଷୀର, ସାଥିରେ ଅଳ୍ପ ଚିନି। ବେଶ୍ ସ୍ୱାଦିଷ୍ଟ ବ୍ୟଞ୍ଜନ - ଏ କଥା ବି କହିଲେ। ମାତ୍ର ସ୍ତ୍ରୀ ଖାଇଲେନି, ଗିଲାସେ ପାଣି; ସେଇ ତାଙ୍କର ରାତି ଆହାର। ସୁରେନ୍ଦ୍ର ମନେ ମନେ ଆଘାତ ପାଇଲେ। କାଗଜ ବାହାରୁଛି, କେବଳ ନାଁ ଟିକକ ଯାହା। ଏଣେ ପେଟ ଅପୂରା, ଆଉ କେତେ ଦିନ, ଘରୁ ଭାତ ଖାଇ ଘୋଡ଼ା ଆଗରେ ଦଉଡ଼ା। ମନେ ମନେ ସ୍ଥିର କଲେ, ଚାକିରି କରିବେ, ଆଉ କାଗଜ ପଛରେ ଗୋଡ଼େଇବେନି।

ସୁରେନ୍ଦ୍ରଙ୍କ ଶ୍ୱଶୁର ମଧୁସୂଦନ ମହାନ୍ତି। ତାଙ୍କର ଜଣେ ସମ୍ପର୍କିତ ବନ୍ଧୁ। ଥାଆନ୍ତି ଜାମ୍‌ସେଦପୁର ଟାଟା କମ୍ପାନୀରେ ପବ୍ଲିକ୍ ରିଲେସନ ଡିପାର୍ଟମେଣ୍ଟରେ। ତାଙ୍କ କତିକି

ଯିବାକୁ ହେବ। ପକେଟ୍ ଖାଲି। ପୁଣି ସ୍ତ୍ରୀଙ୍କ ଗହଣାରୁ ଖଣ୍ଡେ ବନ୍ଧା ପକାଇଲେ। ଆଣିଲେ ଦେଢ଼ଶହ ଟଙ୍କା। ଶ୍ୱଶୁରଙ୍କ ବନ୍ଧୁଙ୍କୁ ଭେଟିଲେ। ସହଜେ ତ ସୁରେନ୍ଦ୍ରଙ୍କର ଭବଘୂରା, ବନ୍ୟ ଚେହେରା। ଭଦ୍ରବ୍ୟକ୍ତି 'ଇମ୍ପ୍ରେସଡ୍' ହେଲେନି। ତାଙ୍କର ଗୋଟାଏ ରେକମେଣ୍ଡେସନ୍ ଲୋଡ଼ା। ତାହା ପୁଣି ଷଢ଼େଇକଳା ରାଜାଙ୍କ ଠାରୁ। ମହାରାଜଜୀ ତାଙ୍କ ପତ୍ରିକାର ଗ୍ରାହକ, ନିଶ୍ଚୟ ସାହାଯ୍ୟ କରିବେ। ଏ ଆଶାଟି ସୁରେନ୍ଦ୍ରଙ୍କର ମନରେ ଉଦ୍ରେକ ହେଲା। ମଣିଷ ବିଚାରେ ଆନ, ଦଇବ ବିଚାରେ ଆନ। ମଣିଷ ନିଜକୁ ବଡ଼ ମଣେ। ପ୍ରକୃତରେ ଦୁନିଆଟା ଅଦ୍ଭୁତ। ସେ କଥାକୁ ଗ୍ରହଣ କରେନି। ଷଢ଼େଇକଳା ମହାରାଜଙ୍କ ପ୍ରାଇଭେଟ୍ ସେକ୍ରେଟାରି, ରୋକ୍‌ଠୋକ୍ କହିଲେ - "ହିଜ୍ ହାଇନେସ୍ ବିନା ଇଂଟ୍ରୋଡକ୍‌ସନରେ ଆପଣଙ୍କୁ ରେକମେଣ୍ଡେସନ୍ ଦେବେ ନାହିଁ।" ସୁରେନ୍ଦ୍ରଙ୍କୁ ପାଟ୍‌ନେଶଙ୍କ ପାଖକୁ ପଠାଇଲେ। ସୁରେନ୍ଦ୍ର ପଚାରି ବୁଝିଲେ, ପାଟ୍‌ନେଶ ଅର୍ଥ - ହିଜ୍ ହାଇନେସ୍ ପାଟନା। ସୁରେନ୍ଦ୍ର ଆଶ୍ୱସ୍ତ। ପାଟନା ମହାରାଜା ରାଜେନ୍ଦ୍ର ନାରାୟଣ। ତାଙ୍କ ସହ ଘନିଷ୍ଠ ସମ୍ପର୍କ। ଅବଶ୍ୟ ଏଇ ଜନତା ପତ୍ରିକାରୁ। ରାଜା ସୁରେନ୍ଦ୍ରଙ୍କ ଲେଖାର ଜଣେ ବିଦଗ୍ଧ ପାଠକ। ଆସିଥାଆନ୍ତି ସୁନ୍ଦରଗଡ଼। 'କୋଶଳ ଉତ୍କଳ ପ୍ରଜା ପରିଷଦ'ରେ ଭାଗ ନେଇଥାଆନ୍ତି। ରାଜାଙ୍କର ଖୁବ୍ ସାନଗଳାରେ କଥାବାର୍ତ୍ତା , ସରୁ ମୋଲାୟମ କଣ୍ଠ, ଅଥଚ କଥାରେ ଦୃଢ଼ତା। ସୁରେନ୍ଦ୍ରଙ୍କ ସହ ଆଳାପରେ ମଜ୍ଜିଗଲେ। ପ୍ରଥମେ ରାଜନୀତି କଥା, ପରେ ବ୍ୟକ୍ତିଗତ ବିଷୟ, ଏମିତି ଚାଲିଲା। ସୁରେନ୍ଦ୍ରଙ୍କ ଉଦ୍ଦେଶ୍ୟ ଅଧୁରା ରହିଗଲା।

'କୋଶଳ ଉତ୍କଳ ପ୍ରଜା ପରିଷଦ'ର ବାର୍ଷିକ ଉତ୍ସବ। ଚାଲିଥାଏ ସୁନ୍ଦରଗଡ଼ରେ। ଇଏ ବୋଧହୁଏ ୧୯୪୮ ମସିହାର କଥା। ସେତେବେଳେ ମହାରାଜା ପାଟନା, ମହାରାଜା କଳାହାଣ୍ଡି; ସେମାନେ ରାଜନୀତିଠୁ ଦୂରରେ। ମହାରାଜା ପାଟନା କେବଳ ପରାମର୍ଶଦାତା। ଅନୁଷ୍ଠାନର ସଭାପତି ହୋମିଓପ୍ୟାଥିକ ଡାକ୍ତର ନଟବର ପାଣ୍ଡେ। ସମ୍ପାଦକ ରାଜବଲ୍ଲଭ ମିଶ୍ର। ପ୍ରାୟ ଶହେ ଖଣ୍ଡେ ପ୍ରତିନିଧି, ଆସିଥାଆନ୍ତି ପୂର୍ବତନ ଗଡ଼ଜାତରୁ। ବଡ଼ ପୋଖରୀଟିଏ। ହୁଡ଼ା ଚାରିପଟେ ଧାଡ଼ିଧାଡ଼ି କୁଡ଼ିଆ। ସବୁ ଜଙ୍ଗଲୀ ଝାଟିରେ ତିଆରି। ଛଣ ବିଛା ଯାଇଛି। ସବୁ ପ୍ରତିନିଧି ଆପଣା ବିଛଣା ପାରି ଶୁଅନ୍ତି। ପୋଖରୀ ପାଖରେ ରୋଷଶାଳା। ସେଇଠି ଖାଦ୍ୟ ପ୍ରସ୍ତୁତ। ସେଦିନର ଅଧିବେଶନ। ନଥିଲେ ମୁଖ୍ୟ ଅତିଥି। ମହାରାଜାଙ୍କ ଅନୁରୋଧ ସୁରେନ୍ଦ୍ର ରଖିଲେ। କୋଶଳ ଉତ୍କଳ ପରିଷଦର ସାନ୍ଧ୍ୟ ଅଧିବେଶନ, ସୁରେନ୍ଦ୍ର ବକ୍ତୃତା ଦେଲେ। ଘନଘନ କରତାଳି। ଉପସ୍ଥିତ ସଦସ୍ୟମାନଙ୍କ ଭୂରି ଭୂରି ପ୍ରଶଂସା। ରାଜା ବି ଗଭୀର ଭାବେ ପ୍ରଭାବିତ ହେଲେ। ସଭା ସରିଲା। ସେଇ ସର୍କିଟ୍ ହାଉସ୍‌ରେ ରହଣି। 'ଜନତା' କିପରି ଚାଲିଛି ? ରାଜନୀତିକ ପ୍ରତିକ୍ରିୟା ପ୍ରକାଶ, ଏଇଟି ପତ୍ରିକାଟିର ବିଶେଷତ୍ୱ।

କଂଗ୍ରେସ ଏକମାତ୍ର ଦଳ। ଗଣତନ୍ତ୍ର ଉଧେଇ ପାରୁନି, ଦଳରେ ବିଚାର ନାହିଁ। ଖାଲି ବିଶ୍ୱାସ, ଭକ୍ତି - ଏ ଦୁଇଟି ଦଳକୁ କାଳିମାଗ୍ରସ୍ତ କରିଛି - ଏମିତି ସବୁ କଥା; ରାଜା କହି ଚାଲିଲେ। ସୁରେନ୍ଦ୍ର ମୁହଁ ଶୁଖେଇ କହିଲେ - 'ମହାରାଜ ସାହେବ। 'ଜନତା'କୁ ଆଉ ବଂଚେଇ ହେବନି। କିନ୍ତୁ ମହାରାଜ 'ଜନତା'ର ଦୀର୍ଘଜୀବନ କାମନା କଲେ। ଏଥିପାଇଁ ଆବଶ୍ୟକ ଅର୍ଥ ପ୍ରସଙ୍ଗ ଉଠିଲା। ମାସରେ ଚାରିଟା 'ଇସୁ'। ଏଥିପାଇଁ ହଜାରେ ଟଙ୍କା, ତାଙ୍କ ଚଳିବା ପାଇଁ ପାଞ୍ଚଶହ। ଏମିତି ମିଶି ଦେଢ଼ ହଜାରେ। ମାସିକ ଏତିକି ଅର୍ଥ ଲୋଡ଼ା। ଏମିତି ଦେଢ଼ବର୍ଷ, ତା' ପରେ 'ଜନତା' ନିଜ ଗୋଡ଼ ଦମ୍ଭ କରିବ - ସୁରେନ୍ଦ୍ର ଏସବୁ କହିଲେ। ଟଙ୍କା ପାଇଁ ପତ୍ରିକା ବନ୍ଦ; ତାହା ହେବାକୁ ଦିଆ ଯିବନି - ମହାରାଜା ଦୃଢ଼ ସ୍ୱରରେ କହିଲେ। ସେଇ ମାସରେ ସେ ଦେବେ ଦେଢ଼ ହଜାର, ଆଉ ମାସକୁ କଳାହାଣ୍ଡି ରାଜା, ଏମିତି କ୍ରମରେ ଟଙ୍କା ମିଳିଯିବ। ସୁରେନ୍ଦ୍ର ଅବାକ୍ ହୋଇଲେ। ଭଗବାନଙ୍କୁ ଧନ୍ୟବାଦ ଦେଲେ। ଟାଟା କମ୍ପାନୀରେ ସାମାନ୍ୟ ଚାକିରି। ଏଥିପାଇଁ 'ଉମେଦ୍ୱାର'। ପୁଣି ଇଣ୍ଟରଡକସନ୍ ଲେଟର ପାଇଁ ଜଣେ ଭିକାରି। ହଠାତ୍ ସ୍ଥିତି ବଦଳିଲା। ଏବେ ସେ ନେତା, ରାଜନୈତିକ ଚିନ୍ତକ, ସମ୍ପାଦକ ବି। ଏମିତି ସବୁ ମିଳିବା ଦିନେ ଥିଲା ଉଦ୍‌ଭଟତମ ଚିନ୍ତନ। ଏବେ ସବୁ ହାତ ପାହାନ୍ତାରେ।

ସତରେ! ଜୀବନଟା ଏଇ ଛାଇ ଆଲୁଅର ଖେଳ। ସୁରେନ୍ଦ୍ର ଆସିଥିଲେ କ୍ଲାନ୍ତ ପଦାତିକ ପରି, ସେ ଦିନ ବସ୍ ଖୁନ୍ଦାଖୁନ୍ଦା। ଆଜି ଫେରୁଛନ୍ତି ଦାମୀ ମୋଟର ଗାଡ଼ିରେ। ଛାତି ପକେଟ୍‌ରେ 'କଲିକତା ଲଏଡ଼ସ୍' ବ୍ୟାଙ୍କ୍‌ର ଚେକ୍‌ଟା। ପୂରା ଦେଢ଼ହଜାର। ଜୀବନରେ ଅଦୃଷ୍ଟ ଲୀଳା ବିଚିତ୍ର। କେଉଁ ମୋଡ଼ ଭାଙ୍ଗେ, କୋଉ ମୋଡ଼ରେ ପାଦ ପଡ଼େ, ହଠାତ୍ ରାସ୍ତାକଡ଼ରେ ପୁଷ୍ପିତ ପଳାଶ ଆଖିରେ ପଡ଼େ। ବଡ଼ ବିସ୍ମିତ ଲାଗେ। ତଥାପି ତାହା ସତ୍ୟ, ଧ୍ରୁବ ସତ୍ୟ। ସୁରେନ୍ଦ୍ରଙ୍କ ଭଙ୍ଗାମନ ଯୋଡ଼ି ହୋଇଗଲା। ପୁଣି 'ଜନତା' ପ୍ରକାଶନ, ସମ୍ପାଦକୀୟ ଲେଖା। ସୁରୁଖୁରୁରେ ଚାଲିଲା 'ଜନତା'। ସରକାରଙ୍କ ନାଲି ଆଖି କାମ କଲାନି। ସୁରେନ୍ଦ୍ର ଢେର୍ ନାଁ କମେଇଲେ। ସମ୍ପାଦନାର ପଥ କଣ୍ଟକିତ। ଅନେକ ସମୟରେ ଲହୁଲୁହାଣ କରିଦିଏ। କିନ୍ତୁ ଫଳ ଭାରି ମିଠା। ସୁରେନ୍ଦ୍ର ଏକଥାଟି ଅନୁଭବ କଲେ।

ଛାଇର ଗହନ ଅନ୍ଧାର। ଦିଗ ହଜା ସୁରେନ୍ଦ୍ର; ପୁନଃ ଦେଖିଲେ ଆଲୁଅକୁ। ସତରେ! ଜୀବନର ଛାଇ, ସୁରେନ୍ଦ୍ରଙ୍କୁ ଲଢ଼ିବା ଶିଖେଇଲା। ସଫଳତାର ଆଡ଼େ ବାଟ କଢ଼ାଇ ନେଲା। ଏଇ ଛାଇ ଆଲୁଅର ବିଚିତ୍ର ଖେଳ, ସୁରେନ୍ଦ୍ରଙ୍କର ହେଲା ଜିତାପଟ। ଏବେ ସେ ବେତନଭୋଗୀ ନୁହନ୍ତି, ଜଣେ ସଫଳ ସମ୍ପାଦକ, ଲବ୍ଧପ୍ରତିଷ୍ଠ ସାହିତ୍ୟିକ। ସବୁ ବିଧିର ବିଧାନ। ■

ରାଜନୀତିରେ ଛକା-ପଞ୍ଝା

ରାଜନୀତି ଗୋଟେ ନିଆରା ଖେଳ। ନୀତି, ନିୟମ, ଶୃଙ୍ଖଳା - ଏ ଖେଳରେ ଖୁବ୍ କମ୍, କେହି କେହି କହନ୍ତି ପୂରା ନାସ୍ତି। ଏ ଖେଳ ଆବହମାନ କାଳରୁ, କାହାର ହାର ତ କାହାର ଜିତାପଟ। କୂଟନୀତି, ଚକ୍ରାନ୍ତ, କଳ-ବଳ-କୌଶଳ - ଏ ସବୁ ରାଜନୀତିର ଏକ ଅଙ୍ଗ। ଠିକ୍ ସେମିତି ସାଧୁତା, ଶିଷ୍ଟତା, ସତ୍ୟବାଦିତା ରାଜନୀତିର ଭୂଷଣ। ଏ ସମସ୍ତ ଗୁଣଧାରୀଏ। ଜନତାଙ୍କ ଭିତରେ ତାଙ୍କର ଢେର୍ ଆଦର, ସମ୍ମାନ। ସଦାଚାର, ରାଜନୀତି - ଏ ଦୁଇ ପରସ୍ପର ସଂଶ୍ଳିଷ୍ଟ। ଏଥିରୁ ମିଳେ ଅମୃତମୟ ଫଳ। ଜନତାଙ୍କର ମଙ୍ଗଳ ହୁଏ। ଏଥିରେ ବ୍ୟତିକ୍ରମ, ଆଣେ ଅପଶାସନ, ଜନତାଙ୍କ କଷଣ ବଢ଼େ। ପ୍ରଜାଏ ହୁଅନ୍ତି ଅଣନିଶ୍ୱାସ। ସେଦିନର କଥା, ଥିଲା ରାଜତନ୍ତ୍ର। ଊଣା ଅଧିକେ ସିଂହାସନ ମୋହ। ଏଥି ପାଇଁ କେଉଁ ରାଜା ପିତୃଦ୍ରୋହୀ, ଆଉ କିଏ ଭାତୃହନ୍ତା, କେହି କେହି ଜ୍ଞାତିସୋଦର ବିଦ୍ୱେଷୀ। ଏମିତି କେତେ କେତେ କନ୍ଦଳ, ଅପକର୍ମ। ଏହାର ମୂକ ସାକ୍ଷୀ ଇତିହାସ। ପୁରାଣ ବି। ରାଜତନ୍ତ୍ର ଗଲା, ଚାଲିଲା ଗଣତନ୍ତ୍ର। ଗଣର ଶାସନ। ଜନତା ପରୋକ୍ଷରେ ଶାସକ। ଏଇଟି କଥାର କଥା। ଗଣତନ୍ତ୍ରରେ ନେତାଏ ଖେଳନ୍ତି, ଜନତା ଭଳନ୍ତି। ଫଳ ହଳାହଳ ହିଁ ହଳାହଳ। ଏସବୁ ଅନୁଭୂତି ସିଦ୍ଧ ସୁରେନ୍ଦ୍ର ମହାନ୍ତି। ସହଜେ ତ ସେ ସତ୍ତାଦ୍ରୋହୀ। ପ୍ରାକ୍ ସ୍ୱାଧୀନତା କାଳ, କଂଗ୍ରେସ ଶାସନ। ବିରୋଧୀ ଦଳ ପ୍ରାୟ ନଥିଲା। କୃଷକ ସଂଗଠନ କରିଥିଲେ କମ୍ୟୁନିଷ୍ଟ ବାଲା। ସେମାନେ ଅଣ୍ଡର ଗ୍ରାଉଣ୍ଡରେ। ଶାସକ ପୂରା ଭୀତି ରହିତ। ସୁରେନ୍ଦ୍ର ହେଲେ ତଟସ୍ଥ। ଗଣତନ୍ତ୍ରରେ ଅଶେଷ ଛିଦ୍ର। ସହଜେ ତ ସେ ସଂପାଦକ, ନେତା, ସାହିତ୍ୟିକ। ଦେଖି ଲେଖିଥିଲେ ଜନଜୀବନକୁ, ତନ୍ନ ତନ୍ନ କରି ପରଖି ନେଲେ। ସେଇ କଥା ସବୁ, ବାଢ଼ିଲେ ଆପଣାର ଆତ୍ମଲିପି 'ପଥ ଓ ପୃଥିବୀ'ରେ। ସାମନ୍ତବାଦ ଆଉ ଗଣତନ୍ତ୍ର - ଏ ଦୁଇ ଶାସନ ସମ୍ବନ୍ଧୀୟ ସୁଚିନ୍ତିତ ତଥ୍ୟ, ମନଛୁଆଁ ଦର୍ଶନ; ସବୁ ସୁନ୍ଦର ଭାବେ ସ୍ଥାନିତ ଆତ୍ମଲିପିଟିରେ।

୧୯୪୮ ମସିହା। ବିରୋଧୀ ପକ୍ଷ ନଥିଲେ ଓଡ଼ିଶାରେ। କଂଗ୍ରେସ ଏକମାତ୍ର ଦଳ। ତା'ର ଜଣେ ମାତ୍ର ନେତା - ହରେକୃଷ୍ଣ ମହତାବ। ତାଙ୍କର ନିଷ୍ପତ୍ତି, ଅକାଟ୍ୟ। ସିଦ୍ଧାନ୍ତ ବି। ମହତାବ ବାବୁଙ୍କ ସ୍ୱର୍ଣ୍ଣ ଜୟନ୍ତୀ, ଧୂମ୍ ଧାମରେ ପାଳିତ ହେବ। ସଜବାଜ ଶେଷ। ସ୍ଥାନ କଟକ। ମଧୁପୁର ରାଜା ହାତୀଟିଏ ପଠାଇଲେ। ଗୋଟାଏ ବିରାଟ ପଟୁଆର, କ୍ୟାଣ୍ଟନ୍‌ମେଣ୍ଟ ରୋଡ଼୍‌ରୁ ବାହାରିଲା, ଚାଲିଲା ବିହାରୀବାଗ ଆଡ଼େ। ସେଇଠି ଉତ୍ସବ ପାଳିତ ହେବ। ଧୂପଦୀପ ସହ ହଜାରେ ପଦ୍ମଫୁଲ; ମହତାବଙ୍କ ବନ୍ଦାପନା ହେବ। ଗୋଟେ ଦୁଇଟି ନୁହେଁ, ଲକ୍ଷେ ଦୀପ। କଟକ ସହରିଆ ପଟୁଆରରେ। ତାଙ୍କ ଠାରୁ ବହୁ ସଂଖ୍ୟକ ମଫସଲିଆ, ତନ୍ମଧ୍ୟରେ ବୁଢ଼ାବୁଢ଼ୀଙ୍କ ସଂଖ୍ୟା ମାତ୍ରାଧିକ। ପିଲାଛୁଆ ମଧ୍ୟ ସାମିଲ ଥିଲେ। ପଟୁଆରର ପୁରୋଭାଗ, ଆଗରେ ମଧୁପୁର ରାଜାଙ୍କ ହାତୀ। ତା' ପିଠିରେ ଜଣେ ମିଷ୍ଟାନ୍ନ ବ୍ୟବସାୟୀ। ଖୋଦ୍ କଟକର, ତାଙ୍କର ନାଁ ଡାକ। ସେ ଜଣେ ବିଶିଷ୍ଟ ବ୍ୟବସାୟୀ। କାନ୍ଧରେ ତାଙ୍କର ତ୍ରିରଙ୍ଗା ଝଣ୍ଡା। ମୁଣ୍ଡରେ ଖଦଡ଼ ଟୋପି, ଗମ୍ଭୀର, ପୃଥୁଳ ଚେହେରା। ବିଜେ ହାତୀ ପୃଷ୍ଠରେ। ମଫସଲ ଲୋକ, ସହଜେ ତ ମଳିମୁଣ୍ଡିଆ। ମହତାବ ବିଶିଷ୍ଟ ଗାନ୍ଧିବାଦୀ। ଗାନ୍ଧିବାଲାଙ୍କ ପରିଧାନ ଖଦଡ଼, ମୁଣ୍ଡରେ ଟୋପି। ଏ କଥା ସମସ୍ତେ ଜାଣନ୍ତି। ହାତୀ ପିଠିରେ ବିଜେ ଭଦ୍ରଲୋକ। ଥୋକେ ମଫସଲି, ତାଙ୍କୁ ଭାବିଲେ ମହତାବ। ପରସ୍ପରରେ କୁହାକୁହି - "ହେଇତି, ମହତାବେ ଯାଉଚନି।" ଏ କଥାଟି ସୁରେନ୍ଦ୍ର ଶୁଣିଲେ। ଗ୍ରାମ୍ୟ ଜନତାଙ୍କ ପଟୁଆର। ସେଇ ଭିଡ଼ ଭିତରେ ସୁରେନ୍ଦ୍ର। ମନେ ମନେ ଭାବିଲେ - "ମଣିଷ ଅପେକ୍ଷା ତା ବାହନ, କେତେ ବଡ଼ ସତେ !" ସୁରେନ୍ଦ୍ରଙ୍କ ମନ ବିଦ୍ରୋହ କଲା - "ଏଇଟି ଗଣତନ୍ତ୍ରର ଘୋର ବିଡ଼ମ୍ବନା।" ହାତୀ ପିଠିରେ ମଣିଷ, ସେବେକା ରାଜନୀତିର ତାହା ସାଙ୍କେତିକ ପ୍ରତିରୂପ। ଗୋଟିଏ ଦଳ, ଏକ ନେତା, ତାଙ୍କରି ସିଦ୍ଧାନ୍ତ; ଆଉ ଦଳେ ସରଳ, ନିରୀହ ଜନତା। ସେମାନଙ୍କର ନାହିଁ ଜିଜ୍ଞାସା, ନାହିଁ ବିଚାରବୋଧ, କେବଳ ବିଶ୍ୱାସ। ତାହା ବିଶ୍ୱାସ ନୁହେଁ ଅନ୍ଧ ବିଶ୍ୱାସ। ପ୍ରତିରୋଧ ନଥିଲା। ସ୍ୱରୋତ୍ତଳନ, ପାଇଁ କେହି ଜଣେ ବି ଅଣ୍ଟା ଭିଡ଼ି ନଥିଲେ। ଫଳ ଯାହା ହବାର ସେୟା ହେଲା। ସେଇ କଂଗ୍ରେସ ଶାସନ; କେହି କେହି କହିଲେ ଏକଛତ୍ରବାଦ। ସେତେବେଳକା ସମ୍ବଲପୁର; ସେଠାରେ କୋଶଳ-ଉତ୍କଳ ପ୍ରଜା-ପରିଷଦ, ତା'ରି ଭିତରୁ ସୁରେନ୍ଦ୍ର ନୂଆ ବାସ୍ନା ବାରିଲେ। ଏକ ସଂଗଠିତ ବିରୋଧୀ ଦଳ, ଏହାର ଏକ ଝଲକ ଉଦ୍‌ଭାସିତ ହେଲା। ସୁରେନ୍ଦ୍ର ଆଶାବାଦୀ ହୋଇ ଉଠିଲେ।

କୋଶଳ-ଉତ୍କଳ ପ୍ରଜା ପରିଷଦ। ଏଥିରେ ପାଟନା ମହାରାଜା ରାଜେନ୍ଦ୍ର ନାରାୟଣ ସିଂହଦେଓ, କଳାହାଣ୍ଡି ମହାରାଜା ପ୍ରତାପ କେଶରୀ ଦେଓ। ଏମାନେ

ପରିଷଦ ସହ ପ୍ରତ୍ୟକ୍ଷ ସଂଶ୍ଲିଷ୍ଟ ନଥିଲେ। ଥିଲେ ପୃଷ୍ଠପୋଷକ। ଏମାନେ ଭତ୍ତା ଭୋଗୀ ମହାରାଜା ବା 'ହିଜ୍ ହାଇନେସ୍'। ଏମାନଙ୍କ ପାଇଁ ପ୍ରତ୍ୟକ୍ଷ ରାଜନୀତି ବ୍ୟକ୍ତିଗତ ସମସ୍ୟା। ଏଇ ରାଜାମାନେ ସାମନ୍ତବାଦୀ ପରିବେଶରେ ଥିଲେ। ସେମାନେ ନିଜ ନିଜ ରାଜ୍ୟର ସ୍ୱାଭାବିକ ନେତା। ଏମାନଙ୍କ ନେତୃତ୍ୱ ଲୋକ ଦୃଷ୍ଟିରେ ସ୍ୱଭାବ ସିଦ୍ଧ। ଏକଥା ସୁରେନ୍ଦ୍ରଙ୍କ ହୃଦ୍‌ବୋଧ ହେଲା। ସେ ଗଡ଼ଜାତ ରାଜ୍ୟମାନ ବୁଲିଲେ। ପ୍ରଜାଙ୍କ ସହ ମିଶିଲେ। କୋଶଳ-ଉତ୍କଳ ପ୍ରଜା ପରିଷଦ। ସେଥିରେ ହଜାର ହଜାର ପ୍ରଜାଙ୍କ ମେଳଣ। ନଥିଲା ରାଜନୀତିକ ଆକାର ଅବା ରୂପ। ସ୍ପଷ୍ଟ ରାଜନୈତିକ ଆଦର୍ଶ ବି ନଥିଲା। ସେମାନଙ୍କୁ ସଂଗଠିତ କରିବାକୁ ହେବ, ସେମାନଙ୍କ ମଧ୍ୟରେ ସଚେତନତା ବୃଦ୍ଧି ଏକାନ୍ତ ଜରୁରୀ - ଏକଥାକୁ ସୁରେନ୍ଦ୍ର ଠିକ୍ ବୁଝିଥିଲେ। ଏଥିପାଇଁ ଯତ୍ନଶୀଳ ହେଲେ।

ଦେଶ ସ୍ୱାଧୀନ ହେଲା। ରାଜାମାନେ ଶାସନ କ୍ଷମତାରୁ ଅପସାରିତ, ଆରମ୍ଭ ହେଲା ହାକିମ ତାନ୍ତ୍ରିକ ଶାସନ। ତାହା ଯେତିକି ଦୁର୍ନୀତିପୂର୍ଣ୍ଣ, ତା' ଠାରୁ ଅଧିକ ଅପାରଗ ରାଜାଙ୍କ ଦରବାରି ଶାସନ। ଥିଲା ଅଣ୍ଡାଗୁଞ୍ଜା; ନଥିଲା ପକେଟକଟା। କେତେକ ଗଡ଼ଜାତ ରାଜା ଅତ୍ୟାଚାରୀ। ମାତ୍ର ଲୋକଙ୍କ ସମସ୍ୟା ଆଉ ସଂକଟ, ସବୁର ଆଶୁ ସମାଧାନ ହୁଏ - ଏହା ପଛରେ ସେଇ ରାଜାଙ୍କ କଠୋର ଶାସନର ନିର୍ଦ୍ଦେଶ। ରାଜାଙ୍କ ପ୍ରଜାପୀଡ଼ନ; ଏହା ସତ୍ତ୍ୱେ ସେମାନେ ଅତିଷ୍ଠ ନଥିଲେ। ଏଇଠି ଗୋଟେ ଉଦାହରଣ ଦିଆଯାଇପାରେ। କାହା ଘରେ ନିଆଁ ଲାଗିଲେ, କ୍ଷତିଗ୍ରସ୍ତ ଗଡ଼କୁ ଆସେ। ରାଜାଙ୍କୁ ଗୁହାରି ଜଣାଏ, ଉଦ୍ଦେଶ୍ୟ ଜଙ୍ଗଲରୁ କିଛି କାଠ, ବାଉଁଶ ସଂଗ୍ରହ। ଛାମୁଙ୍କ ସାକ୍ଷାତ ସହଜଲବ୍ଧ ନଥିଲା। କେହି କେହି ଦିନଟିଏ ଅପେକ୍ଷା କରନ୍ତି। ଖରା କାକରରେ ପଡ଼ନ୍ତି। ରାଜାଙ୍କ ପାଖ ଲୋକ, ତାଙ୍କ ପାଇଁ କିଛି ଅଣ୍ଡାଗୁଞ୍ଜା, କାର୍ଯ୍ୟଟି ହେଇଯାଏ। ହଜୁର୍ ମା' ବାପଙ୍କ ଦର୍ଶନ ମିଳେ। ଛାମୁଙ୍କ ଆଗରେ ଗୁହାରିଆର ବ୍ୟକ୍ତିତ୍ୱର ଊଣାପଡ଼େ। ତଥାପି ଉଦ୍ଦେଶ୍ୟ ସଫଳ ହୁଏ। ରାଜାଙ୍କ ଆଦେଶ ଫରେଷ୍ଟରଙ୍କୁ, ତାଙ୍କ ପାଇଁ ବି ଅଣ୍ଡାଗୁଞ୍ଜା ଲୋଡ଼ା। ନିୟମ ମାଫିକେ ଧାର୍ଯ୍ୟ, ମୁଣ୍ଡ ପିଛା ଦି' ଅଣା ବା ଦଶ ପଇସା। ଗୁହାରିଆ ହାତରେ ପରମିଟ୍ ବା ଚିରକୁଟ୍‌ଟେ। ରିଜର୍ଭ ଫରେଷ୍ଟ, ଯେତେ ଇଚ୍ଛା, ସେତେ କାଠ ବାଉଁଶ କାଟେ। ଗୁହାରିଆ ଖୁସ୍। ଗଡ଼ଜାତ ମିଶ୍ରଣ ହେଲା। ମୋଗଲବନ୍ଦୀ ଆଡୁ ଆସିଲା ହାକିମ ତାନ୍ତ୍ରିକ ଶାସନ, ଆଗରୁ ଥିଲା ରାଜ-ଶାସନ। ପ୍ରଜାଏ ବୁଝିଲେ ଏ ଦୁଇଟିର ଫାଙ୍କ ଫରକ। ରାଜା ରାଜୁଡାଙ୍କ ଅମଳ, ଥିଲା ଅଣ୍ଡାଗୁଞ୍ଜା, ଜୁଲମ; ତଥାପି ମାମଲାର ଦ୍ରୁତ ସମାଧାନ, ଏଇଟି ସ୍ଥାପନ କରେ ଶାସକ-ଶାସିତଙ୍କ ମଧ୍ୟରେ ପ୍ରତ୍ୟକ୍ଷ ସମ୍ପର୍କ। ମାତ୍ର ମିଶ୍ରଣ ପରେ ସୃଷ୍ଟି ହେଲା ଭିନ୍ନ ସମ୍ପର୍କ, ଶାସନ ହେଲା

ସମ୍ପୂର୍ଣ୍ଣ ନୈର୍ବ୍ୟକ୍ତିକ - ଚେହେରା ବିହୀନ (ଫେସ୍ ଲେସ୍ ବ୍ୟୁରୋକ୍ରାସୀ)। ଛିନ୍ନ ହେଲା ଶାସକ-ଶାସିତଙ୍କ ମଧ୍ୟରେ ଗୋଷ୍ଠୀ ସମ୍ପର୍କ। ଶାସକ ରହିଲେ କଟକ ଅବା ଭୁବନେଶ୍ୱରରେ। ସେମାନଙ୍କ ପ୍ରତିନିଧି, ଜଣେ ତାଙ୍କୁ କହିଲେ ହାକିମ। ଅମଲାମାନଙ୍କ ଦୌରାତ୍ମ୍ୟ ବଢ଼ିଲା। ସେମାନଙ୍କ ମିଜାଜ୍ ନିଆରା। ସତେ ଯେମିତି ସେମାନେ ଏକ ବିଜୟୀ ରାଜ୍ୟର ପ୍ରତିନିଧି !

ସର୍ବତ୍ର ହାକିମ (ଆଡ଼ମିନ୍‌ଷ୍ଟ୍ରେଟର୍) ଙ୍କ ଦର୍ପ। ପୂର୍ବ ଶାସନର ପଲିଟିକାଲ ଏଜେଣ୍ଟ, ସେମାନଙ୍କ ଦର୍ପ, ଆସ୍ତେ ଆସ୍ତେ ମଳିନ ପଡ଼ିଲା। ଅମଲାମାନେ ସ୍ୱେଚ୍ଛାଚାରୀ, ଦଶଆଙ୍ଗୁଠି ଜାଗାରେ କୋଡ଼ିଏ ଆଙ୍ଗୁଠି, ଏକାଠି ପାଟିରେ ପୂରାଇଲେ। ପ୍ରଜାଙ୍କୁ ଲୁଟ୍ କଲେ। ଗଡ଼ଜାତ ଅଞ୍ଚଳର ଆର୍ଥିକ ସ୍ଥିତି ଦୋହଲିଲା। ଜନ ଅସନ୍ତୋଷ ସୀମାତୀତ, ସେମାନଙ୍କ ସମସ୍ୟାର ତୁରନ୍ତ ସମାଧାନ; ଦିନକୁ ଦିନ ହୋଇଗଲା ସପନର କଥା। ଏହାର ପ୍ରଭାବ ପଡ଼ିଲା ଜନମାନସରେ। ରାଜତନ୍ତ୍ର, ଗଣତନ୍ତ୍ର - ଏ ଦୁଇ ମଧ୍ୟରେ ଥିବା ପାର୍ଥକ୍ୟ, ଜନତା ସହଜରେ ବୁଝିଗଲେ। ହେଇଗଲେ ରାଜାନୁଗତ। କଂଗ୍ରେସ ବିରୁଦ୍ଧରେ ସ୍ଥୁଳ ନକାରାତ୍ମକ ଚିନ୍ତନ ବଢ଼ିଲା। କୋଶଳ-ଉତ୍କଳ ପ୍ରଜା ପରିଷଦରେ ଏ ଚିନ୍ତନ କାର୍ଯ୍ୟ କଲା। ରାଜାନୁଗତ ପ୍ରଜା, ଏଇଟି ହେଲା ମୁଖ୍ୟ କାରଣ। ଗଣତନ୍ତ୍ରରେ ବ୍ୟକ୍ତିତନ୍ତ୍ର, ଜଣେ ନେତା ସହସ୍ର ପଦ୍ମରେ ଉପାସିତ। ଲୋକ ପରମ୍ପରାରେ ଅନୁରୂପ କଥା - "ମହତୀ ଦେବତା ହ୍ୟେଷା ନରରୂପେଣ ତିଷ୍ଠତି।" ରାଜାମାନେ ପ୍ରଜାଙ୍କ ଦୃଷ୍ଟିରେ ଏହିପରି। ତାହା ହେବା ମଧ୍ୟ ସ୍ୱାଭାବିକ।

ସାମନ୍ତବାଦ, ଗଣତନ୍ତ୍ର - ଏ ଦୁଇଟି ପରସ୍ପର ସ୍ୱତନ୍ତ୍ର ଚରିତ୍ର; ମାତ୍ର ପ୍ରବୃତ୍ତିରେ ଏକ। ଏହା ପଛରେ ସରଳ ପ୍ରଜାଙ୍କ ରାଜଭକ୍ତି। ଏଥିରେ ବିସ୍ମିତ ଅବା ଆଶ୍ୱସ୍ତି; ଏମିତି ହେବାର କାରଣ ନାହିଁ। ଏମାନଙ୍କ ମଧ୍ୟରେ ଗଣତାନ୍ତ୍ରିକ ସଚେତନତା ସୃଷ୍ଟି ହେବ; ଏଥିପାଇଁ ଲୋଡ଼ା ସଫଳ ନେତୃତ୍ୱ। ନଚେତ୍ ଜନତାଙ୍କୁ ନେଇ ମେଳଣ କରିବା ସମ୍ଭବ; ମାତ୍ର ଯୁଦ୍ଧ ସମ୍ପୂର୍ଣ୍ଣ ଅସମ୍ଭବ। ତେଣେ ରାଜାମାନଙ୍କ ଉଦ୍ଦେଶ୍ୟ ନିଆରା। ତାଙ୍କର ଆବଶ୍ୟକ ଇଷ୍ଟର୍ଣ୍ଣ ଷ୍ଟେଟ୍‌ସ ପିପୁଲ୍‌ସ ୟୁନିୟନ୍ - ଦ୍ୱିତୀୟ ଓଡ଼ିଶା। ଏଥିରେ ପ୍ରଭେଦ ବା କ'ଣ ? ଗଣତନ୍ତ୍ରରେ ନେତାଙ୍କ କଥା ଶିରୋଧାର୍ଯ୍ୟ। ଯଦି ନେତା କହିଲେ "ଇଏ ଧଳା ନୁହେଁ କଳା।" ସବୁ ଅନୁଗତଙ୍କର ସମସ୍ୱରରେ ଗୋଟିଏ ଉତ୍ତର - "ଏଥିରେ ସନ୍ଦେହ ନାହିଁ।" ମିଜାଜ୍‌ରେ ଶାସକ ପରସ୍ପର ବିରୋଧୀ; ମାତ୍ର ସତ୍ତାରେ ଏକ ଅଭିନ୍ନ। ଏ କଥାଟି ସୁରେନ୍ଦ୍ର ହୃଦୟଙ୍ଗମ କଲେ। ମିଶିଲେ ସାମନ୍ତବାଦୀ ଶକ୍ତି ସହିତ। ମୌଳିକ ଗଣତନ୍ତ୍ରରେ ବିଶ୍ୱାସ ଏକାନ୍ତ ଜରୁରୀ। ଏଇ ପରିକଳ୍ପନା, ଏଇ ମାନସିକତାକୁ ଆପଣେଇଲେ। ଗୋଟେ ବିରୋଧୀ ଦଳ ପାଇଁ ସୁରେନ୍ଦ୍ର କ୍ଷେତ୍ର ପ୍ରସ୍ତୁତିରେ

ଲାଗି ପଡ଼ିଲେ। ଲେଖିଲେ ଏ ସମ୍ବନ୍ଧୀୟ ବହୁ ସ୍ତମ୍ଭ। ବାହାରିଲା 'ଜନତା' ପତ୍ରିକାରେ। ସମୟ ବଦଳିଲା। ମୌଳିକ ଗଣତନ୍ତ୍ର କ'ଣ ଜନେ ବୁଝିଲେ। ମହାରାଜା ପାଟନା, ମହାରାଜା କଳାହାଣ୍ଡି, ଦୁହେଁ ସୁରେନ୍ଦ୍ରଙ୍କ ଦର୍ଶନକୁ ଗ୍ରହଣ କଲେ। 'ଜନତା' ପ୍ରତି ତାଙ୍କ ଆଦର ଥିଲା। କ୍ରମେ ସଦିଚ୍ଛା ବଢ଼ିଲା। ଆଉ ଏକ ରାଜନୀତିକ ଖେଳର ଅୟମାରମ୍ଭ। ମହତାବଜୀ ଗଡ଼ଜାତ ରାଜାଙ୍କ ସନ୍ତୁଷ୍ଟୀ କରଣ ପାଇଁ ଚିନ୍ତା କଲେ। ଏଥିପାଇଁ ବାଟ ଉଣ୍ଡିଲେ। ସେମାନଙ୍କ ପାଇଁ ଅପର ହାଉସ୍, ଏଥିପାଇଁ ଯୋଜନା ଆରମ୍ଭ କଲେ। ମାତ୍ର ତାହା ସଫଳ ହେଲାନି। ଏହାର କାରଣଟି ସ୍ପଷ୍ଟ। ଅପର ହାଉସ୍ ସୃଷ୍ଟି, ଏହା ଗୋଟେ ସାମ୍ବିଧାନିକ ବ୍ୟବସ୍ଥା। ଏଥିପାଇଁ ଆବଶ୍ୟକ ବିଧାନ ସଭାର ଅନୁମୋଦନ। ଏହାର ଉର୍ଦ୍ଧ୍ୱରେ କଂଗ୍ରେସ ହାଇକମାଣ୍ଡଙ୍କ ଅନୁମୋଦନ। ସର୍ବୋପରି ଭାରତ ସରକାରଙ୍କ ଅନୁମୋଦନ ଅନିବାର୍ଯ୍ୟ। ଏଥି ମଧ୍ୟରୁ ମହତାବ କୌଣସିଟିରେ ସମର୍ଥନ ପାଇଲେନି। ପ୍ରସ୍ତାବଟି କାଟ ଖାଇଗଲା। ଇଂଲଣ୍ଡରେ ହାଉସ୍ ଅଫ୍ ଲର୍ଡ଼ସ୍ ପରି ରାଜାଏ, ପାଇଥାଆନ୍ତେ ବଂଶ ପରମ୍ପରା କ୍ରମେ ପ୍ରତିନିଧିତ୍ୱ। ଏହା ଗଣତାନ୍ତ୍ରିକ ମେଜାଜର ସମ୍ପୂର୍ଣ୍ଣ ପରିପନ୍ଥୀ। ମହତାବ ଏକଥା ବୁଝିଥିଲେ। ତାଙ୍କର ଉଦ୍ଦେଶ୍ୟ ଓଡ଼ିଶାର ବିଭାଜନକୁ ଏଡ଼ାଇବା। ମାତ୍ର ପ୍ରସ୍ତାବଟି ଅଗଣତାନ୍ତ୍ରିକ - ଏ କଥା ଉଲ୍ଲେଖ କରିବା ନିଷ୍ପ୍ରୟୋଜନ। ବାସ୍ତବରେ ରାଜନୀତି ଗୋଟେ ଖେଳ, କେବେ ସଫଳ ତ କେବେ ବିଫଳ। ତଥାପି ଖେଳ ଚାଲେ, ଚାଲିଥିବ ଢେର୍ କାଳ।

ରାଜନୀତିର ବଡ଼ ଦାଣ୍ଡ। ଏହାର ଧୂଳିମାଟି ପୂତ ପବିତ୍ର। ସେଇ ଧୂଳିରେ ନେତାଙ୍କୁ ଗଡ଼ିବାକୁ ହେବ। ତାହାଲେ ସେମାନେ ବୁଝିବେ ଜନତାର ସମସ୍ୟା। ତାଙ୍କ ମୁହଁରେ ହସ ଫୁଟାଇବେ। ଏଥିପାଇଁ ଲୋଡ଼ା ନିଷ୍ଠା, ପରାକାଷ୍ଠା। ସତ୍ୟନିଷ୍ଠ ରାଜନେତା ହିଁ ଜନତାଙ୍କ ମଙ୍ଗଳକାରୀ, ଦେଶର ହିତ କଳ୍ପେ ସେମାନେ ବ୍ରତୀ। ସମୟ ବଦଳିଲା। ଜନତାଏ ଦାଣ୍ଡଧୂଳି ଛାଡ଼ିଲେ, ଆକାଶରେ ମେଘକାଟିଲେ, ହେଲିକପ୍‌ଟରରେ ଉଡ଼ିଲେ। ସେମାନେ ନିତିପ୍ରତି ମଣିଷଙ୍କୁ ଦେଖୁଛନ୍ତି; ମାତ୍ର ପଢ଼ିପାରନ୍ତିନି ସେମାନଙ୍କ ଆତ୍ମାକୁ। ଜନତା-ନେତା କ୍ରମେ ଦୂରେଇ ଯାଆନ୍ତି। ପୂର୍ବେ ନେତାଙ୍କ ଉପରେ ଜନତାଙ୍କର ପୂର୍ଣ୍ଣ ଭରସା, ସେଇଟି ଗଣତନ୍ତ୍ରର ଶୁଭଲକ୍ଷଣ। ଅଧୁନା ରାଜନୀତି ଖେଳ ଚାଲିଛି। ତାହା ପୁଣି ବିଭିନ୍ନ ବାଗରେ, ବିଭିନ୍ନ ଢଙ୍ଗରେ। ପ୍ରାକ୍ ସ୍ୱାଧୀନତା କାଳ, ସ୍ଥିତି ଥିଲା ଜଟିଳ। ଓଡ଼ିଶାର ଗଡ଼ଜାତ ରାଜା ମହାରାଜା, ଇଷ୍ଟର୍ଣ୍ଣ ଷ୍ଟେଟ୍‌ସ ପିପୁଲ୍‌ସ ୟୁନିୟନ ଗଠନରେ ମନ ଦେଲେ। ବ୍ରିଟିଶ୍ ରାଜ। କୌଣସି ପ୍ରଦେଶ ସହିତ ଅନ୍ୟକୌଣସି ଦେଶୀୟରାଜା, ଏମାନେ ପରସ୍ପର ସଂଯୁକ୍ତ ନଥିଲେ। ଫଳରେ ପ୍ରାଦେଶିକ ଶାସନ ସମ୍ଭବ ନଥିଲା। ଏହିସବୁ ଦେଶୀୟ ରାଜା, ସେମାନଙ୍କ ପାଇଁ ବହୁ

ୟୁନିୟନ ଗଠିତ ହେଲା; ଯଥା- ପେପ୍‌ସୁ ପତିଆଲା ୟୁନିଅନ୍, ସୌରାଷ୍ଟ୍ର ୟୁନିଅନ୍, ମତ୍ସ୍ୟ ୟୁନିଅନ୍, ଏମିତି ଆଉ କେତୋଟି। ଏତଦ୍‌ଭିନ୍ନ ହାଇଦ୍ରାବାଦ୍, ମହୀଶୂର, କାଶ୍ମୀର, ଟ୍ରାଭାଙ୍କୁର, କୋଚିନ୍, ଏସବୁ ବଡ଼ବଡ଼ ଦେଶୀୟ ରାଜ୍ୟ। ଭାରତ ମାନଚିତ୍ରରେ ଏହାର ଏକ ଏକ ସ୍ୱତନ୍ତ୍ର ଚିତ୍ର। ୟୁନିଅନ୍‌ର ରାଜ୍ୟ; ଏଥିରେ ସେଇ ରାଜନ୍ୟମଣ୍ଡଳୀରୁ ଜଣେ ଜଣେ ରାଜପ୍ରମୁଖ ପଦରେ ନିଯୁକ୍ତ ହେଲେ। ଏମାନଙ୍କର ରାଜ୍ୟପାଳ କ୍ଷମତା, ମର୍ଯ୍ୟାଦା ମଧ୍ୟ। ଏଇଥି ପାଇଁ ଓଡ଼ିଶାର ଗଡ଼ଜାତ ରାଜାଏ ଦାବି କଲେ ସ୍ୱତନ୍ତ୍ର ୟୁନିଅନ୍। ଏହା ମଧ୍ୟ ଯୁକ୍ତିଯୁକ୍ତ। ମାତ୍ର ଏ ଚିନ୍ତାଧାରା ପ୍ରଦେଶ ବିଭାଜନର ମୁଖ୍ୟ କାରଣ। ଓଡ଼ିଶାର ସେତେବେଳକା ମୁଖ୍ୟମନ୍ତ୍ରୀ ଡକ୍ଟର ମହତାବ, ଏ କଥାଟି ବୁଝିଥିଲେ। ସେଇ ରାଜାମାନଙ୍କ ପାଇଁ ଅପର୍ ହାଉସ୍‌ଟିଏ ଜରୁରି। ମହତାବ ଏ କଥା ଚିନ୍ତା କଲେ। ଏଥିପାଇଁ ପଦକ୍ଷେପ ନେଲେ। ଏହା ଥିଲା ବିପଜ୍ଜନକ। ଶେଷରେ ପ୍ରସ୍ତାବଟି କାଟ୍ ଖାଇଲା। ଗୋଟେ ରାଜନୀତିକ ଖେଳର ଅନ୍ତ ହେଲା। ପୁନଶ୍ଚ ନୂଆ ନୀତି, ନୂଆ ଖେଳ।

ସେତେବେଳକା କଥା। ଗଡ଼ଜାତ ରାଜାଏ ୟୁନିଅନ୍ ଗଠନ ସପକ୍ଷରେ। ଏଥିରେ କିଛି ମାରାତ୍ମକ ବ୍ୟବସ୍ଥା ନଥିଲା। ଗଡ଼ଜାତ ରାଜା, ପ୍ରଜା-ଉଭୟଙ୍କର ରାଜ୍ୟ ମିଶ୍ରଣ ସମ୍ପର୍କିତ ଢେର୍ ଅନୁଭୂତି। ଏମାନେ ଉପକୂଳବର୍ତ୍ତୀ ଓଡ଼ିଶା ପ୍ରତି ପୂର୍ଣ୍ଣ ବୀତଶ୍ରଦ୍ଧ। କଟକ, ପୁରୀ, ବାଲେଶ୍ୱର - ଏସବୁ ଜାଗା ମଶା, ନର୍ଦ୍ଦମା ପରିପୂର୍ଣ୍ଣ। ଏଠାରେ ଶସ୍ତା ରାଜନୀତି ଚାଲେ। ଏ ଧାରଣାଟି ସେମାନଙ୍କ ମୁଣ୍ଡରେ ବସା ବାନ୍ଧିଥିଲା। ଗଡ଼ଜାତ କଥା ସ୍ୱତନ୍ତ୍ର। ଖଣିଜ ସମ୍ପଦ, ବନ-ସମ୍ପଦ, ଜନସମ୍ପଦ। ଏଥିରୁ ଗୋଟିକରେ ବି କମ୍ ନାହିଁ। ଏହି ସବୁ ବିପୁଳ ସମ୍ପଦ, ସଫଳ ବିନିଯୋଗ ହୋଇପାରିନି। ୟୁନିଅନ୍ ହେଲେ ଏହାର ପୂର୍ଣ୍ଣ ବିନିଯୋଗ ହେବ, ରାଜ୍ୟ ସମୃଦ୍ଧଶାଳିନୀ ହେବ - ଏମନ୍ତ ଧାରଣାଟି ବଳବତ୍ତର ଥିଲା। ଆଉ ଗୋଟେ ଶୁଭ ଖବର। ସାରଙ୍ଗଗଡ଼ ପ୍ରଭୃତି ମଧ୍ୟ ପ୍ରଦେଶରେ ଥିଲା ଓଡ଼ିଆ ଭାଷୀ ଅଞ୍ଚଳ। ଏମାନେ ମଧ୍ୟ ୟୁନିଅନ୍‌ରେ ସାମିଲ୍ ହେବାକୁ ମନ ବଳାଇଲେ। ଏହା ପଛରେ ବଳିଷ୍ଠ କାରଣଟେ। ଏଗୁଡ଼ିକ ସମ୍ବଲପୁର ସୀମାବର୍ତ୍ତୀ ଓଡ଼ିଆ ଭାଷୀ ଅଞ୍ଚଳ, ଇଷ୍ଟର୍ଣ୍ଣ ଷ୍ଟେଟ୍ ଏଜେନ୍‌ସିରେ ଅନ୍ତର୍ଭୁକ୍ତ ଥିଲା; କିନ୍ତୁ ସମସ୍ତ ୟୁନିୟନ୍ ସ୍ୱଳ୍ପାୟୁ। ଗଣତାନ୍ତ୍ରିକ ଭାରତବର୍ଷ, ଏମାନେ ସାମନ୍ତବାଦର ଗୋଟେ ଗୋଟେ ଦ୍ୱୀପ। ବେଶିଦିନ ତିଷ୍ଠିବା ସମ୍ଭବ ନଥିଲା। ଏମିତି ବି ଦିନ ଆସିବ, ଆଜି ଅବା କାଲି, ଚାପ ବଢ଼ିବ, ଜନମତ ସୃଷ୍ଟି ହେବ। ସମ୍ପୃକ୍ତ ଓଡ଼ିଆ ଭାଷୀ ଅଞ୍ଚଳ ସହ ୟୁନିଅନ୍‌ର ମିଶ୍ରଣ ହେବ। ସେଇ ଭାଗ୍ୟ ହେବ ଇଷ୍ଟର୍ଣ୍ଣ ପିପୁଲ୍‌ସ ଷ୍ଟେଟ୍‌ର। ଦିନେନା ଦିନେ ଓଡ଼ିଶା ପ୍ରଦେଶ ସହ ମିଶିବ, ଗଠିତ ହେବ ବୃହତ୍ତର ଓଡ଼ିଶା। ମଧ୍ୟପ୍ରଦେଶର ଓଡ଼ିଆ

ଭାଷୀ ରାଜ୍ୟ ସବୁ, ତାହାବି ଓଡ଼ିଶାରେ ମିଶିଯିବ। ବିଚକ୍ଷଣ ରାଜନୀତିଜ୍ଞ ସୁରେନ୍ଦ୍ର ମହାନ୍ତି, ଏ ସମସ୍ତ କଥାଟି ବୁଝିଥିଲେ। ଗଡ଼ଜାତ ୟୁନିଅନ୍ ଆନ୍ଦୋଳନ - ଏଥିରେ ନିଜେ ସାମିଲ ହେଲେ। ନିଜ ପତ୍ରିକା 'ଜନତା'କୁ ସାମିଲ୍ କଲେ। ନଥିଲା ତାଙ୍କର ତିଳେ ମାତ୍ର ଦ୍ୱିଧା। ଉଦ୍ଦେଶ୍ୟ ଥିଲା ଖୁବ୍ ମହତ୍। ବୃହତ୍ତର ଓଡ଼ିଶା ପ୍ରଦେଶ ଗଠନ ତାଙ୍କର ଏକମାତ୍ର ଲକ୍ଷ୍ୟ। ଏ ପ୍ରସଙ୍ଗଟି ଥିଲା ଅତି ରୁଚିପୂର୍ଣ୍ଣ।

ସବୁ ମହତ କାମରେ କେଁଟେ ଥାଏ। ସୁରେନ୍ଦ୍ରଙ୍କ ଗଠନମୂଳକ ଚିନ୍ତା, ଥୋକେ ଏହାକୁ ଅଲଗା ମଣିଲେ। ସୁରେନ୍ଦ୍ର 'ଦେଶଦ୍ରୋହୀ', ସେ 'ରାଜୁଡ଼ା ଲୋକ' - ଏ ପ୍ରକାର ଅପନିନ୍ଦା ରଟିଲା। ଓଡ଼ିଶାର ବହୁ ବିଶିଷ୍ଟ ବ୍ୟକ୍ତି; ସେମାନଙ୍କର ମଧ୍ୟ ଅନୁରୂପ ଟିପ୍ପଣୀ। ସୁରେନ୍ଦ୍ର ଅବିଚଳିତ। ତାଙ୍କ ମୂଳ ଲକ୍ଷ୍ୟ ଗୋଟେ ସଂଗଠିତ ବିରୋଧୀ ଦଳ ଗଠନ। ବିରୋଧୀ ଦଳ ବିନା ଶାସନ ବାଟବଣା, ଏହା କାହାକୁ ଅଛପା ନଥିଲା। କୋଶଳ-ଉତ୍କଳ ପ୍ରଜା-ପରିଷଦ। ଏଥିରେ ସବୁ ରାଜ-ଭକ୍ତ ପ୍ରଜାଏ। ଭାରି ସରଳ ବିଶ୍ୱାସୀ। ଏମାନଙ୍କ ମଧ୍ୟରେ ଗଣତାନ୍ତ୍ରିକ ଚେତନା ସୃଷ୍ଟି କରିବାକୁ ହେବ, ମୌଳିକ ମୂଲ୍ୟବୋଧ ଜାଗରଣ ଏକାନ୍ତ ଜରୁରି। ସ୍ପଷ୍ଟ ରାଜନୀତିକ ଆଭିମୁଖ୍ୟ ଫିଟିବା ଅନିବାର୍ଯ୍ୟ। ନଚେତ୍ ସମ୍ଭାବନା ହେବ ସୁଦୂର ପରାହତ। ଏଥିପାଇଁ ତ୍ରିମୁଖୀ କୌଶଳ ତିଆରି କଲେ ସୁରେନ୍ଦ୍ର।

(୧) ୧୬ ଉପକୂଳବର୍ତ୍ତୀ ଓଡ଼ିଶାରେ ଉତ୍କଳ ସମ୍ମିଳନୀ; ତାହା ବୃହତ୍ତର ଓଡ଼ିଶା ଗଠନରେ ବ୍ରତୀ ହେବ। ଏଥିରେ ମିଶିବ ଇଷ୍ଟର୍ଣ୍ଣ ଷ୍ଟେଟସ୍ ପିପୁଲ୍ସ ୟୁନିୟନ୍।

(୨) ୟୁନିୟନ୍‌ର ମୁଖ୍ୟ ପୃଷ୍ଠପୋଷକ ମହାରାଜା ପାଟନା ଆଉ ମହାରାଜା କଳାହାଣ୍ଡି। ଉତ୍କଳ ସମ୍ମିଳନୀର ଲକ୍ଷ୍ୟ, ଉଦ୍ଦେଶ୍ୟ, ଆଭିମୁଖ୍ୟ, ସ୍ୱପ୍ନ - ଏ ସବୁକୁ ଦୁଇ ମହାରାଜାଙ୍କୁ ଅବଗତ କରାଯିବ।

(୩) ଗଡ଼ଜାତ ପ୍ରଜାଙ୍କ ମଧ୍ୟରେ ବିରୋଧୀ ରାଜନୀତିକ ଚେତନା ସୃଷ୍ଟି କରାଯିବ। ଏ ପ୍ରସଙ୍ଗ ତ୍ରୟୀ, କାର୍ଯ୍ୟକାରୀ କରିବାକୁ ସୁରେନ୍ଦ୍ର ଲାଗିପଡ଼ିଲେ। ବିଭିନ୍ନ ସ୍ଥାନ ବୁଲିଲେ, ଭାଷଣ ଦେଲେ। ପଲ୍ଲୀ ଅଞ୍ଚଳକୁ ଗଲେ, ଲୋକ ଚରିତ୍ରକୁ ଅନୁଧ୍ୟାନ କଲେ। ସେମାନଙ୍କ ମତିଗତି ବଦଳାଇବାକୁ ଚେଷ୍ଟା କଲେ। ମହାରାଜା ପାଟନା ରାଜେନ୍ଦ୍ର ନାରାୟଣ ସିଂହଦେଓ, ସୁରେନ୍ଦ୍ରଙ୍କ ସହ ସଭା ସମିତିରେ ଯୋଗଦେଲେ। ପ୍ରଜାଙ୍କ ମଧ୍ୟରେ ନାହିଁ ନଥିବା ଉତ୍କଣ୍ଠା। ରାଜାଙ୍କୁ ଆଖି ପୂରେଇ ଥରୁଟିଏ ଦେଖିବେ। ସ୍ତ୍ରୀ ଲୋକମାନେ କାନି ଗଣ୍ଠାଗଣ୍ଠି ହେଇ ଆସୁଥିଲେ। ରାଜାଙ୍କର ଅନୁପସ୍ଥିତି, ଜନତା ବୀତସ୍ପୃହ। ସଭାରେ ସଂଖ୍ୟା ବହୁମାତ୍ରାରେ ହ୍ରାସ ପାଏ। ସୁରେନ୍ଦ୍ରଙ୍କ ଭାଷା କଟକୀ ଓଡ଼ିଆ। ବଲାଙ୍ଗିର ସମେତ ଗଡ଼ଜାତ ଅଞ୍ଚଳ। ସେଠାକା ଲୋକେ କିଛି କିଛି ବୁଝୁଥିଲେ। ସୁରେନ୍ଦ୍ରଙ୍କ

ଭାଷଣର ପ୍ରଭାବ ସେତେଟା ନଥିଲା। 'କୋଶଳ-ଉତ୍କଳ ପ୍ରଜା-ପରିଷଦ' ଏହାର ସଭ୍ୟମାନେ ପ୍ରଚାର କାର୍ଯ୍ୟରେ। ସେମାନେ ପରିଷଦର ଅସଲ ଉଦ୍ଦେଶ୍ୟ ବୁଝିନଥିଲେ, ଲୋକଙ୍କୁ ବା କ'ଣ ବୁଝାଇବେ ? ମିଶ୍ରଣ ପରବର୍ତ୍ତୀ ଆର୍ଥନୀତିକ ଦୁରବସ୍ଥା, ପ୍ରଶାସନିକ ସ୍ତରରେ କୁଶାସନ-ଏ ଦୁଇ କଥା ଲୋକଙ୍କୁ କହୁଥିଲେ। ଜନତାଙ୍କ ମଧ୍ୟରେ ନକାରାତ୍ମକ ମନୋଭାବ ସୃଷ୍ଟି ହେଲା। ଏଥିରେ ରାଜନୀତିକ ବିଚାର ବା ଚେତନା ନଥିଲା। ଭାରତୀୟ ରାଜନୀତିର ପୃଷ୍ଠଭୂମିରେ ଓଡ଼ିଶା ରାଜନୀତି ପ୍ରସଙ୍ଗ - ଏହା ଥିଲା ଗଡ଼ଜାତ ବାସୀଙ୍କ ଚିନ୍ତାର ବହିର୍ଭୂତ। ଏକଥା ସବୁ ସୁରେନ୍ଦ୍ର ବିସ୍ତୃତ ଭାବରେ ନୋଟ୍ କଲେ। ପାଟନା ରାଜାଙ୍କ ପାଖକୁ ପଠାଇ ଦେଲେ।

ମହାରାଜା ପାଟନା ଜଣେ ଦୂରଦୃଷ୍ଟି ସମ୍ପନ୍ନ ରାଜନୈତିକ ଚିନ୍ତକ। ରାଜନ୍ୟ ପରିବେଶ। ବିଳାସ ବ୍ୟସନ, ପ୍ରାଚୁର୍ଯ୍ୟ କିଛି କମ୍ ନୁହେଁ। ଏହା ସତ୍ତ୍ୱେ; ସେ ସୂକ୍ଷ୍ମ ରାଜନୈତିକ ବିଚାର ସଂପନ୍ନବ୍ୟକ୍ତି। ତାଙ୍କ ଠାରେ ଥିଲା ନମନୀୟତା। ଏହାର ନେପଥ୍ୟରେ ରାଜାଙ୍କ ବଜ୍ର କଠୋର ସଂକଳ୍ପ। ସେ ସିଦ୍ଧାନ୍ତଟିରେ ପହଞ୍ଚନ୍ତି। ଆଉ ପଛକୁ ଫେରି ଚାହାନ୍ତି ନାହିଁ। ନିଃଶଙ୍କ ଭାବେ ତାହାକୁ କାର୍ଯ୍ୟକାରୀ କରନ୍ତି। ମାତ୍ର ସୁରେନ୍ଦ୍ର, ସବୁଦିନେ ଅସ୍ଥିର, ଅସହିଷ୍ଣୁ। ବିଚାରମାତ୍ରେ କାର୍ଯ୍ୟ। ଖାଲ ଢିପକୁ ନିଘା ନାହିଁ। ମହାରାଜା ରାଜେନ୍ଦ୍ର ନାରାୟଣ, ଖାମ୍‌ଖେୟାଲରେ ଭାସିଯିବା ଲୋକ ନୁହନ୍ତି। ଖୁବ୍ ବିଚାରବନ୍ତ। ସୁରେନ୍ଦ୍ରଙ୍କ ଖିଆଲି ସ୍ୱଭାବ ପଛରେ ଥିଲା ବିଚାରବିମର୍ଷର ଅଭାବ। ସେ ରାଜାଙ୍କୁ ତତ୍‌କ୍ଷଣାତ୍ ସିଦ୍ଧାନ୍ତ ନେବାକୁ ଅନୁରୋଧ କରନ୍ତି। ହାତେ ମାପି ଚାଖଣ୍ଡେ ଚାଲିବା, ସତର୍କରେ କାର୍ଯ୍ୟ କରିବା, ଏମିତି ରାଜାଙ୍କ ନାନାଦି ଉପଦେଶ। ସୁରେନ୍ଦ୍ର ବି ମାନି ଚଳନ୍ତି।

ସୁରେନ୍ଦ୍ରଙ୍କ ସାପ୍ତାହିକୀ 'ଜନତା'। ଗଡ଼ଜାତରେ ଏହାର ପ୍ରସାର ବଢ଼ିଲା। ଅଧିକ ସଂଖ୍ୟକ ଲୋକ କିଣିଲେ। ପତ୍ରିକାରୁ ଭଲ ଦି' ପଇସା ମିଳିଲା। ଦିନକର କଥା। ସୁରେନ୍ଦ୍ର ମହାରାଜା ପାଟନାଙ୍କୁ ପ୍ରସ୍ତାବଟେ ଦେଲେ। କାଗଜରେ କୋଶଳ-ଉତ୍କଳ ପ୍ରଜା-ପରିଷଦକୁ ଗୁରୁତ୍ୱ ଦେବେ। ଗଡ଼ଜାତରେ ପତ୍ରିକା ସଭ୍ୟସଂଖ୍ୟା ବଢ଼ାଇବା, ରାଜ-ଆଶୀର୍ବାଦରୁ ସମ୍ଭବ ହେବ। ପତ୍ରିକା ଛପା ସମସ୍ୟା ଆଉ ରହିବନି। ଏ ପ୍ରକାର ପ୍ରସ୍ତାବଟି ରାଜାଙ୍କ ମନକୁ ପାଇଲା। ଏ ଦିଗରେ ଯଥାସମ୍ଭବ ସାହାଯ୍ୟ ମିଳିବ - ଏ ପ୍ରତିଶ୍ରୁତିଟି ମହାରାଜ ଦେଲେ। ଏବେ ଦୁଇଟି କାମ ଏକାସାଙ୍ଗରେ - ଠାକୁର ଦେଖା, କଦଳୀ କିଣା। ଗଡ଼ଜାତ ପ୍ରଜାଙ୍କ ମଧ୍ୟରେ ଗଣତାନ୍ତ୍ରିକ ସଚେତନତା - ଏ ଦିଗରେ ସୁରେନ୍ଦ୍ର ମନପ୍ରାଣ ଢାଳିଦେଲେ। ବିରୋଧୀ ଦଳଟେ ପାଇଁ କାର୍ଯ୍ୟ ତ୍ୱରାନ୍ୱିତ ହେଲା। ଅସଲ ଲକ୍ଷ୍ୟ ଆଗରେ। ଗୋଟେ ବୃହତ୍ତର ଉତ୍କଳ ପ୍ରଦେଶ ଗଠନ। ଏଥିପାଇଁ ଉତ୍କଳ ସମ୍ମିଳନୀ ସହ ଇଷ୍ଟର୍ଣ୍ଣ ଷ୍ଟେଟ୍‌ସ ପିପୁଲ୍‌ସ ୟୁନିୟନ୍‌ର ମିଶ୍ରଣ ଏକାନ୍ତ ଜରୁରି।

ବହି ଯାଉଥିବା ନଈ, ଦୃଢ଼ପ୍ରତିଜ୍ଞ ମନ - ଏହାର ପଥକୁ କିଏ ବା ଅଟକାଇ ପାରିବ ? ସେତେବେଳକୁ ଉତ୍କଳ ସମ୍ମିଳନୀ ତା' ଗନ୍ତବ୍ୟ ପଥରେ। ସଭାପତି ଲକ୍ଷ୍ମୀନାରାୟଣ ସାହୁ। ସେ ଜଣେ ସୁଲେଖକ। ତାଙ୍କ ଲେଖାମାନ 'ଜନତା'ରେ ବାହାରେ। ସୁରେନ୍ଦ୍ର ତାଙ୍କୁ ଦେଖାକଲେ। ପାଟନା ମହାରାଜ ରାଜେନ୍ଦ୍ର ନାରାୟଣ; ସେ ଉତ୍କଳ ସମ୍ମିଳନୀର ସଭାପତି ହେବେ, ଏମିତି ଗୁରୁତ୍ୱପୂର୍ଣ୍ଣ ପ୍ରସ୍ତାବଟେ ବି ଦେଲେ। ବିଚାରବିମର୍ଷ ଚାଲିଲା। ସମ୍ପାଦକ ନବକିଶୋର ଦାସ, ସଭ୍ୟା ସରଳା ଦେବୀ, ସଭ୍ୟ ଯଦୁମଣି ମଙ୍ଗରାଜ, ସର୍ଭେଣ୍ଟସ୍ ଅଫ୍ ଇଣ୍ଡିଆ ସୋସାଇଟିର ସଭ୍ୟ ଶ୍ୟାମସୁନ୍ଦର ମିଶ୍ର, ଏମାନଙ୍କ ସହ ଘନ ଘନ ପରାମର୍ଶ ହେଲା। ସମସ୍ତେ ପ୍ରସ୍ତାବଟିରେ ରାଜି ହେଲେ। କଟକ ଟାଉନ୍ ହଲ୍। ଉତ୍କଳ ସମ୍ମିଳନୀର ଦି' ଦିନିଆ ଅଧିବେଶନ। ଶୀତ ସରି ସରି ଯାଉଥାଏ, ଖରାଦିନ ଆରମ୍ଭ। ପାଗ ଅନୁକୂଳ। ଆରମ୍ଭ ହେଲା ଉତ୍କଳ ସମ୍ମିଳନୀର ଅଧିବେଶନ। ସଭାପତିତ୍ୱ କଲେ ପାଟନା ମହାରାଜ ରାଜେନ୍ଦ୍ର ନାରାୟଣ ସିଂହଦେଓ। ଏହା ପଛରେ ଥିଲା ସୁରେନ୍ଦ୍ରଙ୍କ ସାଧୁ ଉଦ୍ୟମ। ଦିନେ ତାଙ୍କୁ କୁହାଯାଉଥିଲା 'ଦେଶଦ୍ରୋହୀ'। ସେଇ ନିନ୍ଦୁକମାନେ କ୍ରମେ ଲଜ୍ଜିତ ହେଲେ। ସୁରେନ୍ଦ୍ରଙ୍କ ରାଜନୀତିକ ଖେଳ ସଫଳ ହେଲା।

ଉତ୍କଳ ସମ୍ମିଳନୀ ସହ କୋଶଳ-ଉତ୍କଳ ପ୍ରଜା-ପରିଷଦର ମିଶ୍ରଣ ପ୍ରସ୍ତାବ

ଘଟଣା ବହୁଳ ଊନବିଂଶ ଶତାବ୍ଦୀ। ଭାଗ୍ୟର ବିଡ଼ମ୍ବନା। ଆସିଲେ ଫିରିଙ୍ଗିଏ। ଓଡ଼ିଶା ଅକ୍ତିଆର କଲେ (୧୮୦୩)। ମାତ୍ରାଧିକ ଅତ୍ୟାଚାର, ଲୁଣ୍ଠନ, ଶୋଷଣ; ଜନଜୀବନ ତ୍ରସ୍ତ। ଗୋଟେପଟେ ଫିରିଙ୍ଗି ବାହିନୀର ଦମନ ଲୀଳା, ଆରପଟେ ଆପଣାର ମର୍ଯ୍ୟାଦା ରକ୍ଷା। ଏଥିପାଇଁ ଓଡ଼ିଆ ପୁଅର ସଂଗ୍ରାମ। ସଂଗଠିତ ହେଲା ଭାରତର ପ୍ରଥମ ମୁକ୍ତି ସଂଗ୍ରାମ (ପାଇକ ବିଦ୍ରୋହ -୧୮୧୭)। ବୀର ଓଡ଼ିଆର ଗାରିମା ହେଲା ଦିଗନ୍ତ ବିସ୍ତାରୀ। ପୁନଶ୍ଚ ଜାତିର ଦ୍ୱିତୀୟ ମୁକ୍ତିଯୁଦ୍ଧ (୧୮୫୭-ସିପାହୀ ବିଦ୍ରୋହ)। ଓଡ଼ିଶାର ବୀର ସୁରେନ୍ଦ୍ର ସାଏ, ଚାଖି ଖୁଣ୍ଟିଆ – ଏମାନଙ୍କର ଅଭୂତ ପୂର୍ବ ବୀରତ୍ୱ। ଇତିହାସ ହେଲା ସ୍ୱର୍ଣ୍ଣାକ୍ଷରରେ ଲିପିବଦ୍ଧ। ମାତ୍ର ଓଡ଼ିଆର ବୀରତ୍ୱ, ଉତ୍ସାହ, ସାହସିକତା, କ୍ରମେ ମଉଳିଲା। ଆର୍ଥିକ ବ୍ୟବସ୍ଥା ହେଲା ଧ୍ୱସ୍ତବିଧ୍ୱସ୍ତ। ୧୮୬୬-ନ' ଅଙ୍କ ଦୁର୍ଭିକ୍ଷ। ଲକ୍ଷ ଲକ୍ଷ ଲୋକ ପୋକମାଛି ପରି ମଲେ। ଫେମିନ୍ କୋର୍ଡ଼ର ନିୟମ - ଜନସ୍ୱାର୍ଥ ବିରୋଧୀ। ଓଡ଼ିଶା କାଣୀ କଉଡ଼ିଟେ ପାଇଲାନି। ଏତିକିରେ ଓଡ଼ିଆଙ୍କର ଦୁର୍ଦ୍ଦଶାର ଅନ୍ତ ହେଲାନି। ଚକ୍ରାନ୍ତକାରୀ ବଙ୍ଗାଳୀଏ। ନେତା କାନ୍ତିଚନ୍ଦ୍ର ଭଟ୍ଟାଚାର୍ଯ୍ୟ। ଓଡ଼ିଆ ଭାଷାର ସ୍ୱାତନ୍ତ୍ର୍ୟକୁ ଅସ୍ୱୀକାର କଲେ। ବଙ୍ଗଳା ଭାଷାର ଉପଭାଷା କହିଲେ। ଏଇଟି ନ'ଅଙ୍କ ପରବର୍ତ୍ତୀ ସମୟର କଥା। ସେତେବେଳକୁ ବହୁ ଓଡ଼ିଆ ଇଂରାଜୀ ପଢୁଆ। ଏକ ନବ୍ୟ-ସଭ୍ୟ ଶିକ୍ଷିତ ଗୋଷ୍ଠୀ। ସେମାନଙ୍କ ମଧ୍ୟରେ ଜାତି-ଭାଷା-ପ୍ରେମ ଉଜ୍ଜୀବିତ। ଭାଷା ଭିତ୍ତିକ ଜାତୀୟତାବାଦର ହେଲା ଉତ୍ତରଣ। ଚାଲିଲା ଭାଷା ସୁରକ୍ଷା ଆନ୍ଦୋଳନ। ତାହା ସଫଳ ହେଲା। ଚକ୍ରାନ୍ତକାରୀର କୂଟପଣ ମରି ହଜିଗଲା (୧୮୭୦)। ଉତ୍ସାହିତ ହେଲେ ଯୁବଗୋଷ୍ଠୀ। ସେତେବେଳକା ଓଡ଼ିଶା, କଟକ, ପୁରୀ, ବାଲେଶ୍ୱର ସମନ୍ୱିତ କେତେକ

ଅଞ୍ଚଳ ମାତ୍ର। ଆଉ କିଛି କିଛି ଅଞ୍ଚଳ ବଙ୍ଗପ୍ରଦେଶ, ମଧ୍ୟପ୍ରଦେଶ, ବିହାରରେ ଆଉ କେତେକ ମାଡ୍ରାସ ପ୍ରେସିଡେନ୍‌ସିରେ। ସେଠାକା ଓଡ଼ିଆଏ ହନ୍ତସନ୍ତ। ସେମାନଙ୍କ ଅସ୍ମିତା ଟିକକ କ୍ରମେ ମ୍ଳାନ ପଡ଼ିଲା। ଏହା ଥିଲା ଇଂରେଜ ଶାସକଙ୍କ କୂଟ ଚକ୍ରାନ୍ତ। ଖଣ୍ଡ ବିଖଣ୍ଡିତ ଓଡ଼ିଶା, ମା'-ମାଟି-ଭାଷାର ବିରାଟ ଆହ୍ୱାନ। ଜାଗିଲା ଉତ୍କଳ ସନ୍ତାନ। ଆପଣାର ମାଟି ଖଣ୍ଡକ, ଏଥି ପାଇଁ ଆରମ୍ଭ ହେଲା ମହାସଂଗ୍ରାମ। ଗଠିତ ହେଲା ବହୁ ରାଜନୀତିକ ଅନୁଷ୍ଠାନ। ଏଗୁଡ଼ିକ ମଧ୍ୟରେ ସର୍ବାଗ୍ରେ 'ଉତ୍କଳ ସଭା'। ଶେଷରେ ଏହାର ନାମ ବଦଳିଲା, ହେଲା 'ଉତ୍କଳ ସମ୍ମିଳନୀ' (୧୯୦୩)। ମୁଖ୍ୟ ପୁରୋଧା ଉତ୍କଳ ଗୌରବ ମଧୁସୂଦନ ଦାସ। ତାଙ୍କ ସହ ଆହୁରି ଅନେକ ଆଗେଇ ଆସିଲେ। ମୟୂରଭଞ୍ଜ ରାଜା ଶ୍ରୀରାମଚନ୍ଦ୍ର ଭଞ୍ଜଦେଓ, ପାରଳା ରାଜା ଗଜପତି କୃଷ୍ଣଚନ୍ଦ୍ର, କନିକା ରାଜା ରାଜେନ୍ଦ୍ର ନାରାୟଣ ଭଞ୍ଜଦେଓ, ଉତ୍କଳମଣି ଗୋପବନ୍ଧୁ ଦାସ, ଲକ୍ଷ୍ମୀନାରାୟଣ ସାହୁ - ଏମାନଙ୍କର ନାମ ମଧ୍ୟ ସ୍ମରଣୀୟ। ନବଜାଗରଣରୁ ନିଃସୃତ ଯୁବଗୋଷ୍ଠୀ, ଜାତୀୟତାବାଦରେ ଓଡ଼ିଆବାସୀ ଉଦ୍‌ବୁଦ୍ଧ। ସ୍ୱାଧୀନଚେତା, ସଂସ୍କାରଧର୍ମୀ ସାହିତ୍ୟିକ; ଓଡ଼ିଆ ଜାତିକୁ ଗଢ଼ିବାର ସଂକଳ୍ପ ନେଲେ। ନୂତନ ଯୁବଶକ୍ତିର ବିକାଶ ହେଲା। ଏଇଟି ଊନବିଂଶ ଶତାବ୍ଦୀର ଏକ ମହାନ ଘଟଣା। ସ୍ୱାଭିମାନ, ଆତ୍ମପ୍ରତିଷ୍ଠା - ଏ ଦୁଇଟି ଉପରେ ଉତ୍କଳ ସମ୍ମିଳନୀ ନିଘା ରଖିଲା।

ସେତେବେଳର କଥା। ଲକ୍ଷ୍ମୀନାରାୟଣ ସାହୁ, ଜଣେ ସୁଲେଖକ, ବାଗ୍ମୀ, ବହୁ ଶାସ୍ତ୍ରାଧ୍ୟାୟୀ। ଉତ୍କଳ ସମ୍ମିଳନୀର ସଭାପତି। ତାଙ୍କ ସହ ସୁରେନ୍ଦ୍ର ମହାନ୍ତିଙ୍କ ଭାବଲାଭ। ଲକ୍ଷ୍ମୀନାରାୟଣଙ୍କ ଲେଖାମାନ, ସୁରେନ୍ଦ୍ର ବାହାର କରନ୍ତି ତାଙ୍କ 'ଜନତା' ପତ୍ରିକାରେ। ପାଟନା ମହାରାଜା ରାଜେନ୍ଦ୍ର ନାରାୟଣ ସିଂହଦେଓ। ତାଙ୍କ ସହ ସୁରେନ୍ଦ୍ରଙ୍କ ବି ଘନିଷ୍ଠ ସମ୍ପର୍କ। ଗଠିତ ହୋଇଥାଏ କୋଶଳ-ଉତ୍କଳ ପ୍ରଜା-ପରିଷଦ। ମହାରାଜା ପାଟନା, ମହାରାଜା କଳାହାଣ୍ଡି ଏହାର ପୃଷ୍ଠପୋଷକ। ସୁରେନ୍ଦ୍ରଙ୍କ ଲକ୍ଷ୍ୟ ଗୋଟେ ବୃହତ୍ତର ଓଡ଼ିଶା ଗଠନ, ଓଡ଼ିଶାର ବିଚ୍ଛିନ୍ନାଞ୍ଚଳ ଏକତ୍ରୀକରଣ। ସେ ଚାହୁଁଥିଲେ ଉତ୍କଳ ସମ୍ମିଳନୀ ସହ କୋଶଳ ଉତ୍କଳ ପ୍ରଜା-ପରିଷଦର ମିଶ୍ରଣ। ଏହା ଦ୍ୱାରା ତାଙ୍କର ମହତ ଉଦ୍ଦେଶ୍ୟ ସାଧିତ ହେବ। ସୁରେନ୍ଦ୍ର ଆଗେଇଲେ। ମହାରାଜା ପାଟନାଙ୍କୁ ମନେଇଲେ। କଟକରେ ଉତ୍କଳ ସମ୍ମିଳନୀର ଅଧିବେଶନ। ରାଜା ଏଥିରେ ସଭାପତିତ୍ୱ କଲେ। ଏସବୁ ପ୍ରସଙ୍ଗ ସୁରେନ୍ଦ୍ର ଲେଖିଲେ ଆତ୍ମଲିପି 'ପଥ ଓ ପୃଥିବୀ'ରେ।

ଲକ୍ଷ୍ମୀ ନାରାୟଣ ସାହୁ ଖୁବ୍ ପବିତ୍ର। ତାଙ୍କ ପରି ଲୋକ ବିରଳ। ନିରଳସ ଜୀବନ ଶୈଳୀ। ଆଣ୍ଠୁର ଅଳ୍ପ ତଳକୁ ଖଦଡ଼ ଧୋତି, ଦେହରେ ଖଣ୍ଡେ ଚାଦର। ମୁଣ୍ଡିତ ମସ୍ତକ, ଆଖିରେ ଚଷମା। କାନ୍ଧରେ ଝୁଲାମୁଣି। ଏଥିରେ ଖବର କାଗଜ,

କେଇଟି ପାଣ୍ଡୁଲିପି, ତା' ସହିତ କେତେକ ଅସମାପ୍ତ କବିତା। ସେ ସଦା ସର୍ବଦା ସ୍ୱପ୍ନପ୍ରବଣ, କର୍ମଠ, ଆଦର୍ଶବାଦୀ। ଖୁବ୍ ନିରଳସ ମଣିଷ। ବେଶ୍ ଜ୍ଞାନ ପିପାସୁ। ଗୋରକ୍ଷଣୀ, ବନ୍ୟା ନିବାରଣୀ, ଶିକ୍ଷାବିସ୍ତାରିଣୀ; ସାହିତ୍ୟ ସଭା ଅବା ରାଜନୀତିକ ବିତର୍କ - ସବୁଥିରେ ଲକ୍ଷ୍ମୀନାରାୟଣଙ୍କ ସମାନ ଉତ୍ସାହ। ତାଙ୍କ କାର୍ଯ୍ୟ ସମ୍ପାଦନ ତ୍ରୁଟିଶୂନ୍ୟ। ସର୍ଭେଣ୍ଟ ଅଫ୍ ଇଣ୍ଡିଆର ସେ ଜଣେ ବରିଷ୍ଠ ସଦସ୍ୟ। ସାରା ଦିନର ବ୍ୟସ୍ତତା। କିଛି ସମୟ ତାଙ୍କର ଡଗରପଡ଼ାସ୍ଥ ସର୍ଭେଣ୍ଟ ଅଫ୍ ଇଣ୍ଡିଆରେ, ନଚେତ୍ ସହରର କେଉଁ ରାସ୍ତା ଅବା ଗଳି, ସେଇଠି ତାଙ୍କ ସହ ଜନତାଙ୍କ ଭେଟ। ତାଙ୍କ ଜୀବନ ଚଳଚଞ୍ଚଳ। ଉପନିଷଦର ସେଇ ବାକ୍ୟ - 'ଚରୈବେତି, ଚରୈବେତି'। ଏକଥାଟି ଲକ୍ଷ୍ମୀନାରାୟଣ ବାବୁଙ୍କ ଠାରେ ପରିଲକ୍ଷିତ।

ଲକ୍ଷ୍ମୀନାରାୟଣ ସାହୁଙ୍କ ଏକ ଚମତ୍କାର ରୁଚି। ପ୍ରତିଟି ପ୍ରବାଦ ପୁରୁଷ, ସ୍ୱଦେଶ ଅବା ବିଦେଶର। ସମସ୍ତଙ୍କର ସେ ଜନ୍ମଦିନ ପାଳନ୍ତି। ସେ ଗ୍ୟାରିବାଲ୍ଡ଼ି ହୁଅନ୍ତୁ, ମାତ୍‌ସିନୀ ହୁଅନ୍ତୁ ଅବା ଦାସିଆ ବାଉରି, ଏମିତି ଆହୁରି ଅନେକ, ଯାହାଙ୍କର ଜନ୍ମ ତାରିଖ ଅବା ମହାପ୍ରୟାଣ, ସବୁ ଲକ୍ଷ୍ମୀନାରାୟଣ ବାବୁଙ୍କ ଟିପା ଖାତାରେ। ସେମାନଙ୍କର ଆବିର୍ଭାବ ଆଉ ତିରୋଧାନ ଦିବସ। ଚାଲେ ସ୍ମୃତିଚାରଣ ସହ ଶ୍ରଦ୍ଧାଞ୍ଜଳି। ଭାରି ନିରାଡ଼ମ୍ବର ପରିବେଶ। କାହାକୁ ନିମନ୍ତ୍ରଣ ନାହିଁ। ଯିଏ ବାଟରେ ଦେଖାହେଲେ, ନିମନ୍ତ୍ରଣ କରନ୍ତି। ସାଇକେଲରେ ଯାଉ ଯାଉ ସଭା ପାଇଁ ସଭାସଦ୍ ଯୋଗାଡ଼ନ୍ତି। ଲକ୍ଷ୍ମୀନାରାୟଣଙ୍କ ଏପରି ସ୍ୱତନ୍ତ୍ର ଢଙ୍ଗ। ବକ୍ତା ମିଳନ୍ତି; ମାତ୍ର ଶ୍ରୋତା ଚାରି ପାଞ୍ଚଜଣ। ଅନେକ ସମୟରେ ତା' ଠାରୁ ବି କମ୍। ଏମିତି କ୍ଷୀଣ ସଭା କକ୍ଷ। ସୁରେନ୍ଦ୍ର ବି କେଇଥର ବକ୍ତୃତା ଦେଇଛନ୍ତି। ଉତ୍କଳ ସମ୍ମିଳନୀ ପକ୍ଷରୁ ପୂଜ୍ୟପୂଜା ସଭା କଲେ। ମୁଖ୍ୟ ସୂତ୍ରଧର ଲକ୍ଷ୍ମୀନାରାୟଣ ସାହୁ।

ଉତ୍କଳ ସମ୍ମିଳନୀର ଲକ୍ଷ୍ୟ ବିଚ୍ଛିନ୍ନାଞ୍ଚଳ ଏକତ୍ରୀକରଣ। ଏଣେ ଗଡ଼ଜାତ ରାଜାମାନେ ଏକଜୁଟ୍। ସେମାନଙ୍କର ଉଦ୍ଦେଶ୍ୟ ଗଡ଼ଜାତ ୟୁନିୟନ ଗଠନ। କୋଶଳ-ଉତ୍କଳ ପ୍ରଜା-ପରିଷଦ ଗଠିତ ହୋଇ ସାରିଥାଏ। ଅନୁଷ୍ଠାନର ଶକ୍ତି କ୍ରମେ ବଢୁଛି। ଇଷ୍ଟର୍ଣ୍ଣ ଷ୍ଟେଟ୍‌ସ ପିପୁଲ୍‌ସ ୟୁନିଅନ୍ ସ୍ଥାପିତ ହେବ, ମଧ୍ୟପ୍ରଦେଶରେ ଥିବା ଶକ୍ତି, ସାରଙ୍ଗଗଡ଼, ଫୁଲଝର - ଏସବୁ ଓଡ଼ିଆ ଭାଷୀ ଅଞ୍ଚଳ। ଅକ୍ଳେଶରେ ଓଡ଼ିଶାରେ ମିଶିପାରିବ। ଉତ୍କଳ ସମ୍ମିଳନୀ ସହ କୋଶଳ-ଉତ୍କଳ ପ୍ରଜା-ପରିଷଦର ମିଶ୍ରଣ; ଏ ଦିଗରେ ମନୋନିବେଶ କରିବା ବିଧେୟ। ତାହାହେଲେ ଲକ୍ଷ୍ୟ ହାସଲ ହେବ। ସୁରେନ୍ଦ୍ର ଏଇ ପ୍ରସ୍ତାବଟି ଦେଲେ ଲକ୍ଷ୍ମୀନାରାୟଣ ବାବୁଙ୍କୁ। ପ୍ରସ୍ତାବଟି ଥିଲା ଗ୍ରହଣଯୋଗ୍ୟ। ସମ୍ମିଳନୀର ଅନ୍ୟାନ୍ୟ ସଦସ୍ୟ ଏକଥାକୁ ସ୍ୱାଗତ କଲେ। ଉତ୍କଳ ସମ୍ମିଳନୀର ସମ୍ପାଦକ

ନବ କିଶୋର ଦାସ। ସେ ବି ରାଜି ହେଲେ। କଟକରେ ଉତ୍କଳ ସମ୍ମିଳନୀର ଅଧିବେଶନ ହେବ, ଯୋଗଦେବେ ପାଟନା ମହାରାଜା ରାଜେନ୍ଦ୍ର ନାରାୟଣ ସିଂହଦେଓ। ତାଙ୍କୁ ବୁଝେଇବା ଦାୟିତ୍ୱ ସୁରେନ୍ଦ୍ର ନେଲେ।

ବଲାଙ୍ଗିର ରାଜ ପାଲେସ୍। ସୁରେନ୍ଦ୍ର ଅପେକ୍ଷାରତ। ରାଜା ଲକ୍ଷ୍ନୌରେ। ଗୋଟେ ଦିନ ପରେ ଆସିଲେ। କୋଶଳ-ଉତ୍କଳ ପ୍ରଜା-ପରିଷଦର ଉତ୍କଳ ସମ୍ମିଳନୀ ସହ ମିଶ୍ରଣ। ଏ ଦିଗରେ ବିଧିବଦ୍ଧ ଆଲୋଚନା ଚାଲିଲା। ସମ୍ମିଳନୀ ସହ ପରିଷଦ ମିଶିବା ଉଚିତ୍। ଫଳରେ ପରିଷଦରେ ରାଜାରାଜୁଡ଼ା ଗନ୍ଧ ରହିବ ନାହିଁ। ତା' ବାଦ୍ ଏହା ଗୋଟେ ଷ୍ଟେଟ୍ ପାର୍ଟି ରୂପେ କାର୍ଯ୍ୟ କରିବ। ଓଡ଼ିଶାର ବହୁବିଧ ସ୍ୱାର୍ଥରକ୍ଷା ହେବ। ଓଡ଼ିଶାରେ ଏପରି ଏକ ରାଜନୈତିକ ଦଳ ଅନିବାର୍ଯ୍ୟ - ଏ ସମସ୍ତ ବିଷୟ ସୁରେନ୍ଦ୍ର ରାଜାଙ୍କୁ ଅବଗତ କଲେ। ଆଲୋଚନାଟି ଗତିଶୀଳ। ହଠାତ୍ ପହଞ୍ଚିଲେ ନବକିଶୋର ଦାସ। ସେ ତ ଉତ୍କଳ ସମ୍ମିଳନୀର ସମ୍ପାଦକ। ମହାରାଜା ବଡ଼ ଅମାୟିକ ବ୍ୟକ୍ତି। ସାଙ୍ଗେ ସାଙ୍ଗେ କହିଲେ - "ନବବାବୁ ଶହେବର୍ଷ ବଞ୍ଚିବେ। ଅବିକା ତାଙ୍କର କଥା ପଡ଼ିଥିଲା।" ସୁରେନ୍ଦ୍ର ଖୁବ୍ ବିଚକ୍ଷଣ। ପରିସ୍ଥିତିର ଗୁରୁତ୍ୱ ବଢ଼ାଇ ଦେଲେ। ଏଠି ତ ରାଜା ସାହେବ ଅଛନ୍ତି। ସମ୍ମିଳନୀର ସମ୍ପାଦକ ବି। ଏମାନଙ୍କର ସମ୍ମତି ସମସ୍ତଙ୍କର ଗ୍ରହଣୀୟ। ଶୁଭ କାର୍ଯ୍ୟରେ କାଳକ୍ଷେପଣ କ୍ଷତିକାରକ। ସଂସ୍କୃତରେ କଥା ଅଛି - "କାଳଃ ପିବତି ତଦ୍ରସଂ।" ଯୋଉ ସମୟରେ ଯେଉଁ କାର୍ଯ୍ୟ, ନଚେତ୍ ସମସ୍ତ କାର୍ଯ୍ୟର ରସକୁ ଶୋଷିନିଏ କାଳ। ଅର୍ଥାତ୍ ସବୁ ନିଷ୍ଫଳ। ମହାରାଜା ସମ୍ମିଳନୀରେ ଯୋଗଦେବେ। ଏ କଥାଟି ସ୍ଥିର ହେଲା। ସୁରେନ୍ଦ୍ର ଆଶ୍ୱସ୍ତ ହେଲେ।

ଭବାନୀପାଟଣାର ଗାନ୍ଧୀ ଚୌକ। ସଭାଟିଏ ଚାଲିଥାଏ। ସୁରେନ୍ଦ୍ର ମୁଖ୍ୟବକ୍ତା। ପ୍ରଜା ପରିଷଦର ଲକ୍ଷ୍ୟ ହାସଲ, ଏ ଦିଗରେ ୟୁନିଅନ୍ ପ୍ରତି ଉପକୂଳ ଅଞ୍ଚଳର ଦୃଷ୍ଟି ଆକର୍ଷଣ ଆବଶ୍ୟକ। ତା' ପରେ ଯା'ର ଶୁଭଫଳ ମିଳିବ। କୋଶଳ-ଉତ୍କଳ ପ୍ରଜା-ପରିଷଦ, ଉତ୍କଳ ସମ୍ମିଳନୀ - ଦୁଇ ଅନୁଷ୍ଠାନ ଏକ ଛତ୍ର ତଳେ ରହିବ - ଦୃଢ଼ତାର ସହ ସୁରେନ୍ଦ୍ର ଏକଥା କହିଲେ। ସଭାରେ ପ୍ରତିବାଦ ନାହିଁ। ଦ୍ୱିମତ ନାହିଁ। ସୁରେନ୍ଦ୍ରଙ୍କ ମନରେ ଦମ୍ଭ, ଠିକ୍ ବାଟରେ ତାଙ୍କର ଯାତ୍ରା। ଏ କଥାଟି ହୃଦୟଙ୍ଗମ କଲେ। ସୁରେନ୍ଦ୍ର କଟକ ବାହୁଡ଼ିଲେ। ପୁନଃ ସାକ୍ଷାତ ଲକ୍ଷ୍ମୀନାରାୟଣ ବାବୁଙ୍କ ସହ। ସେତେବେଳକୁ ସମ୍ମିଳନୀର ଦୁରବସ୍ଥା। ଆର୍ଥିକ ଅନଟନ ଲାଗି ରହିଥାଏ। ମନୋବଳ ସିନା ଅଛି, ଧନବଳ, ଜନବଳ ଲୋଡ଼ା। ସମସ୍ତେ ଆସୁଛନ୍ତି। ଭାଷଣ ଚାଲିଛି। ସଭା ସମ୍ପର୍କିତ ରିପୋର୍ଟ, ଖବରକାଗଜକୁ ଯାଇପାରୁନି। ଟଙ୍କା ବାଧକ ସାଜିଛି। ସମ୍ମିଳନୀର ବିଭିନ୍ନ ପ୍ରସ୍ତାବ, ଏକ୍‌ଜିକ୍ୟୁଟିଭ୍ ବଡ଼ି ସଭ୍ୟମାନେ ଠିକ୍ ସମୟରେ ପାଉ ନାହାନ୍ତି। ପାଣ୍ଠିର

ଘୋର ଅଭାବ। ବାର୍ଷିକ ଉତ୍ସବ ହୋଇ ପାରୁନି। ଲକ୍ଷ୍ମୀ ନାରାୟଣ ବାବୁଙ୍କ ଇଚ୍ଛା କଟକରେ ସମ୍ମିଳନୀ ହେବ। ମହାରାଜା ପାଟନାଙ୍କର ଧନର ଅଭାବ ନାହିଁ। ସେ ସାହିତ୍ୟ ମନସ୍କ। ରାଜନୀତି ଅନୁରାଗୀ ବି। ଶେଷରେ ସିଦ୍ଧାନ୍ତ ହେଲା। କଟକ ଟାଉନ୍ ହଲରେ ଉତ୍କଳ ସମ୍ମିଳନୀର ଅଧିବେଶନ ବସିବ। ଚାଲିବ ଦୁଇଦିନ। ସଭାପତିତ୍ୱ କରିବେ ପାଟନା ମହାରାଜା ରାଜେନ୍ଦ୍ର ନାରାୟଣ ସିଂହଦେଓ। ଶୁଭସ୍ୟ ଶୀଘ୍ରମ୍। ସଙ୍ଗେ ସଙ୍ଗେ ନିମନ୍ତ୍ରଣ ପତ୍ର ଲେଖା ହେଲା। ମହାରାଜାଙ୍କ ବଲାଙ୍ଗିର, ୩୦ ସରୋଜିନୀ ନାଇଡୁ ମାର୍ଗ, ଲକ୍ଷ୍ନୌ - ଉଭୟ ଠିକଣାରେ ନିମନ୍ତ୍ରଣ ପତ୍ର ପଠାଗଲା। ସମ୍ମିଳନୀର ଅଭ୍ୟର୍ଥନା ସମିତି, ମୁଖ୍ୟ ରହିଲେ ଲକ୍ଷ୍ମୀନାରାୟଣ ସାହୁ। ମହାରାଜାଙ୍କ ଠାରୁ ଟେଲିଗ୍ରାମଟେ ମିଳିଲା। ସେ କଲିକତାରୁ ପୁରୀ ଏକ୍ସପ୍ରେସ୍‌ରେ ଆସିବେ। ରାଜାଙ୍କ ରହଣି ଚିନ୍ତା ଘାରିଲା। ସେତେବେଳକା ଗୋପବନ୍ଧୁ ବାଗ୍। ତିଆରି ହୋଇଥାଏ ସର୍ଭେଣ୍ଟ ଅଫ୍ ଇଣ୍ଡିଆ ସୋସାଇଟିର ଫାଳିକିଆ ଘରଟେ। ଧାଡ଼ିକିଆ ଦି' ତିନିଟି କୋଠରି। ସେଠାରେ ରାଜା ରହିପାରିବେନି। ସେମିତି ବି ହୋଟେଲଟିଏ ନାହିଁ କଟକରେ। ଲକ୍ଷ୍ମୀନାରାୟଣ ବାବୁ ସଂସାରଭୋଳା ଲୋକ। ସହଜରେ କଥାଟିକୁ ନେଇଗଲେ। ମହାରାଜା ସେଇ ଅଫିସ୍‌ରେ ରହିଲେ କ୍ଷତି କ'ଣ? ବକ୍‌ସି ବଜାର ଛକରେ ରାତି ଚାରିଟାରେ ଚାହା ମିଳେ। ସେ ନିଜେ ଆଣି ଦେବେ। ବାଥ୍‌ରୁମ୍ ନାହିଁ। ଗୋଟାଏ କମୋଡ୍ କିଣିଆଣିଲେ ବାଥ୍‌ରୁମ୍ ହେଇଯିବ। ଶେଷରେ ମହାରାଜା ସେଇଠି ରହିବା ସିଦ୍ଧାନ୍ତ ହେଲା। ସୁରେନ୍ଦ୍ରଙ୍କ ମନ ଆନନ୍ଦରେ ଘର ଧରୁନଥାଏ। ତାଙ୍କ ଉଦ୍ଦେଶ୍ୟ ମହାରାଜା ରାଜନୀତିର ବଡ଼ଦାଣ୍ଡରେ ଟିକେ ଗଡ଼ନ୍ତୁ। ତାହାହେଲେ ବୃହତ୍ତର ଓଡ଼ିଶା ଗଠନ ସ୍ୱପ୍ନ ସାକାର ହେବ!

ମଙ୍ଗୁଆଳ ନାଆକୁ ମଙ୍ଗାଏ। ନାଆ ଆଗେଇଚାଲେ। ସ୍ରୋତର ଅନୁଲୋମ ଅବା ପ୍ରତିଲୋମ ଗତି। କେଉଁଟି ବାଧକ ସାଜେନା। ନାଆ ଛୁଇଁଦିଏ ଲକ୍ଷ୍ୟସ୍ଥଳ। ଠିକ୍ ସେମିତି ଦଳପତି ବା ନେତା, ସେମାନଙ୍କର ନିଷ୍ଠା, ପରାକାଷ୍ଠା, ସମର୍ପିତ ପଣ, ମାତୃଭୂମି ପାଇଁ ଅନୁରାଗ; ପ୍ରଭାବିତ ହୁଅନ୍ତି ଜନତା। ଦେଶ-ଜାତିର ବୃହତ୍ତର ସ୍ୱାର୍ଥ ସାଧିତ ହୁଏ। ବ୍ୟକ୍ତି ସ୍ୱାର୍ଥ ସମୂହ କଲ୍ୟାଣର ବାଧକ। ଏ କଥାଟି ନେତାଏ ବୁଝିବା ଆବଶ୍ୟକ। ଏହାକୁ ଅନୁଭବ କରିଥିଲେ ପାଟନା ମହାରାଜା ରାଜେନ୍ଦ୍ର ନାରାୟଣ ସିଂହଦେଓ। ସେ କୋଶଳ-ଉତ୍କଳ ପ୍ରଜା-ପରିଷଦର କର୍ଣ୍ଣଧାର। ତାଙ୍କ ସହ କଳାହାଣ୍ଡି ମହାରାଜା। ଏମାନେ ଛାମୁଆ ବାହିନୀରେ। ଅନ୍ୟ ଗଡ଼ଜାତ ରାଜାଏ, ତାଙ୍କ ନିଘା ୟୁନିଅନଟେ ଗଢ଼ାହେବ। ରାଜା ମହାରାଜାଙ୍କ ହିତ ସାଧନ ହେବ। ଏ ପ୍ରକାର କଥାଟି ଅତି ମାରାତ୍ମକ। ଏହା ମହାରାଜା ପାଟନାଙ୍କୁ ଅଛପା ନଥିଲା। ସେ ତ ଗୁଣଗ୍ରାହୀ, ସାହିତ୍ୟାନୁରାଗୀ,

ରାଜନୀତିକ ଶୁଭ ଚିନ୍ତକ। ଉତ୍କଳ ସମ୍ମିଳନୀ ସହ କୋଶଳ-ଉତ୍କଳ ପ୍ରଜା-ପରିଷଦ ମିଶିବ। ତାହେଲେ ସମ୍ଭବ ହେବ ବୃହତ୍ତର ଓଡ଼ିଶା ଗଠନ। ବିଚକ୍ଷଣ ରାଜନୀତିଜ୍ଞ ସୁରେନ୍ଦ୍ର ମହାନ୍ତି। ଏ ସମ୍ପର୍କରେ ମହାରାଜାଙ୍କୁ ବୁଝାଇଲେ। ରାଜା ମଙ୍ଗିଲେ। ଉତ୍କଳ ସମ୍ମିଳନୀର କଟକ ଅଧିବେଶନ। ମହାରାଜା ସଭାପତିତ୍ୱ କରିବାକୁ ସ୍ୱୀକୃତି ଦେଲେ। ମହାରାଜା ରାଜେନ୍ଦ୍ର ନାରାୟଣ ସିଂହଦେଓ, ତାଙ୍କ ଠାରୁ ରାଜା ଗନ୍ଧ ଚାଲିଯିବ। ଏଣିକି ଗଡ଼ିବେ ରାଜନୀତିର ବଡ଼ଦାଣ୍ଡରେ।

ଦିନ ଧାର୍ଯ୍ୟ । ମହାରାଜା ଓହ୍ଲାଇବେ କଟକ ଷ୍ଟେସନରେ। ସୁରେନ୍ଦ୍ରଙ୍କ ଶ୍ୱଶୁର ମଧୁସୂଦନ ମହାନ୍ତି। ତାଙ୍କରି କୁଇକ୍ ଗାଡ଼ିରେ ସୁରେନ୍ଦ୍ର, ମଧୁବାବୁ, ଲକ୍ଷ୍ମୀନାରାୟଣ। ସେମାନଙ୍କ ସହ ସମ୍ପାଦକ ନବକିଶୋର ଦାସ। ଷ୍ଟେସନ୍‌ରେ ସମସ୍ତେ ଅପେକ୍ଷାରତ। ପୁରୀ ଏକ୍ସପ୍ରେସ୍ ଲାଗିଲା। ମହାରାଜା ଓହ୍ଲାଇଲେ। ଲକ୍ଷ୍ମୀନାରାୟଣ ସାହୁ, ଅଭ୍ୟର୍ଥନା ସମିତିର ମୁଖ୍ୟ। ରାଜାଙ୍କୁ ଫୁଲମାଳଟିଏ ପିନ୍ଧାଇଦେଲେ। ସମସ୍ତେ ରାଜାଙ୍କୁ ସ୍ୱାଗତ କଲେ। ମହାରାଜା ପହଞ୍ଚିଲେ ସର୍ଭେଣ୍ଟ ଅଫ୍ ଇଣ୍ଡିଆ ଅଫିସ୍‌ରେ। ରାଜବାଟି, ବିଳାସ, ବ୍ୟସନ, ପ୍ରାଚୁର୍ଯ୍ୟ - ସବୁଥିରେ ଭରପୁର। କିନ୍ତୁ ଏ ପ୍ରକାର ସୁବିଧା ସେଠାରେ ନଥିଲା। ମହାରାଜାଙ୍କ ସ୍ୱଭାବ, ଚରିତ୍ର ଅତି ପବିତ୍ର। କେଉଁଠି ମହାର୍ଘ ହୋଟେଲ ତ କେଉଁଠି ଜୀର୍ଣ୍ଣ ଡାକ ବଙ୍ଗଳା - ସବୁଠି ଚଳେଇ ନିଅନ୍ତି। ତାଙ୍କ ପରି ସ୍ୱଭାବର ରାଜା ମହାରାଜା ଅତି ବିରଳ। ଜଣେ ସାମନ୍ତବାଦୀ ରାଜା, ତଥାପି ସାଧାରଣ ପ୍ରଜା ସହ ତାଙ୍କର ଅବାଧ ମିଳାମିଶା। ସୁରେନ୍ଦ୍ରଙ୍କ ପାଇଁ ଏକଥାଟି ରହସ୍ୟମୟ। ଏକଦା ମହାରାଜା ମନଖୋଲା କଥାଟେ କହିଲେ। ତାଙ୍କର ଜନ୍ମ ପରିବେଶ ଆଭିଜାତ୍ୟ ପୂର୍ଣ୍ଣ ନୁହେଁ। ହଜାରେ ଟଙ୍କାରୁ ଅଧିକ ଭତ୍ତା ପ୍ରଦାନରେ ପିତାଙ୍କର ଅସାମର୍ଥ୍ୟ। ସବୁ ପ୍ରତିକୂଳ ସ୍ଥିତି। ଏଥିରେ ସେ ଅଭ୍ୟସ୍ତ। ତେଣୁ ଆରମ୍ଭରୁ ସତର୍କ। ଆପଣାକୁ ଯଥାସମ୍ଭବ ସୀମା ଭିତରେ ରଖିଛନ୍ତି। ତାଙ୍କ କଥାର ଏଇଟି ସାରାଂଶ, ସୁରେନ୍ଦ୍ର ତଟସ୍ଥ ହେଲେ। ତାଙ୍କର ଭ୍ରମ ଦୂର ହେଲା। ପ୍ରାଚୁର୍ଯ୍ୟ ବିଳାସୀ କରେ, ଅନେକଙ୍କୁ ଅବାଟକୁ ନିଏ। କିନ୍ତୁ ମହାରାଜା ଏହାର ବ୍ୟତିକ୍ରମ।

ସେଦିନ ସନ୍ଧ୍ୟା। ବହୁ ପ୍ରତୀକ୍ଷିତ ମୁହୂର୍ତ୍ତ ହାତ ପାହାନ୍ତାରେ। କଟକର ସେଇ ସନାତନ ଟାଉନ ହଲ। ପ୍ରତିନିଧି, ଦର୍ଶକ ମଣ୍ଡଳୀରେ କକ୍ଷଟି ଭରପୂର। ସମସ୍ତଙ୍କ ମନରେ ଉତ୍କଣ୍ଠା। ରାଜା ସାହେବ ଆସିଛନ୍ତି। ଦଳେ କୌତୂହଳୀ ଗାଉଁଲି ମଣିଷ। ବାରଣ୍ଡାରେ ତାଙ୍କ ଗହଳି। ରାଜାଙ୍କୁ ଟିକେ ଆଖି ପୂରେଇ ଦେଖିବେ। ଦିବାକର ପଟ୍ଟନାୟକ, ଯଦୁମଣି ମଙ୍ଗରାଜ, ସରଳା ଦେବୀ - ଏମାନେ ସମ୍ମିଳନୀର ଭକ୍ତ। ତାଙ୍କ ସହ ଆହୁରି ଅନେକ। ପ୍ରଥମ ଧାଡ଼ିରେ ବସିଲା ଭଳି ଲୋକ ବି କମ୍ ନଥିଲେ।

ମହାରାଜା ଅଭିଭାଷଣ ରଖିବେ। ଆଗରୁ ତାହା ପ୍ରସ୍ତୁତ କରା ଯାଇଥାଏ। ରାଜା ଓଡ଼ିଆରେ ପ୍ରାଞ୍ଜଳ ଉଚ୍ଚାରଣ କରନ୍ତି। ଭଲ ଭାଷଣ ବି ଦିଅନ୍ତି। କିନ୍ତୁ ରାଜନୀତିରେ ଅନଭିଜ୍ଞ। ସେଦିନ ଥିଲା ସମ୍ପୂର୍ଣ୍ଣ ଭିନ୍ନ। କେବଳ ସେ ଓଡ଼ିଆରେ କଥାବାର୍ତ୍ତା କଲେ। ଓଡ଼ିଆ କିନ୍ତୁ 'ଇଡ଼ିଅମ'। ଏଥିରେ ତାଙ୍କର ଦଖଲ ବା କାହିଁ? ଭାଷଣ ଦେବା ତାଙ୍କ ପକ୍ଷେ ସମ୍ଭବ ନଥିଲା। ଏହାର ଦୁଇଟି କାରଣ (୧) ତାଙ୍କ ଶିକ୍ଷାଲାଭ ଆଜମିର୍ ମେଓ କଲେଜରୁ, (୨) ଗାଦିସୀନ ହେବା ପରେ ରହଣି ପ୍ରାୟ ଲକ୍ଷ୍ନୌରେ ଅବା କଲିକତାରେ। ସେଦିନ ମହାରାଜା ଲିଖିତ ଭାଷଣଟି ପଢ଼ିଲେ। ଉଚ୍ଚାରଣ ଥିଲା ସ୍ପଷ୍ଟ, ତ୍ରୁଟିଶୂନ୍ୟ ବି। ସଭାପତିଙ୍କ ଭାଷଣ ଶେଷ। ଏବେ ସଭା ମୁଲତବି ରହିବ। କଟକ ଟାଉନ୍ ହଲ୍, ପ୍ରତିଟି ସଭା, ଯଦୁମଣି ମଙ୍ଗରାଜ ବକ୍ତବ୍ୟ ରଖନ୍ତି। ଶ୍ରୋତୃମଣ୍ଡଳୀ ତାଙ୍କ ଭାଷଣ ପାଇଁ ସଦା ଉତ୍କଣ୍ଠିତ। ଯଦୁମଣି ବାବୁ କହିଲେ, ଅନ୍ୟ ସଭ୍ୟମାନେ ବି। ଏଥିରେ ବାରଣ ନଥିଲା। ରାଜାଙ୍କ ପାଇଁ ଉତ୍କଳ ସମ୍ମିଳନୀର ସଭା- ଏ ଧାରଣାଟି ଅନ୍ତତଃ ପକ୍ଷେ ନହେଉ। ଏହା ଥିଲା ସୁରେନ୍ଦ୍ରଙ୍କର ମୁଖ୍ୟ ଉଦ୍ଦେଶ୍ୟ। ସେଦିନର ସଭା ସରିଲା।

ଦ୍ୱିତୀୟ ଦିନର ସଭା କାର୍ଯ୍ୟକ୍ରମ। ସକାଳେ ହେଲା ଟାଉନ୍ ହଲ୍‌ରେ ପ୍ରତିନିଧି ସମ୍ମିଳନୀ ବା ବିଷୟ ନିର୍ବାଚନ କମିଟି। କମିଟିରେ ବହୁ ଚର୍ଚ୍ଚା ଚାଲିଲା। ଓଡ଼ିଆ ଭାଷାଭାଷୀ ଅଞ୍ଚଳ ସବୁ ଓଡ଼ିଶାରେ ମିଶିବ। ଏହା ଉପରେ ଢେର୍ ପ୍ରସ୍ତାବ ଆସିଲା। ପ୍ରସ୍ତେ ଆଲୋଚନା ଚାଲିଲା। ପ୍ରତିନିଧି ମାନଙ୍କର ସ୍ପଷ୍ଟ ମନ୍ତବ୍ୟ ସଂଗ୍ରହ, ଏହାହିଁ ଥିଲା ଆଭିମୁଖ୍ୟ। ଏ ସମ୍ପର୍କରେ କେତେକ ବକ୍ତୃତା ସାଧ ମେଣ୍ଟାଇଲେ। ସମ୍ମିଳନୀ ବା ବିଚ୍ଛିନ୍ନାଞ୍ଚଳ ଏକତ୍ରୀକରଣ, ତାଙ୍କ ପାଇଁ ଏକ ଉପଲକ୍ଷ୍ୟ ମାତ୍ର। ସୁରେନ୍ଦ୍ରଙ୍କୁ ସୁବିଧା ମିଳିଗଲା। ସେ ଦେଲେ ଏକ ଦୀକ୍ଷାନ୍ତ ଭାଷଣ। ମଧ୍ୟପ୍ରଦେଶର ଓଡ଼ିଆ ଭାଷାଭାଷୀ ବିଚ୍ଛିନ୍ନାଞ୍ଚଳ, ସିଂହଭୂମି, ଧର୍ମଭୂମି- ଏସବୁର ଓଡ଼ିଶା ସହ ମିଶ୍ରଣ। ଏଇଟି ଥିଲା ତାଙ୍କ ଭାଷଣର ମୁଖ୍ୟାଂଶ। ଏ ଉଦ୍ଦେଶ୍ୟ ସାଧନ ହେବ, ଏଥିପାଇଁ ଅନିବାର୍ଯ୍ୟ ଉତ୍କଳ ସମ୍ମିଳନୀ ସହ କୋଶଳ ଉତ୍କଳ ପ୍ରଜା-ପରିଷଦର ମିଶ୍ରଣ। ପରିଷଦ ରାଜା ରାଜୁଡ଼ାଙ୍କର। ଉପକୂଳ ଅଞ୍ଚଳରେ ତାହା ନିନ୍ଦିତ। ଏ ପ୍ରକାର ଧାରଣାକୁ ଦୂର କରିବାକୁ ପଡ଼ିବ - ଏକଥାଟି ବି କହିଲେ। ଉପସ୍ଥିତ ସଭ୍ୟବୃନ୍ଦ - ପ୍ରସଙ୍ଗଟିକୁ ହୃଦୟଙ୍ଗମ କଲେ। ସମସ୍ତେ ହତଚକିତ। ସୁରେନ୍ଦ୍ରଙ୍କ ପ୍ରସ୍ତାବର ପ୍ରତିବାଦ ନାହିଁ, ପଡ଼ିଲା ଘନଘନ କରତାଳି। ଯଦୁମଣି ବାବୁ, ଦିବାକର ବାବୁ - ଏମାନେ ପ୍ରସ୍ତାବଟିକୁ ଦୃଢ଼ ସମର୍ଥନ ଜଣାଇଲେ। ସେଇଦିନ ସନ୍ଧ୍ୟା, ଉଦ୍‌ଯାପନ ଅଧିବେଶନ। ରାଜାସାହେବଙ୍କର ଦ୍ୱିଧା ନାହିଁ, ନିଃସଙ୍କୋଚନରେ ଏ ଦୁଇ ଅଧିବେଶନରେ ଯୋଗଦେଇଥିଲେ। ସମ୍ମିଳନୀ ସହ ମହାରାଜା, ମହାରାଜାଙ୍କ ସହ ସମ୍ମିଳନୀ - ସମ୍ପର୍କ ଏକ ପ୍ରକାର ସହଜ ହେଇଗଲା। ସୁରେନ୍ଦ୍ରଙ୍କର ଗଭୀର ସ୍ୱସ୍ତି,

ତୃପ୍ତି ମଧ୍ୟ। ବହୁ ଦିନର ରୁଦ୍ଧ 'ଟେନ୍‌ସନ୍' କ୍ରମେ ଅପସରିଗଲା। ତାଙ୍କ ଉଦ୍ୟମ ଏକ ପ୍ରକାର ସଫଳ ହେଲା। ମହାରାଜା କଲିକତା ବାହୁଡ଼ିଲେ।

ଏତିକିରେ କଥା ସରିଲାନି। ପ୍ରସ୍ତାବ ଆଣିବା ସହଜ, କାର୍ଯ୍ୟକାରୀ ହେବା କଠିନ। ଏଥିପାଇଁ ଆବଶ୍ୟକ ନିରନ୍ତର ପ୍ରଚେଷ୍ଟା। ସୁରେନ୍ଦ୍ର ନିରବ ହେଇ ବସିଲେନି। ତାଙ୍କ 'ଜନତା'କୁ ପୁନଃ ତ୍ୱରାନ୍ୱିତ କଲେ। ଦି' ମାସ ବିତିଥିଲା। ପତ୍ରିକାଟି ଠିକ୍ ବାହାରିନି। ପତ୍ରିକାର ଅନୁରାଗୀଏ, ଫୋନ୍ ଉପରେ ତାଙ୍କ ଫୋନ୍। ଓଡ଼ିଶାର ବିଛିନ୍ନାଞ୍ଚଳ ଏକାଠି ହେବ। ଏ ବାବଦରେ ବହୁ ରୁଚିପୂର୍ଣ୍ଣ କଥା ପ୍ରକାଶ ପାଇବ। ପାଠକେ ଚାହିଁବସିଛନ୍ତି। 'ଜନତା' ନିୟମିତ ଖବର ଦେବ। ହେଲେ ସାମୟିକ ନିରବତା। ବ୍ୟଥା ଦେଲା ଅନେକଙ୍କୁ, ସୁରେନ୍ଦ୍ର ନାଚାର। ଉତ୍ତର ଦିଅନ୍ତି - "ଆମି ଠାକୁର ଘଟିବାଟି !" ଏହାର ଅର୍ଥ ମୁଁ ହେଲି ଠାକୁର। ମୁଁ ହେଲି ଘଣ୍ଟି, ମୁଁ ହେଲି ପୂଜାଥାଳି। ଚଣ୍ଡୀପାଠରୁ ଯୋତା ସିଲେଇ, ତାହାଲେ ଯାଇ ପତ୍ରିକା ପ୍ରକାଶନ। କଠିନ ସାଧନା ଦରକାର। କେତେ ବା ସମ୍ଭାଳିବେ। ଘର କିଚନଠାରୁ ଦାଣ୍ଡର ରାଜନୀତି - ତା' ମଝିରେ ସାହିତ୍ୟ ଆଉ ଖବର କାଗଜ। ସୁରେନ୍ଦ୍ରଙ୍କର ଦୃଢ଼ ସଂକଳ୍ପ। ଯାହା ହେବାର ହେଉ, 'ଜନତା' ନିୟମିତ ବାହାରିବ। ଏଥି ପାଇଁ ଓଡ଼ିଶା ଜର୍ଣ୍ଣାଲ ପ୍ରେସ୍‌ରେ ମୁହଁମାଡ଼ି ବସିଲେ। ବହୁ ନାମୀଦାମୀ ସାହିତ୍ୟିକ, ସଂପାଦକ। ସେମାନେ ପ୍ରେସ୍‌କୁ ଆସନ୍ତି। ଏମାନଙ୍କ ମଧ୍ୟରେ ଥିଲେ ପଣ୍ଡିତ ସୂର୍ଯ୍ୟନାରାୟଣ ଦାଶ, କମ୍ୟୁନିଷ୍ଟ ନେତା ବୈଦ୍ୟନାଥ ରଥ। ମଝିରେ ମଝିରେ ଆସନ୍ତି ସାମ୍ବାଦିକ ରାମଚନ୍ଦ୍ର ଦାସ। ଏକଦା ସେ ରେଙ୍ଗୁନରେ ଓଡ଼ିଆ କାଗଜଟେ ବାହାର କରୁଥିଲେ। ଚାଲିଲା ଦ୍ୱିତୀୟ ବିଶ୍ୱଯୁଦ୍ଧ। ସେ ଓଡ଼ିଶା ପଳାଇ ଆସିଲେ। ଚାକିରି ପାଇଲେ 'ସମାଜ' କାଗଜରେ। ୧୯୪୨ ମସିହା। ଭାରତଛାଡ଼ ଆନ୍ଦୋଳନ ତୀବ୍ରତର। ସମାଜ ସମ୍ପାଦକ ଲିଙ୍ଗରାଜ ବାବୁ, ପରିଚାଳନା ସମ୍ପାଦକ ରାଧାନାଥ ବାବୁ, ଦୁହିଁଙ୍କୁ ପୁଲିସ ବାନ୍ଧିନେଲା। ରାମଚନ୍ଦ୍ର ଦାସ କୁଆଡ଼େ କିଛିଦିନ ସମାଜର ସମ୍ପାଦକ ଥିଲେ। ଏମାନଙ୍କ ସହ ସୁରେନ୍ଦ୍ରଙ୍କ ଦିନ ଖୁସିରେ କଟେ। ବିଚ୍ଛିନ୍ନାଞ୍ଚଳ ଏକାଠି ପାଇଁ ଚାଲେ ନାନାଦି ଚର୍ଚ୍ଚା।

୧୯୪୫ ମସିହା, ଓଡ଼ିଶା ଜର୍ଣ୍ଣାଲ ପ୍ରେସ୍। ସୁରେନ୍ଦ୍ର ସେଠି କ୍ଲବ୍‌ଟେ ଗଢ଼ିଲେ। ନାଁ 'ୱାନ୍ ୱାର୍ଲଡ଼ କ୍ଲବ୍' ଏ ନାମଟି ଖୁବ୍ ତାତ୍ପର୍ଯ୍ୟପୂର୍ଣ୍ଣ। ଦ୍ୱିତୀୟ ବିଶ୍ୱଯୁଦ୍ଧର ପର ଘଟଣା। ଆମେରିକାର ରାଷ୍ଟ୍ରପତି ନିର୍ବାଚନ। ଲଢ଼େଇ ରୁଜ୍‌ଭେଲ୍‌ଟଙ୍କ ସହ ୱେଣ୍ଡେଲେ ଉଇଲ୍‌କି ମଧ୍ୟରେ। ଉଇଲ୍‌କିଙ୍କର ଥିଲା ଏକ ସୁଚିନ୍ତିତ ଇସ୍ତାହାର। ନେସନ୍-ଷ୍ଟେଟ୍‌ମାନଙ୍କର ସୀମା ସରହଦ ନିଭାଇ ଦିଆଯିବ। ଗୋଟିଏ ପୃଥିବୀ ଗୋଟିଏ ରାଷ୍ଟ୍ର ଗଠିତ ହେବ। ତାହାହେଲେ ସୁଫଳ ମିଳିବ। ପୃଥିବୀରୁ ଯୁଦ୍ଧ ଲୋପ ପାଇବ। ଏସବୁ

ଇସ୍ତାହାରଟିର ମୂଳ କଥା । ପ୍ରଥମ ବିଶ୍ୱଯୁଦ୍ଧ ସରିଲା । ଗଠିତ ହେଲା ଲିଗ୍ ଅଫ୍ ନେସନ୍ । ବିଶ୍ୱର ଶାନ୍ତି ପ୍ରତିଷ୍ଠା ଏହାର ଉଦ୍ଦେଶ୍ୟ । ତାହା ସମ୍ଭବ ହେଲାନି । ନେସନ୍ ଷ୍ଟେଟ୍‌ମାନଙ୍କ ମଧ୍ୟରେ ବା ରାଷ୍ଟ୍ର ରାଷ୍ଟ୍ର ମଧ୍ୟରେ ଜାତୀୟତାବାଦର ଅହଂକାର, ଶାନ୍ତି ରାସ୍ତାରେ କଣ୍ଟା ହେଲା । ପ୍ରଥମ ବିଶ୍ୱଯୁଦ୍ଧର ପରିସମାପ୍ତି; ମାତ୍ର କୋଡ଼ିଏ ବର୍ଷ ପରେ ପୁନଶ୍ଚ ପୃଥିବୀ ଠେଲି ହୋଇଗଲା ଆଉ ଏକ ଭୟାନକ ଯୁଦ୍ଧ କୁକ୍ଷି ମଧ୍ୟକୁ । ଆରମ୍ଭ ହେଲା ଦ୍ୱିତୀୟ ବିଶ୍ୱ ମହାସମର । ଦାର୍ଶନିକ, ଭାବୁକମାନଙ୍କ ମୁଣ୍ଡବ୍ୟଥାର କାରଣ ହେଲା । ସେମାନେ ଗୋଟିଏ ପୃଥିବୀ ଗଠନ ଉପରେ ଗୁରୁତ୍ୱ ଦେଲେ । ଓ୍ୱେଣ୍ଡଲ ଉଇଲ୍‌କି ସେମାନଙ୍କ ମଧ୍ୟରୁ ଅନ୍ୟତମ । ତାଙ୍କରି ଦର୍ଶନରେ ପ୍ରଭାବିତ ସୁରେନ୍ଦ୍ର । ସେଇଥି ପାଇଁ କ୍ଲବ୍‌ର ନାମ ରଖିଲେ 'ଓ୍ୱାନ୍ ଓ୍ୱାର୍ଲଡ୍ କ୍ଲବ୍' । ଏହାର ସଭ୍ୟ ଥିଲେ ଖ୍ୟାତନାମା ସାହିତ୍ୟିକ, ସଙ୍ଗୀତଜ୍ଞ ମାନେ । ବିଶିଷ୍ଟ ଗାଳ୍ପିକ ଅଖିଳ ମୋହନ ପଟ୍ଟନାୟକ, ସେ ବି ସେଇ କ୍ଲବ୍‌ର ସଭ୍ୟ ହେଲେ । ଆଉ କେତେକ ଯୁବଲେଖକ ଆସିଲେ । ସାହିତ୍ୟ ଚର୍ଚ୍ଚା ସହ ବୃହତ୍ତର ଓଡ଼ିଶା ଗଠନ ଉପରେ ଆଲୋଚନା ଚାଲିଲା । ଏବେ ସୁରେନ୍ଦ୍ରଙ୍କ ଲକ୍ଷ୍ୟ ଏକ ସୁଚିନ୍ତିତ ବିରୋଧୀଦଳ ଗଠନ ।

ଗଡ଼ଜାତ ମିଶ୍ରଣ

୧୯୪୭ ମସିହା, ଡିସେମ୍ବର ୧୪ ତାରିଖ। ନିସ୍ତରଙ୍ଗ କଟକ ସହର। ସେଦିନ କିନ୍ତୁ ଚଳଚଞ୍ଚଳ। ଇଷ୍ଟର୍ଣ୍ଣ ଷ୍ଟେଟ୍‌ସ ଏଜେନ୍‌ସୀର ଗଡ଼ଜାତ ରାଜାମାନେ ଉପସ୍ଥିତ। ତାଙ୍କ ସହ ପ୍ରଧାନ ପ୍ରଧାନ ଅମାତ୍ୟ ବି। ପ୍ରଜାମଣ୍ଡଳର ଢେର୍ ନେତା, ବହୁ କର୍ମୀଙ୍କ ସମାଗମ। କଟକ ଟାଉନ୍ ହଲରେ ଥାଏ କାର୍ଯ୍ୟକ୍ରମଟେ। ସମୟ ଅପରାହ୍ଣ। ସମ୍ବୋଧିତ କରିବେ ସର୍ଦ୍ଦାର ପଟେଲ। ସାମ୍ବାଦିକଙ୍କ ଉତ୍ସୁକତା, ରାଜନୈତିକ ମହଲ ବେଶ୍ ସକ୍ରିୟ। କେହି ଆକଳନ କରିପାରୁ ନାହାନ୍ତି। ଗୋଟେ ଅଭାବିତ ଘଟଣା ଘଟିବ, କ'ଣ ଘଟିବ? କିପରି ଘଟିବ? କିଛି ସୁରାକ୍ ମିଳୁନଥାଏ। ପ୍ରତୀକ୍ଷାର ଯବନିକା ପଡ଼ିଲା। ଗଡ଼ଜାତ ରାଜ୍ୟ ମଣ୍ଡଳୀ ଜଣ ଜଣ କରି ମିଶ୍ରଣ ଚୁକ୍ତି ପତ୍ରରେ ସ୍ୱାକ୍ଷର କଲେ। ଗଡ଼ଜାତ ରାଜ୍ୟମାନଙ୍କର ମିଶ୍ରଣ ହେଲା। ରହିଲା ଓଡ଼ିଶା ପ୍ରଦେଶ ଅଧୀନରେ। ପ୍ରଜାମଣ୍ଡଳ ଆନ୍ଦୋଳନର ଛାମୁଆ ବାହିନୀ। ସେମାନେ ରାଜତନ୍ତ୍ରର ବିରୋଧୀ। ମାତ୍ର ଗଡ଼ଜାତ ରାଜ୍ୟର ଓଡ଼ିଶା ସହ ମିଶ୍ରଣ - ଏହା ସପକ୍ଷରେ ନଥିଲେ। ଗଡ଼ଜାତ ରାଜ୍ୟ ଶାସନ ପ୍ରଜାମଣ୍ଡଳ ହାତକୁ ଯାଉ। ପଟେଲଙ୍କ ଆଗରେ ସେମାନେ ଏହି ଅଭିବ୍ୟକ୍ତି ରଖିଲେ। ମାତ୍ର ନୈରାଶ୍ୟ ଜନକ ଉତ୍ତର ମିଳିଲା - "ଚୋର୍ ସେ ଲେକେ ଡାକୁ କୋ ଦେନା।" ଅର୍ଥାତ୍ ଚୋରମାନଙ୍କୁ ହାତରୁ ନେଇ ଡାକୁକୁ ଦେବା। ସର୍ଦ୍ଦାର ପଟେଲଙ୍କର ଉକ୍ତି ଅନେକଙ୍କୁ ଆଘାତ ଦେଲା। ରାଜନୈତିକ ମହଲରେ ହଇଚଇ ସୃଷ୍ଟି ହେଲା। କିନ୍ତୁ ମିଶ୍ରଣ ଚୁକ୍ତି ଅନୁଯାୟୀ ଗଡ଼ଜାତ ରାଜ୍ୟ ଓଡ଼ିଶା ପ୍ରଦେଶ ସହ ରହିଲା। ଏ ସମସ୍ତ ଐତିହାସିକ ତଥ୍ୟ। ସୁରେନ୍ଦ୍ର ମହାନ୍ତି ପ୍ରାଞ୍ଜଳ ଭାବେ ଲେଖିଲେ ଆତ୍ମଲିପି 'ପଥ ଓ ପୃଥିବୀ'ରେ।

ସେଇ ଡିସେମ୍ବର ୧୪ ତାରିଖ। ଭାରତ ସରକାରଙ୍କ ଦେଶୀୟ ରାଜ୍ୟ ମନ୍ତ୍ରଣାଳୟ। ଏହାର ଅମିତ କ୍ଷମତାଶାଳୀ ସଚିବ ଭି.ପି. ମେନନ୍। ଜଣେ ଅଦ୍ଭୁତକର୍ମା

ପୁରୁଷ। ସେ କଟକ ଆସିଲେ। ତାଙ୍କର ଜୀବନ ବଡ଼ ସଂଘର୍ଷମୟ। ସେଦିନ ସୁନାଖଣିର ଓ୍ୱାର୍କ ସରକାର ମେନନ୍ ଏବେ ଆଇ.ସି.ଏସ୍ ପଦବୀରେ। ସାଧନା ସିଦ୍ଧିରେ ପହଞ୍ଚାଇ ଦିଏ। ଏହାର ଚାକ୍ଷୁଷ ପ୍ରମାଣ ସ୍ୱୟଂ ମେନନ୍। ସେ ଷ୍ଟେନୋଗ୍ରାଫି ଶିଖିଲେ। ଧାପେ ଧାପେ ଉପରକୁ ଉଠିଲେ। ପାଇଲେ ଏତେ ବଡ଼ ପଦବୀଟେ। ମାତ୍ର ସେ ଆଇ.ସି.ଏସ୍. ନଥିଲେ। ତାଙ୍କ ସମ୍ପର୍କିତ ବହୁ କାହାଣୀ। ସେତେବେଳେ ସେସବୁ ଦିଲ୍ଲୀର ଚର୍ଚ୍ଚା ବଳୟରେ। ପ୍ରଶାସନିକ ବ୍ୟବସ୍ଥାରେ ସେ ଜଣେ ପ୍ରବାଦ ପୁରୁଷ। ଓଡ଼ିଶା ଗଡ଼ଜାତ ରାଜ୍ୟ ପ୍ରଦେଶ ସହ ମିଶିବ। ଏଇଥି ପାଇଁ ସେ କଟକ ଆସିଥିଲେ।

ଏହାର ମାସକ ପୂର୍ବ ଘଟଣା। ୧୯୪୭ ମସିହା, ନଭେମ୍ବର ମାସ। ଓଡ଼ିଶା ସରକାରଙ୍କ ଏକ୍ସଟ୍ରା ଟେରିଟୋରିଆଲ ଜୁରିସ୍‌ଡିକ୍ସନ ଆକ୍ଟ। ଏହାରି ବଳରେ ନୀଳଗିରି ଗଡ଼ଜାତକୁ ଜବରଦଖଲ କରାଗଲା। ଏହାଥିଲା ଏକ ଗୁରୁତ୍ୱପୂର୍ଣ୍ଣ ପଦକ୍ଷେପ। ଅନ୍ୟ ଗଡ଼ଜାତ ରାଜ୍ୟମାନଙ୍କ ପାଇଁ ସତର୍କ ଘଣ୍ଟି। ଓଡ଼ିଶାରେ ପ୍ରଥମକରି ଗଡ଼ଜାତ ରାଜ୍ୟ ମିଶ୍ରଣ। ତାହା ହେଉଛି ଭାରତ ଇତିହାସର ସର୍ବପ୍ରଥମ ଘଟଣା। ଅନ୍ୟକୌଣସି ରାଜ୍ୟରେ ତାହା ଆରମ୍ଭ ହୋଇ ନଥିଲା। ଓଡ଼ିଶା ଏ ଦିଗରେ ନେତୃତ୍ୱ ନେଇଥିଲା। ଏକଥାଟି କହିବାରେ ଦ୍ୱିଧା ନାହିଁ। ଓଡ଼ିଶାର ଗଡ଼ଜାତ ରାଜ୍ୟ ତିନିଟି ଶ୍ରେଣୀର - ଏ, ବି ଓ ସି। ରାଜ୍ୟର କ୍ଷେତ୍ରଫଳ, ଲୋକସଂଖ୍ୟା, ଆୟବ୍ୟୟ - ଏ ସବୁକୁ ହିସାବକୁ ନିଆଯାଇ ଏଇ ବିଭାଗୀକରଣ।

କଟକ ଷ୍ଟେସନ୍ ପାଖ ଜିଲ୍ଲା ବୋର୍ଡ଼ ଡାକ ବଙ୍ଗଳା। ମେନନ୍ ସେଇଠି ଦରବାର କଲେ। ପ୍ରଥମେ 'ସି' ଶ୍ରେଣୀ ଗଡ଼ଜାତ ରାଜାଙ୍କୁ ଡାକରା ହେଲା। ଏମାନଙ୍କ ରାଜ୍ୟ ଖୁବ୍ କ୍ଷୁଦ୍ର। ଏପରିକି ମୋଗଲବନ୍ଦୀର ଗୋଟେ ଗୋଟେ ଜମିଦାରୀ ଠାରୁ ସାନ। 'ଏ', 'ବି' ଶ୍ରେଣୀର ରାଜା ମହାରାଜା ଆଶ୍ୱସ୍ତ। ଝଡ଼ଟା 'ସି' ଶ୍ରେଣୀର ଗଡ଼ଜାତ ରାଜ୍ୟ ଉପରେ ବହିଗଲା ପରା! 'ସି' ଶ୍ରେଣୀ ଗଡ଼ଜାତ ରାଜାଏ ଜଣ ଜଣକରି ଗଲେ। ସୁବୋଧ ବାଳକ ପ୍ରାୟ ମିଶ୍ରଣ ଚୁକ୍ତିରେ ସ୍ୱାକ୍ଷର କଲେ। ପାଳି ପଡ଼ିଲା 'ବି' ଶ୍ରେଣୀ ରାଜାଙ୍କର। ସେମାନେ ସ୍ୱାକ୍ଷର କଲେ ବିନା ପ୍ରତିବାଦରେ। ଜଣେ ରାଜା ଶେଷ ପର୍ଯ୍ୟନ୍ତ ଆସିଲେନି। ବଙ୍ଗଳା ପର୍ଯ୍ୟନ୍ତ ଆସି ଫେରିଗଲେ। ପାଖରେ ହାଜର ହେଲେ ସିନା ସ୍ୱାକ୍ଷର କରିବେ? ତାଙ୍କର ଏ କୌଶଳ କାମ କଲାନି। ମେନନ୍ କଟକ କଲେକ୍ଟରଙ୍କୁ ଡକାଇଲେ। ସେଇ ରାଜାଙ୍କୁ ଧରି ଆଣିବାକୁ ନିର୍ଦ୍ଦେଶ ଦେଲେ। ରାଜା ଜଣକ ନାଚାର। ସୁନାପିଲାଟି ପରି ଆସିଲେ। ମିଶ୍ରଣ ଚୁକ୍ତିରେ ସ୍ୱାକ୍ଷର କଲେ। ଆଉ ଗୋଟିଏ କୌତୁହଳପୂର୍ଣ୍ଣ ଘଟଣା। କଥାରେ ଅଛି 'ଚିଙ୍ଗୁଡ଼ି ଚିପିଲେ ମୁଣ୍ଡରେ ଇଟ'। ଜଣେ 'ସି' ଶ୍ରେଣୀ ରାଜାଙ୍କ ଦେଓ୍ୱାନ୍ ରାଜାଙ୍କ ନିର୍ଦ୍ଦେଶରେ ପଣ୍ଡିତ ନୀଳକଣ୍ଠ

ଦାସଙ୍କୁ ଭେଟିଲେ। ଦେଓ୍ୱାନ ମହାଶୟଙ୍କର ବିଚିତ୍ର ଢଙ୍ଗରଙ୍ଗ। ହାତ ପାପୁଲିକୁ ଠୋଲା କରି ମୁହଁରେ ଦେଇଛନ୍ତି, ଠିକ୍ ବଳଦ ମୁହଁରେ ତୁଣ୍ଡି ବାନ୍ଧିଲା ପରି। ଦେଓ୍ୱାନଙ୍କର ଏହା ଏକ ପ୍ରକାର ଅନୁଗତ ମୁଦ୍ରା। ସେ ଏମିତି ରାଜାଙ୍କୁ ପ୍ରଦର୍ଶନ କରନ୍ତି। ସେଇ ଅଭ୍ୟାସଟା ରହିଯାଇଛି। ପଣ୍ଡିତ୍‌ଜୀ ଜଣେ ସମ୍ମାନାସ୍ପଦ ବ୍ୟକ୍ତି। ତାଙ୍କ ପାଇଁ ସେଇ ବ୍ୟବହାର ପ୍ରଦର୍ଶନ କଲେ। ଠୋଲା ଭିତରେ କଥାବାର୍ତ୍ତା ଚାଲିଲା। ମିଶ୍ରଣ ଦାଢ଼ରୁ ବଞ୍ଚିବାର ପ୍ରୟାସ। ତାହା ଜଣା ପଡ଼ିଲା। ମୟୂରଭଞ୍ଜ ରାଜା ଆଗୁଆ ସତର୍କ, ରାଜ୍ୟଶାସନ ଏବେ ପ୍ରଜାମାନଙ୍କ ହାତରେ। ଏଇ ପନ୍ଥାଟି ଅବଲମ୍ବନ ପାଇଁ ପଣ୍ଡିତଜୀ ଦେଓ୍ୱାନଙ୍କୁ କହିଲେ। ଏ ପ୍ରକାର ପଦକ୍ଷେପ ବି ଅକାମୀ ହେଲା।

ଏବେ ପାଳି 'ଏ' ଶ୍ରେଣୀ ରାଜା ମହାରାଜାଙ୍କର। ବଲାଙ୍ଗିର ଷ୍ଟେଟ୍‌ର ମହାରାଜା ରାଜେନ୍ଦ୍ର ନାରାୟଣ ସିଂହଦେଓ। ସେ ପ୍ରଥମେ ମିଶ୍ରଣ ଚୁକ୍ତିରେ ସ୍ୱାକ୍ଷର କଲେ। ଅନ୍ୟ ରାଜାମାନେ ତାଙ୍କୁ ଅନୁସରଣ କଲେ। ବିନା ପ୍ରତିବାଦରେ ମିଶ୍ରଣ ଚୁକ୍ତିରେ ଦସ୍ତଖତ ଦେଲେ। କିନ୍ତୁ ମୟୂରଭଞ୍ଜ ରାଜା ସେଥିରେ ସ୍ୱାକ୍ଷର କଲେନି। ଏହା ପଶ୍ଚାତରେ ଥିଲା ଚକ୍ରାନ୍ତଟିଏ। ପଡ଼ୋଶୀ ରାଜ୍ୟର ପ୍ରଭାବଶାଳୀ ବ୍ୟକ୍ତି। ସେମାନେ ଚକ୍ରାନ୍ତରେ ସାମିଲ ଥିଲେ। ମୟୂରଭଞ୍ଜର ଆୟବ୍ୟୟ, ଆକାର - ଏ ସମସ୍ତ ବିଚାର୍ଯ୍ୟ। ସେତେବେଳେ ମୟୂରଭଞ୍ଜ ଥିଲା ଭାଏବଲ୍ ୟୁନିଟ୍। ରାଜ୍ୟଟି ଓଡ଼ିଶା ଠାରୁ ସ୍ୱତନ୍ତ୍ର ରହି ପାରି ନ ଥାଆନ୍ତା। ମୟୂରଭଞ୍ଜ ରାଜା ଜଣେ ବୁଦ୍ଧିମାନ ବ୍ୟକ୍ତି। ତାଙ୍କୁ ଏ ପ୍ରସଙ୍ଗଟି ଅଜଣା ଥିଲା। ମାତ୍ର କ୍ଷମତା, ରାଜନୀତିର ପେଞ୍ଚ ପାଞ୍ଚ କଥା। ରାଜାଙ୍କର ଜଣେ ପୂର୍ବତନ ଦେଓ୍ୱାନ କେ.ସି. ନିୟୋଗୀ। ଭାରତ ସରକାରଙ୍କ ଇଣ୍ଟେରିମ୍ ଗଭର୍ଣ୍ଣମେଣ୍ଟ୍‌ର ସେ ଜଣେ ଟାଣୁଆ ମନ୍ତ୍ରୀ। ମିଶ୍ରଣ କଥା ଉଠିଲା। ତତ୍‌କ୍ଷଣାତ୍ ସେ ରାଜାଙ୍କୁ ମନ୍ତ୍ରଣା ଦେଲେ। ରାଜା ପ୍ରଭାବିତ ହେଲେ। ରାଜ୍ୟରେ ଲୋକ ପ୍ରତିନିଧିମୂଳକ ଶାସନ ବ୍ୟବସ୍ଥା ଲାଗୁକଲେ। କ୍ଷମତା ହସ୍ତାନ୍ତର ହେଲା। ଲୋକ ପ୍ରତିନିଧିମାନେ ଶାସନ ଦାୟିତ୍ୱରେ। ମୟୂରଭଞ୍ଜର ପ୍ରଧାନମନ୍ତ୍ରୀ ଶରତ ଚନ୍ଦ୍ର ଦାସ, ବିଶିଷ୍ଟ ଗାନ୍ଧିବାଦୀ, ପ୍ରଜାମଣ୍ଡଳର ଟାଣୁଆ ନେତା। ତାଙ୍କର ବି ପ୍ରଭାବ ରହିଲା। ମୟୂରଭଞ୍ଜ ମହାରାଜାଙ୍କ ହାତରେ ନଥିଲା ଶାସନ ବ୍ୟବସ୍ଥା। ମିଶ୍ରଣ ଚୁକ୍ତିରେ ସ୍ୱାକ୍ଷର ଅନାବଶ୍ୟକ। ଏବେ ମୟୂରଭଞ୍ଜ ଓଡ଼ିଶାଠାରୁ ସ୍ୱତନ୍ତ୍ର। ଅନ୍ୟ ପଚିଶ ଗୋଟି ଗଡ଼ଜାତ ରାଜ୍ୟ ମିଶ୍ରଣ ହେଲା; କିନ୍ତୁ ମୟୂରଭଞ୍ଜର ସ୍ୱାତନ୍ତ୍ରତା ଥିଲା କ୍ଷଣସ୍ଥାୟୀ। ଶେଷରେ ଓଡ଼ିଶା ପ୍ରଦେଶ ସହ ସାମିଲ ହେଲା (୧୯୪୯ ମସିହା ଜାନୁୟାରୀ ୧ ତାରିଖ)।

ସେଦିନ କଟକ ସହରରେ ପ୍ରଜାମଣ୍ଡଳର କର୍ମୀଙ୍କ ଭିଡ଼। ରାଜା ଗଲେ। କ୍ଷମତା ପ୍ରଜାମଣ୍ଡଳ ହାତକୁ ଯାଉ - ଏ ପ୍ରକାର ଦାବି ଉପସ୍ଥାପନ କଲେ। ଏ ଦାବିଟି

ଥିଲା ସମ୍ବେଦନଶୀଳ। ଗଣତନ୍ତ୍ରର ଘୋର ବିରୋଧୀ। ପବିତ୍ରମୋହନ ପ୍ରଧାନ, କପିଳ ପ୍ରସାଦ ନନ୍ଦ (ବଲାଙ୍ଗିର), ରାଧାନାଥ ରଥ ପ୍ରମୁଖ ଛାମୁଆ ନେତା। ଏମାନେ ପ୍ରଜାମଣ୍ଡଳ ଆନ୍ଦୋଳନର ଆଗଧାଡ଼ିରେ। ପ୍ରଜାମଣ୍ଡଳ ପ୍ରତିନିଧିଙ୍କୁ କ୍ଷମତା ହସ୍ତାନ୍ତର ହେଉ - ଏଥିପ୍ରତି ସେମାନଙ୍କର ନିରବ ସମର୍ଥନ ଥିଲା। କିନ୍ତୁ ସର୍ଦ୍ଦାର ପଟେଲ ଖୁବ୍ ଦୃଢ଼ମନା, ବିଚକ୍ଷଣ ରାଜନୀତିଜ୍ଞ, ଅନୁପମ ତାଙ୍କ ଦେଶଭକ୍ତି। ଗଡ଼ଜାତ ରାଜ୍ୟ ଓଡ଼ିଶା ସହ ମିଶିବା ଅନିବାର୍ଯ୍ୟ। ଶେଷରେ ପଟେଲ ପ୍ରଜାମଣ୍ଡଳ ନେତାଙ୍କ ଦାବି ପ୍ରତ୍ୟାଖ୍ୟାନ କଲେ। ମିଶ୍ରଣ ପର୍ବ ଶେଷ। ସେଦିନ ସନ୍ଧ୍ୟା। ପୁରୀ ଏକ୍ସପ୍ରେସ୍‌ରେ ସବୁ ରାଜା, ଏବେ ତାଙ୍କର ଯାତ୍ରା କଲିକତାକୁ। ଗଡ଼ଜାତ ରାଜାଙ୍କ କଲିକତା ତୀର୍ଥସ୍ଥାନ। ତାହା ସେମାନଙ୍କର ହେଡ୍ କ୍ୱାର୍ଟର। ସେଠାରେ ଏମାନଙ୍କର ହର୍ତ୍ତା-କର୍ତ୍ତା-ବିଧାତା ଏଜେନ୍ସୀର ବଡ଼ ବଡ଼ କର୍ତ୍ତା। ଗଡ଼ଜାତର ସବୁ ରାଜାଙ୍କ ରହଣି ପ୍ରାୟ କଲିକତାରେ।

ମିଶ୍ରଣ-ଚୁକ୍ତି ସ୍ୱାକ୍ଷର ସରିଲା। ସାମ୍ବାଦିକଙ୍କ ଭିଡ଼। ସେମାନେ ରାଜା ମହାରାଜାଙ୍କ ମତାମତ ଲୋଡ଼ୁ ଥାଆନ୍ତି। ସୁରେନ୍ଦ୍ର ମହାନ୍ତି ସେମାନଙ୍କ ମଧ୍ୟରେ। ଢେଙ୍କାନାଳ ରାଜା ଶଙ୍କର ପ୍ରତାପ ମହେନ୍ଦ୍ର ବାହାଦୁର। ସ୍ଥୂଳକାୟ ପୃଥୁଳ ବପୁ। ପିନ୍ଧା ଗୋଟେ ଚିପା ଟ୍ରାଉଜର; ଖାକି ସାର୍ଟ। ପାଦରେ ଯୋତା, ଅଣ୍ଟାରେ ଚଉଡ଼ା ବେଲ୍‌ଟ। କ୍ୟାଟ୍ରିଜ୍ ସାଙ୍ଗକୁ ଗୋଟାଏ ରିଭଲଭର। ସେଇଟି ସାଇଡ୍ ପକେଟ୍‌ରେ। ରାଜା ତାଙ୍କ ରିଜର୍ଭ କମ୍ପାର୍ଟମେଣ୍ଟକୁ ଉଠିଲେ। ମିଶ୍ରଣରେ ତାଙ୍କର ପ୍ରତିକ୍ରିୟା କ'ଣ? ସୁରେନ୍ଦ୍ର ବୁଝିବାକୁ ଚାହିଁଲେ। ତାଙ୍କ ଉତ୍ତର ଥିଲା ନିରୁତ୍ସାହ ଜନକ "ଆମେ ଦାୟିତ୍ୱ ଦେଇ ଆସିଲୁ ମେନନ୍‌ଙ୍କୁ, ଏଣିକି 'ମୂଲକ'ଟି କେବଳ ଆମ ହାତରେ।" ଏକ ବିଚିତ୍ର ହାସ୍ୟରୋଳ ସୃଷ୍ଟିକାରୀ ପରିସ୍ଥିତି, ସମସ୍ତେ ହୋ-ହୋ ହୋଇ ହସିଉଠିଲେ।

ଗଡ଼ଜାତ ରାଜ୍ୟ ମିଶ୍ରଣ ପରର ପ୍ରଶାସନିକ ବ୍ୟବସ୍ଥା। ୧୯୪୮ ମସିହା, ଜାନୁୟାରୀ ପହିଲା। ପ୍ରତିଟି ଗଡ଼ଜାତ ରାଜ୍ୟ। ସେଠାରେ ଜଣେ ଜଣେ ସରକାରୀ ଆଡ଼ମିନିଷ୍ଟ୍ରେଟର। ନୀଳମଣି ସେନାପତି ଆଇ.ସି.ଏସ୍. ହେଲେ ଚିଫ୍ ଆଡ଼ମିନିଷ୍ଟ୍ରେଟର। ସବୁ ଆଡ଼ମିନ୍‌ଷ୍ଟ୍ରେଟର ଏକା ପ୍ରକାର ଟେଲିଗ୍ରାମ ପଠାଇଲେ - 'କନକୁଏସ୍ଟ ପିସ୍‌ଫୁଲ'; ଅର୍ଥାତ୍ ବିଜୟ ଶାନ୍ତିପୂର୍ଣ୍ଣ। ଏହା ଏକ ନିର୍ବୋଧ ଟେଲିଗ୍ରାମ। ଏଥିରେ ଇଂରାଜୀ ଭାଷାର ଅଜ୍ଞତା ସ୍ପଷ୍ଟ। ଶାସନ ସହ ଲୋକଚରିତ୍ରର ଅଜ୍ଞତା ବି ବାରି ହୋଇପଡ଼ିଲା। ଟିନ୍ ଫୁଟେଡ୍ (ଟିଣଗୋଡ଼ିଆ) ଏଇ ଆଡ଼ମିନିଷ୍ଟ୍ରେଟର ବିଜୟୀ ନଥିଲେ। ଠିକ୍ ସେମିତି ଗଡ଼ଜାତର ଜନସାଧାରଣ। ଏମାନେ ବିଦିତ ନଥିଲେ। ସେମାନେ ଗୋଟେ ବୃହତ୍ତର ଓଡ଼ିଶାର ଅଂଶୀଦାର। ଏକଥାକୁ ପ୍ରଶାସନ ବୁଝିଲାନି। ଫଳ ହେଲା ବିଷମ। ଗଡ଼ଜାତମାନଙ୍କରେ ୟୁନିଅନ୍ ଆନ୍ଦୋଳନ ତେଜିଲା। ପ୍ରଜାଏ ଉତ୍‌କ୍ଷିପ୍ତ ହେଲେ।

ଷଢ଼େଇକଳା-ଖରସୁଆଁ - ଏ ଦୁଇଟି ଖାଣ୍ଟି ଓଡ଼ିଆଭାଷୀ ଗଡ଼ଜାତ ରାଜ୍ୟ। ଶେଷରେ ଓଡ଼ିଶାଠାରୁ ବିଚ୍ଛିନ୍ନ ହେଇଗଲା।

ଓଡ଼ିଶାର ଗଡ଼ଜାତ ରାଜାମାନେ, ସେଦିନ ଡରିମରି ମିଶ୍ରଣ ଚୁକ୍ତିରେ ସ୍ୱାକ୍ଷର କଲେ। ମାତ୍ର ମିଶ୍ରଣ ଚୁକ୍ତି ହେବାର ଶେଷ ମୁହୂର୍ତ୍ତ ପର୍ଯ୍ୟନ୍ତ ଥିଲା ଏକା ଦୃଶ୍ୟ। ଅଗଣିତ ପ୍ରଜାମଣ୍ଡଳ କର୍ମୀଙ୍କ ଅସନ୍ତୋଷ। ସେମାନେ ରାଜତନ୍ତ୍ରର ଉଚ୍ଛେଦ ପାଇଁ ଲଢ଼ିଲେ। କିନ୍ତୁ ଗଡ଼ଜାତ ରାଜ୍ୟ ଓଡ଼ିଶା ସହ ମିଶୁ - ସେମାନଙ୍କ ମଧ୍ୟରୁ ଅନେକ ଏହା ସପକ୍ଷରେ ନଥିଲେ। ଓଡ଼ିଶା ସରକାର ଗଡ଼ଜାତ ରାଜ୍ୟ ଶାସନ ଦାୟିତ୍ୱ ନେଲେ। ଆରମ୍ଭ ହେଇଗଲା ବିଭିନ୍ନ ସ୍ଥାନରେ ବିକ୍ଷୋଭ। ତାହା ଥିଲା ସ୍ୱତଃସ୍ଫୂର୍ତ୍ତ। ଓଡ଼ିଶା ସରକାରଙ୍କ ଗଡ଼ଜାତ ମିଶ୍ରଣ ପଦ୍ଧତି। ତାହା ଅଗଣତାନ୍ତ୍ରିକ, ଅସହିଷ୍ଣୁ ବିଜେତା-ମନୋଭାବ। ସୃଷ୍ଟି କଲା ଏକ ଭୟାନକ ସ୍ଥିତି। ଖରସୁଆଁର ଏକ ବିଶାଳ ଆଦିବାସୀ ଜନତା। ଆସିଲେ ଖରସୁଆଁ ରାଜାଙ୍କୁ ଭେଟିବାକୁ। କ'ଣ ପାଇଁ ତାଙ୍କ ରାଜ୍ୟ ମିଶିଲା ଓଡ଼ିଶାରେ? ଏଇ କଥାଟି ବୁଝିବାର ଥିଲା। ଘଟିଲା ଅଭାବନୀୟ ଘଟଣାଟେ। ସେମାନଙ୍କ ଉପରେ ଗୁଳି ଚାଲିଲା। ଓଡ଼ିଶା ସରକାର ପ୍ରେସ୍‌ନୋଟ୍ ଦେଲେ। ତିରିଶ ଜଣ ଆଦିବାସୀଙ୍କ ପ୍ରାଣହାନି କଥା କହିଲେ। ସାଟନାର 'ଇଣ୍ଡିଆନ ନେସନ୍', ଏହା ସହିତ ଅନ୍ୟାନ୍ୟ ଖବରକାଗଜ, ଲେଖିଲେ ଭିନ୍ନକଥା। କୁଆଡ଼େ ମୃତ୍ୟୁ ସଂଖ୍ୟା ୭୦୦ରୁ ଉର୍ଦ୍ଧ୍ୱ ଥିଲା। ପ୍ରତିଟି କ୍ରିୟାର ପ୍ରତିକ୍ରିୟା ଥାଏ। ଅନେକତ୍ର ଏହା ବହୁମାତ୍ରାରେ ଅଧିକ। ତାହାହିଁ ହେଲା। ଓଡ଼ିଶାରୁ ଷଢ଼େଇକଳା-ଖରସୁଆଁ ଚାଲିଗଲା। ଆଜିର ସେଇ ଅବସ୍ଥା। ଷଢ଼େଇକଳା-ଖରସୁଆଁ ଓଡ଼ିଶାରେ ମିଶିବ! ପାଉଁଶ ତଳର ନିଆଁ ପରି, ଖବର ଚହଟି ଯାଏ; ମାତ୍ର ମିଶ୍ରଣ ଏ ଯାବତ୍ ସମ୍ଭବ ହେଇ ପାରିନି। ନେଡ଼ିଗୁଡ଼ ଏବେ କହୁଣିରେ। ତାହା କି ଫେରିବ? ଏ ସିଦ୍ଧାନ୍ତ କାଳ ମହାକାଳ ହାତରେ।

ଷଢ଼େଇକଳା - ଖରସୁଆଁ ବିଚ୍ଛେଦ : କଥା ଓ ବ୍ୟଥା

ରାଜତନ୍ତ୍ର। କାଳେକାଳେ ତା' କପାଳରେ କଳଙ୍କର ଟିକା। କିଏ କହେ 'ରାଜା ଖାଏ ତଣ୍ଡି, କେଳା ଖାଏ ଭଣ୍ଡି'। ଆଉ କାହାରି କାହାରି ମୁହଁରେ 'ରାଜା ବୁଝିଲେ ପାଚିଲା ଧାନରେ ମଇ'। ଏମିତି ଆହୁରି କେତେ କେତେ କଥା। ଏସବୁ ପ୍ରସଙ୍ଗ ଜନ ମାନସରେ ଚିର ସଜାଗ। ସତରେ! ରାଜାଙ୍କର ଖେଳ, ପ୍ରଜାଙ୍କର କାଳ। ଏହାର ଭୂରି ଭୂରି ନମୁନା। ଇତିହାସ ଏସବୁର ମୂକସାକ୍ଷୀ। ସେମିତି ଏକ ପରିସ୍ଥିତି, ଓଡ଼ିଶାର ଭାଗ୍ୟକୁ ବିଡ଼ମ୍ବିତ କରିଦେଲା। ଷଢ଼େଇକଳା-ଖରସୁଆଁ, ଏ ଦୁଇଟି ଖାଣ୍ଟି ଓଡ଼ିଆ ଭାଷାଭାଷୀ ଗଡ଼ଜାତ ରାଜ୍ୟ। ଶେଷରେ ଓଡ଼ିଶାରୁ ବିଚ୍ଛିନ୍ନ ହୋଇଗଲା। ଏ ଦୁଇ ରାଜ୍ୟର ରାଜା। ସେମାନଙ୍କ ଅପରିଣାମଦର୍ଶିତା, ସେଇ ଦୁର୍ଭାଗ୍ୟ ଜନିତ ଘଟଣାର ହିଁ ମୁଖ୍ୟ କାରଣ।

୧୯୪୮ ମସିହା, ଜାନୁୟାରୀ ପହିଲା। ମୟୂରଭଞ୍ଜ ବ୍ୟତୀତ ସବୁ ଗଡ଼ଜାତ ରାଜ୍ୟ, ମିଶିଲା ଓଡ଼ିଶା ପ୍ରଦେଶ ସହ। ପ୍ରଜାମଣ୍ଡଳ ଆନ୍ଦୋଳନର ଛାମୁଆ ନେତାଏଁ, ସେମାନେ ମିଶ୍ରଣ ସପକ୍ଷରେ ନଥିଲେ। ସର୍ଦ୍ଦାର ପଟେଲଙ୍କ ଦୃଢ଼ ନିଷ୍ପତ୍ତି। ଗଡ଼ଜାତ ରାଜାଏ ଡରିମରି ମିଶ୍ରଣ ଚୁକ୍ତିରେ ସ୍ୱାକ୍ଷର କଲେ। ଏବେ ଶାସନ ଦାୟିତ୍ୱରେ ଆଡ଼ମିନିଷ୍ଟ୍ରେଟରମାନେ। ଗଡ଼ଜାତ ଶାସନ ତାଙ୍କ ହାତରେ। ସେମାନେ ନିଜକୁ 'ବିଜୟୀ' ମଣିଲେ। ପ୍ରଜାମାନେ ତାଙ୍କ ଆଖିରେ 'ବିଜିତ'। କିନ୍ତୁ ଏ କଥା ସମ୍ପୂର୍ଣ୍ଣ ସତ ରହିତ। ସୃଷ୍ଟି ହେଲା ଭୟାବହ ସ୍ଥିତି। ସର୍ବତ୍ର ସ୍ୱତଃସ୍ଫୁର୍ତ୍ତ ତୁମୁଳ ବିକ୍ଷୋଭ। ୧୯୪୮ ମସିହା, ଜାନୁୟାରୀ ପହିଲା। ଖରସୁଆଁର ଏକ ବିଶାଳ ଆଦିବାସୀ ଜନତା। ସେମାନେ ରାଜପ୍ରାସାଦ ଆଗରେ ସମବେତ। ହାତରେ ପାରମ୍ପରିକ ଅସ୍ତ୍ର। ଉଦ୍ଦେଶ୍ୟ ହିଂସା ନଥିଲା କେବଳ ରାଜାଙ୍କୁ ପଚାରିବେ, କ'ଣ ପାଇଁ ସେମାନଙ୍କ ରାଜ୍ୟ ଓଡ଼ିଶାକୁ ଗଲା ?

ସେମାନଙ୍କ ମତ କ'ଣ ପାଇଁ ନିଆ ନଗଲା ? ବିନା ବିଚାର ବିମର୍ଷରେ କାହିଁକି ରାଜା ଚୁକ୍ତି ସ୍ୱାକ୍ଷର କଲେ ? ରାଜା ତ୍ରସ୍ତ । ଖରସୁଆଁର ତତ୍‌କାଳୀନ ଆଡ୍‌ମିନିଷ୍ଟ୍ରେଟର ଜଣେ ପୁଲିସ ଡି.ଏସ୍.ପି. । ଶାସନ ମାନେ ତାଙ୍କ ପାଇଁ ନିର୍ଦ୍ଧୁମ ଠେଙ୍ଗାପିଟା । ଡି.ଏସ୍.ପି. ରାଜାଙ୍କୁ ସାକ୍ଷାତ ପାଇଁ ବାରଣ କଲେ । ଏଇ କଥାରେ କଥା ସରିଲାନି । ଚାଲିଲା ବେନ୍‌ଗନ୍, ଷ୍ଟେନ୍‌ଗନ୍ । ସରକାରୀ ହିସାବରେ ୩୦ ଜଣ ଆଦିବାସୀଙ୍କର ମୃତ୍ୟୁ; ମାତ୍ର ସଂଖ୍ୟା ଢେର୍ ଅଧିକ । ସମସାମୟିକ କେତେକ ଖବରକାଗଜ, ଏଥିରେ ଲୋମହର୍ଷଣକାରୀ ସମ୍ବାଦ ଆସିଲା । 'ଇଣ୍ଡିଆନ୍ ନେସନ' ଗୋଟେ ଟାଣୁଆ ଖବରକାଗଜ । ଗୁଳିକାଣ୍ଡରେ ମୃତ୍ୟୁ ସଂଖ୍ୟା ୭୦୦ରୁ ଉର୍ଦ୍ଧ୍ୱ । ଏ କଥାଟି ଉଲ୍ଲେଖ କଲା । ଇତିହାସରେ ତାହା ଆଉ ଏକ 'ଜାଲିଆନାୱାଲାବାଗ ଗଣହତ୍ୟା' । ଏଇଟି ମାନବ ଇତିହାସରେ କଳଙ୍କିତ ଅଧ୍ୟାୟ । ଏକଥାଟି ଅନେକଙ୍କ ଦ୍ୱାରା ସ୍ୱୀକୃତ । ବିଶିଷ୍ଟ ରାଜନୀତିଜ୍ଞ ସୁରେନ୍ଦ୍ର ମହାନ୍ତି । ଉପର୍ଯ୍ୟୁକ୍ତ ଘଟଣାବଳୀର ସବିଶେଷ ବିବରଣୀ ଦେଲେ । ତାହା ପ୍ରକାଶିତ ତାଙ୍କ ଆତ୍ମଲିପି 'ପଥ ଓ ପୃଥିବୀ'ରେ ।

ସେଦିନର ଆଉ ଏକ ସମାନ ଘଟଣା । ଷଢ଼େଇକଳା ରାଜପ୍ରାସାଦ ସମ୍ମୁଖ ଲୋକାରଣ୍ୟ । ଶହଶହ ଆଦିବାସୀ, କାନ୍ଧରେ ପାରମ୍ପରିକ ଅସ୍ତ୍ରଶସ୍ତ୍ର । ଜାମସେଦପୁରରୁ ଆସିଲେ ସଟଲ୍ ରେଳରେ । ସମସ୍ତେ ମାତାଲ । ଚାଇଁବସା ଆଡୁ ଆସିଲେ ହଜାର ହଜାର । ଅନେକ ଟ୍ରକ୍‌ରେ ବୁହାହୋଇ ଆସିଲେ । ସେମାନଙ୍କ ମଧ୍ୟରେ ମହିଳା ସାମିଲ । ସେମାନଙ୍କର ସେଇ ଏକା ଉଦ୍ଦେଶ୍ୟ । ଷଢ଼େଇକଳା ରାଜପ୍ରାସାଦର କର୍ମଚାରୀଏ । ସୁନ୍ଦର ବୁଦ୍ଧିଟାଏ କାଢ଼ିଲେ । ସମବେତ ଆଦିବାସୀ, କଅଁଳିଆ ଭାଷାରେ ବୁଝିଗଲେ । ଆପେ ମଉଳିଗଲେ । ଖରସୁଆଁ ନରସଂହାରର ପୁନରାବୃତ୍ତି ଶେଷରେ ଟଳିଗଲା । ଆଦିବାସୀ ମାନେ ସରଳ, ତାଙ୍କର ବାହାର ରୂପ ରୁକ୍ଷ । ଅମାନିଆ ମନେ ହୁଅନ୍ତି । ପ୍ରକୃତରେ ସେମାନେ ସେୟା ନୁହନ୍ତି । ଅବୁଝା ହେଲେ, ଜଳିବେ ଦାବାନଳ ପରି । ବୁଝିଗଲେ ଗୋଟେ ଗୋଟେ ସନ୍ଧ୍ୟା ଦୀପ । ସତରେ ! 'ବଣର ପରଜା ରାଗିଲେ ଜନ୍ତୁ ।' ଏକଥା ବୁଝିଲାନି ଖରସୁଆଁ ରାଜ-ପ୍ରଶାସନ । ପରିଣାମ ହେଲା ଭୟାବହ ।

ଖରସୁଆଁ ଗଣହତ୍ୟାର ବରଷକ ପରେ । ସୁରେନ୍ଦ୍ର ମହାନ୍ତି ସେଠାକୁ ଗଲେ । ଉଦ୍ଦେଶ୍ୟ ଖରସୁଆଁର ଓଡ଼ିଶା ସହ ପୁନଃ ମିଶ୍ରଣ । ଏଥିପାଇଁ ଆନ୍ଦୋଳନ ଲୋଡ଼ା । ଏହା ସପକ୍ଷରେ ଜନମତ ସଂଗ୍ରହ - ଏଇଟି ଥିଲା ତାଙ୍କ ଗସ୍ତର ମୁଖ୍ୟ ଉଦ୍ଦେଶ୍ୟ । ସେଇ ଗୁଳିକାଣ୍ଡର ଥାନ, ହାଟପଦାଠାରେ ଗୁଡ଼ାଏ ଆମ୍ବଗଛ, ଏଥିରେ ଅସୁମାରି ବୁଲେଟ ଚିହ୍ନ । ମୂକସାକ୍ଷୀ ସେଇ ଅମାନୁଷିକ ଗୁଳିକାଣ୍ଡର । ସୁରେନ୍ଦ୍ର ତାହା ସ୍ୱଚକ୍ଷୁରେ ଦେଖିଲେ । ଏଇ ଗୁଳିକାଣ୍ଡର ଆଉ ଏକ ତୀବ୍ର ପ୍ରତିକ୍ରିୟା, ଗଡ଼ଜାତ ରାଜ୍ୟଗୁଡ଼ିକର

ୟୁନିଅନ୍ ଆନ୍ଦୋଳନ, ହେଲା ବେଗଗାମୀ। ଏଇ ମହାନାଟକର ଅନ୍ତିମ ଦୃଶ୍ୟ ଥିଲା ଅତି ବିୟୋଗାତ୍ମକ। ଖରସୁଆଁ, ଷଢ଼େଇକଳାକୁ ସବୁଦିନ ପାଇଁ ଓଡ଼ିଶା ହରାଇଲା। ଖରସୁଆଁ ରାଜ୍ୟ ବିହାର ସହ ମିଶୁ। ଏହା ରାଜାଙ୍କର ମତ ଥିଲା। ପି.ଭି. ମେନନ, ତାଙ୍କର ପୁସ୍ତକ 'ଦି ଷ୍ଟୋରୀ ଅଫ୍ ଦି ଇଣ୍ଟିଗ୍ରେସନ ଅଫ୍ ଦି ଇଣ୍ଡିଆନ ଷ୍ଟେଟସ୍'। ବହିଟିର ୧୭୩ ପୃଷ୍ଠାରେ ଏଇ କଥାଟି ସ୍ପଷ୍ଟ। ବହିଟି ଲିଖିତ ଇଂରାଜୀରେ। ଖରସୁଆଁ ରାଜ୍ୟ ବିହାରର ସିଂହଭୂମି ଜିଲ୍ଲା ଦ୍ୱାରା ପରିବେଷ୍ଟିତ। ଆଦିବାସୀ ବହୁଳ ମଧ। ସେମାନେ ବିହାର ସହ ମିଶିବା ସପକ୍ଷରେ। ଏକଥାଟି ରାଜା ମେନନଙ୍କୁ ଅବଗତ କରିଥିଲେ। ପ୍ରଥମେ ଖରସୁଆଁ ଓଡ଼ିଶା ପ୍ରଦେଶ ସହ ମିଶିବ। ରାଜା ରାଜି ହେଇ ଯାଆନ୍ତୁ। ବିହାର ଅବା ଓଡ଼ିଶା କେଉଁ ପ୍ରଦେଶରେ ମିଶିବ, ପରେ ଗଣଭୋଟ୍‌ରେ ସ୍ଥିର ହେବ। ଏକଥାଟି ମେନନ୍ ରାଜାଙ୍କୁ ବୁଝାଇ ଦେଲେ। ଖରସୁଆଁ ରାଜା ଏଥିରେ ସମ୍ମତି ପ୍ରଦାନ କଲେ। ଏସବୁ ମେନନଙ୍କ ପୁସ୍ତକରେ ଲିଖିତ। ଏହି ପରିପ୍ରେକ୍ଷୀରେ ଷଢ଼େଇକଳା କଥା ସ୍ୱତନ୍ତ୍ର। ଷଢ଼େଇକଳା ମହାରାଜା ଓଡ଼ିଆ ଭାଷା, ଓଡ଼ିଆ ସଂସ୍କୃତିର ପରମ ପୃଷ୍ଠପୋଷକ। ଷଢ଼େଇକଳା, ଖରସୁଆଁ – ଏ ଦୁଇଟି ଓଡ଼ିଆ ଭାଷୀ ଗଡ଼ଜାତ ରାଜ୍ୟ। ଛୋଟନାଗପୁର କମିଶନର, ଚାଇଁବସାର ଡେପୁଟି କମିଶନର। ଏଇମାନଙ୍କ ଶାସନାଧୀନ ରାଜ୍ୟ ଦୁଇଟି। ଏଠାକା କୋର୍ଟ କେଚେରିମାନଙ୍କର ଭାଷା ଆଂଶିକ ଭାବେ ହିନ୍ଦୀ। ସ୍କୁଲ୍ ମାନଙ୍କରେ ବଙ୍ଗଳା ଭାଷା ବି ଚାଲେ। ଏହା ଏକ ଅରୁଚିକର ବ୍ୟବସ୍ଥା। ସେତେବେଳ ଷଢ଼େଇକଳା ମହାରାଜା ଆଦିତ୍ୟ ପ୍ରତାପ ସିଂହଦେଓ। ୧୯୧୬ ମସିହା। ଷଢ଼େଇକଳାର ସମ୍ପୂର୍ଣ୍ଣ ଓଡ଼ିଆ ଭାଷା ପ୍ରଚଳନ ହେବ। ଏଥିପାଇଁ ରାଜା ଆନ୍ଦୋଳନ ଚଳାଇଲେ। ଭାରତ ସରକାରଙ୍କୁ ସ୍ମାରକପତ୍ର ଦେଲେ। ସୁଫଳ ବି ମିଳିଲା। ଷଢ଼େଇକଳା, ଖରସୁଆଁ - ସେଠାରେ ଓଡ଼ିଆ ଭାଷା ପୁନଃ ପ୍ରତିଷ୍ଠିତ ହେଲା। ଅନ୍ୟ ୨୪ ଗୋଟି ଗଡ଼ଜାତ ରାଜ୍ୟ ସହ ଏ ଦୁଇ ରାଜ୍ୟ। ଶେଷରେ ଓଡ଼ିଶାର ପଲିଟିକାଲ ଏଜେନ୍‌ସୀ ସହ ମିଶିଲା। ଏହାର ଶ୍ରେୟ ଷଢ଼େଇକଳା ମହାରାଜାଙ୍କର। ଓଡ଼ିଶାରେ ଉତ୍କଳ ବିଶ୍ୱବିଦ୍ୟାଳୟ ସ୍ଥାପନ (୧୯୪୨), ଷଢ଼େଇକଳା ହାଇସ୍କୁଲ୍ ପାଟଣା ବିଶ୍ୱବିଦ୍ୟାଳୟ ନୁହେଁ, ଉତ୍କଳ ବିଶ୍ୱବିଦ୍ୟାଳୟ ଅଧୀନକୁ ଆସିଲା। ଏସବୁ ମହାରାଜାଙ୍କର ଉଦ୍ୟମ ହେତୁ ସମ୍ଭବ ହେଲା।

ବିଧିର ବିଧାନ ବିଚିତ୍ର। ଓଡ଼ିଆ ଭାଷା, ସଂସ୍କୃତିର ବଳିଷ୍ଠ ପୃଷ୍ଠପୋଷକ ମହାରାଜା - ଏକଥାଟି ସୂର୍ଯ୍ୟାଲୋକ ପରି ସତ୍ୟ। ସେ ଓଡ଼ିଆ ଜାତୀୟତାବାଦରେ ସଦା ଅଭିମନ୍ତ୍ରିତ। କିନ୍ତୁ ଷଢ଼େଇକଳା, ଖରସୁଆଁ ଓଡ଼ିଶା ପ୍ରଦେଶ ସହ ମିଶ୍ରଣ - ଏ ଦିଗରେ ମହାରାଜା ନିଜସ୍ୱ ମତ ରଖିଲେନି। ଜନତାଙ୍କର ମତାମତ ଉପରେ ଛାଡ଼ି

ଦେଲେ। ତାଙ୍କର ଏ ଉଦ୍ଦେଶ୍ୟ ସମସ୍ତଙ୍କୁ ଅଜଣା ଥିଲା। ଏଥିପାଇଁ ଷଢ଼େଇକଳା ମହାରାଜା ସମାଲୋଚିତ ହେଲେ। ରାଜନୀତିକ ମହଲ ଚହଲି ଗଲା। ଯଥେଷ୍ଟ ଭୁଲ ବୁଝାମଣା ସୃଷ୍ଟି ହେଲା। ଏ ସବୁର ଭିତିରି କଥାଟି ପରେ ପଦାକୁ ଆସିଲା। ମହାରାଜା ଗଣଭୋଟ୍ ଉପରେ ବିଶ୍ୱାସ ରଖିଲେ। ଏହା ପଛରେ ଦୁଇଟି କାରଣ, (୧) ଆଇନ୍ ଦୃଷ୍ଟିରୁ ଗଡ଼ଜାତ ରାଜ୍ୟ ଭାରତ ଡୋମିନିଅନ୍ ସହ ସାମିଲ ହେଲା; ମାତ୍ର କେଉଁ ପ୍ରଦେଶରେ କେଉଁ ଗଡ଼ଜାତ ରହିବ - ଏହା ଥିଲା ଅନ୍ଧକାର ମଧ୍ୟରେ। ସର୍ଦ୍ଦାର ପଟେଲଙ୍କ ମୁଖପାତ୍ର ପି.ଭି. ମେନନ। ଗଣଭୋଟ ଦ୍ୱାରା ମିଶ୍ରଣ ପର୍ବ ଶେଷ ହେବ - ଏ ପ୍ରତିଶ୍ରୁତି ମହାରାଜାଙ୍କୁ ଦେଲେ। (୨) ଓଡ଼ିଶା ଆଉ ଛତିଶଗଡ଼ ଏଜେନ୍‌ସି ସହ ଗଡ଼ଜାତ ମିଶୁ - ଏହାର ନାମ ହେବ ଇଷ୍ଟର୍ଣ୍ଣ ଷ୍ଟେଟ୍ ଏଜେନ୍‌ସି। ଏଥି ସହ ଗଡ଼ଜାତ ରାଜ୍ୟର ମିଶ୍ରଣ ହେବ - ତାହା ଥିଲା ମହାରାଜାଙ୍କର ମୁଖ୍ୟ ଉଦ୍ଦେଶ୍ୟ। କିନ୍ତୁ ଓଡ଼ିଶା ସହ ଷଢ଼େଇକଳା ମିଶ୍ରଣର ସେ ବିରୋଧୀ ନଥିଲେ। ସମଗ୍ର ପ୍ରସଙ୍ଗର ବିଚାର ଷଢ଼େଇକଳାର ଜନମତ ଉପରେ ନ୍ୟସ୍ତ କରିଦେଲେ। ଏ କଥାଟି ଇତିହାସ ସିଦ୍ଧ। ବିଶ୍ୱସନୀୟ ମଧ୍ୟ।

ହଠାତ୍ ଘଟଣା ନୂଆମୋଡ଼ ଦେଲା। ମହାରାଜା ଆଦିତ୍ୟ ପ୍ରତାପ ସିଂହଙ୍କ ଧୈର୍ଯ୍ୟଚ୍ୟୁତି ଘଟିଲା। ଖରସୁଆଁରେ ଅମାନୁଷିକ ଗୁଳିକାଣ୍ଡ, ସମସ୍ତଙ୍କର ମୁଣ୍ଡବିନ୍ଧାର କାରଣ ଥିଲା। ଖରସୁଆଁ ରାଜାଙ୍କ ମତିଗତି ମହାରାଜା ବୁଝିଗଲେ। ଆଉ ଗଣ ଭୋଟ୍‌କୁ ଅପେକ୍ଷା ରଖିଲେନି। ମିଶ୍ରଣ ପର୍ବର ଅନ୍ତିମ ପର୍ଯ୍ୟାୟ। ସେ ପର୍ଯ୍ୟନ୍ତ ଷଢ଼େଇକଳା ବିହାର ସହ ମିଶିବ – ଏଇ ମତଟି ଦେଇଦେଲେ। ତା ୨୨.୦୮.୧୯୪୯ ରିଖ, ଷଢ଼େଇକଳା ମହାରାଜା ସ୍ମାରକ ପତ୍ରଟେ ଲେଖିଲେ। ଭାରତର ଗଭର୍ଣ୍ଣର ଜେନେରାଲ ଲର୍ଡ଼ ମାଉଣ୍ଟବ୍ୟାଟେନ। ତାଙ୍କ ନିକଟକୁ ସେଇ ସ୍ମାରକ ପତ୍ରଟି ପଠାଗଲା। ଏଥିରେ ସେ ଆପଣାର ମତ ସ୍ୱଷ୍ଟ କରିଥିଲେ। ଷଢ଼େଇକଳାର ମିଶ୍ରଣ ଗଣଭୋଟ ଜରିଆରେ ହେଉ - ଏହା ଥିଲା ସ୍ମାରକ ପତ୍ରର ସାରାଂଶ। ଅନୁରୂପ ପ୍ରସ୍ତାବ ମହାରାଜା ପି.ଭି. ମେନନ୍‌ଙ୍କୁ ବି ଦେଲେ। ଷଢ଼େଇକଳା-ଖରସୁଆଁର ଓଡ଼ିଶାରେ ମିଶ୍ରଣ, କ୍ରମେ ଅସମ୍ଭବ ହୋଇଗଲା। ଭାରତ ସରକାର ସାମୟିକ ପଦକ୍ଷେପଟେ ନେଲେ। ଏ ଦୁଇ ରାଜ୍ୟକୁ ବିହାର ସହ ମିଶାଇ ଦେଲେ। ତାହା ଥିଲା ଅସ୍ଥାୟୀ ମିଶ୍ରଣ। ମୟୂରଭଞ୍ଜ – ଏକମାତ୍ର ଗଡ଼ଜାତ ରାଜ୍ୟ ଓଡ଼ିଶା ସହ ମିଶିନଥିଲା। ଷଢ଼େଇକଳା-ଖରସୁଆଁ ସହ ଓଡ଼ିଶାର ପ୍ରତ୍ୟକ୍ଷ ସମ୍ପର୍କ ରହିଲାନି। ବାଧକ ହେଲା ମୟୂରଭଞ୍ଜ। ସେତେବେଳେ ଏଇ କଥାଟି ଦର୍ଶାଗଲା। ୧୯୪୯ ମସିହା ଜାନୁଆରୀ ପହିଲା। ମୟୂରଭଞ୍ଜ ଓଡ଼ିଶା ସହ ମିଶିଲା। ମାତ୍ର ପୂର୍ବୋକ୍ତ ରାଜ୍ୟ ଦ୍ୱୟର ଓଡ଼ିଶା ସହ ପୁନଃ ମିଶ୍ରଣ ଦାବି ଉଠିଲାନି। ଓଡ଼ିଶା

ସରକାରଙ୍କ ଇଚ୍ଛାଶକ୍ତିର ଘୋର ଅଭାବ, ଷଢ଼େଇକଳା-ଖରସୁଆଁ ଭାଗ୍ୟକୁ ଚିରଦିନ ପାଇଁ ବନ୍ଦ କରିଦେଲା। ୧୯୪୯ ମସିହା ଅଗଷ୍ଟ ପହିଲା, ଗଭର୍ଣ୍ଣର ଜେନେରାଲଙ୍କ ମର୍ଜର ଅର୍ଡ଼ର ବାହାରିଲା। ଷଢ଼େଇକଳା-ଖରସୁଆଁ ସ୍ଥାୟୀ ଭାବେ ବିହାର ସହ ମିଶିଗଲା। ନା ଥିଲା ଓଡ଼ିଶା ସରକାରଙ୍କ ପ୍ରତିବାଦ ନା ଥିଲା ପୁନଃ ମିଶ୍ରଣ ପାଇଁ ଐକାନ୍ତିକ ଆଗ୍ରହ। ସେ ସମୟର ଶାସନ ବିଧାୟକ ସଭା, ଅଧ୍ୟକ୍ଷ ଥାଆନ୍ତି ବହୁମାନ୍ୟ ଡ. ରାଜେନ୍ଦ୍ର ପ୍ରସାଦ। ଷଢ଼େଇକଳା-ଖରସୁଆଁ ଓଡ଼ିଶା ସହ ମିଶିବାକୁ ସେ ଚାହିଁଲେନି। ଭୟ ଅବା ଚାପରେ କଂଗ୍ରେସ୍ ନେତାଏ ମୁହଁ ଖୋଲିଲେନି। ଏ ଦୁଇ ରାଜ୍ୟର ଓଡ଼ିଶାରେ ପୁନଃ ମିଶ୍ରଣ, ତାହା ସମ୍ଭବ ନୋହିଲା। କେନ୍ଦ୍ରର ଆଜ୍ଞାନୁବର୍ତ୍ତିତା ଅଥବା ଓଡ଼ିଶାର ଶାସନ କ୍ଷମତାପନ୍ନ ନେତୃବର୍ଗଙ୍କ ରାଜନୈତିକ ଅସହାୟତା - ଓଡ଼ିଶାର ଏଇ ଦୁର୍ଭାଗ୍ୟର ମୁଖ୍ୟକାରଣ !

ଷଢ଼େଇକଳା-ଖରସୁଆଁର ବିହାର ସହ ମିଶ୍ରଣ। ଏହା ପୂର୍ବର କଥା। ପ୍ରଜାମଣ୍ଡଳ ନେତାଏ ଅସନ୍ତୁଷ୍ଟ, ତେଣେ ୟୁନିଅନ୍ ଆନ୍ଦୋଳନ, କ୍ରମେ ଦାନା ବାନ୍ଧିଲା। ସୁରେନ୍ଦ୍ର ମହାନ୍ତି – ସେ ସେଇ ଆନ୍ଦୋଳନ ସପକ୍ଷରେ। ଏଥି ସହିତ ତାଙ୍କର ଆଉ ଏକ ଲକ୍ଷ୍ୟ। ଦୃଢ଼ ବିରୋଧୀ ଦଳଟିଏ ଗଢ଼ିବେ। ଗଣତନ୍ତ୍ରର ହେବ ରକ୍ଷାକବଚ। ଏଥିରେ ସେ ମନୋନିବେଶ କଲେ। ଉପକୂଳବର୍ତ୍ତୀ ଓଡ଼ିଶା। ସେଠାରେ ୟୁନିଅନ୍ ଆନ୍ଦୋଳନ ସୁନଜର ରହିତ। ଓଡ଼ିଶାର ଗଡ଼ଜାତ ରାଜାଏ ବଞ୍ଚିବେ। ୟୁନିଅନ୍ ଆନ୍ଦୋଳନର ଏଥି ପାଇଁ ଅପପ୍ରୟାସ – ଏ ଧାରଣାଟି କଂଗ୍ରେସ ନେତାଏ ବାଣ୍ଟିଲେ। ରାଜନୀତି ଏକ ବିଚିତ୍ର ଖେଳ। ଏଥିରେ ସତ, ମିଛ ହୁଏ। ଧଳାକୁ କଳା କରିବା, ଏଥିରେ ନେତାଏ ବେଶ୍ ଦକ୍ଷ। 'ଲୁଚିଛି ନା ଗୋଡ଼ ଦିଟା ଦିଶୁଛି।' ସେମାନେ ସବୁ ଜାଣି ଅଜଣା। ଭାରତର ଅନ୍ୟାନ୍ୟ ଦେଶୀୟ ରାଜ୍ୟ। ସେମାନେ ପ୍ରଦେଶ ବା ରାଜ୍ୟ – କୌଣସିଟିରେ ନଥିଲେ, ୟୁନିଅନ୍‌ଟିଏ ଗଢ଼ିଥିଲେ। ସେଇଥିପାଇଁ ଓଡ଼ିଶାର ଗଡ଼ଜାତ ରାଜ୍ୟ, ରାଜ୍ୟର ବହୁପକ୍ଷ ପ୍ରଜା, ସେମାନଙ୍କର ଲୋଡ଼ା ୟୁନିଅନ୍‌ଟେ। ତାହା ହୋଇଥିଲେ ଓଡ଼ିଶାର ଭାଗ୍ୟଦେବୀ ହସିଥାଆନ୍ତେ। ଗଠିତ ହୋଇଥାଆନ୍ତା ବୃହତ୍ତର ଓଡ଼ିଶା। ବସ୍ତର, ଫୁଲଝର, ଦେଓଗାଁ, ଶକ୍ତିସାରଙ୍ଗ ଗଡ଼ – ଏ ସବୁ ଓଡ଼ିଆ ଭାଷାଭାଷୀ ଅଞ୍ଚଳ। ଥାଏ ମଧ୍ୟପ୍ରଦେଶରେ। ଦିନେ ଓଡ଼ିଶା ସହ ମିଶିଥାଆନ୍ତା ! ମାତ୍ର ସେଇ ଆଶା ରହିଲା ଆଶାରେ। ଏଥି ପାଇଁ ଦାୟୀ କ୍ଷମତାଧାରୀ କଂଗ୍ରେସ ସରକାର।

୧୯୪୮ ମସିହା ଆରମ୍ଭର କଥା। ଭାରତ ଡୋମିନିଅନ ସରକାର, ତାଙ୍କରି ହାତରେ ଓଡ଼ିଶାର ଶାସନ ଡୋରି। ଓଡ଼ିଶା ସରକାର କେବଳ ଏକ ଏଜେଣ୍ଟ ମାତ୍ର। ଓଡ଼ିଶା ଗଡ଼ଜାତ ରାଜ୍ୟଗୁଡ଼ିକର ପ୍ରଦେଶ ସହ ମିଶ୍ରଣ। ସେ ପର୍ଯ୍ୟନ୍ତ ଏ ପ୍ରକ୍ରିୟା ହୋଇ

ନଥାଏ। ଭାରତ ସମ୍ବିଧାନ ୧୯୫୦ ମସିହା, ୨୬ ଜାନୁଆରୀ। ସେ ପର୍ଯ୍ୟନ୍ତ ଗଡ଼ଜାତମାନଙ୍କର ଶାସନ ଅକ୍ଷୁଣ୍ଣ। ଓଡ଼ିଶା ଗଡ଼ଜାତର ଜନ ସାଧାରଣ ମଧ୍ୟ ଆଶାବାଦୀ। ଅନ୍ୟ ରାଜ୍ୟ ପରି ସେଠାରେ ୟୁନିଅନଟେ ଗଠନ ହେବ - ଏ ଧାରଣାଟି ଅତୁଟ ଥାଏ। ମହାତ୍ମାଗାନ୍ଧୀ, ପ୍ରଧାନମନ୍ତ୍ରୀ ପଣ୍ଡିତ ନେହେରୁ, ଡକ୍ଟର ପଟ୍ଟାଭି ସୀତାରାମାୟା (ନିଖିଳ ଭାରତ ଗଡ଼ଜାତ ପ୍ରଜା ସମ୍ମିଳନୀର ସଭାପତି), ଓଡ଼ିଶା ରାଜ୍ୟପାଳ ତ୍ରିବେଦୀ, ଏପରିକି ମୁଖ୍ୟମନ୍ତ୍ରୀ ମହତାବ, ଏ ସବୁ ତୁଙ୍ଗନେତା। ତାଙ୍କ ସହ ପ୍ରଜାମଣ୍ଡଳର ନେତା ପବିତ୍ର ମୋହନ ପ୍ରଧାନ, କପିଳ ପ୍ରସାଦ ନନ୍ଦ। ସମସ୍ତେ ୟୁନିଅନ୍ ସପକ୍ଷରେ। ସେତେବେଳେ ସୌରାଷ୍ଟ୍ର, ମତ୍ସ୍ୟ, ବିନ୍ଧ୍ୟ, ଡେକାନ ପେପ୍‌ସୁ - ପାତିଆଲା, ରାଜସ୍ଥାନ - ସବୁ ସ୍ଥାନରେ ୟୁନିଅନ୍। ୟୁନିଅନ୍‌ମାନ ସ୍ୱୀକୃତ ବି। ଏ ପରିପ୍ରେକ୍ଷୀରେ ଓଡ଼ିଶା ଗଡ଼ଜାତ ରାଜ୍ୟ। ସେଠାରେ ସେଇ ନୀତି ପ୍ରଯୁଜ୍ୟ ନ ହେବା ଯୁକ୍ତି ରହିତ। ମାତ୍ର ତାହା ସମ୍ଭବ ନଥିଲା। ଓଡ଼ିଶାର ଗଡ଼ଜାତ ରାଜାମାନେ, ଲୋକ ମତକୁ ଅଣଦେଖା କଲେ। ଏକ ଗଣତାନ୍ତ୍ରିକ ପ୍ରଶ୍ନ ଉଠିଲା। ଜନତା ରାଜାଙ୍କ ମିଶ୍ରଣ ନୀତିକୁ ବିରୋଧ କଲେ। ସେତେବେଳକା ଭାରତ ସରକାର, ଗଢ଼ିଲେ ଗଡ଼ଜାତ ୟୁନିଅନ୍। ହେଲେ ମିଶ୍ରଣ ସମୟ କଥା ସ୍ୱତନ୍ତ୍ର। ଶାସନ ବିଧାୟକ ସଭାର ମତ ଲୋଡ଼ା। ଏ ସମ୍ପର୍କିତ ଉଦାହରଣଟେ। ଡେକାନ ଗଡ଼ଜାତ ସମୂହରେ ରାଜାମାନେ ଚୁକ୍ତି ସ୍ୱାକ୍ଷର କଲେ। ମାତ୍ର ଲୋକପ୍ରତିନିଧିଙ୍କ ମତ ନିଆଗଲା। ସେସବୁ ରାଜ୍ୟ ବମ୍ବେ ପ୍ରଦେଶ ସହ ମିଶିଲା। ଓଡ଼ିଶାର ଗଡ଼ଜାତ ରାଜାମାନେ ଜନତାର ମତ ଲୋଡ଼ିଲେନି, ମିଶ୍ରଣ ଚୁକ୍ତିରେ ସ୍ୱାକ୍ଷର କରିଦେଲେ। ଜନଅସନ୍ତୋଷ ବଢ଼ିଲା, ମହାତ୍ମାଗାନ୍ଧୀ ଏ ବାବଦରେ ନିଜର ମତ ରଖିଲେ। ତାଙ୍କର 'ହରିଜନ' ପତ୍ରିକା। ବାହାରିଲା ଗୁରୁତ୍ୱପୂର୍ଣ୍ଣ ତଥ୍ୟଟିଏ। ମିଶ୍ରଣ ପାଇଁ ରାଜା ପ୍ରଜା - ଉଭୟଙ୍କ ମତ ଲୋଡ଼ା। ନଚେତ ମିଶ୍ରଣ ଅଗଣତାନ୍ତ୍ରିକ। ଏଇଟି ଥିଲା ତାଙ୍କ ମତର ସାରାଂଶ। କ୍ରମେ ସ୍ଥିତି ବଦଳିଲା। ୟୁନିଅନ୍ ଆନ୍ଦୋଳନ। ଏହାକୁ ଓଡ଼ିଶା ସରକାର ଭିନ୍ନ ଚକ୍ଷୁରେ ଦେଖିଲେ, କଠୋର ଦମନ ନୀତି ଆପଣେଇଲେ। 'ଜନତା' ପତ୍ରିକାର ସମ୍ପାଦକ ସୁରେନ୍ଦ୍ର ମହାନ୍ତି। ସେ ୟୁନିଅନ୍ ଗଠନ ସପକ୍ଷରେ। ତାଙ୍କ ପତ୍ରିକାରେ ଉପାଦେୟ ଲେଖା ପ୍ରକାଶ କଲେ। ସରକାର ଅଟକ ଆଇନ ପ୍ରୟୋଗ କଲେ। ତାଙ୍କୁ ପାଞ୍ଚ ସପ୍ତାହ ଜେଲରେ ରଖିଲେ। ସୁରେନ୍ଦ୍ର ହାଇକୋର୍ଟରେ ରିଟ୍ ଦାଖଲ କଲେ। ବିଚାର ପୂର୍ବରୁ ତାଙ୍କୁ ସରକାର ଛାଡ଼ିଦେଲେ।

ଷଢ଼େଇକଳା, ଏଠାରେ ଗୋଟିଏ ସମାନ୍ତରାଳ ସରକାର ଚାଲିଛି। ଓଡ଼ିଶା ସରକାରୀ କର୍ମଚାରୀଙ୍କୁ ହତ୍ୟା ଷଡ଼ଯନ୍ତ୍ର ବି - ଏମିତି ନାନାଦି ଅପପ୍ରଚାର। ସରକାର ଏଥିରୁ କ୍ଷାନ୍ତ ହେଲେନି। ୧୯୪୮ ମସିହା ଅପ୍ରେଲ ୨୨ ତାରିଖ। ଓଡ଼ିଶା ସରକାର

ପ୍ରେସ୍ ନୋଟ୍‌ଟିଏ ବାହାର କଲେ। ଷଢ଼େଇକଳାର ପଟ୍ଟାୟତ ଭୂପେନ୍ଦ୍ର ନାରାୟଣ ସିଂହଦେଓ। ତାଙ୍କ ସହ ଆନ୍ଦୋଳନରେ ସମ୍ପୃକ୍ତ ବହୁ ନେତା। ଏମାନେ ନିରାପତ୍ତା-ଆଇନ ବଳରେ ଗିରଫ ହେଲେ। ପ୍ରେସ୍‌ନୋଟ୍‌ରେ ଏହାକୁ ଯଥାର୍ଥ ଦର୍ଶାଗଲା। ଷଢ଼େଇକଳାର ପଟ୍ଟାୟତ, ଓଡ଼ିଶା ହାଇକୋର୍ଟରେ ହେବିୟସ୍ କର୍ପସ୍ ଦରଖାସ୍ତ କଲେ। ଅଭିଯୋଗ ପ୍ରମାଣ ପାଇଁ ମାନ୍ୟବର କୋର୍ଟଙ୍କ ସ୍ପଷ୍ଟ ନିର୍ଦ୍ଦେଶ। ଓଡ଼ିଶା ସରକାର ପ୍ରମାଣ କରିପାରିଲେନି। ଶେଷରେ ସମସ୍ତ ବନ୍ଦୀ ମୁକ୍ତି ପାଇଲେ। ଇଂରାଜୀ ଦୈନିକ ଖବରକାଗଜ 'ଅମୃତ ବଜାର ପତ୍ରିକା'। ଓଡ଼ିଶା ସରକାରଙ୍କ ଅଗଣତାନ୍ତ୍ରିକ ମନୋଭାବ। ପତ୍ରିକାଟିରେ ଏହା ବିରୁଦ୍ଧରେ ଦୃଢ଼ ସମାଲୋଚନା ବାହାରିଲା।

ଷଢ଼େଇକଳା ୟୁନିଅନ୍ ଆନ୍ଦୋଳନର ପ୍ରଧାନ କେନ୍ଦ୍ର। ଓଡ଼ିଶା ସରକାର ୟୁନିଅନ ଆନ୍ଦୋଳନକୁ ବେଆଇନ ଘୋଷଣା କଲେ। ଆରମ୍ଭ ହେଲା ତୁମୁଳ ବିକ୍ଷୋଭ, ତୀବ୍ର ପ୍ରତିବାଦ। ହେଲେ ସରକାର ସକାରାତ୍ମକ ଚିନ୍ତନଠାରୁ ଦୂରରେ। ଏଥି ସହ ଦାୟିତ୍ୱହୀନତା, ଦୂରଦୃଷ୍ଟିର ଅଭାବ। ଏକ ପ୍ରତିକୂଳ ସ୍ଥିତି ମୁଣ୍ଡ ଟେକିଲା। ପ୍ରଥମରୁ ତ ଖରସୁଆଁ ରାଜ୍ୟ ବିହାର ସପକ୍ଷରେ। ୧୯୪୮ ମସିହା ଜାନୁଆରୀ ପହିଲା, ସେଠାରେ ଅମାନୁଷିକ ଗୁଳିକାଣ୍ଡ। ଆଗରୁ ନିଆଁହୁଳା କୁହୁଳୁଥିଲା। ସରକାରଙ୍କ ଭିତ୍ତିହୀନ ମିଥ୍ୟା ଅଭିଯୋଗ, ତା' ସହିତ ଦମନଲୀଳା। ସୃଷ୍ଟି ହେଲା ବିସ୍ଫୋରକ ସ୍ଥିତି। ବିହାର ସରକାର ବଡ଼ ଚତୁର। ଷଢ଼େଇକଳା-ଖରସୁଆଁ, ରାଜ୍ୟ ଉପରେ ତାଙ୍କରି ଆଖି। ଏଥିପାଇଁ ଦୃଢ଼ ଦାବି ରଖିଥିଲେ। ଏଣେ ଓଡ଼ିଶା ସରକାରଙ୍କ ନୀତିହୀନ ଦୂରଦୃଷ୍ଟି। କଥାରେ ଅଛି - "ଗୋଳିପାଣିରେ ମାଛ ମାରିବା ସହଜ।" ବିହାର ସରକାର ଫାଇଦା ନେଲେ। ବିହାର, ଓଡ଼ିଶା ମଧ୍ୟରେ ସେଇ ଦୁଇ ରାଜ୍ୟ ପାଇଁ ବିବାଦ। ଭାରତ ସରକାର ମୁଣ୍ଡ ପୂରାଇଲେ। ବମ୍ବେ ହାଇକୋର୍ଟର ବିଚାରପତି ବାଭ୍‌ଦେବକର। ତାଙ୍କୁ ନେଇ ଟ୍ରିବ୍ୟୁନାଲ ବସାଇଲେ। ଓଡ଼ିଶାର ତତ୍‌କାଳୀନ ମୁଖ୍ୟମନ୍ତ୍ରୀ ଡ. ହରେକୃଷ୍ଣ ମହତାବ। ବିହାରର ମୁଖ୍ୟମନ୍ତ୍ରୀ ଶ୍ରୀକୃଷ୍ଣ ସିହ୍ନା। ଉଭୟଙ୍କ ମଧ୍ୟରେ ହେଲା ଗୁପ୍ତ ଚୁକ୍ତି ସ୍ୱାକ୍ଷର। ଷଢ଼େଇକଳା-ଖରସୁଆଁ ବିହାର ସହ ମିଶିବ। ଏହା ସ୍ୱୀକୃତ ହେଲା। ୧୯୪୮ ମସିହା ମେ ମାସ ୧୭ ତାରିଖ, ଓଡ଼ିଶା ପାଇଁ ଏଇଟି ଥିଲା ଦୁର୍ଦ୍ଦିନ। ଓଡ଼ିଶାରୁ ଉଭୟ ରାଜ୍ୟ ଛିଣ୍ଡାଇ ନିଆଗଲା। ମିଶିଗଲା ବିହାର ସହ।

ସତ ଲୁଚେନା। ଦିନେ ପ୍ରକାଶ ପାଏ। ତା ୨.୧୨.୧୯୫୫ ରିଖ। ବିହାର ମୁଖ୍ୟମନ୍ତ୍ରୀ ଡକ୍ଟର ସିହ୍ନା। ବିହାର ବ୍ୟବସ୍ଥା ସଭା। ଏଥିରେ ରାଜ୍ୟ ପୁନର୍ଗଠନ କମିଶନ ରିପୋର୍ଟ ପାଠକଲେ। ବ୍ୟବସ୍ଥା ସଭାରେ ଗୁପ୍ତ ଚୁକ୍ତିର ପେଡ଼ି ଖୋଲିଲେ। ଓଡ଼ିଶାର ତତ୍‌କାଳୀନ ମୁଖ୍ୟମନ୍ତ୍ରୀ ଡକ୍ଟର ମହତାବ। ମଧ୍ୟପ୍ରଦେଶ, ପଶ୍ଚିମବଙ୍ଗର ମୁଖ୍ୟମନ୍ତ୍ରୀ,

ବିହାର ମୁଖ୍ୟମନ୍ତ୍ରୀ – ସମସ୍ତଙ୍କ ସ୍ୱାକ୍ଷରରେ ମିଳିତ ବିବୃତିଟିଏ ପ୍ରକାଶିତ ହୋଇଥିଲା। ସେ ଦିନଟି ୧୯୪୯ ମସିହା ଅପ୍ରେଲ ୮ ତାରିଖ। ପୂର୍ବାଞ୍ଚଳ ଏଜେନ୍‌ସୀର ଗଡ଼ଜାତମାନଙ୍କର ବଣ୍ଟନ। ଏ ଦିଗରେ ଭାରତ ସରକାରଙ୍କ ଯେଉଁ ବ୍ୟବସ୍ଥା; ମଧ୍ୟପ୍ରଦେଶ, ଓଡ଼ିଶାର ମୁଖ୍ୟମନ୍ତ୍ରୀମାନେ ତାକୁ ମାନି ନେଇଛନ୍ତି। ଏଥିରେ କୌଣସି ମତାନ୍ତର ନାହିଁ। ତାହା ଥିଲା ବିବୃତିର ସାରାଂଶ। ବିହାରୀ ନେତାଙ୍କ ଚାପ। ତା' ଆଗରେ ଓଡ଼ିଶାର ନେତାଏ, ବାଧ୍ୟ ବଶମ୍ବଦ। ଆପଣା ମଥା ନୁଆଁଇଲେ। ଷଢ଼େଇକଳା ଖରସୁଆଁ ଓଡ଼ିଶା ହାତରୁ ଗଲା। ମୁଖ୍ୟମନ୍ତ୍ରୀ ଡ. ମହତାବ। ତାଙ୍କରି ଚୁକ୍ତି, ରାଜିନାମା। ଶେଷରେ ଓଡ଼ିଶା ଭାଗ୍ୟ ବିପର୍ଯ୍ୟୟର କାରଣ ହେଲା। 'କାଉ ଖାଏ ପଣସ, ବଗ ମୁଣ୍ଡରେ ଅଠା।' ଏ କଥାଟି ରାଜନୀତିଆଙ୍କ ଚିରାଚରିତ ଅଭ୍ୟାସ। ଶେଷରେ ଅପପ୍ରଚାର ଆରମ୍ଭ ହେଲା। ଷଢ଼େଇକଳାର ରାଜା, ରାଜବଂଶୀୟମାନେ, ବିହାର ସହ ମିଶିବାକୁ ଷଡ଼ଯନ୍ତ୍ର କଲେ। ଏ ଦୁଇରାଜ୍ୟ ଓଡ଼ିଶାରୁ ଚାଲିଗଲା। ୟୁନିଅନ୍ ଆନ୍ଦୋଳନର ଉଦ୍ଦେଶ୍ୟ। ଏହାକୁ ଓଡ଼ିଶା ସରକାର ବୁଝିଲେନି। କୋକୁଆ ଭୟ ସୃଷ୍ଟି ହେଲା। ଶେଷରେ ଦୁଇ ଗଡ଼ଜାତ ରାଜ୍ୟ, ବିହାରର ବିସ୍ତାରବାଦ - ଯୂପକାଠରେ ବଳି ପଡ଼ିଲା। କଂଗ୍ରେସ ସରକାର ନାନାଦି ସଫେଇ ଦେଲେ। ହେଲେ 'କ୍ଷୀର କ୍ଷୀର, ପାଣି ପାଣି'। ଇତିହାସ କ'ଣ କାହାକୁ କ୍ଷମା କରିଛି ? ନା କ୍ଷମା କରିବ ?

କ୍ଷମତା-ମହୁ ଭାରି ମିଠା। ଥରେ ପାଟିରେ ଲାଗିଲେ ମନ ସେଇଆଡ଼େ। କଳେ, ବଳେ, ଅବା ଛଳେ। ସିଂହାସନ ରଖିବାକୁ ପଡ଼ିବ। ଏଥିପାଇଁ ନାନାଦି କୂଟନୀତି, ଅପକର୍ମ। ମଣିଷ ପଣିଆର ଜଳାଞ୍ଜଳି, ଏପରିକି ଜାତୀୟ ସ୍ୱାର୍ଥ; କେହି କେହି ଏହାକୁ ବି ବଳି ଦିଅନ୍ତି। ଏଇଟି ଅକ୍ଷମଣୀୟ ଅପରାଧ। ଗାଦି ପାଇଁ ଲଢ଼େଇ, ଗାଦି ବଞ୍ଚେଇବାକୁ ଚକ୍ରାନ୍ତ - ଏ ତ ମାମୁଲି କଥା। ସମୟେ ସମୟେ ମା-ମାଟି-ଭାଷା। ଯାକୁ ବି ବାଜି ଲଗେଇ ଦିଆଯାଏ। ଇତିହାସରେ ଏହାର ବହୁ ନଜିର। ଅନୁରୂପ ଉଦାହରଣଟେ ଓଡ଼ିଶାରେ। ସେଇ ଦୁର୍ଦ୍ଦିନ। ୧୯୪୮ ମସିହା, ମେ ମାସ ୧୭ ତାରିଖ। ଷଢ଼େଇକଳା-ଖରସୁଆଁ- ଏ ଦୁଇ ଖାଣ୍ଟି ଓଡ଼ିଆ ଭାଷାଭାଷୀ ରାଜ୍ୟ। ଶେଷରେ ବିହାରକୁ ଚାଲିଗଲା। ଜାତିପ୍ରେମୀଏ ମନମରା। ସେମାନଙ୍କ ମଧ୍ୟରୁ ଅନେକ ଆଗକୁ ବାହାରିଲେ। ସେଇ ଦୁଇ ରାଜ୍ୟ, ଓଡ଼ିଶା ସହ ପୁନଃ ମିଶ୍ରଣ ହେବ, ଏଥି ପାଇଁ ସଂଗ୍ରାମ ଜାରି ରଖିଲେ। କ୍ଷମତାରେ କଂଗ୍ରେସ ଦଳ। ପଦୁଟିଏ 'ଉଁ', 'ଚୁଁ' ନାହିଁ। ପ୍ରତିବାଦ ବା କାହୁଁ ଆସିବ ? ଓଲଟା ଚାଲିଲା ଦମନ ମୂଳକ ଶାସନ। ଜାତିପ୍ରେମୀଏ, କ୍ଷମତା ଯନ୍ତାରେ ହନ୍ତସନ୍ତ, ତଥାପି ସଂଗ୍ରାମର ବାକ୍‌ରୁଦ୍ଧ ହେଲାନି। କିନ୍ତୁ ଫଳ 'ନାସ୍ତି'। ସରକାରୀ ପ୍ରୋତ୍ସାହନ, ଇଚ୍ଛାଶକ୍ତି, ଦୃଢ଼ କାର୍ଯ୍ୟାନୁଷ୍ଠାନ - ପ୍ରତିଟି ସଫଳତାର ଏସବୁ

ଚାବିକାଠି। ମାତ୍ର କଂଗ୍ରେସ ସରକାର ସମ୍ପୂର୍ଣ୍ଣ ନିରବ। ଓଡ଼ିଶାର ଭାଗ୍ୟ ହେଲା ବିଡ଼ମ୍ବିତ। ଶେଷରେ ସତ ପଦାକୁ ଆସିଲା। ଓଡ଼ିଶା ସରକାରଙ୍କ ଚଞ୍ଚଳତା ଗୋଟେ ଗୁପ୍ତ ଚୁକ୍ତିନାମା। ବିହାର ସରକାର - ଓଡ଼ିଶା ସରକାର ଉଭୟ ସ୍ୱାକ୍ଷର କଲେ। ଡକ୍ଟର ହରେକୃଷ୍ଣ ମହତାବ, ଓଡ଼ିଶାର ତତ୍‌କାଳୀନ ମୁଖ୍ୟମନ୍ତ୍ରୀ। ସେ ଷଢ଼େଇକଳା-ଖରସୁଆଁକୁ ଟେକିଦେଲେ, ବାଜିମାରିଲା ବିହାର। ଏସବୁର ପ୍ରାଞ୍ଜଳ ତଥ୍ୟ। ସଂଗ୍ରାମୀ ସୁରେନ୍ଦ୍ର ମହାନ୍ତି ଲେଖିଲେ। ସଂଶୟର ପରଦା ହଟିଲା। ସତରେ! 'ଜୀଇଁ ଥିଲେ କିସ ପୁଣି ଦେଖା ନଯାଏ!' କ୍ଷମତା ଯଜ୍ଞ କୁଣ୍ଡରେ ଜାତୀୟ ସ୍ୱାର୍ଥର ଆହୁତି। ଏଇଟି ଇତିହାସର କଳଙ୍କିତ ଅଧ୍ୟାୟ।

■

ସୀମା ଆନ୍ଦୋଳନ

ଜାତି ନନ୍ଦିଘୋଷ ଆଗକୁ ଗଡ଼ିବ। ଲୋଡ଼ା ନିଃସ୍ୱାର୍ଥପର ତ୍ୟାଗ, ତିତିକ୍ଷା, ଦେଶପ୍ରେମ। ଏଥିରୁ ଟିକିଏ ଊଣା ପଡ଼ିଲେ ଫଳ ବିଷମୟ। ଗୋଟେ ଜାତି ହରାଏ ତା'ର ଅଖଣ୍ଡତା, ଶତ୍ରୁ ସବଳ ହୁଏ। ଦେଶର ପ୍ରତିଟି ନାଗରିକ, ତାଙ୍କ ପାଇଁ ଆଗ ଦେଶ, ପରେ କ୍ଷମତା ଅବା ବିଳାସ ବ୍ୟସନ। ଏକଥାଟି ସମସ୍ତେ ବୁଝନ୍ତି, ବୁଝି ପୁଣି ଅବୁଝା। ଜାତି ଜୀବନରେ ଆସେ ଭୟାବହ ଦୁଃସ୍ଥିତି। ଏ ପ୍ରସଙ୍ଗଟି ଇତିହାସର ଏକ ସାଧାରଣ ଘଟଣା। ସାରା ବିଶ୍ୱରେ ଜାତି ପ୍ରତି ବିଶ୍ୱାସଘାତକତା, ଏଇଟିର କାହିଁ କେତେ ନଜିର। ଏଥିରୁ ବାଦ୍ ପଡ଼ିଲାନି ଓଡ଼ିଶା। ଷଢ଼େଇକଳା-ଖରସୁଆଁ ବିହାରକୁ ଗଲା। ଓଡ଼ିଶାର ହେଲା ଅଙ୍ଗଚ୍ଛେଦ। ତତ୍କାଳୀନ କ୍ଷମତାଧାରୀ ସରକାର, ଆପଣାର ଗାଦି ଦେଖିଲେ। ଦିଲ୍ଲୀ ଦରବାରରେ କଂଗ୍ରେସ, ସେହି ବଡ଼ ବଡ଼ିଆଙ୍କ କଥାରେ ଭଳିଲେ। ଓଡ଼ିଶାର ଭାଗ୍ୟ ହେଲା ବିଡ଼ମ୍ବିତ। ତଥାପି ସୁଯୋଗର ଅନ୍ତଘଟି ନଥିଲା। ୧୯୫୩ ମସିହା ଡିସେମ୍ବର ମାସ, ରାଜ୍ୟ ପୁନର୍ଗଠନ କମିଶନ ପ୍ରକାଶ ପାଇଲା। ଭାଷାସୂତ୍ରରେ ପ୍ରଦେଶ ଗଠନ, କମିଶନର ଏଇଟି ମୂଳକଥା। ଏଥି ସହିତ ପ୍ରଦେଶମାନଙ୍କର ସୀମା ନିର୍ଦ୍ଧାରଣ - ଏହା ଥିଲା ମୁଖ୍ୟ ଆଲୋଚ୍ୟ ବସ୍ତୁ ବା ଟର୍ମସ୍ ଅଫ୍ ରେଫରେନ୍ସ। ଓଡ଼ିଶାର ଓଡ଼ିଆଭାଷୀ ଅଞ୍ଚଳ, ଏଥି ସହ ଷଢ଼େଇକଳା-ଖରସୁଆଁ। ଏ ସମ୍ପର୍କିତ ନ୍ୟାୟସମ୍ମତ ନିଷ୍ପତ୍ତି, ମିଳିବ କମିଶନରଙ୍କ ଠାରୁ। ସବୁ ଦେଶପ୍ରେମୀଙ୍କ ଏଇ ଆଶା। ଗଣତନ୍ତ୍ର ପରିଷଦ ଅଣ୍ଟାଭିଡ଼ିଲା। ଏହା ମାଧ୍ୟମରେ ଦୃଢ଼ଦାବି ଉପସ୍ଥାପିତ ହେଲା। ସଂଗ୍ରାମ ବାହିନୀର ପ୍ରାଣମୂର୍ଚ୍ଛା ଲଢ଼େଇ। ସେମାନଙ୍କ ମଧ୍ୟରେ ରାଜେନ୍ଦ୍ର ନାରାୟଣ ସିଂହଦେଓ (ବଲାଙ୍ଗିର ମହାରାଜା), ପଣ୍ଡିତ ଗୋଦାବରୀଶ ମିଶ୍ର, ମାଳତୀ ଦେବୀ ଚୌଧୁରୀ, ସୁରେନ୍ଦ୍ର ମହାନ୍ତି। ଏଇମାନଙ୍କ ନାମ ଉଲ୍ଲେଖଯୋଗ୍ୟ। ହେଲେ ଭୟକାତର ଓଡ଼ିଶା କଂଗ୍ରେସ ସରକାର। ଦିଲ୍ଲୀ ଶାସକଙ୍କ ବଶମ୍ବଦ, ଆପଣାର ନ୍ୟାଯ୍ୟ ଦାବିକୁ ଉପେକ୍ଷା କଲେ, ସଂଗ୍ରାମୀଙ୍କ ମୁହଁ ବନ୍ଦକରି

ଦିଆଗଲା। ଚାଲିଲା ପୁଲିସର ଦମନଲୀଳା, ଲୁହବୁହା ଗ୍ୟାସ୍, ଲାଠିମାଡ଼, ବନ୍ଧୁକ ଗର୍ଜନ, ଶେଷରେ ସଂଗ୍ରାମୀଙ୍କ ଆଶା ଆଶାରେ ରହିଲା। ଓଡ଼ିଶାର ସୀମା ପୁନର୍ଗଠନ ହୋଇଗଲା ଅଣଦେଖା। ଏ ସବୁର ପ୍ରାଞ୍ଜଳ ତଥ୍ୟ ଲିପିବଦ୍ଧ ସୁରେନ୍ଦ୍ରଙ୍କ 'ପଥ ଓ ପୃଥିବୀ'ରେ।

ଷଢ଼େଇକଳା-ଖରସୁଆଁ, ଏହା ସହ ସିଂହଭୂମି ଅଞ୍ଚଳ। ଏଠାକା ଓଡ଼ିଆ ଭାଷୀ, ସହୁଥିଲେ ଅକଥନୀୟ ନିର୍ଯ୍ୟାତନା। ସେ ସବୁ ଅଞ୍ଚଳରେ ସୁରେନ୍ଦ୍ର, ତାଙ୍କ ସମଧର୍ମାମାନେ ବୁଲିଲେ। ପ୍ରତ୍ୟକ୍ଷଦର୍ଶୀ ଅନୁଭୂତି ସିଦ୍ଧ ହେଲେ। ସୁରେନ୍ଦ୍ର ରିପୋର୍ଟଟିଏ ଇଂରାଜୀରେ ଲେଖିଲେ। ପ୍ରକାଶ ପାଇଲା କେତେକ ଇଂରାଜୀ ଖବର କାଗଜରେ। ମାତ୍ର ଓଡ଼ିଆ କାଗଜ ସବୁ ନିରବ। ଉତ୍କଳ କଂଗ୍ରେସ କମିଟିର ପ୍ରତିନିଧି ଦଳ। ସେଇ ସବୁ ଅଞ୍ଚଳ ଯାଇଥିଲେ। ଏ ଖବରଟା ବିସ୍ତୃତ ଭାବେ ପ୍ରକାଶ ପାଇଲା, ହେଲେ ରିପୋର୍ଟ ସମ୍ପର୍କରେ ବିନ୍ଦୁ ବିସର୍ଗ ବାହାରିଲାନି। ତେଣେ ଅବସ୍ଥା ଅସମ୍ଭାଳ, ଓଡ଼ିଆ ଭାଷାଭାଷୀଙ୍କ ଅବସ୍ଥା ଅତି ଦୟନୀୟ, ଅତ୍ୟାଚାର ଉତ୍କଟ ରୂପ ନେଲା। ଷଢ଼େଇକଳା ମହାରାଜା ଆଦିତ୍ୟ ପ୍ରତାପ ସିଂହଦେଓ, ତା ୦୭.୦୮.୧୯୪୯ରିଖରେ ଲେଖିଲେ ପତ୍ରଟିଏ। ତାଙ୍କ ରାଜ୍ୟର ଅସହ୍ୟ ସ୍ଥିତି। ଏ ବାବଦରେ ଭାରତ ସରକାର ଅବଗତ ହେଲେ। ଖୋଦ୍ ସର୍ଦ୍ଦାର ପଟେଲ। ରାଜାଙ୍କୁ ବୁଝାଇଦେଲେ, ଡ. ରାଜେନ୍ଦ୍ର ପ୍ରସାଦଙ୍କୁ ଭେଟିବାକୁ ପରାମର୍ଶ ଦେଲେ। ସିଂହଭୂମି ବ୍ୟାପାର, ଏଥିରେ ଡ. ପ୍ରସାଦ ବଡ଼ ସ୍ପର୍ଶକାତର। ସିଂହଭୂମି ଜିଲ୍ଲା, ରହିବ ଉତ୍କଳ ପ୍ରଦେଶ କଂଗ୍ରେସ କମିଟି ଅଧୀନରେ। ଏ କଥା ଗାନ୍ଧୀଙ୍କର ମତ। ତାଙ୍କ କଥା ବି ରହିଲାନି। ବିହାରୀ ନେତାଏ ଦୃଢ଼ ନିଶ୍ଚିତ, ଷଢ଼େଇକଳା-ଖରସୁଆଁକୁ ମାଡ଼ି ମକଚି ରଖିବେ। ଶାସନ ବିଧାୟକ ସଭାର ଅଧ୍ୟକ୍ଷ ଡ. ରାଜେନ୍ଦ୍ର ପ୍ରସାଦ। ଷଢ଼େଇକଳା ରାଜା ତାଙ୍କୁ ଭେଟିବେ, ବାରମ୍ବାର ଚେଷ୍ଟା କଲେ। ମାତ୍ର ସାକ୍ଷାତ କରି ପାରିଲେନି। ସୁରେନ୍ଦ୍ର ମହାନ୍ତି ରାଜ୍ୟସଭାରେ। ତତ୍କାଳୀନ ସ୍ୱରାଷ୍ଟ୍ରମନ୍ତ୍ରୀ ଡ. କୈଳାସନାଥ କାଟ୍‌ଜୁ। ତାଙ୍କୁ ପ୍ରଶ୍ନଟିଏ କଲେ। ଭାରତ ସମ୍ବିଧାନର ତୃତୀୟ ଧାରା, ଏହାକୁ ଭିତ୍ତିକରି ଓଡ଼ିଶା ସରକାର କାର୍ଯ୍ୟାନୁଷ୍ଠାନ ନେବେ। ଏମିତି ଉତ୍ତରଟି ସ୍ୱରାଷ୍ଟ୍ରମନ୍ତ୍ରୀ ରଖିଲେ। ସେତେବେଳକା ଓଡ଼ିଶା ମୁଖ୍ୟମନ୍ତ୍ରୀ ନବକୃଷ୍ଣ ଚୌଧୁରୀ। ତାଙ୍କ ଦୃଷ୍ଟିକୁ ସେ ପ୍ରସଙ୍ଗ ଅଣାଗଲା। ତଥାପି ଓଡ଼ିଶା ସରକାର ନିରବ। ସମ୍ବିଧାନର ଏହି ତୃତୀୟ ଧାରା, ରାଜସ୍ଥାନ ସରକାର ଉପଯୋଗ କଲେ। ବମ୍ବେ ପ୍ରଦେଶ ସହ ମିଶିଥାଏ ମାଉଣ୍ଟଆବୁ। ତାହାକୁ ଫେରି ପାଇଲେ। ହେଲେ ଓଡ଼ିଶାର କଂଗ୍ରେସ ନେତୃବୃନ୍ଦ ସମ୍ପୂର୍ଣ୍ଣ ଉଦାସୀନ। କହିବା କାହାକୁ, କପାଳରେ ସିନା କର ମାରିବା? ଏଇଟି ସାର ହେଲା।

ରାଜ୍ୟ ପୁନର୍ଗଠନ କମିଶନ, ମିଳିବ ଉଚିତ ନ୍ୟାୟ। ସୁରେନ୍ଦ୍ର ସମେତ ସଂଗ୍ରାମୀ ନେତାଏ, ବଡ଼ ଆଶାବାଦୀ। ଗଣତନ୍ତ୍ର ପରିଷଦ ପକ୍ଷରୁ ସୁରେନ୍ଦ୍ର ଦୃଢ଼ ସ୍ମାରକପତ୍ରଟେ ଲେଖିଲେ। ମହାରାଜା ରାଜେନ୍ଦ୍ର ନାରାୟଣ ସିଂହଦେଓ, ମହତାବଙ୍କୁ ଚିଠିଟିଏ ବି ଲେଖିଲେ। ସହଯୋଗ ପାଇଁ ନିବେଦନ ରଖିଲେ। ତା ୧୫.୦୧.୧୯୫୫ ରିଖ, ମହତାବଙ୍କ ଠାରୁ ଉତ୍ତର ଆସିଲା। ରାଧାନାଥ ରଥ ଏ ଦିଗରେ ଅମଙ୍ଗ, ଏହା ଥିଲା ଚିଠିର ସାରମର୍ମ। ଉତ୍କଳ ସମ୍ମିଳନୀ ଏକ ଅଣରାଜନୈତିକ ଅନୁଷ୍ଠାନ। ଅନୁଷ୍ଠାନଟିର ସହଯୋଗ ବି ଲୋଡ଼ା ଗଲାନି। ଅବଶ୍ୟ ଓଡ଼ିଶା ସରକାର 'ବାଉଣ୍ଡରୀ ସବ୍‌କମିଟି'ଟେ ଗଢ଼ିଥିଲେ। ସଭାପତି ରାଜେନ୍ଦ୍ର ନାରାୟଣ ସିଂହଦେଓ। ହରେକୃଷ୍ଣ ମହତାବ, ନବକିଶୋର ଦାସ, ପଣ୍ଡିତ ଗୋଦାବରୀଶ ମିଶ୍ର - ଏମାନେ କମିଟିର ସଦସ୍ୟ, ଓଡ଼ିଶା ସରକାର ଏ କମିଟି ସହ ସମ୍ପର୍କ ରଖିଲେନି। ସମ୍ଭବତଃ ରାଧାନାଥ ରଥଙ୍କ ଚାପରେ, ଉତ୍କଳ ସମ୍ମିଳନୀ ମର୍ମାହତ। ସମ୍ମିଳନୀର ଆଉ ଭୂମିକା ନାହିଁ, ଏକଥାଟି ସଦସ୍ୟମାନଙ୍କର ହୃଦ୍‌ବୋଧ ହେଲା, ସେମାନେ ମନ ଊଣା କଲେ।

ସେ ସମୟରେ ରାଧାନାଥ ବାବୁ, ନବକୃଷ୍ଣ ଚୌଧୁରୀ ମନ୍ତ୍ରିମଣ୍ଡଳର ଜଣେ ଟାଣୁଆ ସଦସ୍ୟ। ତାଙ୍କର ମତିଗତି ଭିନ୍ନ। ସହଜେତ ରାଜନୀତିର ଛକାପଞ୍ଝା ଖେଳ, ରାଧାନାଥ ବାବୁଙ୍କର ଏକକ ଉଦ୍ୟମ। ଯଦି ଷଢ଼େଇକଳା-ଖରସୁଆଁ ଫେରିଆସେ, ତେବେ ସବୁଶ୍ରେୟ ତାଙ୍କର। ହେଲେ ବ୍ୟାପାରଟା ଜଟିଳ। ଫଳ ହେଲା 'କବିରାଜି ବଟୁଆ ନୀତି'। ଓଡ଼ିଶା ହୋମ୍ ଡିପାର୍ଟମେଣ୍ଟ, ଖୋଲିଥାଏ ବାଉଣ୍ଡାରୀ ସେକ୍‌ସନ। ଏଥିରେ ବହୁ ଅଫିସର। ସୀମା ସମ୍ପର୍କିତ ନାନାଦି ତଥ୍ୟ ଆସିଲା। ମାଧ୍ୟମ ସେଇ ବାଉଣ୍ଡାରୀ ସେକ୍‌ସନ। ସବୁ ରହିଲା ସରକାରୀ ନାଲିଫିତା ତଳେ। ଦିବାଲୋକ ଦେଖିଲାନି। ସବୁ 'କବିରାଜି ବଟୁଆ ଭିତରେ'। ସୀମା କମିଶନଙ୍କ ନିକଟରେ ଉପସ୍ଥାପିତ ସ୍ମାରକପତ୍ର। ସ୍ୱୟଂ ଓଡ଼ିଶା ସରକାର ଦାଖଲ କରିଥିଲେ। ତା'ବି ପହଞ୍ଚି ପାରିଲାନି ଏମ୍.ପି., ଏମ୍.ଏଲ୍.ଏ ଙ୍କ ପାଖରେ। ଦିନ ବିତିଲା, ଦିଲ୍ଲୀ ପାର୍ଲିଆମେଣ୍ଟ, ଆଲୋଚିତ ହେବ ସୀମା ସମ୍ପର୍କିତ ନାନାଦି ସମସ୍ୟା। ଓଡ଼ିଶା ସରକାରଙ୍କ ମୁଦ୍ରିତ ସ୍ମାରକ ପତ୍ର। ବହୁ ସଂଖ୍ୟାରେ ଛପା ହୋଇଥାଏ। ଆସିଲା ଉଡ଼ାଜାହାଜରେ, କେନ୍ଦ୍ରରେ ଓଡ଼ିଶାର ଉପମନ୍ତ୍ରୀ ନିତ୍ୟାନନ୍ଦ କାନୁନ୍‌ଗୋ। ତାଙ୍କରି ଘରେ ରଖାଯିବାର ସିଦ୍ଧାନ୍ତ ହେଲା। ସେ ମହାଶୟଙ୍କ ବିକଳ କହିଲେ ନ ସରେ। ତାଙ୍କ ପାଖରେ ସ୍ମାରକ ପତ୍ର ରହିବ, ପ୍ରଭାବଶାଳୀ କଂଗ୍ରେସ ନେତା, କାଳେ ରୋଷ କରିବେ - ଏମିତି ନାନା ଚିନ୍ତା ଘାରିଲା। ଶେଷରେ ସେ ନାସ୍ତି କଲେ। ଅଗତ୍ୟା ସେସବୁ ରହିଲା ଏମ୍.ପି. ସାରଙ୍ଗଧର ଦାସଙ୍କ ଘରେ। ପଡ଼ି ପଡ଼ି ନଷ୍ଟ ହେଲା। ଓଡ଼ିଶାର ସଂଗ୍ରାମୀ ନେତାଏ ତଥାପି ଆଶାବାଦୀ।

ଓଡ଼ିଶାର ଭାଗ୍ୟ ବଦଳିବ, କମିଶନ ସହାୟକ ହେବେ - ଏ ଧାରଣାଟି ମନରୁ ଲିଭିଲାନି ।

କେବଳ ସ୍ମାରକପତ୍ରରେ କଥା ସରେନି । ବଳିଷ୍ଠ ଯୁକ୍ତି, ତା'ର ସଠିକ୍ ଉପସ୍ଥାପନ, ସର୍ବୋପରି କ୍ଷମତାସୀନ ଦଳ, ସବୁର ସମ୍ମିଳିତ ଉଦ୍ୟମ, ତାହା ସଫଳତାର ମୂଳ କଥା । ଓଡ଼ିଶା କ୍ଷେତ୍ରରେ ପ୍ରସଙ୍ଗଟି ସମ୍ପୂର୍ଣ୍ଣ ଭିନ୍ନ । କ୍ଷମତାଧାରୀଙ୍କ ଅନିଚ୍ଛା ଅବା କ୍ଷୀଣ ଉଦ୍ୟମ । ସୃଷ୍ଟି ହେଲା ବିଷମ ସ୍ଥିତି । ପଣ୍ଡିତ ଗୋଦାବରୀଶ ମିଶ୍ର, ସୁରେନ୍ଦ୍ର ମହାନ୍ତି, ଆଶା ଛାଡ଼ିଲେନି । କଟକ ସର୍କିଟ୍ ହାଉସ । ସୀମା କମିଶନରଙ୍କ ବୈଠକ, ବୈଠକର ଅଧ୍ୟକ୍ଷ ଜଷ୍ଟିସ୍ ଫଜେଲ୍ ଅଲ୍ଲୀ । ଖୁବ୍ ଶାନ୍ତ, ନିରବରେ ବସିଥାଆନ୍ତି । ପଣ୍ଡିତ ହୃଦୟନାଥ କୁଞ୍ଜୁରୁ ସାକ୍ଷ୍ୟଦାତାଙ୍କ ବକ୍ତବ୍ୟ, ସମସ୍ତ ଠିକେଠିକେ ନୋଟ୍ କଲେ । କିନ୍ତୁ ପ୍ରଶ୍ନକର୍ତ୍ତା ଦେୱାନ୍ କେ.ଏମ୍. ପାନିକର । ତାଙ୍କ ସବୁ ପ୍ରଶ୍ନ, ଯେମିତି ଓଡ଼ିଶା ବିରୁଦ୍ଧରେ 'ଲୋଡ଼େଡ୍' । ସେ ମହାଶୟ ଚୀନ୍‌ରେ ରାଷ୍ଟ୍ରଦୂତ ଥାଆନ୍ତି । ତିବ୍‌ବତକୁ ଚୀନ୍ ନେଇଗଲା । ଦଲାଇଲାମା ଭାରତ ପଳାଇ ଆସିଲେ, ଚବିଶ ଘଣ୍ଟା ବିତିଲା । ଭାରତର ପ୍ରଧାନମନ୍ତ୍ରୀ ତଥାପି ଅବଗତ ନଥିଲେ । ଏଥିପାଇଁ ଦାୟୀ ପାନିକର । ସେ ଭାରତର ରାଷ୍ଟ୍ରଦୂତ, ଅଥଚ ସମ୍ବାଦଟି ପଠାଇଲେନି । ଏଇ ତ ତାଙ୍କର କର୍ତ୍ତବ୍ୟନିଷ୍ଠା ! ତାଙ୍କଠାରୁ ବା କି ନ୍ୟାୟ ମିଳିବ ? ଜଷ୍ଟିସ୍ ଅଲ୍ଲୀ ବିହାର ବାସିନ୍ଦା, ପଣ୍ଡିତ କୁଞ୍ଜୁରୁ, ସେ ମହାଶୟ ବଡ଼ ଚତୁର । ଚହଲା ପାଣିରେ ଗୋଡ଼ ଦେବେନି । ଏ ପରିପ୍ରେକ୍ଷୀରେ ଷଢ଼େଇକଳା-ଖରସୁଆଁର ଭାଗ୍ୟ କ'ଣ ହେବ ? ଏକଥାଟି ଅଜଣା ନଥିଲା । ବୁଡ଼ି ଯାଉଥିବା ଲୋକର କୁଟା ଖିଏକୁ ଆଶ୍ରା । ସୁରେନ୍ଦ୍ର ମହାନ୍ତି, ମହାରାଜା ସିଂହଦେଓ, ପଣ୍ଡିତ ଗୋଦାବରୀଶ - ଏମାନେ କମିଶନଙ୍କ ପାଖରେ ସାକ୍ଷ୍ୟଦେଲେ ।

କୌତୁକ ଘଟଣାଟିଏ । ସୁରେନ୍ଦ୍ର କମିଶନରଙ୍କ ଆଗରେ, ସବୁ ପ୍ରଶ୍ନର ସଠିକ୍ ଉତ୍ତର, ପ୍ରଦାନରେ ତ୍ରୁଟି ନଥାଏ । ପ୍ରଶ୍ନକର୍ତ୍ତା ପାନିକର୍ । ତାଙ୍କର ଓଡ଼ିଶା ପ୍ରତି ବୈମାତୃକ ମନୋଭାବ । ଅଖାଡୁଆ ପ୍ରଶ୍ନଟିଏ ପଚାରିଲେ, "ସଂସ୍କୃତିର ସଂଜ୍ଞା କ'ଣ ? ଓଡ଼ିଶା ସଂସ୍କୃତିର ସ୍ୱରୂପ କ'ଣ ? ଏ ପ୍ରଶ୍ନର ରାଜ୍ୟ - ସୀମା ସହ ବା କି ସମ୍ପର୍କ ? ସୁରେନ୍ଦ୍ର ହତବାକ୍ । ବୁଦ୍ଧିଟିଏ ମୁଣ୍ଡକୁ ଜୁଟିଲା । ଓଡ଼ିଶା ସଂସ୍କୃତି, ଏ ବାବଦରେ ଘଣ୍ଟାଟେ ସେ ବକ୍ତୃତା ଦେବେ; ମାତ୍ର ଏ ପ୍ରଶ୍ନର ପ୍ରାସଙ୍ଗିକତା ଉପରେ ଆପତ୍ତି ଉଠାଇଲେ । ତଥାପି ଉତ୍ତର ଦେଲେ । ଓଡ଼ିଶା ଭାଷା, ଚଳଣିର ମୂଲ୍ୟବୋଧ ଜନ ଜୀବନରେ ପ୍ରତିଫଳିତ । ତାହା ଜନ ଜୀବନକୁ ନିୟନ୍ତ୍ରଣ କରୁଛି । ତାହାହିଁ ସଂସ୍କୃତି । ଷଢ଼େଇକଳା - ଖରସୁଆଁର ଜନ ଜୀବନ, ସଂସ୍କୃତି, ଓଡ଼ିଶାର ସଂସ୍କୃତି, ଏକ, ଅଭିନ୍ନ । ଏଇ ଆଧାରରେ ଏ ଦୁଇ ରାଜ୍ୟ, ଓଡ଼ିଶା ସହ ମିଶୁ । ଏମିତି ଦୃଢ଼ ଦାବି ଜଣାଇଲେ । ପାନିକର ଢେର୍ ପ୍ରଶ୍ନ

ପଚାରିଲେ । ସାକ୍ଷ୍ୟ ପ୍ରଦାନକାରୀଙ୍କୁ ହତୋତ୍ସାହ କରିବା, ଏଇଟି ତାଙ୍କର ଅସଲ ଲକ୍ଷ୍ୟ ।

ତା ୧୦.୧୦.୧୯୫୫ ରିଖ । ରାଜ୍ୟ ପୁନର୍ଗଠନ ରିପୋର୍ଟ ପ୍ରକାଶିତ ହେଲା । ଷଢ଼େଇକଳା-ଖରସୁଆଁ, ସିଂହଭୂମି ଏସବୁର ଓଡ଼ିଶା ସହ ମିଶ୍ରଣ ନୋହିଲା । କଥା ସେତିକିରେ ସୀମିତ ନଥିଲା । ସମ୍ବଲପୁର ଅଞ୍ଚଳର ଓଡ଼ିଆ ଭାଷୀ ୭ ଖଣ୍ଡି ଗାଁ (ଶଙ୍କରା ଗ୍ରାମପୁଞ୍ଜ), ଥିଲା ରାୟପୁରରେ । ଓଡ଼ିଶାରେ ମିଶାଇବାକୁ ଦାବି ଥିଲା । ତାହା ବି ଉପେକ୍ଷିତ । ଏସବୁ ଗାଁ 'ତେଲ ହଳଦୀ ଗାଁ' । ସମ୍ବଲପୁରର କେଉଁ ରାଜବଧୂ, ଆଣିଥିଲେ ଯୌତୁକରେ । ଏ କଥା ଜନଶ୍ରୁତିରେ ଉଜ୍ଜୀବିତ । ସେ ବି ଆସିଲାନି । ସଂଗ୍ରାମୀ ନେତାଏ କ୍ଷୁବ୍ଧ, କଟକ ଟାଉନ୍ କ୍ଲବ୍ । ସର୍ବଦଳୀୟ ବୈଠକଟେ ଆହୂତ ହେଲା । ସଭାପତି ପଣ୍ଡିତ ଗୋଦାବରୀଶ ମିଶ୍ର । ସୁରେନ୍ଦ୍ର ଉତ୍ତେଜିତ । ତାଙ୍କର ସବୁ ଉଦ୍ୟମ ପଣ୍ଡ । କମିଶନ ରିପୋର୍ଟଟି ହାତରେ । ଏହାକୁ ପୋଡ଼ିଦିଆଯିବା ଉଚିତ୍ - ଏକଥାଟି ତାଙ୍କ ପାଟିରୁ ସରିନି । କିଏ ଜଣେ ହଠାତ୍ ପହଞ୍ଚିଲେ, ହାତରେ ତାଙ୍କର ପେଟ୍ରୋଲ ଭିଜା କନା । ସୁରେନ୍ଦ୍ର ରିପୋର୍ଟରେ ମୁଖାଗ୍ନି ଦେଲେ । ମନ ଓରିମାନା ମେଣ୍ଟିଲା । ଏଥିରେ କି ଆଇନ ବଦଳେ ? ସମ୍ବାଦଟି ସବୁ ଖବରକାଗଜରେ ବାହାରିଲା । ତା' ପରର ଘଟଣାକ୍ରମ, ସୁରେନ୍ଦ୍ର ଥାଆନ୍ତି ରାଜ୍ୟସଭା ଲବିରେ । ହଠାତ୍ ପଣ୍ଡିତ ହୃଦୟନାଥ କୁଞ୍ଜୁରୁ ପ୍ରଶ୍ନଟେ କଲେ - "ମିଃ ମହାନ୍ତି, ତୁମେ କମିଶନ ରିପୋର୍ଟକୁ ଚିରିଦେଲ ?" ସୁରେନ୍ଦ୍ରଙ୍କ କ୍ରୋଧାଗ୍ନି ତଥାପି ନିର୍ବାପିତ ହେଇ ନଥାଏ । ରୋକ୍‌ଠୋକ୍ ଉତ୍ତର ଦେଲେ - "ଆପଣଙ୍କ ପରି ଜଣେ ନିଷ୍ପକ୍ଷ ବ୍ୟକ୍ତି କିପରି ବା ଓଡ଼ିଶା ପ୍ରତି ଘୋର ଅବିଚାରରେ ସାମିଲ ହୋଇପାରିଲେ ?" ପଣ୍ଡିତ କୁଞ୍ଜୁରୁ ନିରବରେ ଚାଲିଗଲେ ।

କଥାରେ ଅଛି - ମଇଁଷି ଶିଙ୍ଗ ଫଟା, ଯୁଝିଲା ବେଳକୁ ଗୋଟା । ସତରେ ! ଏକତା ହିଁ ବଳ । ସମ୍ମିଳିତ ସଂଗ୍ରାମ ଆଣେ ସଫଳତା, ଏକକ ଉଦ୍ୟମ ଜନିତ ସଫଳତା, ବ୍ୟକ୍ତି ପ୍ରତିଷ୍ଠା ବୃଦ୍ଧି କରେ; ମାତ୍ର ଜାତୀୟ ସ୍ୱାର୍ଥ ସାଧନରେ ତାହା ଘୋର ବାଧକ । ତାହା ହିଁ ଓଡ଼ିଶାରେ ହେଲା । ସୀମା ଆନ୍ଦୋଳନ, ଶେଷରେ ଫସର ଫାଟିଲା । ଏକତାର ଘୋର ଅଭାବ, ଶାସକଙ୍କ ଉଦାସୀନତା - ଏଇଟି ଥିଲା ମୁଖ୍ୟ କାରଣ । "କହିଲେ କୁଳ କୁଟୁମ୍ବକୁ ଲାଜ, ନ କହିଲେ କୁଳ ଭାସିଯାଉଚି ।" ପରବର୍ତ୍ତୀ ସମୟରେ ସଂଗ୍ରାମ ବେଗଗାମୀ ହେଲା, ସରକାର ଦମନଲୀଳା ଚଳାଇଲେ । କଳ, ବଳ, କୌଶଳ ଖଟାଇଲେ । ଜିତାପଟ ନେଲେ, ଷଢ଼େଇକଳା-ଖରସୁଆଁ ବିହାର ନେଲା । ଏଥିରେ କେଉଁ ଜାତୀୟତାବାଦୀର ଦିହ ସହିବ ଭଲା !

ଇତିହାସ ବଡ଼ ଅନାସକ୍ତ । ତା'ର ନାହିଁ କାହା ପ୍ରତି ମୁହବତ ଅବା ମୁହଁ ମୁଲାଜା । ଜାତିପ୍ରେମୀଙ୍କ ନାଁ, ଇତିହାସ ସ୍ୱର୍ଣ୍ଣାକ୍ଷରରେ ଲେଖିଦିଏ । ଏହାର ଠିକ୍ ବିପରୀତ ।

ମା'-ମାଟି-ଭାଷା ପ୍ରତି ଅବମାନନାକୁ କ୍ଷମା ଦିଏନି। କ୍ରମେ ସତ ଲୋକଲୋଚନକୁ ଆସେ। ସୁନା ସୁନା, ବେଙ୍ଗି ପିତଳ ହିଁ ବେଙ୍ଗି ପିତଳ। ଇତିହାସ କଷଟିରେ ବେଶ୍ ବାରି ହେଇ ପଡ଼େ। ତଥା କଥିତ ଚାଟୁକାରମାନେ, ରାତାରାତି କାହାକୁ ଭଗବାନ ଆସନରେ ବସେଇ ଦିଅନ୍ତି। ସାଧାରଣ ଜନତା ଭଜନ୍ତି। 'କୁ'କୁ 'ସୁ' ବିଚାରନ୍ତି। ହେଲେ ମହାବଳୀ କାଳ। ସବୁର ନିରବ ଦ୍ରଷ୍ଟା। କ୍ରମେ ସବୁ ଗୁମର ଫିଟେ। ସେତେବେଳକୁ ନେଡ଼ିଗୁଡ଼ କହୁଣିରେ। ସେମିତି ଏକ ଦୁର୍ଭାଗ୍ୟପୂର୍ଣ୍ଣ ଘଟଣା। ଓଡ଼ିଶା ନ୍ୟାୟରୁ ବଞ୍ଚିତ ହେଲା। ଦେଶପ୍ରେମୀଙ୍କ କେତେ ଆଶା, ଭରସା। ଅନ୍ତତଃ ମାଟି ମା'କୁ ସୁରକ୍ଷା ମିଳିବ? ଏ ଧାରଣାଟି ବଳବତ୍ତର। ସୁରକ୍ଷା ତ ଦୂରର କଥା, ଷଢ଼େଇକଳା-ଖରସୁଆ, ସିଂହଭୂମି ସବୁଦିନ ପାଇଁ ବିହାରକୁ ଚାଲିଗଲା। ଓଡ଼ିଶା ମୁହଁରୁ ହସ ଟିକକ ଲିଭିଗଲା। ସେଠାକାର ଓଡ଼ିଆଭାଷୀ, ଆପଣା ଭାଗ୍ୟକୁ ଆଦରି ପଡ଼ିରହିଲେ। ସେଦିନ ଥିଲା ୧୯୫୬ ମସିହା, ଜାନୁୟାରୀ ୧୬। ସୀମା କମିଶନଙ୍କ ସୁପାରିଶ। ଭାରତ ସରକାରଙ୍କ ପ୍ରେସ୍‌ନୋଟ୍ ବାହାରିଲା। ଓଡ଼ିଶାର ସବୁ ଦାବି ଏକ ଗାରକେ ଶେଷ। ତତ୍‌କାଳୀନ କଂଗ୍ରେସ ପାର୍ଟି, ଓଡ଼ିଶା ଶାସନ ଗାଦିରେ। ସେମାନଙ୍କର ଉଦ୍ୟମରେ ଊଣାପଣ, ଅନ୍ଧାରକୁକ୍ଷି ମଧ୍ୟକୁ ଠେଲିହେଇଗଲା ଓଡ଼ିଶାର ଭାଗ୍ୟ। ଏ କଥାର କରୁଣ ଚିତ୍ର, ମହାନ୍ ଜାତିପ୍ରେମୀ ସୁରେନ୍ଦ୍ର ମହାନ୍ତି, ଆଙ୍କିଦେଲେ ଆପଣାର ଆତ୍ମଲିପି 'ପଥ ଓ ପୃଥିବୀ'ରେ।

ଭାରତ ସରକାରଙ୍କ ପ୍ରେସ୍ ନୋଟ୍ ପ୍ରକାଶ ପାଇଲା। ଓଡ଼ିଶା ଜନତା, ବାତ୍ୟା ବିକ୍ଷୁବ୍ଧ ଉତ୍ତାଳ ସମୁଦ୍ର ସମ। ସ୍ୱତଃସ୍ଫୂର୍ତ୍ତ ଭାବେ ଉଦ୍‌ବେଳିତ ହେଲା। ଚାଲିଲା ହରତାଳ। ପ୍ରତିବାଦ ପ୍ରତିରୋଧରେ ଗଗନ କମ୍ପିଲା। ଓଡ଼ିଶା ପ୍ରଦେଶ କଂଗ୍ରେସ କମିଟି ତ୍ରସ୍ତ। ପରିସ୍ଥିତି ଅଣାୟତ୍ତ। ଓଡ଼ିଶା ଶାସନ ଆଉ ସଂଗଠନ, ଦାୟିତ୍ୱ ବହନ କରିବାକୁ ଅସମର୍ଥ - ଏ ମର୍ମରେ ପ୍ରସ୍ତାବଟେ ଗ୍ରହଣ କରାଗଲା। ଓଡ଼ିଶାର ନ୍ୟାୟପୂର୍ଣ୍ଣ, ଯୁକ୍ତିଯୁକ୍ତ, ଅକାଟ୍ୟ ତଥ୍ୟ; ତଥାପି ସରକାର ବିହାର ସପକ୍ଷରେ। ଓଡ଼ିଶା ଉପରେ ଅନ୍ୟାୟର ବୋଝ ଲଦି ଦିଆଗଲା। ସୀମା ପୁନର୍ଗଠନ, ସମସ୍ୟାର ସନ୍ତୋଷ ଜନକ ସମାଧାନ, ଏଥି ପାଇଁ ଦେଶପ୍ରେମୀଙ୍କ ବ୍ୟାକୁଳତା, ଜନତାର ମର୍ମବେଦନା - ସବୁକୁ ପ୍ରଦେଶ କଂଗ୍ରେସ କମିଟି ବୁଝିଲା। ସମ୍ପୃକ୍ତ ଅଞ୍ଚଳ ପାଇଁ ନ୍ୟାୟ, ନିରପେକ୍ଷ ସମାଧାନ - ଏହା ସପକ୍ଷରେ ଅନୁକୂଳ ମତ ମିଳିଲା। ସେଦିନ ଚାଞ୍ଚଲ୍ୟକର ତଥ୍ୟଟେ ପ୍ରଜାତନ୍ତ୍ରରେ ପ୍ରକାଶ ପାଇଲା (ତା ୧୯.୦୧.୧୯୫୬। କମିଟି ବୈଠକରେ ମୁଖ୍ୟମନ୍ତ୍ରୀ ନବକୃଷ୍ଣ ଚୌଧୁରୀ, ତାଙ୍କ ମନ୍ତ୍ରିମଣ୍ଡଳର ସମସ୍ତ ସଭ୍ୟ, ବହୁ ବିଶିଷ୍ଟ ବ୍ୟବସ୍ଥାପକ, କଂଗ୍ରେସ କମିଟିର ସଭାପତି ବିଶ୍ୱନାଥ ଦାସ - ସମସ୍ତେ ଉପସ୍ଥିତ। ସମସ୍ତେ ପ୍ରସ୍ତାବରେ ଏକ ମତ; ମାତ୍ର ଶ୍ରୀ

ନିତ୍ୟାନନ୍ଦ କାନୁନ୍‌ଗୋ, ଶ୍ରୀ ବନମାଳୀ ପଟ୍ଟନାୟକ - ଏ ନେତାଦ୍ୱୟ ପ୍ରସ୍ତାବରେ ଅମଙ୍ଗ, ଭାରତ ସରକାରଙ୍କ ସିଦ୍ଧାନ୍ତକୁ ଏମାନେ ସ୍ୱାଗତ କଲେ। ଏଇ ହେଲା ପ୍ରକାଶିତ ସମ୍ବାଦର ସାରକଥା। ସୃଷ୍ଟି ହେଲା ଏକ ବିକଳ ସ୍ଥିତି। ପ୍ରଦେଶ କଂଗ୍ରେସ କମିଟିର ଜରୁରୀ ବୈଠକ, ଉଚ୍ଚ କର୍ତ୍ତୃପକ୍ଷଙ୍କ ନିକଟରେ ପ୍ରତିବାଦ କରାଯିବ, ମନ୍ତ୍ରୀମାନଙ୍କ ସମେତ ଆସେମ୍ବ୍ଲି, ପାର୍ଲିଆମେଣ୍ଟର ଉଭୟ ସଦନର କଂଗ୍ରେସ ସଦସ୍ୟ, ସମସ୍ତେ ଇସ୍ତଫା ଦେବାକୁ ପ୍ରସ୍ତାବ ଧାର୍ଯ୍ୟ। ଏହା ସମୟୋପଯୋଗୀ ତଥା ବୈଧାନିକ କାର୍ଯ୍ୟ। ଏଥିରୁ ସୁଫଳ ମିଳିବ, ରାଜ୍ୟର ଶାସନ ତାନ୍ତ୍ରିକ ସଂକଟ ଦୂର ହେବ। ଓଡ଼ିଆ ଜାତିର ଘୋର ସଙ୍କଟ ବି। ଦଳମତ ନିର୍ବିଶେଷରେ, ଓଡ଼ିଶା ପ୍ରଦେଶ କଂଗ୍ରେସ ପାଇଁ ପୂର୍ଣ୍ଣ ସମର୍ଥନ ଲୋଡ଼ା, ତାହା ହେଲେ ଓଡ଼ିଶାର ନ୍ୟାଯ୍ୟ ଦାବି ହାସଲ ହେବ। ସମାଜରେ ପ୍ରକାଶିତ ସମ୍ବାଦ (ତା ୧୮.୦୧.୧୯୫୬)ର ଏହାହିଁ ସାରମର୍ମ। ଦେଶସାରା ଆଗ୍ରହ ବଢ଼ିଲା, ଉତ୍ତେଜନା ଚରମ ସୀମା ଛୁଇଁଲା। ସମସ୍ତଙ୍କର ନଜର କଂଗ୍ରେସ ନେତୃତ୍ୱ ଉପରେ। ହେଲେ ପ୍ରସ୍ତାବ ପ୍ରସ୍ତାବରେ ରହିଲା। ଗୋଟେ ପଟେ ପ୍ରଦେଶର ସ୍ୱାର୍ଥ, ଆର ପଟେ ଦିଲ୍ଲୀ ଦରବାରର ନାଲି ଆଖି, ଗାଦି ହାତରୁ ଯିବାର ଭୟ, କିଛି କଂଗ୍ରେସ ନେତା ଡରିଲେ। ଇଚ୍ଛା ହେଉ ଅବା ଅନିଚ୍ଛା, ଭାରତ ସରକାରଙ୍କୁ ସାବାସୀ ଦେଲେ। ଫଳ ଯାହା ହବାର ତାହା ହିଁ ହେଲା। ଜନତାର ଉତ୍ସାହ ବେଗଗାମୀ, ସଭା ସମିତି ପ୍ରତିବାଦ ଢେର୍ ଚାଲିଲା। ପରିସ୍ଥିତିରେ ପଡ଼ି ଓଡ଼ିଶା ସରକାର ବିବେକ ହରାଇଲେ। ଆନ୍ଦୋଳନକୁ ଦମନ କଲେ ବନ୍ଧୁକ ମୁନରେ। ଇତିହାସର ଏଇଟି କଳଙ୍କିତ ଅଧ୍ୟାୟ।

୧୯୫୬ ମସିହା, ଜାନୁଆରୀ ୧୮ ତାରିଖ। ସୀମା ଆନ୍ଦୋଳନ ସମ୍ପର୍କିତ ବ୍ରହ୍ମପୁରରେ ବିରାଟ ସାଧାରଣ ସଭା। ଆମନ୍ତ୍ରିତ ହେଇଥାଆନ୍ତି ରାଜେନ୍ଦ୍ର ନାରାୟଣ ସିଂହଦେଓ, ତାଙ୍କ ସହ ସୁରେନ୍ଦ୍ର ମହାନ୍ତି। ବ୍ରହ୍ମପୁର ରେଳ ଷ୍ଟେସନ, ଉତ୍କଳ କଂଗ୍ରେସ କମିଟି ସଭାପତି ବିଶ୍ୱନାଥ ବାବୁ, ତାଙ୍କ ସହ ସାକ୍ଷାତ ହେଲା। ପ୍ରଦେଶ କଂଗ୍ରେସ କମିଟି ସଦସ୍ୟ ଇସ୍ତଫା ଦେବେ, ଏ ସମ୍ପର୍କରେ ସତ୍ୟାସତ୍ୟ ଜାଣିବାକୁ ଚାହିଁଲେ ସୁରେନ୍ଦ୍ର। ବିଶ୍ୱନାଥ ବାବୁଙ୍କ ପାଖରେ କେତେକ ଇସ୍ତଫା ପତ୍ର, ତାହାକୁ ଦେବେ କଂଗ୍ରେସ ସଭାପତି ଧେବରଙ୍କୁ - ଏ କଥାଟି କହିଲେ। ତାଙ୍କ ସଙ୍ଗରେ ମୁଖ୍ୟମନ୍ତ୍ରୀ ନବବାବୁ ବି ଯିବେ। ହେଲେ ସେ ଯାହା ଶୁଣିବାକୁ ପାଉଛନ୍ତି, ତା'ର ପରିଣାମ ଅତି କଷ୍ଟକର ହେବ, ତାଙ୍କର 'ସିଭିଲ୍ ଡେଥ୍' ହେଇଯିବ, ଅର୍ଥାତ୍ ଜେଲ୍ ନୋହିଲେ ବୈରାଗ୍ୟ। କାରାବରଣ ନଚେତ୍ ରାଜନୀତିରେ ଅବସାନ - ଏହାହିଁ ପରିଣାମ, ଏକଥାଟି ବିଶ୍ୱନାଥ ବାବୁ ପ୍ରକାଶ କଲେ।

ସୀମା ବିବାଦର ମୀମାଂସା ନୋହିଲା। ଓଡ଼ିଶାରେ ସର୍ବତ୍ର ବିକ୍ଷୋଭ।

ଜନତାଙ୍କର ଆବେଗ ବହୁଗୁଣିତ। ପ୍ରଦେଶ କଂଗ୍ରେସ କମିଟି, ତା'ର ହାତମୁଠାକୁ ଟାଣ କରିବାକୁ ହେବ। ଗଣତନ୍ତ୍ର ପରିଷଦ ସଭ୍ୟମାନେ ଇସ୍ତଫା ଦେବେ। କଂଗ୍ରେସ ସଭ୍ୟମାନେ ବି। ବିଧାନସଭା, ପାର୍ଲିଆମେଣ୍ଟ - ଉଭୟରେ ଓଡ଼ିଶାର ନିର୍ବାଚିତ ସଭ୍ୟ ଶୂନ୍ୟ ହେବ। ଏ ଧାରଣାଟି ବଳବତ୍ତର ରହିଲା, ସର୍ବତ୍ର ସ୍ୱତଃସ୍ଫୂର୍ତ୍ତିତା, ଅଭୂତପୂର୍ବ ଜନଜାଗରଣ, ସାରା ଓଡ଼ିଶା ଚହଲିଗଲା। ସେତେବେଳ ଥାଏ ରେଡ଼ିଓ ଷ୍ଟେସନ ମଧୁପୁର ହାଉସରେ। ସେଇଟିକୁ ଅଚଳ କରିଦିଆଯିବ। ସିଦ୍ଧାନ୍ତ ହେଇଗଲା। ଜାନୁଆରୀ ୨୨ ତାରିଖ। ଏକ ବିରାଟ ଜନତାର ପଟୁଆର, ମୁହାଁଇଲେ ରେଡ଼ିଓ ଷ୍ଟେସନ୍ ଆଡ଼େ। ଏପଟେ ସୁରେନ୍ଦ୍ରଙ୍କ ସହ ବହୁ ଛାତ୍ର, ସ୍ଲୋଗାନରେ ଗଗନ କମ୍ପୁଛି। ସେପଟୁ ଆସିଲେ ମାଳତୀ ଚୌଧୁରୀ, ସଙ୍ଗରେ ସ୍ୱେଚ୍ଛାସେବୀଙ୍କ ବିରାଟ ବାହିନୀ। ସହସ୍ରାଧିକ ଲୋକ ଜମିଲେ। ବେତାର କେନ୍ଦ୍ର ଭିତରେ ପୁଲିସ ଠୁଳ। ମାଳତୀ ଚୌଧୁରୀଙ୍କୁ ହେପାଜତକୁ ନେଇଗଲା। ଆରମ୍ଭ ହେଲା ଦମନ ଲୀଳା। ପ୍ରଥମେ ଲୁହବୁହା ଗ୍ୟାସ୍, ଛତ୍ରଭଙ୍ଗ ପାଇଁ ଡାକବାଜି ଯନ୍ତ୍ରର ଚିତ୍କାର। ସୁରେନ୍ଦ୍ର ତାଙ୍କ ସାଥି କେଇଜଣ ରାସ୍ତାରେ ଶୋଇଗଲେ। ପୁଲିସ ସେମାନଙ୍କୁ ଘୋଷାରି ଘୋଷାରି ନେଇଗଲା। ଛତ୍ରଭଙ୍ଗ ତ ଦୂରର କଥା। ଜନତାର ଚିତ୍କାର 'ରେଡ଼ିଓ ଷ୍ଟେସନ ବନ୍ଦକର, ରେଡ଼ିଓ ଷ୍ଟେସନ ବନ୍ଦକର'। ଅବସ୍ଥା ଆୟତ୍ତ ବାହାରେ। ହଠାତ୍ ପୁଲିସ ଗୁଳି ଚଳାଇଲା। ସୁନୀଲ ଦେ ନାମକ ଯୁବକ, ଚାହୁଁ ଚାହୁଁ ଟଳି ପଡ଼ିଲେ। ସବୁ ଓଡ଼ିଆ ସମ୍ବାଦପତ୍ର, ଏ ଗୁଳିକାଣ୍ଡର ନିନ୍ଦା କଲେ। ଜନତାଙ୍କ ଲଢ଼େଇ ମାଟି ମା' ପାଇଁ। ତାଙ୍କ ଉପରେ କଟକରେ ଦି' ଦି' ଥର ଗୁଳିମାଡ଼, ଲାଠିଚାର୍ଜ, ଲୁହବୁହା ଗ୍ୟାସ୍ ପ୍ରୟୋଗ - ଏହା ଅଗଣତାନ୍ତ୍ରିକ, ଅଯୌକ୍ତିକ। ଏକଥାଟି ଲେଖିଲା ଦୈନିକ ପ୍ରଜାତନ୍ତ୍ର। ବହୁ ଜାତୀୟତାବାଦୀ ନେତା, ଦେଶପ୍ରେମୀଏ, ଗୁଳିକାଣ୍ଡର ତୀବ୍ର ନିନ୍ଦା କଲେ। 'ପୁଲିସର ବର୍ବର ଲୀଳା, ମସ୍ତିଷ୍କହୀନ'- ଏକଥା କହିଲେ ମାଳତୀ ଦେବୀ ଚୌଧୁରୀ। ବିଶିଷ୍ଟ କଂଗ୍ରେସ ନେତା, ଭୂତପୂର୍ବ ମନ୍ତ୍ରୀ ଦୀନବନ୍ଧୁ ସାହୁ, ସେ ବି ନିନ୍ଦାକଲେ। ଘରୋଇ ମନ୍ତ୍ରୀ ଥାଆନ୍ତି ସତ୍ୟପ୍ରିୟ ମହାନ୍ତି, ସେ କିଛି ଜାଣନ୍ତି ନାହିଁ - ଏଇ ଉତ୍ତରଟେ ରଖିଲେ। ଏହା ଥିଲା ଅତୀବ ଆଶ୍ଚର୍ଯ୍ୟ ଜନକ। କଟକରେ ଉଲ୍ଲଙ୍ଘ ଦମନଲୀଳା, ତେଣେ ପୁରୀରେ ଅବସ୍ଥା ଅସମ୍ଭାଳ। ଶହଶହ ଅଶସ୍ତ୍ର ଜନତା, ପିକେଟିଂ କରୁଥିଲେ। ପୁଲିସ ଗୁଳି ଚଳେଇଲା, ଜଣେ ତେରବର୍ଷର ବାଳକ, ନାଁ ବେଙ୍ଗ ପାଣି, ଗୁଳିରେ ଟଳି ପଡ଼ିଲା। ଉତ୍ତେଜିତ ଜନତା, ପୁରୀ ରେଳ ଷ୍ଟେସନକୁ ସମ୍ପୂର୍ଣ୍ଣ ଭାଙ୍ଗିରୁଜି ଦେଲେ। ପୁଲିସ ହାତରେ ଲାଠି, ବନ୍ଧୁକ। ଥରେ ହୁକୁମ ପାଇଲେ, ତେଣିକି ସାତ ଖୁଣ ମାଫ୍। ଚଳାଇଲେ ଲୁଟତରାଜ। ମହିଳା, ଯୁବତୀ ବି ବାଦ୍ ପଡ଼ିଲେନି। କାହା ବେକରେ ସୁନା ଗହଣା, କାହା କାନ ଫୁଲ, ଛିଣ୍ଡାଇ ନେଲେ।

ନିଦରବ ମଣିଷ, ଘରର ଅର୍ଜିଲା ପୁଅ, ବିନା କାରଣରେ ବନ୍ଧା ହେଇଗଲେ। ବୁଢ଼ା ବାପାମା' ଉପାସ। ନିରୀହ ଜନତା, ପୁଲିସ ଲାଇନ୍‌ରେ ୨/୩ ଦିନ ରହିଲେ। କେତେଜଣ ବହୁ ପରିମାଣରେ ଲାଞ୍ଚଲୁଞ୍ଚା ଦେଲେ, ଖଲାସ ହେଇଗଲେ। ନାନା ଅଭିସନ୍ଧି ଆରୋପିତ ହେଲା। 'ସାକ୍ଷୀ ହୁଅ ନଚେତ୍ ଗିରଫ' - ପୁଲିସର ଦାଦାଗିରି। ଡରିମରି ଲୋକେ ମିଛ ସାକ୍ଷୀ ଦେଲେ। ଓଡ଼ିଶା ସରକାର ମୁଖ୍ୟମନ୍ତ୍ରୀ, ଅନ୍ୟାନ୍ୟ ନେତା, କଥା ପାହାଡ଼ ତୋଡ଼, ଇସ୍ପାତୀ କଥା, କେନ୍ଦ୍ର ସହ ଲଢ଼ିବେ, କାହିଁ କେତେ ବାହାସ୍ଫୋଟ। ହେଲେ ହାତ ପାଇଲେ ତ ହେଲା ! ଏମିତି 'ଆଇରନି' ଇତିହାସରେ ବିରଳ ଦୃଷ୍ଟାନ୍ତ।

ମୁଖ୍ୟମନ୍ତ୍ରୀ ଦିଲ୍ଲୀ ଗଲେ ଇସ୍ତଫା ଦେବା ପାଇଁ। ସିଆଡୁ ଫେରିଲେ, ସାଙ୍ଗରେ ଦୁଇ ହଜାର ସଶସ୍ତ୍ର ବାହିନୀ ସହ, ପର୍ଯ୍ୟାପ୍ତ ଗୁଳିଗୋଳା। ସବୁଆଡ଼େ ୧୪୪ ଧାରା, ସଭା ସମିତି ପାଇଁ ବାରଣ। ସଂଗ୍ରାମ ଏକ ଆବେଗ, ଜାତିପ୍ରେମ ତାକୁ ତୀବ୍ର କରେ। ଇଚ୍ଛାଥିଲେ ଉପାୟ ଆପେ ମିଳେ। କଟକର ସୀମା କାଠଯୋଡ଼ି ନଈ ମଝିଯାଏ। ସଂଗ୍ରାମୀମାନେ ଚତୁର, ଖରାଦିନେ କଟକ ସୀମା ଆରପଟ ନଈବାଲି, ସେଇଠି ସଭାକଲେ। ଆନ୍ଦୋଳନ ଭୟଙ୍କର ହେବ, ସରକାର ଆଗୁଆ ସାବଧାନ। କଟକରେ ସାନ୍ଧ୍ୟ ଆଇନ ଜାରିକଲେ। ୧୯୫୬ ମସିହା, ଜାନୁଆରୀ ୨୭ ତାରିଖ। ତା' ପରଦିନ ଅପରାହ୍ଣ ୫ଟା। କଟକ ସହର ନୟାସଡ଼କ ରାସ୍ତାରେ ଏକ ବିଚିତ୍ର ଦୃଶ୍ୟ। ମହାରାଜା ରାଜେନ୍ଦ୍ର ନାରାୟଣ ସିଂହଦେଓ ଆଗରେ। ସ୍ଲୋଗାନ୍ ଦେଇ ଦେଇ ଚାଲିଥାଆନ୍ତି। ତାଙ୍କ ପଛରେ ପଣ୍ଡିତ ଗୋଦାବରୀଶ ମିଶ୍ର, ସାରଙ୍ଗଧର ଦାସ, ସରଳା ଦେବୀ, ବିଶ୍ୱନାଥ ପଣ୍ଡିତ, ହରିହର ପଟେଲ୍ ପ୍ରମୁଖ। କଟକ ଜାଉଁଳିଆ ପଟି, ସେଇଠି ପୁଲିସ ବାଟ ଓଗାଳିଲେ। ସବୁ ନେତାଙ୍କୁ ଗିରଫ କଲେ।ବିଖ୍ୟାତ ଆଇନଜୀବୀ ମଧୁସୂଦନ ମହାନ୍ତି, ସେ ବି ବାଦ୍ ପଡ଼ିଲେନି। ଓଡ଼ିଶାରେ ୧୪୪ ଧାରା ରଖିବା, ପ୍ରଶାସନ ପକ୍ଷରେ ଆଉ ସମ୍ଭବ ନଥିଲା। ଶ୍ରଦ୍ଧାକର ସୁପକାର ଏମ୍.ଏଲ୍.ଏ., କଳାହାଣ୍ଡି ମହାରାଜା ପ୍ରତାପ କେଶରୀ ଦେଓ - ଏ ଦୁଇ ରାଜନେତା ଯଥାକ୍ରମେ ସମ୍ବଲପୁର, କଳାହାଣ୍ଡିରେ ୧୪୪ ଧାରା ଭାଙ୍ଗିବେ। ଏ ସମ୍ବାଦଟି ବିଜୁଳି ବେଗରେ ବ୍ୟାପିଲା। ସରକାର ୧୪୪ ଧାରା ସେଠାରୁ ଉଠାଇନେଲେ। ପୁଲିସ ୧୪୪ ଧାରା ଭଙ୍ଗକାରୀଙ୍କ ପିଛା ଆଉ ପଡ଼ିଲାନି। ଓଲଟି ୧୪୪ ଧାରା ଭଙ୍ଗକାରୀ ସତ୍ୟାଗ୍ରହୀଏ, ଧାଇଁଲେ ପୁଲିସ ପଛରେ। ସୀମା ଆନ୍ଦୋଳନର ଚୂଡ଼ାନ୍ତ ସ୍ପର୍ଶ। ଅଦ୍ଭୁତ ସମ୍ବାଦଟେ ପ୍ରକାଶ ପାଇଲା। ତା ୧୬.୦୩.୧୯୫୬ ରିଖ, ପ୍ରଦେଶ କମିଟି ସଭାପତି ବିଶ୍ୱନାଥ ବାବୁ। ଏକ ବିଭ୍ରାନ୍ତିକର ବିବୃତି ରଖିଲେ। ଷଢ଼େଇକଳା-ଖରସୁଆଁ, ସିଂହଭୂମି ଆଦି ରାଜ୍ୟ, ଏହା ଉପରେ ଓଡ଼ିଶାର ଦାବି ରଖିବା ଠିକ୍ ନୁହେଁ। ଏଠାକା ଓଡ଼ିଆଭାଷୀମାନେ ମାତ୍ର ଶତକଡ଼ା

୨୬। ୧୯୦୧ ମସିହାରୁ ଆଜିଯାଏ, ପ୍ରତ୍ୟେକ ଦଳ, ବହୁ ବ୍ୟକ୍ତି ବିଶେଷଙ୍କର ଏ ଅଞ୍ଚଳ ପାଇଁ ଦାବି। କଂଗ୍ରେସ ଦାବି କରିନଥିଲେ ଲୋକେ ନିନ୍ଦା କରନ୍ତେ। ତାଙ୍କର ଏଇ ବିବୃତି ଗୋଳମାଳିଆ ସ୍ଥିତି ସୃଷ୍ଟି କଲା। ବିଶ୍ୱନାଥ ବାବୁ ଯାଇଥିଲେ ବହୁ ସଦସ୍ୟଙ୍କ ଇସ୍ତଫାପତ୍ର ନେଇ। ହାଇକମାଣ୍ଡଙ୍କ ତର୍ଜନୀ ନିର୍ଦ୍ଦେଶ, ଶେଷରେ ଓଡ଼ିଶା ସରକାର ମୁଣ୍ଡ ନୁଆଁଇଲେ। ବିହାର ସରକାରଙ୍କ ସ୍ମାରକୀ ପତ୍ରକୁ ପରୋକ୍ଷ ସାହାଯ୍ୟ କଲେ। ରାଜ୍ୟ ପୁନର୍ଗଠନ ବିଲ୍‌କୁ ସବୁ ରାଜ୍ୟ ସରକାର ଆଲୋଚନା କଲେ। ମାତ୍ର ଓଡ଼ିଶା ସରକାର ଆଲୋଚନା କଲେନି। ସମ୍ବିଧାନର ନବମ ସଂଶୋଧନ ବିଲ୍, ପାର୍ଲିଆମେଣ୍ଟରେ ପାସ୍ ହେଲା। ସେତେବେଳକୁ ବିଶ୍ୱନାଥ ବାବୁ ରାଜ୍ୟସଭାରେ, ରାଜ୍ୟମାନଙ୍କର ନୂତନ ସୀମା ନିର୍ଦ୍ଧାରଣ ହେଲା। ଓଡ଼ିଶାର ସବୁ ଦାବି ଉପେକ୍ଷିତ। ଏହା ସତ୍ତ୍ୱେ ବିଶ୍ୱନାଥ ବାବୁ ଭାରତ ସରକାରଙ୍କୁ ଭାଷଣରେ ଭୂୟସୀ ପ୍ରଶଂସା କଲେ। ଏଇଟି ଓଡ଼ିଶାର କ୍ଷତାକ୍ତ ଇତିହାସ। ରାଜ୍ୟ ପୁନର୍ଗଠନ କମିଶନର ଜଏଣ୍ଟ୍ ସିଲେକ୍ଟ କମିଟି। ରାଜ୍ୟସଭାରେ ସୁରେନ୍ଦ୍ର ମହାନ୍ତି, ଲୋକସଭାରେ ରାଜେନ୍ଦ୍ର ନାରାୟଣ ସିଂହଦେଓ। ଗୃହରେ ସୁରେନ୍ଦ୍ରଙ୍କ ମତାନ୍ତର - ପତ୍ର ବା ମିନିଟ୍ ଅଫ୍ ଡିସେଣ୍ଟ ଅଲୋଡ଼ା ହୋଇ ପଡ଼ିରହିଲା ସବୁଦିନ ପାଇଁ।

ସମୟ କ୍ଷତ ଶୁଖାଏ। ସବୁ ଶେଷ ହେଇଗଲା। ଓଡ଼ିଶା ହରାଇଲା ଷଢ଼େଇକଳା-ଖରସୁଆଁ। ସିଂହଭୂମି ବି। ତଥାପି ଗଣତନ୍ତ୍ର ପରିଷଦ ଲଢ଼େଇ ଜାରି ରଖିଲା। ହେଲେ ପ୍ରଦେଶ କଂଗ୍ରେସର ବିରୁଦ୍ଧରେ ସ୍ୱର ଉତ୍ତୋଳନ, ଅନେକ ଶଙ୍କିଗଲେ। ବହୁ ନେତା ଉଦାସୀନ। ଗଣତନ୍ତ୍ର ପରିଷଦର ନିଃସଙ୍ଗ ସଂଗ୍ରାମ, କ୍ରମେ ଧିମେଇ ଗଲା। ବିପ୍ଳବୀ ମରିଯାଏ, ବିପ୍ଳବ ମରେନି। କ୍ଷମତାର ମୋହ ଅନ୍ଧ କରିଦିଏ। କିନ୍ତୁ ଜାତୀୟ ସ୍ୱାର୍ଥ ବଳିଦାନକାରୀଙ୍କୁ ଜନତା କ୍ଷମା ଦିଏନି। ୧୯୫୬ ମସିହା, ସାଧାରଣ ନିର୍ବାଚନ। ୧୪୦ ଆସନରେ କଂଗ୍ରେସ ଲଢ଼ିଲା। ଜିତିଲା ମାତ୍ର ୫୬ଟିରେ। ଗଣତନ୍ତ୍ର ପରିଷଦ ପାଇଲା ୫୧ଟି ଆସନ। ସାଧାରଣ ଜନତା ପ୍ରତିଶୋଧ ନେଲେ। କିନ୍ତୁ ଷଢ଼େଇକଳା-ଖରସୁଆଁ ଭାଗ୍ୟ ବିଡ଼ମ୍ବିତ ରହିଗଲା। ଏବେବି ପାଉଁଶ ତଳର ନିଆଁ କୁହୁଳି ଉଠେ। ସମ୍ବାଦଟି ଚହଟି ଯାଏ। ଏ ଦୁଇ ରାଜ୍ୟ ଓଡ଼ିଶାକୁ ଫେରିବ? ଏହା ଏତେ ସହଜ କଥା ନୁହେଁ। ନଈରେ ହଜେଇ ପହିରେ ଖୋଜିବା ଯାହା ସାର!

■

ରାଜନୀତିକ ଆକ୍ରୋଶ

ରାଜନୀତି, ସଦାଚାର - ଏ ଦୁଇଟି ଏକାଠି ଚାଲିବା, ଏହାର କିଛି ବିରଳ ଦୃଷ୍ଟାନ୍ତ ରହିଛି। ମାତ୍ର ଈର୍ଷା, ଆକ୍ରୋଶ, ପ୍ରତିଶୋଧ ନେବାର ପ୍ରୟାସ - ଏସବୁ ରାଜନୀତିର ମାମୁଲି କଥା। ଏଥିରୁ ମୁକ୍ତି ପାଇ ନାହାନ୍ତି ମାନ୍ୟଗଣ୍ୟ ତଥାକଥିତ ନେତୃମଣ୍ଡଳୀ। କେତେକ ସ୍ୱଭାବତଃ ଈର୍ଷାପରାୟଣ, ଆଉ କେତେକ ବାଧ୍ୟବାଧକତାରେ। ନିଜ ଦଳ କଥା ରଖିବାକୁ ପଡ଼ିବ। ହେଉପଛେ ଅନ୍ୟାୟପଥ। ରାଜନୀତିରେ ମଣିଷ ପଣିଆର ହତ୍ୟା, ଦିନକୁ ଦିନ ମାତ୍ରାଧିକ। ବିରୋଧୀଦଳ ବାଲା ଶାସକ ଦଳ ଆଡ଼େ ଆଙ୍ଗୁଳି ବଢ଼ାନ୍ତି; ଠିକ୍ ସେଇ ପରି ସେମାନେ ସତ୍ତାକୁ ଆସିଲେ, ସେଇ ଏକା କଥାଟି। ଚାଲୁଣି ଛୁଞ୍ଚି ଉପାଖ୍ୟାନ। ଅନେକ ସମୟରେ ଜାତୀୟ ଚରିତ୍ରର ପ୍ରଶ୍ନ ଉଠେ। ନିଜ ଜାତି, ଦେଶ - ଭାଷା ପାଇଁ ଲଢ଼େଇ। ଏଥିରେ ବି ଗୋଡ଼ଟଣା ନୀତି। ଯିଏ ଆଗକୁ ବାହାରେ, ତାହାରି ମୁଣ୍ଡରେ ପାହାର। ସେଇ ଦୁର୍ଭାଗ୍ୟଜନକ ଘଟଣାଟେ। ଘଟିଲା ଓଡ଼ିଶା ଭାଗ୍ୟରେ। ଷଢ଼େଇକଳା ଖରସୁଆଁ - ଏ ଦୁଇ ଓଡ଼ିଆ ଭାଷାଭାଷୀ ରାଜ୍ୟ। ବିହାରୀଏ ମାଡ଼ିବସି ରଖିଲେ। ଓଡ଼ିଶାର ସୀମା ଆନ୍ଦୋଳନକୁ ଦବେଇ ଦିଆଗଲା। ସେଇ ଆନ୍ଦୋଳନ ଆଗଧାଡ଼ିରେ ବଲାଙ୍ଗିର ମହାରାଜା ରାଜେନ୍ଦ୍ର ନାରାୟଣ ସିଂହଦେଓ, ପଣ୍ଡିତ ଗୋଦାବରୀଶ ମିଶ୍ର, ମାଳତୀ ଦେବୀ ଚୌଧୁରୀ, ସୁରେନ୍ଦ୍ର ମହାନ୍ତି, ତାଙ୍କ ସହ ଆହୁରି ଅନେକ। ସୁରେନ୍ଦ୍ରଙ୍କ ହାତରେ ଆଉ ଏକ ଅସ୍ତ୍ର - 'ଜନତା' ଖବରକାଗଜ। ବିହାର ସରକାର ବିରୋଧୀ ଲେଖାମାନ, ସୁରେନ୍ଦ୍ର ପ୍ରକାଶ କଲେ। ଶେଷରେ ରାଜନୀତିକ ଆକ୍ରୋଶର ଶିକାର ହେଲେ। ବିହାରର ଚାଇଁବସା କୋର୍ଟ, ସେଇଠି ସୁରେନ୍ଦ୍ରଙ୍କ ନାଁରେ ମାନହାନି ମୋକଦ୍ଦମା। ମୁଦେଇ ବିହାରର ଏସ୍.ଡ଼ି.ଓ., ବିହାର କୋର୍ଟ, ବିଚାରପତି ଡେପୁଟି କମିଶନର - ସେ ବି ବିହାରର। ସୁରେନ୍ଦ୍ର ବ୍ୟତିବ୍ୟସ୍ତ, ସେ ଥାଆନ୍ତି କାଉନ୍‌ସିଲ୍ ଅଫ୍ ଷ୍ଟେଟ୍‌ସର ମେମ୍ବର, ଗୃହର ଚେୟାରମ୍ୟାନ୍ ମହାମାନ୍ୟ

ଡ. ସର୍ବପଲ୍ଲୀ ରାଧାକ୍ରିଷ୍ଣନ୍। ତାଙ୍କ ଆଶ୍ରା ନେଲେ। ରାଧାକ୍ରିଷ୍ଣନ୍‌ଙ୍କ ସହିତ ସେସମୟର ଗୃହମନ୍ତ୍ରୀ ଗୋବିନ୍ଦ ବଲ୍ଲଭପନ୍ଥ, ତାଙ୍କୁ ଯଥାସମ୍ଭବ ସାହାଯ୍ୟ କଲେ। ମାତ୍ର ପ୍ରଧାନମନ୍ତ୍ରୀ ଜବାହରଲାଲ ନେହେରୁ, ତାଙ୍କର ରାଜନୀତିକ କ୍ରୋଧ କିଛି କମ୍ ନଥିଲା। ପୁରୁଣା ରାଗ ଶୁଝେଇଲେ। ଗୋଟେ ନ୍ୟାଯ୍ୟ ପ୍ରାପ୍ୟରୁ ସୁରେନ୍ଦ୍ରଙ୍କୁ ବଞ୍ଚିତ କଲେ। ଏଇଟି ରାଜନୀତିର ବିଚିତ୍ର ଖେଳ, ଏଠି ନିୟମ କାନୁନ୍ ଗୌଣ, କ୍ଷମତା ସବୁକିଛି। ସତ୍ତା ଧାରୀଏ ସବୁବେଳେ ଆଗରେ। ଏଇ ସବୁ ଅଙ୍ଗେନିଭା କଥା, ସୁରେନ୍ଦ୍ର ଲେଖିଲେ। ତାଙ୍କର ଆତ୍ମଲିପି 'ପଥ ଓ ପୃଥିବୀ'ରେ ଏସବୁ ଲିପିବଦ୍ଧ।

ରାଜ୍ୟସଭାର ଚିପ୍ ହୁଇପ୍ ଅମୋଲକ ଚାନ୍ଦ, ସୁରେନ୍ଦ୍ରଙ୍କୁ ଜଣାଇ ଦେଲେ। ସୋଭିଏତ୍ ରୁଷିଆ, ସେଠାକୁ ଗୋଟେ ପାର୍ଲିଆମେଣ୍ଟାରି ଡେଲିଗେସନ୍ ଯିବ। ଏଥିରେ ସୁରେନ୍ଦ୍ର ଅନ୍ତର୍ଭୁକ୍ତ। ନିଜକୁ ବିଶ୍ୱାସ କରିପାରିଲେନି। ସୁରେନ୍ଦ୍ରଙ୍କ ଭଳି ଜଣେ ଅକିଞ୍ଚନ, ପୁଣି ଋଷିଆ ଯିବେ? ସେ ସର୍ବକନିଷ୍ଠ ପାର୍ଲିଆମେଣ୍ଟ ସଦସ୍ୟ। ଆପଣା ଡାହାଣ ହାତ ରେଖାକୁ ବାରମ୍ବାର ଦେଖିଲେ, କୋର୍ଟ ପ୍ୟାଣ୍ଟ୍ କପଡ଼ା କାଟିଲେ। ପ୍ରତିଷେଧକ ଟୀକାନେଲେ। ଦି' ଚାରିଦିନ ଜରରେ ପଡ଼ିଲେ। ଜର ଛାଡ଼ିଲା, ସୁଟ୍ ତିଆରି ହେଲା। ନିର୍ଦ୍ଧାରିତ ସମୟ ଆସିଲା। ରାଜ୍ୟସଭାର ସେକ୍ରେଟାରୀ ମୁଲାଏମ୍, ହସି ହସି ସୁରେନ୍ଦ୍ରଙ୍କୁ କହିଲେ, ଚିଠାରୁ ତାଙ୍କ ବାଦ୍ ଦିଆଯାଇଛି। ସୁରେନ୍ଦ୍ର ଆଶ୍ଚର୍ଯ୍ୟ, ନାଁ କଟିବାର କାରଣ ପଚାରିଲେ। ଯାହା ନାଁ ସ୍ଥିର ସେ କ'ଣ ଯିବା ଥୟ? ଶେଷ ନିଷ୍ପତ୍ତି ସ୍ୱୟଂ ପ୍ରଧାନମନ୍ତ୍ରୀଙ୍କର – ଏଇ ଉତ୍ତରଟି ଦେଲେ। ସୁରେନ୍ଦ୍ର ମନମରା, ବଲାଙ୍ଗିର ମହାରାଜା ପ୍ରଥମ ପାର୍ଲିଆମେଣ୍ଟ ସଦସ୍ୟ। ସେ ବି ଗଣତନ୍ତ୍ର ପରିଷଦର। ସୁରେନ୍ଦ୍ରଙ୍କୁ ପ୍ରସ୍ତାବଟେ ଦେଲେ। ସେ ମଧ୍ୟ ଯିବେ, ଉଭୟେ ଭେଟିବେ ଚେୟାରମ୍ୟାନ୍ ଡ. ସର୍ବପଲ୍ଲୀ ରାଧାକ୍ରିଷ୍ଣନ୍‌ଙ୍କୁ।

ସେଦିନର କଥା। ସୁରେନ୍ଦ୍ର, ବଲାଙ୍ଗିର ମହାରାଜା - ଉଭୟ ରାଧାକ୍ରିଷ୍ଣନ୍‌ଙ୍କ ବସାରେ। କେତେ ଚେୟାରମ୍ୟାନ୍‌ଙ୍କୁ ସୁରେନ୍ଦ୍ର ଦେଖିଛନ୍ତି, ସମସ୍ତଙ୍କ ମୁଖ ଗାମ୍ଭୀର୍ଯ୍ୟ ପୂର୍ଣ୍ଣ, ମୁହଁ ହାଣ୍ଡିକରି ବସିଥାଆନ୍ତି। ଗ୍ରୀଷ୍ମ ଋତୁ, ତଥାପି ଦିହରେ କୋର୍ଟ ପେଣ୍ଟ ଛାଡ଼ ନଥାଏ। ହେଲେ ରାଧାକ୍ରିଷ୍ଣନ୍ ସମ୍ପୂର୍ଣ୍ଣ ଅଲଗା। ନିରାଡମ୍ବର ଗୃହର ସାଜସଜା, ଶୋଇବା ଖଟ, ଚାରିପଟେ ନାନାଦି ପୁସ୍ତକ। ସେଦିନ ରାଧାକ୍ରିଷ୍ଣନ୍ ଶଯ୍ୟାରୁ ଉଠି ନଥାଆନ୍ତି। ହାତରେ ଖଣ୍ଡେବହି। ନିବିଷ୍ଟ ଚିତ୍ତରେ ପଠନରତ। ସୁରେନ୍ଦ୍ର ତାଙ୍କ ବିଷୟରେ ଶୁଣିଥିଲେ। ଆଜି ଆଖିରେ ଦେଖିଲେ। ସତରେ ସେ ଜଣେ ବାଗ୍ମୀ, ପଣ୍ଡିତ, ବହୁ ଶାସ୍ତ୍ରାଧାୟୀ। ଅମାୟିକ ତାଙ୍କ ବ୍ୟକ୍ତିତ୍ୱ। ଡ. ରାଧାକ୍ରିଷ୍ଣନ୍ ରୁଷିଆରେ ରାଷ୍ଟ୍ରଦୂତ ଥିଲେ, ବିଦାୟ ନେଉଥାଆନ୍ତି। ବିମାନବନ୍ଦରରେ ବିଦାୟକାଳୀନ ସମ୍ବର୍ଦ୍ଧନା। ସ୍ୱୟଂ ଷ୍ଟାଲିନ୍ ଉପସ୍ଥିତ।

ଅନ୍ୟ କୌଣସି ରାଷ୍ଟ୍ରଦୂତ, ତାଙ୍କୁ ବିଦାୟ ଦେବାକୁ ଷ୍ଟାଲିନ୍ ଆସନ୍ତି ନାହିଁ। ରାଧାକ୍ରିଷ୍ଣନ୍‌ଙ୍କ ବିଦ୍‌ବତ୍ତା ତାଙ୍କୁ ଗଭୀର ଭାବେ ପ୍ରଭାବିତ କରିଥିଲା। ଲୌହମାନବ ଷ୍ଟାଲିନ୍, ସେଦିନ ତାଙ୍କ ଆଖି ଛଳଛଳ, ରାଧାକ୍ରିଷ୍ଣନ୍‌ଙ୍କ ଗାଲରେ ଶ୍ରଦ୍ଧାରେ ହାତ ବୁଲାଇ ଆଣିଲେ। ଉଡ଼ାଜାହାଜରେ ବସିଲେ।

ମହାରାଜା ବଲାଙ୍ଗିର, ତାଙ୍କ ସହ ସୁରେନ୍ଦ୍ର। ରାଧାକ୍ରିଷ୍ଣନ୍ ଆସିବାର କାରଣ ପଚାରିଲେ। ତାଙ୍କ ନାଁ ସୋଭିଏତ୍ ଡେଲିଗେସନରୁ କଟିଲା, କାରଣ କ'ଣ ? ଜାଣିବାକୁ ଅନୁରୋଧ କଲେ। କିନ୍ତୁ ନେହେରୁ ସୁରେନ୍ଦ୍ରଙ୍କ ଉପରେ ଖପ୍‌ପା। ଏହାର ଦୁଇଟି କାରଣ - (୧) ସୁରେନ୍ଦ୍ରଙ୍କ ସହ ଆଉ କେତେଜଣ ସଦସ୍ୟ, ହିନ୍ଦୁ ମ୍ୟାରେଜ୍ ଆଣ୍ଡ ଡାଇଭର୍ସ ବିଲ୍‌କୁ ବିରୋଧ କଲେ। ବିଲ୍‌ଟି ସିଲେକ୍ଟ କମିଟିକୁ ଗଲା। (୨) ୧୯୫୧ ମସିହା, ନେହେରୁଙ୍କର ବଲାଙ୍ଗିରରେ ସଭା। ସୁରେନ୍ଦ୍ର ପ୍ରଚାର ପତ୍ରଟେ ବାଣ୍ଟିଲେ, ନେହେରୁଙ୍କ ସଭା ଭଣ୍ଡୁର ହେଲା। ନେହେରୁଙ୍କ ରାଗର ଏଇଟି ଅନ୍ୟତମ କାରଣ। ଏକଥା ରାଧାକ୍ରିଷ୍ଣନ୍ କହିଲେ। ସେଇ ପ୍ରଚାର ପତ୍ରର ଗୋଟେ ଇଂରାଜୀ ନକଲ ସୁରେନ୍ଦ୍ରଙ୍କୁ ଦେବାକୁ ପରାମର୍ଶ ଦେଲେ। କିଛିଦିନ ଗଲା। ଇଂରାଜୀ ପ୍ରଚାର ପତ୍ରଟି ରାଧାକ୍ରିଷ୍ଣନ୍ ପଢ଼ିଥିଲେ। ସେଥିରେ ସେମିତି କିଛି ନଥିବା ଅନୁଭବ କଲେ। ଦିନେ ହଠାତ୍ ରାଧାକ୍ରିଷ୍ଣନ୍‌ଙ୍କ ସହ ସୁରେନ୍ଦ୍ରଙ୍କର ଦେଖା ହେଲା। ହସି ହସି କହିଲେ "ସୁରେନ୍ଦ୍ର ! ଏଥର ନିଶ୍ଚୟ ଚୀନ୍ ଯିବ।" ତାହା ବି ହେଲା। ତାଙ୍କ ପରି ସଦାଚାରୀ ବ୍ୟକ୍ତିତ୍ୱ ବିରଳ - ଏ କଥାଟି ସୁରେନ୍ଦ୍ରଙ୍କର ହୃଦ୍‌ବୋଧ ହେଲା।

ଆଉ ଗୋଟେ କଥା। ସୁରେନ୍ଦ୍ରଙ୍କୁ ରାଧାକ୍ରିଷ୍ଣନ୍ ସାହାଯ୍ୟ କଲେ। ଗୋଟେ ବଡ଼ ବିପଦରୁ ସେ ରକ୍ଷା ପାଇଲେ। ଘଟଣାର କ୍ରମ ଏହିପରି : ସୁରେନ୍ଦ୍ର 'ଜନତା'ର ସମ୍ପାଦକ, ସଭାସମିତି ହୁଏ। ପ୍ରତିମାସରେ ସେ ଷଢ଼େଇକଳା ଯାଆନ୍ତି। ଷଢ଼େଇକଳା-ଖରସୁଆଁ ବିହାରରେ ମିଶିଲା। ସେଠାରେ ଜଣେ ବିହାରୀ ଏସ୍.ଡ଼ି.ଓ.। କେତେକ ଆଦିବାସୀଙ୍କୁ ଭୂତେଇଲେ, ତାଙ୍କ ଜମି ହଡ଼ପ କଲେ। ଏ ଖବରଟା ପ୍ରକାଶ ପାଇଲା 'ଜନତା'ରେ। ସେ ମହାଶୟ ସୁରେନ୍ଦ୍ରଙ୍କ ନାମରେ ମାନହାନି ମୋକଦ୍ଦମା କଲେ। ତାଙ୍କ ପଛରେ ବିହାର ସରକାର। ବିଚାର ହେବ ଚାଇଁବସାରେ। ବିଚାରକ ଡେପୁଟି କମିଶନର। ସହଜେ ତ ଫୌଜଦାରୀ ମାମଲା। ବିଚାର ବିହାରରେ। ସୁରେନ୍ଦ୍ର ହଡ଼ବଡ଼େଇଲେ। ଅନେକଥର ସମନ ଫେରେଇଲେ। ଶେଷରେ ପୁଲିସ ଜରିଆରେ ସମନ, ସୁରେନ୍ଦ୍ର ଓଡ଼ିଆ-ବସ୍ତଲତାକୁ ପାଥେୟ କଲେ। କେଉଁ ପୁଲିସ ଲେଖିଦିଅନ୍ତି ସେ କୋରାପୁଟରେ ତ ଆଉ କିଏ ଲେଖି ଦିଅନ୍ତି ଗଞ୍ଜାମରେ। ସମନ ଫେରିଲା। ଶେଷରେ ତାଙ୍କ ସମ୍ପତ୍ତି ବ୍ୟାଜାପ୍ତି ଯାଏ କଥାଗଲା। ସେତେବେଳକା ମାନ୍ୟବର

ସୁପ୍ରିମ୍‌କୋର୍ଟ। ସେଥିରେ ଜଣେ ମାତ୍ର ଓଡ଼ିଆ ଓକିଲ, ରଘୁମଣି ପଟ୍ଟନାୟକ; ମାତ୍ର କୋଡ଼ିଏଟି ମୁଦ୍ରା ସଲାମି। ସେଇଥିରେ ସୁପ୍ରିମ୍‌କୋର୍ଟରେ ଆବେଦନ କରିଦେଲେ। ମୁଦେଇ ବିହାରର, ପୁଣି କ୍ଷମତାରେ, ଏସ୍.ଡ଼ି.ଓ. ଅଛନ୍ତି। ଠିକ୍ ନ୍ୟାୟ ମିଳିବନି - ଏଇ ଆଧାରରେ ଷ୍ଟେ ମିଳିଲା। ଏମିତି ଷ୍ଟେ ପରେ ଷ୍ଟେ। ସୁରେନ୍ଦ୍ରଙ୍କ କପାଳ ଫାଟିଲା। ଗ୍ରୀଷ୍ମବକାଶ କୋର୍ଟ, ସେଇଥିରେ କେଶ୍‌ଟି ଉଠିଲା। ଭେକେସନ ନ୍ୟାୟମୂର୍ତ୍ତି ଜଗନ୍ନାଥ ଦାସ, ସେ ବ୍ରହ୍ମପୁର ଅଧିବାସୀ, ଜଣେ କଂଗ୍ରେସ ଲୋକ। ଏଥର ଓକିଲ ରଘୁବାବୁ ନାଚାର, କଥାଟି ସୁରେନ୍ଦ୍ରଙ୍କୁ ଜଣାଇଲେ। ତାଙ୍କ ଆଶଙ୍କା ସତ ହେଲା। ଅର୍ଡ଼ର ବାହାରିଲା, ପଚାଶ ହଜାର ଟଙ୍କାର ଦୁଇ ଜମାନତ୍, ତା' ପୁଣି ଚବିଶ ଘଣ୍ଟା ମଧ୍ୟରେ। ନହେଲେ ଜାମିନ ଖାରଜ ହେବ। ବିପଦ ବେଳର ବନ୍ଧୁ ପ୍ରକୃତ ବନ୍ଧୁ, ବଲାଙ୍ଗିର ମହାରାଜା, ନିଜେ ଜାମିନଦାର ହେଲେ। ସୁରେନ୍ଦ୍ର ଆଶ୍ୱସ୍ତ। ଏଣିକି ଚାଇଁବସା କମିଶନର କୋର୍ଟ ଯିବାକୁ ପଡ଼ିବ ହିଁ ପଡ଼ିବ, ନିସ୍ତାର ନାହିଁ।

ମକଦ୍ଦମାଟି ବିହାର ସରକାରଙ୍କ ରାଜନୀତିକ ଚାଲ୍। ଷଢ଼େଇକଳା-ଖରସୁଆଁକୁ ଆଣିବେ, ବାଟରେ ସୁରେନ୍ଦ୍ର ଥିଲେ କଣ୍ଟା। ଶେଷରେ ସେ ରାଜ୍ୟଦ୍ୱୟକୁ ତ ନେଲେ। ଏଣିକି ଶାସ୍ତିଦେବା ନିଶା ଘାରିଲା। ଘଟଣାଟି ସମ୍ପୂର୍ଣ୍ଣ ରାଜନୀତିକ। ସେକଥା ସମସ୍ତେ ଜାଣିଲେ। ଖବରଟି ବିଭିନ୍ନ ଖବରକାଗଜରେ ବାହାରିଲା। 'ଟାଇମ୍‌ସ ଅଫ୍ ଇଣ୍ଡିଆ', 'ହିନ୍ଦୁସ୍ତାନ ଟାଇମ୍‌ସ' ଏପରିକି ପାଟନାର 'ସର୍ଚ୍ଚଲାଇଟ୍' ଖବରଟିକୁ ଛାପିଲେ। ସାରାଦେଶ ଜାଣିଲା। ଡ. ରାଧାକ୍ରିଷ୍ଣନ୍ ଜାଣିଥିବେ! ତାଙ୍କ ଠାରୁ ନ୍ୟାୟ ମିଳିବ। ସୁରେନ୍ଦ୍ର ଏଇ ଆଶାରେ ତାଙ୍କୁ ସାକ୍ଷାତ କଲେ। ବିହାର ସରକାର ଅନ୍ୟାୟରେ ତାଙ୍କୁ ହାଜତକୁ ପଠାଇବେ - ଏକଥାଟି ବ୍ୟକ୍ତ କଲେ। ସେତେବେଳକା ହୋମ୍ ମିନିଷ୍ଟର ଗୋବିନ୍ଦ ବଲ୍ଲଭ ପନ୍ଥ। ତାଙ୍କୁ ଭେଟିବାକୁ କହିଲେ। ଖାଲି ସେତିକି ନୁହେଁ ସେ (ଡ. ରାଧାକ୍ରିଷ୍ଣନ୍) ପଠାଇଛନ୍ତି। ଏକଥା ପ୍ରକାଶ କରିବାକୁ ବି କହିଲେ। ପଣ୍ଡିତ ପନ୍ଥ, ଜଣେ ଟାଣୁଆ ମୁକ୍ତିସଂଗ୍ରାମୀ। ପଞ୍ଜାବର ଲାଲା ଲଜପତ୍ ରାୟ, ତାଙ୍କରି ନେତୃତ୍ୱ। ପନ୍ଥ ସେମାନଙ୍କ ସହ ମିଶିଲେ। ସାଇମନ କମିଶନକୁ ଦୃଢ଼ ବିରୋଧ କଲେ। ପୁଲିସର ନିର୍ମମ ମାଡ଼, ପନ୍ଥଙ୍କ ମୁଣ୍ଡ ଫାଟିଲା। ବଞ୍ଚିଗଲେ ସିନା, ସ୍ନାୟବିକ ରୋଗର ଶିକାର ହେଲେ। ସେ ଅତ୍ୟନ୍ତ ଭଦ୍ର, ମାର୍ଜିତ ବ୍ୟବହାର। ସୁରେନ୍ଦ୍ର ତାଙ୍କୁ ଭେଟିଲେ। ସବୁକଥା କହିଲେ। ଘଟଣାଟି କୋର୍ଟ ବିଚାରାଧୀନ। ସେ କିଛି କଲେ କଣ୍ଟେମ୍ପ୍ଟରେ ପଡ଼ିବେ। ତଥାପି ନିରାଶ କଲେନି। ବିହାରର ରାଜସ୍ୱ ମନ୍ତ୍ରୀ କୃଷ୍ଣ ବଲ୍ଲଭ ସହାୟ, ଦିଲ୍ଲୀ ଆସିଛନ୍ତି। ତାଙ୍କ ପାଖକୁ ସେ ପଠାଇଛନ୍ତି। ଏ କଥା କହି ସୁରେନ୍ଦ୍ର ତାଙ୍କୁ ଭେଟନ୍ତୁ - ଏଇ ପରାମର୍ଶଟି ଦେଲେ।

ତା' ପରଦିନ ସକାଳ, ସୁରେନ୍ଦ୍ର ବିହାର ଭବନରେ। ଆଗରୁ ସମସ୍ତ କଥା ଅବଗତ ଥିଲେ। ଏଇ କୃଷ୍ଣବଲ୍ଲଭ ସହାୟ, ଷଢ଼େଇକଳା-ଖରସୁଆଁକୁ ମାଡ଼ିମକଚି ବିହାରରେ ରଖିବେ। ଏଇ ମତଲବରେ ଥିଲେ। ନେତୃତ୍ୱ ବି ନେଲେ। ସେଇ ଦୁଇରାଜ୍ୟ, ସେଠାରେ ଓଡ଼ିଶାର ଷଢ଼େଇକଳା-ଖରସୁଆଁ ଆନ୍ଦୋଳନ। ତାଙ୍କୁ ବ୍ୟତିବ୍ୟସ୍ତ କରି ଦେଇଥିଲା। ଆନ୍ଦୋଳନର ସେ ପ୍ରବଳ ବିରୋଧ କରିଥିଲେ। ସୁରେନ୍ଦ୍ର ଜାଣନ୍ତି, ସେଇ ହେତୁ ନ୍ୟାୟ ପାଇବେନି। ତଥାପି ଯାଇଥିଲେ। ବୁଡ଼ିଯାଉଥିବା ଲୋକର କୁଟା ଖିଏକୁ ଆଶ୍ରା। ତାଙ୍କ ଆଗକୁ ଯିବାକୁ ସୁରେନ୍ଦ୍ରଙ୍କ ସଙ୍କୋଚ, ତଥାପି ଭେଟିଲେ। ଟେବୁଲ୍ ଉପରେ ଗୋଟେ ଆଇନା, ନିଜ ମୁହଁକୁ ଦେଖୁଥାଆନ୍ତି, ସେ ମହାଶୟ ନିଶ ବାଗେଇବାରେ ବ୍ୟସ୍ତ। ସୁରେନ୍ଦ୍ର ତାଙ୍କୁ ସବୁକଥା ଜଣାଇଲେ। ଏତେଦିନ କୋର୍ଟକୁ କାହିଁକି ଫାଙ୍କୁଥିଲ? ଏକଥାଟି କୃଷ୍ଣବଲ୍ଲଭ ପଚାରିଲେ। କିଛିଟା ବିରକ୍ତି ବି ପ୍ରକାଶ କଲେ। ନ୍ୟାୟ ମିଳିବ ବା ନ ମିଳିବ? ତା' ତ ପରର କଥା। ସୁରେନ୍ଦ୍ର ରାଜ୍ୟସଭାର ଅନରେବୁଲ୍ ମେମ୍ବର। ସାମାନ୍ୟତମ ଭଦ୍ରତା, ଲେଶମାତ୍ର ସୌଜନ୍ୟ କୃଷ୍ଣବଲ୍ଲଭଙ୍କର ନଥିଲା। ସୁରେନ୍ଦ୍ର ସହଜେ ସ୍ୱାଭିମାନୀ। ନିରାଶରେ ଫେରିଲେ। ଏଣିକି ଭାଗ୍ୟ ଉପରେ ଭରସା। ଆଉ ଗୋଟେ ରାସ୍ତା ବାଛିଲେ। ବିହାର ସରକାରଙ୍କ ରାଜନୀତିକ ଆକ୍ରୋଶ। ଏହାର ନିରାକରଣ ସମ୍ପର୍କରେ ମାନ୍ୟବର ପ୍ରଧାନମନ୍ତ୍ରୀ, ଗୃହମନ୍ତ୍ରୀଙ୍କୁ ପତ୍ର ଲେଖିଲେ।

ସେତେବେଳକା ପ୍ରଶାସନ, ପାର୍ଲିଆମେଣ୍ଟର ଅନରେବୁଲ୍ ମେମ୍ବର। କେହି ପ୍ରଧାନମନ୍ତ୍ରୀ ଅବା ଗୃହମନ୍ତ୍ରୀ, ଏମାନଙ୍କୁ ଚିଠି ଲେଖିଲେ ତୁରନ୍ତ କାର୍ଯ୍ୟାନୁଷ୍ଠାନ। ମାତ୍ର ଚବିଶ ଘଣ୍ଟା ସମୟ ଲାଗେ। ସିଲ୍‌ଦିଆ କଭର୍‌ରେ ଉତ୍ତର ଆସେ। କୌଣସି ବିଚାର ସାପେକ୍ଷ ବିଷୟ, ସମୟ ଲୋଡ଼ା। ପ୍ରାପ୍ତିସ୍ୱୀକାର ପତ୍ର ମିଳିଯାଏ। ଏଥିରେ ମନ୍ତ୍ରୀଙ୍କ ସ୍ୱାକ୍ଷର ଥାଏ, ତାହା ଏମ୍.ପି.ମାନଙ୍କର ସ୍ୱାଧିକାର। ଗୋଟେ ସପ୍ତାହ ଗଲା, କାହାରି ପାଖରୁ କିଛି ଉତ୍ତର ନାହିଁ। ନା ନେହେରୁ ନା ପନ୍ଥ। ସମସ୍ତେ ନିରବ। ସୁରେନ୍ଦ୍ର ମନକୁ ବୁଝେଇ ନେଲେ। ସେ ଗଣତନ୍ତ୍ର ପରିଷଦ ସଦସ୍ୟ, ବିରୋଧୀ ଦଳରେ ଅଛନ୍ତି। ବିହାରରେ କଂଗ୍ରେସ ସରକାର, ସେ କଂଗ୍ରେସ ସରକାର ବିରୁଦ୍ଧରେ ଆନ୍ଦୋଳନ କରିଛନ୍ତି। ସାହାଯ୍ୟ ଆଶା କରିବାଟା ବୃଥା। ପୁନଶ୍ଚ କେଶ୍‌ଟା ବିଚାରାଧୀନ। ବିହାର ସରକାର ଉଠାଇନେଲେ ଭିନ୍ନ କଥା। ବିହାର ସରକାର ରାଜସ୍ୱ ମନ୍ତ୍ରୀ କୃଷ୍ଣବଲ୍ଲଭ ସହାୟ, ପତ୍ରପାଠେ ସେଦିନ ତାଙ୍କୁ ବିଦା କରିଦେଲେ। ବାଟରେ ପୁଅ ଜନ୍ମ କଲେ, କେଉଁ ଡାହାଣୀକି ବା ଭୟ? ସୁରେନ୍ଦ୍ର ପ୍ରସ୍ତୁତ ହେଲେ। ଚାଇଁବସା ହାଜତ, କେତେଦିନ ବା ରଖିବେ? ସେତ ମଣିଷ ମାରିନାହାନ୍ତି? ଜେଲ୍ ହାଜତ୍ ପାଇଁ ମନେମନେ ପ୍ରସ୍ତୁତ ହେଲେ।

ଜୀଇଥିଲେ କିସ ପୁଣି ଦେଖା ନଯାଏ ? ସବୁଖେଳ ଶାସକ ଦଳର। ସେତେବେଳକା କଂଗ୍ରେସ ସରକାର। ଦିଲ୍ଲୀ ରାଜୁତି ତାଙ୍କରି, ରାଜ୍ୟ ମାନଙ୍କରେ ବି। ଦିଲ୍ଲୀ ନେତାଙ୍କ ଆଲୁଅ, ପ୍ରଦେଶ ନେତାଏ ସେଇଥିରେ ଆଲୋକିତ। ନିଜର ସ୍ୱତନ୍ତ୍ର ଇଚ୍ଛା ଥିଲେ ବି ନାଚାର। ଉପରେ କଂଗ୍ରେସର ନାଲିଆଖି, ଏଣେ ଓଡ଼ିଶା ନେତାଙ୍କ ବଶମ୍ବଦ। ସୁରେନ୍ଦ୍ର ତାଙ୍କର ସମଧର୍ମାମାନେ, ମା'-ମାଟି-ଭାଷା ପାଇଁ ଲଢ଼ିଲେ। ଏବେ କାରାବରଣ ? ଏସବୁ ରାଜନୀତିରେ ଅସୂୟାର କଥା। ଥରେ ନିର୍ବାଚିତ ହେଲେ, ନେତା ସଭିଁଙ୍କର। ଏଥିରେ ଶାସକ ବିରୋଧୀ ବା କ'ଣ ? ଏସବୁର ଉର୍ଦ୍ଧ୍ୱରେ ଜାତୀୟ ସ୍ୱାର୍ଥ। ଏବେ ଏକଥାଟି ଅଡୁଆ ସୂତାଖିଅ ପରି। ଯେତେ ସଜାଡ଼ିଲେ ଗଣ୍ଠି ଫିଟେନା। ସୁରେନ୍ଦ୍ରଙ୍କ ଘଟଣାଟି ପ୍ରଥମ ସାଧାରଣ ନିର୍ବାଚନ ପରର। ରାଜନୀତିକ ଆକ୍ରୋଶ ଥିଲା। ଏବେ ତାହା ଭୟଙ୍କର। ସମ୍ପ୍ରତି କେତେ କେତେ ବନ୍ଧାବନ୍ଧି ଚାଲିଛି। ସେ ବାନ୍ଧିଲେ, ଏମାନେ ବାନ୍ଧୁଛନ୍ତି - ଜନେ କହନ୍ତି ଏ ସବୁ ରାଜନୀତିର ପେଞ୍ଚପାଞ୍ଚ। ଶାସକ ଅବା ବିରୋଧୀ ସବୁ ଏକା ଲାଉର ମଞ୍ଜି। ସତରେ ତୁ ତ ମୁତୁରୀ, ମୁଁ ତ ମୁତୁରୀ ହେଁସ କାହିଁ ପାଇଁ ଧୋଇବା ? କାହାକୁ କହିବା, କପାଳରେ ସିନା କର ମାରିବା।

ସୋନପୁର ରାଜାଙ୍କ ଦରବାର ବିଜେ

ଅତୀତ କଥା। ରାଜା ମହାରାଜାଙ୍କ ଢେର୍ ପ୍ରତାପ। ଅନେକ ପ୍ରଜାପୀଡ଼କ, ଅତ୍ୟାଚାରୀ। ମନଇଚ୍ଛା ରାଜ୍ୟ ଶାସନ। ରାଜା ଅବୁଝା, ଯାହା ବୁଝିବେ ଫାଳେ। ଭଲମନ୍ଦର ବିଚାର ନାହିଁ। ଦୟା, ସମବେଦନା ବା କାହୁଁ ଆସିବ? ସାମାନ୍ୟ ଅପରାଧ, ମୁଣ୍ଡକାଟ ଶାସ୍ତି। ସେଇଥି ପାଇଁ ରାଜତନ୍ତ୍ର ଅପଶାସନ କଳଙ୍କ ଯୁକ୍ତ। ତଥାପି ବହୁ ରାଜା ଥିଲେ। ସେମାନେ ପ୍ରଜାମନୋରଞ୍ଜନ କାରୀ। ଅନ୍ଧାରି ବିଜେ କରନ୍ତି। ପ୍ରଜାଙ୍କ ସୁଖ ଦୁଃଖ, ହାନିଲାଭ - ସବୁ ବୁଝନ୍ତି। ସେଇମାନଙ୍କ ରାଜ୍ୟ ରାମରାଜ୍ୟ। ଅନ୍ୟଥା ପ୍ରଜାଙ୍କର ଦୁଃଖ ହିଁ ଦୁଃଖ। ଗଡ଼ଜାତ ରାଜାଙ୍କ ଶାସନ ଅତି କଠୋର। ବେଠି, ବେଗାରି ପ୍ରଥା, ପ୍ରଜାମାନେ ନାନାଭାବରେ ସଲାମି ଦିଅନ୍ତି। ହୁଅନ୍ତି ତଳି ତଳାନ୍ତ। ରାଜାର ଖେଳ, ପ୍ରଜାର କାଳ। ପ୍ରଜାର ଲୁହ ନୁହେଁ, ଲହୁ ଝରେ। କଥାରେ ଅଛି ରାଜା ବୁଝିଲେ ପାଚିଲା ଧାନରେ ମଇ। ମୁକ୍ତି ସଂଗ୍ରାମ ସମୟର କଥା, ଗଡ଼ଜାତରେ ପ୍ରଜାମେଳି, ତାହା ତୀବ୍ରତର ହେଲା। କ୍ରମେ ପ୍ରଜାମାନେ ବିଦ୍ରୋହ ଆରମ୍ଭ କଲେ। ଦେଶ ସ୍ୱାଧୀନ ହେଲା। ରାଜା ମହାରାଜାଙ୍କ ମୁକୁଟ ଖସିଲା। ତଥାପି ରାଜତନ୍ତ୍ର ପ୍ରଥା, 'କୁ' ଅବା 'ସୁ' ଜୀଇଁ ରହିଲା ବହୁଦିନ ଯାଏ।

ଅନେକ ରାଜା ସଙ୍ଗୀତ ରସିକ। ଯାତ୍ରା ସଙ୍ଗୀତ, ଗୋଟିପୁଅ ନାଚ, ପାଲା, ଦାଶକାଠିଆ, ବହୁ ସମୟରେ ଚାଲେ ରାଜବାଟୀରେ। ରାଜାମାନେ ରସିକ। ତାଙ୍କ ମନୋରଞ୍ଜନ ପାଇଁ ବିଦୂଷକ, ଥାଆନ୍ତି ବି ରାଜକବି। କେହିକେହି ରାଜାଙ୍କ ସାହିତ୍ୟ ପ୍ରୀତି ଉଚ୍ଚକୋଟୀର। ବିଭିନ୍ନ ଦୈନିକ, ପାକ୍ଷିକ ପତ୍ରିକାର ସେମାନେ ଗ୍ରାହକ। ବିଜ୍ଞାପନ ଦାତା ବି। ସେମାନଙ୍କ ସହ ସମ୍ପାଦକଙ୍କର ସୁସମ୍ପର୍କ। ଆଉ କେଉଁ ରାଜା, ଭାରି ଅହଂକାରୀ। ପତ୍ରିକା ମଗାଇ ନିଅନ୍ତି, ବିଲ୍ ପାଇଁ ସାତଥର ଯିବାକୁ ପଡ଼େ। ପ୍ରତୀକ୍ଷା କେବେ ସଫଳ ତ କେବେ ବିଫଳ। ଏ ସବୁ ସୁରେନ୍ଦ୍ର ମହାନ୍ତିଙ୍କ ଅଙ୍ଗେନିଭା କଥା।

ସେ ବାହାର କରୁଥିଲେ 'ଜନତା' ସାପ୍ତାହିକୀ। ଏକ ପ୍ରକାର ବନ୍ଦ ହେବା ଅବସ୍ଥାରେ। ପାଟନା ମହାରାଜା ରାଜେନ୍ଦ୍ର ନାରାୟଣ। ତାଙ୍କ ଶୁଭ ଦୃଷ୍ଟି ପଡ଼ିଲା। ଆର୍ଥିକ ସହାୟତା ବି ମିଳିଲା। ଜନତାର ପୁନଃ ଅଣ୍ଟା ଦମ୍ଭ ହେଲା। ମହାରାଜାଙ୍କ ସହ ସୁରେନ୍ଦ୍ରଙ୍କ ବେଶ୍ ଭାବଲାଭ। ମାତ୍ର ସୋନପୁର ରାଜାଙ୍କ ସହ ତାଙ୍କର ସମ୍ପର୍କ ବି ନଥିଲା। ରାଜା ନିୟମିତ 'ଜନତା' ମଗାନ୍ତି। କିଛି ବିଜ୍ଞାପନ ବି ଦେଇଥିଲେ। ବିଲ୍ ପେମେଣ୍ଟ୍ ହେବ, ଚେକ୍ ଆସେନା, ସମ୍ପାଦକଙ୍କୁ ଯିବାକୁ ହୁଏ। ନଗଲେ ଅଚଳ। ସୁରେନ୍ଦ୍ର ବାହାରିଲେ ସୋନପୁର। ତାଙ୍କ ଶ୍ୱଶୁରଙ୍କର ଖଣ୍ଡେ ଭଙ୍ଗା ହିଲ୍‌ମ୍ୟାନ୍ ଗାଡ଼ି। ସେଇଥିରେ ବାହାରିଲେ ସୋନପୁର।

୧୯୪୭ ମସିହା ଆରମ୍ଭ। ସ୍ୱାଧୀନତା ପ୍ରାପ୍ତି ଆଉ କେଇଟା ମାସ ପରେ। ତଥାପି ରାଜାଙ୍କର ଚାଲିଚଳଣି, ଥାଟବାଟ, କୋର୍ଟ କଚେରି, ଦରବାର - ସବୁ ପୁରୁଣା ଢାଞ୍ଚାର। ସୁରେନ୍ଦ୍ର ବିଭିନ୍ନ ଗଡ଼ଜାତ ଅଞ୍ଚଳ ବୁଲିଥିଲେ। ଅନୁଭୂତି କିଛି କମ୍ ନୁହେଁ। ହେଲେ ସୋନପୁର ରାଜାଙ୍କ ଦରବାର ବିଜେ, ଦୃଶ୍ୟଟି ଥିଲା ହାସ୍ୟାସ୍ପଦ। ଏଇ କଥାଟି ଲେଖିଲେ ଆପଣା ଆତ୍ମଜୀବନୀ 'ପଥ ଓ ପୃଥିବୀ'ରେ। 'ଜନତା'ର ବିଲ୍ ପେମେଣ୍ଟ ହେବ। ଗୋଟେ ଦିନ ସୁରେନ୍ଦ୍ର ଅପେକ୍ଷା କଲେ। ରାଜାଙ୍କ ଦର୍ଶନ ମିଳିଲାନି। ପ୍ରତୀକ୍ଷାର ମୁହୂର୍ତ୍ତ ଭାରି ଯନ୍ତ୍ରଣାଦାୟକ। ଦ୍ୱିତୀୟ ଦିନ। ସୁରେନ୍ଦ୍ର ପହଞ୍ଚିଲେ ରାଜ ପ୍ୟାଲେସ୍ ପାଖରେ। ସିଂହଦ୍ୱାର ସାମ୍ନାରେ ଗୋଟେ ଲମ୍ବା ଚାଳଛପର ଘର। ପିଣ୍ଡା ଉପରେ ଜେଇଜଣ ଛାମୁଆ ଶ୍ରେଣୀର ଲୋକ। ସୁରେନ୍ଦ୍ର ସେମାନଙ୍କୁ ରାଜ ସାକ୍ଷାତ୍ କଥା କହିଲେ। ସହାନୁଭୂତିଶୀଳ ଉତ୍ତର ମିଳିଲା। ଛାମୁଙ୍କ ସାଙ୍ଗେ ଘଣ୍ଟାକ ମଧ୍ୟରେ ସାକ୍ଷାତ୍ ହେବ - ଏ ଆଶାଟି ଉଦ୍ରେକ ହେଲା। ସୁରେନ୍ଦ୍ର ବସିଥାଆନ୍ତି ପିଣ୍ଡା ଉପରେ। ଦେଖିଲେ ଗୋଟେ ଅଦ୍ଭୁତ ଦୃଶ୍ୟ। ଦଶ ପନ୍ଦର ମିନିଟ୍ ଅନ୍ତରରେ, ଜଣେ ଜଣେ ଭାରୁଆ ଆସୁଥାଆନ୍ତି। କାନ୍ଧରେ ବାହୁଙ୍ଗା, ଦି' ପାଖ ଶିକାରେ ବଡ଼ବଡ଼ ବସ୍ତା। ନଅର ଭିତରକୁ ପଶୁଥାଆନ୍ତି। କଳାକଳା ଲୋକ, ସେମିତି ଆଉ ଦଳେ କଳାପିଠିଆ, ସେମାନେ ଆଗପଛ ହେଇ ବାହାରୁ ଥାଆନ୍ତି। କଳା ଚଉଡ଼ା ପିଠି। ଝାଳ ଚକ୍‌ଚକ୍ କରୁଛି। ପିନ୍ଧା କୋଚଟ ଲୁଗା, ଆଣ୍ଠୁ ଛୁଉଁ ନଥାଏ। ସେମାନେ ଖୁବ୍ ମଜବୁତ୍। ଗୋଡ଼ ଭଣ୍ଡା, କଦଳୀ ପୁଆପରି ମୋଟାମୋଟା। ଭାରବାହୀଙ୍କ ଯିବା ଆସିବା, ଉଦ୍ଦେଶ୍ୟ ବୁଝିବା କାଠିକର ପାଠ। ଆହୁରି ଏକ ରୋମଟାଙ୍କୁରା ଦୃଶ୍ୟ। ବଣୁଆ ଶିକାରୀ ଆସୁଥାଆନ୍ତି। କାହା କାନ୍ଧରେ ମଲା ମିରିଗ ତ କିଏ ଆଣିଛି ମଲା ବାର୍‌ହା। ସାହିତ୍ୟିକ ସୁରେନ୍ଦ୍ର, ତାଙ୍କ ଭାବରାଜ୍ୟ ଚହଲିଗଲା। ମନକୁ ଆସିଲା ଚିତ୍ରକଳ୍ପଟେ। ରାକ୍ଷସର ଉଦର-ଗହ୍ୱର, ତା' ଭିତରକୁ ଠେଲି ହେଇଯାଉଛନ୍ତି ମଣିଷ ଆଉ ଜୀବଜନ୍ତୁ। ଏସବୁ

ଏକ ହିଂସ୍ର ଧକ୍‌କାର ଆଘାତ। ରାକ୍ଷସର ପନ୍‌ଝା ତାଙ୍କୁ ପଛରୁ ଧକ୍‌କା ଦେଉଛି। ଏଇ ତ ଶୋଷଣର ବିଶ୍ୱରୂପ! ଆଉ ଗୋଟେ ଲୋକ ଖଞ୍ଜା ଭିତରେ। ପିଣ୍ଡାରେ ବିଛା ଖଣ୍ଡେ ଚଟେଇ। ତା'ରି ଉପରେ ବସିଛି। ଆଗରେ ଡେକ୍‌ସଟାଏ। ତା'ରି ଉପରେ ରୋକଡ଼ ଖାତା। ସୂତାଲଗା ଚଷମା ନାଇଚି। ହିସାବ ଲେଖି ଚାଲିଛି। ସୁରେନ୍ଦ୍ର ସେଠାକୁ ଗଲେ। ବସ୍ତାବସ୍ତା ଧାନ, ଚାଉଳ, ସୋରିଷ, ସବୁ ପିଣ୍ଡାମାନଙ୍କ କାନ୍ଥରେ ଡେରା ହୋଇଛି। ଆଟୁଘର, ଭିତରଟା ଖୁବ୍ ଅନ୍ଧାର। ଅଗଣାରେ ଦଶ ବାରଟା ମଲା ହରିଣ, ସାତ ଆଠଟା ମଲା ବାର୍‌ହା। ସେଇ କଳାପିଠିଆ ମଣିଷ। କ'ଣ ସବୁ ରୋକଡ଼ରେ ଲେଖଉଥିଲେ। ହାତରେ ଖଣ୍ଡେ ଖଣ୍ଡେ ଛିଣ୍ଡା ଗାମୁଛା। ଝାଳ ପୋଛିପୋଛି ଯାଉ ଥାଆନ୍ତି, ଶ୍ରମ ଝାଳ। ଖରା, ବରଷା, କାକର। ଏଇ କାଠୁଆ ମଣିଷମାନେ, ଖାତିର ନଥାଏ, ଫସଲ ଅମଳ କରନ୍ତି। ସିଂହଭାଗ ଯାଏ ରାଜଭଣ୍ଡାରକୁ। ଫସଲ ଶୋଭାପାଏ କ୍ଷେତରେ, ସୁନ୍ଦର ଦିଶେ ଚାଷୀର ଖଳାରେ। ମା' ଲକ୍ଷ୍ମୀ ବିଜେ କରନ୍ତି। ସେଇ ଫସଲ, ଆଜି ରାଜଭଣ୍ଡାରରେ ଅତ୍ୟନ୍ତ ଲାଞ୍ଛିତ, ଅପମାନିତ। ମଳିନ ବି। ଲକ୍ଷ୍ମୀଙ୍କର ଭଣ୍ଡାରକୁ ସ୍ୱଇଚ୍ଛାରେ ବିଜେ ନୁହେଁ। ସତେ ଯେମିତି ସେ କେଶାକୃଷ୍ଟା ହୋଇ ଆସିଛନ୍ତି। ଠିକ୍ କୁରୁସଭା ତଳେ ପାଞ୍ଚାଳୀଙ୍କ ବସ୍ତ୍ରହରଣ ପରି।

ଛାମୁଙ୍କୁ ଅପେକ୍ଷା। ବିଜେ କରିବେ ଦରବାରକୁ। ହଠାତ୍ ସମସ୍ତେ ଚଳଚଞ୍ଚଳ। ସିଂହଦ୍ୱାର ଆଡ଼େ ସୁରେନ୍ଦ୍ରଙ୍କ ନଜର। ସିଂହଦ୍ୱାରରେ ଖାକି ପୋଷାକ ପିନ୍ଧା ମଡ଼ିଆ ମନ୍ତ୍ରୀମାନେ। ହଠାତ୍ ଛାତି ଫୁଲେଇ ଦେଲେ। ସିଂହଦ୍ୱାର ଫିଟିଲା। ପ୍ରଥମେ ଛାମୁଙ୍କ ପୃଥୁଳ ଉଦରଟି ଉଙ୍କି ମାରିଲା। ଛାମୁଆ, ଗୁହାରିଆ, କଳାପିଠିଆମାନେ ସମସ୍ତେ ଜାଗତିଆର। ଆଣ୍ଠୁଭାଙ୍ଗି, ଅଣ୍ଟା ନୁଆଁଇ ଛାମୁଙ୍କୁ ଜୁହାର, ଅଭିବାଦନ ଜଣାଇଲେ। ଛାମୁଙ୍କ ପିନ୍ଧା ଲୁଗା କୁଞ୍ଚ, ଟେକି ଧରିଛି ଜଣେ ପାଖଲୋକ। ପଛରେ, ଡେଙ୍ଗା ହୋଇ ଆଉଜଣେ, ରାଜାଙ୍କ ପାନବଟା ତା' ହାତରେ - ଚାଲିଛି ପଛେପଛେ। ତା' ପାଖକୁ ଆଉ ଜଣେ, ହାତରେ ପିକଦାନି। କୁଞ୍ଚଧରାଳି ପାଖକୁ ପାଖ ଆଉ ଜଣେ। ତା' ହାତରେ ଗୋଟାଏ ସଫେଦ୍ ଚଉତା ତଉଲିଆ। ଛାମୁଙ୍କ ଆଗେ ଆଗେ ଆଉଜଣେ। ତା'ର ଅଙ୍ଗଭଙ୍ଗୀ ହାସ୍ୟ ଉଦ୍ରେକକାରୀ। କୁଲା ପାଛୁଡ଼ିବା ପରି ତା'ର ଅଙ୍ଗଭଙ୍ଗୀ, ଶୂନ୍ୟରେ ରାସ୍ତା ସଫା କରିଚାଲିଛି। ଏମିତି ଛାମୁଙ୍କ ପଟୁଆର। ହଠାତ୍ ବାଟରେ ଅଟକି ଗଲେ। କୂଅ ପାଖରେ ଥାଏ ସୁରେନ୍ଦ୍ରଙ୍କ ଭଙ୍ଗା କାର୍ ଖଣ୍ଡକ। ସେଠାରେ ଥାଆନ୍ତି ଆଉ କେତେକ ଛାମୁଆ, ବଡ଼ କଟମଟ କରି ସୁରେନ୍ଦ୍ରଙ୍କୁ ଚାହିଁଲେ। ଦୁଇଜଣ ସେନ୍ତରା ସିପାହୀ, ଧପାଳି ଆସିଲେ। ଚିତ୍କାର କଲେ - "ଗାଡ଼ି ହଟାଅ, ଗାଡ଼ି ହଟାଅ।" ଛାମୁ ଦାଣ୍ଡରେ ବାହାରନ୍ତି, ଗାଡ଼ି ମଟର ରଖିବା ନିଷେଧ। ରାଜା ବିରକ୍ତ ହୁଅନ୍ତି।

କୁଆଡ଼େ ଛାମୁଙ୍କ ମର୍ଯ୍ୟାଦାହାନି ହୁଏ ! ଏ କଥାଟି ଲୋକେ କୁହାକୁହି ହୁଅନ୍ତି । ସୁରେନ୍ଦ୍ର ଅସହାୟ । ଡ୍ରାଇଭର ନାହିଁ । ଏଣେ ସିପାହୀଙ୍କ ତାଡ଼ନା, ଆଉ ମାତ୍ର ଗୋଟିଏ ହାତ ଦୂର । ରାଜା ପହଞ୍ଚିଲେ ଶାସ୍ତି । ଉପସ୍ଥିତ ସିପାହୀଙ୍କ ସହ ସୁରେନ୍ଦ୍ର ମିଳିମିଶି ଜରାଜୀର୍ଣ୍ଣ ହିଲ୍‌ମ୍ୟାନ୍ ଗାଡ଼ି ଠେଲି ଆଗକୁ ନେଲେ । ଗାଡ଼ିଟି ଛାମୁଙ୍କ ଦୃଶ୍ୟପଟରୁ ସାମାନ୍ୟ ଦୂରେଇ ଗଲା । ପଟୁଆରଟି ପୁଣି ଆଗେଇଲା । ଛାମୁ ଦରବାରକୁ ବିଜେ କଲେ । ସୁରେନ୍ଦ୍ରଙ୍କ ଲେଖକ ମନ । ତାଙ୍କ ସ୍ୱାଭିମାନ ଉପରେ କୁଠାରଘାତ । ରାଜାଙ୍କୁ ପ୍ରଜାଏ ଚିହ୍ନନ୍ତି, ସେ ଜଣାଶୁଣା ସେଇ ସୋନପୁରରେ । ଲେଖକକୁ ଜାଣେ ଦେଶ ବିଦେଶ । ରାଜା ପୂଜା ପାଏ ସ୍ୱଦେଶରେ, ବିଦ୍ୱାନର ପୂଜା ସାରା ଜଗତରେ । ସୁରେନ୍ଦ୍ରଙ୍କ ଲେଖକୀୟ ସ୍ୱାଭିମାନ ବାରଣ କଲା । ଟଙ୍କା ପଛେ ନ ମିଳୁ, ସେ ଅହଙ୍କାରୀ ରାଜାଙ୍କୁ ଭେଟିବେନି । ଅଗତ୍ୟା ବାହୁଡ଼ିଲେ ଶୂନ୍ୟହସ୍ତରେ ।

ସୁରେନ୍ଦ୍ର, ବେସିକାଲି ଜଣେ ଲେଖକ । ତାଙ୍କର ସାଂସାରିକ ବୁଦ୍ଧି ଖୁବ୍ କମ୍ । ଘରକରଣା ବି । ଏଇଥିପାଇଁ ପତ୍ନୀ ଖପ୍ପା । ସ୍ୱାଭାବତଃ ସେ ବେହିସାବୀ । ଲେଖକର ବା କି ହିସାବ ? ଗଛରେ କ'ଣ ଆମ୍ବ ଫଳେ ଗଛ ହିସାବ କରେ ? ଫୁଲ ଗଛରେ ଫୁଲ ଝରାଇବାରେ କ'ଣ ଗଛର ଥାଏ କାର୍ପଣ୍ୟ ? ଏଇ ଗଛମାନେ, ସମସ୍ତେ ତାଙ୍କ ଗୁରୁ । ଅଦିଆଙ୍କ ପାଖରେ ହାତ ପତାଇବାକୁ ତାଙ୍କର ନା । ଆପଣାର ବ୍ୟକ୍ତିତ୍ୱର ବଳିଦାନ, ଲେଖକ ପାଇଁ ଖୁବ୍ ଯନ୍ତ୍ରଣା ଦାୟକ । ଏ କଥାଟି ସୁରେନ୍ଦ୍ରଙ୍କୁ ଅଜଣା ନଥିଲା । ପାଟନା ମହାରାଜା ଜାଣିଥିଲେ । ସୋନପୁର ରାଜା ଟଙ୍କାର କୁମ୍ଭୀର । ସୁରେନ୍ଦ୍ରଙ୍କ ତାଙ୍କ ସହ ସମ୍ପର୍କ ବଢୁ - ଏଇ କଥାଟି ସେ ଚାହୁଁଥିଲେ । ସେଇଥି ପାଇଁ ତାଙ୍କୁ ଭେଟିବାକୁ ଏକଦା କହିଥିଲେ । ଉଦ୍ଦେଶ୍ୟ 'ଜନତା'ର ଦୀର୍ଘ ଜୀବନ ସହ ଆଉ ଏକ ଦୈନିକୀ 'ଗଣତନ୍ତ୍ର'ର ପ୍ରକାଶ । ଭାତହାଣ୍ଡିରୁ ଗୋଟିଏ ଚିପିଲେ ଯଥେଷ୍ଟ । ଆପଣାର ନ୍ୟାଯ୍ୟ ପ୍ରାପ୍ୟ, ସେଇଥିରେ ଦିନ ଦିନ ଅପେକ୍ଷା । ଆଉ ଗୋଟେ ପେପର୍ ପାଇଁ ସାହାଯ୍ୟ, ତାହା ଥିଲା ହାତ ପାହାନ୍ତାର ଦୂରରେ । ସୋନପୁର ରାଜାଙ୍କ ଦରବାର ବିଜେ ଦୃଶ୍ୟ, ସୁରେନ୍ଦ୍ରଙ୍କ ପାଇଁ ଅଭୁଲା ରହିଯାଇଥିଲା । ଲେଖକ ଦେଖିଲେ ରାଜାଙ୍କ ଅହଙ୍କାରକୁ, ପ୍ରଜାମାରଣ ନୀତିକୁ । ଦିନ ସମାନ ଯାଏନି, ଆଜି ଯାହାର ପାଲିଙ୍କି ଉପରେ ପାଟଛତା, କାଲି ବେଡ଼ି ଉପରେ କୋରଡ଼ା । ଆଜି ଯେ ରାଜେନ୍ଦ୍ରାସନେ କାଲି ସେ ପଥପ୍ରାନ୍ତ ଭିକାରି । ସୁରେନ୍ଦ୍ର ତା'ବି ଦେଖିଲେ । କାଳ କାହାରିକୁ କ୍ଷମା ଦିଏନି । ଶେଷରେ ରାଜା ମହାରାଜାଙ୍କ ମୁକୁଟ ଖସିଲା । ଏ ଥିଲା ବିଧିର ବିଧାନ ।

■

ଭୁବନେଶ୍ୱର ବନାମ ଗ୍ରେଟର କଟକ

୧୯୪୮ ମସିହା ଅପ୍ରେଲ୍ ୧୪ ତାରିଖ। ଭାରତର ପ୍ରଧାନମନ୍ତ୍ରୀ ଜବାହରଲାଲ ନେହେରୁ। ଭୁବନେଶ୍ୱର ଓଡ଼ିଶାର ରାଜଧାନୀ ହେବ, ପଣ୍ଡିତ ନେହେରୁ ଭିତ୍ତିପ୍ରସ୍ତର ସ୍ଥାପନ କଲେ। କ୍ରମେ ଭୁବନେଶ୍ୱରର ନକ୍ସା ବଦଳିଲା। ସେ ପର୍ଯ୍ୟନ୍ତ ଭୁବନେଶ୍ୱରର କୁମାରୀ ଚେହେରା ଥାଏ ଅକ୍ଷତ। ଥାଏ ରେଳଷ୍ଟେସନଟେ, ଯେମିତି କ୍ରିଷ୍ଟମାସ ଗ୍ରିଟିଙ୍ଗ୍ କାର୍ଡ଼ଟେ। ଖପୁରିଲି ଛପର ରେଳଷ୍ଟେସନ। ଚଉପାଶ ବେତଲଟା, କଣ୍ଟେଇ କୋଳିର ଝୁପ୍‌ଝୁପିଆ ଜଙ୍ଗଲ। ଥାଏ କୋଚିଲା ଆଉ ଆମ୍ବବଣ। ସକାଳୁ ସଞ୍ଜ ଯାଏଁ, ଅଦୂରରୁ ରହି ରହି ଭାସି ଆସେ ମଇଁଷି ବେକ ଟିପା ଶବ୍ଦ। ଏବେକା ନୂଆ ରାଜଧାନୀର ସୌଖୀନ ଅଞ୍ଚଳ। ସେବେ ଥାଏ ମଇଁଷିଆଳଙ୍କ ଚରାଭୂଇଁ। ଚନ୍ଦକାର ଘଞ୍ଚ ଜଙ୍ଗଲ, ଦିନରେ ବାଘ ବାହାରନ୍ତି। ଲୋକେ ତ୍ରସ୍ତ, ଚାରିଆଡ଼େ କୋଚିଲା ଗଛର ଶୀତୁଳିଆ ଛାଇ, ତା'ରି ଭିତରେ କାପ୍ତାର ଘୁମୁରା। ମନ କିଣିନିଏ। ଶେଷରେ ଭୁବନେଶ୍ୱର ରାଜଧାନୀ ହେଲା। ହଜିଗଲା ପ୍ରକୃତିର ଶୋଭା ସୁଷମା। କେଇଟା ବର୍ଷ; ମାତ୍ର କେଇବର୍ଷରେ, ଭୁବନେଶ୍ୱର ଇଟା କଂକ୍ରିଟ୍‌ର ଜଙ୍ଗଲ। ଦିନେ ହିଂସ୍ର ଜନ୍ତୁଙ୍କର ଥିଲା ଆଶ୍ରୟ ସ୍ଥଳ, ଶ୍ୱାପଦମାନେ ଏବେ ଦ୍ୱିପଦକୁଳରେ ରୂପାନ୍ତରିତ। ଦ୍ୱିପଦକୁଳ ତୀକ୍ଷ୍ଣ ନଖ ଦନ୍ତ ବିଶିଷ୍ଟ ନୁହନ୍ତି। କ୍ଷତବିକ୍ଷତ କରି ଲହୁ ଶୋଷନ୍ତିନି, ଏମାନଙ୍କର ଶୋଷଣ ସମ୍ପୂର୍ଣ୍ଣ ଅହିଂସ। ମୂରୁଖ ମଳିମୁଣ୍ଡିଆଙ୍କୁ ଶୋଷନ୍ତି। ଭିତରେ ବାଘ, ଓଠରେ ସ୍ମିତ ହାସ୍ୟ। ବାଃ ବାଃରେ କ୍ୟାପିଟେଲ! ସେଇ କ୍ୟାପିଟେଲ୍; କଟକରେ ନା ଭୁବନେଶ୍ୱରରେ। 'ଗ୍ରେଟର କଟକ'ରେ ହେବା ସିଦ୍ଧାନ୍ତ ହେଉଥାଏ। ଡଃ ମହତାବ, ତତ୍‌କାଳୀନ ମୁଖ୍ୟମନ୍ତ୍ରୀ। ଭୁବନେଶ୍ୱର ଓଡ଼ିଶାର ରାଜଧାନୀ ହେବ, ତାଙ୍କରି ସିଦ୍ଧାନ୍ତ କାର୍ଯ୍ୟକାରୀ ହେଲା। କିଛି ବର୍ଷ ଧରି ସୃଷ୍ଟ କଳ୍ପନା ଜଳ୍ପନା, ଶେଷରେ ଅନ୍ତ ହେଲା। ରାଜଧାନୀ ଭୁବନେଶ୍ୱର। ଏବେ ଧୋବ ଧଉଳିଆ, ବଡ଼ ବଡ଼ିଆଙ୍କ ଚରାଭୂଇଁ।

ଦ୍ୱିତୀୟ ମହାସମରର ଶେଷ ସମୟ। ଓଡ଼ିଶାର ଆଡ଼ଭାଇଜର ଗୋଖଲେ। ଓଡ଼ିଶାର ସେତେବେଳକା ଗଭର୍ଣ୍ଣର ସାର୍ ହର୍ଥର୍ଣ୍ଣ ଲୁଇସ୍। ଗୋଖଲେଙ୍କ ଦାୟିତ୍ୱ ଯୁଦ୍ଧ ପରବର୍ତ୍ତୀ ପୁନଃ ନିର୍ମାଣ। ଏବେକା କଟକ ହସ୍‌ପିଟାଲ। ତା' ପରିସରରେ ଥାଏ ଧାଡ଼ିଏ ଆଜବେଷ୍ଟସ୍ ଘର। ସେଇଥିରୁ ଗୋଟିଏ ଗୋଖଲେଙ୍କ ଅଫିସ୍। ବସ୍ତୁତଃ ଓଡ଼ିଶାର ସେକ୍ରେଟେରିଏଟ୍ ଦପ୍ତରି ସେଇ ପରିସର ମଧ୍ୟରେ। ପୂର୍ବରୁ ଥିଲା ଅଦାଲତ। ଲୋକ ମୁଖରେ ସ୍ଥାନର ନାଁ ପୁରୁଣା ଅଦାଲତ। ଅଜଣା ଲୋକେ ସେକ୍ରେଟେରିଏଟ୍ କଥା ପଚାରନ୍ତି। ଅନେକଙ୍କ ଜ୍ଞାତସାର ବାହାରେ ସେ ଜାଗା। ପୁରୁଣା ଅଦାଲତ କହିଲେ ସମସ୍ତେ ଜାଣନ୍ତି। ହାତଟଣା ରିକ୍‌ସାବାଲାଟି ବି ସେ ସ୍ଥାନ ଜାଣେ। ନେଇ ପହଞ୍ଚାଇ ଦିଏ। ଗୋଖଲେ ଓଡ଼ିଶାର ରାଜଧାନୀ କଥା କଳ୍ପନା କଲେ। 'ଗ୍ରେଟର କଟକ'କୁ ବାଛିଲେ। ମହାନଦୀ ଉପରେ ସେତୁଟେ ନିର୍ମାଣ ଲୋଡ଼ା। ଚୌଦୁଆର ରାଜଧାନୀ ହେବ। ଏଇଟି ଗୋଖଲେଙ୍କ ଯୋଜନାର ମୋଟାମୋଟି କଥା। ସେବେ ପୋଲ ତିଆରି ସହଜ ନୁହେଁ। ଲୋଡ଼ା ଟଙ୍କା, ସେ ତ 'ଶ' ବା 'ହ'ରେ ନୁହେଁ। ଅନ୍ୟୂନ ତିନି କୋଟି। ଆସିବ ବା କେଉଁଠୁ? ତାହାହିଁ ମୁଖ୍ୟ ସମସ୍ୟା। ଠିକ୍ ସେତିକିବେଳେ ଡଃ ମହତାବ ପ୍ରସ୍ତାବ ଦେଲେ। ଭୁବନେଶ୍ୱର ରାଜଧାନୀ ହେବ। ଭୁବନେଶ୍ୱର ବନାମ ଗ୍ରେଟର କଟକ। ଢେର୍ ବାଦବିସମ୍ବାଦ ଚାଲିଲା। ମହତାବ ମୁଖ୍ୟମନ୍ତ୍ରୀ, ତାଙ୍କରି କଥା ରହିଲା।

ଭାରତର ବଡ଼ବଡ଼ ସହର, ସବୁ ପ୍ରାୟ ନଦୀକୂଳରେ। ଜଳର ଅନ୍ୟନାମ 'ଜୀବନ'। ଅନ୍ତତଃ ପକ୍ଷେ ଜଳକଷ୍ଟ ତ ରହିବନି। ସେଇଥି ପାଇଁ ଭାରତର ସଭ୍ୟତା ନଦୀମାତୃକା ସଭ୍ୟତା। ଗ୍ରେଟର କଟକ ରାଜଧାନୀ ହୋଇଥାଆନ୍ତା। ଇତିହାସ ପରମ୍ପରା ସହ ଅବିଚ୍ଛେଦ୍ୟ ସଂଯୋଗ ଥାଆନ୍ତା। ଏଥିରେ ଲାଭ ଅଧିକ, କ୍ଷତି ବା କ'ଣ? ଭୁବନେଶ୍ୱର ଅନିନ୍ଦ୍ୟ ସୁନ୍ଦରୀ, ତା' ରୂପ ଲାବଣ୍ୟ ମନଜିଣା। ସବୁଦିନେ ରହିଥାଆନ୍ତା, ହୋଇ ଯାଇଥାଆନ୍ତା ଅଧିକ ସୌନ୍ଦର୍ଯ୍ୟବତୀ। ରାଜଧାନୀର ବିଷ-ବିଶ୍ୱାସ, ଉତ୍ପୀଡ଼ିତ ଜନସାଧାରଣ, ଜନତାଙ୍କ ଧାଡ଼ି ଛୁଟିଥାଆନ୍ତା। ଏକାମ୍ର କାନନର ସ୍ନିଗ୍ଧ-ତରୁଛାୟା ମନ ମୋହିଥାଆନ୍ତା। ତାହା ନୋହିଲା। ନୂଆ ନୂଆ ରାଜଧାନୀ କାମ, ଚାଲିଲା ବୁଲ୍‌ଡ୍ରୋଜର। ବିରାଟ ବିରାଟ ବୃକ୍ଷରାଜି, ଲତାଗୁଳ୍ମ ବିଶୋଭିତ କାନନ, କ୍ରମେ ବିଲୟ ଭଜିଲେ। ଶେଷରେ ଭୁବନେଶ୍ୱର ପାଲଟିଲା ଗୋଟାଏ ସ୍ଲମ୍ ସିଟି। ଏହାର ନିର୍ମାଣଶୈଳୀ, ନଥିଲା ବୈଶିଷ୍ଟ୍ୟ, ଭୁବନେଶ୍ୱର କଳା ସ୍ଥାପତ୍ୟର ସାମାନ୍ୟ ସୂଚନା ବି। ମନ୍ଦିର ମାଳିନୀ ଭୁବନେଶ୍ୱର, ରାଜଧାନୀ ଭୁବନେଶ୍ୱର। କେତେ ବୈସାଦୃଶ୍ୟ ସତେ!

ସ୍ରଷ୍ଟା, ସାମ୍ବାଦିକ, ରାଜନୀତିଜ୍ଞ ସୁରେନ୍ଦ୍ର ମହାନ୍ତି। ବଖାଣିଛନ୍ତି ଆପଣାର

ମନବ୍ୟଥା। ପ୍ରକାଶଭଙ୍ଗୀ ଅତୀବ ଚମତ୍କାର। ଦୁଇ ଯୁଗ, ଦୁଇ ସଂସ୍କୃତି। ନାନ୍ଦନିକ ସମନ୍ୱୟ ନାହିଁ, ଭୁବନେଶ୍ୱର ଗୋଟେ ଅକ୍ଟୋପାଶ୍ ସଦୃଶ, ବଢ଼ାଇ ଦେଇଛି ତା'ର କ୍ଷୁଧିତ ଟେଣ୍ଟାକଲ୍ସ। ସବୁ ଦୃଷ୍ଟିରୁ 'ଗ୍ରେଟର କଟକ', ରାଜଧାନୀ ହେବା ଅଧିକ ଯୁକ୍ତି ସମ୍ମତ। ଏକଥା ସୁରେନ୍ଦ୍ର ବ୍ୟକ୍ତ କରିଛନ୍ତି। ଭବିଷ୍ୟତ ସବୁ ବେଳେ ଆକଳନ ବାହାରେ। ଅନେକ ରାଜଧାନୀ ଭୁବନେଶ୍ୱରକୁ ନେଇ ଚିନ୍ତିତ। ଆଗକୁ ଜଳକଷ୍ଟ, ପରେ ଉତ୍କଟ ହେବ। ସହରଠାରୁ ପ୍ରାୟ ୧୫ କି.ମି. ଦୂର। କ୍ଷୀଣସ୍ରୋତା କୁଆଖାଇ ଆଉ ଦୟା। ଏହି ନଦୀ ଉପରେ ଯାହା ଭରସା। କେଶରୀ ବଂଶ ରାଜାମାନେ, ମନୋନିବେଶ କଲେ। ଗଢ଼ିଲେ ମନ୍ଦିରମାଳିନୀ ଭୁବନେଶ୍ୱର। ମାତ୍ର ଉତ୍କଳର ରାଜଧାନୀ ରୂପେ ବାଛିଲେନି। ବ୍ରିଟିଶ୍ ଅମଳ ଯାଏ, କଟକ ଓଡ଼ିଶାର ରାଜଧାନୀ। ଐତିହାସିକ ପୁରୋଦୃଷ୍ଟି ସମ୍ପନ୍ନ ମହତାବ, ବାଛିଲେ ଭୁବନେଶ୍ୱରକୁ। ଏହା ପଛରେ ଥିଲା ତାଙ୍କର ଦୂରଦୃଷ୍ଟି। ବିଜ୍ଞାନର ନାହିଁ ନଥିବା ପ୍ରଗତି। ଅସମ୍ଭବ ଆଜି ସମ୍ଭବ। ଆରବ ରାଷ୍ଟ୍ରକୁ ମିଠା ଜଳ ଯୋଗାଯାଇ ପାରୁଛି। ଜଳ ଯୋଗାଣ ଏବେ ସମସ୍ୟା ରହିତ। ଏ ପରିପ୍ରେକ୍ଷୀରେ ମହତାବଙ୍କ ପଦକ୍ଷେପ। କିଛି ମନ୍ଦ ନଥିଲା।

ସେଦିନ (୧୯୪୮, ଏପ୍ରିଲ୍ ୧୪) ନେହେରୁ ଶୁଭ ଦେଲେ। ଭିତ୍ତିପ୍ରସ୍ତର ସ୍ଥାପିତ ହେଲା, ଏବେକା ବିଧାନସଭା ଭବନ, ଠିକ୍ ସେଇଠି। ସୁରେନ୍ଦ୍ର ଜଣେ ସାମ୍ବାଦିକ। ଯୋଗଦେଲେ ସେଇ ଉତ୍ସବରେ, ରେଳଷ୍ଟେସନ୍‌ରେ ଓହ୍ଲାଇଲେ, ରିକ୍ସାଟେ ନାହିଁ। ପାଦରେ ଚାଲିଲେ। ଝୁପୁଝୁପିଆ ଗୁଳ୍ମାକୀର୍ଣ୍ଣ ପ୍ରାନ୍ତର। କୋଚିଲାବଣ ଭିତରେ ପାଦ ଚଲା ରାସ୍ତା। ତା'ରି ଉପରେ ଚାଲିଚାଲି ଗଲେ। ଆଖିରେ ପଡ଼ିଲା ନୂଆ ଦୃଶ୍ୟ। ଚାଲିଛି ବୁଲ୍‌ଡ୍ରୋଜର। ବଡ଼ ବଡ଼ ଗଛ, ଭୀଷଣ ଆଘାତ, ଆସ୍ତେ ଟଳି ପଡୁଛନ୍ତି। ସତେ ଯେମିତି କ୍ଷୁଧିତ ରାକ୍ଷସ, ସବୁ ଗ୍ରାସ କରିବାକୁ ଉଦ୍ୟତ। ଭୁବନେଶ୍ୱରର ଶାନ୍ତି, ସ୍ନିଗ୍ଧତା, ପରିବେଶ - ସବୁ ଗ୍ରାସ କଲା ସଭ୍ୟତା ଆଉ ରାଜନୀତି। ଯନ୍ତ୍ର ଦାନବର ମହାକ୍ଷୁଧା, ମରି ହଜିଗଲା ସୌନ୍ଦର୍ଯ୍ୟବତୀ ଭୁବନେଶ୍ୱର।

ଓଡ଼ିଶାର ରାଜଧାନୀ। ଏକଦା ତାକୁ ନେଇ ଆଉ ଏକ ସ୍ୱପ୍ନ। ସ୍ୱାଧୀନତା ପୂର୍ବରୁ ଓଡ଼ିଆରେ କୋ-ଆଲିଏସନ ମନ୍ତ୍ରିମଣ୍ଡଳ, ପ୍ରଧାନମନ୍ତ୍ରୀ ପାରଳା-ମହାରାଜା। ବ୍ରହ୍ମପୁର ନିକଟବର୍ତ୍ତୀ ରଙ୍ଗେଇଲୁଣ୍ଡା, ସେଇଠି ରାଜଧାନୀ ହେବ। ଏକ ପ୍ରକାର ସିଦ୍ଧାନ୍ତ ସ୍ଥିର। ମାତ୍ର ଭାରତ ରାଜନୀତିର ପଙ୍କିଳ ସ୍ଥିତି। ଭବିଷ୍ୟତ ଅନ୍ଧକାର। ଭାରତ ସରକାର ଏକ ସ୍ଥିର ସିଦ୍ଧାନ୍ତରେ ପହଞ୍ଚିଲେନି। ରଙ୍ଗେଇଲୁଣ୍ଡାର ଅବସ୍ଥିତି, ପାରିପାର୍ଶ୍ୱିକ ଅବସ୍ଥା, ନଥିଲା ସୁବିଧାଜନକ। ବହୁ ପ୍ରତିବାଦ ଉଠିଲା, ଶେଷରେ ପ୍ରସ୍ତାବଟି ପ୍ରସ୍ତାବରେ ରହିଗଲା। ରଙ୍ଗେଇଲୁଣ୍ଡା, ଗ୍ରେଟର କଟକ, ଭୁବନେଶ୍ୱର; ଶେଷଟି ରାଜଧାନୀ ପାଇଁ

ଅଧିକ ଯୁକ୍ତିଯୁକ୍ତ, ତାହା ଏବେ ପ୍ରମାଣିତ। ଭଲ-ମନ୍ଦ, ସୁନ୍ଦର-ଅସୁନ୍ଦର, ସୁଖ-ଦୁଃଖ, ଦିନ-ରାତି। ଏ ତ ଚିରନ୍ତନ ସତ୍ୟ। ଯଦି ପାଇବା ସତ୍ୟ, ହରାଇବା କି ମିଥ୍ୟା? ଏ କ୍ଷେତ୍ରରେ ଓଡ଼ିଶାର ରାଜଧାନୀ। ହରାଇଥିଲା ଆପଣାର ପ୍ରାକୃତିକ ସୌନ୍ଦର୍ଯ୍ୟ ଟିକକ, ପାଲଟିଲା ସ୍ମାର୍ଟ ସିଟି। ଏହା ସଭ୍ୟତାର ନମୁନା। ରାଜଧାନୀ ଭୁବନେଶ୍ୱର ଯେ ସ୍ୱାଗତ ଯୋଗ୍ୟ - ଅସ୍ୱୀକାର କରିବାର କିଛି କାରଣ ବି ନାହିଁ।

୧୯୫୨ ମସିହା ବେଳର କଥା। ତଥାପି ରାଜଧାନୀ ନିର୍ମାଣ ଅସମ୍ପୂର୍ଣ୍ଣ। ସେକ୍ରେଟାରିଏଟ୍ ତିଆରି ହେବାକୁ ବାକି। ଅଫିସରମାନଙ୍କ ପାଇଁ କ୍ୱାଟରର୍ସ ନିର୍ମାଣାଧୀନ। ତାହା ପର୍ଯ୍ୟାପ୍ତ ନୁହେଁ। ଅଧୁନା ବାପୁଜୀନଗର। ସେବେ ରେଳଧାରଣା କଡ଼େ କଡ଼େ ଛୋଟ ଜନବସତିଟେ, ସେଇଠି ଏକ ଦସ୍ତା ଛପର ଘର, ଅଫିସର୍ସ କ୍ଲବ୍। ଅଫିସ ନଥାଉ, ହେଲେ ଅଫିସର୍ସଙ୍କ ଚିତ୍ତ ବିନୋଦନ - କ୍ଲବ୍‌ଟେ ଲୋଡ଼ା। ଏଇଟା ସଭ୍ୟତାର ଲକ୍ଷଣ! କ୍ଲବ୍‌ଟି ଓଡ଼ିଶା ବିଧାନସଭାର ପହିଲି ପ୍ରକୋଷ୍ଠ। ଏମ୍.ଏଲ୍.ଏ.ଙ୍କ ପାଇଁ କ୍ୱାଟର ନାସ୍ତି। ଚତୁର୍ଥ ଶ୍ରେଣୀ କର୍ମଚାରୀଙ୍କ ପ୍ରକୋଷ୍ଠ, ସେମିତି ଥିଲା ବିଧାୟକମାନଙ୍କ ପାଇଁ। କୋରାପୁଟ ଜିଲ୍ଲାର ହରିହର ମିଶ୍ର, ଗଣତନ୍ତ୍ର ପରିଷଦର ଟିକେଟରେ ଲଢ଼ିଲେ। ଜିତିଲେ ବି। କୋରାପୁଟରୁ ପ୍ରକାଶିତ ସାପ୍ତାହିକ 'ପ୍ରଜାବାଣୀ'। ସେଇ ପତ୍ରିକାର ସେ ସମ୍ପାଦକ। ସେ ଉତ୍କଳ ସମ୍ମିଳନୀର ଜଣେ ବଳିଷ୍ଠ ପ୍ରେମୀ। ସାମ୍ବାଦିକତା, ଉତ୍କଳ ସମ୍ମିଳନୀ - ଏ ଦୁଇଟି ସହ ମିଶ୍ରେ ଓତପ୍ରୋତ ଜଡ଼ିତ। ସେ ହେତୁ ସୁରେନ୍ଦ୍ରଙ୍କର ତାଙ୍କ ସହ ସମ୍ପର୍କ। ମିଶ୍ରଙ୍କୁ ମିଳିଥାଏ ଗୋଟେ ଦୁଇ ବଖୁରିଆ ଛୋଟ କ୍ୱାର୍ଟର। ସେ ସୁରେନ୍ଦ୍ରଙ୍କ ଠାରୁ ଢେର୍ ବଡ଼। ତଥାପି ବନ୍ଧୁ ଦୃଷ୍ଟିରେ ତାଙ୍କୁ ଦେଖନ୍ତି। ତାଙ୍କରି ବସାରେ ସୁରେନ୍ଦ୍ରଙ୍କ ରହଣି। କ୍ୱାର୍ଟରର ମେଲାଘର। ହେଲ୍‌ଡୋଲ ବିଛାଇ ଦିଅନ୍ତି। ସେଇଠି ଶୁଅନ୍ତି। ନୂଆ ରାଜଧାନୀ, ହୋଟେଲ, ଚା' ଦୋକାନ କାଁ ଭାଁ, କପେ ଚା' ପାଇଁ ଅଧ ମାଇଲ ଚାଲିବା। ଏବେ ୟୁନିଟ୍-୬, ସେଇଠି ଥିଲା ଗୋଟେ ଲମ୍ବ ଚାଳଘର, କଟକ ଚେନ୍ କ୍ୟାବିନ୍‌ର ସତ୍ତ୍ୱାଧିକାରୀ ରାଜୁ ସାହୁ, ତାଙ୍କରି ହୋଟେଲଟେ। ସେଠାରେ କଣ୍ଟ୍ରାକ୍ଟର, ଗଲା ଆଇଲା ଲୋକେ ଖାଆନ୍ତି। ଚାରିପଟେ ବୁଦା ଗହଳି, ମଝିରେ ନାଳିଆ ରାସ୍ତା, ବିଷାକ୍ତ ସାପଙ୍କର ଅବାଧ ବିଚରଣ। ରାତିରେ ଯିବାକୁ ଭୟ। ସୁରେନ୍ଦ୍ର କ୍ରମେ ହୋଇଗଲେ ପକ୍‌କା ଭୁବନେଶ୍ୱରିଆ। ରାଜନୀତି ତ କରୁଥିଲେ। ଛକା ପଞ୍ଝାର ଖେଳ ଏଇ ରାଜନୀତି, କ୍ଷମତା ପାଇଁ କୌଶଳ ଲୋଡ଼ା। ବିବେକ ପଣିଆର ହତ୍ୟା। ସୁରେନ୍ଦ୍ରଙ୍କ ରାଜନୀତି ଥିଲା ଭିନ୍ନ। ମାତ୍ର ସଦାଚାର - ମଲ୍ଲୀ ମହକ, ରାଜନୀତିଆଙ୍କ ଘ୍ରାଣଶକ୍ତି ବାହାରେ। ଏଇଥି ପାଇଁ ଆତ୍ମ ପ୍ରଚାର, ଆତ୍ମ ପ୍ରତିଷ୍ଠା କ୍ଷମତା ପାଇଁ ତାହା ନିତାନ୍ତ ଆବଶ୍ୟକ,

ନ ହେଲେ ଅଖା ଛ' ପଟରେ ପଚାରେ କିଏ ? ସୁରେନ୍ଦ୍ରଙ୍କ ଏହା ହୃଦ୍‌ବୋଧ ହେଲା, ରାଜନୀତି ପାଇଁ ନୂଆ ପନ୍ଥାଟେ ବାଛିଲେ । ଆରମ୍ଭ ହେଲା ରାଜନୀତିରେ ତାଙ୍କ ପ୍ରାପ୍ତି-ପ୍ରତ୍ୟାଶା । ଛଳପଥ ବାଛିଲେ । କ୍ଷମତା ରାଜନୀତିକୁ ଗଲେ । ରାଜ୍ୟସଭାର ସଦସ୍ୟ ହେଲେ । ଲେଖିଲେ ଅଙ୍ଗେଲିଭା ଅନୁଭୂତି । ସେଇଟି ରାଜନୀତିକ ଅପକୌଶଳ ।

■

ରାଜନୀତିରେ ପ୍ରାପ୍ତି - ପ୍ରତ୍ୟାଶା

ପାଇବା, ଲାଭ - ଏଇ ଅର୍ଥରେ ପ୍ରାପ୍ତି। ବସ୍ତୁ, ପ୍ରଗତି ଗତ ଆଶା, କୌଣସି ଦ୍ରବ୍ୟ ବାଞ୍ଛା ଅବା ଆକାଂକ୍ଷା ହିଁ ପ୍ରତ୍ୟାଶା। ଯେଉଁଠି ପ୍ରାପ୍ତିର ଆଶା ବିଡ଼ମ୍ବିତ, ସେଠାରେ ପ୍ରାପ୍ତିର ସମ୍ଭାବନା ପୁନଃ ଜାଗିଉଠେ, ତାହା ହୁଏ ପ୍ରତ୍ୟାଶା। ପ୍ରାପ୍ତି-ପ୍ରତ୍ୟାଶା ସ୍ୱାର୍ଥ କୈନ୍ଦ୍ରିକ ଚିନ୍ତନ, ଅନେକତ୍ର ତାହା ଉଗ୍ରରୂପ ଧରେ। ସୃଷ୍ଟି ହୁଏ ବିଷମ ସ୍ଥିତି। ସୃଷ୍ଟିରେ ସମସ୍ତେ ଆଶାକୁ ନେଇ ଆଗାନ୍ତି। ଯୋଗୀ, ମୁନି, ଋଷି - ଏମାନଙ୍କ ଲକ୍ଷ୍ୟ ବିଭୁ କରୁଣା ପ୍ରାପ୍ତି। ଅଧ୍ୟାତ୍ମ ଚିନ୍ତନ ଏହାର ମୁଖ୍ୟ ମାର୍ଗ। ମାତ୍ର ବିଳାସ, ବ୍ୟସନ, କ୍ଷମତା, ପ୍ରତିପତ୍ତି ପାଇଁ ଆସକ୍ତି, ଅବାଟକୁ ଟାଣିନିଏ। ବିବେକ ପଣିଆ ହଜିଯାଏ। ଲାଳସାର କାରାଗାରରେ ମାନବିକତାବାଦ ଗୁମୁରି ଗୁମୁରି ବାହୁନେ। ପ୍ରାପ୍ତି-ପ୍ରତ୍ୟାଶା ରାଜନୀତି ପାଇଁ ଘୋର କଳଙ୍କ। ଏଇ ଘୃଣ୍ୟ ଉଦ୍ଦେଶ୍ୟ, କେତେ କେତେ ରାଜାଙ୍କୁ ନିନ୍ଦିତ କରିଛି। ଇତିହାସରେ ଏପରି ନଜିର ଊଣା ନୁହେଁ। ସେଇଥିପାଇଁ ରାଜତନ୍ତ୍ର ମୁଣ୍ଡରେ କଳଙ୍କର ଟୀକା। ଗଣତନ୍ତ୍ର ଶୁଦ୍ଧାଚାର, ପବିତ୍ରତା କଥା କହେ, ସେଠି ବ୍ୟକ୍ତି ସ୍ୱାର୍ଥ ଅତ୍ୟନ୍ତ ମାରାତ୍ମକ। ସମ୍ପ୍ରତି ରାଜନୀତି, ପ୍ରାପ୍ତି-ପ୍ରତ୍ୟାଶାର ଛକା-ପଞ୍ଝା ଖେଳ। ମାତ୍ର ପ୍ରାକ୍ ସ୍ୱାଧୀନତାକାଳୀନ ରାଜନୀତି, ସାଧାରଣ ଅର୍ଥରେ ମୁକ୍ତିଯୁଦ୍ଧ। ଆନ୍ଦୋଳନର ବହ୍ନି ଶିଖା, ଶହ ଶହ ଦେଶପ୍ରେମୀ ଝାସ ଦେଲେ। ନଥିଲା ପ୍ରାପ୍ତି-ପ୍ରତ୍ୟାଶା। ଏଇଟି ମୁକ୍ତି ଯୋଦ୍ଧାଙ୍କ ଚେତନାର ବାହାରେ। ଶେଷରେ ରାଜନୀତିକ ମୁକ୍ତି ମିଳିଲା। ମୁକ୍ତି ସଂଗ୍ରାମରେ ଯବନିକା ପଡ଼ିଲା। ବିଶିଷ୍ଟ ଲେଖକ, ଦାର୍ଶନିକ ଏମ୍.ଏନ୍.ରାୟ। ତାଙ୍କର ମତ ଭିନ୍ନ। ରାଜନୀତିକ ମୁକ୍ତି ପୂର୍ଣ୍ଣାଙ୍ଗ ମୁକ୍ତି ନୁହେଁ। ମାର୍ଜିତ ରୁଚି, ହେତୁବାଦୀ ବିଚାର। ଏଥିରେ ମନୁଷ୍ୟ ମୁକ୍ତ ହେବା ବିଧେୟ। ସେଇଟି ପରିଲକ୍ଷିତ ହେଲାନି। ଜାତୀୟତାବାଦର ପ୍ରହେଳିକା, ଜନତା ଭଳିଲେ, ମୁକ୍ତି ହେଲା ସୁଦୂର ପରାହତ। ଏ ପରିପ୍ରେକ୍ଷୀରେ ହିଟଲରଙ୍କ ଜର୍ମାନୀ ଅବା ମୁସୋଲିନୀଙ୍କ ଇଟାଲି। ସେଠାରେ

ଏକଛତ୍ରବାଦ। ଲୋକେ କଦାପି ମୁକ୍ତ ନଥିଲେ। ରାଜନୀତିକ ସ୍ୱାଧୀନତା ଥିଲା; ମାତ୍ର ଜନତା ଥିଲେ ଆତଙ୍କିତ। ଏ ପରିପ୍ରେକ୍ଷୀରେ ଭାରତ କଥା ବିଚାର୍ଯ୍ୟ। ସ୍ୱାଧୀନତା ମିଳିଲା। କ୍ଷମତା ରାଜନୀତିର ଦୂରରେ ରହିବାକୁ ଗାନ୍ଧିଜୀ କହିଲେ, ତାଙ୍କ କଥା କଥାରେ ରହିଲା। ଆରମ୍ଭ ହେଲା ରାଜନୀତିକ ସ୍ୱାର୍ଥଲିପ୍ସା। ଓଡ଼ିଶା ଏଥିରୁ ବାଦ ପଡ଼ିଲାନି। ମୂର୍ଖ, ଧପାବାଜ, ଦାସତ୍ୱ ଜର୍ଜରିତ ସମାଜ। ଏଠି ସ୍ୱାଧୀନତାର ମୂଲ କିଏବା ଦିଏ? ଆଦର୍ଶର ଅର୍ଥ ସମସ୍ତେ ବୁଝି ଅବୁଝା। ଅନ୍ଧଦେଶରେ ଆଉ କେତେ ଦିନ ଦର୍ପଣ ବିକାଯାଇ ପାରିବ? ହନ୍ତସନ୍ତ ଜୀବନ। ସେଠି ଆଦର୍ଶର କି ମୂଲ୍ୟ? ଅନେକ ଶୁଦ୍ଧପୂତ ବ୍ୟକ୍ତି। ଆଶା-ପ୍ରତ୍ୟାଶାରେ ମଜ୍ଜିଗଲେ। ସେଥିରୁ ବାଦ୍ ଗଲେନି ରାଜନୀତିଜ୍ଞ ସୁରେନ୍ଦ୍ର ମହାନ୍ତି। କ୍ଷମତା ରାଜନୀତି ପଛରେ ଧାଇଁଲେ। କିଛି କିଛି ମାନବିକତାକୁ ବଳି ଦେଲେ। ପାଇଲେ ସଫଳତା। ସେଇ ସବୁ କଥା। ନିଃସଙ୍କୋଚ ଭାବେ ବଖାଣିଲେ। ସେଇକଥା ସବୁ ତାଙ୍କ ଆତ୍ମଲିପି 'ପଥ ଓ ପୃଥିବୀ'ରେ ସ୍ଥାନିତ।

ସ୍ୱାଧୀନତା ପରବର୍ତ୍ତୀ ସମୟ। ସାଧାରଣ ନିର୍ବାଚନ ସରିଲା। କେନ୍ଦ୍ରରେ କଂଗ୍ରେସ ସରକାର। ଓଡ଼ିଶାରେ ବି। ସୁରେନ୍ଦ୍ର ମହାନ୍ତି, ବଲାଙ୍ଗିର ମହାରାଜା ରାଜେନ୍ଦ୍ର ନାରାୟଣ ସିଂହଦେଓ, ସେମାନଙ୍କର ସମଧର୍ମାମାନେ। ଗଢ଼ିଲେ ଗଣତନ୍ତ୍ର ପରିଷଦ। ଓଡ଼ିଶା ଆସେମ୍ବ୍ଲିରେ ପରିଷଦର ବିଧାୟକ ସଂଖ୍ୟା ଏକତିରିଶ। ଏ ସଫଳତା ପଛରେ ସୁରେନ୍ଦ୍ରଙ୍କ ଭୂମିକା ଅତୀବ ଗୁରୁତ୍ୱପୂର୍ଣ୍ଣ। ଅକ୍ଳାନ୍ତ ପରିଶ୍ରମ, ଦିନରାତି ଖଟଣି, ଜନସମର୍ଥନ ଯୋଗାଡ଼ - ଏସବୁ ସହଜ ନଥିଲା। ଦେଶ କହିଲେ କଂଗ୍ରେସ, ନେତା କଂଗ୍ରେସର, ସରକାର ତାଙ୍କରି - ଏକଥା ସାଧାରଣ ଜନତାଙ୍କ ଧାରଣା। ଏ ପରିପ୍ରେକ୍ଷୀରେ ଗଣତନ୍ତ୍ର ପରିଷଦ ୩୧ ଆସନ ପାଇବ, ଏହା ଲଙ୍କାରେ ହରିଶନ୍ଦ ପରି। ସୁରେନ୍ଦ୍ରଙ୍କ ସର୍ବଦା ଅର୍ଥଚିନ୍ତା। ଏଣେ 'ଜନତା' ଖବରକାଗଜ ଛାପା ଦାୟିତ୍ୱ। ତେଣେ ଗ୍ରାହକଙ୍କ ପଛେ ପଛେ ଚାନ୍ଦା ପାଇଁ ଦୌଡ଼ାଦୌଡ଼ି। ବିଜ୍ଞାପନ ଆସୁନି। ଅବସ୍ଥା ସାଂଘାତିକ। ପାଦର ଯୋତା ଘୋରି ହୋଇଗଲା। ସମସ୍ତଙ୍କ ଠାରୁ ଧାର, ହାତ ଉଧାରି। ଆତ୍ମସମ୍ମାନ, ଲେଶମାତ୍ର ନଥାଏ। ପରିସ୍ଥିତି ଜଟିଳ ହେଲା। ସୁରେନ୍ଦ୍ର ଜଣେ ପ୍ରେସ୍ କର୍ମଚାରୀର ହାତ ଓଠ ଧରିଲେ। ପ୍ରେସ୍ ବିଲ୍ ପେମେଣ୍ଟ ପାଇଁ ଆଉ ଚାରିଦିନ ମହଲତ ନେଲେ। ଆତ୍ମମର୍ଯ୍ୟାଦା ପର୍ଯ୍ୟନ୍ତ ଗଲା। ଏମିତି କି ବଞ୍ଚି ହୁଏ? ସୁରେନ୍ଦ୍ର ପ୍ରାର୍ଥନା କଲେ - "ହେ ଭଗବାନ! ମୋତେ ଧୈର୍ଯ୍ୟ ଦିଅ, ମୃତ୍ୟୁ ଦିଅ... କିନ୍ତୁ ଜୀବନ୍ମୃତ ଜୀବନ ଦିଅ ନାହିଁ।"

ସ୍ୱାଧୀନତା ପରେ ସତ୍ତାରେ କଂଗ୍ରେସ। ଚାଲିଛି ଏକନାୟକତନ୍ତ୍ର। ତାହା ଡିକ୍ଟେଟରସିପ୍‌ର ପୂର୍ବାଭାସ। ଭାରତବାସୀଙ୍କ ଆଖିରେ ଅନ୍ଧ ପୁଟୁଳି, ବିଶ୍ୱାସର ଅନ୍ଧପୁଟୁଳି, ପିନ୍ଧାଇଛନ୍ତି ଗାନ୍ଧିଜୀ। ସୁରେନ୍ଦ୍ର ସମେତ ଅନେକଙ୍କର ଏଇ ଧାରଣା। କ୍ରମେ ସୁରେନ୍ଦ୍ରଙ୍କ

ମତ ବଦଳିଲା। ସଚ୍ଚା ଗାନ୍ଧିବାଦୀ ହୋଇଗଲେ। ଗଣତନ୍ତ୍ରର ରକ୍ଷା କବଚ ବଳିଷ୍ଠ ବିରୋଧୀଦଳ। ଏଇ ଲକ୍ଷ୍ୟରେ ଗଣତନ୍ତ୍ର ପରିଷଦ ଗଠିତ ହେଲା। ସୁରେନ୍ଦ୍ର ଏହାର ମୁଖ୍ୟ ପୁରୋଧା। ସତ୍ତା-ବିରୋଧୀ ରାଜନୀତି ଅର୍ଥାତ୍ ସଂଗ୍ରାମ ମାନେ ଅନାହାର, ଅର୍ଦ୍ଧାହାର, ଉପେକ୍ଷା ଜୀବନର ଅବଶ୍ୟମ୍ଭାବୀ ପର୍ଯ୍ୟାୟ - ଏହା ଥିଲା ସୁରେନ୍ଦ୍ରଙ୍କ ରାଜନୀତିକ ଆଦର୍ଶ। ଆଦର୍ଶର କଥା କହି ମନକୁ ବହଲେଇ ଦେଇ ହେବ, ଏଥିରେ ଭୋକିଲା ପେଟ କି ପୂରିବ? ସୁରେନ୍ଦ୍ରଙ୍କ ଆଖି ଆଗରେ ଅନେକ କ୍ଷମତାଧାରୀ, ଅଭାବ ଅନଟନ ନାହିଁ, ସ୍ୱଚ୍ଛନ୍ଦ ଜୀବନ। ସୁରେନ୍ଦ୍ର ନିଜକୁ ଧିକ୍କାର କଲେ। ବୁଭୁକ୍ଷୁ ମଣିଷ, କେଉଁ ପାପ ବା ନ କରିପାରେ? ଜୀଇଁବାକୁ ପଡ଼ିବ। ଅର୍ଥସର୍ବସ୍ୱ ଦୁନିଆ। ଏଠି ଆଦର୍ଶ ଗୋଟେ ଫମ୍ପା ଶବ୍ଦ, ଧୁଧୁ ବାସ୍ତବତା ଠାରୁ କାହିଁ କେତେ ଦୂରରେ। ସୁରେନ୍ଦ୍ର ନିଜକୁ ବଦଳେଇଲେ। ଆରମ୍ଭ ହେଲା ପ୍ରାପ୍ତି-ପ୍ରତ୍ୟାଶା। ଆସେମ୍ବ୍ଲି ଅଧିବେଶନ ଚାଲିଥାଏ, ଅଧିବେଶନରେ କାଉନ୍‌ସିଲ ଅଫ୍ ଷ୍ଟେଟସ୍‌କୁ ହେବ ନିର୍ବାଚନ। ଏଇଟି କି ବସ୍ତୁ, ଏହାର ନିର୍ବାଚନ ପ୍ରଣାଳୀ କ'ଣ? ସୁରେନ୍ଦ୍ର କାହିଁକି ଆହୁରି ଅନେକ। କଥାଟି ସେମାନଙ୍କୁ ପୂରା ଅଜଣା। ପାର୍ଲିଆମେଣ୍ଟ କହିଲେ ହାଉସ୍ ଅଫ୍ ଦି ପିପୁଲ୍‌ସ (ଲୋକସଭା)। କାଉନ୍‌ସିଲ ଅଫ୍ ଷ୍ଟେଟ୍‌ସ (ରାଜ୍ୟସଭା) - ଏହାକୁ ବୁଝାଏ। ଲୋକସଭା ପାଇଁ ପ୍ରତ୍ୟକ୍ଷ ନିର୍ବାଚନ। ରାଜ୍ୟସଭାର ନିର୍ବାଚନ ମଣ୍ଡଳୀ ରାଜ୍ୟ ବିଧାନସଭା। ଏ ଭୋଟ ପଦ୍ଧତି ଟିକେ ଜଟିଳ। ସେତେବେଳକା ଆସେମ୍ବ୍ଲି ସେକ୍ରେଟାରୀ ନୀଳକଣ୍ଠ ରଥ, ସୁରେନ୍ଦ୍ରଙ୍କ ଉପର କ୍ଲାସ୍‌ରେ ପଢୁଥିଲେ। ସେ ରାଜ୍ୟସଭାର ପ୍ରିଫରେନ୍ସ ଭୋଟ୍ ପଦ୍ଧତି ସୁରେନ୍ଦ୍ରଙ୍କୁ ବୁଝାଇ ଦେଲେ। ବିଧାନସଭାରେ ଗଣତନ୍ତ୍ର ପରିଷଦର ୩୧ ସଭ୍ୟ। ଦୁଇଜଣ ରାଜ୍ୟସଭା ପ୍ରତିନିଧି ନିର୍ବାଚିତ ହୋଇପାରିବେ। ସୁରେନ୍ଦ୍ରଙ୍କ ମନ ଜାଗିଲା, ଯେନତେନ ପ୍ରକାରେ ରାଜ୍ୟସଭାକୁ ଯିବେ। କୂଟନୀତି ଆରମ୍ଭ କଲେ। ନାନା ପ୍ରକାର କୌଶଳ ଖଞ୍ଜିଲେ। ସେବା, କାର୍ପଣ୍ୟ ପୁଣ୍ୟ ବଳେ, କିବା ଅସାଧ ମହୀତଳେ !

ପାଟନା ମହାରାଜା ରାଜେନ୍ଦ୍ର ନାରାୟଣ। କଳାହାଣ୍ଡି କ୍ୱାଟର୍ସ ଅବା ଗେଷ୍ଟହାଉସ୍, ସେଇଠି ତାଙ୍କ ରହଣି। ସୁରେନ୍ଦ୍ର ମହାରାଜାଙ୍କୁ ଭେଟିଲେ। ମନ କଥା କହିଲେ। ଅସ୍ତି-ନାସ୍ତି କିଛି ଉତ୍ତର ନାହିଁ, କେବଳ ମୁରୁକି ହସା। ତମେ ଗଲେ ମନ୍ଦ ହେବନି - ଏ ପଦକ ତାଙ୍କ ପାଟିରୁ ବାହାରିଲା। ସାପ ମରିବନି ବାଡ଼ି ଭାଙ୍ଗିବନି - ଏମିତିକା କଥା। ସୁରେନ୍ଦ୍ର ଚେଷ୍ଟାରେ ଲାଗି ପଡ଼ିଲେ। ଦୁଇଟି ଆସନ, ଗୋଟିକ ପାଇଁ ଏକ ପ୍ରକାର ସିଦ୍ଧାନ୍ତ ଥୟ। ସେ ମହାଶୟ ଲାଲ୍‌ସାହେବ ଅର୍ଥାତ୍ ମୟୂରଭଞ୍ଜ ମହାରାଜାଙ୍କ ଭାଇ ପ୍ରଫୁଲ୍ଲ ଚନ୍ଦ୍ର ଭଞ୍ଜଦେଓ। ରାଜ୍ୟସଭାର ପ୍ରାର୍ଥୀ ହେବେ। ବଡ଼

ଯୋଗ୍ୟ ବ୍ୟକ୍ତି । ଗୌରବର୍ଣ୍ଣ, ହୃଷ୍ଟପୁଷ୍ଟ ଚେହେରା, ଧୋତି ଉପରେ ପିନ୍ଧା ଖଣ୍ଡେ ଲମ୍ବା କୋର୍ଟ, ମୁଣ୍ଡରେ କଳା ନେପାଳୀ ଟୋପି । ମହାରାଜା ମୟୂରଭଞ୍ଜ ସୂତ୍ରେ, ନେପାଳ ପରିବାର ସହ ତାଙ୍କର ସମ୍ପର୍କ । ଆନ୍ଥ୍ରୋପୋଲୋଜିରେ ଜଣେ ବିଶିଷ୍ଟ ବିଦ୍ୱାନ । କେମ୍ବ୍ରିଜ ବିଶ୍ୱବିଦ୍ୟାଳୟର ଜଣେ ଟ୍ରାଇପସ୍ । ସଂସ୍କୃତ, ତନ୍ତ୍ର – ଉଭୟରେ ତାଙ୍କର ଅଗାଧ ଜ୍ଞାନ । ତାଙ୍କୁ ଗୋଟେ ଟିକଟ ମିଳିବ । ଆଉ ଜଣେ ପ୍ରାର୍ଥୀ – ଆଶାୟୀ ତିନିଜଣ – ସୁରେନ୍ଦ୍ର, ପୂର୍ଣ୍ଣଚନ୍ଦ୍ର ମିଶ୍ର, ଡଃ ନଟବର ପାଣ୍ଡେ । ଗଣତନ୍ତ୍ର ପରିଷଦର ସମ୍ପାଦକ ପୂର୍ଣ୍ଣଚନ୍ଦ୍ର ମିଶ୍ର, ଡଃ ପାଣ୍ଡେ ଝାରସୁଗୁଡ଼ାର । ସେ କୋଶଳ-ଉତ୍କଳ-ପ୍ରଜା ପରିଷଦ ପ୍ରଥମ ସଭାପତି । ପାଣ୍ଡେଙ୍କ ନାମ କଟିଲା । ଏବେ ମଇଦାନରେ ଦି' ଜଣ । ସୁରେନ୍ଦ୍ର ଆଉ ପୂର୍ଣ୍ଣଚନ୍ଦ୍ର ମିଶ୍ର । ମିଶ୍ରଙ୍କ ଘର ବଲାଙ୍ଗିର । ମହାରାଜାଙ୍କ ଶାସନ ଥାଏ । ମିଶ୍ରେ ବଲାଙ୍ଗିର ଷ୍ଟେଟ୍‌ର ଅର୍କିଓଲୋଜିଷ୍ଟ । ସେ ଓଡ଼ିଶାର ଖ୍ୟାତିସମ୍ପନ୍ନ ଐତିହାସିକ । କୋଶଳ ହିଷ୍ଟୋରିକାଲ ଜର୍ଣ୍ଣାଲ୍‌ସର ସମ୍ପାଦକ, ବଲାଙ୍ଗିରର ଅଧିବାସୀ । ଏଣେ କୋଶଳ-ଉତ୍କଳ-ପ୍ରଜା ପରିଷଦର ସଭାପତି । ତାଙ୍କର ଦାବି ଅଧିକ । ସୁରେନ୍ଦ୍ରଙ୍କ ମୁଣ୍ଡରେ ପଦପଦବୀ ଝୁଙ୍କ ଚଢ଼ିଛି, ଅନ୍ୟାୟ ନ୍ୟାୟ ସଙ୍ଗତ ଦାବିକୁ ଉପେକ୍ଷା କରିବେ, ରାଜ୍ୟସଭାକୁ ଯିବେ । ଦିନରାତି ଏଇ ନିଶା ଘାରିଲା । କ୍ଷମତା ରାଜନୀତି ମୋହ, ଶାନ୍ତି ସନ୍ତୋଷ ସବୁ ଉଭେଇ ଗଲା । ଏଣିକି ଛଳ ବାଟ, ନଚେତ୍ ପରାଜିତ ।

ରାଜ୍ୟସଭାକୁ ପ୍ରାର୍ଥୀ ମନୋନୟନ, ଗଣତନ୍ତ୍ର ପରିଷଦର କାର୍ଯ୍ୟକାରୀ କମିଟି ବୈଠକ ଚାଲିଲା । ମୟୂରଭଞ୍ଜ ଲାଲସାହେବ ପ୍ରଫୁଲ୍ଲ ଚନ୍ଦ୍ର ଭଞ୍ଜଦେଓ, ତାଙ୍କ ପ୍ରାର୍ଥୀତ୍ୱ ନେଇ ନଥିଲା ପ୍ରତିବାଦ । ସୁରେନ୍ଦ୍ର, ପୂର୍ଣ୍ଣଚନ୍ଦ୍ର ମିଶ୍ର – ବସ୍ତୁତଃ ତାଙ୍କ ମଧ୍ୟରୁ ଜଣକୁ ଚୟନ କରାଯିବା କଥା । ସୁରେନ୍ଦ୍ର ମୁହଁ ଖୋଲିଲେ । ନିଜକଥା ନିଜେ କହିଲେ । ନିଷ୍କମ୍ପ ସ୍ୱର । ଗଣତନ୍ତ୍ର ପରିଷଦ ପାଇଁ ସେ ସର୍ବସ୍ୱାନ୍ତ । ସେ ପ୍ରାର୍ଥୀଙ୍କ ନିର୍ବାଚନର ପଥ ସୁଗମ କଲେ । ରାଜନୀତିରେ ନାଁ ଗନ୍ଧ ନାହିଁ । ସେ ସବୁ ପ୍ରାର୍ଥୀଙ୍କୁ ତାଲିମ ଦେଲେ । ବଲାଙ୍ଗିରର ମହାରାଜାଙ୍କ ପତିଆରା ଥିଲା; ମାତ୍ର କଂଗ୍ରେସ ଲୋକପ୍ରିୟତା ନିକଟରେ ତାହା ଅତ୍ୟନ୍ତ ମ୍ଳାନ । ବଲାଙ୍ଗିରରେ ନେହେରୁଙ୍କ ସଭା ଭଣ୍ଡୁର ହେଲା । ସେ ତା'ର ନାୟକ । ଗଣତନ୍ତ୍ର ପରିଷଦ ଏକ ରାଜନୀତିକ ସୀମାବଦ୍ଧ ଦଳ ନୁହେଁ, ଏକଥାକୁ ଜନତା ଆଗରେ ପ୍ରମାଣ କରିବାକୁ ହେବ । ଏ କ୍ଷେତ୍ରରେ ତାଙ୍କୁ ପ୍ରାର୍ଥୀ କରାଯାଉ – ଏ ସମସ୍ତ କଥା ସୁରେନ୍ଦ୍ର ବ୍ୟକ୍ତ କଲେ । ସାହିତ୍ୟ, ସାମ୍ବାଦିକତା, ରାଜନୀତି – ପ୍ରତି କ୍ଷେତ୍ରରେ ଆତ୍ମପ୍ରଚାରର ଯଥାର୍ଥତା ରହିଛି । ଏହା ମନେହୁଏ ଅତି ସ୍ଥୂଳ, ରୁଚିହୀନ ବି । ମାତ୍ର କ୍ଷମତା ରାଜନୀତିରେ ମୁଖଲଜ୍ଜା ମୂଲ୍ୟହୀନ । ବାବଦୂକ ଆତ୍ମପ୍ରଚାର ଏକାନ୍ତ ଜରୁରୀ । ମୁହଁ ବୁଜି ବସିବା, ଅନ୍ୟର ସ୍ୱୀକୃତି ଚାହିଁ ବସିଥିବା ନେତା – ସବୁ ଯୋଗ୍ୟ

ଥାଇ ଅକର୍ମା । କେହି ପଚାରିବେନି । ପ୍ରଥମ ସାଧାରଣ ନିର୍ବାଚନ ପରିପ୍ରେକ୍ଷୀରେ ସୁରେନ୍ଦ୍ରଙ୍କ ଏ ମତ । ଅଧୁନା ଏ କଥାଟି ଅତି ପ୍ରବଳ । ଟିକଟ ବଣ୍ଟା ହେବ, ଅନେକ ଆଶାୟୀଙ୍କ ଶକ୍ତି ପ୍ରଦର୍ଶନ, ରାଜଧାନୀରେ ଧାଡ଼ି ଧାଡ଼ି ଗାଡ଼ି, ସପକ୍ଷ ସ୍ଲୋଗାନ - ଏମିତି କେତେ କଥା । ଯିଏ ଟାଣ, ସେ ଜିତେ । ରାଜନୀତିରେ ପ୍ରାପ୍ତି ପ୍ରତ୍ୟାଶାର ଏଇ ମଜାଦାର୍ ଖେଳ ।

ସେଦିନର କାର୍ଯ୍ୟକାରିଣୀ ବୈଠକ । ସୁରେନ୍ଦ୍ରଙ୍କ ଆତ୍ମବୟାନ, କାହାରି ପ୍ରତିବାଦ ନଥିଲା । ଅଡୁଆ ଛିଣ୍ଡିଲାନି । ମହାରାଜା ରାଜେନ୍ଦ୍ର ନାରାୟଣ, ତାଙ୍କରି ଉପରେ ପ୍ରାର୍ଥୀ ଚୟନ ଭାର ନ୍ୟସ୍ତ । ନମିନେସନ ଆଉ ଦୁଇ ତିନି ଦିନ ବାକି । ସମସ୍ତଙ୍କ ନିଘା ମହାରାଜାଙ୍କ ଆଡ଼େ । ବଲାଙ୍ଗିର ମହାରାଜା, ପୂର୍ଣ୍ଣବାବୁ ସେଇ ରାଜ୍ୟର । ତାଙ୍କର ଯୋଗ୍ୟତା କିଛି କମ୍ ନଥିଲା । ଏକ ପ୍ରକାର ସେ ଆଶ୍ୱସ୍ତ । ନିଶ୍ଚୟ ତାଙ୍କୁ ପ୍ରାର୍ଥୀ ଚୟନ କରାଯିବ । ଆଉ ଗୋଟେ ଦିନ ବାକି । ପୂର୍ଣ୍ଣବାବୁ ନମିନେସନ କରୁନାହାନ୍ତି । ତାଙ୍କ ପାଇଁ ନମିନେସନ ପ୍ରସ୍ତୁତ ହେବ, ସେ କେବଳ ଦସ୍ତଖତ କରିବେ । ଏଇ ଭରସାରେ ଥାଆନ୍ତି । ସୁରେନ୍ଦ୍ର କୂଟନୀତି ଆରମ୍ଭ କଲେ । ପ୍ରାର୍ଥୀପତ୍ର ଦାଖଲର ପୂର୍ବ ଦିନ, ଆଣିଲେ ଆସେମ୍ଲିରୁ ଫର୍ମଟେ, ୫୦୦ ଟଙ୍କା ଡିପୋଜିଟ୍, ସେ ତ କପର୍ଦ୍ଦକ ଶୂନ୍ୟ । ଏତେ ଟଙ୍କା କେଉଁଠୁ ଆଣିବେ ? ଏଣେ ବୟସ ହେଉନି । ମିଛ ଲେଖିଲେ । ଜନ୍ମ ମସିହା ୧୯୨୨ ପରିବର୍ତ୍ତେ ୧୯୨୦ ଲେଖିଦେଲେ । ପୂର୍ଣ୍ଣବାବୁଙ୍କ ବସା ଆଡ଼େ ଗଲେ, ହାଲଚାଲ ବୁଝିଲେ । ନମିନେସନ ବେଳେ ଡିପୋଜିଟ୍ ପଡ଼େ କି ? ଏକଥା ପୂର୍ଣ୍ଣବାବୁଙ୍କୁ ପଚାରିଲେ । ମୁଁ ଜାଣେନି, ବୋଧେ ପଡ଼େନା - ଏଇ ଉତ୍ତରଟି ସୁରେନ୍ଦ୍ର ଦେଲେ । ତା' ପରଦିନ ସକାଳ । ପହଞ୍ଚିଲେ ମହାରାଜାଙ୍କ ବସାରେ । ମହାରାଜାଙ୍କ ନିତ୍ୟ ନୈମିତ୍ତିକ ଅଭ୍ୟାସ । ନିଜ ନୀଳବସା ପ୍ଲାଟିନମ୍ ମୁଦିଟି ତକିଆ ତଳେ ରଖିଲେ । ମନି ପର୍ସଟେବି । ନିତ୍ୟକର୍ମ ପାଇଁ ବାଥ୍‌ରୁମ୍‌କୁ ଗଲେ । ପର୍ସରେ ସାତଖଣ୍ଡ ଶହେ ଟଙ୍କିଆ ନୋଟ୍ । ସେଥିରୁ ପାଞ୍ଚ ଖଣ୍ଡ ସୁରେନ୍ଦ୍ର ନେଇ ଆସିଲେ । 'ନମିନେସନ ପାଇଁ ଟଙ୍କା ନାହିଁ, କିଛି ଭାବିବେନି । ନିର୍ବାଚନ ପରେ ଫେରେଇ ଦେବି' - ଚିରିକୁଟି ଖଣ୍ଡେ ମହାରାଜାଙ୍କ ପର୍ସରେ ରଖିଦେଲେ । ମନେ ମନେ ଅନୁତାପ କଲେ, ସିଧା ଚାଲିଲେ ଆସେମ୍ଲି । ନମିନେସନ ପେପର୍ ଦାଖଲ କରିଦେଲେ । ମନରେ ଉତ୍କଣ୍ଠା, ପୂର୍ଣ୍ଣବାବୁ କ'ଣ କରୁଛନ୍ତି, ଅନୁସନ୍ଧିତ୍ସୁ ହେଇ ପଡ଼ିଲେ । ଲାଇବ୍ରେରିରେ ବସି ନେପୋଲିୟନ ବୋନାପାର୍ଟ ବହିଟେ ପଢ଼ିଲେ । ଆସେମ୍ଲି ଅଫିସରେ କ୍ଷିତୀଶ ମିତ୍ର ଆଉ ଜ୍ୟୋତିଷ ଜୁଆଦାର - ଏମାନେ ସୁରେନ୍ଦ୍ରଙ୍କ ବନ୍ଧୁ । ତାଙ୍କରି ସହ ଅନାବନା କଥାବାର୍ତ୍ତା । ଦିନ ଦୁଇଟା, ସୁରେନ୍ଦ୍ର ଫେରୁ ଥାଆନ୍ତି, ପୂର୍ଣ୍ଣବାବୁ ଆସିଲେ ରିକ୍‌ସାରେ । ଆଉ ମାତ୍ର ଘଣ୍ଟାଏ,

ନମିନେସନ ଶୀଘ୍ର ଦାଖଲ କରନ୍ତୁ - ଏଇ ପରାମର୍ଶଟି ଦେଲେ ସୁରେନ୍ଦ୍ର। ପୂର୍ଣ୍ଣବାବୁ ସ୍ଥିର ନିଶ୍ଚିତ। ଡିପୋଜିଟ୍ ପଡ଼ିବନି। ମାତ୍ର କର୍ମଚାରୀମାନେ କହିଲେ ୫୦୦ ଟଙ୍କା ଡିପୋଜିଟ୍। ସିଧା ଦଉଡ଼ିଲେ ଏମ୍.ଏଲ୍.ଏ କଲୋନିକି। ଫଳ ନାସ୍ତି। ୧୯୫୨ ମସିହା, ସବୁ ଏମ୍.ଏଲ୍.ଏ.ଙ୍କୁ ବାନ୍ଧି ବାଡ଼ାନ୍ତୁ, ଗୋଟେ ଦିନରେ ହଜାରେ ମିଳିବନି। ପୂର୍ଣ୍ଣବାବୁ ନିରାଶ, ନମିନେସନ ଫାଇଲ କରିପାରିଲେନି। ଏଥିପାଇଁ ସୁରେନ୍ଦ୍ର ମିଛ ଅଭିନୟ କଲେ, ଖୁବ୍ ଦୁଃଖ ପ୍ରକାଶ କଲେ। ପଦପଦବୀ ରାଜନୀତି ପାଇଁ ଏମିତିକା ଅଭିନୟ ଲୋଡ଼ା। ଏହାର କ୍ଷେତ୍ର ବି ଖୁବ୍ ପ୍ରଶସ୍ତ।

ସୁରେନ୍ଦ୍ର ଏବେ ରାଜ୍ୟସଭାର ଅନରେବୁଲ ମେମ୍ବର। ପ୍ରାପ୍ତି ପାଇଁ ନାନାଦି ଅପକର୍ମ। ଏ ତ ରାଜନୀତିରେ ମାମୁଲି କଥା। ବୌଦ୍ଧିକ ସ୍ତରରେ ଶୁଦ୍ଧ ରାଜନୀତି, ଯାକୁ ଛାଡ଼ି ପଦପଦବୀ ରାଜନୀତିକ କର୍ଦ୍ଦମକୁ ଓହ୍ଲାଇବାକୁ ପଡ଼େ। ଏ ପଙ୍କ କର୍ଦ୍ଦମକୁ ଗୋଳା ଅଗରୁ ଚନ୍ଦନ ପରି ଦିହରେ ବୋଳିବାକୁ ପଡ଼ିବ। ତାହା ହେଲେ ପ୍ରାପ୍ତି ଅନିବାର୍ଯ୍ୟ। ବାଃ ବାଃରେ ରାଜନୀତି ! ନୀତିନିଷ୍ଠ ସୁରେନ୍ଦ୍ର ନୀତିଭ୍ରଷ୍ଟ ହେଲେ। ନଥିଲା ଅନୁଶୋଚନା ଅବା ପଶ୍ଚାତାପ।

'ଅନ୍ଧଦିଗନ୍ତ'ର ନିଧିଦାସ ଓ ବରଜୁଦାଦା

୧୯୨୧ ରୁ ୧୯୪୨, ଜାତୀୟ ମୁକ୍ତିଯୁଦ୍ଧର ଐତିହାସିକ ପୃଷ୍ଠଭୂମି। ଏହାରି ଉପରେ ଦଣ୍ଡାୟମାନ 'ଅନ୍ଧଦିଗନ୍ତ'। ଏଇଟି ସୁରେନ୍ଦ୍ର ମହାନ୍ତିଙ୍କ ରାଜନୈତିକ ଉପନ୍ୟାସ। କାଳଜୟୀ ମଧ୍ୟ। ଇତିହାସରେ ବହୁ ଆଦର୍ଶବାଦୀ ସଂଗ୍ରାମର ଦୃଷ୍ଟାନ୍ତ ସ୍ଥାନିତ। ଭାରତର ମୁକ୍ତିଯୁଦ୍ଧ ଏହାର ଉଜ୍ଜ୍ୱଳତମ ଅଂଶବିଶେଷ। ବହୁ ସ୍ୱପ୍ନ, ବିଡ଼ମ୍ବନା, ଆଶା ନୈରାଶ୍ୟ, ବିଜୟ, ବ୍ୟର୍ଥତା - ଏସବୁ ଉପନ୍ୟାସଟିର କଥାବସ୍ତୁ। 'ଅନ୍ଧଦିଗନ୍ତ' - ରାଜନୀତିକ ପଳାୟନବାଦ ଅଥବା ନୈରାଶ୍ୟବାଦର ଆତ୍ମଗ୍ଲାନି ନୁହେଁ। ବ୍ୟକ୍ତିର ଜୀବନକାଳ ସୀମିତ; କିନ୍ତୁ ମୁକ୍ତିସଂଗ୍ରାମ ଅବାରିତ। ଏହା କାଳେ କାଳେ ଆଦର୍ଶ, ନୈତିକ ମୂଲ୍ୟବୋଧ ଉପରେ ପର୍ଯ୍ୟବସିତ। ଜାତୀୟ ମୁକ୍ତିସଂଗ୍ରାମରେ ନିଧିଦାସ ଏକ ମହାନ ବ୍ୟକ୍ତିତ୍ୱ। ତାଙ୍କର କୃଚ୍ଛ୍ର ସାଧନା, ପ୍ରତ୍ୟାଶାହୀନ ଆତ୍ମବଳି ଚିର ଅମଳିନ। ଶୁଦ୍ଧୋଦନଙ୍କ ପରି ଶତ ସହସ୍ର, ଏମାନଙ୍କର ଉଲଗ୍ନ କ୍ଷମତା ବିଳାସ, ଏଥିପାଇଁ ଆଦର୍ଶର ହତ୍ୟା। ଏସବୁ ନିଷ୍ଠୁର ସତ୍ୟ, ସଂଗ୍ରାମ ଇତିହାସର କାଳିମାପୂର୍ଣ୍ଣ ଦିଗ। ତଥାପି ମୁକ୍ତିସଂଗ୍ରାମ - ଇତିହାସ ଗରିମାମୟ। ନିଧିଦାସ, ବରଜୁ ଚମାର ପରି ଅଗଣିତ, ଏମାନେ ଇତିହାସହୀନ। ସେମାନେ ନିରଳସ ସାଧାରଣକର୍ମୀ, ସମାଜର ଆଦର୍ଶ, ଜାତିର ମେରୁଦଣ୍ଡ। ନିଧିଦାସଙ୍କ ପରି ସୁରେନ୍ଦ୍ର ମହାନ୍ତିଙ୍କ ବରଜୁ ଦାଦା। ନାହିଁ ଅହଂକାର, ପଦପଦବୀ ପ୍ରାପ୍ତି ଲିପ୍ସା। ଏକ ପ୍ରକାର ସଂସାର ତ୍ୟାଗୀ। ଆଦର୍ଶ ମଣିଷ। ତାଙ୍କରି କଥା ସୁରେନ୍ଦ୍ର ଲେଖିଛନ୍ତି 'ପଥ ଓ ପୃଥିବୀ' ଆତ୍ମଲିପିରେ। ଏହାର ଗୋଟେ ପରିଚ୍ଛେଦ 'ବରଜୁଦାଦା'। 'ଅନ୍ଧ ଦିଗନ୍ତ'ର ନିଧି ଦାସେ, 'ପଥ ଓ ପୃଥିବୀ'ର 'ବରଜୁଦାଦା', ଦୁହିଁଙ୍କ ଦିଗ ଭିନ୍ନ। ଜଣେ ଗାନ୍ଧି-ଆଦର୍ଶ-ଅବଗାହିତ, ଆରଜଣକ ତ୍ୟାଗର ଅମଳିନ ପ୍ରତୀକ। ଦୁଇଙ୍କ ମଧ୍ୟରେ ସାଦୃଶ୍ୟ, ବୈସାଦୃଶ୍ୟ। ଏହାକୁ ଦେଖାଇ ଦିଆଯିବାର ପ୍ରଚେଷ୍ଟା ପ୍ରବନ୍ଧଟିରେ ଜାରି ରହିଛି।

ଗାଁ ମଧୁପୁର, ସୁରେନ୍ଦ୍ରଙ୍କ ବେଶ୍ ପରିଚିତ। ସେଇ ଗାଁର ନିଧିଦାସ, ସୁରେନ୍ଦ୍ର ବଡ଼ାପ୍‌ପା ସମ୍ବୋଧନ କରନ୍ତି। ନିଧିଦାସ, ସେ ଅଞ୍ଚଳର ଜଣେ ନାଁ ଡାକ ଦେଶପ୍ରେମୀ। ଜଣେ ସମ୍ମାନିତ ସ୍ୱରାଜ ସୈନିକ। ଶତ ସହସ୍ରଙ୍କ ପରି ସେ ବି ଜଣେ କଂଗ୍ରେସ କର୍ମୀ। ଅଗଣିତ ପ୍ରାଣରେ ତାଙ୍କରି ପାଇଁ ଶ୍ରଦ୍ଧା, ସମ୍ମାନ। ତାଙ୍କ ଠାରେ ନଥିଲା ନେତାଙ୍କ ଆସ୍ଫାଳନ ଅବା କର୍ମୀର ହୁଙ୍କାର। ଅସତ୍ୟବାଦିତା, ଶଠତା, ଅହଂକାରିତା, ଅଭିନୟ, ପ୍ରବଞ୍ଚନା - ଏସବୁ ରାଜନେତା ସୁଲଭ ଗୁଣାବଳୀ। ଏଥିରୁ କାଣିଚାଏ ସେ ଧାର ଧରିନଥିଲେ। ବଗପକ୍ଷୀ ପରି ଧୋବ ଫରଫର ଧୋତି, ପଞ୍ଜାବୀ ଅବା ଯୋଧପୁରୀ କୋଟ ପେଣ୍ଟ, କିମ୍ବା ଶେରୱାନୀ, ଅଚକନ୍। ଏ ସବୁ କେବେ ବି ନିଧିଦାସ ପିନ୍ଧି ନଥିଲେ। ଖଣ୍ଡେ ଆଣ୍ଠୁଲୁଚୁ ନଥିବା ଖଦଡ଼ ଧୋତି, କାନ୍ଧରେ ଆଉଖଣ୍ଡେ ଚାଦର। ତାହା ଦେଶସେବାର ଭେକ ନ ଥିଲା। ଥିଲା ବହୁଦିନର ରୁଚିଗତ ଅଭ୍ୟାସ। ନିଧିଦାସ ଗାନ୍ଧିବାଦୀ, ଆଦର୍ଶରୁ ବିଚ୍ୟୁତ ହୋଇନାହାନ୍ତି ସାରା ଜୀବନ। ତାଙ୍କ ପୁଅ ନିରଞ୍ଜନ, ସହରୀ କଲେଜରେ ପଢ଼େ, ତାଙ୍କ ସହ ନିଧିଦାସଙ୍କ ନାଁ ଥିଲା ଆବେଗତା, ନା ସାଂସାରିକ ସମ୍ପର୍କ। ନିରଞ୍ଜନ ପାଇଁ ନିଧିଦାସେ ଅଖୋଜା, ଅଲୋଡ଼ା ସ୍ମୃତି। ନିରଞ୍ଜନ ଲାଲ କରିଡ଼ରର ଆଗଧାଡ଼ିରେ। ସେଇ ଲାଲଦୁର୍ଗ, କୋଠରୀ କବାଟ ଦର ଆଉଜା, ଗୋଟିଏ କୋଠରୀରେ କିରୋସିନି ଲ୍ୟାମ୍ପ, ଦିକିଦିକି ଆଲୁଅ ଝଲସୁଛି। ଘର ଭିତରେ ଶ୍ରମଜୀବୀ, ଦିନ ମଜୁରିଆ, ହାତଟଣା ରିକ୍‌ସା ବୁହାଳି, ମୋଟ୍‌ବୁହା କୁଲି ଆଉ କେଇଜଣ ଭିକାରୀ। ଘରର ଏୟାଡ଼େ ସେୟାଡ଼େ ବିକ୍ଷିପ୍ତ ଜିନିଷପତ୍ର। ତହିଁରେ ଛିଣ୍ଡା ତାରପୁଲିନ୍, କିରୋସିନି ଟିଣା, ଦସ୍ତାପତ୍ର, ଝାଟିମାଟି ଆଦି ବିଭିନ୍ନ ଉପକରଣ। ଘର ଭିତରେ ଗୋଟେ ତକ୍ତପୋଷ, ସେଇଠି ନିରଞ୍ଜନଙ୍କ ବିଛଣା। କେତେଖଣ୍ଡ ବହି, ଖବରକାଗଜ, ମାଗାଜିନ୍, ଇତସ୍ତତଃ ହୋଇ ପଡ଼ିଥାଏ। ଗୋଟେ କଥାରେ କହିଲେ ନିରଞ୍ଜନ ବିପ୍ଳବୀ। ବାପା ନିଧି ଦାସଙ୍କ ଆଦର୍ଶ ତାଙ୍କ ପାଇଁ ଅସହ୍ୟ, ଅହିଂସ-ସଂଗ୍ରାମ କରିବା, ବାରମ୍ବାର ଜେଲ୍ ଯିବା - ଏସବୁ ବିପ୍ଳବୀର ଲକ୍ଷଣ ନୁହେଁ। କର-ଅବା ମର। ହକ୍ ଆଦାୟ କର। ପଥ ହେଉପଛେ ଦୁର୍ଗମ। ବିଚରା ନିଧି ଦାସ! ବାରମ୍ବାର ଜେଲ୍ ଖାନାକୁ ଗଲେ। ଏହା ଯଦି ବିପ୍ଳବ, ଯଦି ମୁକ୍ତିଯୁଦ୍ଧ, ତାହାଲେ ନମ୍ବରୀ ଦାଗୀ ଇତିହାସର ସବୁଠୁ ବଡ଼ ବିପ୍ଳବୀ। ଏଇ ଧାରଣାଟି ନିରଞ୍ଜନର। ସେଦିନ ନିଧିଦାସ ଚାଲିଗଲେ, ଶିକ୍ଷିତ ପୁଅ ନିରଞ୍ଜନ, ନା ଥିଲା ତା'ର ଅବସୋସ ଅବା ଅନୁଶୋଚନା ଏପରିକି ପିତାଙ୍କର ଶବସଂସ୍କାରରେ ଯୋଗଦେଲାନି। ତିଳ ତର୍ପଣ ତ ଦୂରର କଥା। ଏହାପଛରେ ଥିଲା ତା'ର ଅଭିମାନ। ଦେଶ ସ୍ୱାଧୀନ ହେଲା। ଜନତାର ଆଶା ଆକାଙ୍କ୍ଷା ହେଲା ଧୂଳିସାତ୍। ଗୋରା ଗଲେ, କଳା ଶାସକ ଗାଦିରେ ବସିଲେ। ଏ ଦେଶରେ ସେଇ

ଇମାରତ୍‌ମାନଙ୍କର ଅଧିବାସୀ। କହି ବୁଲିଲେ ନୂତନ ସୂର୍ଯ୍ୟଉଦୟ ହେଲା। ସ୍ୱର୍ଣ୍ଣିମ ଯୁଗର ଆରମ୍ଭ ହେଲା। ହେଲେ ଅବସ୍ଥା ଅଧିକ ସଙ୍କଟାପନ୍ନ। ପୁରୁଣା ମଦ, ନୂଆ ବୋତଲ। ସ୍ୱାଧୀନତାର ଉତ୍ତରକାଳ। ଶାସନ ବ୍ୟବସ୍ଥାରେ ଅଶେଷ ଛିଦ୍ର, ରାତାରାତି କୋଟିପତି ହେବାର ଦ୍ୱାର ଖୋଲିଲା। ଆରବୀୟ କାହାଣୀ, ଆଲିବାବା ଚାଲିଶ ଚୋରଙ୍କ ଗହ୍ୱର ଫିଟିଲା। ନିଧିଦାସ, ସେଇମାନେ ଇତିହାସରେ ପରମ ବିପ୍ଳବୀ, ସଚ୍ଚା ଦେଶପ୍ରେମୀ। ମାତ୍ର ସର୍ବତ୍ର ଅନ୍ଧକାର, ବିପ୍ଳବର ସୂର୍ଯ୍ୟୋଦୟକୁ ଆହୁରି ଢେର୍ ସମୟ ବାକି। ଏଇ କଥାଟି ବୁଝିଥିଲେ ନିରଞ୍ଜନ। ପ୍ରଚଳିତ ଶାସନ ବ୍ୟବସ୍ଥା ପ୍ରତି ଅନାସ୍ଥା, ଘୃଣା, ବିଦ୍ୱେଷ, ଶେଷରେ ନିଧିଦାସ ଆଡ଼େ ଛିଟିକିଲା। ବାପାଙ୍କ ସହ ସମସ୍ତ ସମ୍ପର୍କ ଛିଡ଼ାଇଦେଲେ। କିନ୍ତୁ ନିଧିଦାସ ବଦଳିଲେନି। ଶେଷ ପର୍ଯ୍ୟନ୍ତ ସେଇ ଆଦର୍ଶ, ହାତରେ ତୁଳାଭିଣା, ଚରଖାରେ ସୂତାକଟା, ଆଣ୍ଠୁ ଲୁଚୁ ନଥିବା ଖଦଡ଼। ସେଥିରେ ଦି' ଚାରିଟା କଣା ହେଇଗଲାଣି। ଏକା ଜିଦ୍ ସ୍ୱାଧୀନତା ସଂଗ୍ରାମୀ ପେନ୍‌ସନ୍ ନେବେନି। ନେଲେନି ମଧ୍ୟ।

ଜାତିର ପିତା ମହାତ୍ମାଗାନ୍ଧୀ। ବୁଦ୍ଧ, ଯୀଶୁଙ୍କ ପରି ସମସ୍ୱର, ସମବାକ୍ୟରେ ସେ ଉଚ୍ଚାରିତ। ଏଭଳି ପରମ ମାନବକୁ ଜାତି ସମ୍ମାନ ଦେଲାନି। ତାଙ୍କ ବାଣୀ, ଆଦର୍ଶ ତାଙ୍କ ପଛେ ପଛେ ଉଭେଇଗଲା। ତଥାକଥିତ ତାଙ୍କ ପରମ ଚେଲାଏ। ନିତି ପ୍ରତି, ପ୍ରତିଟି ମୁହୂର୍ତ୍ତରେ ଗାନ୍ଧୀ-ଆଦର୍ଶରୁ ବିଚ୍ୟୁତ ହେଲେ। ନିଷ୍ଠୁର, ନିର୍ମମ-ନିର୍ଦ୍ଦୟ ଚିତ୍ତ ସେମାନଙ୍କର। କ୍ଷଣକ୍ଷଣକେ ଗାନ୍ଧି-ଆଦର୍ଶକୁ ହତ୍ୟାକଲେ। ଶୁଦ୍ଧୋଦନ ପରି ମିଛ ସ୍ୱାଧୀନତା ସଂଗ୍ରାମୀ, ହାତରୁ ଫୁଲମାଳ କିଣିଲେ। ଲୋକଙ୍କୁ ଉତ୍କୋଚ ଦେଲେ। ସଭା ସମିତିରେ ବେକରେ ମାଳମାଳ ଗଜରା ହାର, ଜନତା ଭଳିଲେ। ଭୋଟ୍ ଦେଲେ। ସେ ହେଲେ ମନ୍ତ୍ରୀ, ଶାସକ, ବିଧାୟକ। ବିଚରା ବରଜୁ ଚମାର! ମହାତ୍ମା ଗାନ୍ଧିଜୀ କି ଜୟ, ଜାତୀୟ ପତାକା କି ଜୟ, ବନ୍ଦେ ମାତରମ୍ - ସବୁବେଳେ ତା' ମୁହଁରେ ସେଇକଥା। ଶେଷରେ ମଲା ଫଉଜ ଗୁଳିରେ। ନିଧିଦାସେ ଭଳି ହଜାର ହଜାର, ରହିଗଲେ ଇତିହାସର ଅନ୍ତରାଳେ। ଏଇମାନଙ୍କ ତ୍ୟାଗ, ତିତିକ୍ଷା, ଦେଶପ୍ରେମ। ମୁକ୍ତିସଂଗ୍ରାମ-ଇତିହାସ ହେଲା ଗରୀୟାନ। ଅପାଣ୍ଡବା ଗାଁ ମଧୁପୁରର ନିଧିଦାସ, ତାଙ୍କ କଥା କିଏ ବା ପଚାରେ! ତାଙ୍କ ପରି ମହାନିଧି ଦାସେ, ବଳି ପଡ଼ିଲେ ସ୍ୱାଧୀନତା ଯଜ୍ଞବେଦୀରେ। କାଳ ତାଙ୍କୁ ପାସୋରି ଦେଲା। ଏଇଟି 'ଅନ୍ଧଦିଗନ୍ତ'ର ମର୍ମକଥା। ଠିକ୍ ସେମିତି 'ବରଜୁଦା', ମୁକ୍ତିସଂଗ୍ରାମୀ ନୁହନ୍ତି। ତ୍ୟାଗର ସେ ମୂର୍ତ୍ତିମନ୍ତ ପ୍ରତୀକ।

ସୁରେନ୍ଦ୍ରଙ୍କ ଦାଦା, ବରଜୁ ଦାଦା - ଏକ ରହସ୍ୟମୟ ଚରିତ୍ର। ଘରେ ନଥାଆନ୍ତି। କାନ୍ଥରେ ଟଙ୍ଗା ଯାଇଥିଲା ଚିତ୍ରପଟଟେ। ତୂଳିରେ ଅଙ୍କା, ନିଜେ ଶିଳ୍ପୀ

'ବରଜୁଦାଦା', କେବେ ସେ ଚିତ୍ରଶିଳ୍ପୀ ତ କେବେ ଅପେରାର ଓସ୍ତାଦ୍। ସିନ୍‌ସିନାରୀ ବି ଆଙ୍କନ୍ତି। ଗାଁ ବାହାରେ ସେ ବରଜୁ ଓସ୍ତାଦ୍। ସରୋଜିନୀ ଅପେରା ପାର୍ଟିର ନିର୍ଦ୍ଦେଶକ। ତାଙ୍କର ହାଡୁଆ ମୁହଁ, ଆଖି ଦି'ଟା ଭାରି କୋମଳ, ବାରିହୋଇ ପଡ଼ନ୍ତି ଅନ୍ୟମାନଙ୍କ ମଧ୍ୟରେ। ମୋଟ୍ ଉପରେ କଳାକାର ଆଖି ଦିଓଟି। ହାତ ଆଙ୍ଗୁଠି ଲମ୍ବା, ଚମ୍ପାକଢ଼ିଆ। କଥାଗୁଡ଼ିକ ଦରଦମିଶା, ସଦା ଲୁହରେ ଓଜନିଆ। ଦେଖା ସାକ୍ଷାତ୍ ନଥାଏ, ହଠାତ୍ ଆବିର୍ଭାବ, ପୁଣି ଅନ୍ତର୍ଦ୍ଧାନ। ଲୋକେ କହନ୍ତି ବାରବୁଲାଟା। ଆଜି ଏଠି ତ କାଲି ସେଠି। ସବୁଆଡ଼େ ବୁଲନ୍ତି ଘର ମାଡ଼ନ୍ତିନି। ସୁରେନ୍ଦ୍ରଙ୍କ ଶାରୀ ଅପା କହେ – "ହେଇଟି ଦେଖିଲ, ବରଜଟା କାଲି ସଂଜରୁ ଅଇଲା, ଆଜି ସକାଳୁ ଉଡ଼ା ଚଢ଼େଇପରି, କୁଆଡ଼େ ପଳେଇଲା।" ଉଡ଼ା ଚଢ଼େଇ, ସେ ପଞ୍ଜୁରୀ ଭିତରେ ରହିବ କେମିତି ? ତାଙ୍କର ଅସ୍ତିତ୍ୱ ଘୋଷଣା କରେ, ସେଇ ଚିତ୍ରପଟଟି। କାନ୍ଥରେ ଟଙ୍ଗା ହେଇଥାଏ। ଯମୁନାକୂଳ, କଦମ୍ବ ମୂଳ, ଶ୍ରୀକୃଷ୍ଣଙ୍କ ବେକରେ ବନଫୁଲମାଳ, ମୁଣ୍ଡରେ ମୟୂରଚୂଳ, ବଇଁଶୀ ବଜାଉଛନ୍ତି। ଶ୍ରୀରାଧା, ତାଙ୍କ ଆଣ୍ଠୁଉପରେ ମୁଣ୍ଡ ରଖିଛନ୍ତି, ଏକ ବିଶିଷ୍ଟ ଛନ୍ଦ। ଚିତ୍ରପଟଟି ଖୁବ୍ ଜୀବନ୍ତ। ଛବି ତଳେ ଲେଖା ହେଇଛି 'ଆତ୍ମ ସମର୍ପଣ'। ବରଜୁ ଦାଦା, ତାଙ୍କ ଘରବାଡ଼ି ପଡ଼ିଛି, ଜମିବାଡ଼ି ନିଲାମ ହୋଇଯାଇଛି, ଏବେ ସବୁ ଜମିଦାର କବ୍‌ଜାରେ। ସେ ଘର ଛାଡ଼ିଦେଲେ। ଏବେ ଜମିଦାର ଘରେ ରହଣି, ତାଙ୍କ ଅପେରା ପାର୍ଟିର ଓସ୍ତାଦ୍, ମାସିକ ଦରମା ପଚାଶ ଟଙ୍କା। ସମୟେ ସମୟେ ଅଭିନୟ, ବାବାଜି ଅବା ଭିକ୍ଷୁକ, ହାତରେ ଭିକ୍ଷା ଝୁଲି। ଖୁବ୍ ସୁନ୍ଦର ଗାଆନ୍ତି, ଦର୍ଶକମାନେ, କିଏ ଚାରେଣି, ଆଠେଣି, ଅବା ଟଙ୍କାଟିଏ ଝୁଲିରେ ପକାନ୍ତି। ଦର୍ଶକଙ୍କ ଆଖିରୁ ଲୁହଝରେ। ସଂସାରରେ ଢେର୍ ଦୁଃଖ କଷ୍ଟ ପାଇଛନ୍ତି – ଏକଥାଟି ଗୀତରେ କହନ୍ତି ବରଜୁ ଦାଦା। ଜମିଦାରଙ୍କ ଠାରୁ ବେତନ ନିଅନ୍ତିନି। ପିତୃଋଣକୁ ଭରଣା କରନ୍ତି। ଋଣ ସୁଝିଲା, ଜମିଦାର କିନ୍ତୁ ଜମି ଫେରେଇଲେନି। ଅଭିମାନରେ ଦାଦା ଜମିଦାର ଘର ଛାଡ଼ିଲେ। ଏବେ ସିନ୍ ଅଙ୍କା, ଏଇଟିକୁ ବେଉସା ବୋଲି ଧରିନେଲେ।

'ବରଜୁ ଦାଦା' ଜଣେ ଦରଦୀ ମଣିଷ, କଳାରେ ସଦା ନିମଗ୍ନ। ବିଭିନ୍ନ ବହି ପଢ଼ନ୍ତି। ପଢ଼ିଥିଲେ ସୁରେନ୍ଦ୍ରଙ୍କ 'କୃଷ୍ଣଚୂଡ଼ା' ଗଳ୍ପ ସଂକଳନ। ହଠାତ୍ ସୁରେନ୍ଦ୍ରଙ୍କ ସହ ଦେଖା, କହିଲେ, "ସୁରରେ ! ତୋ କୃଷ୍ଣଚୂଡ଼ା ବହି ପଢ଼ିଲି, ଆମ ବଂଶକୁ ତୁ ଧନ୍ୟ କରିଦେଲୁ।" ସୁରେନ୍ଦ୍ର ବରଜୁ ଦାଦାଙ୍କୁ ଭାରି ଭଲ ପାଉଥିଲେ। ତାଙ୍କୁ ନିଜ ଘରକୁ ଫେରାଇ ଆଣିବାକୁ ଚାହିଁଲେ। ଦାଦା ପୂରା ଅମଙ୍ଗ। ଦାଦାଙ୍କ ପୁତୁରା ଘରଡିହ, ଜମିବାଡ଼ି ସବୁ ନେଇଗଲା। ସେଟେଲମେଣ୍ଟ ରେକର୍ଡ଼ରୁ ନାଁ କାଟିଦେଲା। ସେ ଦୀର୍ଘନିଶ୍ୱାସ ଛାଡ଼ିଲେ, "ଆରେ, ଦେଶାନ୍ତରୀର ପୁଣି ଘର କାହିଁ ?" ସୁରେନ୍ଦ୍ର ନିରାଶରେ ଫେରିଲେ।

ଦିନକର କଥା, ସୁରେନ୍ଦ୍ର ଗାଁକୁ ଯାଇ ଥାଆନ୍ତି। ବରଜୁଦାଦା ପଢୁଥିଲେ 'ଅନ୍ଧଦିଗନ୍ତ' ଉପନ୍ୟାସ। ବଡ଼ପାଟିରେ ବି ପଢୁଥିଲେ। ଖଣ୍ଡେ ଦୂର ଶୁଭୁଥିଲା। ଅନେକ ଦିନ ଅନ୍ତର, କେହି ଜଣେ 'ଅନ୍ଧଦିଗନ୍ତ' ପଢୁଥିଲେ। ସୁରେନ୍ଦ୍ରଙ୍କ ବିଦେହୀ ସତ୍ତା ତାକୁ ଶୁଣୁଥିଲା ତନ୍ମୟ ଚିତ୍ତରେ। ଆଉ ଦିନକର କଥା, ଗାଁ ଦାଣ୍ଡ କରନାଳୀ ବନ୍ଧ, ଯାଉଥିଲେ ପୁରୋହିତେ। ବରଜୁ ଦାଦା ତାଙ୍କୁ କହିଲେ - "ନନା ଏଠିକି ଆସ, ଏଠିକି ଆସ, ଏ 'ଅନ୍ଧଦିଗନ୍ତ' ନୁହେଁ ଯେ, ଏ ଯୁଗର ଭାଗବତ।" ସୁରେନ୍ଦ୍ର ସେତେବେଳେ ଲାଜେଇଗଲେ। ଦାଦାଙ୍କୁ ପଚାରିଲେ 'ନୀଳଶୈଳ' କଥା। ସେ କହିଲେ - "ଆରେ ସେଥିରେ ନିଧିଦାସ କାହିଁ?" ୨/୩ ବର୍ଷ କଟିଗଲା। ରାତି ପାହାନ୍ତା। ବରଜୁ ଦାଦା ପରିସ୍ରା ଯାଉଥିଲେ, ପଡ଼ିଗଲେ, ଚେତା ବୁଡ଼ିଗଲା। ହାସ୍‌ପାତାଳରେ ଥାଆନ୍ତି। ସୁରେନ୍ଦ୍ର ପହଞ୍ଚିଲେ ସସ୍ତ୍ରୀକ। ଧୀର କଣ୍ଠରେ ଡାକିଲେ, ବରଜୁ ଦାଦାଙ୍କର ସାମାନ୍ୟ ସଜ୍ଞା ଫେରିଲା। ହଠାତ୍ ବିଳିବିଳେଇଲେ - "ମୁଁ ନିଧିଦାସ, ମୁଁ ନିଧିଦାସ।' ବାସ୍ ସେତିକି। ତାଙ୍କ ସଜ୍ଞା ଆଉ ଫେରିଲାନି, ସବୁଦିନ ପାଇଁ ଚାଲିଗଲା।

ହଜିଲା ସ୍ମୃତି, ପୁନଃ ଉଙ୍କି ମାରୁଛି। ସୁରେନ୍ଦ୍ରଙ୍କ ଅନ୍ତରକୁ ବେଦନାସିକ୍ତ କରି ଦେଉଛି। ସେଦିନ ବରଜୁଦାଦା କହୁଥିଲେ - "ଆହା! ତୁ କାହିଁକି ଏତେ ନିଷ୍ଠୁର ହେଲୁରେ? ନିଧିଦାସକୁ ମାରିଲା ବେଳେ ତୋ' ହାତ ଟିକେ ଅଟକିଲା ନାହିଁ? ନିଧି ଦାସ କେମିତି ମଲା, କେମିତି ବଞ୍ଚିଲା। ସେ ବି ମୋ ପରି ଘରଛଡ଼ା ଥିଲା।" ସୁରେନ୍ଦ୍ରଙ୍କ ମନ ହାନ୍ଦୋଳିଲା, ତାଙ୍କ ଅନ୍ତର ଖୋଜୁଥିଲା ନିଧିଦାସଙ୍କୁ। ସେ ମଧୁପୁର ଗାଁର ନିଧିଦାସ ନା ତାଙ୍କ 'ବରଜୁଦାଦା'! ଦୁହେଁ ଘରଛଡ଼ା, ବାରବୁଲା। ପିଲାକୁଟୁମ୍ବ ପଚାରିଲେନି। ଜଣେ ମୁକ୍ତିସଂଗ୍ରାମୀ ହେଇଗଲେ, ଆଉଜଣେ କଳାକାର, ଦୁହେଁ ମଣିଷ ପରି ମଣିଷ। ଦେଶାନ୍ତରୀଙ୍କର ଘର ନଥିଲା। ଥିଲା ପ୍ରତିଷ୍ଠା, ମାନ, ସମ୍ମାନ। ଦୁହେଁ ସଚ୍ଚା, ପବିତ୍ର, ସମର୍ପିତ। ସୁରେନ୍ଦ୍ରଙ୍କ ବାଲ୍ୟକାଳ କଥା। ସେ ଥିଲେ ବରଜୁଦାଦାଙ୍କ ଚରିତ୍ରର ପ୍ରଶଂସକ। ବରଜୁଦାଙ୍କର ପରିଣତ ବୟସ ହେଲା, ସେ ହେଲେ ସୁରେନ୍ଦ୍ର ସାହିତ୍ୟର ରସିକ ପାଠକ। ତାଙ୍କପରି ଆଉ କେହି ସୁରେନ୍ଦ୍ରଙ୍କର ବଡ଼ ପ୍ରଶଂସକ ନ ଥିଲେ। ଏଇ ହେଉଛି ବୋଧହୁଏ ଦୁଇଟି ବାରବୁଲା ଜୀବନର ପରସ୍ପର ପ୍ରତି ଶ୍ରଦ୍ଧା ନିବେଦନ। ମଧୁପୁର ଗାଁର ନିଧିଦାସ 'ଅନ୍ଧ ଦିଗନ୍ତ'ର 'ନିଧିଦାସ'। ସେ ପୁରୁଷୋତ୍ତମପୁରର 'ବରଜୁ ଦାଦା'। ଏ କଥାଟି ସୁରେନ୍ଦ୍ର ପ୍ରତ୍ୟକ୍ଷରେ ସ୍ୱୀକାର କରିନାହାନ୍ତି। ମାତ୍ର ତାଙ୍କ ଆତ୍ମା କହୁଥିବ ମଧୁପୁର ନିଧିଦାସେ ହିଁ ବରଜୁଦାଦା। ସେତେବେଳକୁ ବରଜୁଦାଦା ଶୋଇଯାଇଥିଲେ ଚିର ନିଦ୍ରାରେ।

ସହିଦ ବାଜି ରାଉତ : ଇତିହାସ ଓ କିମ୍ବଦନ୍ତୀ

ମୁକ୍ତି ସଂଗ୍ରାମର ବିରଳ ଘଟଣାଟେ। ବାରବର୍ଷର ବାଳୁତ ସହିଦ ହେଲା, ଦେଶ ପାଇଁ ଆତ୍ମବଳିଦାନ, ସେ ହେଉଛି ସର୍ବକନିଷ୍ଠ ସହିଦ ବାଜିରାଉତ, ଘର ନୀଳକଣ୍ଠପୁର, ଜିଲ୍ଲା ଢେଙ୍କାନାଳ। ଭୁବନ ପାଖ ଗାଁ ନୀଳକଣ୍ଠପୁର। ୧୯୩୮ ମସିହା, ଅକ୍ଟୋବର ୧୧ ତାରିଖ। ଢେଙ୍କାନାଳରେ ପ୍ରଜାମଣ୍ଡଳ ଆନ୍ଦୋଳନ, ତୀବ୍ରରୂପ ନେଲା। ତତ୍କାଳୀନ ରାଜା ଶଙ୍କର ପ୍ରତାପ ସିଂହଦେଓ, ମହାପ୍ରତାପୀ। ବଡ଼ ନିଷ୍ଠୁର, ଅତ୍ୟାଚାରୀ ବି। ରାଜା ପ୍ରଜା ବିତ୍ତ ଲୁଣ୍ଠନକାରୀ। ଏପରିକି ନିଦରବମାନେ ବାଦ୍ ପଡ଼ନ୍ତିନି। ବାଜିରାଉତ ବାପ ଛେଉଣ୍ଡ, ମା' ଢିଙ୍କିକୁଟି ପେଟପୋଷେ। ବାଜି ନାଉରିଆ ବାଳକ, ପ୍ରଜାମଣ୍ଡଳର ବାନର ସେନାରେ ସାମିଲ। ମୁକ୍ତିସଂଗ୍ରାମ ତ୍ୱରାନ୍ୱିତ। ଜନତା ରକ୍ତରେ ସ୍ପନ୍ଦନ, କର ଅବା ମର। ଦେଶ ପାଇଁ ଏଇ ପଣପ୍ରତିଜ୍ଞା। ବାଜିରାଉତ, ଅଭୂତପୂର୍ବ ତା'ର ସାହସ, ବ୍ରାହ୍ମଣୀ ନଦୀରେ ଡଙ୍ଗା ଲାଗିଛି। ରାତିରେ ବାଜିରାଉତର ସ୍ୱେଚ୍ଛାକୃତ ପହରା। ନଈ ଆରପଟେ ଫିରିଙ୍ଗି ଫଉଜ, ଏପଟେ ନୀଳକଣ୍ଠପୁର ଗାଁ ବାଲା। ପୁଲିସର ନିର୍ଦ୍ଦେଶ, ଘାଟଲଗା। ବାଜିର ନାଁ, ଫୁଟିଲା ଗୁଳି ଗୁଡୁମ୍ ଗୁଡୁମ୍, ବାଜି ସମେତ ଚାରିଜଣ ଟଳି ପଡ଼ିଲେ। ଆଠଜଣ ରକ୍ତ ଜୁଡୁବୁଡୁ, ସହିଦ୍‌ର ରକ୍ତ, ଝୋଳ ହେଇ ବୋହିଗଲା। ଲାଲ୍ ହୋଇଗଲା ବ୍ରାହ୍ମଣୀ ନଈର ପାଣି। ବାଜିରାଉତ ନିରୀହ ବାଳକଟେ। ତା'ର ଆତ୍ମବିସର୍ଜନ, ଅନ୍ୟମାନଙ୍କ ପାଇଁ ଆଦର୍ଶ ହୋଇଗଲା। ଅକ୍ଟୋବର ୧୭, ହିନ୍ଦୋଳ ରେଳଷ୍ଟେସନରେ ପ୍ରତିବାଦକାରୀଙ୍କ ଉପରକୁ ଗୁଳି। ପୁନଶ୍ଚ ୨୧ ତାରିଖ, ତୁମିଶିଙ୍ଗା, ଶିରିମୂଳା - ଏ ଦୁଇ ସ୍ଥାନରେ ପୁଲିସର ଦମନଲୀଳା, ତିନିଜଣ ନିହତ, ପ୍ରାୟ ସତର ଜଣ ଆହତ। ଅନୁରୂପ ଭାବେ କଟୁମୁଣ୍ଡା, କନ୍ଦରସିଂହ ଗ୍ରାମରେ ଗୁଳିକାଣ୍ଡ, ଅନ୍ୟାନ୍ୟ

ପାଞ୍ଚ ଜଣ ସତ୍ୟାଗ୍ରହୀ ସହିଦ ହେଲେ। ବିଶିଷ୍ଟ ଗାନ୍ଧିବାଦୀ ନବକୃଷ୍ଣ ଚୌଧୁରୀ, ଘଟଣା ସ୍ଥଳରେ ପହଞ୍ଚିଲେ। ଆନ୍ଦୋଳନାରୀଙ୍କୁ ଅହିଂସା ମନ୍ତ୍ର ଶୁଣାଇଲେ। ପରିସ୍ଥିତିରେ କିଛିଟା ସୁଧାର ଆସିଲା। ନଚେତ ସୃଷ୍ଟି ହୋଇଥାନ୍ତା ମହାପ୍ରଳୟ। ସହିଦ ବାଜିରାଉତ ସମ୍ପର୍କିତ ଏଇ ସବୁ ଐତିହାସିକ ତଥ୍ୟ।

କଟକ ଖାନ୍‌ନଗର ମଶାଣିପଦା। ଜନତାର ପଟୁଆର, ବାଜିରାଉତ ସହିତ ନଟ, ଫଗୁ, ଆଉ ସବୁ ସହିଦ୍‌ଙ୍କ ଶବ ଶୋଭାଯାତ୍ରା। ବନ୍ଦେ ମାତରମ୍, ଇନକିଲାବ ଜିନ୍ଦାବାଦ, ଜବ ତକ୍ ସୁରଜ ଚାନ୍ଦ ରହେଗା, ବାଜି ତୁମ୍ ଅମର ରହେଗା। ଗଗନ ପବନ ନିନାଦିତ ଦେଶପ୍ରେମୀଙ୍କ ଜୟଗାନରେ। ଶ୍ମଶାନରେ ଜଳୁଛି ଚିତା, ଅଛନ୍ତି ବାମପନ୍ଥୀ କବି ସଚ୍ଚି ରାଉତରାୟ। ଲେଖିଲେ ଖଣ୍ଡକାବ୍ୟ 'ବାଜି ରାଉତ'। ବାଜିରାଉତ ଜଣେ ସାଧାରଣ ବାଳକ ନୁହେଁ, ସେ ବିପ୍ଳବର ଅଗ୍ନିଶିଖା - "ନୁହେଁ ବନ୍ଧୁ ନୁହେଁ - ଏହି ଚିତା, ଏ ଦେଶ ତିମିର ତଳେ ଏ ଅଲିଭା ସଳିତା, ଏହାର ଜନମ ନୁହେଁ ଲିଭିଯିବା ପାଇଁ, ଜନମ ଏହାର ଜାଳିପୋଡ଼ି ଦେବାକୁ ଧସେଇ।" ବାଜି ରାଉତ ଏକ ଅନୁଷ୍ଠାନ, ଏକ ବିପ୍ଳବ। ବିପ୍ଳବୀ ଚାଲିଯାଏ, ବିପ୍ଳବ ମରେନା। ବାଜିରାଉତ ରକ୍ତବୀର୍ଯ୍ୟର ଦଳ, ଗୋଟିକରୁ କୋଟିଏ, ଗୋଟିଏ ବାଜି ରାଉତ, ତା' ବଦଳରେ କୋଟିଏ ସୃଷ୍ଟି ହେବେ। ଆଗେଇ ନେବେ ମୁକ୍ତି ସଂଗ୍ରାମକୁ। ଫିରିଙ୍ଗି ହଟିବ ହିଁ ହଟିବ, ଏ ବିଶ୍ୱାସ ସଂଗ୍ରାମୀ କବିର। କବିର ଆଖିରେ ବାଜି - ଏଡ଼ିକି ସେ ଅମାନିଆ ପିଲା ? ମାନିଲାନି ଗୁଳିଗୋଳା, ମୃତ୍ୟୁ ତା' ପାଖରେ ହାର୍ ମାନିଲା। ନାଉରିଆ ପୁଅ, ହେଇଗଲା ମରଣଜୟୀ। ଜୀବନ ରୂପକ ଜୟମାଲ୍ୟ, ପିନ୍ଧେଇ ଦେଲା ମୃତ୍ୟୁ ଗଳାରେ। ଜିତିଗଲା ବାଜି, ହାରିଗଲା ମୃତ୍ୟୁ। ବ୍ରାହ୍ମଣୀ ନଈର ଗୁରୁଗମ୍ଭୀର ଡାକ, ଦୂର ଜଙ୍ଗଲରେ ବାଘର ହେନ୍ତାଳ, ଆକାଶରେ ବଜ୍ରର ନିର୍ଘୋଷ, ନିଘା ନଥିଲା ବାଜିର। ସେ ଲଢ଼ିଲା, ବଳି ପଡ଼ିଲା। କବିଙ୍କ ଭାଷାରେ - "ବାନ୍ଧି ନାଇଁ ଘାଟେ ନାଆ, ନାଉରିଆ ପାରେକିରେ ମରି ?" କବିର କଳ୍ପନା ଇତିହାସ ନୁହେଁ, ଇତିହାସର ସାମାନ୍ୟ ଉତ୍ସାହ। ଏଥିରେ ସାହିତ୍ୟର ପୁଟ, ସୃଷ୍ଟିହୁଏ ଐତିହାସିକ ସାହିତ୍ୟ। ଇତିହାସ, ସାହିତ୍ୟ - ଏ ଦୁଇ ଯମଜ ଭଗିନୀ। ଗୋଟେ ଦିନବାର ବାର ଠିକଣା ଆଉ ଘଟଣା। ଆରଟିରେ କଳ୍ପନା ବିଳାସ। ଦୁଇର ମିଶ୍ରଣ, ଇତିହାସ ହୁଏ ସୁଖପାଠ୍ୟ। କବିର ଦୃଷ୍ଟିଭଙ୍ଗୀ କଳ୍ପନାଧାରିତ, ଐତିହାସିକର ସତ୍ୟ ଚର୍ଚ୍ଚା। ବାଜିରାଉତ ପ୍ରଥମ ଶିଶୁ ସହିଦ, ଏହା ଦିବାଲୋକ ପରି ସତ୍ୟ, ତେବେ ସେ ବ୍ରାହ୍ମଣୀ ନଈରେ ଘାଟ ଜଗିଥିଲା ତ ? ବାଜିର ମୃତ୍ୟୁ ସତ୍ୟ, ହେଲେ ଘାଟ ଜଗିବାକୁ ନେଇ ତିଳ ତଣ୍ଡୁଳିତ ତଥ୍ୟ। ମହାନ ରାଜନୀତିଜ୍ଞ ସୁରେନ୍ଦ୍ର ମହାନ୍ତି। ସ୍ୱୟଂ ଯାଇଥିଲେ ନୀଳକଣ୍ଠପୁର, ଭେଟିଥିଲେ ବାଜିରାଉତର ମା'ଙ୍କୁ, ବାଜି

ମା' ମୁହଁର କଥାକୁ ଲେଖିଲେ 'ପଥ ଓ ପୃଥିବୀ'ରେ। ଆତ୍ମଜୀବନୀଟି ତଥ୍ୟ, ତତ୍ତ୍ୱ ତଥା ଭାବବିଳାସର ଅପୂର୍ବ ସମନ୍ୱୟ। ଅନେକ ସମୟରେ ଲେଖକଙ୍କ ଅଙ୍ଗେନିଭା କଥା, ଇତିହାସର ନିର୍ଭୁଲ ଦଲିଲ। ବାଜିରାଉତ ସମ୍ବନ୍ଧୀୟ, ଗୋଟେ ଗୁରୁତ୍ୱପୂର୍ଣ୍ଣ ସତ୍ୟ। ଲେଖିଛନ୍ତି ନିଜ ଆତ୍ମଲିପିରେ।

ଗଡ଼ଜାତ ରାଜ୍ୟରେ ପ୍ରଜାମଣ୍ଡଳ ଆନ୍ଦୋଳନ। ସାମ୍ରାଜ୍ୟବାଦୀ ଗଙ୍ଗବଂଶୀଙ୍କ ସହିତ ଗଜପତି ରାଜା - ଏମାନେ ସାର୍ବଭୌମ ସମ୍ରାଟ। ଏହାକୁ ସ୍ୱୀକାର କରି ସୃଷ୍ଟି ହେଲା ଅନେକ ସାମନ୍ତ ରାଜାଙ୍କ ଆବିର୍ଭାବ। ରାଜନୀତିରେ ଗଜପତି, ଧର୍ମୀୟ ଭାବନାରେ ଜଗନ୍ନାଥ, ଏମାନଙ୍କ ସହିତ ନିବିଡ଼ ସମ୍ପର୍କ। ମୋଗଲ ମରହଟ୍ଟା ସମୟ। ସେ ସମୟରେ ଏଇ ଭକ୍ତି ପରମ୍ପରା ଅତୁଟ। ପ୍ରାଚୀନ ଭାରତୀୟ ପରମ୍ପରାନୁଯାୟୀ ସାମନ୍ତମାନେ ରାଜା। ରାଜତନ୍ତ୍ରର ପ୍ରତୀକ। ସେଇ ସାମନ୍ତରାଜ୍ୟ ଗୁଡ଼ିକ ଘୋର ଜଙ୍ଗଲ ବେଷ୍ଟିତ। ଜନଜାତି ସେମାନଙ୍କର ପରମ ଅନୁଗତ। କ୍ରମେ ସେଇ ରାଜାଏ ନିଷ୍ଠୁର ହେଲେ। ପ୍ରଜାଙ୍କ ସରଳତାର ସୁଯୋଗ ନେଲେ। ଲୁଟି ଖାଇଲେ। ଶେଷରେ ଇଂରେଜମାନେ ଓଡ଼ିଶା ଅଧିକାର କଲେ (୧୮୦୩)। ଅଧିକାଂଶ ଗଡ଼ଜାତ ରାଜା, ଇଂରେଜଙ୍କୁ ସ୍ୱୀକାର କଲେ। କମ୍ପାନୀ ସରକାରଙ୍କ ସହ ଭିନ୍ନ ଭିନ୍ନ ସନ୍ଧି ସ୍ୱାକ୍ଷରିତ ହେଲା। ରାଜାଏ ପାଲଟିଲେ ବିପୁଳ କ୍ଷମତାର ଅଧିକାରୀ। ଚଉଷଠି କର ବସାଇଲେ, ବେଠି, ବେଗାରି ବଢ଼ିଲା। ସାମାନ୍ୟ ଦୋଷତ୍ରୁଟି, ପ୍ରଜାଙ୍କୁ ମିଳେ କଠୋର ଶାସ୍ତି, କେତେକ ରାଜାଙ୍କ ହାତରେ ମୃତ୍ୟୁଦଣ୍ଡାଧିକାର। ଏହା ସମ୍ପୂର୍ଣ୍ଣ ଅଗଣତାନ୍ତ୍ରିକ। କ୍ରମେ ରାଜାଙ୍କ ଅତ୍ୟାଚାର ବଢ଼ିଲା, ପ୍ରଜାଙ୍କ ଜନଅସନ୍ତୋଷ ବି।

୧୯୩୦ ମସିହା, ସାରା ଭାରତରେ ଲବଣ ସତ୍ୟାଗ୍ରହ। ଦେଶପ୍ରେମର ବହ୍ନି ପ୍ରଜ୍ୱଳିତ, ଗଡ଼ଜାତ ରାଜ୍ୟରେ ଏହାର ପ୍ରଭାବ ପଡ଼ିଲା। ପ୍ରଜାଏ ସାହସ ବାନ୍ଧିଲେ। ଆରମ୍ଭ ହେଲା ଗଣ ଆନ୍ଦୋଳନ ବା ପ୍ରଜାମଣ୍ଡଳ ଆନ୍ଦୋଳନ। ପ୍ରତିଟି ଗଡ଼ଜାତରେ ଆନ୍ଦୋଳନ, କ୍ଷେତ୍ର ବିଶେଷରେ ସ୍ୱତନ୍ତ୍ର, ଅନେକତ୍ର ମୌଳିକ ସାମଞ୍ଜସ୍ୟ ବି ରହିଛି। ଆନ୍ଦୋଳନକାରୀ ସମସ୍ତେ କୃଷକ। ଏହାକୁ କୃଷକ ଆନ୍ଦୋଳନ କୁହାଗଲା। ତେଣୁ କୃଷକ ଆନ୍ଦୋଳନ ପ୍ରଜାମଣ୍ଡଳ ଆନ୍ଦୋଳନ ନାମରେ ଖ୍ୟାତ।

ଓଡ଼ିଶାରେ ୩୬ଟି ଗଡ଼ଜାତ ରାଜ୍ୟ - ଅନୁଗୁଳ, ଆଠଗଡ଼, ଆଠମଲ୍ଲିକ, ବାମଣ୍ଡା, ବାଙ୍କି, ବଣାଇ, ବୌଦ, ବଡ଼ମ୍ବା, ଦଶପଲ୍ଲା, ଢେଙ୍କାନାଳ, ଗାଙ୍ଗପୁର, ହିନ୍ଦୋଳ, କଳାହାଣ୍ଡି, କେନ୍ଦୁଝର, ଖଣ୍ଡପଡ଼ା, ମୟୂରଭଞ୍ଜ, ନରସିଂହପୁର, ନୟାଗଡ଼, ନୀଳଗିରି, ପାଲଲହଡ଼ା, ପାଟନା-ବଲାଙ୍ଗିର, ରେଢ଼ାଖୋଲ, ରଣପୁର, ସୋନପୁର, ତାଳଚେର, ତିଗିରିଆ। ତନ୍ମଧ୍ୟରୁ ମୟୂରଭଞ୍ଜ ଆୟତନରେ ସର୍ବବୃହତ୍, ତିଗିରିଆ

କ୍ଷୁଦ୍ରତମ। ଭାରତୀୟ ଜାତୀୟ କଂଗ୍ରେସ ବା ଉତ୍କଳ ପ୍ରଦେଶ କଂଗ୍ରେସ - ଏ ଦୁଇଟିର କୌଣସି ଶାଖା ଗଡ଼ଜାତ ରାଜ୍ୟରେ ନଥିଲା। ୧୯୨୨ ମସିହା, କନିକାରେ କୃଷକ ଆନ୍ଦୋଳନ। ବାସୁ-ବିସୁନି, ଏ ଦି' ଜଣ ପୁଲିସ ଗୁଳିରେ ମଲେ। କଂଗ୍ରେସର ଟାଣୁଆ ନେତା ଉତ୍କଳମଣି ଗୋପବନ୍ଧୁ ଦାସ, ତାଙ୍କୁ କନିକା ପ୍ରବେଶ ଅନୁମତି ମିଳିଲାନି। ଲବଣ ସତ୍ୟାଗ୍ରହ (୧୯୩୦) ସମୟ ସରଗରମ। ସର୍ବତ୍ର ଜାତୀୟତାବାଦୀ ଆବହାଓ୍ୱା। ବ୍ରିଟିଶ ଫଉଜଙ୍କ ରକ୍ତ ଟକମକ। ଗଡ଼ଜାତ ରାଜାଏ ଇଂରେଜଙ୍କ ବଶମ୍ବଦ। ଶେଷରେ କଂଗ୍ରେସର ଚେତନା ଉଦୟ ହେଲା। ନିରୀହ ଗଡ଼ଜାତବାସୀ, ନାହିଁ ନଥିବା ଅତ୍ୟାଚାରିତ। ସେମାନଙ୍କୁ ଭାଗ୍ୟ ହାତରେ ସଅଁପି ଦେବା - ଏଇଟି ନୀତି ବିରୁଦ୍ଧ। ୧୯୩୪ ମସିହା, କଂଗ୍ରେସର ଲକ୍ଷ୍ନୌ ଅଧିବେଶନ। ଗଡ଼ଜାତ ଅଧିବାସୀଙ୍କୁ ମୁକ୍ତି ପ୍ରଦାନ - ଏ ଦିଗରେ ବିଶେଷ ଆଲୋଚନା ହେଲା। ଏସମ୍ପର୍କରେ ମଧ୍ୟ ପ୍ରସ୍ତାବଟେ ଗୃହୀତ ହେଲା। ତାହା ପ୍ରଜାମଣ୍ଡଳ ସଂଗ୍ରାମୀଙ୍କୁ ବହୁ ଭାବରେ, ବହୁ ରୂପରେ ପ୍ରଭାବିତ କଲା।

ଭାରତ ଶାସନ ସଂସ୍କାର ଆଇନ ୧୯୩୫। ପ୍ରଦେଶ ଗୁଡ଼ିକରେ ଗଣତାନ୍ତ୍ରିକ ଦାୟିତ୍ୱଶୀଳ ସରକାର ଗଠନ ନିଷ୍ପତ୍ତି। ପ୍ରଥମେ ପାରଳା ରାଜା କୃଷ୍ଣଚନ୍ଦ୍ର ଗଜପତି, ତାଙ୍କ ପରେ ବିଶ୍ୱନାଥ ଦାସ। ସେ ମହାଶୟ କଂଗ୍ରେସର ଜଣେ ଟାଣୁଆ ନେତା। ୧୯୩୯ ମସିହା ପର୍ଯ୍ୟନ୍ତ କ୍ଷମତାରେ ରହିଲେ। ୧୯୩୯ ମସିହା, ସାରା ପୃଥିବୀରେ ଦ୍ୱିତୀୟ ବିଶ୍ୱଯୁଦ୍ଧର ଘନଘଟା। ବ୍ରିଟିଶ ସରକାର ଭାରତକୁ ପକ୍ଷଭୁକ୍ତ କଲେ। କଂଗ୍ରେସ ପ୍ରତିବାଦ କଲା, କ୍ଷମତାରୁ ଓହରିଗଲା। ଏଣେ ଶାସନ କ୍ଷମତା ପ୍ରାପ୍ତ ଓଡ଼ିଆ ନେତାଏ, ଗଡ଼ଜାତ ମୁକ୍ତି ଚିନ୍ତାରେ ବ୍ରତୀ ହେଲେ। ରାଜତନ୍ତ୍ର ବିଲୋପ ତାଙ୍କର ମୁଖ୍ୟ ଲକ୍ଷ୍ୟ। ଓଡ଼ିଶାରେ ଇଂରେଜ ଶାସନ ନୀତି ଦି' ପ୍ରକାର। କଟକ, ପୁରୀ, ବାଲେଶ୍ୱର - ଏଇ ସବୁ ଉପକୂଳବର୍ତ୍ତୀ ଜିଲ୍ଲାର ଶାସନ। ଗଡ଼ଜାତରେ ତାହା ଭିନ୍ନ। ଜାତିର ଐକ୍ୟ, ସାମଗ୍ରିକ ଉନ୍ନତିରେ ଏହା ଘୋର ବାଧକ। ଏ ଦୃଷ୍ଟିକୋଣରୁ ପ୍ରଜାମଣ୍ଡଳର ନୀତି ଆଦର୍ଶ ଥିଲା ଗ୍ରହଣୀୟ। ତାହା କଂଗ୍ରେସ ନେତାଙ୍କୁ ଉତ୍ସାହିତ କଲା। ରାଜାମାନେ କଂଗ୍ରେସ ବିରୋଧୀ। ପ୍ରଜାଏ ସପକ୍ଷରେ। ଆରମ୍ଭ ହେଲା ମହାସଂଗ୍ରାମ। ସମୟ ବଡ଼ ବଳବାନ, ସମୟର ଚେତନା ସହ ଚାଲିବା ବିଧେୟ। ଇଂରେଜଙ୍କ ବଳରେ ଗଡ଼ଜାତ ରାଜାଏ ମହାବଳୀ। ପ୍ରଜାମଣ୍ଡଳ ଆନ୍ଦୋଳନକୁ ହେୟ ମଣିଲେ। ଦମନ ପାଇଁ କଳବଳ କୌଶଳ ଖଟାଇ ଦେଲେ। କିଛି ସମୟ ପାଇଁ ଜିତିଲେ ସିନା, ପ୍ରଜାବଳ ନିକଟରେ କୋଉ ରାଜଶକ୍ତି ତିଷ୍ଠିଛି ନା ତିଷ୍ଠିବ ?

ଗଡ଼ଜାତ ରାଜ୍ୟରେ ପ୍ରଜାଙ୍କ କରୁଣ କାହାଣୀ। ଅନୁଧ୍ୟାନ ପାଇଁ ବସିଥିଲା

କମିଟିରେ। କମିଟିର ସଦସ୍ୟ ସତୀଶ ଚନ୍ଦ୍ର ବୋଷ, ବଳବନ୍ତରାୟ ମେହେଟ୍ଟା, ବ୍ରଜସୁନ୍ଦର ଦାସ। କମିଟି ପୁନର୍ଗଠିତ ହେଲା। ହରେକୃଷ୍ଣ ମହତାବ ସଭାପତି। ନୂତନ ତଦନ୍ତ କମିଟି ରିପୋର୍ଟ ଦେଲା (୧୯୩୬)। ଗଡ଼ଜାତ ବାସୀଙ୍କ ନିର୍ଯ୍ୟାତନା ଅସହ୍ୟ। ଅନ୍ୟାୟ ବେଠି, ବେଗାରି, ରସଦ, ମାଗଣ ସୀମାତୀତ। ସର୍ବୋପରି ପ୍ରଜାଙ୍କ ଉପରେ ଅକଥନୀୟ ଜୁଲମ, ଅତ୍ୟନ୍ତ ମର୍ମସ୍ପର୍ଶୀ। ପ୍ରଜାଙ୍କ ଦୁଃଖ ମୋଚନ ଅନିବାର୍ଯ୍ୟ। ମୋଟାମୋଟି ଏଇ ଥିଲା କମିଟିର ରିପୋର୍ଟ। ଶେଷରେ ସିଦ୍ଧାନ୍ତ ହେଲା। ରାଜାମାନଙ୍କର ପଦମର୍ଯ୍ୟାଦା ବାତିଲ ପ୍ରଚେଷ୍ଟା ଜାରି ରହିବ। ସେମାନଙ୍କୁ ଜମିଦାର ଶ୍ରେଣୀଭୁକ୍ତ କରାଯିବ। ଏଥି ସହ ଇଷ୍ଟ ଇଣ୍ଡିଆ କମ୍ପାନୀ ସହ ସ୍ୱାକ୍ଷରିତ ସନ୍ଧି ବାତିଲ ହେବ - ଏସବୁକୁ କାର୍ଯ୍ୟକାରୀ କରିବା, ଏ ସମ୍ପର୍କରେ କମିଟି ସୁପାରିଶ କଲା।

୧୯୩୯ ମସିହା, ତତ୍‌କାଳୀନ ଭାଇସ୍‌ରୟ ଲର୍ଡ଼ ଲିନ୍‌ଲିଥ୍‌ଗୋ ଓଡ଼ିଶା ଆସିଲେ। ମହତାବଙ୍କ ଦ୍ୱାରା କମିଟିର ଏକ କିତା ନକଲ ତାଙ୍କୁ ପ୍ରଦାନ କରାଗଲା। ଭାଇସ୍‌ରୟ ଓଡ଼ିଶାର ଗଡ଼ଜାତ ପ୍ରଜାଙ୍କ ସମସ୍ୟା ସମାଧାନ ପାଇଁ ବିଚାର କରିବେ - ଏ ପ୍ରତିଶ୍ରୁତି ଦେଲେ। ଦ୍ୱିତୀୟ ବିଶ୍ୱଯୁଦ୍ଧରେ କଂଗ୍ରେସର ଅସହଯୋଗ, ଉତ୍‌କ୍ଷିପ୍ତ ଫିରିଙ୍ଗି ସରକାର। ଗଡ଼ଜାତ ରାଜାଙ୍କୁ ଅଧିକ କ୍ଷମତାଶାଳୀ କରିଦେଲା। ଅକସ୍ମାତ କଂଗ୍ରେସ ମନ୍ତ୍ରିମଣ୍ଡଳ ଇସ୍ତଫା ଦେଲେ। ଗଡ଼ଜାତ ରାଜାଏ, ପୁନଃ ଏକଛତ୍ରବାଦୀ ହୋଇଗଲେ। ଚାଲିଲା ଛତିଶ ଗଡ଼ଜାତରେ ପ୍ରତିବାଦ, ପ୍ରତିରୋଧ, ତୀବ୍ର ହେଲା ପ୍ରଜାମଣ୍ଡଳ ଆନ୍ଦୋଳନ। ଢେଙ୍କାନାଳ ସମେତ ଆଉ କେତୋଟି ଗଡ଼ଜାତ ରାଜ୍ୟ, ଫିରିଙ୍ଗି ପୁଲିସଙ୍କ ବର୍ବରଲୀଳାର ମୂକସାକ୍ଷୀ।

୧୯୫୬ ମସିହା, ଦ୍ୱିତୀୟ ଲୋକସଭା ନିର୍ବାଚନ। ସୁରେନ୍ଦ୍ର ମହାନ୍ତି ପଶ୍ଚିମ କଟକ ନିର୍ବାଚନ ମଣ୍ଡଳୀର ପ୍ରାର୍ଥୀ। ବିଭିନ୍ନ ଅଞ୍ଚଳ ଯିବାକୁ ପଡ଼ିଲା। ବ୍ରାହ୍ମଣୀ କୂଳ, ନୀଳକଣ୍ଠପୁର ଗାଁ। ପ୍ରଜାମଣ୍ଡଳ ଆନ୍ଦୋଳନ ସମୟ କଥା। ଇଷ୍ଟର୍ଣ୍ଣ ଷ୍ଟେଟ୍‌ସ ଏଜେନସୀ ପରଜଙ୍ଗ ଗୁଳି, ବାଜିରାଉତ ଟଳି ପଡ଼ିଲା। ଘଟଣାଟି ପରିଣତ ହୋଇଗଲା ମର୍ମସ୍ପର୍ଶୀ କିମ୍ବଦନ୍ତୀରେ। ନୀଳକଣ୍ଠପୁର ଗାଁ ମୁଣ୍ଡ ମେଳଣ ପଡ଼ିଆ। ସଭା ଆରମ୍ଭ ହେବାକୁ ଆହୁରି ଡେରି। ଆସେମ୍ବ୍ଲି ପ୍ରାର୍ଥୀ ଢେଙ୍କାନାଳ ରାଜା ମହେନ୍ଦ୍ର ପ୍ରତାପ। ସୁରେନ୍ଦ୍ର ଜଣେ ଉଦ୍ୟୋକ୍ତାଙ୍କୁ ଅନୁରୋଧ କଲେ। ତାଙ୍କରି ସହ ପହଞ୍ଚିଲେ ବାଜିରାଉତ ଘରେ। ଗାଁ ଦାଣ୍ଡ ମଝି, ଗୋଟେ ନଡ଼ାଛପର ଘର। ବାଜି ରାଉତର ବୋଉ, ତା'ର ଜଣେ ଭାଇଙ୍କ ସହ ସୁରେନ୍ଦ୍ରଙ୍କ ସାକ୍ଷାତ ହେଲା। ବସନ୍ତରେ ଭାଇଟିର ଗୋଟେ ଆଖି ଡୋଳା ନଷ୍ଟ। ବାଜିକୁ ପୁଲିସ ଫଉଜ ଗୁଳିକଲା, କେଉଁଠି, କିପରି ? ସୁରେନ୍ଦ୍ର ବୁଝିବାକୁ ଚାହିଁଲେ। ଉତ୍ତର ଥିଲା – "ବାଜି ଡଙ୍ଗା ଘାଟକୁ ଯାଇନଥିଲା କି ଡଙ୍ଗା ଦଉଡ଼ି ଅଟକାଇ ନଥିଲା।

ଆମ ବାଡ଼ିରେ ପଣସଗଛ ମୂଳେ ନଈ ଅତଡ଼ା ଉପରେ ଠିଆ ହୋଇ ଗାଁ ଲୋକେ ଡଙ୍ଗା ଦଉଡ଼ି ଟାଣି ଅଟକାଇବା ସେ ଦେଖୁଥିଲା। ବଢ଼ିଲା ନଈ। ସୁଅରେ ଡଙ୍ଗା ଉଠୁଥାଏ ପଡୁଥାଏ। ପୁଲିସ ଫଉଜ ଗୁଳି କଲାବେଳେ ଗୁଳିଟା ଛିଟିକି ଯାଇ ବାଜି ରାଉତ ଦେହରେ ଲାଗିଗଲା। ବାଜି ସେଇଠି ଟଳି ପଡ଼ିଲା।" ବାଜି ମା'ଙ୍କ କଣ୍ଠସ୍ୱର ବାଷ୍ପାକୁଳ। ସୁରେନ୍ଦ୍ର ନଈ ଅତଡ଼ା ପଣସ ଗଛ ପାଖକୁ ଗଲେ, ସ୍ଥିତିର ସତ୍ୟାସତ୍ୟ ବିଚାର କଲେ। ମତ ରଖିଲେ - "ବାଜି ପୁଲିସ ଫଉଜଙ୍କୁ ପ୍ରତିରୋଧ କରିଛି, ଗୁଳିଚୋଟରେ ଟଳି ପଡ଼ିଛି" - ଏହା ଏକ ସାହିତ୍ୟିକ ପରିକଳ୍ପନା ମାତ୍ର। ବାଜିର ମା' କ'ଣ ସୁରେନ୍ଦ୍ରଙ୍କୁ ମିଛ କହିଲା ? ସୁରେନ୍ଦ୍ରଙ୍କ ପରି ଜଣେ ଗବେଷକ, ଐତିହାସିକ - ଇତିହାସର ବା କାହିଁକି ତଣ୍ଟିଚିପି ଦେବେ ? ଖାଲି ବାଜି ରାଉତ ନୁହେଁ, ଧର୍ମପଦର ସ୍ୱେଚ୍ଛାକୃତ ଆତ୍ମ ବିସର୍ଜନ ନା ଏଗାରଶ ଅନଶତ ବଢ଼େଇ ତାକୁ ହତ୍ୟା କରିଛନ୍ତି ? ଉତ୍କଳମଣି ଗୋପବନ୍ଧୁ ଦାସ ସେବା ତ୍ୟାଗର ମୂର୍ତ୍ତିମନ୍ତ ପ୍ରତୀକ। ତାଙ୍କ ଶିଶୁପୁତ୍ର ଆସନ୍ନ ମୃତ୍ୟୁ ଅପେକ୍ଷାରେ। ତାଙ୍କୁ ଛାଡ଼ି ଶହ ଶହ ବନ୍ୟା ଦୁର୍ଗତଙ୍କ ପାଇଁ ସେ ଚାଲିଆସିଲେ। ପୁତ୍ର ମୃତ୍ୟୁ ଶଯ୍ୟା ନିକଟରେ ସ୍ୱୟଂ ଗୋପବନ୍ଧୁ, ନୀଳକଣ୍ଠ ଦାସ ଉପସ୍ଥିତ ଥିଲେ କି ? ଏସବୁ ଐତିହାସିକ ଗବେଷଣା ଅପେକ୍ଷାରେ। ସାହିତ୍ୟ, କିମ୍ବଦନ୍ତୀ – ଏସବୁ ଜନତାର ଚିତ୍ତ ଜିଣିଛି, ଜିଣି ଚାଲିଥିବ କାଳେ କାଳେ, ହେଲେ ଇତିହାସ ବାଟବଣା ହେଲେ, ତାହା ଐତିହ୍ୟସମ୍ପନ୍ନ ଜାତିର ଦୁର୍ଭାଗ୍ୟ ନୁହେଁ କି ?

ଛଉ ରସିକ ଷଢ଼େଇକଲା ମହାରାଜା

ଅତୀତର ରାଜାରାଜୁଡ଼ା, ଅଧିକାଂଶ ସଙ୍ଗୀତ ନୃତ୍ୟ ପ୍ରିୟ। ସେମାନେ ଓଡ଼ିଶା ସଂସ୍କୃତିର ପୃଷ୍ଠପୋଷକ। ରାଜନଅର, ସମ୍ମୁଖରେ ଗୋଟିପୁଅ ନାଚ, ରାସ, ଯାତ୍ରା, ନାଟକ ଚାଲେ। ରାଜା ପ୍ରଜା ମିଶି ମଜା ଉଠାନ୍ତି। କେହି ରାଜା ରାଜକବି ନିଯୁକ୍ତ କରନ୍ତି। ସେମାନଙ୍କ ପାଇଁ ସଞ୍ଚାର ବ୍ୟବସ୍ଥା - ଡାଲି, ଚାଉଳ, ପନିପରିବା ଇତ୍ୟାଦି। ଏହା ବାଦ୍ କିଛି କିଛି ମାସିକ ପାରିଶ୍ରମିକ ମିଳେ। ସଙ୍ଗୀତ ରସିକ ରାଜାଏ, ମନମାନିଲେ ଅଭାବ ରହେନି। କବି କଳାକାରଙ୍କୁ ମିଳେ ନିଷ୍କର ଭୂମି। ବିଶେଷ କରି ଗଡ଼ଜାତ ରାଜା ମହାରାଜା। ଏମାନେ ସଙ୍ଗୀତ ରସିକ। କେହି କେହି ରାଜା ସ୍ୱୟଂ କବି ଲେଖକ। ସେମିତି ଜଣେ ମହାରାଜା ଆଦିତ୍ୟ ପ୍ରସାଦ ସିଂହଦେଓ, ତାଙ୍କ ରାଜ୍ୟ ଷଢ଼େଇକଲା। ମହାରାଜାଙ୍କ ବୟସ ଷାଠିଏରୁ ଊର୍ଦ୍ଧ୍ୱ। ଧୀର, ଦୁର୍ବଳ ସ୍ୱାସ୍ଥ୍ୟ, ପିଙ୍ଗଳ ଚକ୍ଷୁଦ୍ୱୟ, ତୀକ୍ଷଣ ବୁଦ୍ଧିଦୀପ୍ତ। ଶୀର୍ଣ୍ଣ ମୁଖ, ସହାସ୍ୟ ବଦନ, ଲଳିତ କଣ୍ଠସ୍ୱର। ସେ କବି / ସାହିତ୍ୟିକ। ଛଉନୃତ୍ୟର ଗୀତ, ମଧୁରିଆ କଣ୍ଠ ତାଙ୍କର। ମହାରାଜା ଛଉ ଗୀତ ଗାଆନ୍ତି। ଶ୍ରୋତା ବିମୁଗ୍ଧ, ଉପସ୍ଥିତ କଳାପ୍ରେମୀଏ, ସମସ୍ତଙ୍କ ମୁହଁରେ ରାଜାଙ୍କ ପ୍ରଶଂସା। ଧନ୍ୟ ସେ ରାଜ୍ୟ, ଶତ ଧନ୍ୟ ସେ ମହାରାଜା! ମହାରାଜାଙ୍କ କବି ହୃଦୟ, ଲେଖକୀୟ ମାନସିକତା। 'ଶୈବ୍ୟା', 'ଅଭିରାମ ସିଂହ' - ଏ ଦୁଇଟି ତାଙ୍କର ଅମ୍ଳାନ କୀର୍ତ୍ତି। ଏଥି ସହିତ କେତେକ ମନଜିଣା ଗୀତି କବିତା। ସେଗୁଡ଼ିକର ସେ ସ୍ରଷ୍ଟା। ତାଙ୍କର ଐତିହାସିକ ଜ୍ଞାନ ଉଚ୍ଚକୋଟୀର। ସାହିତ୍ୟରେ ତାଙ୍କର ଅଦ୍ଭୁତ ଖିଆଲ। ଛଉନାଚ ଗୀତର ସେ ଜଣେ ବଡ଼ ଶ୍ରଦ୍ଧାଳୁ। ଷଢ଼େଇକଳାର ମଧ୍ୟ ଛଉ ପାଇଁ ନାଁ ଡାକ। ଏସବୁ ବୃତ୍ତାନ୍ତ, ସୁରେନ୍ଦ୍ର ଲେଖିଲେ ଆତ୍ମଲିପି 'ପଥ ଓ ପୃଥିବୀ'ରେ।

ଷଢ଼େଇକଳାରେ ଛଉନାଚ। ଏଇଟି ଏକାଧାରାରେ ନୃତ୍ୟଉତ୍ସବ, ଆଉ ପୂଜାର୍ଚ୍ଚନା। ମହାରାଜାଙ୍କ ଦ୍ୱିତୀୟ ପୁତ୍ର ଶୁଭେନ୍ଦ୍ର ନାରାୟଣ ସିଂହଦେଓ। ଛଉ ନାଚ

ତାଙ୍କ ମନ, ଆତ୍ମା, ପ୍ରାଣ – ସବୁ କିଛି। କେବଳ ଭାରତ ନୁହେଁ, ସମଗ୍ର ୟୁରୋପରେ, ସେ ମହାଶୟ ଏଇ ନାଚକୁ ପ୍ରସିଦ୍ଧ କରାଇଲେ। ମହାରାଜାଙ୍କ ଭାଇ କୁମାର ବିଜୟ ପ୍ରତାପ, ଏଇ ନୃତ୍ୟ ଶୈଳୀର ପ୍ରବର୍ତ୍ତକ। ପରେ ଆଣିଥିଲେ କେତେକ ପରିବର୍ତ୍ତନ। ଷଢ଼େଇକଳାର ଯୁବରାଜ, ପାଟଣା ମହାରାଜାଙ୍କ ବଡ଼ଭାଇ, ତାଙ୍କ ନାଁ ନୃପେନ୍ଦ୍ର ନାରାୟଣ, ବହୁ ଛଉ ଗୀତର ସେ ରଚୟିତା। ଛଉନୃତ୍ୟ ଖୁବ୍ ରସିକିଆ। ସେଇଥିରୁ ପଦେ – "ତୋ ପାଦର ଅଳତା / କରିବୁ କି ମତେ ସଜନୀ / ମୁଁ ତ ଶୁଣିବି ନୂପୁର ବାଜଣୀ।" ବାଦ୍ୟର ତାଳେ ତାଳେ ନୃତ୍ୟ, ସଙ୍ଗୀତର ମାଦକତା – ଦର୍ଶକ ବିଭୋର, ନାଚ ସରିଯାଏ; ଦେଖଣାହାରୀଏ ପ୍ରକୃତିସ୍ଥ ହୁଅନ୍ତି। ପ୍ରାଣ ଚାହେଁ ଆଉ ଥରେ ଏ ନାଚ ହୁଅନ୍ତା କି? ଅପୂର୍ଣ୍ଣ ରସକ୍ଷୁଧା, ପରିତୃପ୍ତି ପାଇଁ ଆହୁରି ଲୋଡ଼ା। ଏଇ ତ ସାହିତ୍ୟ, ସଙ୍ଗୀତ, ନୃତ୍ୟର କଳାପକ୍ଷ। ସଙ୍ଗୀତ କାହା ମନକୁ ବା ନ ମୋହିନିଏ? ହେଉ ପଛେ ନିତାନ୍ତ ପାଷାଣ ହୃଦୟଟେ!

ସେଦିନର କଥା, ନୃତ୍ୟ ଗୀତ, ରାସ ନାଟକ – ଏସବୁ ପାଗଯୋଗ ଉପରେ ନିର୍ଭର। ବିଶେଷତଃ ଶୀତ, ଗ୍ରୀଷ୍ମ – ଏ ଦୁଇ ଋତୁ ନାଚ ତାମସା ପାଇଁ ଅନୁକୂଳ। ରାଜ ଉଆସ ବାହାରେ ଚାଲେ, ସମସ୍ତେ ଦେଖନ୍ତି। ଅଷାଢ଼ୁଆ ବରଷା, ପୁଣି ଚାରିମାସେ ମେଘରାଜାର ରାଜୁତି, ଫିକା କରିଦିଏ ଦେଖଣାହାରୀଙ୍କ ମନ। ତଥାପି ରାଜା ମହାରାଜା ହାର ମାନନ୍ତିନି। ଆପଣା ଆପଣା ଦରବାର, ସେଇଠି ଅଭିନୟ ଚାଲେ। ରାଜା, ରାଣୀଙ୍କ ସହ ରାଜ ପରିବାରର କେତେକ କର୍ମଚାରୀ, ସେଇମାନେ ଦେଖନ୍ତି। ସୁରେନ୍ଦ୍ରଙ୍କ ଅନୁରୂପ ସ୍ମୃତିଟେ। ୧୯୫୫ ମସିହା... ଜୁଲାଇ ମାସ, ବର୍ଷାଋତୁ, ଚାଲିଲେ ଚାଇଁବସା କୋର୍ଟକୁ। ମହାରାଜା ଆଦିତ୍ୟ ପ୍ରସାଦ ସିଂହଦେଓ, ସହଜେ ତ କଳାକାର। ଗୁଣ ଚିହ୍ନେ ଗୁଣିଆ, ସୁରେନ୍ଦ୍ର ତ କମ୍ ସାହିତ୍ୟିକ ନୁହନ୍ତି, ଉଭୟଙ୍କର ଗତି ମିଳେ। ମହାରାଜା ବୟସରେ ଢେର୍ ବଡ଼, ସୁରେନ୍ଦ୍ରଙ୍କୁ ନାତି ସମ୍ବୋଧନ କରନ୍ତି। ସୁରେନ୍ଦ୍ର ହେଲେ ତାଙ୍କର ଅତିଥି। ଝରିବରଷା, ରାଜଦରବାରରେ ଚାଲିଲା ଛଉ ନୃତ୍ୟ। ତାହା ଥିଲା ସୁରେନ୍ଦ୍ରଙ୍କ ଭାଷାରେ 'ଅଦିନ ଛଉ'।

ଫିସନ ଚଇତ ଆସେ, ଷଢ଼େଇକଳା ଉତ୍ସବ ମୁଖର, ଆରମ୍ଭ ହୁଏ ଛଉଯାତ୍ରା। ଏହା ଏକ ବିରାଟ ନୃତ୍ୟୋତ୍ସବ। ସପ୍ତାହକାଳ ଧରି ଚାଲେ। ପ୍ରତିବର୍ଷ ବିଦ୍ୱାନମାନେ ଆସନ୍ତି। କଲିକତାରୁ ଅଧିକ। ଏମାନେ ଉତ୍ସବର ଅତିଥି। ଉଆସ ସାମ୍ନାରେ ଶିବମନ୍ଦିର। ନୃତ୍ୟଶିଳ୍ପୀମାନେ ଆନୁଷ୍ଠାନିକ ପୂଜାର୍ଚ୍ଚନା କରନ୍ତି। ତା' ପରେ ଛଉଯାତ୍ରା ଆରମ୍ଭ। ଷଢ଼େଇକଳାର ରାଜା-ପ୍ରଜା, ଧନୀ-ନିର୍ଦ୍ଧନ – ସମସ୍ତଙ୍କ ପାଇଁ ଏଇଟି ମହାପାର୍ବଣ।

ଷଢ଼େଇକଳା ମହାରାଜାଙ୍କ ସହ ସୁରେନ୍ଦ୍ରଙ୍କ ଘନିଷ୍ଠ ସମ୍ପର୍କ, ଛଉନୃତ୍ୟ

ଦେଖିବାକୁ ପ୍ରବଳ ଇଚ୍ଛା। ହେଲେ ଯାଇ ପାରନ୍ତିନି। ସୁଯୋଗ ଆପେ ଆସିଲା। ଏ ମନ ଭାବୁଥାଇ ଯାହା - ତାହା ହିଁ ହେଲା, ଏକା ସାଙ୍ଗରେ ଦି' କାମ - ଠାକୁର ଦେଖା, କଦଳୀ ବିକା। ସୁରେନ୍ଦ୍ରଙ୍କ ବିରୁଦ୍ଧ କେସ୍ ପ୍ରତ୍ୟାହାର ହେବ, ନିର୍ଦ୍ଦେଶ ଗୃହ ମନ୍ତ୍ରଣାଳୟ ମନ୍ତ୍ରୀ ପନ୍ଥଜୀଙ୍କର। ସେ କାମ ବି ହେବ, ଏଣେ ରାଜାଙ୍କ ସ୍ୱତନ୍ତ୍ର ବ୍ୟବସ୍ଥା। ଅଦିନିଆ ଛଉ ବନ୍ଦୋବସ୍ତ। ସେଦିନ ରାତି ବାରଟା ପାଖାପାଖି, ପାଲେସ୍ ହଲ୍, ଇଲେକ୍ଟ୍ରି ବଲ୍‌ବଗୁଡ଼ାକ ଜଳୁଛି, ମିଞ୍ଜିମିଞ୍ଜି ଆଲୁଅ। ଚଉକାନ୍ଥରେ ଛଉ ମୁଖା, ସବୁ ଝୁଲୁଛି। ଷଢ଼େଇକଳାର ଛଉ ଶିଳ୍ପୀମାନେ, ଏଇ ସବୁ ମୁଖା ଲଗାନ୍ତି। ସେଗୁଡ଼ିକ ତିଆରି ଷଢ଼େଇ କଳାରେ, ମୁଖାଗୁଡ଼ିକ ଖୁବ୍ କୋମଳ, ନମନୀୟ ବି। ଏଭଳି ସୁନ୍ଦର ମୁଖା ଅନ୍ୟତ୍ର ପ୍ରାୟ ବିରଳ; ଛଉ ଶିଳ୍ପୀ ମୁଖା ଲଗାନ୍ତି। ମସ୍ତକର ରେଖାଠାରୁ ଏ ରେଖାଗୁଡ଼ିକ ଅଧିକ କୋମଳ। ନୃତ୍ୟ ପରିବେଷଣ ସମୟ, ମୁଖାଗୁଡ଼ିକ ଢେର୍ ଭାବବ୍ୟଞ୍ଜକ, ଅତୀବ ଆକର୍ଷଣୀୟ।

ଷଢ଼େଇକଳା ରାଜା ଉଆସ, ରାଜପଦବୀ ଗଲା। ଏବେ ରାଜା ମହାରାଜା, ପ୍ରିଭି ପର୍ସ, ଏହାରି ଉପରେ ନିର୍ଭର। ନଥିଲା ରାଜତନ୍ତ୍ର, କର୍ପୂର ସିନା ଚାଲିଗଲା, କନା ବାନ୍ଧି ରଖିଛି ହଜିଲା ସ୍ମୃତିକୁ। ହଲ୍ ଘରେ କାର୍ପେଟ, ଠା ଠା ଫୁଟା, ତଥାପି ପଡ଼ିଛି। ସୋଫାଗୁଡ଼ିଏ ବି, ସେଗୁଡ଼ିକ ଜରାଜୀର୍ଣ୍ଣ। କେତୋଟିରୁ ନଡ଼ିଆ କତା ବାହାରି ଗଲାଣି। ରାଜତନ୍ତ୍ରର ଅସ୍ତସୂର୍ଯ୍ୟ, ଏହାର ଶେଷ ଅରୁଣିମା, ସାକ୍ଷୀ ଏଇସବୁ ପୁରୁଣା ଆସବାବପତ୍ର। ମହାରାଜା ନିର୍ଲିପ୍ତ। ଖଣ୍ଡେ ସୋଫା ଉପରେ ଉପବିଷ୍ଟ। ହାତରେ ଦାମୀ ସିଗାରେଟ୍। ତାଙ୍କ ପାଖରେ ସୁରେନ୍ଦ୍ର। କାନ୍ଥରେ ଲଟକା ମୁଖା ସବୁ, ସୁରେନ୍ଦ୍ର ବିମୋହିତ। ସେଆଡ଼େ ତାଙ୍କର ନିଘା। କେତେଜଣ ଛଉଶିଳ୍ପୀ, ବେଶ ପୋଷାକରେ ସଜ୍ଜିତ। ହଲ୍‌ର ଗୋଟେ କୋଣ, ରହିଛି ଧୂମ୍‌ଷା ବାଦ୍ୟ। ମାଦଳର ତାଳେ ତାଳେ, ଛଉ ଶିଳ୍ପୀଙ୍କ ପାଦ ପଡ଼େ, ପାଖରୁ ଶୁଭୁଛି ଆଉ ଆଉ ବାଦ୍ୟର ଟୁଂ ଟାଂ ଶବ୍ଦ। ନୃତ୍ୟର ଏସବୁ ପ୍ରାରମ୍ଭିକ ଆୟୋଜନ। ମହାରାଜାଙ୍କ ବଂଶୀୟ ବନବିହାରୀ, ଶିବ ତାଣ୍ଡବ ନୃତ୍ୟ କରନ୍ତି। ଏହା ଏକ କଠିନ କାର୍ଯ୍ୟ। ଶିବଙ୍କର ଭୟଙ୍କର ନୃତ୍ୟ, ମର୍ତ୍ତ୍ୟ ପାତାଳ ଦୁଲିକିବ। ତାଙ୍କ ନୃତ୍ୟ ପ୍ରଦର୍ଶନ, ଆବଶ୍ୟକ ତାକତ୍, ଅମିତ ଶକ୍ତି, ଶିବ ତାଣ୍ଡବ ନାଚିବା କମ୍ କଥା ନୁହେଁ? ବନବିହାରୀଙ୍କ ଶିବ ତାଣ୍ଡବ ଭାରି ପ୍ରସିଦ୍ଧ, ତାଙ୍କ ଖୋରାକି, ଏଥିରେ ଦିନକୁ ସେରେ ମାଂସ ସାମିଲ। ଏବେ ଆଉ କେଉଁଠୁ ମିଳିବ? ଏକଥାଟି ମହାରାଜା ପ୍ରକାଶ କଲେ। ବନବିହାରୀ, ଦେହ ଦୁର୍ବଳ, ତଥାପି ନାଚିବ, ତା' ନାଚ ଖୁବ୍ ପ୍ରସିଦ୍ଧ - ମହାରାଜ କହିଲେ।

କିଛି ସମୟ ଗତେ, ଧୂମ୍‌ଷା, ମହୁରୀ, ଏଥି ସହିତ ଅନ୍ୟାନ୍ୟ ବାଦ୍ୟ,

ଐକତାନରେ ବାଜିଲା। ନିଶାର୍ଦ୍ଧ, ସେଇ ରାଜ ପାଲେସ୍, ଥାଆନ୍ତି ମହାରାଜା, ସୁରେନ୍ଦ୍ର, ତାଙ୍କ ସହ ପ୍ରାସାଦର ଆଉ କେଇଜଣ ପୁରୁଷ ଅନ୍ତେବାସୀ। ହଲ୍‌ରେ ମଳିନ ଆଲୋକ, ଛଉ ଶିଳ୍ପୀଙ୍କ ଲମ୍ବ ଲମ୍ବ ଛାଇ, ଲମ୍ବି ଯାଇଥାଏ କାନ୍ଥଆଡ଼େ। ସତେ ଯେମିତି ଅତୀତ ଦିନର ପ୍ରେତ ! ମହାରାଜା ଅଚଳାୟତନ ମୁଦ୍ରାରେ। ଆଖି ଦି'ଟା ବିସ୍ଫାରିତ। ଛଉବାଦ୍ୟ ବାଜିଲା। ସେଇ ଆଖିଦୁଇଟି, ଏଥିରେ ଚାପା ଉତ୍ତେଜନାର ଆଭାସ। ସୋଫା ଛିଡ଼ିଗଲାଣି, କାର୍ପେଟରେ ଫୁଟା, ହଲ୍ କାନ୍ଥରୁ ଚୂନ ଛାଡ଼ିଲାଣି, ପାରିଷଦମାନେ ନାହାନ୍ତି। ଭାଟ ଭିକାରିଙ୍କର ଭିଡ଼ ନାହିଁ, ତଥାପି ସେ ମହାରାଜା। ରାଜକୀୟ ମାନସିକତା ବି ଅତୁଟ। ସେଇ ଆତ୍ମପ୍ରତ୍ୟୟ। ରାଜାଙ୍କୁ ଜୀଇଁବାରେ ପ୍ରେରଣା ଦେଉଛି।

ସେଦିନ ବନବିହାରୀ ନାଚିଲେ। ଆଗରୁ ନିରବଚ୍ଛିନ୍ନ ଘଣ୍ଟାଟେ ନାଚନ୍ତି। ୧୪ ମିନିଟ୍ ପରେ, ଥକ୍କା ହୋଇଗଲେ। ସତେ ଯେମିତି ତାଙ୍କ ଜୀବନର ଏକ ବଡ଼ ପରାଜୟ। ତାଙ୍କ ଚେହେରାରେ ସେଇ ଗ୍ଲାନିର ସ୍ପର୍ଶ। ସେ ପୁଣି ନାଚିଲେ। ଜମିଲା ଛଉ ନୃତ୍ୟ, ମନଜିଣା ବାଦ୍ୟ, ସୁଲଳିତ ସ୍ୱର, ଶୃଙ୍ଗାର ରସବ୍ୟଞ୍ଜକ ଗୀତ, ଅତୀବ ମନଛୁଆଁ। ସୁରେନ୍ଦ୍ରଙ୍କ ମନରେ ଗାରଟେ ହୋଇ ରହିଗଲା। ଅନ୍ତତଃ ରହିଗଲା ଢେର୍ ଦିନ ଯାଏ। ସେଇ ବରଷାରାତି, ଷଢ଼େଇକଳା ରାଜ ଦରବାର, ଅଦିନିଆ ଛଉ - କି ପାଶୋରି ହୁଏ ମନୁ ?

ଡକ୍ଟର ସର୍ବପଲ୍ଲୀ ରାଧାକ୍ରିଷ୍ଣନ୍, ରାଜ୍ୟସଭାର ସଭାପତି। ତାଙ୍କ ଅନୁରୋଧ ଗୃହମନ୍ତ୍ରୀ ରଖିଥିଲେ। ସୁରେନ୍ଦ୍ରଙ୍କ ବିରୁଦ୍ଧ ମୋକଦ୍ଦମା, ଥିଲା ଚାଇଁବସା କୋର୍ଟରେ। ତାହା ପ୍ରତ୍ୟାହୃତ ହେଇଗଲା। ମୌସୁମୀ ଅଧିବେଶନ ଆରମ୍ଭ, ସୁରେନ୍ଦ୍ର ଦିଲ୍ଲୀ ଫେରିଲେ, ଶୁକ୍ଳ ପକ୍ଷର ଜହ୍ନ ଉପରେ ଭେଳାଭେଳା ମାଛକାତିଆ ବଉଦ, ଚାନ୍ଦ ବଉଦର ଲୁଚକାଳି ଖେଳ। ଟ୍ରେନ୍ ଚାଲିଥାଏ, ମାନସ ପଟରେ ଷଢ଼େଇକଳାର ସେଇ ଅଭୁଲା ଛଉନୃତ୍ୟ।

କାନରେ ତୁହାକୁ ତୁହା ଶୁଭୁଥାଏ। ସେଇ ମନମତାଣିଆ ଛଉଗୀତ - "ତୋ ପାଦର ଅଳତା କରିବୁକି ମତେ ସଜନୀ, ମୁଁ ତ ଶୁଣିବି ନୂପୁର ବାଜଣୀ।"

ସତରେ ! ଚିର ଅଭୁଲା ସେଇ ଛଉନୃତ୍ୟ ସ୍ମୃତି ଟିକକ।

■

ସାହିତ୍ୟରେ ପୁରସ୍କାର

କଥାରେ ଅଛି - କପାଳେ ଥିଲେ ଗୋପାଳେ ଦେବେ। ଆଉ ଟିକେ ସହଜେଇ କେହି କେହି କହନ୍ତି - ଯଶ ସମ୍ମାନ ଭାଗ୍ୟରେ ଥିଲେ ମିଳେ। ଏଇଟି ଏକ ଜଟିଳ କଥା; ତଥାପି କେତେକାଂଶରେ ସତ। ଯୋଗ୍ୟବ୍ୟକ୍ତିଟେ। ଜୀବନସାରା ସାଧନା, ହେଲେ ତା' ପାଇଁ ପୁରସ୍କାର ନାହିଁ। ନ ପାରିଲା ଲୋକଙ୍କୁ ମିଳେ। ଏଇଠି ଭାଗ୍ୟର କଥା ଉଠେ, କର୍ମ ଗୌଣ ପାଲଟେ। କିଏ କହେ ହାତୀ ସୁନା କଳସ ଢାଳିଲା, କଟୁଆଳ ପୁଅ ରାଜା ହେଲା। ହାତୀ ସୁନାକଳସ ଢାଳେ ସତ, ହେଲେ ତା'ର ଚକ୍ଷୁର କ୍ଷୁଦ୍ରତା, ଅନେକ ସମୟରେ ଠିକ୍ ଆକଳନ କରି ପାରେନା - ଏକଥା ବି ଅନେକ କହନ୍ତି। ଦିନ ବଦଳୁଛି, ଲୋକଙ୍କ ମାନସିକତା ବି। ଏବେ ଅନେକ ପୁରସ୍କାର ମୁହାଁ। ପୁରସ୍କାର ରୂପ ଭିନ୍ନ ଭିନ୍ନ। ପୂଜନ, ସ୍ତାବକ, ସ୍ୱୀକାର, ସମ୍ମାନ, ଆଦର, ପାରିତୋଷିକ ଦାନ। ଏଥି ସହ ରାଜକୀୟ ଭେଟି ବି ସାମିଲ। ପୁରସ୍କାର ଗୋଟେ ପ୍ରୋତ୍ସାହନ। କଳା, ସାହିତ୍ୟ, ସଂସ୍କୃତି, କ୍ରୀଡ଼ା ଠାରୁ ରାଜନୀତି - ସବୁଠି ପୁରସ୍କାର ବ୍ୟବସ୍ଥା। ପୁରସ୍କୃତ ବ୍ୟକ୍ତିଟି ଉତ୍ସାହିତ ହୁଏ। ଅଧିକରୁ ଅଧିକ ସାଧନା କରିବାକୁ ସୁଯୋଗ ସୃଷ୍ଟି ହୁଏ। ଯୋଗ୍ୟତା ମାପିକେ ସମ୍ମାନ, ଏହା ଉତ୍ତମ କଥା; ମାତ୍ର ଅଯୋଗ୍ୟକୁ ଯୋଗ୍ୟ ଘୋଷଣା, ଇଚ୍ଛାକୃତ ଭାବେ ଦାବିଦାରଙ୍କୁ ବଞ୍ଚିତ କରିବା - ଏସବୁ ଅକଥା। ଏ ପ୍ରକାର ବାଛ ବିଚାର; ଚିନ୍ତାଶୀଳ ବ୍ୟକ୍ତିବିଶେଷ ନାପସନ୍ଦ କରନ୍ତି। ଗୁଣି ଜନେ ନିରବ ରହନ୍ତି। ଅଯୋଗ୍ୟକୁ ରାଜସିଂହାସନ - ମାଙ୍କଡ଼ ବେକରେ ମୁକ୍ତାମାଳା। ଅଧୁନା ସାହିତ୍ୟରେ ପୁରସ୍କାର। ଏଥି ପାଇଁ ନାନାଦି କନ୍ଦଳ, ମାଲି ମୋକଦ୍ଦମା। ଆଉ କେହି କେହି ଆଉ ଦି' ପାହାଚ ଆଗରେ। ତାଙ୍କ ସୃଷ୍ଟି ଯଥେଷ୍ଟ ଉଚ୍ଚମାନର; ସେ ହିଁ ପୁରସ୍କାର ପାଇଁ ହକ୍‌ଦାର - ଏକଥା ବି କହନ୍ତି। ଏମନ୍ତ ବିଚାର ଯୁକ୍ତିଯୁକ୍ତ ନୁହେଁ। ଆପଣା କଳାକୁ ନିଜେ ଆକଳନ କରିବା - ତାହା କେତେଦୂର ଯୁକ୍ତି ଯୁକ୍ତ ? ସାହିତ୍ୟ ପୁରସ୍କାର ପାଇଁ ଚୟନ କମିଟିଟେ। ତାଙ୍କରି ରିପୋର୍ଟକୁ ନେଇ ପୁରସ୍କାର

ବ୍ୟବସ୍ଥା। ଓଡ଼ିଶା ସାହିତ୍ୟ ଅକାଦେମୀ, କେନ୍ଦ୍ର ସାହିତ୍ୟ ଅକାଦେମୀ, ଜ୍ଞାନପୀଠ, ଶାରଳା ପୁରସ୍କାର ଠାରୁ ସର୍ବୋଚ୍ଚ ସମ୍ମାନ ନୋବେଲ ପୁରସ୍କାର। ଏତେ ସବୁ ବ୍ୟବସ୍ଥା। ଚୟନ ପରେ ସମାଲୋଚନାର ସ୍ୱର ଉଠେ। ଏଥିରେ କେତେକାଂଶରେ ସତ୍ୟ ନିହିତ। ପୁରସ୍କାର ଯୋଗ୍ୟ ପୁସ୍ତକ, ଲେଖକଙ୍କୁ ଅବଗତ କରାଯାଉଛି, ତା' ପରେ ବି ପେଞ୍ଚ ପାଞ୍ଚ, ରାଜନୀତିକ ହସ୍ତକ୍ଷେପ, ସିଦ୍ଧାନ୍ତ ବଦଳିଯାଏ - ଏହା କି ସ୍ପୃହଣୀୟ ? ଏମିତି ଏକ ବିଚିତ୍ର ଘଟଣା। ସୁରେନ୍ଦ୍ର ମହାନ୍ତିଙ୍କ 'ଅନ୍ଧ ଦିଗନ୍ତ' ଉପନ୍ୟାସ - ଓଡ଼ିଶା ସାହିତ୍ୟ ଅକାଦେମୀ ପୁରସ୍କାର ପାଇଁ ଯୋଗ୍ୟ ବିବେଚିତ। ସୁରେନ୍ଦ୍ର ଏ ସମ୍ପର୍କରେ ପତ୍ରଟେ ବି ପାଇଲେ। ଶେଷରେ ସିଦ୍ଧାନ୍ତଟି ବଦଳିଗଲା। ଏହାର କାରଣଟି ସୁରେନ୍ଦ୍ର ଲେଖିଲେ ଆତ୍ମଲିପି 'ପଥ ଓ ପୃଥିବୀ'ରେ। ଏହା ଏକ ରୋଚକ ପ୍ରସଙ୍ଗ। ପୁରସ୍କାର କ୍ଷେତ୍ରରେ ପ୍ରିୟାପ୍ରୀତି ତୋଷଣ - ଏ ପ୍ରସଙ୍ଗଟିର ସାର୍ଥକ ଚିତ୍ର। ତାହା ପାଠକେ ପାଇଥାଆନ୍ତି ପୁସ୍ତକଟିରୁ।

ସୁରେନ୍ଦ୍ରଙ୍କ ରାଜନୀତିକ ଉପନ୍ୟାସ 'ଅନ୍ଧ ଦିଗନ୍ତ', ଏକ ମନଛୁଆଁ ସୃଷ୍ଟି। ଓଡ଼ିଶା ବାଣୀ ଭଣ୍ଡାରର ଅମ୍ଳାନ କୃତି। ଏହାର ଆରମ୍ଭ ଅସହଯୋଗ ଆନ୍ଦୋଳନ (୧୯୨୧)ରୁ। ଲମ୍ୱିଛି ଦେଶର ପ୍ରଥମ ସାଧାରଣ ନିର୍ବାଚନ (୧୯୫୨) ଯାଏ। ଜାତୀୟ ମୁକ୍ତି ସଂଗ୍ରାମର ଐତିହାସିକ ପୃଷ୍ଠଭୂମି, ତାହା ହିଁ ଉପନ୍ୟାସର ଅସଲ କଥା। ବହୁ ଆଦର୍ଶବାଦୀ ସଂଗ୍ରାମ, ଇତିହାସ ଏହାର ମୂକସାକ୍ଷୀ। ଠିକ୍ ସେମିତି ଭାରତର ମୁକ୍ତି ଯୁଦ୍ଧ, ଏହାର ସ୍ୱପ୍ନ, ବିଡ଼ମ୍ବନା, ଆଶା, ନୈରାଶ୍ୟ, ବିଜୟ ବ୍ୟର୍ଥତା - ଏସବୁ ଉପନ୍ୟାସଟିର ଉପଜୀବ୍ୟ। ସାହିତ୍ୟ ବ୍ୟକ୍ତି ଚିନ୍ତନର ଉନ୍ମେଷ, ପରେ ପାଲଟିଯାଏ ନୈର୍ବ୍ୟକ୍ତିକ। ସାହିତ୍ୟ-ଦର୍ପଣରେ ସମାଜ ପ୍ରତିବିମ୍ବିତ। ସେଇ ଆଇନା, ମୁହଁ ଦେଖନ୍ତି ସଭିଏଁ - ଯୋଗୀ, ଭୋଗୀ, ତ୍ୟାଗୀ, ସ୍ୱାର୍ଥପର, ରାଜା, ରଙ୍କ - ଏମିତି ଆହୁରି ଅନେକ। ସାହିତ୍ୟର ଚରିତ୍ର କାଳ୍ପନିକ, ତଥାପି ଜୀବିତ ଚରିତ୍ରଙ୍କ ସହ ଖାପ ଖାଇଯାଏ। ଏଥିରେ ସ୍ରଷ୍ଟାର ବା କି ଦୋଷ ?

ମୁକ୍ତି ସଂଗ୍ରାମ ଚାଲିଲା, ଗାନ୍ଧି ମହାତ୍ମା ଯୁଦ୍ଧର ମୁଖ୍ୟ ପୁରୋଧା। ତାଙ୍କର ସଦାଚାର, ନିଷ୍ଠା, ତ୍ୟାଗ, ଆଦର୍ଶ - ସାରା ଭାରତ ବର୍ଷ ବିହ୍ୱଳ। ବୁଦ୍ଧିଜୀବୀ ଠାରୁ ଖଟିଖିଆ ମଜଦୁର୍ ଯାଏ - ସମସ୍ତେ ସଂଗ୍ରାମରେ ସାମିଲ। ସଭିଙ୍କ ମୁହଁରେ ଗୋଟାଏ କଥା - ମହାତ୍ମା ଗାନ୍ଧିକି ଜୟ, ଜାତୀୟ ପତାକାକି ଜୟ, ବନ୍ଦେ ମାତରମ୍। ଗାଉଁଲି ସତ୍ୟାଗ୍ରହୀ ନିଧି ଦାସ, ପାଠୁଆ ଶୁଦ୍ଧୋଦନ ଠାରୁ ବରଜୁ ଚମାର। ସମସ୍ତେ ସଂଗ୍ରାମରେ ସାମିଲ। ହେଲେ ମତି, ଗତି ଅଲଗା ଅଲଗା। ସ୍ୱାଧୀନତା ଆନ୍ଦୋଳନର ଇତିହାସ - ଏଥିରେ ନିଧିଦାସଙ୍କ କୃଚ୍ଛ୍ରସାଧନା, ପ୍ରତ୍ୟାଶାହୀନ ଆତ୍ମବଳି, ଏହା ଦିବାଲୋକ ପରି ସତ୍ୟ। ପାଠୁଆ ଶୁଦ୍ଧୋଦନଙ୍କ ଉଲଙ୍ଗ କ୍ଷମତାଭିଳାଷ, କ୍ଷମତା ପାଇଁ ଆଦର୍ଶର ହତ୍ୟା, ନାନାଦି ତୁଚ୍ଛତା - ଏ ବି ନିଷ୍ଠୁର ସତ୍ୟ। ଏ ସମସ୍ତ ବ୍ୟର୍ଥତା ଆଉ ବିଡ଼ମ୍ବନା। ତଥାପି

ମୁକ୍ତି ସଂଗ୍ରାମର ଗରିମାମୟ କଥା ଗାଥା କିଛି କମ୍ ନୁହେଁ ? ଶ୍ରେୟ ସାଧାରଣ ଜନତାର, ନିଧିଦାସ ପରି ସାଧାରଣ କର୍ମୀଙ୍କର। ଶୁଦ୍ଧୋଦନଙ୍କର ନୁହେଁ। ସାଧାରଣ ମୁକ୍ତି ସଂଗ୍ରାମୀଟି ସମାଜ, ଜାତିର ମେରୁଦଣ୍ଡ। ଏ ପରିପ୍ରେକ୍ଷୀରେ 'ଅନ୍ଧ ଦିଗନ୍ତ' - ରାଜନୀତିକ ପଳାୟନବାଦ ଅବା ନୈରାଶ୍ୟବାଦର ଆତ୍ମଗ୍ଲାନିର ଇସ୍ତାହାର ନୁହେଁ। ବ୍ୟକ୍ତି ଜୀବନ ସୀମିତ, ମୁକ୍ତି ସଂଗ୍ରାମ ଅବାରିତ, ଏ ସଂଗ୍ରାମ କାଳେ କାଳେ। ନୂତନ ଆଭିମୁଖ୍ୟ, ଜୀଇଁବାର ମୂଲ୍ୟବୋଧ ଉପରେ ଉପନ୍ୟାସଟି ଆଧାରିତ। ମୁକ୍ତିର ନବ-ପ୍ରଭାତ ପୂର୍ବରୁ ଅନ୍ଧଦିଗନ୍ତ ଏକ ସାମୟିକ ବିରତି ମାତ୍ର। ପ୍ରଥମ ସାଧାରଣ ନିର୍ବାଚନର ଘୂର୍ଣ୍ଣି ବଳୟ, ତା'ରି ଭିତରୁ ଅନ୍ଧ ଦିଗନ୍ତର ଅୟମାରମ୍ଭ, ସେତେବେଳକୁ ମାତ୍ର ଚାରୋଟି ପରିଚ୍ଛଦ ସମ୍ପୂର୍ଣ୍ଣ। ବାହାରିଲା ଡଗର ପତ୍ରିକାରେ। ଲବ୍ଧପ୍ରତିଷ୍ଠ ସାହିତ୍ୟିକ ନିତ୍ୟାନନ୍ଦ ମହାପାତ୍ର (କାନ୍ତକବି ଲକ୍ଷ୍ମୀକାନ୍ତଙ୍କ ସୁପୁତ୍ର) ପତ୍ରିକାଟିର ସମ୍ପାଦକ। 'ଭଗ୍ନଦୂତ' ପରେ 'କର୍ମ ଓ କୋଣାର୍କ' - ଏଇ ଶିରୋନାମାରେ ଲେଖା ପ୍ରକାଶ ପାଇଲା। ଦେଶ ସ୍ୱାଧୀନ ହେଲା, ନିଧିଦାସ, ବରଜୁ ଚମାରଙ୍କ ଆତ୍ମବଳି ରହିଗଲା ଅନ୍ତରାଳେ। ଶୁଦ୍ଧୋଦନଙ୍କ ପରି କ୍ଷମତା ଲୋଭୀ ସତ୍ୟାଗ୍ରହୀଏ, ହାତରୁ ଫୁଲମାଳ କିଣିଲେ, ସଭା ସମିତିରେ ବେକରେ ପକେଇବାର ବ୍ୟବସ୍ଥା କରିଦେଲେ। ସେଇମାନେ ସ୍ୱାଧୀନ ଦେଶର ମନ୍ତ୍ରୀ, ନେତା, କ୍ଷମତାରେ ମସଗୁଲ। ସୃଷ୍ଟି ହେଲା ଏକ ବିକଳ ସ୍ଥିତି। ନିଧିଦାସେ ପରି ସଚ୍ଚା ସଂଗ୍ରାମୀ, ମାଟିକାମୁଡ଼ି ପଡ଼ିରହିଲେ। ଏ ସବୁ ବାସ୍ତବ ପ୍ରସଙ୍ଗ, ଉପନ୍ୟାସର ପ୍ରାଣ କଥା। ଅନ୍ଧ ଦିଗନ୍ତ ଯେ ବହୁ 'ଉଚ୍ଚକୋଟୀର' ସୃଷ୍ଟି - ଯେକେହି ଶ୍ରଦ୍ଧାଶୀଳ ପାଠକ, ଏକଥା ସ୍ୱୀକାର କରିବ, ଏଥିରେ ଦ୍ୱିମତ ନାହିଁ।

ସେତେବେଳେ ସୁରେନ୍ଦ୍ର କଳିଙ୍ଗର ସମ୍ପାଦକ। ହଠାତ୍ ଚିଠିଟେ ପାଇଲେ, ଓଡ଼ିଶା ସାହିତ୍ୟ ଅକାଦେମୀ ପୁରସ୍କାର ବିଜେତା 'ଅନ୍ଧ ଦିଗନ୍ତ'। ଉପନ୍ୟାସଟିକୁ ଉପାୟନ ପାଇଁ ପଠାଯାଇଥିଲା; ତାହା ସୁରେନ୍ଦ୍ରଙ୍କ ଜ୍ଞାତସାର ବାହାରେ। ସେତେବେଳେ ଅକାଦେମୀର ସଭାପତି ଡ. ହରେକୃଷ୍ଣ ମହତାବ। ସମ୍ପାଦକ ବିଶିଷ୍ଟ ଔପନ୍ୟାସିକ କାହ୍ନୁଚରଣ ମହାନ୍ତି। ବିଶିଷ୍ଟ ସାହିତ୍ୟିକ କାଳିନ୍ଦୀଚରଣ ପାଣିଗ୍ରାହୀ, ସ୍ୱନାମଧନ୍ୟ ଔପନ୍ୟାସିକ ନିତ୍ୟାନନ୍ଦ ମହାପାତ୍ର - ଏମାନେ ଚୟନ କମିଟିରେ। ଏମାନେ ନୀତିନିଷ୍ଠ, ସଦାଚାରୀ ସାହିତ୍ୟିକ। ସେ ବର୍ଷ ବାଛିଲେ ଅନ୍ଧଦିଗନ୍ତକୁ। ଉପନ୍ୟାସକୁ ଉପାୟନ ମିଳିବ - ଚିଠିପତ୍ର ହେଇଗଲା। ମାତ୍ର ଘଟଣାର କ୍ରମ ନୂଆ ମୋଡ଼ ନେଲା। କେହି କେହି ମହତାବଙ୍କ ଛାମୁଆ ଲୋକ, ପ୍ରାଞ୍ଜଳ ଭାବେ ବୁଝେଇ ଦେଲେ, ଉପନ୍ୟାସର ସ୍ୱାର୍ଥୀ ଚରିତ୍ର ଶୁଦ୍ଧୋଦନ। ମହତାବ କୁଆଡ଼େ ତାଙ୍କର ପ୍ରତିରୂପ। ଲେଖକ ଲେଖେ, ଟୋପିଟା ଯଦି କାହା ମୁଣ୍ଡରେ ଖପିଲା - ଏ ଦୋଷ କ'ଣ ସ୍ରଷ୍ଟାର ? ଅନ୍ଧଦିଗନ୍ତର

ଶୁଦ୍ଧୋଦନ, ସ୍ୱାଧୀନତା ପରବର୍ତ୍ତୀ ନେତାଙ୍କ ନୈତିକ ସ୍ଖଳନର ପ୍ରତୀକ। ମହତାବଙ୍କୁ କାହିଁକି ବା ସେ ବ୍ୟଙ୍ଗ କରିବେ? ତା' ପରେ ମନ୍ତ୍ରଣା ପରେ ମନ୍ତ୍ରଣା। ଚିଠିପତ୍ର ପଠା ସରିଛି। ଉପାୟନରୁ କେମିତି ବଞ୍ଚିତ କରାଯିବ? ସେତେବେଳେ ଶ୍ରୀରାମ ଚନ୍ଦ୍ର ଦାଶ, ଜଣେ ପୋଖତ ଆଇନ ବିଶାରଦ। ଏକାଡ଼େମୀର ଜଣେ ଟାଣୁଆ ସଦସ୍ୟ ବି। ଉପାୟଟେ କାଢ଼ିଲେ। ସୁରେନ୍ଦ୍ର ମହାନ୍ତିଙ୍କ କ୍ଷୁଦ୍ର ଗଳ୍ପ ସଂକଳନ 'ସବୁଜପତ୍ର ଓ ଧୂସର ଗୋଲାପ'। ୧୯୫୬ ମସିହାରେ ଅକାଦେମୀର ଉପାୟନ ପାଇଥିଲା। ସେବେକା ନିୟମ। ଯିଏ ଯେଉଁ ବିଭାଗରେ ଉପାୟନ ପାଇବେ, ସେଇ ବିଭାଗ ପାଇଁ ଆଉ ତାଙ୍କ ପୁସ୍ତକକୁ ବିଚାର କରାଯାଇ ପାରିବ ନାହିଁ। କ୍ଷୁଦ୍ରଗଳ୍ପ, ଉପନ୍ୟାସ - ଦୁଇଟି ଗୋଟେ ବିଭାଗରେ। ସେଥିରେ ସୁରେନ୍ଦ୍ର ପୁରସ୍କୃତ। ଏବେ ସେ ଆଉ ହକ୍‌ଦାର ନୁହଁନ୍ତି। ଏକଥାଟି କାର୍ଯ୍ୟକାରୀ କମିଟିରେ ପଡ଼ିଲା, ହେଲେ ପୁରସ୍କାର ତ ଘୋଷିତ। କେମିତି ବାତିଲ ହେବ, ଅକାଦେମୀର ମୁଣ୍ଡବ୍ୟଥା। ସେତେବେଳକୁ କ୍ଷୁଦ୍ରଗଳ୍ପ, ଉପନ୍ୟାସ - ଅଲଗା ବିଭାଗ। ହେଲେ ଉପାୟଟେ ସହଜରେ ମିଳିଗଲା।

କାଠ କୁରାଢ଼ି ଉପାଖ୍ୟାନ - 'ତୋରି ଭାଇ ତୋତେ ହାଣୁଚି'। ଲବ୍ଧପ୍ରତିଷ୍ଠ ବାମପନ୍ଥୀ କବି ରବି ସିଂ। ଓଡ଼ିଶା ହାଇକୋର୍ଟରେ ରିଟ୍ ପିଟିସନ୍‌ଟେ କଲେ। ପୁରସ୍କାର ଘୋଷଣା ବାତିଲ ପାଇଁ ଆବେଦନ କଲେ। ଶେଷରେ ସେ ଅକାଦେମୀର ଅସ୍ତ୍ର ହେଇଗଲେ। ଜଣେ ବୟୋଜ୍ୟେଷ୍ଠ ସାହିତ୍ୟିକ ହେଲେ କେଶ୍‌ରେ ଓକିଲ। ସାହିତ୍ୟରେ ମୂଲ୍ୟାଙ୍କନ ବ୍ୟାପାର - ଏଥିରେ ମାନ୍ୟବର ଉଚ୍ଚ ନ୍ୟାୟାଳୟର କିଛି କହିବାର ନାହିଁ। ରିଟ୍‌ଟି ଖାରଜ ହେଇଗଲା।

ଅକାଦେମୀ ଉପାୟନ ସହ ଏକହଜାର ଟଙ୍କାର ଆର୍ଥିକ ସହାୟତା ଜଡ଼ିତ। ଏଥି ପାଇଁ ମୁନସଫ୍‌ଙ୍କ କୋର୍ଟରେ ମୋକଦ୍ଦମା କରାଯାଇ ପାରେ - ଏ ମତ ଦେଲେ ମାନ୍ୟବର ଉଚ୍ଚ ଅଦାଲତ। ସେୟା ହେଲା। ରବି ସିଂ ଡିଷ୍ଟ୍ରିକ୍ଟ ଜଜ୍‌ଙ୍କ କୋର୍ଟରେ ମାମଲା ରୁଜୁକଲେ। କଟକ ସାହିତ୍ୟ ଅକାଦେମୀର ପରିସର ବାହାରେ, ଭୁବନେଶ୍ୱର କିମ୍ବା ପୁରୀରେ ମୋକଦ୍ଦମା ଆଗତ ପାଇଁ କୋର୍ଟ ଆଦେଶ ଦେଲେ। ସେତେବେଳକୁ ପ୍ରତିପକ୍ଷ ଧୈର୍ଯ୍ୟହରା, ଆଉ ଆଗେଇଲେନି। ସୁରେନ୍ଦ୍ରଙ୍କର ଏକ ପ୍ରକାର ଜିତାପଟ। ତାଙ୍କର ପରମ ବନ୍ଧୁ ବିନୋଦ ଚନ୍ଦ୍ର ନାୟକ, ସେ ଅକାଦେମୀର ସମ୍ପାଦକ। ସୁରେନ୍ଦ୍ର ରେଜିଷ୍ଟାର୍ଡ଼୍ ପତ୍ରଟେ ପଠାଇଲେ, ପୁରସ୍କାର ଦେବାକୁ ଉଲ୍ଲେଖ କଲେ। ଯଦି ନ୍ୟାୟ ନ ମିଳେ ସେ ଅକାଦେମୀକୁ ଓକିଲ ନୋଟିସ ପଠାଇବେ — ଏକଥା ବି ଲେଖିଲେ। ବିନୋଦବାବୁ ସୁରେନ୍ଦ୍ରଙ୍କୁ କଳିଙ୍ଗ ଅଫିସରେ ଭେଟିଲେ। ଉପାୟନ ପାଇଁ ସୁବିଧା ଦିନଟେ ଧାର୍ଯ୍ୟ ହେଲା। ଉପାୟନ ପ୍ରଦାନ ଦିନ ସ୍ଥିର, ଧାର୍ଯ୍ୟ ତାରିଖ ପୂର୍ବର ଘଟଣା।

ଦୈନିକ ପ୍ରଜାତନ୍ତ୍ରରେ ବାହାରିଲା ଖବରଟେ – ଅକାଦେମୀ କାର୍ଯ୍ୟକାରୀ କମିଟି ସରକାରୀ ଓକିଲଙ୍କ ମତ ଲୋଡ଼ିଲେ, 'ଅନ୍ଧ ଦିଗନ୍ତ'କୁ ଉପାୟନ ପ୍ରଦାନ କରାଯାଇ ପାରିବନି। ଶେଷରେ ସିଦ୍ଧାନ୍ତ ବଦଳିଲା। ଶାନ୍ତନୁ କୁମାର ଆଚାର୍ଯ୍ୟଙ୍କ 'ନରକିନ୍ନର'। ଉପନ୍ୟାସଟି ଥିଲା ଦ୍ୱିତୀୟ ସ୍ଥାନରେ। 'ନରକିନ୍ନର' ଶ୍ରେଷ୍ଠ ଉପନ୍ୟାସ ଉପାୟନ ପାଇଲା। ସାହିତ୍ୟ ଜଗତରେ ଏ ପ୍ରକାର ଅବିଚାର, ନଜିର୍ ଅତି ବିରଳ !

ସୁରେନ୍ଦ୍ର ମନମରା। କେହି କେହି ବନ୍ଧୁ ଉପଦେଶ ଦେଲେ। ନ୍ୟାୟାଳୟର ଆଶ୍ରୟ ପାଇଁ ପ୍ରବର୍ତ୍ତାଇଲେ। ଶାନ୍ତନୁ ଆଚାର୍ଯ୍ୟ ସୁରେନ୍ଦ୍ରଙ୍କର ଜଣେ ସ୍ନେହାସ୍ପଦ ଲେଖକ। 'ନରକିନ୍ନର' ଏକ ଉଚ୍ଚମାନର ସୃଷ୍ଟି। ଶାନ୍ତନୁଙ୍କ ଅନୁରୋଧ ସୁରେନ୍ଦ୍ର ରକ୍ଷା କରିଥିଲେ। ଉପନ୍ୟାସଟିର ସମୀକ୍ଷା ଲେଖିଲେ। ବାହାରିଲା କଳିଙ୍ଗରେ। ସୁରେନ୍ଦ୍ର ଉପନ୍ୟାସଟିର ଢେର୍ ତାରିଫ କରିଥିଲେ। ଯା ବିରୁଦ୍ଧରେ ମୋକଦ୍ଦମା, ଫଳ ସପକ୍ଷ ହେଉ ଅବା ବିପକ୍ଷ ହେଉ – ହେଲେ ସୁରେନ୍ଦ୍ରଙ୍କ ହାତ ମଇଳା ହେଇଯିବ, ତାଙ୍କ ଲେଖନୀର ଅମର୍ଯ୍ୟାଦା ହବ। ଏଥିରୁ କି ଲାଭ ବା ମିଳିବ ? ସେ ମୋକଦ୍ଦମାରୁ ନିବୃତ୍ତ ରହିଲେ।

ଅନ୍ଧ ଦିଗନ୍ତର ଶହଶହ ପାଠକ, ସେତେବେଳକୁ ତୃତୀୟ ସଂସ୍କରଣ ପ୍ରକାଶିତ। ସେଇ ତ ଲେଖକୀୟ ସମ୍ମାନ। ମନେହୁଏ 'ଅନ୍ଧ ଦିଗନ୍ତ' ଓଡ଼ିଆ ସାହିତ୍ୟର ଶ୍ରେଷ୍ଠ ରାଜନୀତିକ ଉପନ୍ୟାସ। ଏବେ ତ ସାହିତ୍ୟ ଉପାୟନ କ୍ଷେତ୍ରରେ ବିପଜ୍ଜନକ ସ୍ଥିତି। ପୁରସ୍କାର ପାଇଁ ଦଉଡ଼ା ଦଉଡ଼ି, ଲବି। ଯେମିତି ହେଉ ହାତେଇବାକୁ ଥୋକେ ତତ୍ପର। ଅନେକ ସମୟରେ ଉଚ୍ଚମାନର ଲେଖା ଅବହେଳିତ। ହାତୀ ସୁନାକଳସ ଢାଳିଛି – କହି କଥାକୁ ଏଡ଼େଇ ହବନି। ହାତୀ କାହା କଥାରେ ସୁନା କଳସ ଢାଳେନି। ଏବେ ତ ଦ୍ୱିପଦ ହସ୍ତୀ ଢେର୍, ତାଙ୍କର ବିଚାର ବୋଧ ବାଟବଣା। କ'ଣ ପାଇଁ ପୁରସ୍କାର ପ୍ରତିଯୋଗିତା ? ବୁଝା ପଡ଼େନି। ପୁରସ୍କାର ପଛରେ ଲେଖକ, ତେଣେ ଲେଖନୀ ଶୋଇଯାଏ। ଅତୀତରେ କି ପୁରସ୍କାର ଥିଲା ? କବି ଉପଇନ୍ଦ୍ର, ଦୀନକୃଷ୍ଣ, ଅଭିମନ୍ୟୁ, କବିସୂର୍ଯ୍ୟ ଅବା ଫକୀର ମୋହନ; ତାଙ୍କ ପାଇଁ ଉପାୟନ କି ବଡ଼ ମୂଲ୍ୟବାନ ? ସ୍ୱୟଂ ସୁରେନ୍ଦ୍ର, ନିତ୍ୟାନନ୍ଦ ମହାପାତ୍ର – ଏମାନେ ଜ୍ଞାନପୀଠ ପୁରସ୍କାରରୁ ବଞ୍ଚିତ। ନୀଳଶୈଳ ଅବା ହିଡ଼ମାଟି, ଭଙ୍ଗାହାଡ଼ – ଏ ଉପନ୍ୟାସଗୁଡ଼ିକୁ ପାଠକ ପ୍ରାଣକୁ ଚହଲେଇ ଦିଏ। ଉପର୍ଯ୍ୟୁକ୍ତ ସ୍ରଷ୍ଟା, ତାଙ୍କ ସହ ଆହୁରି ଅନେକ। ସେମାନଙ୍କ ପାଇଁ ବା ପୃଥିବୀର କେଉଁ ଉପାୟନ ଶ୍ରେଷ୍ଠ ?

ଆନୁଷ୍ଠାନିକ ସ୍ୱୀକୃତି ସାହିତ୍ୟ ଆଉ ସାହିତ୍ୟିକର ଆଦୌ ପୁରସ୍କାର ନୁହେଁ। ପାଠକର ଶ୍ରଦ୍ଧା, ସ୍ୱୀକୃତି ହିଁ ଲେଖକର ଶ୍ରେଷ୍ଠ ଜୟମାଲ୍ୟ।

■

ଓଡ଼ିଶା ସାହିତ୍ୟ ଏକାଡେମୀର ରଜତ ଜୟନ୍ତୀ ଉତ୍ସବ

ଓଡ଼ିଶା ସାହିତ୍ୟ ଏକାଡେମୀ ଗୋଟେ ମର୍ଯ୍ୟାଦାପୂର୍ଣ୍ଣ ଅନୁଷ୍ଠାନ। କୃତୀ ସାହିତ୍ୟିକ ଚୟନ, ପୁରସ୍କାର, ସମ୍ବର୍ଦ୍ଧନା ପ୍ରଦାନ, ବରେଣ୍ୟ ସାହିତ୍ୟିକଙ୍କ ଆବିର୍ଭାବ, ତିରୋଧାନର ସ୍ମୃତିଚାରଣ - ଏମିତି ବହୁବିଧ ଦାୟିତ୍ୱ ଏକାଡ଼େମୀର। କଳା-ସାହିତ୍ୟ-ସଂସ୍କୃତିର ଉତ୍ତରୋତ୍ତର ଉନ୍ନତି ସାଧନ - ସବୁ ଏକାଡ଼େମୀର ସଫଳ କାର୍ଯ୍ୟକାରିତା ଉପରେ ନିର୍ଭର କରେ। ଏଇଥି ପାଇଁ ଏହାର ସଭାପତି, ସମ୍ପାଦକ ପଦବୀ ଚୟନ ଗୋଟେ ଗୁରୁତ୍ୱପୂର୍ଣ୍ଣ ବିଷୟ। ସାହିତ୍ୟରେ ଦକ୍ଷତା ସମ୍ପନ୍ନ ବ୍ୟକ୍ତିବିଶେଷ ଏହାର ସଭାପତି। ସମ୍ପାଦକ ପଦ ମଣ୍ଡନକାରୀଙ୍କ ସାହିତ୍ୟରେ ବେଶ୍ ଦଖଲ ବିଧେୟ। ଅତୀତର କଥା। ବହୁ ଲବ୍ଧପ୍ରତିଷ୍ଠ ସାହିତ୍ୟିକ ଏହାର ସଭାପତି ପଦବୀରେ ଥିଲେ। ସେମାନଙ୍କ ମଧ୍ୟରୁ ସୁରେନ୍ଦ୍ର ମହାନ୍ତି ଅନ୍ୟତମ। ସେ ଜଣେ ଆଗଧାଡ଼ିର ସାହିତ୍ୟିକ, ରାଜନୀତିଜ୍ଞ, କୃତୀ ସମ୍ପାଦକ ବି। ୧୯୮୨ ମସିହା। ଓଡ଼ିଶାର ତତ୍କାଳୀନ ମାନ୍ୟବର ମୁଖ୍ୟମନ୍ତ୍ରୀ ଶ୍ରୀଯୁକ୍ତ ଜାନକୀ ବଲ୍ଲଭ ପଟ୍ଟନାୟକ। ତାଙ୍କର ଘଟଣାବହୁଳ ରାଜନୀତିକ ଜୀବନ। ରାଜନୀତି ବାହାରେ ତାଙ୍କର ଆଉ ଗୋଟେ ସ୍ୱତନ୍ତ୍ର ପରିଚୟ। ସେ ଜଣେ ସୁପ୍ରତିଷ୍ଠିତ ସାହିତ୍ୟିକ। ସେତେବେଳେ ମାନ୍ୟବର ସାଂସଦ ଶ୍ରୀଯୁକ୍ତ ସୁରେନ୍ଦ୍ର ମହାନ୍ତି। ମୁଖ୍ୟମନ୍ତ୍ରୀ ସୁରେନ୍ଦ୍ରଙ୍କ ପାଇଁ ପ୍ରସ୍ତାବଟେ ରଖିଲେ। ସୁରେନ୍ଦ୍ରଙ୍କୁ ଏକାଡେମୀର ସଭାପତି ପଦ ମିଳିଲା। ସେ ସମୟରେ ସୁରେନ୍ଦ୍ର ସାହିତ୍ୟରେ ବେଶ୍ ଜଣାଶୁଣା। ଇଚ୍ଛା ନଥିଲେ ବି ମୁଖ୍ୟମନ୍ତ୍ରୀଙ୍କ ପ୍ରସ୍ତାବକୁ ଗ୍ରହଣ କଲେ। ସାମ୍ପ୍ରତିକ ଓଡ଼ିଆ ସାହିତ୍ୟର ଅଭିବୃଦ୍ଧି ଅନିବାର୍ଯ୍ୟ। ଏଥିପାଇଁ ସୁଯୋଗଟି ତାଙ୍କ ପାଇଁ ଆସିଲା। ସଭାପତି ପଦବୀ ମଣ୍ଡନ କଲେ। ମାତ୍ର କ୍ଷେତ୍ର ଥିଲା ସମ୍ପୂର୍ଣ୍ଣ ଭିନ୍ନ। ଦେଉଳରେ ଦିଅଁ ଅଛନ୍ତି -ଦେବତ୍ୱ ନଥାଏ। ସେମିତି ସାହିତ୍ୟ ଏକାଡେମୀ

ଥାଏ; କିନ୍ତୁ ସାହିତ୍ୟ ନଥିଲା। ତଥାପି ଆପଣା କାର୍ଯ୍ୟ ତୁଲାଇଲେ ସୁଚାରୁ ରୂପେ। ସ୍ଥିର ହେଲା କାର୍ଯ୍ୟକାରୀ କମିଟିରେ। ଏକାଡ଼େମୀର ରଜତ ଜୟନ୍ତୀ ପାଳିତ ହେବ। ସମୟ ଧାର୍ଯ୍ୟ। ୧୯୮୨ ମସିହା, ଡିସେମ୍ବର ମାସ। ପଚିଶ ହଜାର ଟଙ୍କାର ବଜେଟଟେ ଦେଲେ ସେକ୍ରେଟାରୀ। ସୁରେନ୍ଦ୍ର କ୍ଷୁବ୍ଧ। ଏକାଡେମୀର ରଜତ ଜୟନ୍ତୀ ଉତ୍ସବ। ଏଇଟି ଓଡ଼ିଶା ସାହିତ୍ୟ ସଂସ୍କୃତିର ବର୍ଣ୍ଣାଢ଼୍ୟ ପାର୍ବଣ। ଏଥିପାଇଁ ପଚିଶ ହଜାର ଖର୍ଚ୍ଚ। ଯଥେଷ୍ଟ ହେବକି ? ସାଧା ଛାମୁଣ୍ଡିଆ, ଏଥିରେ ପେଟ୍ରୋମାକ୍ସ ଝୁଲାଇ ଦିଆଯିବ। ଭାତ ଡାଲମା ଆଉ କଦଳୀ ଚକଟା ସାହିତ୍ୟିକମାନେ ଖାଇବେ, କୌଣସି ଗାୟକରତ୍ନ ଅବା ଦାସକାଠିଆର ଆୟୋଜନ - ଏହା ହେଲେ ପଚିଶ ହଜାର ହୁଏତ ଚଳିବ। ଏ ସବୁ ହାସ୍ୟାସ୍ପଦ କଥା। ସୁରେନ୍ଦ୍ର ସ୍ପଷ୍ଟବାଦୀ, ଓଡ଼ିଆ ସାହିତ୍ୟର ଗୋଟେ ବିଭବ ଶାଳିନୀ ଇତିହାସ। ସାରା ଭାରତ ଜାଣିବ। କୋଣ ଅନୁକୋଣରୁ ଲେଖକମାନେ ଆସିବେ। ଓଡ଼ିଆ ସାହିତ୍ୟର ଗୌରବ ବଢ଼ିବ। ସୁରେନ୍ଦ୍ର ଭାଙ୍ଗି ଯିବେ, ଓଲେଇ ହେବେନି - ହେବେ ତ ଭୁବନେଶ୍ୱର, ନଇଲେ ଭୋବନା। ସେକ୍ରେଟାରୀଙ୍କ ବଜେଟକୁ ମୋଡ଼ିମାଡ଼ି ଫିଙ୍ଗିଦେଲେ ଡଷ୍ଟବିନ୍‌ରେ। ଓଡ଼ିଆ ଲିପିର ଉତ୍ପତ୍ତି ଠାରୁ ସାମ୍ପ୍ରତିକ କାଳ ଯାଏ; ଏ ସବୁର ଅଭିବ୍ୟକ୍ତି। ପୁଣି ଓଡ଼ିଶୀ ନୃତ୍ୟ-ସଙ୍ଗୀତ, ଚିତ୍ରକଳା - ଏହାର କ୍ରମବିକାଶ। ଏ ସମସ୍ତ ପ୍ରଦର୍ଶନୀ ମଣ୍ଡପରେ ପ୍ରଦର୍ଶିତ ହେବ। ଏହାର ପ୍ରାଥମିକ ଚିଠାଟେ, ଯତ୍ନର ସହ ପ୍ରସ୍ତୁତ ପାଇଁ ସେକ୍ରେଟାରୀଙ୍କୁ ପରାମର୍ଶ ଦେଲେ। ଏବେ ପଚିଶ ଲକ୍ଷ ଟଙ୍କା, ମୁଣ୍ଡରେ ବଡ଼ ଚିନ୍ତା ପଶିଲା।

ଜାଗର ଅମାବାସ୍ୟା। ବେଶ୍ ଶୁଭ ଦିନଟେ। ମୁଖ୍ୟମନ୍ତ୍ରୀ ଜାନକୀ ବଲ୍ଲଭ ପଟ୍ଟନାୟକଙ୍କ ପ୍ରକୋଷ୍ଠ। ଉପସ୍ଥିତ ପଦସ୍ଥ ଅଫିସରମାନେ। ସୁରେନ୍ଦ୍ର କହିବା ଆରମ୍ଭ କଲେ। ଗୋଟାଏ ଦେଶ ବା ଜାତି, ତା'ର ଉତ୍କର୍ଷ କଳା-ସାହିତ୍ୟ-ସଂସ୍କୃତିରୁ ପ୍ରକଟିତ। ଚାଉଳ, ଗହମ ଉତ୍ପାଦନ ଅବା କଳକାରଖାନା – ଏସବୁ ବିକାଶର ନମୁନା। ହେଲେ ଜାତିର ଉତ୍‌ଥାନ ତା'ର ଚେତନା। ସାହିତ୍ୟ ଏହି ଉନ୍ନତ ଚେତନାକୁ ଜାଗ୍ରତ କରେ; ତାକୁ ଅନୁପ୍ରେରିତ କରେ। ଓଡ଼ିଶା ସାହିତ୍ୟ ସଂସ୍କୃତି। ନାନା ସ୍ଥାନରେ ଏ ସମ୍ପର୍କିତ ବିଭିନ୍ନ କିତାବୀ ଭାଷଣବାଜି, ଏହାର ଢେର୍ ନଜିର ଅଛି। ହେଲେ ଓଡ଼ିଶାର ଜନଗଣର ଏଥିସହ ପରିଚୟ ନାହିଁ, ସଂସ୍କୃତି ବା କାହୁଁ ଆସିବ ? ଗୋଟେ ସୁପରିକଳ୍ପିତ ଯୋଜନା। ପ୍ରଦର୍ଶନୀଟେ ହେବ। ଏହା ମାଧ୍ୟମରେ ଚାକ୍ଷୁଷ ଭାବରେ ସେସବୁ ଉପସ୍ଥାପନ କରାଯିବ। ଏ ପ୍ରକାର ଉଦ୍ୟମ ଆଗରୁ ହୋଇଥିବା ନଜିର୍ ନାହିଁ। ଏଇଟି ଏକ ଅଭିନବ ପ୍ରଚେଷ୍ଟା। ଏଥିରେ ହୁଏତ ଭୁଲ୍ ତ୍ରୁଟି, ଅପୂର୍ଣ୍ଣତା ରହିପାରେ; ମାତ୍ର ପ୍ରଚେଷ୍ଟା ଜାରି ରହୁ। ସୁରେନ୍ଦ୍ରଙ୍କ ଏହା ରଜତ ଜୟନ୍ତୀ ସମ୍ବନ୍ଧୀୟ ଭାଷଣର ଥିମ୍। ଏଥି ପାଇଁ ଲୋଡ଼ା ପଚିଶ ଲକ୍ଷ ଟଙ୍କା।

ସମସ୍ତେ ନିରବ। ତାହା ପୁଣି ଆକାଦମୀ ବାର୍ଷିକ ବଜେଟ୍ ଠାରୁ ଛ'ଗୁଣ ଅଧିକ। ଏତେ ଗୁଡ଼େ ଟଙ୍କା? କେହି ବିଶ୍ୱାସ କରିପାରିଲେନି। ଷଷ୍ଠ ପଞ୍ଚବାର୍ଷିକ ଯୋଜନାର ପରିମାଣ ଥାଏ ୨୦୦୦ କୋଟି ଟଙ୍କା। ସାମାନ୍ୟ ପଚିଶ ଲକ୍ଷ ଟଙ୍କା, ଦୁଇ ହଜାର କୋଟିର ଦଶମିକ କେତେ ଭାଗ ହେବ ନାହିଁ। ସାହିତ୍ୟ, ସଂସ୍କୃତି ପାଇଁ ଏଇ ଅର୍ଥ ଖର୍ଚ୍ଚ, ଏଥି ପାଇଁ ଶୋଚନା କାହିଁକି? ଓଡ଼ିଆ ଭାଷା ସାହିତ୍ୟ ନଥିଲେ, ଓଡ଼ିଶା ପ୍ରଦେଶ ହୋଇ ନ ଥାଆନ୍ତା। ସୁରେନ୍ଦ୍ର ଏକଥା ଉପସ୍ଥାପନ କଲେ। ଏ ତଥ୍ୟ ପୂରା ଅକାଟ୍ୟ। ଏଥିରେ କାହାର ବା କ'ଣ କହିବାର ଅଛି? ସାହିତ୍ୟ ପ୍ରାଣ ମୁଖ୍ୟମନ୍ତ୍ରୀ, ରଜତ ଜୟନ୍ତୀ ପାଳନର ପ୍ରତିଶ୍ରୁତି ଦେଲେ। ଅର୍ଥ ବରାଦ କଲେ। ଆଡ଼ିସନାଲ ଚିଫ୍ ସେକ୍ରେଟାରୀ ଥାଆନ୍ତି ବିମଳ ମିଶ୍ର। ସେ କୁଆଡ଼େ ଅର୍ଥ ଖର୍ଚ୍ଚ ବାବଦରେ ଟିକେ କଞ୍ଜୁସ। କାଳେ ସୁରେନ୍ଦ୍ରଙ୍କ ପ୍ରସ୍ତାବକୁ ବିରୋଧ କରିବେ - ଏ ଆଶଙ୍କାଟି ଥିଲା। ପୁରୀ ମନ୍ଦିର ଛାଞ୍ଚରେ ମନ୍ଦିରଟେ, ତିଆରି ହେବ ପ୍ରଦର୍ଶନୀ ପଡ଼ିଆରେ। ଜଗନ୍ନାଥ-ବଳଭଦ୍ର-ସୁଭଦ୍ରାଙ୍କ ମୂର୍ତ୍ତି ରହିବ। ଦିଅଁଙ୍କୁ ନିତି ପ୍ରତି ବେଶ ଲାଗି ହେବ। ଜଗନ୍ନାଥ ସମ୍ପର୍କିତ ବିଭିନ୍ନ ପୋଥି ପୁରାଣ, ଏପରିକି ଭିନ୍ନ ଭିନ୍ନ ଭାଷାର - ସବୁ ପ୍ରଦର୍ଶନ କରାଯିବ। ପ୍ରସଙ୍ଗଟି ବିମଳ ବାବୁଙ୍କ ମନକୁ ପାଇଲା। ସୁରେନ୍ଦ୍ର ବାବୁ ଜଗନ୍ନାଥଙ୍କୁ ସ୍ମରଣ କରିଛନ୍ତି, କୌଣସି କଥା ଅପୂର୍ଣ୍ଣ ରଖିବେ ନାହିଁ। ଏହା ଥିଲା ବିମଳ ବାବୁଙ୍କର ସକରାତ୍ମକ ଉତ୍ତର। ସୁରେନ୍ଦ୍ର ଆନନ୍ଦିତ। ଆଗେଇଲେ ଉତ୍ସବ ପାଳନ ପ୍ରସ୍ତୁତିରେ।

ଓଡ଼ିଶା ରାଇଜ, ଏଠି ଭାଷା-ସାହିତ୍ୟ-ସଂସ୍କୃତିର ଯାହା ଆଦର! ସବୁ ଗଙ୍ଗାମାତାଙ୍କୁ ଜଣା। ଶାଗଖିଆ ପେଜଖିଆକୁ ଦେଖି ପାରେନା। ଚାଲିଲା ଚକ୍ରାନ୍ତ। ଗୋଟେ ଗୋଷ୍ଠୀ ସକ୍ରିୟ। ଖାଲି ମୁଖ୍ୟମନ୍ତ୍ରୀ ଚାହିଁଲେ ହେବନି। ତାଙ୍କର ତ ଆପତ୍ତି ନାହିଁ। ଶାସକ ଦଳର କେତେକ ହାକିମ, ସେମାନେ ବସି କଳ ମୋଡ଼ିଲେ। ସେମାନଙ୍କୁ ବିଷସ୍ୟ ବିଷମୌଷଧ ନ୍ୟାୟରେ ଆୟତ୍ତ କରିବା - ଏ କୌଶଳଟି ସୁରେନ୍ଦ୍ର ଜାଣିଥିଲେ। ବିଧାନସଭା ମଞ୍ଜୁର କଲା ତେର ଲକ୍ଷ, ଆଉ ବାର ଲକ୍ଷ ଲୋଡ଼ା। ଦଶହରା ଛୁଟି ଶେଷ। ସୁରେନ୍ଦ୍ର ବିମଳ ବାବୁଙ୍କୁ ଭେଟିଲେ। ଇଡ୍‌କୋ ଏକ୍‌ଜିବିସନ ଗ୍ରାଉଣ୍ଡ ନ ହେଲେ, ଆଦିବାସୀ ପ୍ରଦର୍ଶନୀ ପଡ଼ିଆ। ସେଇଠି ରଜତ ଜୟନ୍ତୀ ଉତ୍ସବ ହେବ। ଏବେ ନିଅଣ୍ଟ ଟଙ୍କା କଥା। ବିମଳ ବାବୁଙ୍କ ଏକା ଉତ୍ତର - 'ଜଗନ୍ନାଥ କାର୍ଯ୍ୟ କରେଇନେବେ।' ସେ ମହାଶୟ ନିଜେ ଫାଇଲି ହାତରେ ଧରି, ଏ ଅଫିସରୁ ସେ ଅଫିସ୍। ଶେଷରେ ଟଙ୍କା ସମସ୍ୟାର ସମାଧାନ କରିଦେଲେ।

ସ୍ୱଳ୍ପ ସମୟ, ଯୁଦ୍ଧକାଳୀନ ଭିତ୍ତିରେ କାର୍ଯ୍ୟ ଚାଲିଲା। ରଜତ ଜୟନ୍ତୀ ସମାରୋହ ସହିତ ପ୍ରଦର୍ଶନୀ, ଏହା ଥିଲା ଖୁବ୍ ଚିତ୍ତାକର୍ଷକ। ପୂର୍ବ ଭାରତର ଏଇଟି

ଥିଲା ସର୍ବବୃହତ୍ ସାଂସ୍କୃତିକ ସମାରୋହ - ଏ କଥାଟି 'ଷ୍ଟେଟ୍‌ସ୍‌ମ୍ୟାନ୍ ପତ୍ରିକା' ଛାପିଥିଲେ। ଓଡ଼ିଶାରେ କୌଣସି ସମ୍ବାଦପତ୍ର, ଏଭଳି ଏକ ମନୋଜ୍ଞ ସମାବେଶକୁ ଗୁରୁତ୍ୱ ଦେଲେନି। ବିଶଦ ବିବରଣୀ ବି ପ୍ରକାଶ ପାଇଲାନି। ଭୁବନେଶ୍ୱରକୁ ଅଧିକାଂଶ ଟୁରିଷ୍ଟ ଆସିଲେ। ଓଡ଼ିଶାର ସାଂସ୍କୃତିକ ଆତ୍ମାକୁ ଚିହ୍ନିବା ସେମାନଙ୍କର ପ୍ରଥମ ଉଦ୍ଦେଶ୍ୟ। ଏକ ସମସ୍ୟା ସୃଷ୍ଟି ହେଲା। କେତେକ ଜାଣି ଜାଣି ଅସହଯୋଗ କଲେ। ଏହା ସତ୍ତ୍ୱେ; ଉତ୍ସବ ସାତଦିନ ଚାଲିଲା। ଓଡ଼ିଶାର ବହୁ ଅଞ୍ଚଳରୁ ଆମନ୍ତ୍ରିତ ସାହିତ୍ୟିକମାନେ ଆସିଲେ। ବିଭିନ୍ନ ସନ୍ଧ୍ୟାରେ ମନୋଜ୍ଞ ସାହିତ୍ୟ ଚର୍ଚ୍ଚା, ଏଥି ସହିତ ବିଭିନ୍ନ ଅଞ୍ଚଳର ନୃତ୍ୟ ସଙ୍ଗୀତ - ନିତି ସନ୍ଧ୍ୟାରେ ପ୍ରଦର୍ଶିତ ହେଲା। ଜୟନ୍ତୀ ସମାରୋହ ପାଇଁ ବିରାଟ ପ୍ରେକ୍ଷାଳୟଟେ ପ୍ରସ୍ତୁତ। ନାଁ ରଖାଗଲା 'ଜୟଦେବ ମଣ୍ଡପ'। ମୁଖ୍ୟମନ୍ତ୍ରୀ ଜାନକୀ ବଲ୍ଲଭ ପଟ୍ଟନାୟକ, ଏହାକୁ ଉଦ୍‌ଘାଟନ କଲେ। ପ୍ରତିଦିନ ସଞ୍ଜ, ହଜାର ହଜାର ଦର୍ଶକଙ୍କ ସମାବେଶ। ବିଶେଷ କରି ସଙ୍ଗୀତ ସନ୍ଧ୍ୟା ସେମାନଙ୍କର ଚିତ୍ତବିନୋଦନ କଲା। ଉତ୍ସବଟି ଥିଲା ଅତୀବ ମନଛୁଆଁ। ଓଡ଼ିଶା ସରକାରଙ୍କ ସାଂସ୍କୃତିକ ବିଭବ, ଉତ୍ସବଟି ଅଧିକ ଦୁଇଦିନ ବଢ଼ିବ - ଏ ପ୍ରକାର ଅନୁରୋଧଟି ରଖିଲେ ସଂସ୍କୃତି ବିଭାଗ ଆକାଦମୀ ପାଖରେ।

ରଜତ ଜୟନ୍ତୀ ସମାପ୍ତ। ଓଡ଼ିଶାରେ ଯାହା ହେବା କଥା ସେୟା ହେଲା। କେହି କାର୍ଯ୍ୟଟେ କରେ। ଉତ୍ସାହ ତ ନାହିଁ, ବରଂ ନିନ୍ଦା, ଅପଯଶ ରଟାଇବା, ଏଥିରେ ଦଳେ ଧୁରନ୍ଧର। ପଡ଼ୋଶୀ ବଂଗ ଦେଶ, ଏ ପ୍ରକାର ଏକ ରୁଚିପୂର୍ଣ୍ଣ, ମର୍ଯ୍ୟାଦାପୂର୍ଣ୍ଣ ଉତ୍ସବ ପାଳନ। ସେଠାକା ବିଶିଷ୍ଟ ଜନମତ, ସମ୍ବାଦପତ୍ର ଶତମୁଖର ହୋଇଥାଆନ୍ତା। ନ ଥାଆନ୍ତା ତିଳେ ମାତ୍ର କୁଣ୍ଠା, ପ୍ରଶଂସାରେ ସମସ୍ତେ ଶତ ମୁଖର ହେଇ ଥାଆନ୍ତି - ଏକଥା ଲେଖିଲେ ସୁରେନ୍ଦ୍ର। ଓଡ଼ିଶାରେ ସୁରେନ୍ଦ୍ରଙ୍କୁ ମିଳିଲା ଅପନିନ୍ଦା, ଅପଯଶ ବି ସୀମା ଟପିଲା। ସେ ପଚିଶ ଲକ୍ଷ ଟଙ୍କା ବରବାଦ କଲେ - ଏ କଥାଟି ବି କେହି କେହି ଖବରକାଗଜ ଲେଖିଲେ। ଓଡ଼ିଶାର ଏତେ ନାଁକରା ସାହିତ୍ୟିକ। ଜଣେ ବି ଏହାର ପ୍ରତିବାଦ କଲେନି। ଅଥଚ ବ୍ୟକ୍ତିଗତ ଭାବେ ସଫଳତା ପାଇଁ ବଧେଇ ଜଣେଇଥିଲେ। ଏକ ମାତ୍ର ସାହିତ୍ୟ ପତ୍ରିକା 'ସହକାର'। ସୁଲେଖକ ପଠାଣି ପଟ୍ଟନାୟକ, ମାତ୍ର ପାଞ୍ଚଧାଡ଼ିର ସଂକ୍ଷିପ୍ତ ଲେଖା - ଲେଖିଲେ ରଜତ ଜୟନ୍ତୀ ସଫଳତାକୁ ନେଇ। ଆଉ ସବୁ ସାହିତ୍ୟ ପତ୍ରିକା ନିରବ। ଛୋଟ ବଡ଼ ପ୍ରତ୍ୟେକ ସାହିତ୍ୟ ପତ୍ରିକା, ରଜତ ଜୟନ୍ତୀ ସମ୍ପର୍କରେ ଛାପିବେ। ଏକ ହଜାର ଟଙ୍କାର ବିଜ୍ଞାପନ, ବିନା ଦ୍ୱିଧାରେ ଏକାଡେମୀ ଦେଇଥିଲା।

ରଜତ ଜୟନ୍ତୀ ଉତ୍ସବ ମହାସମାରୋହରେ ପାଳିତ ହେଲା। ଓଡ଼ିଆ ସାହିତ୍ୟ

ସଂସ୍କୃତିର ଅସାମାନ୍ୟ ଐତିହ୍ୟ, ବିଭାମୟୀ ଐଶ୍ୱର୍ଯ୍ୟ - ଏସବୁ ପ୍ରକାଶରେ ତ୍ରୁଟି ନଥିଲା। ସାଧାରଣ ଜନତାଙ୍କୁ ସଂସ୍କୃତି ସହ ପରିଚିତ କରାଇବା ଏହାର ମୁଖ୍ୟ ଉଦ୍ଦେଶ୍ୟ। ତଦ୍‌ବିଦମାନେ ତ ପ୍ରଦର୍ଶନୀର ମହତ୍ତ୍ୱ ବୁଝିବେ। ବିଶ୍ୱବିଦ୍ୟାଳୟର ବହୁ ଅଧ୍ୟାପକ, ଅନେକ ଛାତ୍ର, ସାରାଦିନ ମଣ୍ଡପ ବୁଲନ୍ତି। ବିଭିନ୍ନ କଥା ଟିପା ଖାତାରେ ଲେଖି 'ନୋଟ୍' କରୁଥାଆନ୍ତି। ହେଲେ ସେମାନଙ୍କ ଲେଖନୀ ନିରବ। ଜୟନ୍ତୀ ବିଷୟରେ କେହି ବି ଧାଡ଼ିଏ ଲେଖିଲେନି। ଭଲରେ ଅବା ମନ୍ଦରେ, ଓଡ଼ିଶାବାସୀଙ୍କର ନାହିଁ କ୍ରିୟା ବା ପ୍ରତିକ୍ରିୟା। ସେମାନେ ପଡ଼ିଥାଆନ୍ତି - "କର୍ମ କଷଣେ ଦେହ ସହେ, ଅରଣ୍ୟ ଅଜଗର ପ୍ରାୟେ।" ଯଦୁମଣି ତ ସହଜେ ଲେଖିଲେ - "ଏମନ୍ତ ଭୂଇଁ, ଚାକୁଣ୍ଡା ବୁଣିଲେ ଉଠଇ ନାହିଁ" - ମୋଟାମୋଟି ଏଇ ଧାରଣା ସୁରେନ୍ଦ୍ରଙ୍କର।

ନାନାଦି ତୁଚ୍ଛ ସମାଲୋଚନା, ଏହାର ଉତ୍ତର, ରଜତ ଜୟନ୍ତୀର ଉଦ୍ଦେଶ୍ୟ ଆଭିମୁଖ୍ୟ - ଏ ସମସ୍ତ ଉପରେ ଚାରୋଟି ଦୀର୍ଘ ପ୍ରବନ୍ଧ, ଲେଖିଲେ ସୁରେନ୍ଦ୍ର। ପ୍ରକାଶ ପାଇଲା - 'ମାତୃଭୂମି'ରେ। ଓଡ଼ିଆ ସାହିତ୍ୟର, ନୂଆ ଆଭିମୁଖ୍ୟଟେ। ତାହା ପରିସ୍ଫୁଟ ରଜତ ଜୟନ୍ତୀ ଉତ୍ସବରେ - ଏଇଟି ଥିଲା ପ୍ରବନ୍ଧର ବିଷୟବସ୍ତୁ। ତା' ପରେ ସମାଲୋଚନାର ଅନ୍ତ ଘଟିଲା। ମକ୍ଷିକା ବ୍ରଣକୁ ଖୋଜି ବୁଲେ। ନିନ୍ଦୁକମାନେ ଛିଦ୍ର ଖୋଜିଲେ। ଉତ୍ସବରେ ବହୁ ଅର୍ଥ ବିନର୍ବୟ - ଏଥିପାଇଁ ସ୍ୱତନ୍ତ୍ର ଅଡ଼ିଟର କଥା ଉଠିଲା। ଡିପାର୍ଟମେଣ୍ଟାଲ ଅଡ଼ିଟ ଶେଷ। ଜଣେ ବିଶିଷ୍ଟ ବୟୋଜ୍ୟେଷ୍ଠ ବ୍ୟକ୍ତି,ସ୍ପେଶାଲ ଅଡ଼ିଟ୍ ଦାବି କଲେ। ଏ ମର୍ମରେ ମୁଖ୍ୟମନ୍ତ୍ରୀଙ୍କୁ ଚିଠି ଲେଖିଲେ। ସୁରେନ୍ଦ୍ର ଏହାକୁ ସ୍ୱାଗତ କଲେ। ଷ୍ଟଲ୍‌ରେ ଅଧିକ ଖର୍ଚ୍ଚ ହେଲା। ଦାୟିତ୍ୱ ସମ୍ପନ୍ନ ସରକାରୀ ଅଧିକାରୀ। ସେମାନେ ଥିଲେ ଏ କାର୍ଯ୍ୟରେ। ତାଙ୍କୁ ପଚରା ଯାଉ - ସୁରେନ୍ଦ୍ର ରୋକ୍‌ଠୋକ୍ ଜଣାଇଲେ। ବାକି ସାହିତ୍ୟିକଙ୍କ ରହିବା ଖାଇବା, ଏ ବାବଦରେ କୁଆଡ଼େ ଅଧିକା ଖର୍ଚ୍ଚ। ସୁରେନ୍ଦ୍ର ଉତ୍ତର ଦେଲେ - "ଇଞ୍ଜିନିୟର, ଅଫିସର ସମସ୍ତେ। ପଞ୍ଚତାରକା ବିଳାସରେ ରହିଲେ କେହି ତ ପାଟି ଫିଟାନ୍ତି ନାହିଁ, ଆଉ ସାହିତ୍ୟିକମାନେ ଦିନକ ପାଇଁ ରହିବାରେ ଏତେ ଆପତ୍ତି କାହିଁକି? ସେମାନଙ୍କୁ ନେଇ କ'ଣ ଆଉ ମୁଁ ତୋତୁଆଲା ଧର୍ମଶାଳାରେ ରଖି ପ୍ରସାଦ ଖୁଆଇ ଥାଆନ୍ତି?" ସୁରେନ୍ଦ୍ରଙ୍କ ଆଉ ଏକ ପ୍ରତିକ୍ରିୟା - "ସରକାରଙ୍କର ବିଭିନ୍ନ ବିଭାଗ - ସିଏ ସଡ଼କ ତିଆରି ହେଉ ଅବା କୁକୁଡ଼ା ଚାଷ ହେଉ ବା ବିହନ କିଣା ହେଉ - ଯଦି ଲକ୍ଷ ଲକ୍ଷ ଟଙ୍କା ଅପବ୍ୟୟ ହେଉଥିବା ସମ୍ପର୍କରେ ଅଭିଯୋଗ ଶୁଣିବାକୁ ମିଳୁଛି। ତାକୁ ସମସ୍ତେ ନିରବରେ ହଜମ କରି ଯାଉଛନ୍ତି, ତା'ହେଲେ ବିଚରା ସାହିତ୍ୟିକମାନଙ୍କ ପାଇଁ ଯଦିବା କିଛି ଟଙ୍କା ବରବାଦ ହୋଇଥାଏ, ସେଥିରେ ତେବେ ଆପତ୍ତି ଉଠାଇବାର କ'ଣ ଅଛି?" ସତରେ ଏଇ କ'ଣ ଓଡ଼ିଶା ମାଟିରେ ସାହିତ୍ୟିକର କପାଳ!

ଉତ୍ସବ ସମାରୋହରେ ନଥାଏ ସାହିତ୍ୟ, ଥାଏ ସାହିତ୍ୟ ସୃଷ୍ଟିର ପ୍ରେରଣା। ସେଦିନ ଓଡ଼ିଶା ସାହିତ୍ୟ ଏକାଡେମୀର ରଜତ ଜୟନ୍ତୀ ଉତ୍ସବ; ଓଡ଼ିଶାର ଐତିହ୍ୟ, ଐଶ୍ୱର୍ଯ୍ୟ, ପରମ୍ପରା, ସାହିତ୍ୟିକ ବିଭବ - ଏସବୁର ସଠିକ ସୂଚନା ଦେଲା। ଏହା ଅନସ୍ୱୀକାର୍ଯ୍ୟ। ଭଲ କାମଟେ କଲେ, ଜନେ କହିବେ। କହିବା ଏମାନଙ୍କର ଅଭ୍ୟାସ, ତଥାପି ଜୀବନ ଚାଲେ। ଚାଲିଥିବ। ତାକୁ ବା କିଏ ଅଟକାଇବ? ନିନ୍ଦୁକ କହୁଥିବେ, ଭଲ କାମବି ଚାଲିଥିବ। ଏଥିରେ ନିନ୍ଦା, ପ୍ରଶଂସାର ବା କି ନେଣ ଦେଣ ଅଛି?

■

ରାଜନୀତିକ ତିକ୍ତତା : ଅମୃତମୟ ଫଳ
କୁଳବୃଦ୍ଧ ଓ ଶତାବ୍ଦୀର ସୂର୍ଯ୍ୟ

ଭାଷା ଖଣ୍ଡକ ପାଇଁ ଏ ଓଡ଼ିଶା ରାଜ୍ୟ। ଭାଷା ଭିତ୍ତିରେ ପ୍ରଦେଶ ଗଠନ, ଭାରତ ଇତିହାସର ଏହା ସର୍ବପ୍ରଥମ ଘଟଣା। ସଫଳତାର ମାଧ୍ୟମ ଉତ୍କଳ ସମ୍ମିଳନୀ। ଉତ୍କଳ ଗୌରବ ମଧୁସୂଦନ ଦାସ। ତାଙ୍କର ମାନସପୁତ୍ର ଉତ୍କଳ ସମ୍ମିଳନୀ (୧୯୦୩)। କଟକ କନିକା କୋଠି, ସମ୍ମିଳନୀର ଅନ୍ତୁଡ଼ିଶାଳ। ନାନା ଘାତ, ପ୍ରତିଘାତ, ଉତ୍‌ଥାନ, ପତନ; ସମ୍ମିଳନୀ ଅଗ୍ରସର ହେଲା। କେବେ ପଥ କୁସୁମିତ, କର୍କଶ ବନ୍ଧୁର, ପୁଣି କଙ୍କରିଳ। କେତେ କେତେ ପ୍ରତିରୋଧ, ସବୁ ଟଳିଛି। ଓଡ଼ିଆଏ ପାଇଲେ ସେମାନଙ୍କର ନ୍ୟାଯ୍ୟ ଅଧିକାର, ଗଠିତ ହେଲା ସ୍ୱତନ୍ତ୍ର ଉତ୍କଳ ପ୍ରଦେଶ (୧ ଅପ୍ରେଲ ୧୯୩୬ ମସିହା)। ଅପର ପକ୍ଷରେ ଭାରତୀୟ ଜାତୀୟ କଂଗ୍ରେସ, ଏହାର ଜନ୍ମଜାତକ ପ୍ରସ୍ତୁତ ୧୮୮୫ ମସିହାରେ। ଆଲାନ୍ ଅକ୍ଟାଭିଆନ ହ୍ୟୁମ୍, ଏସ୍.ଏନ୍. ବାନାର୍ଜୀ ଏହାର ଜନ୍ମଦାତା। କଂଗ୍ରେସ ଏକ ସର୍ବଭାରତୀୟ ଅନୁଷ୍ଠାନ। ବଣିକ ଇଂରେଜ ଜାତିଟା ଭାରି ଚତୁର। ସେତେବେଳେକା ଭାରତର ଭାଇସ୍‌ରୟ - ଲର୍ଡ଼ ଡଫରିନ୍। କଂଗ୍ରେସ, ଦିନେ ଶାସନ କ୍ଷମତା ଛଡ଼ାଇ ନେବ, ଏକଥାଟି ତାଙ୍କୁ ଅଛପା ନଥିଲା। ଜନମତ ଆକଳନ ବିନା ଶାସନ ଦିଶାହୀନ - ଇଂରେଜମାନେ ତାହା ଅବଗତ ଥିଲେ। ସରକାର ଜାତୀୟ କଂଗ୍ରେସକୁ ବାଜ୍ୟାପ୍ତି ନୁହେଁ, ବରଂ ଆଶୀର୍ବାଦ କଲେ। ତାଙ୍କର ଚତୁରପଣିଆ ସଫଳ ହେଲା। ସେମାନେ ଆଉ ୬୨ ବର୍ଷ ଭାରତ ଶାସନ କଲେ। ଜାତୀୟ କଂଗ୍ରେସ ସର୍ବଭାରତୀୟ ରାଜନୈତିକ ଦଳଟେ। କଂଗ୍ରେସ ନେତାଏ ଲଢ଼ିଲେ। ଗାନ୍ଧିଜୀଙ୍କ ଦିଗ୍‌ଦର୍ଶନ, ଜନତାର 'କର ଅବା ମର' ପଣ ପ୍ରତିଜ୍ଞା। ଭାରତ ହେଲା ସ୍ୱାଧୀନ। ଅପର ପକ୍ଷରେ ଉତ୍କଳ ସମ୍ମିଳନୀ ଏକ ଆଞ୍ଚଳିକ ଦଳ। ଉଭୟଙ୍କ ଭିତରେ ଫାଙ୍କ

ଫରକ। ଆଦର୍ଶ ଭିନ୍ନ ଭିନ୍ନ। ମଧୁସୂଦନ ଦାସ ବିଚକ୍ଷଣ, ଉଚ୍ଚ ଶିକ୍ଷିତ, ପ୍ରବୀଣ ରାଜନୀତିଜ୍ଞ। ଉଦାରବାଦୀ ବି। ଇଂରେଜ ସରକାରଙ୍କ ସହାୟତା ତାଙ୍କର କାମ୍ୟ। ସହମତିରେ ଓଡ଼ିଶାର ସ୍ୱାର୍ଥ ହାସଲ। ମଧୁବାବୁଙ୍କ ସହ ତାଙ୍କ ସମଧର୍ମାଙ୍କର ଏକ ଲକ୍ଷ୍ୟ। କଂଗ୍ରେସର ମହାଭାରତୀୟ ଚେତନା। ଏହାକୁ ଉତ୍କଳ ସମ୍ମିଳନୀର ନେତାମାନେ ବିରୋଧ କରି ନଥିଲେ। ହେଲେ ଉତ୍କଳ ସମ୍ମିଳନୀ ପାଇଁ କଂଗ୍ରେସର ଆକ୍ରୋଶ। ଗୋପବନ୍ଧୁ ଦାସ ମଧୁବାବୁଙ୍କ ଘନିଷ୍ଠ ସହଯୋଗୀ। ପରେ ଉତ୍କଳ ପ୍ରଦେଶ କମିଟିର ଟାଣୁଆ ସଦସ୍ୟ। ସ୍ୱର୍ଗ ଗଙ୍ଗା ଭୂତଳରେ ପ୍ରବାହିତ। ଏହା ପଛରେ ସଗରବଂଶ ଭଗୀରଥଙ୍କର କଠୋର ତପସ୍ୟା। ଠିକ୍ ସେମିତି ଗୋପବନ୍ଧୁ ଦାସ, ମହାତ୍ମାଗାନ୍ଧୀଙ୍କୁ ପାଛୋଟି ଆଣିଲେ ଓଡ଼ିଶା। ଓଡ଼ିଶା, ଗାନ୍ଧିଜୀ ହେଲେ ଏକାତ୍ମକ। ଓଡ଼ିଶାର ଉନ୍ନତି ସାରା ଭାରତର ଉନ୍ନତି - ଏ କଥା ଗାନ୍ଧିଜୀ ବୁଝିଲେ। ଓଡ଼ିଶାର ପ୍ରଗତି ପାଇଁ ମନ ପ୍ରାଣ ଢାଳି ଦେଲେ। ଏହାର ଶ୍ରେୟ ଗୋପବନ୍ଧୁଙ୍କର। ଘଟଣା କଡ଼ ଲେଉଟାଇଲା। ଗୋପବନ୍ଧୁ ସମ୍ମିଳନୀରୁ ଓହରିଲେ। ତାହା ଥିଲା ଏକ ନାଟକୀୟ ପରିବର୍ତ୍ତନ।

ମଧୁବାବୁଙ୍କ ଦୃଢ଼ ସମର୍ଥକ ଗୋପବନ୍ଧୁ ଦାସ, ଶେଷରେ ହୋଇଗଲେ ବିରୋଧୀ। କଂଗ୍ରେସ ସପକ୍ଷବାଦୀ ଦଳେ ଯୁବକ, ତାଙ୍କର ନେତା ଗୋପବନ୍ଧୁ। ୧୯୧୯ ମସିହାର କଥା। ଗୋପବନ୍ଧୁ ମଧୁବାବୁଙ୍କୁ ପରାମର୍ଶଟେ ଦେଲେ। ଜାତୀୟ କଂଗ୍ରେସ ସହ ସମ୍ମିଳନୀର ମିଶ୍ରଣ। ଏ ପ୍ରସ୍ତାବଟି ରଖିଲେ। ଓଡ଼ିଆଭାଷୀ ଅଞ୍ଚଳ ଏକତ୍ର ହେବା ବାଞ୍ଛନୀୟ। ଏହା ସହିତ ଭାଷାଭିତ୍ତିକ ପ୍ରଦେଶ ଗଠିତ ହେବ। ଓଡ଼ିଆମାନେ ଆତ୍ମପ୍ରତିଷ୍ଠା ପାଇବେ, ତା' ପରେ ଯୋଗଦେବେ ଜାତୀୟ ମୁକ୍ତି ସଂଗ୍ରାମରେ। ମଧୁବାବୁଙ୍କର ଏଇ ମତ। ୧୯୨୦ ମସିହା। ଚକ୍ରଧରପୁର ଅଧିବେଶନ। ସମ୍ମିଳନୀରେ ମତଭେଦ। ଉଦାରବାଦୀ ନେତା ବ୍ରଜସୁନ୍ଦର ଦାସ, ବିଶ୍ୱନାଥ କର - ଏମାନେ ସହଯୋଗୀ। ଅସହଯୋଗୀଏ ଗୋପବନ୍ଧୁ ଦାସ, ଚନ୍ଦ୍ରଶେଖର ବେହେରା ଇତ୍ୟାଦି। ଏଇମାନେ ସବଳ ପଡ଼ିଲେ, ଅତି ସହଜରେ ପ୍ରସ୍ତାବଟେ ଗ୍ରହଣ କରିନେଲେ। ଉତ୍କଳ ସମ୍ମିଳନୀ ଜାତୀୟ କଂଗ୍ରେସରେ ମିଶିଗଲା। ଏବେ ଆଉ ତା'ର ସ୍ଥିତାବସ୍ଥା ନାହିଁ - ଗୋପବନ୍ଧୁ ଘୋଷଣା କଲେ। ଓଡ଼ିଶା ରାଜନୀତି ନୂଆ ମୋଡ଼ ନେଲା। ଉଦାରବାଦୀଏ ଆସ୍ତେ ଅଣ୍ଟା ସଳଖିଲେ। ଶେଷରେ ଉତ୍କଳ ସମ୍ମିଳନୀ ଲକ୍ଷ୍ୟ ହାସଲ କଲା। ଓଡ଼ିଶା ପାଇଲା ଭାଷାଭିତ୍ତିକ ପ୍ରଦେଶଟେ। ପ୍ରକାଶ ଥାଉକି ଉକ୍ତ ସଭାରେ ମଧୁବାବୁ ଯୋଗ ଦେଇ ନଥିଲେ।

ଖ୍ରୀ.ଅ. ୧୯୨୯। ଭାରତ ଆସିଲେ ସାଇମନ କମିଶନ। ମଣ୍ଟେଗୁ-ଚେମ୍‌ସଫୋର୍ଡ଼ ସଂସ୍କାର (୧୯୧୯)ର କାର୍ଯ୍ୟକାରିତା ସମୀକ୍ଷା କମିଶନରଙ୍କ ଉଦ୍ଦେଶ୍ୟ।

କମିଶନଙ୍କର ସାତଜଣ ଯାକ ସଭ୍ୟ ଶ୍ୱେତାଙ୍ଗ। ଅଧ୍ୟକ୍ଷ ସାର୍ ଜନ୍ ସାଇମନ। ଏଣୁ କମିଶନ ସାଇମନ କମିଶନ ଭାବେ ଅଭିହିତ। ଏଥିରେ ଜଣେ ହେଲେ ଭାରତୀୟ ନଥିଲେ। ଭାରତୀୟ ଜାତୀୟ କଂଗ୍ରେସ, କମିଶନକୁ ଦୃଢ଼ ବିରୋଧ କଲା। ସାରା ଦେଶରେ ଜାତୀୟ କଂଗ୍ରେସର ହରତାଳ (୧୯୨୮ ମସିହା ଫେବୃୟାରୀ ୩)। 'ସାଇମନ ଫେରିଯାଅ' ଧ୍ୱନିରେ, ସମଗ୍ର ଭାରତ ପ୍ରକମ୍ପିତ। କଂଗ୍ରେସର କମିଶନଙ୍କୁ ବିରୋଧ। ଓଡ଼ିଶା ପାଇଁ ତାହା ଶୁଭପ୍ରଦ ନଥିଲା। ଏକଥା ବୁଝିଲେନି ଓଡ଼ିଶାର କଂଗ୍ରେସ ନେତାଏ। ବିରୋଧରେ ସାମିଲ ହେଲେ। ହରେକୃଷ୍ଣ ମହତାବ ବିରୋଧୀଙ୍କ ନେତୃତ୍ୱ ନେଲେ। ଉତ୍କଳ ସମ୍ମିଳନୀର ଉଦାରବାଦୀ ରାଜନେତା ବୃନ୍ଦ, କଂଗ୍ରେସ ନିଷ୍ପତ୍ତିରେ ଅସନ୍ତୁଷ୍ଟ। ଓଡ଼ିଶା ସ୍ୱତନ୍ତ୍ର ପ୍ରଦେଶ ହେବ। ଏ କ୍ଷମତା କେବଳ ସାଇମନ କମିଶନଙ୍କ ହାତରେ। ଉତ୍କଳ ସମ୍ମିଳନୀ ପାଇଁ ସୁବର୍ଣ୍ଣ ସୁଯୋଗ, ହାତଛଡ଼ା କଲେନି ମଧୁସୂଦନ ଦାସ। କନିକା ରାଜା ରାଜେନ୍ଦ୍ର ନାରାୟଣ ଭଞ୍ଜ ଦେଓ, ପାଟନାରେ ଥିବା ଓଡ଼ିଆ କର୍ମଚାରୀ, ସମସ୍ତେ ମିଶି ପାଟନା ରେଲ୍‌ୱେ ଷ୍ଟେସନଠାରେ କମିଶନକୁ ସ୍ୱାଗତ କଲେ। ଉତ୍କଳ ସମ୍ମିଳନୀର ବ୍ରଜସୁନ୍ଦର ଦାସ, ଲକ୍ଷ୍ମୀଧର ମହାନ୍ତି, ବ୍ରଜାନନ୍ଦ ଦାସ, ଭିକାରୀ ଚରଣ ପଟ୍ଟନାୟକ, ସେମାନଙ୍କ ସହ ବିହାର-ଓଡ଼ିଶା ବିଧାନ ପରିଷଦର ଓଡ଼ିଆ ବିଧାୟକ; ଏମାନେ ବି କମିଶନକୁ ସ୍ୱାଗତ କଲେ। କନିକା କୋଠି କଟକ। ସେଠାରେ ମଧ୍ୟ କମିଶନକୁ ଭବ୍ୟ ସମ୍ବର୍ଦ୍ଧନା ପ୍ରଦାନ କରାଗଲା। ଉପସ୍ଥିତ ଥିଲେ ମଧୁସୂଦନ ଦାସ। ସାଇମନ କମିଶନ ମୁଗ୍ଧ। ଓଡ଼ିଶା ପ୍ରଦେଶ ଗଠନ ପ୍ରସ୍ତାବ ବିଚାରକୁ ନେଲେ। ଗଠିତ ହେଲା ଅଟ୍‌ଲୀ ସବ୍ କମିଟି। ଏଥର ସ୍ୱତନ୍ତ୍ର ଓଡ଼ିଶା ପ୍ରଦେଶ ଗଠନର ଶେଷ ପର୍ଯ୍ୟାୟ। ଗଠିତ ହେଲା ଓଡ଼େନେଲ ସୀମା କମିଟି। କମିଶନ ବିଭିନ୍ନ ନେତୃବର୍ଗଙ୍କ ଠାରୁ ସାକ୍ଷ୍ୟ ଗ୍ରହଣ କଲେ। ଶେଷରେ ଓଡ଼ିଶା ସ୍ୱତନ୍ତ୍ର ପ୍ରଦେଶ ଘୋଷିତ ହେଲା। ଏ ପରିପ୍ରେକ୍ଷୀରେ ପ୍ରସଙ୍ଗଟେ ଅତି ସ୍ପଷ୍ଟ। ଭାରତୀୟ ଜାତୀୟ କଂଗ୍ରେସ। ଓଡ଼ିଶାର ପ୍ରଗତି, ଏ ନେଇ ଯତ୍ନଶୀଳ ନଥିଲା। ସହାନୁଭୂତି ବି ଓଡ଼ିଶା ପାଇ ନଥିଲା। କେବଳ ନେତାଜୀ ସୁଭାଷ ବୋଷ। ଓଡ଼ିଆଭାଷୀ ଅଞ୍ଚଳର ଏକତ୍ରୀକରଣ, ତତ୍ ସହିତ ସ୍ୱତନ୍ତ୍ର ପ୍ରଦେଶ ଗଠନ ସପକ୍ଷରେ। ମୋତିଲାଲ ନେହେରୁ କମିଟି, ଭାଷା ଭିତ୍ତିକ ପ୍ରଦେଶ ଗଠନ ସପକ୍ଷରେ; ମାତ୍ର ଏଥିରେ ନଥିଲା ଓଡ଼ିଶା ପାଇଁ ସମର୍ଥନ। ଓଡ଼ିଶା ବିଧାୟକ ଲକ୍ଷ୍ମୀଧର ମହାନ୍ତି। ସେ ରିପୋର୍ଟରେ ପରିବର୍ତ୍ତନ ପାଇଁ ଦାବି କଲେ। ସହାନୁଭୂତି ତ ନଥିଲା, ସାଇମନ କମିଶନକୁ ଉତ୍କଳ ସମ୍ମିଳନୀ କାହିଁକି ସ୍ୱାଗତ କଲା ? ଏଥି ପାଇଁ ଲକ୍ଷ୍ମୀଧର ବାବୁ ଶେଷରେ କଂଗ୍ରେସ ସଭ୍ୟଙ୍କ ଦ୍ୱାରା ଉପହାସିତ ହେଲେ।

କ୍ଷମତା ମୋହଗ୍ରସ୍ତ ମଣିଷ, ଅନେକତ୍ର ବାଟବଣା, ବିଶେଷକରି

ରାଜନୀତିରେ। ଅସହିଷ୍ଣୁ ମନୋଭାବ ସୁସ୍ଥ ରାଜନୀତିକୁ କଳୁଷିତ କରେ। ତାହାହିଁ ଘଟିଲା। ମଧୁବାବୁଙ୍କ ସଫଳତା, ଓଡ଼ିଶା କଂଗ୍ରେସ କର୍ମୀ ବରଦାସ୍ତ କଲେନି। ତାଙ୍କୁ ନ୍ୟୂନ କରିବାର ଅପଚେଷ୍ଟା ଚାଲିଲା। ଏକଥା ମର୍ମେ ମର୍ମେ ଅନୁଭବ କଲେ ସୁରେନ୍ଦ୍ର ମହାନ୍ତି। ଲେଖିଲେ ଚରିତୋପନ୍ୟାସ 'ଶତାବ୍ଦୀର ସୂର୍ଯ୍ୟ' ଆଉ 'କୁଳବୃଦ୍ଧ'। ମଧୁବାବୁ ତ ସ୍ୱୟଂ ଏକ ଅନୁଷ୍ଠାନ। ତାଙ୍କ ସମ୍ବନ୍ଧରେ ସଠିକ୍ ତଥ୍ୟ ଉପସ୍ଥାପନ। ତହିଁରେ ପୁଣି ସାହିତ୍ୟର ଛଟା। ଏଇଟି ଏକ କଷ୍ଟସାଧ୍ୟ ବ୍ୟାପାର। ତଥାପି ସୁରେନ୍ଦ୍ର ସୁଚାରୁରୂପେ ସମାପନ କଲେ। ନ୍ୟସ୍ତ ସ୍ୱାର୍ଥ ଗୋଷ୍ଠୀଙ୍କ ଚକ୍ରାନ୍ତ, ମ୍ଳାନ ପଡ଼ିଲା। ଉପନ୍ୟାସ ଦ୍ୱୟରେ ଉତ୍କଳ ଗୌରବଙ୍କ ଗରିମା ପ୍ରଦର୍ଶନ ଊଣା ନଥିଲା।

୧୯୬୭ ମସିହା, ସୁରେନ୍ଦ୍ର ନିର୍ବାଚନରେ ପରାସ୍ତ। ଢେର୍ ସମୟ ପାଇଲେ, ଲେଖିଲେ 'ଶତାବ୍ଦୀର ସୂର୍ଯ୍ୟ'। କିନ୍ତୁ ନିର୍ଭରଯୋଗ୍ୟ ପ୍ରାମାଣିକ ତଥ୍ୟ ସୁଲଭ ନଥିଲା। ଗୋଟେ ସ୍ଥାନରୁ ମିଳିବା ବି ଅସମ୍ଭବ। ଦୁଇ ଜଣ ବେକାର ଗ୍ରାଜୁଏଟ୍। ତାଙ୍କୁ କିଛି ପାରିଶ୍ରମିକ ସୁରେନ୍ଦ୍ର ଦେଲେ। 'ଉତ୍କଳ ଦୀପିକା' ଫାଇଲ, ଥାଏ ଶ୍ରୀରାମଚନ୍ଦ୍ର ଭଞ୍ଜ ଲାଇବ୍ରେରୀରେ। ଆର୍କାଇଭ୍‌ସର ନଥିପତ୍ର। ଗ୍ରାଜୁଏଟ ଦ୍ୱୟ ତଥ୍ୟ ସଂଗ୍ରହ କଲେ। ମଧୁସୂଦନଙ୍କ ସହ ସମ୍ପର୍କିତ ବହୁ ମାନ୍ୟଗଣ୍ୟ ବ୍ୟକ୍ତି। ସେମାନଙ୍କୁ ସୁରେନ୍ଦ୍ର ଭେଟିଲେ। ମଧୁବାବୁଙ୍କ ସମ୍ବନ୍ଧୀୟ ଅନୁଭୂତି ସଂଗ୍ରହ କଲେ। 'ଶତାବ୍ଦୀର ସୂର୍ଯ୍ୟ' ଶେଷ ହେଲା। ଦୁଇବର୍ଷ ସମୟର ଅକ୍ଳାନ୍ତ ପରିଶ୍ରମରେ ଯବନିକା। ଏଇ ଉପନ୍ୟାସ ଲେଖିବା ସୁରେନ୍ଦ୍ରଙ୍କ ପାଇଁ ବଡ଼ ଚ୍ୟାଲେଞ୍ଜ। ତା'ର କାରଣଟି ସେ ସ୍ପଷ୍ଟ କଲେ। ସ୍ୱାଧୀନତା ସଂଗ୍ରାମରେ ଅନ୍ତ। ଓଡ଼ିଶାର କେଇଜଣ କଂଗ୍ରେସ ନେତା, ମଧୁସୂଦନଙ୍କୁ ଓଡ଼ିଶା ଇତିହାସରୁ ବାଦ୍ ଦିଆଯିବ - ଏ ଚକ୍ରାନ୍ତରେ ଲାଗି ପଡ଼ିଲେ। ଆରମ୍ଭ ହେଲା ସଂଗଠିତ ଉଦ୍ୟମ। ଭାଷାଭିତ୍ତିକ ଓଡ଼ିଶା ପ୍ରଦେଶ ଗଠନ। ଏହାର ନିର୍ମାତା ମଧୁବାବୁ। ଏ ପ୍ରସଙ୍ଗଟି ନିର୍ବିବାଦୀୟ ତଥ୍ୟ। ଏ ସମସ୍ତ ବିଷୟ, ଓଡ଼ିଆ ସମ୍ବାଦପତ୍ର ଅବା ଅନ୍ୟ କେଉଁଠି ସ୍ୱୀକୃତ ହେଲାନି। ମଧୁସୂଦନ ଓଡ଼ିଆ ଜାତୀୟତାବାଦର ଅନ୍ୟତମ ସୂତ୍ରଧର। ଠିକ୍ ସେହିପରି ନବଜାଗରଣର ଅଗ୍ରଦୂତ, ସେହି ନବଜାଗରଣ ଫଳପ୍ରସୂ ହେଲା। ଓଡ଼ିଶାକୁ ମିଳିଲା ସ୍ୱତନ୍ତ୍ର ପ୍ରଦେଶ। ଏକଥା ଦିବାଲୋକ ପରି ମଧ୍ୟ ସତ୍ୟ।

୧୯୮୨ ମସିହାରେ ଗଠିତ ଉତ୍କଳ ସଭା। ୧୯୦୩ରେ ହେଲା ଉତ୍କଳ ସମ୍ମିଳନୀ। ଏଇ ଦୁଇ ଦଶନ୍ଧିର କାଳଖଣ୍ଡ। ମଧୁବାବୁ ଓଡ଼ିଶା ଏକତ୍ରୀକରଣ ଆନ୍ଦୋଳନର ପ୍ରବକ୍ତା। ୧୯୦୩ରେ ସ୍ୱତନ୍ତ୍ର ଓଡ଼ିଶା ପାଇଁ ପ୍ରସ୍ତାବିତ ଦାବି, ପ୍ରଶାସନିକ ରୂପରେଖ ନେଲା (୧୯୩୪)। ଓଡ଼ିଶା ଆଡ଼ମିନିଷ୍ଟ୍ରେସନ କମିଟି ରିପୋର୍ଟ। ତହିଁରେ ମଧୁସୂଦନଙ୍କ ସ୍ୱାକ୍ଷର ଥିଲା ଗୁରୁତ୍ୱପୂର୍ଣ୍ଣ। ମଧୁବାବୁ କାୟ-ମନୋ-ବାକ୍ୟରେ ଓଡ଼ିଶା ପ୍ରତି ସମର୍ପିତ।

କଂଗ୍ରେସଠାରୁ ସେ ଦୂରେଇ ରହିଲେ। ହେଲେ ଭାରତୀୟ ଚେତନା, ଦେଶପ୍ରେମ-ତାଙ୍କ ନିକଟରେ ତିଳାର୍ଦ୍ଧେ ଊଣା ନଥିଲା। କ୍ଷମତା ଅହଂକାର - ଏକ ମାରାତ୍ମକ ମାନସିକତା। ମଧୁବାବୁ ଲୋକଲୋଚନକୁ ଆସିବେ, କେତେକ ନେତାଙ୍କ ପତିଆରା ନଷ୍ଟ ହେବ। ଏଥି ପାଇଁ ଚାଲିଲା ସବୁ ପ୍ରକାର କୂଟ ଚକ୍ରାନ୍ତ। କଟକର ଗୋଟେ ଦୈନିକ ସମ୍ବାଦପତ୍ରର ସମ୍ପାଦକୀୟ ସ୍ତମ୍ଭ। ମଧୁବାବୁ କୁଆଡ଼େ ଜଣେ 'ଛେଉକା ଓକିଲ' – ଏଇକଥା ବାହାରିଲା। ଏହା ଯେ ଅପନିନ୍ଦା, ଏଥିରେ ଲେଶମାତ୍ର ସନ୍ଦେହ ନାହିଁ।

ରାସ୍ତାକଡ଼ର ଆମ୍ବ ଅବା ପଣସ ଗଛ। କୋଉ ଦିନ ପଢ଼ିହାରୀ ବୁଢ଼ା ଲଗେଇଲା। ଗଲା ଅଇଲା ଲୋକେ ଫଳ ଖାଇଲେ। କେହି ମନେ ପକାନ୍ତିନି ଗଛ ଲଗାଳିକି। ସ୍ୱତନ୍ତ୍ର ଓଡ଼ିଶା ପ୍ରଦେଶ ଗଠିତ ହେଲା। ସେତେବେଳକୁ ମଧୁବାବୁ ଆର ପାରିରେ (୧୯୩୪)। ହରେକୃଷ୍ଣ ମହତାବ, ନବକୃଷ୍ଣ ଚୌଧୁରୀ, ନିତ୍ୟାନନ୍ଦ କାନୁନ୍‌ଗୋ - ଏମାନେ ବେଶି ଲାଭ ପାଇଲେ। ଓଡ଼ିଶାର ମୁଖ୍ୟମନ୍ତ୍ରୀ ହେଲେ, ମନ୍ତ୍ରିପଦ ମଣ୍ଡନ କଲେ; ମାତ୍ର ଏମାନେ ଓଡ଼ିଶା ପ୍ରଦେଶ ଗଠନ ଆନ୍ଦୋଳନର ତୀବ୍ର ବିରୋଧୀ ଥିଲେ। କଟକରେ ମଧୁସୂଦନଙ୍କ କୁଶପୁତ୍ତଳିକା ଦାହ ହେଲା। କଂଗ୍ରେସ ନେତାଙ୍କର ନଥିଲା ସାମାନ୍ୟତମ କୁଣ୍ଠା। ଆଉ ଏକ ଅଭାବନୀୟ ଘଟଣା। ମଧୁବାବୁ କାହିଁକି କଟକରେ ସାଇମନ କମିଶନଙ୍କୁ ସ୍ୱାଗତ କଲେ ? ଉତ୍‌କ୍ଷିପ୍ତ କଂଗ୍ରେସ କର୍ମୀଏ। ଦଳେ କଲେଜ ଛାତ୍ରଙ୍କୁ ହାତ କଲେ। ସେ ପିଲେ ମଧୁବାବୁଙ୍କୁ ରାସ୍ତାରେ ଅପଦସ୍ତ କଲେ। ତାଳ ଗଛ ଆଉ ଗବଗଛ। ତାଳ ତଳେ ଗବ ଯାହା, ମଧୁସୂଦନଙ୍କ ବଳିଷ୍ଠ ନେତୃତ୍ୱ ନିକଟରେ, ସେମାନେ ସେୟା। ଏ କଥାଟି ସୁରେନ୍ଦ୍ର ବୁଝିଥିଲେ। ଉପନ୍ୟାସ ଲେଖିବା ବେଳ କଥା। ମଧୁବାବୁଙ୍କ ପାଳିତା କନ୍ୟା ଶୈଳବାଳା। ତାଙ୍କୁ ଭେଟିଲେ ସୁରେନ୍ଦ୍ର। ମଧୁସୂଦନଙ୍କ ଜୀବନୀ ଲେଖିବେ, ଏଥି ପାଇଁ ଲୋଡ଼ା ନଥିପତ୍ର। ସେଦିନ ଶୈଳବାଳାଙ୍କ କୋହ ସୀମାତୀତ, ବଖାଣିଲେ ଚକ୍ରାନ୍ତକାରୀ କଂଗ୍ରେସ ବାଲାଙ୍କ କଥା। ଦୁଇ ଜଣ ଆସିଲେ। ମାଗିନେଲେ ଦରକାରୀ ନଥିପତ୍ର, ଜୀବନୀ ତ ଲେଖିଲେନି, ତାହା ଆଉ ଫେରାଇଲେନି। ସେବେକା ବମ୍ବେର ମାନ୍ୟବର ରାଜ୍ୟପାଳ ଡଃ ମହତାବ। ସେ ବି କିଛି କାଗଜପତ୍ର ନେଲେ। ଆଉ କୁଆଡ଼େ ଫେରାଇଲେନି। ଆସିଲେ ରାଧାନାଥ ବାବୁ। ଜୀବନୀ ଲେଖିବେ କହିଲେ। ମାଗିନେଲେ ଅବଶିଷ୍ଟ ବଳିଷ୍ଠ ଦଲିଲ। ଫଳ ଏକା, ମଧୁସୂଦନଙ୍କ ଜୀବନୀ ସୂର୍ଯ୍ୟାଲୋକ ଦେଖିଲାନି, ନଥିପତ୍ର ବି। ବାକି ତକ ଯାହା ଥିଲା, ଶୈଳବାଳା ଦେଇଦେଲେ 'ମଧୁସୂଦନ ମାତୃମଙ୍ଗଳ ଟ୍ରଷ୍ଟ'କୁ। ସେଇ କାଗଜପତ୍ର ସୁରେନ୍ଦ୍ରଙ୍କ ଲେଖାର ହେଲା ଅବଲମ୍ବନ। ଏସବୁ କଥା ସ୍ଥାନିତ ସୁରେନ୍ଦ୍ରଙ୍କ ଆତ୍ମଲିପି 'ପଥ ଓ ପୃଥିବୀ'ରେ।

ମଣିଷକୁ କିଛି କାଳ ପାଇଁ ଫାଙ୍କିଦେବା ସମ୍ଭବ ହୋଇପାରେ; ମାତ୍ର ଇତିହାସକୁ ନୁହେଁ। ବହୁ ଶତାବ୍ଦୀ ତଳର ବିରଳ କୀର୍ତ୍ତିରାଜି, ମାଟି ତଳୁ ଖୋଳି ବାହାର କରିବା ସମ୍ଭବ ହେଉଛି। ଏହା ଯଦି ସତ୍ୟ, ଜଣେ କୀର୍ତ୍ତିମାନ ପୁରୁଷ ମଧୁବାବୁ। ତାଙ୍କର ଅମ୍ଳାନ କୀର୍ତ୍ତିକୁ କେତେକାଳ ବା ଭୂଗର୍ଭରେ ଲୁଚାଇ ହେବ ? ତାହା ଅସମ୍ଭବ। ଏ ପ୍ରକାର ଚିନ୍ତନଶୀଳତାରୁ ସୁରେନ୍ଦ୍ର ପାଇଲେ ପ୍ରେରଣା। ଓଡ଼ିଆ ସାହିତ୍ୟ ପାଇଲା 'କୁଳବୃଦ୍ଧ', 'ଶତାବ୍ଦୀର ସୂର୍ଯ୍ୟ'। ଏ ଦୁଇଟି ମହାନ କୃତି। ଓଡ଼ିଶା ଇତିହାସରେ ମଧୁସୂଦନ ପାଇଲେ ଯଥାର୍ଥ ମର୍ଯ୍ୟାଦା। ସତରେ! ଉତ୍କଳ ଗୌରବ ମଧୁସୂଦନ ଯଦି ଜାତୀୟ କଂଗ୍ରେସରେ ଥାଆନ୍ତେ, ଓଡ଼ିଶାର କେଉଁ କଂଗ୍ରେସ କର୍ମୀ ବା ତାଙ୍କ ସମକକ୍ଷ ହେଇ ଥାଆନ୍ତେ ? ମଧୁବାବୁଙ୍କ ଅମର ବାଣୀ- "ଜାତିର ଉନ୍ନତି ସେ କାହୁଁ କରିବ / ସାର୍ଥେ ଯାର ବ୍ୟସ୍ତ ମନ। ଶାଗୁଣା ବିଲୁଆ ଚିକିତ୍ସକ ହେଲେ ଶବକି ପାଇବ ପ୍ରାଣ ?" ସମସ୍ତେ ଏକଥା ହେଜନ୍ତୁ। ତା' ପରେ ଓଡ଼ିଆର ଜାତୀୟ ଚରିତ୍ର ହେଇଯିବ ପୂତ ପବିତ୍ର।

■

ବିଧିର ବିଧାନ

ବିଧିର ବିଧାନ ବଡ଼ ବିଚିତ୍ର। ତାକୁ କିଏ ବା କରିବ ଆନ। ସେଇ ବିଧି ଦୈବ, ଈଶ୍ୱର, ବିହି, ଭାଗ୍ୟ, ନିୟତି। କେହି କେହି କହନ୍ତି ଅଦୃଷ୍ଟ। ସେ ସର୍ବଶକ୍ତିମାନ, ସର୍ବବ୍ୟାପକ, ସୃଷ୍ଟିର ଶୁଭ ଚିନ୍ତକ। ତା'ରି ଲୀଳାଖେଳାର ଏ ସଂସାର। କାହା ଲଲାଟରେ କିବା ଲେଖିଛି ବିଧି। ଏକଥା ମଣିଷର ଚିନ୍ତା, ଚେତନା ବାହାରେ। ସେଇ ଦାରୁଣ ବିଧି, କାଳ, ସମୟ, ମହାକାଳ। କାହାକୁ ଦିଏ ପାଟପତନୀ ତ କା' କୁଳ ଦିଏ ଭସେଇ। ସେଇଥି ପାଇଁ ସବୁ ଅଳୀକ, ମିଛ ମାୟା, ଗୋଟେ ଅସାର ବନ୍ଧନ। ମୁହୂର୍ତ୍ତକରେ ଆଶା ପାଲଟେ ନିରାଶା, ବିଧାତା ଚିନ୍ତେ ଆନ। ସେଇଥି ପାଇଁ କେ ରହିଛି ଭବେ, ବାସ୍ତବ ବିଭବେ ସୁବର୍ଣ୍ଣ ମୁକୁଟ ବାନ୍ଧି। ଆଜି ଯେ ରାଜେନ୍ଦ୍ରାସନେ କାଲି ସେ ଫକୀର। ସବୁ ତା'ରି ଭିଆଣ। ଆଜି ପାଲିଙ୍କି ଉପରେ ପାଟଛତା ତ କାଲି ବେଡ଼ି ଉପରେ କୋରଡ଼ା। ସବୁ ସେଇ ଇଚ୍ଛାମୟଙ୍କ ଇଚ୍ଛା, ସୃଷ୍ଟିକୁ କରିଛି ମଧୁମୟ, ଅମୃତ ପୂର୍ଣ୍ଣ। କ୍ଷୁଦ୍ରବୁଦ୍ଧି ମାନବ, ବୁଝିପାରେନା ତା'ର ସଦିଚ୍ଛା। ସୁଖ ସମୃଦ୍ଧି ପଛରେ ଧାଏଁ। ହୁଏ ମସଗୁଲ। ଆସେ ଦୁର୍ଦ୍ଦିନ, ଜୀବନ ପାଲଟେ ଦୁର୍ବିସହ। ତାହାକୁ ଅଭିଶାପ ମଣେ। ମାତ୍ର ସବୁ ତା'ରି ଇଙ୍ଗିତରେ। ବିଜ୍ଞ ଜନେ, ମୁନି, ଋଷି ଏକଥାଟି ଜାଣନ୍ତି। ନିତି ପ୍ରତି ଜୀବନରେ ନାନାଦି ଘଟଣା ଘଟେ। ସୁଖଗୁଡ଼ାକ ଘୋଡ଼ାପିଠିରେ ଦୌଡ଼େ, ନିରାଶାର ଭଙ୍ଗାମନ ଫିକା ପଡ଼େ। ସ୍ଥିତପ୍ରଜ୍ଞଟେ, ନା ଦୁଃଖରେ ଭାଙ୍ଗିପଡ଼େ, ନା ସୁଖରେ ବିଭୋର ହୁଏ। ସବୁ ବିଧାତା ପାଖରେ ସଅଁପି ଦିଏ। ଜୀବନ ହୋଇଯାଏ ଆଲୋକିତ। ଏକଥା ବହୁ ବହୁ ବିଜ୍ଞାନୀ ଜନ ସ୍ୱୀକାର କରନ୍ତି, ମାନିଛନ୍ତି ବିଶିଷ୍ଟ ରାଜନେତା, ସାହିତ୍ୟର ସୁଦକ୍ଷ ବିନ୍ଧାଣି ସୁରେନ୍ଦ୍ର ମହାନ୍ତି। ତୃତୀୟ ସାଧାରଣ ନିର୍ବାଚନ, ସେ କେନ୍ଦ୍ରାପଡ଼ା ଲୋକସଭା ଆସନର ପ୍ରାର୍ଥୀ, ପ୍ରତିଦ୍ୱନ୍ଦ୍ୱୀ ସୁରେନ୍ଦ୍ର ନାଥ ଦ୍ୱିବେଦୀ। ଫଳ ଘୋଷଣା ହେଲା, ସୁରେନ୍ଦ୍ର ୨୧୨ ଭୋଟ୍‌ରେ ଜିତିଲେ - ଏକଥା ପ୍ରକାଶ

ପାଇଲା। ପୁନଃ ଗଣତିରେ ସେ ୬୬ ଖଣ୍ଡ ଭୋଟରେ ହାରିଲେ। ଏଇ ଥିଲା ଆକସ୍ମିକ ପରାଜୟ। ମାନସିକ ସ୍ତରରେ ସେ ବିଷାଦଗ୍ରସ୍ତ। ମାତ୍ର ତାହା ଥିଲା ଈଶ୍ୱରଙ୍କ କଳ୍ପନା। ସୁରେନ୍ଦ୍ରଙ୍କୁ ପାଞ୍ଚବର୍ଷ ସମୟ ମିଳିଲା। କଳା, ସାହିତ୍ୟରେ ମନୋନିବେଶ କଲେ। ଲେଖିଲେ ଓଡ଼ିଆ ସାହିତ୍ୟ ଇତିହାସର ଆଦିପର୍ବ, ଓଡ଼ିଆ ସାହିତ୍ୟର ମଧ୍ୟପର୍ବ। ରଚନା କଲେ 'ନୀଳଶୈଳ'। ଏଇଟି ଏକ ଅନନ୍ୟ ସୃଷ୍ଟି। ତାହାହିଁ ବିଧି ନିର୍ଦ୍ଦେଶ। ହାରିବା ସୁରେନ୍ଦ୍ରଙ୍କ ଲଲାଟ ଲିଖନ। 'ନୀଳଶୈଳ' ସୃଷ୍ଟି ବି ବିଧି ବ୍ୟବସ୍ଥା। ଏ କଥାଟି ସୁରେନ୍ଦ୍ର ମର୍ମେ ମର୍ମେ ଅନୁଭବ କଲେ। ପ୍ରାଞ୍ଜଳ ଭାବେ ଲେଖିଲେ ଆତ୍ମଲିପି 'ପଥ ଓ ପୃଥିବୀ'ରେ।

ବ୍ୟର୍ଥତା, ଅବସାଦ, ଶୂନ୍ୟବୋଧ - ଏସବୁ ଆତ୍ମକୈନ୍ଦ୍ରିକ ପରିଣତି। ଆତ୍ମକୈନ୍ଦ୍ରିକ ପଞ୍ଜୁରୀରୁ ମଣିଷ ବାହାରିବାକୁ ପଡ଼ିବ। ସାଧାରଣ ମଣିଷଟେ ପରି, ନିତି ଫୁଲ ତୋଳିବା, ଦିଅଁ ଦର୍ଶନ, କୀର୍ତ୍ତନରେ ଭାଗ ନେବା, ତା' ପରେ ନିଜକୁ ଆନନ୍ଦମୟଙ୍କର ଏକ ନିଖିଳ ସତ୍ତା ସହ ମିଶା। ଯାଇ ପାରିବ, କ୍ଷୁଦ୍ର ଅସ୍ମିତା ଦୂର ହେବ। ଏକ ବୃହତ୍ତର ସତ୍ତା ସହ ଆତ୍ମସ୍ଥ ହେବା ପଥ ଉନ୍ମୁକ୍ତ ହୋଇଯିବ, ଘୁଞ୍ଚିଯିବ ସବୁ ଅବସାଦ। ସୁରେନ୍ଦ୍ର ସେଇ ପରମାତ୍ମାଙ୍କୁ ଖୋଜିଲେ, ଭୁଲିଗଲେ ପରାଜୟର ଗ୍ଳାନି। ଅନ୍ଧକାର ଦୂର ହୋଇଗଲା, ଲିଖନ ପଠନରେ ମନ। ଅଠରଖଣ୍ଡ ସାରଳା ମହାଭାରତ ପଢ଼ିଲେ। ନୂତନ ଶବ୍ଦ, ସ୍ଥାନ କାଳ ପରିବେଶ କଥା, ଆପଣା ଅନୁଭୂତି, ସବୁ ଟିପି ରଖିଲେ ଟିପା ଖାତାରେ। ଆରମ୍ଭ କଲେ ବଳରାମ ଦାସଙ୍କ ଦାଣ୍ଡି ରାମାୟଣ, ଜଗନ୍ନାଥ ଦାସଙ୍କ ଭାଗବତ ଇତ୍ୟାଦି। ସବୁ ପଢ଼ି ଶେଷ କଲେ। ହେଲେ ମନ ଅତୃପ୍ତ। ତୃପ୍ତି ଅବା ଆତ୍ମସନ୍ତୋଷ; ବିଶେଷ କରି ସାହିତ୍ୟରେ। ଏଇଟି ମୃତ୍ୟୁର ନାମାନ୍ତର ମାତ୍ର। ଜୀବନରେ ନାହିଁ ତୃପ୍ତି, ନାହିଁ ସନ୍ତୋଷ। ଅତୃପ୍ତିର ତାଡ଼ନା, ତା'ରି ପ୍ରେରଣା, ପୂର୍ଣ୍ଣତା ପାଇଁ ମଣିଷର ବିକଳ ଯାତ୍ରା, ଚରୈବେତି... ଚରୈବେତି ! ସାମାନ୍ୟ ସଫଳତା ଆତ୍ମସନ୍ତୋଷ ଦେଇପାରେ, ଏଇଥିରେ କୃତାର୍ଥ ମଣିବା, ନିଜକୁ କବି ସମ୍ରାଟ ଅବା କଥା ସମ୍ରାଟ ଭାବିବା, ଆନନ୍ଦ ପାଇବା; ଯା ଠାରୁ ବଳି ଦୈନ୍ୟ ଆଉ କ'ଣ ହୋଇପାରେ ? ଏଇ ମାନସିକତାର ବିରୋଧୀ ସୁରେନ୍ଦ୍ର। ଆଗକୁ ମାଡ଼ିଚାଲିଲେ, ସଫଳତାର ପାହାଚ ପରେ ପାହାଚ ଚଢ଼ା, ଶେଷଯାଏ ତୃପ୍ତିରେ ନିମଜ୍ଜିତ ହେଲେନି। ଏଇ ତ ସଚ୍ଚା ସାହିତ୍ୟିକର ଜୀବନ ଚର୍ଯ୍ୟା।

ସେତେବେଳର କଥା। ଗୋପୀନାଥ ନନ୍ଦଙ୍କ 'ଶ୍ରୀଭାରତ ଦର୍ପଣ', ଏହା ଥିଲା ସାରଳା ମହାଭାରତ ସମ୍ପର୍କିତ ଏକମାତ୍ର ଆଲୋଚନା ଗ୍ରନ୍ଥ। ଏଥିରେ ରହିଛି ତୁଳନାତ୍ମକ ଆଲୋଚନା ସହିତ ବିଶ୍ଳେଷଣ। ଏ ପ୍ରକାର ସମାଲୋଚନା ସାହିତ୍ୟ,

ଓଡ଼ିଆ ସାହିତ୍ୟରେ ବିରଳ। ସୁରେନ୍ଦ୍ର ଲେଖିଲେ ଓଡ଼ିଆ ସାହିତ୍ୟର ଆଦିପର୍ବ। ଏଥିରେ ତୁଳନାତ୍ମକ ବିଚାର, ଆଉ ତୁଳନାତ୍ମକ ଦୃଷ୍ଟି ମୁଖ୍ୟ କଥା। ଠିକ୍ ସେମିତି 'ଓଡ଼ିଆ ସାହିତ୍ୟର ମଧ୍ୟପର୍ବ', 'ଅନ୍ଧଦିଗନ୍ତ', 'ନୀଳଶୈଳ' ବହୁ ସୁନ୍ଦର କ୍ଷୁଦ୍ରଗଳ୍ପ - ୧୯୬୨ ମସିହା ଠାରୁ ୧୯୭୧ ମସିହା ମଧ୍ୟରେ ରଚିତ।

ସୁରେନ୍ଦ୍ରଙ୍କର କାଳଜୟୀ କୃତି 'ନୀଳଶୈଳ'। ଏହାର ରଚନା ପଛରେ ଗୋଟେ ଚମତ୍କାର ପୃଷ୍ଠଭୂମି। ୧୯୬୪ ମସିହା, ଆଷାଢ଼ ଶୁକ୍ଳ ଦ୍ୱିତୀୟା, ମହାପ୍ରଭୁଙ୍କ ଘୋଷଯାତ୍ରା। ସୁରେନ୍ଦ୍ର ଆକାଶବାଣୀ ପକ୍ଷରୁ ଧାରା ବିବରଣୀ ଦେଲେ। ସିଂହଦ୍ୱାର ସାମ୍ନାରେ ରାଧାବଲ୍ଲଭ ମଠ ଉପର ଛାତ, ସେଇଠି ବସି ବିବରଣୀ ଦେବାର ବ୍ୟବସ୍ଥା। ତିନି ଠାକୁରଙ୍କୁ ଖେଚଡ଼ି ଭୋଗ ଲାଗି, ତା' ପରେ ପହଣ୍ଡି ବିଜେ। ମାତ୍ର ବିଚିତ୍ର ଘଟଣାଟେ ଘଟିଲା। ପଣ୍ଡା, ମନ୍ଦିର ପ୍ରଶାସନ - ପରସ୍ପର ମୁହାଁମୁହିଁ। ଖେଚଡ଼ି ଭୋଗ ଯଥା ସମୟରେ ହେଇ ପାରିଲାନି। ମନ୍ଦିର ପ୍ରଶାସନ ଯତ୍ନଶୀଳ। ଜଗନ୍ନାଥଙ୍କ ଶ୍ରୀଘୋଷଯାତ୍ରା। ସାରା ବିଶ୍ୱରୁ ଲକ୍ଷ ଲକ୍ଷ ଭକ୍ତଙ୍କ ସମାବେଶ। ଶୀଘ୍ର ପହଣ୍ଡି ହେବା ବିଧେୟ। ପ୍ରଶାସନ ଅଳ୍ପ ଖେଚଡ଼ି ଭୋଗ ବରାଦ କଲା। ପଣ୍ଡାଙ୍କର ଅର୍ଜନ ବେଳ। ଅଳ୍ପ ଖେଚଡ଼ି କଲେ କେମିତି ଚଳିବ? ସେମାନେ ଚାହିଁଲେ ହଣ୍ଡା ହଣ୍ଡା ଖେଚଡ଼ି। ଜଣେ ପଣ୍ଡା ଭୀଷଣ ଉତ୍ତ୍ୟକ୍ତ। ଖେଚଡ଼ି ହାଣ୍ଡିଟା ତଳେ କଚିଦେଲା। ତାଙ୍କର ବୁଢ଼ା ଆଙ୍ଗୁଠିଟା ଫାଟିଗଲା। ରକ୍ତ ଝରଝର, ମନ୍ଦିର ଅପ୍ରତିଷ୍ଠା, ଦେଉଳ ଶୋଧ ଚାଲିଲା। ପୁନଃ ଖେଚଡ଼ି ରନ୍ଧାଗଲା। ଦିଅଁଙ୍କୁ ଭୋଗଲାଗି ହେଲା, ଆରମ୍ଭ ହେଲା ପହଣ୍ଡି ବିଜେ, ଅପରାହ୍ଣ ଚାରିଟା, ତିନି ଠାକୁର ଚାର ଉପରକୁ ଚଢ଼ିଲେ। ସନ୍ଧ୍ୟା ଆସ୍ତେ ପୁରୀକୁ ଆଚ୍ଛନ୍ନ କଲା। ସନ୍ଧ୍ୟା ପରେ ରଥଟଣା ନିଷିଦ୍ଧ। ଲକ୍ଷ ଲକ୍ଷ ଭକ୍ତ ନିରାଶ। ସେବାୟତଙ୍କର ମନମାନି, ପ୍ରଶାସନ ମୁଣ୍ଡ ନୁଆଁଇଲା। ଗତ ଶତାବ୍ଦୀ, ରାତିରେ ମଶାଲ ଜାଳି ରଥଟଣା ହେବା କଥା ସୁରେନ୍ଦ୍ର ପଢ଼ିଥିଲେ। ସେଦିନ ରଥଟଣା ନୋହିଲା। ପହଣ୍ଡି ବିଜେରୁ ଧାରାବିବରଣୀ ସମାପ୍ତ। କେହି ରାଧାବଲ୍ଲଭ ଛାତ ଉପରେ ନାହାନ୍ତି, ଯିଏ ଯୁଆଡ଼େ ଗଲେଣି। ମହଳ ଆଲୁଅ, ବୁଢ଼ୀ ଜଣେ କିଛି ଛଡ଼ାରେ କାନ୍ଦୁଛି। ଧାର ଧାର ଲୁହ ଝରୁଛି। ସୁରେନ୍ଦ୍ର ତାଙ୍କୁ ସାହାଯ୍ୟ କରିବାକୁ ଆଗେଇ ଆସିଲେ। ବୃଦ୍ଧାଙ୍କୁ କାନ୍ଦିବାର କାରଣ ପଚାରିଲେ - "ରଥ ଆଜି ଚାଲିଲା ନାହିଁ। ଜଗନ୍ନାଥ ଆମ ପାଇଁ କଚଡ଼ା-ପଡ଼ା ସହି, କେତେ କଷଣ ପାଇ ନାହାନ୍ତି ଭଲା' - ଏଇ ଥିଲା ବୃଦ୍ଧାଙ୍କ ଉତ୍ତର। ଏଇ ଏକ ଛୋଟ ଘଟଣା। ମୋହାବିଷ୍ଟ ସୁରେନ୍ଦ୍ର। ଓଡ଼ିଆ ଜାତିର ଜଗନ୍ନାଥଙ୍କ ସହ ମାର୍ମିକ ସମ୍ପର୍କ, ଭାରତର ଅନ୍ୟ କୌଣସି ଅଞ୍ଚଳରେ ପରିଦୃଷ୍ଟ ନୁହେଁ। ଆଉ କେଉଁ ଦେବତା, ଜନସାଧାରଣଙ୍କର ତାଙ୍କ ସହ ଆବେଗିକ ସମ୍ପର୍କ ନାହିଁ। ଜଗନ୍ନାଥ ଓଡ଼ିଆ ଜାତିର

ଚେତନା, ଓଡ଼ିଆର ଆବେଗ, ବିଶ୍ୱାସ – ସବୁକିଛି। ଏ ନିବିଡ଼ ସମ୍ପର୍କ ଭାରତ କାହିଁକି, ସମଗ୍ର ବିଶ୍ୱରେ ପରିଲକ୍ଷିତ ନୁହେଁ। ଏଇ ସୂକ୍ଷ୍ମ ସମ୍ପର୍କର ଚିତ୍ର, ସାହିତ୍ୟକୁ ନିଶ୍ଚୟ ରସସିକ୍ତ କରିବ। ବହୁ ବିନିଦ୍ର ରଜନୀ କଟିଲା। ସୁରେନ୍ଦ୍ର ଜଗନ୍ନାଥ ଭାବରେ ଆବେଶ। ଶେଷରେ ପାଇଗଲେ 'ନୀଳଶୈଳ'ର ପ୍ଲଟ୍। 'ନୀଳଶୈଳ' ଉପନ୍ୟାସର ହେଲା ଶୁଭାରମ୍ଭ।

କହିବା ସହଜ, ଲେଖିବା ବହୁ କଷ୍ଟ। ଥିମ୍ ବା ଭାବବସ୍ତୁ ସିନା ମିଳିଗଲା ହେଲେ ବିଷୟବସ୍ତୁ ବା ପ୍ଲଟ୍‌ଟେ ଲୋଡ଼ା। ସମସାମୟିକ ସାମାଜିକ ବ୍ୟବସ୍ଥା, ସେଇ କଥାବସ୍ତୁ ଦିବ୍ୟ ଅନୁଭବ ଦେଇପାରିବନି। ଆଧ୍ୟାତ୍ମିକ ସୂତ୍ର ବି ପରିସ୍ଫୁଟ ହେବନି। ଦିନକର ଘଟଣା, ସୁରେନ୍ଦ୍ର ମାଦଳାପାଞ୍ଜି ଘାଣ୍ଟୁ ଥାଆନ୍ତି; ଭୋଇ ବଂଶର ଦ୍ୱିତୀୟ ରାମଚନ୍ଦ୍ର ଦେବଙ୍କ କଥା ଜାଣିଲେ। ବିଶିଷ୍ଟ ଐତିହାସିକ ଆର୍.ଡ଼ି. ବାନାର୍ଜୀଙ୍କ 'ଦି ହିଷ୍ଟ୍ରି ଅଫ୍ ଓଡ଼ିଶା' ଠାରୁ ଆରମ୍ଭ ହେଲା। ଯେତେ ଯେତେ ସହାୟକ ଗ୍ରନ୍ଥ, ପୃଷ୍ଠା ଓଲଟା ଚାଲିଲା। ଅଷ୍ଟାଦଶ ଶତାବ୍ଦୀର ମୋଟାମୋଟି ଚିତ୍ର ମିଳିଗଲା। ଏବେ ଲୋଡ଼ା ସେଇ ପରିବେଶ, ପରିପ୍ରକାଶନ ପାଇଁ ଆବଶ୍ୟକୀୟ ଶବ୍ଦ ପୁଞ୍ଜ। ମାଦଳା ପାଞ୍ଜିର ବ୍ୟବହୃତ ଶବ୍ଦ, ପୁରାତନ କାବ୍ୟକୃତିରୁ ଅନେକ ଅପ୍ରଚଳିତ ଶବ୍ଦ ସବୁ ସଂଗ୍ରହ ଚାଲିଲା। ଖଳନାୟକ ତକିଖାଁ, ଯେକି ଶ୍ରୀମନ୍ଦିର ଲୁଣ୍ଠନ ପ୍ରୟାସ କରିଥିଲେ। ତାଙ୍କ ଚରିତ୍ର ଫୁଟାଇବାକୁ ଲୋଡ଼ା ଯାବନିକ ଶବ୍ଦ ପୁଞ୍ଜ। ଏଥି ସହିତ ଅଷ୍ଟାଦଶ ଶତାବ୍ଦୀର ମୁସଲିମ୍ ଶାସକ, ସେମାନଙ୍କ ବିଳାସୀ ଜୀବନ, ଆଦବକାଇଦା, ଚାଲିଚଳଣି। ଏ ସମ୍ପର୍କିତ ଇତିହାସ ଜ୍ଞାନ ଆହରଣ ଲୋଡ଼ା। ସୁରେନ୍ଦ୍ର ସଫଳ ହେଲେ। ବହୁ ଐତିହାସିକ ତଥ୍ୟ 'ନୀଳଶୈଳ'ର କଳେବର ମଣ୍ଡନ କରିଛି।

ଲେଖା ଆରମ୍ଭର ଅନୁଭବ, ଅନୁଭୂତି, ଚାରିଆଡ଼ ଯେମିତି କିଟିକିଟି ଅନ୍ଧାର। ଅନେକ ଉପନ୍ୟାସ ଲେଖିବା ପାଇଁ ପ୍ଲଟ୍‌ର ନକ୍ସା କରନ୍ତି। ତା' ପରେ ଲେଖା। ଏସବୁକୁ ସୁରେନ୍ଦ୍ରଙ୍କ ନାପସନ୍ଦ। ସୃଷ୍ଟିଧର୍ମୀ ରଚନା, ଗଳ୍ପ ଅବା ଉପନ୍ୟାସଟେ ତାହା ଏକ ଉଦ୍ଭିଦ। ତା'ର ପ୍ରାଣସତ୍ତା ତାକୁ ପରିବର୍ଦ୍ଧିତ କରେ, ନିର୍ଦ୍ଦିଷ୍ଟ ନିୟମ ନମାନି ବଢ଼େ। ତାହାହିଁ ହେଉଛି ତା'ର ନିୟତି। 'ନୀଳଶୈଳ' ଲେଖିଲା ବେଳେ ଏହା ଲେଖକୀୟ ଅନୁଭୂତି। ସୃଷ୍ଟିର ନାହିଁ ସୀମା ସରହଦ, କଳ୍ପନା ପାଦରେ ନଥାଏ ବେଡ଼ି ଶୃଙ୍ଖଳ, ଘଟଣାର ପ୍ରବାହ ସ୍ୱତଃ ଗତିଶୀଳ। ଆପଣା ଛାଏଁ ମନକୁ ଆସେ। ସେତେବେଳେ ଲେଖକଟି କାଳିସୀଲଗା। ନିଜ ସତ୍ତାରେ ନଥାଏ। ଅତୀନ୍ଦ୍ରିୟ ଭାବରାଇଜରେ ସଦା ଭାସମାନ। ଏଇ ଭାବଟି ନୀଳଶୈଳରେ ସ୍ପଷ୍ଟ ପରିଲକ୍ଷିତ।

'ସର ଦେଈ' ଜଣେ ପାଇକ ରମଣୀ। ସେ ଉପନ୍ୟାସର ଗୌଣ ଚରିତ୍ରଟେ।

ପାଇକ ଗାଁମାନଙ୍କର ଦୁରବସ୍ଥା ବର୍ଣ୍ଣନା ପାଇଁ ସର ଦେଈ ପରିକଳ୍ପିତ। ଚେତନାଶୀଳ ମନ, ସବୁ ସୀମାକୁ ଡେଇଁଗଲା। ସର ଦେଈ ପାଲଟିଗଲା ନାୟିକା। ରାମଚନ୍ଦ୍ର ଦେବଙ୍କ ପଟ୍ଟମହିଷୀ ଲଳିତା ମହାଦେଈ। ସେ ହୋଇଥାଆନ୍ତେ ଉପନ୍ୟାସର ନାୟିକା। ତାହା ହୋଇ ନଥିଲା। ସରଦେଈ ସମଗ୍ର ଉପନ୍ୟାସକୁ ଆଚ୍ଛନ୍ନ କରିଦେଲା। ତା' ଭିତରେ ଶ୍ରୀଜଗନ୍ନାଥଙ୍କ ଦିବ୍ୟାନୁଭବ। ତାହା ହିଁ ଉପନ୍ୟାସର ସବୁଠୁ ବଳିଷ୍ଠ ବିଭବ। ତକିଖାଁର ଜଗନ୍ନାଥ ମନ୍ଦିର ଲୁଣ୍ଠନର ବିଫଳ ପ୍ରୟାସ। ଜଗନ୍ନାଥଙ୍କ ସୁରକ୍ଷା ପାଇଁ ରାମଚନ୍ଦ୍ରଦେବ ମୁସଲମାନ ଯୁବତୀକୁ ବିବାହ କଲେ। ତଥାପି ସୁରକ୍ଷା ଦେବାରେ ଅସମର୍ଥ, ଶେଷରେ ଚିଲିକାକୁ ଗୁପ୍ତରେ ତିନିଦିଅଁ ନେଇଯିବା ଆଦି ଘଟଣା ପ୍ରସଙ୍ଗ। ଏହାରି ଉପରେ ଉପନ୍ୟାସଟି ଗତିଶୀଳ। ଚିଲିକାରେ ତିନିଦିଅଁଙ୍କୁ ଫଳମୂଳ ନୈବେଦ୍ୟ ଅର୍ପଣ, ଯୋଡ଼ ହସ୍ତେ ଦଣ୍ଡାୟମାନ ରାମଚନ୍ଦ୍ର ଦେବ, ପଣ୍ଡା ପୂଜାରୀଙ୍କ ବାରଣ। ରାମଚନ୍ଦ୍ର ଦେବ ଯବନ, ଦିଅଁଙ୍କୁ ଛୁଇଁବା ମନା। ପ୍ରଭୁ ଜଗନ୍ନାଥ, ସେ ଅନ୍ତର୍ଯାମୀ। ସେ ହିଁ ଜାଣନ୍ତି, ରାଜା କାହିଁକି ଆଜି ଯବନ?

'ନୀଳଶୈଳ'ର ଉତ୍ତରାର୍ଦ୍ଧ 'ନିଳାଦ୍ରି ବିଜୟ'। ଏହା ଥିଲା ସୁରେନ୍ଦ୍ରଙ୍କ ଚିନ୍ତାର ବାହାରେ। ସେତେବେଳକୁ ସେ 'ସର ଦେଈ'କି ମାରି ସାରିଥିଲେ। ବିଶିଷ୍ଟ ପ୍ରାବନ୍ଧିକ ପରମାନନ୍ଦ ଆଚାର୍ଯ୍ୟ। 'ନୀଳଶୈଳ' ଉପରେ ଲେଖିଲେ ଦୀର୍ଘ ପ୍ରବନ୍ଧଟେ। ପ୍ରକାଶ ପାଇଲା ମାସିକ ସାହିତ୍ୟ ପତ୍ରିକା 'ଝଙ୍କାର'ରେ। ସେ ମହାଶୟ ଆଉ ଗୋଟେ ଗୁରୁ ଦାୟିତ୍ୱ ଲଦିଦେଲେ, ସୁରେନ୍ଦ୍ର ନାଚାର, ବଡ଼ ଠାକୁର କ'ଣ ଶ୍ରୀମନ୍ଦିର ବିଜେ କରିବେନି? ସୁରେନ୍ଦ୍ର ଲେଖିଲେ 'ନୀଳାଦ୍ରି ବିଜୟ'।

ତିନି ଦିଅଁ ରତ୍ନସିଂହାସନାରୂଢ଼ ହେବେ। ନଚେତ୍ ଅଗଣିତ ଶ୍ରୋତା ମନ ଊଣା କରିବେ। ସୁରେନ୍ଦ୍ର ଫେରେଇଲେ ପ୍ରଭୁଙ୍କୁ। ହେଲେ 'ନୀଳାଦ୍ରି ବିଜୟ'ରେ ନଥିଲା - 'ନୀଳଶୈଳ'ର ଆବେଗ ଅବା ଦିବ୍ୟାନୁଭବ। ଖୋର୍ଦ୍ଧା ଗଜପତି ଏଥିରେ ନାୟକ ହେଲେନି, ସ୍ୱୟଂ ପ୍ରଭୁ ଜଗନ୍ନାଥ ନାୟକ - ଏଇ ଧାରାରେ ଲେଖା ଚାଲିଲା। ଚିଲିକା ମଧ୍ୟର ଅପନ୍ତରା ଦ୍ୱୀପ। ସେଇଠୁ ଫେରିଲେ ବ୍ରହ୍ମାଣ୍ଡ ଠାକୁର, ବିଜେ କଲେ ଶ୍ରୀମନ୍ଦିର ରତ୍ନବେଦିରେ। ସ୍ରଷ୍ଟା ଖୋଜୁଥିଲେ ତାଙ୍କ ମାନସ ନନ୍ଦିନୀ 'ସର ଦେଈ'କୁ। ରାମଚନ୍ଦ୍ରଦେବଙ୍କ ବିଭିନ୍ନ 'ମୁଡ୍', ତା' ସହିତ ତତ୍କାଳୀନ ଓଡ଼ିଶାର ରୂପକଳ୍ପ ପ୍ରଦର୍ଶନ, 'ସର ଦେଈ' ଥିଲା ଶ୍ରେଷ୍ଠ ମାଧ୍ୟମ। ସେ ପାର୍ଶ୍ୱ ଚରିତ୍ରଟେ, ଶେଷରେ ନାୟିକା ହୋଇଥିଲା, ଏ ଦୃଷ୍ଟାନ୍ତ ଓଡ଼ିଆ ଉପନ୍ୟାସରେ ବିରଳ। 'ନୀଳାଦ୍ରି ବିଜୟ' ଏକ ସଫଳ ଉପନ୍ୟାସ - ଏକଥା ବହୁ ସମାଲୋଚକ କହିଲେ; ମାତ୍ର ତାହା 'ନୀଳଶୈଳ' ପରି ମନଛୁଆଁ ହୋଇପାରିନି - ଏହାକୁ ଅସ୍ୱୀକାର କରିହେବନି। ଉଭୟରେ ତଫାତ୍ ଏମିତି।

'ନୀଳାଦ୍ରି ବିଜୟ' ନିର୍ଦ୍ଦିଷ୍ଟ 'ସିନୋପ୍‌ସିସ୍' ଉପରେ ଗତିଶୀଳ, 'ନୀଳଶୈଳ' ବିନା ସିନୋପ୍‌ସିସ୍‌ରେ ମୁଣ୍ଡି ମରିଲା । 'ନୀଳଶୈଳ' ଏକ ନିର୍ଝରିଣୀ, ଆବେଗର ଉର୍ମିମାଳା । ନୀଳାଦ୍ରି ବିଜୟ ଏକ ଶାନ୍ତ ଜଳଧାରା, ନିର୍ଦ୍ଦିଷ୍ଟ ପରିଖା ଭିତରେ ଏହା ବହି ଚାଲିଛି । ଦୁଇ ଉପନ୍ୟାସ ମଧ୍ୟରେ ଏହି ମୌଳିକ ବିଶେଷତ୍ୱ ।

ଓଡ଼ିଶାରେ ଲେଖକଟିର ଦୁରବସ୍ଥା । ଅନ୍ୟ ବୃତ୍ତିରେ ସ୍ଥାନିତ ବ୍ୟକ୍ତିବିଶେଷ, ଓକିଲ-ଡାକ୍ତର-ଇଞ୍ଜିନିୟର-ଆର୍କିଟେକ୍‌ଟ, ତାଙ୍କ ପାଇଁ ସମାଜର ହାତଖୋଲା, ଅଧିକ ପାରିଶ୍ରମିକ ପ୍ରଦାନରେ କୁଣ୍ଠା ନାହିଁ । ସାହିତ୍ୟ କଥା ଉଠେ - ସହଜ ଉତ୍ତରଟେ - ସାହିତ୍ୟ ସେବାର ମୂଲ କ'ଣ ଆମେ ଦେଇ ପାରିବୁ ? ଏହାର ଅର୍ଥ - ସାହିତ୍ୟିକ ସମାଜକୁ ଦେଇ ଚାଲିବ, ବିନିମୟରେ ପାଇବ ମନ ଉଲୁସା, କର୍ଣ୍ଣ ରସାୟନ କେଇଟି ରୋଚକ ଶବ୍ଦପୁଞ୍ଜ । ସାହିତ୍ୟିକ ରୋଗ ବ୍ୟାଧିରେ ବି ସମାଜକୁ ଔଷଧ ପାଇଁ ପଇସା ମାଗିପାରିବନି । ପେଟରେ ଓଦାକନା, ତେଣେ ପରିବାର ପ୍ରତିପୋଷଣ ଚିନ୍ତା । ଏ ପ୍ରବଞ୍ଚନାବାଦୀ ଦର୍ଶନର ସୁରେନ୍ଦ୍ର ଘୋର ବିରୋଧୀ । 'ନୀଳଶୈଳ' ଅକାଦେମୀ ପୁରସ୍କାର ବିଜେତା । ସବୁର ଉର୍ଦ୍ଧ୍ୱରେ ଏଇଟି ଓଡ଼ିଆ ବାଣୀ ଭଣ୍ଡାରର ଅମୂଲ୍ୟ କୀର୍ତ୍ତି, ଦୁଷ୍ପ୍ରାପ୍ୟ କୋହିନୂର - ଏହା ସର୍ବସମ୍ମତ । ଏଇତ ବିଧିର ବିଧାନ । ଭୋଟ ପୁନଃ ଗଣତିରେ ସୁରେନ୍ଦ୍ରଙ୍କର ପରାଜୟ । ଏହା ପଛରେ ଥିଲା ଦଇବର ମହତ ଉଦ୍ଦେଶ୍ୟଟେ, ତା' ନ ହୋଇଥିଲେ, ଏ ଜାତି ପାଇନଥାଆନ୍ତା 'ନୀଳଶୈଳ' । ଉପନ୍ୟାସ ଜଗତରେ ତାହା ଅନନ୍ୟ ଅସାଧାରଣ ନିଶ୍ଚୟ ।

■

ଶକ୍ତି ନାହିଁ ବସ୍ତ କାହାରି ଜଗତେ...

ସର୍ବ ଶକ୍ତିମାନ ନିୟତି, ହସ ଖେଳ, କୋଳାହଳ, କାତର ଯନ୍ତ୍ରଣା - ସବୁ ତା'ରି ଭିଆଣ। ବିଜ୍ଞମନ୍ୟ ମଣିଷ। ତାଆଡ଼େ ହାତ ବଢ଼ାଏ। ଜାରିରଖେ ଅଭିଯାନ। କେତେ କେତେ ପରୀକ୍ଷା ନିରୀକ୍ଷା। ସବୁ ଅସମ୍ପୂର୍ଣ୍ଣ, ନିୟତି କି ଜିଣିବା ଅସମ୍ଭବ। ତା'ରି ହାତରେ ସମସ୍ତେ କନ୍ଦୁକଟିଏ ମାତ୍ର ! ଠିକ୍ ସେମିତି ଅବିଜିତ ପ୍ରକୃତି। ମଣିଷ ଏଭରେଷ୍ଟ ଜିଣିଛି, ଚନ୍ଦ୍ରରେ ପାଦ ଥାପିଛି, ମଙ୍ଗଳ ଗ୍ରହରେ ବସବାସ ସ୍ୱପ୍ନ ଦେଖୁଛି - ମାଗୁନାହିଁ ଆଉ ଚନ୍ଦ୍ରଙ୍କୁ ଜୋଛନା, ଯୋଡ଼ହସ୍ତେ ପବନର ହିଲ୍ଲୋଳ, ଇନ୍ଦ୍ରଙ୍କୁ ବରଷା - ତଥାପି ସେ କାହିଁକି ଅପୂର୍ଣ୍ଣ ? ସତରେ 'ଶକ୍ତି ନାହିଁ ବସ୍ତ କାହାରି ଜଗତେ, ନିୟତିକୁ ନେବ ନିଜ ଇଚ୍ଛାମତେ'। ନିୟତି ହସେ; ସୁଖ ବରଷେ, ରୁଷିଲେ ତାଣ୍ଡବ, ମହାପ୍ରଳୟ। ତା'ରି ନିର୍ଦ୍ଦେଶରେ ଜଗତ ପରିଚାଳିତ, ଦେବରାଜ ଇନ୍ଦ୍ର ବି। ସେ ରୁଷ୍ଟ ହେଲେ, ମେଘ ଗରଜେ, ବିଜୁଳି ନାଚେ। ତା' ପରେ ପାହାଡ଼ ମଥାନରେ ଛେଚା କୁଟା ବରଷା। ନଈ ଉତୁରେ, କୂଳ ଲଂଘେ। ଏଣିକି ବନ୍ୟାର ତାଣ୍ଡବ। କ୍ରମାଗତ ଅନାବୃଷ୍ଟି, ଡାକି ଆଣେ ଦୁର୍ଭିକ୍ଷ। ସେମିତି ପବନ ରାଜା। ମତି ଶାନ୍ତ ତ ମୃଦୁ ମନ୍ଦ ହିଲ୍ଲୋଳ, କୋପ ବଢ଼ିଲେ ଅଣଚାଷ। ତେଣିକି ମହାପ୍ରଳୟ। ଏ ସବୁ ନିୟତିର ଏକ ଏକ ରୋଷ ପଣ। ଏଥିରୁ ବାଦ୍ ପଡ଼ିନି ସାରା ବିଶ୍ୱ। ଓଡ଼ିଶା ବି। ବାତ୍ୟା, ବନ୍ୟା, ଦୁର୍ଭିକ୍ଷ, ମହାମାରୀ, ଏମାନେ ଓଡ଼ିଶାର ଚିର ସହଚର। କାହିଁ କେତେ ଅଘଟଣ ଘଟିଛି। ତାହା ଆକଳନ ବାହାରେ। ଦୁର୍ଭିକ୍ଷ, ବାତ୍ୟା - ଏ ଦୁଇଟି ଫିସନ ଆସେନା; ମାତ୍ର ବନ୍ୟା, କାହିଁନା କାହିଁ କ୍ଷତି ଘଟାଏ। ଧନଜୀବନ ହାନି ହୁଏ। ପ୍ରାକୃତିକ ବିପଦକୁ ଏଡ଼େଇବା ଅସମ୍ଭବ; ମାତ୍ର ବିପର୍ଯ୍ୟୟର ପ୍ରତିକାର, ଏଥି ପାଇଁ ଲୋଡ଼ା ସାହସ, ନିଷ୍ଠା, କର୍ତ୍ତବ୍ୟ ପରାୟଣତା। ସଭ୍ୟ ମଣିଷ ଏବେ ବହୁ ଆଗରେ; ମାତ୍ର ଏସବୁ ମହତ ଗୁଣମାନ, କ୍ରମେ ହଜି ହଜି ଯାଉଛି। ପ୍ରାକୃତିକ ଦୁର୍ବିପାକର କ୍ଷତି ସେଇଥି ପାଇଁ ମାତ୍ରାଧିକ୍ୟ। ଏମିତି ଏକ ଘଟଣା,

୧୯୫୫ ମସିହା, ଦେବୀ ନଈର ଦଳେଇ ଘାଇ। ମହାତାଣ୍ଡବ ରଚିଲା। ଏଭଳି ଅଘଟଣ, କେତେକାଂଶରେ ମାନବକୃତ। ଏକଥା ଅନୁଭବ କଲେ ମହାନ ସ୍ରଷ୍ଟା, ସାଧକ, ରାଜନୀତିଜ୍ଞ ସୁରେନ୍ଦ୍ର ମହାନ୍ତି। ସେଇ କଥାକୁ ବର୍ଣ୍ଣନା କଲେ ଆତ୍ମଲିପି 'ପଥ ଓ ପୃଥିବୀ'ରେ। ତାହା ଏକ ଐତିହାସିକ ତଥ୍ୟ - ଏହା ନିଃସନ୍ଦେହ।

୧୯୫୫ ମସିହା, ସେପ୍ଟେମ୍ବର ମାସ, ସକାଳୁ ପ୍ରଥମେ ବରଡ଼ା ଘାଇ ଭାଙ୍ଗିଲା। ସେଇଠୁ ଦେଢ଼ କି.ମି. ଦୂର ଦଳେଇ ଘାଇ, ପ୍ରାୟ ଘଣ୍ଟାକ ପରେ ଭାଙ୍ଗିଲା। ସମୁଦ୍ରର ନିର୍ଘୋଷ ସମ ସ୍ରୋତର ଗର୍ଜନ। ଚାରିଆଡ଼େ ଜଳାର୍ଣ୍ଣବ, ବନ୍ୟାଜଳ ଆଉ ଏକ ନଦୀ ସୃଷ୍ଟି କରିଦେଲା। ସମଗ୍ର ଜଗତ୍‌ସିଂହପୁର ଜିଲ୍ଲା, ପ୍ରଳୟ ପୟୋଧିରେ ପରିଣତ ହେଲା। ଏଇ ବିସ୍ତୀର୍ଣ୍ଣ ଅଞ୍ଚଳ, ଗୋଟିଏ ବି ଗାଁ ଅକ୍ଷତ ରହିଲାନି। ଧନୀ, ନିର୍ଦ୍ଧନ ସଭିଏଁ ଏକ ଏକାକାର। ଶିଳ ଶିଳପୁଆ ଗଗନେ ଉଡ଼ିଲା, ଶିମିଳି ତୁଳାର ବା ନିସ୍ତାର କାହିଁ? ସବୁ ମାଟିଘର ମାଟି ହେଇଗଲା। ପକ୍‌କା ଘର ସବୁ ଦୁର୍ଗତି ପ୍ରାପ୍ତ। କେହି କିଛି ଉଦ୍ଧାର କରିପାରିଲେନି। ପକ୍‌କାଘର ମୂଳଦୁଆ ଧୋଇଗଲା। ବଡ଼ ଆଶ୍ଚର୍ଯ୍ୟ ଘଟଣାଟେ ଘଟିଲା। ଘାଇ ମୁହଁରେ ଗୋଟେ ପକ୍‌କାଘର, ଏକତାଲାର କୋଠା। ପାଖରେ ମନ୍ଦିରଟିଏ। ଏ ଦୁଇ ଅକ୍ଷତ ରହିଗଲା। ପଶୁ ସମ୍ପଦ ହାନି ଆକଳନ ବାହାରେ। ଏଭଳି ଭୟାବହ ପ୍ରାକୃତିକ ଦୁର୍ଗତି, ଆଉ ପ୍ରାୟ ଦେଖା ଯାଉନି। ଦଳେଇ ଘାଇ, ଯାକୁ ନେଇ ନାନା କଥା। ବୁଢ଼ାବୁଢ଼ୀଏ କହିଲେ ମାଳିକା ବଚନ ସତ ହେଲା, ଦଳେଇ ଘାଇ ଭାଙ୍ଗିଲା। ମାଳିକା ଗୋଟେ କଳ୍ପନା। ଏହାର ସତ୍ୟାସତ୍ୟ କଥା ବିଜ୍ଞାନ ସମ୍ମତ ନୁହେଁ। ଢେର୍ ଦିନ ଆଗରୁ, ଲୋକେ କୁହାକୁହି, ଦଳେଇ ଘାଇ ଭାଙ୍ଗିବ, ବଉଳା କୁମ୍ଭୀର ମୁଣ୍ଡରେ ସିନ୍ଦୂର ନାଇବ, ଝଡ଼ଙ୍କ ଶାରଳା ମା'ଙ୍କ ଦର୍ଶନକୁ ଯିବ। କାହିଁ କାଠଯୋଡ଼ିର ଦଳେଇ ଘାଇ, କାହିଁ ଝଙ୍କଡ଼ ପୀଠ। ତଥାପି ମା'ଙ୍କ ବେଢ଼ାରେ ଆଣ୍ଠୁଏ ପାଣି। ଦଳେଇ ଘାଇର ପ୍ଳାବନର ଭୟାବହତା, ଏଇଥିରୁ ସ୍ପଷ୍ଟ ବାରି ହେଇଯାଏ। ସେଇ ବିଭୀଷିକା ପରି ଆଉ ଏକ ବନ୍ୟା ବିପ୍ଲାତ। ବିଂଶ ଶତାବ୍ଦୀରେ ଆଉ ଦେଖା ଯାଇନାହିଁ।

ବନ୍ୟା ସର୍ବସ୍ୱ ନେଇଗଲା। ଜନତାଙ୍କର ହାହାକାର। ଓଡ଼ିଶାର ସେତେବେଳକା ମୁଖ୍ୟମନ୍ତ୍ରୀ ନବକୃଷ୍ଣ ଚୌଧୁରୀ। ଅର୍ଥମନ୍ତ୍ରୀ ରାଧାନାଥ ରଥ। ଦଳେଇ ଘାଇ ଭାଙ୍ଗିଲା। ସରକାରୀ ଅବହେଳା, ଏଇଟି ମୁଖ୍ୟ କାରଣ। ଲୋକେ କହିଲେ ଏ ସମ୍ପର୍କରେ। ଦୁର୍ବଳ ସଫେଇ ଆସିଲା, ବନ୍ଧରେ ମୂଷା, କଙ୍କଡ଼ାଙ୍କର ଗାତ, ତା' ଭିତରେ ପାଣି ପଶିଲା। ଘଳିଆ ପଡ଼ି ଘାଇହେଲା। ଘଳିଆକୁ ରୋକାଯାଇ ପାରିଲା ନାହିଁ। ଏଇଟି ଏକ ମାମୁଲି ସଫେଇ। ଇଞ୍ଜିନିୟରମାନେ, ସେମାନଙ୍କର ପ୍ରଯତ୍ନ, ଘାଇ ବନ୍ଧାରେ

ସହାୟକ ହୁଏ; ମାତ୍ର ସେ ପ୍ରକାର ନିଷ୍ଠା ଆଦୌ ନଥିଲା। ବ୍ରିଟିଶ୍ ଅମଳର ଜଣେ ସାହେବ, ନାଁ ତାଙ୍କର ଶ' ସାହେବ। ସେ ସୁପରିଟେଣ୍ଡିଙ୍ଗ୍ ଇଂଜିନିୟର। ଜଣେ ଭଲ ବୁଡ଼ାଳି। ପ୍ରତିବର୍ଷ କାଠଯୋଡ଼ିରେ ବନ୍ୟାଜଳ, ପୁନଃ ଦଳେଇ ଘାଇ ସମ୍ଭାବନା। ସେ ମହାଶୟ ଅତ୍ୟନ୍ତ ସାହସୀ, ଦଳେଇ ଘାଇ ବନ୍ଧରୁ ଭରା ନଈକୁ ଲମ୍ଫ ଦିଅନ୍ତି। ପାଣିରେ ବୁଡ଼ି ଘଳିଆ ମାରନ୍ତି। ଲମ୍ଫଦେବା ବଡ଼ ଦୁଃସାହସିକ କାର୍ଯ୍ୟ। ଜୀବନପ୍ରତି ତାଙ୍କର ଭ୍ରୂକ୍ଷେପ ନାହିଁ। ଅଣ୍ଟାରେ ବନ୍ଧା ଯାଇଥାଏ ଗୋଟିଏ ଦଉଡ଼ି। ସେ ଦଉଡ଼ି ଧରନ୍ତି ତାଙ୍କ ସ୍ତ୍ରୀ। ଆଉ କେହି ନୁହେଁ। ପାଣି ଭିତରୁ ଦଉଡ଼ିର ସଙ୍କେତ, ତାଙ୍କ ସ୍ତ୍ରୀ ହିଁ ଜାଣିପାରନ୍ତି। ସେ ସମୟର କଥା, ଦେବୀ ନଈ ଛାତି ଫୁଲେ, ବୁଢ଼ାବୁଢ଼ୀଏ, ମନେ ପକାନ୍ତି ସେଇ ବ୍ରିଟନ କରିତ୍କର୍ମା ପୁରୁଷଙ୍କୁ।

ଦେଶ ସ୍ୱାଧୀନ ହେଲା, ହେଲେ ଆମ ଇଂଜିନିୟର, ଏମାନଙ୍କର କାମ କାଗଜ କଲମରେ। ଅବସ୍ଥା ବାଡ଼ି ବାଇଗଣ, ପୋଥି ବାଇଗଣ ସମ। ପାଣିରେ ବୁଡୁଛି କିଏ ? ଘାଇ ଭାଙ୍ଗିଲେ ହାତ ଚିକ୍‌କଣ, ମରାମତି ପାଇଁ ପି.ସି. ଇତ୍ୟାଦି ଇତ୍ୟାଦି। ଆଉ ଆଉ ବଡ଼ ବଡ଼ିଆ, ସେମାନଙ୍କ ମଧ୍ୟରୁ ଅନେକ, ତାଙ୍କ ପାଇଁ ସ୍ୱତନ୍ତ୍ରପଣି। ଏଇ ତ ଏ ଜାତିର ଦୁର୍ଭାଗ୍ୟ।

ଡ. ହରେକୃଷ୍ଣ ମହତାବ, ସେତେବେଳେ ବମ୍ବେର ରାଜ୍ୟପାଳ, ସଭାସମିତିମାନ କଲେ। କର୍ତ୍ତବ୍ୟରେ ଅବହେଳା ଦଳେଇ ଘାଇର ମୁଖ୍ୟ କାରଣ। ଏ ମର୍ମରେ ଭାଷଣ ଦେଲେ। ଗୋରା ସାହେବମାନେ, ସମସ୍ତେ ଉପନିବେଶବାଦୀ; ମାତ୍ର ପ୍ରଜାପୀଡ଼କ, ପ୍ରଜାଶୋଷକ ନଥିଲେ। ସ୍ୱାଧୀନତା ଦେଶ ହାସଲ କଲା। ଆମ ମନ୍ତ୍ରୀ, ନେତା, ଏମାନେ 'ଦେଶପ୍ରେମୀ' ହେଲେ। ଲୋକପ୍ରେମୀ ନୁହନ୍ତି। ଜନତାଙ୍କ ଶ୍ରମ ହିଁ ସୁଖ ଶାନ୍ତିର ବାଟ ଫିଟାଏ, ଦୁର୍ଦ୍ଦଶା ଦୂର କରେ। ହେଲେ ଆମ ରାଜନେତାଏ, ଏଥିରୁ ବହୁ ଦୂରରେ। ଏ ସମ୍ପର୍କରେ ସୁରେନ୍ଦ୍ର ମହାନ୍ତିଙ୍କ ଚମତ୍କାର ଉପଲବ୍ଧିଟିଏ। କୌଣସି ନାମୀଦାମୀ ଗୁଡ଼ାଖୁ କମ୍ପାନୀର କ୍ୟାଲେଣ୍ଡର। ଏଥିରେ ସ୍ମିତ ଲମ୍ବିତ କୁନ୍ତଳା ଭାରତ ମାତାଙ୍କ ଛବି। ଏଇ କ'ଣ ଭାରତ ମାତା ? ରେଖାଙ୍କିତ କୋଟି କୋଟି ଭାରତୀୟ, ଜୀବନକ୍ଲିଷ୍ଟ ମେହନତୀ ମଣିଷଙ୍କ ଚେହେରା। ସବୁ ରାଜନୀତି ଏଇମାନଙ୍କ ପାଇଁ, ଏଇମାନଙ୍କ ନାମରେ। ଏଇମାନଙ୍କ ଦ୍ୱାହିରେ। ସେଇ ଭୋକିଲା ମଣିଷ, ତାଙ୍କରି ମୁହଁରେ ହସଟିକେ ଫୁଟେଇବା, ସେଇ ତ ପ୍ରକୃତ ରାଜନୀତି, ନଚେତ୍ ଫୁଲ୍ଲାରବିନ୍ଦମୁଖୀ, ସସ୍ମିତା ଭାରତମାତା। ତାଙ୍କରି ଚେହେରା ଗୁଡ଼ାଖୁ ଅବା ବିଡ଼ି କମ୍ପାନୀର କ୍ୟାଲେଣ୍ଡର। ଏଥିରେ ଛାପିବାରେ କି ଲାଭ ? ଦଳେଇ ଘାଇର ଦୁଃଖ, ଏ ପରିପ୍ରେକ୍ଷୀରେ ନେତାଙ୍କ ଆଭିମୁଖ୍ୟ। ଉପରେ ଟାକି ବସିଥିବା ଗୃଧ୍ର, ଥୋକେ ସେଇ ଗୃଧ୍ର ପରି। ଲୋକସେବା

ପାଇଁ ଆଗେଇ ଆସନ୍ତି, ଲୋକ ସେବା ନାଁରେ ଆତ୍ମସେବା ଚାଲେ ଯାହା !

ଦଳେଇ ଘାଇର ଦୁଃଖାନ୍ତକ ପରିଣତି। ଭାରତର ପ୍ରଧାନମନ୍ତ୍ରୀ ପଣ୍ଡିତ ନେହେରୁ, ଓଡ଼ିଶା ଆସିଲେ। ଆକାଶ ମାର୍ଗରୁ ଲୋକଙ୍କ ଦୁର୍ଦ୍ଦଶା ଦେଖିଲେ। ଅପରାହ୍ଣରେ ନେହେରୁ ଓହ୍ଲାଇଲେ। ନଥିଲା ଆଜିର ରାଜଭବନ। ଏବେକା କଟକ ଶିଶୁଭବନ, ସେସମୟର ରାଜଭବନ। ଲାଲ୍‌ବାଗ୍ କୋଠି, ମୋଗଲ ମରହଟ୍ଟା ଅମଳରୁ ଇଂରେଜମାନଙ୍କ ଯାଏ। ସେଇ ଥିଲା ରାଜଭବନ। ଆସଫ୍ ଅଲ୍ଲୀ, ଚାନ୍ଦୁଲାଲ ତ୍ରିବେଦୀ, ଭୀମସେନ ସାଚର, ସୁକ୍‌ଥଙ୍କ ପରି ରାଜ୍ୟପାଳମାନେ, ସେଇ କୋଠିରେ ରହିଥିଲେ। ନେହେରୁ ମଧ୍ୟ ସେଇଠି ରହିଲେ। ଇଂରେଜ ଗଭର୍ଣ୍ଣର ହବାକ୍ ତାଙ୍କ ପରେ ଗଭର୍ଣ୍ଣର ହଥର୍ଣ୍ଣ ଲୁଇସ୍, ସେମାନଙ୍କର ବି ସେଇ କୋଠିରେ ରହଣି। ସେଇଠି ନେହେରୁ, ଭେଟିଲେ ସୁରେନ୍ଦ୍ର ମହାନ୍ତି। ଦଳେଇ ଘାଇ ଯୋଗୁ ଓଡ଼ିଶା ଉପରେ ବାଲି ଚରିଗଲା। ଲକ୍ଷ ଲକ୍ଷ ଲୋକ ତଳିତଳାନ୍ତ, ଏ ବିପତ୍ତି ୧୮୬୬ ମସିହା ନ' ଅଙ୍କ ଦୁର୍ଭିକ୍ଷ ଠାରୁ ଭୟଙ୍କର। ଏକଥା ସବୁ କହିଲେ। ନେହେରୁ ଅଧିକ କୁହାଇ ଦେଲେନି। ପାଲଟା ପ୍ରଶ୍ନ କଲେ। ମହାନଦୀ ସିଷ୍ଟମ୍‌କୁ ଯଦି ବନ୍ଦ କରି ଦିଆଯାଏ, ବନ୍ୟା ତ ଟଳିବ। ଶସ୍ୟଶ୍ୟାମଳା ଓଡ଼ିଶା ରାଜସ୍ଥାନ ମରୁଭୂମି ହେଇଯିବ। ପୁଣି ଖୋଜାଯିବ ନଦୀଧାରା ! ଏ ସଂଗ୍ରାମ ଦିନକର ନୁହେଁ, କାଳ କାଳର, ଏମିତି ଚାଲିଥିବ ନଦୀମାତୃକା ଦେଶରେ। ସମୟ କ୍ଷତ ଧୋଇଦେବ, ମାଟିଘର ଛିଡ଼ା ହେବ, କୋଠା ବି। ଓଡ଼ିଶାବାସୀ ଭୁଲିଯିବେ, ଶେଷରେ ଦଳେଇ ଘାଇ ଦୁଃସ୍ୱପ୍ନଟେ ହୋଇ ରହିଯିବ। ସେ ନିଜେ ଆଖିରେ ଦେଖିଲେ। ସବୁମନ୍ତେ ସାହାଯ୍ୟ କରିବେ – ଏ ପ୍ରତିଶ୍ରୁତି ଦେଲେ ପ୍ରଧାନମନ୍ତ୍ରୀ।

ନେହେରୁଙ୍କର ସେଇ ଗୁରୁବାଣୀ। ସୁରେନ୍ଦ୍ରଙ୍କ ମନରେ ଗାରଟେ ହୋଇ ରହିଗଲା। ବନ୍ୟା ଦୁର୍ଗତ, ସେମାନଙ୍କ ପାଇଁ ରିଲିଫ୍ ବଣ୍ଟା, ଚୁଡ଼ା, ବିସ୍କୁଟ୍, ପାଉଁରୁଟି, ରନ୍ଧାଖାଦ୍ୟ – ଇତ୍ୟାଦି। କେହି କେହି ବୁଢ଼ାବୁଢ଼ୀ, ଘର ମୁରବି, ସାନ ପିଲାଙ୍କୁ ବିସ୍କୁଟ୍ ନେବାକୁ ବାରଣ କରନ୍ତି। ଝିଅ, ବୋହୂ – ପେଟରେ ଭୋକର ଦାଉ, ତଥାପି ହାତ ପାତୁ ନଥାଆନ୍ତି। ଗୋଟେ କଥା ଅନେକଙ୍କ ମୁହଁରେ – ଛତରରେ ଖାଇବେ ନାହିଁ। ସମୟ କାହିଁ କେତେ ଆଗରେ। ଏବେ ଧୁଆ ମୂଳା, ଅଧୁଆ ମୂଳା ସବୁ ସମାନ, ରିଲିଫ୍ ପାଇଁ ବାଡ଼ାବାଡ଼ି। ନଥିଲା ବାଲାଙ୍କ ଖାଲି ନାଁ, ଥିଲାବାଲା ମାମଲତକାର। ସବୁ ଝାମ୍ପି ନିଅନ୍ତି, ଅନେକ ରିଲିଫ୍ ସାମଗ୍ରୀ ବିକି ଦିଅନ୍ତି। ସେଦିନ ବରଡ଼ା ଘାଇ ପାଖ ହାଟ, ରିଲିଫ୍ ସାମଗ୍ରୀ ବିକାଯାଇଥିଲା। ଏଣେ ଲୋକେ କ୍ଷୁଧାରେ ଆଉଟୁ ପାଉଟୁ। ଏତେ ବଡ଼ ଐତିହ୍ୟ ସମ୍ପନ୍ନ ଜାତିଟା, ଶେଷରେ ଭିକାରି ହେଇଗଲା ! ଲୋକ ଚରିତ୍ରର ଭୟଙ୍କର ଅଧୋଗତି ! ପ୍ରକୃତିର ସଂହାରଲୀଳା, ଦୁର୍ଗତଙ୍କ ସଂଘର୍ଷ, ତା'ରି ମଧ୍ୟରୁ

ଜନ୍ମନେଇଛି ସଭ୍ୟତା, ସଂସ୍କୃତି। ମନୁଷ୍ୟର ଅପରାଜେୟତା ପ୍ରାକୃତିକ ବିପର୍ଯ୍ୟୟର ଏକମାତ୍ର ରକ୍ଷାକବଚ। ବିପଦରେ ଲୋକେ ଭିକାରି ନ ହୁଅନ୍ତୁ। ବଜ୍ର ଶପଥ ନିଅନ୍ତୁ -

"ଜୀବନ ଥିଲେ ଭାଇ ପାତିବା ନାହିଁ ହାତ,
ମଣିଷ ପରି ଦିନେ ମଣିଷ ହୋଇବାତ।" - ଏହାହିଁ ଶ୍ରେୟ ଆଉ ଧ୍ୟେୟ।

■

କହିବା ସହଜ, ଲେଖିବା କଷ୍ଟ

ମଣିଷ ଗପ କହେ। ଶୁଣେ ବି। ଏ ଦୁଇଟି ପାଇଁ ତା'ର ଦୁର୍ବଳତା ଶୈଶବରୁ। ପିଲାଟି ଗପପ୍ରିୟ। ଆଇମା କାହାଣୀ, ଅବଲୋକରା କଥା, କୁହୁକ ଚଢ଼େଇ, ରାଜା ପୁଅ ରାଜା ଝିଅ, ବୁଢ଼ୀ ଅସୁରୁଣୀ – ଏମିତି ନାନାଦି ଗପ। ଏଥି ସହିତ ବିଶ୍ୱର ବିଭିନ୍ନ ଦେଶ, ସେଠାରେ ବି ବିଭିନ୍ନ ଗପ ପୁସ୍ତକମାନ ପ୍ରକାଶିତ। ଗଲିଭରଙ୍କ ଭ୍ରମଣ କାହାଣୀ, ଟ୍ରେଜର ଆଇଲାଣ୍ଡ, ଆରବୀୟ ନାଇଟସ୍, ଆହୁରି ଅନେକ, ଏସବୁ ଅତ୍ୟନ୍ତ ଚିତ୍ତାକର୍ଷକ, ବେଶ୍ ମନଛୁଆଁ। ଗପର ଆତ୍ମା କାହାଣୀ। ଗପଗୁଡ଼ିକର ମୁଖ୍ୟ ଉଦ୍ଦେଶ୍ୟ ମନୋରଞ୍ଜନ। ସମୟ କ୍ରମେ ଜୀବନ ହେଇଗଲା ଜଟିଳ, ଜ୍ୱାଳାମୟ। ସବୁଠି ସଂଘର୍ଷ, ସଂଘାତର କଥା। ଏ ସମସ୍ତ ସାହିତ୍ୟର ବିଭିନ୍ନ ବିଭାଗରେ ସ୍ଥାନ ପାଇଲା। ଗପ ବି ଏହାକୁ ଆଦରି ନେଲା। କାହାଣୀ ବଦଳିଲା। ଜୀବନର ଖଣ୍ଡାଂଶର ଚିତ୍ର; ହସ, କାନ୍ଦ, ସୁଖ, ଦୁଃଖ; ସବୁକୁ ନେଇ ଗପ ହେଲା ସମୃଦ୍ଧଶାଳିନୀ। ଗପର ଠା ନେଲା କ୍ଷୁଦ୍ରଗଳ୍ପ। ଏବେ ପୁଣି ମିନିଗଳ୍ପ। ଏହାର ନାଟକୀୟ ଆରମ୍ଭ, ନାଟକୀୟ ପରିସମାପ୍ତି - 'ଶେଷ ହୟ ହଏଲନା ଶେଷ'। ଛୋଟିଆ ପ୍ରାଣ, ଛୋଟ ଛୋଟ ଦୁଃଖ କଥା, ଅତ୍ୟନ୍ତ ସହଜ ସରଳ। ଏଇ ତ ଗପର ଘଟଣା, ଅନ୍ତର ବୁଝେନା। ଅସମାପ୍ତିରେ ଗଳ୍ପର ସମାପ୍ତି। ଶେଷରୁ ଆରମ୍ଭ। ତାହା ଗଳ୍ପର କଳାପକ୍ଷ। ଗପ କହିବାଟା ଭାରି ସହଜ। କିନ୍ତୁ ଗପଟେ ଲେଖିବା କଷ୍ଟ। ଏକଥାଟି କହିଲେ ବିଶିଷ୍ଟ କଥାକାର ସୁରେନ୍ଦ୍ର ମହାନ୍ତି। ଗଳ୍ପ ସଂରଚନା ସମ୍ବନ୍ଧୀୟ ତାଙ୍କର ଏଇ ଅଭିମତ।

ନାଁ କରା ଗାଳ୍ପିକ ସୁରେନ୍ଦ୍ର ମହାନ୍ତି। ତୁଳସୀ ଦୁଇପତ୍ରରୁ ବାସେ। ଠିକ୍ ସେମିତି ସୁରେନ୍ଦ୍ର। ପିଲାଦିନରୁ ତାଙ୍କର ସାହିତ୍ୟ ଆଡ଼େ ମନ। ସାଲେପୁର ହାଇସ୍କୁଲ୍, ସେ ଏକାଦଶ ଶ୍ରେଣୀ ଛାତ୍ର। ଲେଖିଲେ ଗପଟେ। ନାଁ 'ବନ୍ଦୀ'। ଏଇଟି ୧୯୩୮ ସାଲ କଥା। ସେତେବେଳକା 'ଉତ୍କଳ ସାହିତ୍ୟ' ପତ୍ରିକା। ବେଶ୍ ଖ୍ୟାତି ପତ୍ରିକାଟିର। ଜଣେ

ଏକାଦଶ ଶ୍ରେଣୀ ଛାତ୍ରର ଗପଟି, ସ୍ୱନାମଧନ୍ୟ ଉତ୍କଳ ସାହିତ୍ୟରେ ପ୍ରକାଶିତ । ପାଲଟିଲା ଚର୍ଚ୍ଚାର ବିଷୟ । ଯା ପଛରେ ତାଙ୍କ ଗୁରୁ ମନମୋହନ ପଟ୍ଟନାୟକଙ୍କ ଆଶୀର୍ବାଦ । ମନମୋହନ ସାର୍ ଇଂରାଜୀ ପଢ଼ାନ୍ତି । ଘର ଶ୍ରୀକାକୁଲମ୍ । ସେ ଜଣେ ଶିଷ୍ଟ କରଣ । ତାଙ୍କ ଉଚ୍ଚାରଣରେ ତୈଲଙ୍ଗୀ ଢଙ୍ଗ ସ୍ପଷ୍ଟ । ତାଙ୍କ ଜନନୀ ଅପର୍ଣ୍ଣା ଦେବୀ । ସେତେବେଳେ ଜଣେ ସୁ କବୀ । ମନମୋହନ ସାର୍ ସୁରେନ୍ଦ୍ରଙ୍କୁ ଦିନେ କହିଲେ - "ସୁର, ତୁ ଗୋଟେ ଗପ ଲେଖେ ।" ସୁରେନ୍ଦ୍ର ପୂର୍ବରୁ ନାଟକ ଲେଖୁଥିଲେ । ଥରେ ଦି'ଥର ପୁରସ୍କାର ପାଇଲେ । ସେ ଗୁଡ଼ିକର ମଞ୍ଚମୂଲ୍ୟ ନାହିଁ । ଅଭିନୟର ଯୋଗ୍ୟତା ଏଥିରେ ଖୁବ୍ କମ୍ । ଏଇ କଥାଟି ନିର୍ଦ୍ଦେଶକମାନେ କହିଲେ । ତାଙ୍କ ମନ ଭାଙ୍ଗିଗଲା । ସାର୍‌ଙ୍କ ଉପଦେଶ । ତାଙ୍କୁ ଉତ୍ସାହିତ କଲା । ଗୋଟେ ପରେ ଗୋଟେ ଗପ ଲେଖିଲେ । ପାଇଲେ ଅଭୂତପୂର୍ବ ସଫଳତା । ଆପଣାର ଅନୁଭୂତି ବି ବାଣ୍ଟିଲେ - "ଜିଭ ଥିଲେ ଗପ କହିହୁଏ, କିନ୍ତୁ ହାତ ଥିଲେ ସବୁବେଳେ ଗପ ଲେଖି ହୁଏନି ।" କ୍ଷୁଦ୍ରଗଳ୍ପ ଲେଖିବା କାଇଦା କଟକଣା, ତାଙ୍କୁ ମୋଟେ ଜଣା ନଥିଲା । ଯାହା କେଇଟି ଗପ ପଢ଼ିଥିଲେ । ମନମୋହନ ସାର୍ ଉତ୍ସାହିତ କଲେ । ସୁରେନ୍ଦ୍ର ଯଶସ୍ୱୀ ଲେଖକ ପାଲଟିଲେ ।

କଳା ଅମୂଲ ମୂଲ । ଲେଖକ ସାଧାରଣରେ ଅସାଧାରଣ । ଲେଖକୀୟ କଳା ଐଶ୍ୱିକ ଆଶୀର୍ବାଦ । ଈଶ୍ୱର ସୁରେନ୍ଦ୍ରଙ୍କ ଉପରେ କୃପା ବରଷିଲେ । ଗପରେ ସେ ଆରମ୍ଭ କଲେ ନାନାଦି ପରୀକ୍ଷା ନିରୀକ୍ଷା । ସାଧାରଣତଃ ଗପଟେ ପାଇଁ ପ୍ଲଟ୍‌ଟେ ଲୋଡ଼ା । ତା' ପରେ ଲେଖା । ଏ ପ୍ରକାର କଥାରେ ସୁରେନ୍ଦ୍ରଙ୍କ ମନ ବୁଝେନି । ତାଙ୍କର ମତ ସମ୍ପୂର୍ଣ୍ଣ ଅଲଗା । ପ୍ଲଟ୍ ବା ଘଟଣା ଆଉ ଚରିତ୍ର । ପରସ୍ପର ଗୋଟେ ମାଳାର ଏକ ଏକ କଣ୍ଢି । ସୂତାଟିଏ ଲୋଡ଼ା ତାକୁ ଗୁନ୍ଥିବା ପାଇଁ । ଏଇ ସୂତା ଥିମ୍ ବା ଭାବସମ୍ପଦ । ଏ ଭାବସମ୍ପଦ ବିନା ଗପ ପାଲଟେ କାହାଣୀ । ଗପର ସ୍ୱକୀୟ ସତ୍ତା ଫୁଟେନି । ଥିମ୍ ବା ଭାବସମ୍ପଦ । ଏହା 'ସୁପ୍ରା ଆର୍ଟିଷ୍ଟିକ୍ କନସେପ୍ଟ' । ଯାକୁ ଠିକ୍ ବୁଝେଇବା କଷ୍ଟକର । ଅବଶ୍ୟ ସୁରେନ୍ଦ୍ର ଆରମ୍ଭରୁ ଏକଥାଟି ବୁଝି ନ ଥିଲେ । କିନ୍ତୁ ଭାବସମ୍ପଦ ଖୋଜାରୁ ବିରତ ନ ଥିଲେ । ସେଇବେଳର କଥା । ତାଙ୍କ ଭୂଗୋଳ ଶିକ୍ଷକ ବିଚିତ୍ରାନନ୍ଦ ବାବୁ । ତାଙ୍କୁ ଖଣ୍ଡେ ଇଂରାଜୀ ବହିଦେଲେ । ବହିଟିର ବିଷୟବସ୍ତୁ 'ସୋସିଆଲିଜମ୍' । ହଳଦିଆ ମଲାଟର ବହି । ଲାଲ ଅକ୍ଷରରେ ଏହାର ଶିରୋନାମ ଲେଖା । ବହିଟିର ଲେଖକ ମିନୁ ମାସାନୀ । ସେ ସ୍ୱତନ୍ତ୍ର ଦଳର ନେତା । ସେ ଥିଲେ ମାର୍କ୍ସବାଦୀ ମାସାନିଙ୍କର ଶ୍ରେୟ ତଥା ଧ୍ୟେୟ । ରାଜନୀତି ବଦଳିଲା । ସେ ହେଇଗଲେ ମାର୍କସିଜମ୍‌ର ଜାତଶତ୍ରୁ । ବହିଟିରେ ବୁଝାଇଲେ ସୋସିଆଲିଜମ୍‌ର ତତ୍ତ୍ୱ । ବହିର ଭୂମିକା ଲେଖିଲେ ଜୟପ୍ରକାଶ ନାରାୟଣ । ସେତେବେଳେ ବଲସେଭିଜମ୍ ଆଉ ସୋମାଲିଜମ୍, ଏ ସମ୍ପର୍କିତ ସବୁ ବହି ପ୍ରସ୍‌କାଇବଡ଼୍

ବା ବାଜ୍ୟାପ୍ତି ଥିଲା। ସୁରେନ୍ଦ୍ର ବହିଟି ଲୁଚାଇ ଲୁଚାଇ ପଢ଼ନ୍ତି। ବହିଟିର ପ୍ରଥମ ପୃଷ୍ଠା। ଥାଏ ବ୍ରିଟିଶ ଲେବର ପାର୍ଟିର ଗୋଟାଏ ସଙ୍ଗୀତ। ସଙ୍ଗୀତଟିରୁ କେଇଧାଡ଼ି - "ଉଇ ଆର୍ ଷ୍ଟୋନ୍ ବ୍ରେକର୍ସ / ଉଇ ଆର୍ ଥ୍ରୋନ୍ ସେକର୍ସ/ ଉଇ ଆର୍ କିଙ୍ଗ୍ ମେକର୍ସ।" ଏହାର ଛନ୍ଦରେ ଉତ୍ତେଜନା, ଶବ୍ଦ ସଂଯୋଜନାରେ ଉତ୍ତାପ। ଆବେଦନରେ ଥାଏ ତୀକ୍ଷ୍ଣତା। ସୁରେନ୍ଦ୍ର ବହିଟି ପଢ଼ିଲେ। ତାଙ୍କର ମୋଟାମୋଟି ଧାରଣା ହେଲା। ସମାଜରେ ଦୁଇ କିସମର ଲୋକ। ଗୋଟାଏ ଶୋଷକ, ଆରଟି ଶୋଷିତ। ଶୋଷକମାନଙ୍କୁ ନିପାତ କରିବାକୁ ହେବ। ଏଇ ନିଶା ଘାରିଲା ସୁରେନ୍ଦ୍ରଙ୍କୁ। ସ୍କୁଲ୍ ଛୁଟି ହୁଏ। ଆରମ୍ଭ କରନ୍ତି ଶୋଷକ ନିପାତ ପ୍ରକ୍ରିୟା। ତାଙ୍କ ହାତରେ ଫାଳେ ବାଉଁଶ ବତା ଅବା କଣିଖଣ୍ଡେ। କେଉଁଠି ଶିଝୁ ବୁଦାଟାଏ, କେଉଁଠି ଗଛଟାଏ, କେଉଁଠି ହୁଙ୍କାଟା। ତାଙ୍କ ଆଖିରେ ଏମାନେ ଗୋଟେ ଗୋଟେ ଶୋଷକ। ସେମାନଙ୍କୁ ନିର୍ଘାତ ପିଟନ୍ତି। ଆବୃତ୍ତି କରନ୍ତି - "ଉଇ ଆର୍ ଥ୍ରୋନ୍ ସେକର୍ସ, ଉଇ ଆର୍ କିଙ୍ଗ୍ ମେକର୍ସ।" ତାଙ୍କ ପିଲା ମନଟା, ଗୋଟାପଣେ ସମାଜବାଦ ଆଡ଼େ। ଏଇ ଭାବ ତାଙ୍କୁ ଢେର୍ ପ୍ରଭାବିତ କଲା। ପାଇଗଲେ ପ୍ଲଟ୍‌ଟିଏ। ଲେଖିଲେ 'ବନ୍ଦୀ' ଗପ। ଗପଟି ବହୁସ୍ତରରେ ଆଦୃତ ହେଲା।

ଗପଟିର ଆରମ୍ଭ ଗୋଟିଏ ଜେଲଖାନାରୁ। ଗପର ନାୟକ ଦାସିଆ। ଗାଁ ମହାଜନ। ସେ ଶୋଷକ, ଟାଉଟର୍, ଲମ୍ପଟ, ସାଧାରଣ ମଣିଷର ଗଳଗ୍ରହ। ଦାସିଆ ତାକୁ ହତ୍ୟା କରିଛି। ପାଇଛି ଆଜୀବନ କାରାଦଣ୍ଡ। ଜେଲଖାନାର ଅନ୍ଧାରି କକ୍ଷ। ଶୂନ୍ୟଦୃଷ୍ଟିରେ ଚାହିଁଛି ଦାସିଆ। ଆଖି ଆଗରେ ଖାଲି ଅନ୍ଧାର, କିଟିମିଟି ଅନ୍ଧାର। ଦାସିଆ ଅପେକ୍ଷା କରିଛି, କେତେବେଳେ ନବ ସୂର୍ଯ୍ୟୋଦୟ ହେବ? ତା' ଆଖି ଆଗରେ ଭାସି ଉଠୁଛି ନାନାଦି ଘଟଣାବଳୀ। ଠିକ୍ ଫ୍ଲାସ୍‌ବ୍ୟାକ୍ ପରି। ମାର୍କ୍ସବାଦୀ ଚେତନାକୁ ନେଇ ଗପଟି ଗତିଶୀଳ। ଏଇ ଚେତନାର ଆଉ ଗୋଟେ ଗପ, ଲେଖକ ଭଗବତୀଚରଣ ପାଣିଗ୍ରାହୀ। ତାଙ୍କ ଗପ 'ଶିକାର'। 'ଆଧୁନିକ' ପତ୍ରିକା ପ୍ରକାଶ ପାଇଲା (୧୯୩୬)। ସେଇ ପତ୍ରିକାରେ ଗପଟି ପ୍ରକାଶିତ। ପ୍ରଗତିଶୀଳ ଚେତନାର ଏଇଟି ପ୍ରଥମ ଗଳ୍ପ। ଏ କଥା ସମାଲୋଚକମାନେ କହିଥାଆନ୍ତି। ଗପଟିକୁ ସୁରେନ୍ଦ୍ର ପଢ଼ିଥିଲେ। ତଉଲିଲେ ତାଙ୍କ 'ବନ୍ଦୀ' ଗପ ସହ। ବନ୍ଦୀର 'ଦାସିଆ', ଶିକାରର 'ଘିନୁଆ'। ଏ ଦୁଇ ଚରିତ୍ର ମଧ୍ୟରେ ଦାସିଆ ଜ୍ୱଳନ୍ତତର। ସେ ଶ୍ରେଣୀ ସଂଘର୍ଷ ଚେତନାର ପ୍ରତିନିଧି। ଜମିଦାର ଘିନୁଆ ସ୍ତ୍ରୀର ଇଜ୍ଜତ ନେବାକୁ ଚେଷ୍ଟା କରିଛି। ଘିନୁଆ ହୋଇଛି ହିଂସ୍ର। ଜମିଦାରକୁ ହତ୍ୟା କରିଛି। ଏଇଟି ଆଦିବାସୀ ସମାଜର ନିତ୍ୟନୈମିତ୍ତିକ ଘଟଣା। ମାତ୍ର ଦାସିଆ ଶୋଷକ ମହାଜନକୁ ହତ୍ୟା କରିଛି। ଗୋଟେ ଶୋଷଣ ମୁକ୍ତ ସମାଜ।

ଏଥି ପାଇଁ ବଜ୍ର ଶପଥ ନେଇଛି। ନାହିଁ ଦାସିଆର ଉତ୍ତେଜନା ଅବା ଉନ୍ମାଦନା। ଅଛି ସ୍ଥିର ଶୀତଳ ସଂକଳ୍ପ। ଏସବୁର ଊର୍ଦ୍ଧ୍ୱରେ ରହିଛି ଆଉ ଗୋଟେ ଗୁରୁତ୍ୱପୂର୍ଣ୍ଣ ତଥ୍ୟ। 'ପ୍ରଗତିଶୀଳ' ସାହିତ୍ୟ। ଏହାର ନାନ୍ଦୀକାର ଭଗବତୀ ଚରଣ ପାଣିଗ୍ରାହୀ। ଏ କଥାକୁ ସ୍ୱୟଂ ସୁରେନ୍ଦ୍ର ବି ସ୍ୱୀକାର କରିଛନ୍ତି। ତାଙ୍କର ବନ୍ଦୀ ଗପ ସମ୍ପର୍କିତ ମତାମତ କେବଳ ତଥ୍ୟ ଦୃଷ୍ଟିରୁ। ଭଗବତୀ ଚରଣଙ୍କୁ ସେ ଚାଲେଞ୍ଜ କରିନାହାନ୍ତି। ଏକଥା ବି ଲେଖକ ଉଲ୍ଲେଖ କରିଛନ୍ତି।

ସୁରେନ୍ଦ୍ର ଗପଟି ଲେଖିଦେଲେ। ମନମୋହନ ସାର୍‌ଙ୍କୁ ଦେଇଦେଲେ। ଇଏ 'କର୍ମଣ୍ୟେ ବାଧିକାରସ୍ତେ ମା ଫଳେଷୁ କଦାଚନ' ପରି ବ୍ୟାପାର। ସାର୍ କହିଲେ, ସେ ଲେଖିଦେଲେ। କଥାଟି ସେଇଠି ସରିଲା। ମନମୋହନ ସାର୍ ଭାରି କଠୋର, ଦଣ୍ଡ ଦିଅନ୍ତି। 'ଅଖିଳ ବ୍ରହ୍ମାଣ୍ଡ ପତି, ମୋ ଜୀବନ ସ୍ୱାମୀ' ପ୍ରାର୍ଥନା କରାନ୍ତି। ଟିକେ ତ୍ରୁଟି ହେଲେ ଆଣ୍ଠେଇ ଦିଅନ୍ତି। ବେତ୍ରାଘାତ ବି ହୁଏ। ଶନିବାର ଦ୍ୱିପ୍ରହରରୁ ସୋମବାର ସକାଳ, ମନମୋହନ ବାବୁ କଟକରେ। ଏଣେ ପିଲାଙ୍କର ବାୟାପାଳକ। କେୟାର ନାହିଁ। ହଷ୍ଟେଲରେ ପଣ୍ଡିତେ। ଶ୍ଳୋକ ପଢ଼ାନ୍ତି, ବହୁତ ଉପଦେଶ ଦିଅନ୍ତି। ବେତ ଧରି ପିଟନ୍ତିନି। ପିଲେ ପୂରା ନିର୍ଭୟ। ସୁରେନ୍ଦ୍ର ହେଜିଲେ। ଲୋକେ ବାଘ, ଭାଲୁ, ସାପକୁ ପୂଜା କରନ୍ତି। ଏହା ପଛରେ କାରଣଟେ କେବଳ ଭୟ। ଆମେ ଭକ୍ତି କରୁ ସେଇମାନଙ୍କୁ, ଭୟ ସେଇମାନଙ୍କ ପାଇଁ, ଯେଉଁମାନଙ୍କ ହାତରେ ଅଛି ଦଣ୍ଡ। ଯାହା ପ୍ରାଣରେ ଅଛି ଶ୍ରଦ୍ଧା, ଯାହା ଛୁଆଁରେ ଅଛି ସ୍ନେହ, ସେମାନେ ଅପାଂକ୍ତେୟ ତାଲିକାରେ। ଏଇ ତ ଦୁନିଆର ବିଚିତ୍ର ଗତି !

ସେଦିନ ରବିବାର ସକାଳ। ମଶାରି ଭିତରେ ସୁରେନ୍ଦ୍ର କୁମ୍ଭକର୍ଣ୍ଣ ନିଦ୍ରାରେ। ତାଙ୍କ ପିଠିରେ ଚାଇଁ ଚାଇଁ ବେତ ପାହାର। ସେ ଚିରିଚିରେଇ ଉଠିଲେ। ଆଗରେ ମନମୋହନ ସାର୍। ହାତରେ ବେତ – "ଗଧ ସକାଳ ଆଠଟା ଯାଏ ଶୋଇଛି। ନେ, ଏ 'ଉତ୍କଳ ସାହିତ୍ୟ'। ତୋ ଗପ ବାହାରିଛି।" ଇଏ ତୋ 'ବନ୍ଦୀ' ଗଳ୍ପ ! ବାହାରିଛି 'ଉତ୍କଳ ସାହିତ୍ୟ'ରେ। ସୁରେନ୍ଦ୍ରଙ୍କୁ ସବୁ କିମିଆ ପରି ଲାଗିଲା। ପରେ ଜାଣିଲେ। ମନମୋହନ ସାର୍ ବ୍ରାହ୍ମ। ତାଙ୍କ ବସା ଥିଲା 'ଉତ୍କଳ ସାହିତ୍ୟ ପ୍ରେସ୍'। ସାର୍ ଅପେକ୍ଷା କରିପାରିଲେନି। ରବିବାର ଦିନ ପତ୍ରିକାଟି ଧରି ଚାଲି ଆସିଲେ। ଏଇ ତ ଗୁରୁଶିଷ୍ୟର ସମ୍ପର୍କ। ଗୁରୁ, ଗୋଟିଏ କହନ୍ତି, ଶିଷ୍ୟ ଶିଖେ କୋଟିଏ। ଟପି ଯାଏ ନିଜ ଗୁରୁଙ୍କୁ। ଅଶେଷ କୀର୍ତ୍ତି ଅର୍ଜେ, ଗୁରୁ ଠାରୁ ଶିଷ୍ୟ ଢେର୍ ଆଗରେ। ଏଥିରେ ଗୁରୁର ଅମାପ ଆନନ୍ଦ। ଶିଷ୍ୟର କୃତିତ୍ୱକୁ ନେଇ ଗୁରୁ ଗର୍ବ କରନ୍ତି। ନଥାଏ ହିଂସା, ବିଦ୍ୱେଷ ଅବା ପ୍ରତିଦ୍ୱନ୍ଦ୍ୱିତା। ଏଇଟି ଅନ୍ୟ କୌଣସି ପ୍ରଫେସନରେ ଦେଖିବା ବିରଳ।

ଗପ ବାହାରିଛି । ସୁରେନ୍ଦ୍ର ଉଲ୍ଲସିତ । ହାତରେ ପତ୍ରିକାଟି । ସାଲେପୁର ବଜାର । ନରି କର ଚାହା ଦୋକାନ । ବିକଳି କର କ୍ଷୀରମୋହନ ଦୋକାନ ଠାରୁ ବସ୍‌ଷ୍ଟାଣ୍ଡର ଯେତେ ସବୁ ଦୋକାନ, ଗୋଟି ଗୋଟି କରି ବୁଲିଲେ । ଆଗ୍ରହୀ, ଅନାଗ୍ରହୀ ସମସ୍ତଙ୍କୁ ଦେଖାଇଲେ - "ଏଇ ଦେଖ ମୋ ଗପ ବାହାରିଛି ।" କେହି ସାମାନ୍ୟ ଇମ୍‌ପ୍ରେସ୍‌ଡ଼ ହେଲେ ତ କେହି ଜମା ହେଲେନି । ଚାହା ଦୋକାନୀ ତାଙ୍କୁ ପାଖରେ ପାଇଗଲା । ବାକି ପଇସା ପାଇଁ ତାଗିଦ୍ କଲା । ସେଦିନ ସୁରେନ୍ଦ୍ରଙ୍କର ଗୋଟାଏ ଆତ୍ମପ୍ରତ୍ୟୟ ହେଲା - ସେ ଗପଲେଖି ପାରିବେ । ଦିନ ଗଡ଼ି ଚାଲିଲା । ସୁରେନ୍ଦ୍ର ଅନେକ ଗପ ଲେଖିଲେ । ନାଁ କମେଇଲେ । ଶାନ୍ତିନିକେତନର ଜଣେ ଓଡ଼ିଆ ଗବେଷକ, ତାଙ୍କ ଲାଇବ୍ରେରୀରେ ଥାଏ 'ବନ୍ଦୀ' ଗପଟି । ସେଇଟିକୁ କିଏ କାଟି ନେଇ ଯାଇଥାଏ । ଗବେଷକ ଜଣକ ବହୁତ ଖୋଜାଖୋଜି କଲେ । ଦାଶରଥୀ ପଟ୍ଟନାୟକ (ଦାସିଆ ଅଜା)ଙ୍କ ବାଂଛାନିଧି ପାଠାଗାର । ସେଇଠୁ ଗପଟି ମିଳିଲା । ଗବେଷକ ଗପର ଗୋଟାଏ ନକଲ ମଧ୍ୟ ଉତାରି ଆଣିଲେ । ସୁରେନ୍ଦ୍ରଙ୍କୁ ସେଇଟି ଦେଲେ । ଅଧଶହ ବର୍ଷ ବିତିଲା । ସୁରେନ୍ଦ୍ର 'ବନ୍ଦୀ' ଗପଟିକୁ ପଢ଼ିଲେ । ଏହାର ଭାଷା, ଲିଖନ ଶୈଳୀରେ ବିସ୍ମିତ ହେଲେ । ଏ ଭାଷାଶୈଳୀ ପାଇଲେ କେଉଁଠୁ ? ଭାବି ପାରିଲେନି । ଏଇତ ଲେଖକର ବାହାଦୁରୀ, ଲେଖାର ଭାବସମ୍ପଦ । ସେତେବେଳକୁ 'ଉତ୍କଳ ସାହିତ୍ୟ' ବନ୍ଦ ହୋଇଗଲାଣି । ବନ୍ଦୀ ଗପ ତାଙ୍କର ପହିଲି ସ୍ମୃତି, ଚିର ଅଭୁଲା । ସୁରେନ୍ଦ୍ର ନିରୋଳାରେ ସ୍ମୃତି ଚାରଣ କରନ୍ତି । ସତରେ ! କହିବା ସହଜ ଲେଖିବା କଷ୍ଟ ! ଏଇଟି ସାର୍ବଜନୀନ ଲେଖକୀୟ ଅନୁଭୂତି ନୁହେଁ କି ?

■

BLACK EAGLE BOOKS

www.blackeaglebooks.org
info@blackeaglebooks.org

Black Eagle Books, an independent publisher, was founded as a nonprofit organization in April, 2019. It is our mission to connect and engage the Indian diaspora and the world at large with the best of works of world literature published on a collaborative platform, with special emphasis on foregrounding Contemporary Classics and New Writing.

www.ingramcontent.com/pod-product-compliance
Lightning Source LLC
Chambersburg PA
CBHW020530080526
44583CB00013B/804
* 9 7 8 1 6 4 5 6 0 3 5 7 3 *